MÉMORIAL SYLVAIN LÉVI

Landmarks in Indology

A Reprint Series

Edited by
ELI FRANCO

Volume I

MÉMORIAL
SYLVAIN LÉVI

MOTILAL BANARSIDASS PUBLISHERS
PRIVATE LIMITED • DELHI

First Indian Edition: Delhi, 1996

ISBN: 81-208-1343-x

Also available at:

MOTILAL BANARSIDASS
41 U.A. Bungalow Road, Jawahar Nagar, Delhi 110 007
120 Royapettah High Road, Mylapore, Madras 600 004
16 St. Mark's Road, Bangalore 560 001
8 Camac Street, Calcutta-700 017
Ashok Rajpath, Patna 800 004
Chowk, Varanasi 221 001

PRINTED IN INDIA
BY JAINENDRA PRAKASH JAIN AT SHRI JAINENDRA PRESS,
A-45 NARAINA, PHASE I; NEW DELHI 110 028
AND PUBLISHED BY NARENDRA PRAKASH JAIN FOR
MOTILAL BANARSIDASS PUBLISHERS PRIVATE LIMITED,
BUNGALOW ROAD, DELHI 110 007

PREFACE

The purpose of this new series, "Landmarks in Indology," is to make available again—and at affordable prices—Indological studies in English, French and German, as well as editions of Sanskrit texts, of outstanding quality, which have long been out of print. Whenever possible, we hope to supplement these reprints with new introductions or prefaces, indices, bibliographies, etc.

We could think of nothing more appropriate to inaugurate this series than the following collection of papers by Sylvain Lévi, originally published by Paul Hartmann, Paris 1937, and today almost completely forgotten. In addition to the fortythree selected papers, the original publication contained a superb essay by Louis Renou on the life and work of Sylvain Lévi, reprinted from Journal Asiatique, CCXXVIII, 1936, pp. 1-59, and a short introduction by Jacques Bacot. To these we are able to add a complete bibliography of some three hundred and fifty items, which covers not only the Indological publications, but the various subjects, notably Judaism, to which Sylvain Lévi applied his tremendous scholarship. This bibliography is supplemented by a word index which covers the entire work of Sylvain Lévi, including, of course, the papers reprinted here. The bibliography was prepared by Maurice Maschino and the index by Nadine Stchoupak. They are both reprinted from Bibliographie Bouddhique VII-VIII, 1934-1936.

The following are the most likely to appear as the subsequent volumes in this series: B. Datta and A.N. Singh, History of Hindu Mathematics, B. Faddegon, Vaiśeṣika Philosophy, and H. Oldenberg, Vorwissenschaftliche Wissenschaft (in a romanized edition).

We hope that this new series will contribute somehow to a revival of interest in classical India and Indology, which has been seriously deteriorating in the last years.

ELI FRANCO

INTRODUCTION

Ce livre réunit des études éparses qu'au hasard des sollicitations, surtout au cours de voyages aux Indes et en Extrême-Orient, Sylvain Lévi avait données en dehors de nos revues spécialisées : œuvre dispersée et peu accessible, dont le temps aurait aggravé toujours la dispersion. Le Comité de ce livre a chargé M. L. Renou d'en rassembler les éléments, de rechercher surtout ceux qui, égarés dans des recueils introuvables, auraient été finalement oubliés et perdus. Très petite partie de l'œuvre totale de Sylvain Lévi, elle en reflète cependant l'étonnante diversité. Si la deuxième partie, véritable enseignement posthume, est un précieux complément aux travaux d'érudition, la première, s'adressant à un public plus élargi, fera mieux connaître l'homme. Le savant a déjà été mis en lumière, et par des savants. L'homme lui fut égal, et en parler est une tâche non moins ambitieuse. Le savant et l'homme d'ailleurs ne sont pas aisément séparables. Sylvain Lévi eut une manière à lui d'être l'un, spécialisé et universel, comme il eut une manière à lui de rayonner à la fois par l'esprit et par le cœur.

La curiosité de Sylvain Lévi lui avait fait suivre l'Inde partout où sa civilisation s'était propagée. La rencontre de l'Inde avec la Grèce, la Grèce des conquêtes d'Alexandre et celle des relations maritimes, l'empire de la pensée indienne en Extrême-Orient, en Asie Centrale et dans l'Insulinde, avaient offert à la jeunesse de Sylvain Lévi un domaine encore peu exploité. Et comme l'époque de cette jeunesse était aussi l'enfance de la sinologie, après les langues sacrées de l'Inde, Sylvain Lévi apprit le chinois, puis, successivement, presque toutes les langues du bouddhisme. Il aura été le dernier indianiste à connaître tout l'indianisme. Désormais, ses connaissances se répartissent en plusieurs spécialités.

Le secret de son enthousiasme pour des études si arides, il l'a révélé un jour d'abandon : « La vérité ne reçoit pas d'hommage plus pur que celui du philologue incliné sur des textes qu'il est souvent presque seul à comprendre, presque seul à goûter, presque seul à apprécier, et qui ne doivent lui rapporter ni profit, ni notoriété. » Ce n'est pas l'orgueil de cette solitude qui l'enchante, mais la joie pure de chercher la vérité dans le silence du labeur nocturne, puis la lueur surgie tout à coup au fond des horizons obscurs du passé.

Ces travaux sur des sujets fermés et qui comptent peu de lecteurs, ont pourtant fait sa réputation mondiale, parce qu'ils donnent les repères solides, les points fixes sur quoi se fondent peu à peu l'histoire de l'Antiquité indienne et son rattachement à l'histoire générale. Sylvain Lévi sut discerner la valeur cachée, sous leur obscurité, de questions de détail, et situer les faits élucidés dans l'ensemble indien, souvent même dans l'ensemble plus vaste des civilisations voisines.

Dans la conférence intitulée *Les Grands Hommes dans l'Histoire de l'Inde*, il décrit le mécanisme de cette enquête gigantesque, précise les fins et moyens de l'Orientalisme. Il dit que la science européenne a révélé à l'Inde la grandeur de son passé. La part prise par lui-même à cette éducation de l'Inde fut considérable, par ses écrits et oralement, en France et au cours de ses voyages. Elle se continue après sa mort. Ses conversations avec Tagore furent le point de départ d'une activité scientifique dont on ne peut prévoir la conclusion dans l'avenir. Il convainquit le poète fondateur de l'Université Visva-Bhâratî, de la possibilité de retraduire en sanscrit, du chinois et du tibétain, les originaux sanscrits disparus. Aujourd'hui, à Santiniketan, une pléiade de traducteurs, formant d'autres traducteurs pour d'autres universités de l'Inde, disposant de bibliothèques tibétaines et chinoises, restitue à l'Inde une partie essentielle de son patrimoine littéraire et spirituel.

Par leur immense diffusion en Asie, par les secrets que décelait leur déchiffrement, les textes du bouddhisme avaient conquis la curiosité de Sylvain Lévi. La beauté de leur morale l'enthousiasma. La légende de Pourna, héros du renoncement à soi-même, l'attendrissait plus que celle de Vessantara, héros de la charité, bien que celle-ci fût plus populaire en Asie. La grandeur morale de Pourna est d'une essence plus pure et plus rare. A la base de cette loi morale et de cette loi sociale est la métaphysique de ces textes. Sylvain Lévi lui a consacré plusieurs ouvrages, mais, bien qu'il la pénétrât, il ne lui accordait pas la même admiration. Sa grande culture armait son jugement. Et il avait peu d'indulgence pour certaines adhésions éblouies et inconsidérées aux doctrines indiennes. Il avait mesuré l'écart des idées sous les ressemblances verbales. Sa réserve s'exprime dans la prudence de ses traductions. De peur d'introduire arbitrairement nos concepts avec les termes usuels de notre philosophie, il préféra traduire un à un tous les éléments d'un mot original et composer ces mots nouveaux dont il s'excuse et qui surprennent la première fois qu'on les lit.

Dans un livre récent, presque un testament spirituel, *L'Inde et le Monde*, il tire la conclusion de cinquante années de recherches et de réflexions. A l'examen microscopique des textes les plus obscurs, succède une faculté merveilleuse de prendre de la hauteur et de découvrir tout le cours des grandes civilisations, de parcourir, comme à longs coups d'ailes, l'étendue des empires et les siècles de leur passé. A aucun regard n'était encore ainsi apparue la grandiose unité de l'histoire. Ce livre, de dimensions si modestes pour un sujet si vaste, montre comme il faut peu de mots au génie pour développer de magistrales synthèses. A côté du style simple, presque familier, des travaux d'érudition, la langue de ce livre devient magnifique, simple toujours, grandie seulement des pensées qu'elle exprime.

C'est bien l'écrivain de *L'Inde et le Monde* que M. Foucher, naguère, qualifiait d'humaniste, humaniste dans l'acception la plus stricte, la plus historique, réservée à ceux qui auront recueilli le fruit spirituel des grands contacts entre peuples et en auront enrichi leur propre civilisation.

Le maître que fut Sylvain Lévi pendant cinquante ans, l'homme et le savant tout ensemble, n'est vraiment connu que de ses élèves. Il eut sa manière d'enseigner une science servie avec passion, à des élèves affectionnés paternellement. On peut l'imaginer en lisant ses ouvrages, ceux d'un cadre un peu large, comme l'est le programme d'une année de cours. Son livre sur le Népal, par exemple, est plein de la verve du professeur. A lire cette documentation pressée qui afflue de toutes parts, le Népal restant l'axe principal, il semble qu'on l'entende encore, alors qu'ayant tout retenu de ses lectures et de ses voyages, il drainait vers le sujet de ses cours tout ce qui pouvait le féconder et dispensait érudition ou souvenirs dans ces fameuses digressions qui étaient l'attrait et l'incomparable richesse de son enseignement. Dans d'autres travaux plus ardus, il se fait préparateur, cherchant par la disposition des données, à rendre sensible ce qu'il veut prouver, et laisse à son lecteur comme à son élève la satisfaction de le découvrir. Là encore, à côté du savant, nous retrouvons le *Guru*, celui qui voulait faire partager ses admirations, communiquer sa foi, qui vous faisait facilement crédit de ce qu'il savait, vous apprenait les choses en ayant l'air de vous les rappeler, vous persuadait au besoin que ce qu'il vous inspirait venait de vous. Celui dont l'enseignement était une collaboration incessante et, par son exemple, en même temps que l'enseignement du sujet de ses cours, celui de l'art d'enseigner.

Il suivait ses élèves dans leur vie pour peu qu'ils voulussent lui en faire confidence. Il se montrait alors paternel. Les anciens se rappellent les soirées du samedi, lorsqu'il réunissait chez lui la « famille orientaliste ». Jeune encore il en fut le chef. Du chef de famille il revendiquait les charges et parfois aussi l'autorité. Comme la nature de son enseignement lui attirait des élèves de tous les pays, il avait amassé une expérience humaine universelle. Convaincu que les hommes sont maîtres de leurs destinées, il souffrait de les voir si mal user de leurs prérogatives. Sa gaîté courageuse n'était pas optimisme, si on appelle ainsi un parti-pris de cécité commode. Il prenait au contraire une part ardente à la vie de tous, à ses afflictions sans nombre et à ses joies plus rares. Peu de cœurs furent aussi compatissants. A combien d'infortunes il fut secourable — et de la manière dont il est toujours difficile de n'être pas avare, car elle ne comporte pas de superflu — par le don de sa peine et de son temps ? Seuls le savent ceux qui vivaient près de lui.

Sylvain Lévi qui avait assigné à ses fonctions une limite d'âge, désirait pourtant de vivre longtemps, pour voir ce qui sortirait du creuset où il semble qu'un ordre nouveau s'élabore. Il pouvait, à volonté, prendre assez de recul pour voir en historien l'époque où nous vivons. Et cette curiosité était bien loin d'un dilettantisme de spectateur. Elle s'accommodait chez lui de l'activité la plus généreuse. Rien ni personne ne lui était indifférent. Selon qu'il jugeait ou ressentait, associant les idées avec sa vivacité habituelle, sa pensée, agile, paraissait changeante. Même s'il prétendait demeurer « dans les hauteurs sereines de la science », son cœur ne l'y suivait pas toujours. La contradiction n'était pas en lui, mais dans les choses. Elle était la logique d'une intelligence et d'une sensibilité supérieures souvent aux prises, l'une trop lucide pour ne pas échapper à l'empire de l'autre, ni partager un esprit sincère en d'intimes combats. C'est leur rencontre pathétique qui faisait la nature de Sylvain Lévi, si noble et si attachante. L'austère privilège de tout comprendre et de tout sentir met constamment en présence des vérités inconciliables de la vie. Certes, les doctrines impersonnelles, refuge des facultés moyennes, sont plus reposantes, plus accessibles à l'âme collective des hommes. Elles ne sauraient animer une vocation d'éducateur ; elles ne forment pas les esprits, n'éclairent pas les consciences, elles ne vivent pas.

Toujours aussi présent comme maître et comme savant, il dut encore, les derniers temps de sa vie, comme président de l'Alliance Israélite, faire face à des milliers d'espérances, soutenir notre réputation de générosité et de justice. La dernière année de Sylvain Lévi, la plus éprouvée par le malheur des autres et la plus vibrante d'émotion, fut aussi, sans qu'il parût autrement que par le dénouement, le soir qu'il tomba, la plus chargée des responsabilités, des soucis, des fatigues qui abrègent les jours. Sa vie pourtant longue fut si pleine, si ardente, si ascendante, que son arrêt soudain déconcerte ; elle laisse le souvenir de quelque chose de bref, de trop rapide, comme la jeunesse même, le souvenir d'un élan brisé. Le vide maintenant se mesure à la place immense que Sylvain Lévi avait remplie. C'est pourquoi l'hommage de ce livre fait de ses pensées s'offre de lui-même à Mme Sylvain Lévi et aux siens. Puisse-t-il atteindre tous ceux, si nombreux, qui seront désormais plus seuls, privés d'un ami, d'un maître, d'un guide ou d'un appui.

Jacques Bacot.

SYLVAIN LÉVI
ET SON ŒUVRE SCIENTIFIQUE

C'est[1] à l'appel d'Ernest Renan que Sylvain Lévi se fait inscrire, à la rentrée de 1882, comme auditeur de la conférence de sanskrit que donnait à l'École des Hautes Études Abel Bergaigne, « ce maître de génie, et qui n'avait pas d'élèves »[2]. Il était âgé de 19 ans, étant né le 28 mars 1863.

Dès lors sa vocation est fixée : après l'agrégation des lettres qu'il passe en 1883, il devient membre de la Société Asiatique en 1884 et cette même année obtient une bourse de voyage pour aller à Londres explorer les manuscrits indiens de l'*India Office*. Dès l'ouverture des cours de 1885-86, Bergaigne le présente pour la succession de Hauvette-Besnault, qui occupait le second poste de sanskrit existant à l'École et qui, avec un beau désintéressement, l'avait cédé spontanément à Sylvain Lévi. Ses premiers élèves sont M. Foucher, qui avait suivi lui-même la conférence de Bergaigne, puis Meillet et Finot. Bergaigne étant mort en 1888, il est chargé l'année suivante du cours de sanskrit à la Faculté des Lettres, tandis que V. Henry, un autre élève de Bergaigne, recevait de la même succession la charge de la grammaire comparée. Il résigne en 1894 cet enseignement, quand la disparition de Foucaux lui ouvre au Collège de France la chaire de « Langue et littérature sanscrites ». Dans l'intervalle, il avait exercé depuis 1886 une maîtrise de conférences créée pour Bergaigne à la section religieuse, nouvellement inaugurée, de l'École des Hautes Études, enseignement qu'il abandonnait en 1895[3].

1. Les notes qui suivent ne prétendent pas tenir lieu d'une bibliographie complète. On trouvera cette bibliographie, procurée par M. Maschino, en annexe au prochain fascicule de la *Bibliographie bouddhique*. M. Maschino a bien voulu nous communiquer son manuscrit, grâce auquel nous avons pu préciser plusieurs données.

2. Paroles de Renan à Marcelin Berthelot, transmises par le fils aîné de ce dernier à S. L.

3. Au profit de M. Foucher, qui le détient encore ; mais il devient directeur d'études à

Telles sont les étapes principales de sa carrière universitaire; si rapides qu'elles aient été, elles jalonnent déjà une longue série de travaux [1]. Il faut, pour les suivre, remonter aux débuts mêmes de son enseignement.

On ne saurait exagérer l'importance qu'a eue pour la destinée de Sylvain Lévi la rencontre de Bergaigne. Non seulement l'orientation générale de ses études s'en trouva dès l'abord décidée, mais c'est chez Bergaigne, c'est dans la critique radicale à laquelle ce savant avait soumis les notions du Veda que Sylvain Lévi historien crut reconnaître la nécessité de contourner l'Inde védique et fut amené à chercher au delà et en dehors de celle-ci l'accès aux réalités historiques. On sait quelle admiration exigeante il a conservée jusqu'au dernier jour pour son maître, qu'on ne l'entendit jamais appeler autrement que « Monsieur Bergaigne », et avec lequel il avait vécu cinq années de communion intellectuelle [2].

Le premier travail personnel de Sylvain Lévi date de 1885 : c'est une étude sur Kṣemendra [3], un auteur polygraphe de l'Inde médiévale, dont il retrace la carrière et décrit les œuvres ; il s'attache notamment à la *Bṛhatkathāmañjarī*, recueil de contes dont il définit la position dans le cycle dont elle relève : postérieure au *Kathāsaritsāgara*, antérieure au *Vetāla* (ou du moins à l'une de ses recensions), mais remontant comme ceux-ci à une même source perdue. Le jeune

titre honoraire, ce qui lui permet d'accéder à la présidence de la section en 1923. Quant à la chaire de la Faculté, elle a échu sous sa double spécification à V. Henry, pour être à la mort de ce dernier (1907) scindée à nouveau entre MM. Foucher et Vendryes.

1. Signalons à cette occasion, n'ayant plus lieu d'y revenir :

a. L'enseignement d'indianisme qu'il donna l'année scolaire 1919-20 à Strasbourg, à une époque où l'on pouvait encore caresser l'espoir que seraient maintenues dans l'Université reconquise les études orientales qui avaient tant contribué à son renom. C'est là qu'il fit l'un de ses cours les plus riches en faits nouveaux, sur les Navigations indiennes.

b. Parmi les missions dont il a été chargé à diverses reprises : sa participation en 1933 aux cérémonies en l'honneur de Serge d'Oldenbourg, devant l'*Académie des Sciences* de l'U. R. S. S. ; sa présence au Congrès des Orientalistes de Rome, en septembre 1935, à propos duquel M. Foucher écrivait par ouï-dire (notice nécrologique du *Temps*, numéro du 2 nov. 1935) : « c'est lui qui, d'un consentement unanime, avait été chargé de prendre la parole au nom des congressistes du monde entier, et il avait eu la coquetterie de le faire en latin » ; vérification faite, la première assertion est bien exacte et la dernière photographie que nous ayons de lui le montre en train de parler au Capitole; mais il le fit en français, et c'est au banquet de clôture qu'il prononça, en outre, une allocution en latin.

2. On doit rappeler à ce sujet qu'à la mort de Bergaigne, il reçut mission de Barth et de Senart de reviser sous leur contrôle les épreuves des *Inscriptions sanscrites de Campā*, que Bergaigne n'avait pu revoir en totalité, ainsi que le manuscrit, demeuré incomplet, de celles du *Cambodge*. C'est lui aussi qui publia les *Recherches sur l'histoire de la liturgie védique*, *J. as.*, '89, I, p. 5 et 121 : seul chapitre rédigé d'une longue étude que préparait Bergaigne.

3. *La Bṛhatkathāmañjarī de Kṣemendra*, *J. as.*, '85, II, p. 397 et '86, I, p. 178 ; cf. *ibid.*, '88, II, p. 59, l'éloge que fait de ce travail J. Darmesteter au cours de son *Rapport* annuel. Il est remarquable que, sous l'influence probable de S. L., le premier travail de M. Foucher concerne également un texte de Kṣemendra, le *Daśāvatāracarita*, *J. as.*, '92, II, p. 167.

indianiste s'y révèle en possession de tous ses dons et prêt à courir tous les risques : il se place d'emblée au centre d'un problème vaste, complexe, il se fraye une voie personnelle à travers une masse de renseignements qu'il remue et ordonne au passage. L'édition et la traduction de fragments de la *mañjari* qu'il donne en annexe montrent sa maîtrise du sanskrit, et qu'il a déjà acquis dans la traduction ce tour à la fois souple et littéral qui a été le sien, tour dont il a plus tard accentué le caractère, et qui résout de manière personnelle un problème toujours instant à ceux qui veulent rendre dans une langue comme la nôtre les œuvres poétiques du sanskrit.

Cette étude atteste en même temps la préférence qu'a son auteur pour les domaines inexplorés : Kṣemendra venait à peine d'être découvert par ce rude pionnier que fut Bühler, son œuvre était inédite. Et le fruit de cette découverte n'était pas l'élucidation d'une simple enquête d'érudition locale : l'abrégé de la *Bṛhatkathā* compilé par Kṣemendra projetait quelque lumière sur le problème de Guṇāḍhya et des contes *paiśāca* : par une de ces intuitions dont est remplie toute sa carrière, Sylvain Lévi anticipait ici sur sa trouvaille népalaise d'une nouvelle recension de ces mêmes contes, et sur une multitude de travaux qui ont accompagné jusqu'à nos jours l'espoir de percer le mystère de Guṇāḍhya (on sait qu'il y a trois ans encore la fausse nouvelle lui parvenait de l'Inde qu'on avait enfin retrouvé la *Bṛhatkathā*) [1].

Les années qui suivent [2] sont occupées par la préparation du livre sur le *Théâtre*, qui parut en 1890 comme thèse de doctorat [3].

Qu'est-ce qui l'avait attiré vers le théâtre ? Ce n est sans doute pas tant le goût que, de tradition, a manifesté pour ce domaine toute une *paraṃparā* d'indianistes français, sous les espèces d'une érudition tantôt sérieuse, tantôt aimable : depuis Chézy et sa *Sacountala*, jusqu'à Nève, Strehly, Regnaud, Foucaux, Henry, Ber-

1. Il sera ramené incidemment au problème de la Bṛhatkathā en 1925, v. ci-dessous, p. xxxvii ; la nouvelle recension dont nous parlons est celle du *Bṛhatkathāślokasaṃgraha* de Budhasvāmin, édité et traduit à partir de 1908 par Lacôte, l'un des élèves de S. L., prématurément disparu ; cf. du même la thèse de Paris ('08), *Essai sur Guṇāḍhya et la Bṛhatkathā*, qui doit beaucoup à l'enseignement de S. L. et où l'on trouvera p. 111 une discussion sur certains points du mémoire précité.

2. Signalons toutefois *Deux chapitres du Sarva-Darśana-Saṃgraha* in *Etudes de critique et d'histoire* (= *Bibl. Ec. Htes Et.*, *Sc.*, *rel.*, I ; Paris, '89), p. 281 : étude serrée du système *pāśupata* et du système *śaiva*, les deux grandes doctrines śivaïtes, avec recours direct aux sources par delà Colebrooke et autres.

3. *Le Théâtre indien*, Paris '90 (*Bibl. Ec. Htes Et.*, *Sc. Philol.*, LXXXIII). Comptes rendus : Pischel, *G. G. A.*, '91, p. 353. Barth, *Rev. cr.*, '92, II, p. 185 (repris *Œuvres complètes*, IV, p. 145). Oldenberg, *D. Rschau*, août '91, p. 317. Regnaud, *Rev. ling.*, XXIV, p. 258. Windisch, *Lit. Centralbl.*, '92, p. 17. D'après S. L., Senart : *Le Théâtre indien*, *Rev. Deux Mondes*, 1er mai '91, p. 84. Ad S. L. et Barth : Grierson, *Ind. Ant.*, XXIII, p. 109.

gaigne surtout, qui avait publié une version de *Śakuntalā* et une autre de *Nāgānanda*. Il s'agissait beaucoup plutôt d'une inclination d'ordre artistique : il suffit de rappeler ses propres termes : « si nous avons donné la préférence à ce genre littéraire, c'est que la poésie indienne lui doit ses plus glorieux chefs-d'œuvre », etc. (p. 9) ; ou : « l'Inde antique a façonné le *nāṭaka*, qui reste encore la plus heureuse invention dramatique du génie indien », etc. (p. 429).

Pour apprécier cette œuvre en toute justice, il ne faut pas la considérer avec nos yeux d'aujourd'hui, quand cinquante années de recherches ont fait passer dans le domaine courant bien des points qui étaient alors nouveaux, en ont compromis ou éliminé quelques autres. Il faut se reporter à un temps où n'existait d'autre travail d'ensemble sur la littérature dramatique que les *Select Specimens* de Wilson qui datent de 1827 ; où peu de textes littéraires étaient accessibles ; sur 300 pièces dont on savait l'existence, chiffre qui serait sans doute triplé aujourd'hui, 37 seulement étaient éditées, et pour la plupart d'une manière qui laissait à désirer ; 6 *Alaṃkāraśāstra* seulement étaient imprimés ; moins de 20 comédies avaient fait l'objet d'une traduction en une langue européenne. A vrai dire, excepté pour le *chāyānāṭaka*, Sylvain Lévi n'a utilisé que du matériel imprimé ; mais dans ces limites mêmes, la tâche était considérable, hérissée de difficultés. Et pourtant le livre une fois lu donne partout l'impression qu'elle était simple.

Il se présente, dans sa portion centrale, comme une description historique de la littérature théâtrale. D'abord les personnalités prépondérantes, précurseurs de Kālidāsa aujourd'hui encore si mal connus, Kālidāsa lui-même, Harṣa, Śūdraka ou le pseudo-Śūdraka, Bhavabhūti et ses successeurs ; ensuite les genres irréguliers, les ordres mineurs, sur quoi Sylvain Lévi paraît avoir été le premier à appeler l'attention et qui, par ce qu'ils laissent entrevoir du théâtre d'ombres, du mime et des marionnettes, des tréteaux populaires, projettent sur les origines un jour meilleur que la haute comédie normale et normalisée. Analyse des principales œuvres, biographie des auteurs, arguments pour et contre telle attribution, appréciations littéraires : tout est passé en revue et mis à sa place, sauf les questions de style que, par un parti-pris dont il a donné les raisons, il a cru devoir laisser à l'écart. Du moins a-t-il fourni des vues personnelles sur les rapports du sanskrit et du prâkrit dans le drame, sur la coïncidence entre les dialectes littéraires et les dialectes géographiques ; il a repris l'hypothèse, qu'on avait formulée pour le théâtre comme à diverses reprises on l'a fait pour l'épopée ou les *Purāṇa*, d'un original moyen-indien dont le drame classique serait une transposition savante en sanskrit.

Comme dans nombre de ces thèses d'autrefois, l'appareil d'érudition est relégué dans un appendice, et même les discussions d'ordre purement philologique sont évitées : c'est ainsi qu'il est à peine parlé des recensions de *Śakuntalā*, au sujet desquelles une controverse fameuse s'était élevée entre Pischel et Weber au cours des années 1870 à 1876. En revanche, Sylvain Lévi prend une position personnelle dans les problèmes de chronologie : il est le premier à dénier à la *Mṛcchakaṭikā* la datation reculée qu'on admettait communément alors, dans l'ignorance où l'on était de son caractère de réfection secondaire par rapport au *Cārudatta* de Bhāsa. En 1902 d'ailleurs il a posé l'éventualité d'un retour à l'opinion ancienne, quand il a cru pouvoir situer dans un cadre historique précis le personnage du *śakāra*[1].

Comme on le sait, comme on l'a appris surtout par cet ouvrage, il y a une conformité stricte entre la poétique normative et le drame, à tel point qu'on pourrait hésiter à déterminer par avance que la poétique a commandé le drame ou qu'elle y a adhéré, si précisément les comédies exhumées depuis lors n'avaient permis de modifier quelque peu les termes de l'alternative. Sylvain Lévi a accordé une attention considérable à décrire, d'après les théoriciens, les genres dramatiques, les ressorts de l'action et les caractères, les ornements et les *vṛtti* ou « manières ». Partie sévère de l'ouvrage, dont il tempérait l'aridité au moyen de citations nombreuses empruntées aux stances dramatiques, de préférence à *Śakuntalā* qui aura été une des vives jouissances littéraires de sa vie.

Cette partie est nouvelle dans une large mesure : Wilson ne contenait sur la théorie du drame que des vues assez succinctes, et la *Rhétorique* de Regnaud ne concerne pas l'art dramatique à proprement parler.

Le reste de l'ouvrage est consacré à une série de problèmes importants, extérieurs à la description qui précède. Tout d'abord les origines mêmes du drame : il les recherche dans les canevas dramatiques que fournissent en abondance les *itihāsa* de l'épopée, et par delà, dans ces schèmes de figuration scénique que paraissent être les hymnes dialogués du *Ṛgveda*. Sur ce dernier point, il apportait un fait presque entièrement neuf, puisque seul Max Müller avait supposé de manière incidente une valeur dramatique à ces compositions. Il donnait ainsi le branle à une interprétation de ces hymnes qui a joui d'une fortune considérable et qui, replacée dans le cadre des activités rituelles dont Sylvain Lévi la laissait dissociée (car on ne peut plus s'appuyer aujourd'hui sur la prétendue absence de

1. *J. as.* '02, I, p. 123, v. ci-dessous p. XXVI ; sur la question, v. en dernier lieu CHARPENTIER, *J. R. A. S.*, '25, p. 237, qui développe les vues de S. L. ; dans l'intervalle, KONOW, *Ind. Drama*, p. 15 ; CHARPENTIER, *Z. D. M. G.*, LXXI, p. 368. Cf. enfin l'article posthume *J. as.*, '36, I, p. 73.

viniyoga qui caractériserait ces dialogues), conserve sans doute plus de chances de vérité que la théorie adverse, lancée presque en même temps par Oldenberg, soutenue par divers auteurs, sur la valeur *ākhyāna* à reconnaître pour ces mêmes hymnes [1].

Un autre chapitre important, annexe d'ailleurs au précédent, traite de l'influence grecque. Dans un mémoire paru en 1882, Windisch avait pris position en faveur de cette influence. Sylvain Lévi, après Pischel et Barth, la rejette délibérément ; ici encore, il a douze ans plus tard évoqué la possibilité d'un retour partiel à Windisch. La question demeure ouverte ; mais le progrès qu'elle a fait (si l'on peut appeler cela un progrès) dans la voie de l'incertitude, résulte moins d'arguments nouveaux tirés de la technique du théâtre que d'une série de présomptions d'ordre archéologique, littéraire et culturel, qu'on ne pouvait formuler aisément en 1890 [2].

Suit un chapitre intéressant sur la « pratique du théâtre », mise en scène, troupes d'acteurs, etc. Ici l'on sort des conventions et l'on accède à des réalités : le fait vaut d'être signalé dans le domaine des choses indiennes. Il faut reconnaître l'ingéniosité des analyses que Sylvain Lévi, non linguiste, mais qui avait un sens profond des réalités sous les mots, donne de certains termes importants relatifs au théâtre et qui en éclairent inopinément la genèse. Enfin, avec cet enthousiasme dont il ne s'est jamais départi et qui s'accordait harmonieusement chez lui avec certains jugements d'une étonnante sévérité, il décrit ce qu'il pensait être les témoignages et les promesses d'une « résurrection » du théâtre classique dans l'Inde contemporaine, là où Barth, dans une défiance dont le temps n'a pas démenti la sagesse, ne voyait, suivant son expression, que « rien et moins que rien ».

Il est regrettable que le *Théâtre Indien* n'ait pas bénéficié d'une seconde édition ; que, tout au moins, Sylvain Lévi n'ait pu procurer cette réimpression qu'il semblait disposer à accepter ces dernières années et qui, maintenant la présentation du livre sous sa forme désormais historique, eût simplement obvié aux lacunes les plus graves créées par le progrès de la recherche : un appendice nouveau eût annexé une étude sur les drames attribués à Bhāsa, retrouvés en 1910 par un savant indien qui devait lui-même sa vocation à Sylvain Lévi, Gaṇapati Śāstrī ; et une seconde peut-être, sur les fragments du théâtre bouddhique exhumés en 1911 par von Le Coq et publiés par M. Lüders.

1. La bibliographie la plus récente est chez Winternitz, *Hist. Ind. Lit.*, I², p. 100 sqq.

2. Bibliographie récente chez La Vallée Poussin, *L'Inde aux temps des Mauryas*, p. 230. Cf. S. L., *J. as.*, '02, I, p. 124 (ci-dessous p. XXVI, n. 2).

En résumé, un livre dont la valeur de référence est nécessairement diminuée, mais dont l'utilisation sera longtemps encore possible, indispensable même sur beaucoup de points, parce qu'il contient une masse de renseignements mieux formulés ou plus explicitement que chez certains auteurs de manuels qui lui ont emprunté beaucoup et parfois sans le dire. Ajoutons qu'il est rédigé dans une langue d'une étonnante aisance, emportée par un courant de vivacité abondante et comme familière [1].

Ce livre occupe dans l'œuvre de Sylvain Lévi une place privilégiée ; il couronne l'étape de l'indianisme humaniste et littéraire. Sans rien laisser entamer au dedans de lui-même de ses joies d'artiste, Sylvain Lévi oriente dès lors sa production presque tout entière dans les chemins de la pure érudition.

Chemins que définit avec une admirable précision la leçon inaugurale de 1890 [2], qui préfigure quarante-cinq années de recherches. Asseoir sur des bases chronologiquement sûres l'histoire de l'Inde, en prenant pour point de départ les siècles les plus proches de l'ère, ceux où, au sortir de la confusion védique, on voit l'Inde prendre forme par l'arrivée en couches successives des dynastes grecs, des monarques ou gouverneurs d'origine iranienne, que suivront les pèlerins chinois et les voyageurs arabes. Remonter par conséquent aux sources grecques, aux

1. On groupera ici quelques appréciations notables sur le *Théâtre indien :* « ouvrage extrêmement méritoire et habilement fait », Pischel (fin du c. r. précité) ; « le meilleur exposé d'ensemble sur le drame indien », HILLEBRANDT, *Alt-Indien*, p. 147 ; « une des œuvres les plus fortes et les plus neuves que l'histoire littéraire ait produites dans ces dernières années », DARMESTETER, *J. as.*, '92, II, p. 61 ; enfin (c. r. précité) Barth, qui n'est pas suspect d'indulgence pour la production indologique de son temps, ni pour celle de S. L. en particulier, s'exprime ainsi : « c'est donc une véritable et grande lacune que M. Lévi s'est proposé de combler, et il a exécuté son dessein de façon à satisfaire les plus difficiles. Les sources, même éloignées et indirectes, ont été recherchées, étudiées, interprétées, parfois précisées avec le soin le plus louable. Sous ce rapport, le travail n'est pas seulement au courant d'une façon générale; comme un bon livre de compte, il est au jour à l'instant précis où il a été publié. La masse des documents ainsi mis à contribution est très considérable, et je ne sais pas ce qu'il faut admirer le plus, de l'industrie de M. Lévi à les réunir et à les contrôler, ou de l'aisance avec laquelle il a su les manier. Les erreurs de détail, les lapsus mêmes sont infiniment peu nombreux au milieu de cette multitude de faits. En même temps, le livre est aussi littéraire que savant; d'un bout à l'autre, il est écrit avec un entrain et une verve qui triomphent parfois des embarras de la technique la plus rebutante. »

C'est le livre en tout cas qu'il paraissait préférer, quoiqu'il fût le dernier à se dissimuler l'étendue de la révision qu'il nécessitait. Il aimait rappeler des anecdotes joyeuses relatives à la préparation de cet ouvrage, à la soutenance devant la vieille Sorbonne, mal préparée à connaître des antiquités d'un pays qu'un des membres du jury d'alors caractérisait avec effusion comme celui des bayadères et des mancenilliers! Il rappelait aussi avec une légitime fierté qu'au *Congrès* de 1895, Weber, le doyen des orientalistes, chargé d'ans et d'honneurs, à demi aveugle, demanda qu'on le conduisît vers l'auteur du *Théâtre indien*, et lui adressa en public un hommage particulièrement émouvant.

2. *Abel Bergaigne et l'Indianisme* (*Leçon d'ouverture du cours de sanscrit à la Faculté des Lettres*), *Rev. bleue*, '90, I, p. 261.

sources chinoises, observer les mouvements d'échanges culturels entre l'Inde et les nations périphériques. Et, comme il apparaît nettement à ses yeux que le bouddhisme a été le véhicule de l'expansion indienne dans l'Asie orientale, on peut prévoir dès lors qu'il sera conduit à mettre le bouddhisme au centre de ses recherches. C'est pour le bénéfice de l'histoire indienne qu'il a fait du bouddhisme, il s'agissait de ramener l'Inde dans le courant de l'histoire universelle, redonnant par là son vrai sens à la civilisation indienne.

C'est l'année même où paraissait le *Théâtre* qu'il aborde la première partie du programme : dans ses *Notes sur l'Inde* [1], il pose des correspondances entre l'onomastique de Pāṇini et le Penjab connu d'Alexandre, d'où il conclut que Pāṇini « est très probablement contemporain de l'invasion macédonienne », tandis que dans ses *Notes de chronologie* [2], les premières d'une série féconde, il descend quelques siècles pour identifier le Coelobothras de Pline avec Śālivāhana, d'où résulte que ce dernier serait le vainqueur des Śaka et le fondateur de l'ère 78. Deux points de repère importants seraient ainsi acquis.

Cette même année il amorce la question des contacts entre l'Inde et le monde extérieur par sa brillante thèse latine [3], qui coordonne tous les renseignements que l'Inde possède sur les Grecs, montre l'extension précise de l'influence grecque et confirme que les documents grecs et indiens se recouvrent exactement pour la période indo-grecque. L'année suivante, il examine inversement [4] la pénétration des doctrines bouddhiques dans la Grèce hellénistique, au témoignage de l'épigraphie et de la littérature. C'était l'adieu à la Grèce de l'helléniste qu'il avait souhaité un temps devenir ; c'était en même temps l'entrée, de front, du boud-

1. *Notes sur l'Inde à l'époque d'Alexandre*, *J. as.*, '90, I, p. 234. Cité avec éloge dans le *Rapport* annuel de Darmesteter, *ibid.*, '90, II, p. 56.

2. *Notes de chronologie indienne* : 1. *Śālivāhana dans Pline; 2. La date de Vasubandhu*, *J. as.*, '90, II, p. 547. Appartiennent à la même série les *Notes de chronologie indienne* : [3.] *Devānāṃpriya, Aśoka et Kātyāyana*, *ibid.*, '91, II, p. 549, où d'une part il tente d'expliquer en fonction de l'histoire le changement d'acception pris par le titre royal *devānāṃpriya*, et où d'autre part il complète l'enquête précédente en posant que Kātyāyana serait contemporain de « Piyadasi » ou de son successeur. Sur ces problèmes très discutés, v. la bibliographie chez La Vallée Poussin, *L'Inde aux temps des Mauryas*, p. 35 et notamment p. 41. S. L. a réfuté des objections soulevées par Vinson sur la question de Śālivāhana dans une note de *J. as.*, '91, I, p. 337 : S. L. est revenu sur cette question au moins à deux reprises, dans l'article de 1902 (ci-dessous p. xxvi) et dans l'article posthume (*J. as.*, '36, I, p. 97 et *passim*), attestant par là de façon remarquable la continuité de ses préoccupations. Enfin, touchant la date de Vasubandhu, v. encore ci-dessous p. xxviii, note.

3. *Quid de Graecis veterum Indorum monumenta tradiderint*, Paris, '90. Cf. Darmesteter, *J. as.* '92, II, p. 60. Compte rendu : Franke, *Be. philol. Ws.*, '91, p. 45. Un résumé en français de cette thèse, accompagné de quelques faits nouveaux, a été fourni par l'auteur sous le titre *La Grèce et l'Inde d'après les documents indiens*, *Rev. ét. gr.*, IV ('91), p. 24. V. ci-dessus p. xvi.

4. *Le bouddhisme et les Grecs*, *Rev. hist. rel.*, XXIII ('91), p. 36.

dhisme dans son œuvre. C'est le bouddhisme aussi qu'intéresse, et de façon plus centrale, l'article de 1892 sur Aśvaghoṣa [1], l'écrivain génial dont il a l'un des premiers reconnu l'importance dans l'histoire des lettres et des doctrines, et qui était destiné à devenir l'un des pivots de sa recherche. Il se proposait alors de publier le *Buddhacarita* ; le texte sanskrit, parcouru par le seul Burnouf qui en avait entrevu l'intérêt, sommeillait inédit dans quelques bibliothèques d'Europe. Il donne en spécimen le texte et la traduction française du premier chant, quand la nouvelle que l'indianiste anglais Cowell avait assumé l'édition vint, interrompant sa tâche, lui ravir un titre qui devait légitimement être le sien.

Dans ces années 90, les voies s'ouvrent où le jeune savant s'engage presque simultanément. La plus importante est celle qui le mène, dès 1890, par l'étude du chinois, à accéder de première main aux sources chinoises du bouddhisme. Il y fut porté d'abord par le désir de contrôler les informations que le sinologue d'alors, Ed. Specht, ne pouvait lui fournir assez sûres à son gré. Le premier résultat de cette nouvelle direction est l'étude de 1893 [2] où, grâce à deux versions chinoines de l'*Abhidharmakośa* de Vasubandhu, il rétablit une citation du *Milindapañha* dont Burnouf, puis Rhys Davids n'avaient pu reconnaître le sens. La même année il introduit et annote la version chinoise du *Milinda* publiée par Specht [3]. Mais ses études chinoises devaient prendre un tour décisif à partir de 1894, quand Chavannes, revenant de son voyage en Chine, est mis par l'amitié prévoyante de M. Foucher en contact avec Sylvain Lévi. Commence alors cette longue collaboration, l'une des plus fécondes qu'il nous ait été donné de voir, et qui était destinée à durer en quelque sorte au delà de la mort, puisqu'en 1934 Sylvain Lévi contribuait encore à la publication posthume du tome final des *Cinq cents contes*.

Avec Chavannes, il publie en 1894 une *Note* sur les inscriptions de Kiu-yong Koan [4] : sa part propre est d'interpréter la portion tibétaine de ces célèbres inscriptions, — car dans l'intervalle il avait, comme en se jouant, appris le tibétain.

1. *Le Buddhacarita d'Aśvaghoṣa*, *J. as.*, '92, I, p. 201. Cf. l'article de Peterson, *J. Bo. As. Soc.*, XVIII ('95), p. 282, qui reproduit une partie des données de S. L. et notamment la version du 1er chant.
2. *Un nouveau document sur le Milinda-praśna*, *C. r. Ac. Inscr.*, '93, p. 232.
3. Ed. Specht, *Deux traductions chinoises du Milindapañho* (avec une introduction et des notes par S. L.), Paris, '93. Ce mémoire avait été présenté dès 1892 au 9e *Congrès des Orientalistes*, cf. *Transactions*, I ('93), p. 518. Bibliographie sur les traductions du Milinda chez Winternitz, II², p. 177 : on doit citer spécialement Demiéville, *B. E. F. E.-O.*, XXIV, p. 1 (et cf. p. 35), qui prend son point de départ sur ce vieux travail de S. L. et Specht.
Dans les mêmes *Transactions*, I, p. 366 : *Un projet de cartographie historique de l'Inde*.
4. Ed. Chavannes et S. L., *Note préliminaire sur l'inscription de Kiu-yong Koan*, *J. as.*, '94, II, p. 354.

En 1895, il commente l'itinéraire du pèlerin Wou-k'ong[1], qui passa 38 ans dans l'Inde du VIIIe siècle et se fit moine dans un couvent du Gāndhāra ; Chavannes avait fourni parallèlement la traduction de cet itinéraire. Enfin en 1896[2], la version chinoise qu'il a retrouvée du *Rāhulasūtra*, un traité du *Madhyamāgama*, lui permet de confirmer l'hypothèse d'Oldenberg sur l'identité de ce texte avec le *Lāghulovāda* que cite l'édit de Bhabra.

Mais les recherches proprement indiennes ne ralentissent pas pour autant. Cette même année, il étudie les chartes des donations faites à des communautés ou à des personnalités religieuses par les souverains de Valabhī[3], chartes qu'on avait récemment découvertes, non encore interprétées. Travail exemplaire qui, sur la base de documents épigraphiques, aboutit à reconstituer l'histoire des sectes du Kathiawar entre les VIe et VIIIe siècles, et notamment à mesurer, sur un domaine limité, la reprise du brâhmanisme et la décadence du bouddhisme.

C'est encore en 1896 qu'il aborde la question des « Indo-Scythes »[4] et de

1. *L'itinéraire d'Ou-k'ong* (751-790), traduit et annoté par S. L. et Ed. Ch., *J. as.*, '95, II, p. 341. Il reviendra sur un point particulier de cette relation dans son mémoire posthume, cf. *ibid.*, '36, I, p. 83.

Ibid., '96, I, p. 161 : *Note rectificative sur le Ki-pin.* — K. = Kapiśa.

De la même époque : *Note on the Chinese equivalent of Raṅgamāti*, *Proc. As. Soc. Beng.*, '95, p. 87.

2. *Notes sur diverses inscriptions de Piyadasi*, *J. as.*, '96, I, p. 460. — Il s'agit de la seconde de ces notes (p. 475) ; la première a trait au nombre « 256 » figurant à la fin de certains édits d'Aśoka, et qu'il explique comme « la notation officielle du nombre des *akṣaras* contenus dans [ces édits] ». Il se rangera plus tard à une interprétation plus vraisemblable, ci-dessous, p. XXXIII, n. 1.

3. *Les donations religieuses des rois de Valabhī* in *Études de critique et d'histoire*, II (= *Bibl. Ec. Htes Et.*, *Sc. rel.*, VII ; Paris '96), p. 75. S. L. considérait ce travail comme l'un des plus instructifs qu'il lui ait été donné d'accomplir.

4. *Notes sur les Indo-Scythes*, *J. as.*, '96, II, p. 444 (« 1. Les contes »), et '97, I, p. 5 (« 2. Les textes historiques »). Traduction anglaise, en partie abrégée, *Ind. Ant.*, XXXII, p. 381 et 417, XXXIII, p. 10 et 110 (avec quelques notes nouvelles de S. L.) ; résumé en anglais, *Anal. Bolland.*, XXV, p. 196. Note additionnelle de S. L., *J. as.*, '97, II, p. 526, sur un récit chinois relevant du cycle de Kaniṣka (en réponse aux critiques de Specht, *ibid.*, '97, II, p. 152 : polémique qui consacre la rupture avec Specht). Compte rendu : Barth, *Rev. hist. rel.*, XLI, p. 190 (= *Œuvres complètes*, II, p. 325), sceptique sur les conclusions.

S. L. reviendra notamment sur la datation de Kaniṣka en 1914 (ci-dessous, p. XXXIII, n. 2) ; mais, dans *L'Inde et le monde*, il s'exprime en termes très généraux : « vers le milieu du IIe siècle avant l'ère chrétienne, une immense migration de peuples... porte sur le Haut-Oxus, aux confins de l'Inde, des envahisseurs scythiques, Sakas et Yue-tchi... » (p. 39) et *ibid.*, « Gondopharès se trouve inséparablement lié aux origines chrétiennes ; ... c'est lui qui, par l'entremise du courtier Abbas, engage à son service l'apôtre Thomas comme architecte... et qui attire ainsi dans l'Inde le premier messager de l'Évangile » ; plus réticent dans l'*Histoire générale des peuples* (ci-dessous, p. XLVIII, n. 2) : « l'incertitude de [la] date [de Kaniṣka], portée de 57 av. J.-C. à 200 ap. J.-C. par les combinaisons des érudits, révèle l'état précaire de nos connaissances chronologiques sur le domaine indien » (p. 363). Dans le travail posthume, *J. as.*, '36, I, il s'est rallié quant à la date de Kaniṣka à l'opinion courante, cf. notamment p. 103 et 114 ;

Kaniṣka, qui devait demeurer si longtemps au centre de ses préoccupations scientifiques. Pressentant dès lors que le génie artistique et littéraire de l'Inde a dû s'élaborer sous les dominations śaka et kuṣāṇa, il reprend par la base les discussions sur la chronologie et sur l'ère qui la commande. Mais ici les sources chinoises le conduisent à un parti extrême, qui a été vivement combattu, et que sans doute il a lui-même abandonné tacitement plus tard. Sur la foi que Kaniṣka aurait fait porter en Chine des livres bouddhiques en l'an 2 de notre ère, il croit pouvoir reporter aux années 50 av. J.-C. les débuts de son règne. C'est en annexe à ce même mémoire qu'il donne l'appui de son érudition au synchronisme que postulent les apocryphes chrétiens entre l'apôtre Thomas, le prince parthe Gondopharnès et le roi kuṣāṇa Vāsudeva (« Mazdeo ») : ranimant, là encore, une longue controverse où le suivent aussitôt Halévy et Specht. Mais, indépendamment de la chronologie, les deux articles sur les Indo-Scythes contiennent nombre de renseignements, pour la plupart nouveaux, sur le règne de Kaniṣka, ses campagnes, sa propagande bouddhiste : l'occasion s'offrait à lui de traiter à nouveau d'Aśvaghoṣa, que la tradition veut avoir été le conseiller spirituel du roi, et pour la première fois Sylvain Lévi fait connaître des passages du *Sūtrālaṃkāra* d'après la version chinoise de Kumārajīva, du ve siècle.

Quand se situe vers la fin de 1897, le départ de Sylvain Lévi pour l'Inde, qui, achevant cette période fructueuse, imprime un élan nouveau à sa recherche, l'indianisme « ancien » est clos dans son œuvre par le livre sur les *Brāhmaṇa*[1] :

est déjà significatif le titre *Kaniṣka et Śātavāhana : deux figures symboliques de l'Inde au 1er siècle.*

Bibliographie sur les « Indo-Scythes » et sur Kaniṣka en particulier chez La Vallée Poussin, *L'Inde aux temps des Mauryas*, p. 318 et surtout p. 343 ; *ibid.*, p. 323, sur l'introduction du bouddhisme en Chine ; *ibid.* enfin, p. 270, sur le problème de Gondopharnès, qui dans l'article de S. L. ('97, I, p. 27) est traité sous le titre séparé de *Saint-Thomas, Gondophares et Mazdeo.* Sur la date de Kaniṣka, cf. enfin la bibliographie récente de Winternitz, II², p. 611.

On joindra ici deux autres articles de la même époque : *Deux peuples méconnus* in *Mél. Harlez* (Leyde, '96), p. 176 : il s'agit des Muruṇḍa et des Cañcuka, au sujet desquels S. L. rassemble toutes les informations qu'on possède, de provenance surtout chinoise. — Et *Une poésie inconnue du roi Harṣa Śīlāditya* in *Actes du 10e Congr. Or.*, IIa ('97), p. 187 : il s'agit d'un hymne « aux huit grands nobles *stūpa* », découvert sous sa version tibétaine et remis en sanskrit par S. L. ; prélude aux restitutions que fera plus tard, sur une plus grande échelle, S. L. et à son exemple divers érudits indiens, russes, etc. — De la même époque : *Kapilavastu* in *Hansei Zasshi*, XIII ('98), p. 321. — On peut encore citer pour mémoire la traduction qu'il a donnée dans la *Rev. hist. rel.*, XXXIV ('97), p. 318, d'un travail de Wassilieff, intitulé (sous sa forme française) *Le buddhisme dans son plein développement d'après les Vinayas.*

1. *La doctrine du sacrifice dans les Brāhmaṇas*, Paris, '98 (*Bibl. Ec. Htes Et., Sc. rel.*, XI). Comptes rendus : Mauss, *Ann. sociol.*, III, p. 293. Barth, *Rev. hist. rel.*, XXXIX, p. 88 (repris *Œuvres complètes*, II, p. 257). Roussel, *Bull. cr.*, '99, p. 292. Caland, *G. G. A.*, '01, p. 125. Œrtel, *Am. J. Philol.*, XX, p. 444. — Sur les conceptions des *Brāhmaṇa*, avec discussion des

lequel paraît en 1898, publié par les soins de M. Foucher et de Finot, alors que son auteur était déjà rendu au Népâl.

Le *Veda* n'occupe pas une place éminente dans l'œuvre de Sylvain Lévi. Non point tant pour des raisons littéraires ; s'il ne dissimulait pas sa répugnance pour la langue barbare des hymnes, pour ce « galimatias » que notre ignorance ajoute aux trop certaines incohérences du texte, il prisait fort, en revanche, le style de la prose védique, et il lui arrivait de dire qu'elle n'avait d'égale à ses yeux que celle des dialogues de Platon. Mais sa position relevait de considérations plus générales. Il était lassé des contradictions où se débattait l'exégèse védique la plus élémentaire, et surtout des exagérations par lesquelles le XIXe siècle avait compromis ces études, jusqu'à voir dans le *Veda*, comme on sait, non seulement la source d'où émanait tout ce qui sur le plan culturel est apparu depuis dans l'Inde, mais encore le livre par excellence des peuples aryens, qu'on prétendait parfois opposer à l'autre Bible. Notions qui font sourire, mais qui n'avaient pas perdu toute leur force à une époque où Max Müller, qui d'ailleurs était parmi les plus modérés, était encore vivant. Notions en tout cas qui ont amené Sylvain Lévi par réaction à certaines attitudes fatales : il ne croyait pas à la chronologie védique, l'étagement linguistique des textes ne répondant pas pour lui à une succession dans le temps, mais à une simple diversité dans la volonté d'archaïser. Il inclinait à nier l'existence d'une société, d'une civilisation védiques, au point de considérer, comme la critique de Bergaigne l'y invitait en apparence, que cette littérature était le produit d'une élaboration sacerdotale, sécrétée en dehors de toute réalité et pour ainsi dire en dehors du temps. D'ailleurs et par voie de conséquence, il n'admettait guère le principe d'une antiquité considérable de ses textes, et les découvertes archéologiques de Mohenjo-Daro étaient venues comme à point le confirmer dans ses vues.

Toutes opinions qu'il n'a formulées nulle part en écrit, si ce n'est que certaines d'entre elles transparaissent à l'état diffus dans tel article ou telle conférence de vulgarisation [1]. Dans l'Introduction de son livre sur les *Brāhmaṇa*, où il traite des

points de vue de S. L., v. en particulier OLDENBERG, *Weltansch. der Br.-Texte* ('19) ; sur le *ṛta*, OLDENBERG, *op. cit.*, p. 124, et *G. N.*, '15, p. 167 n'est pas d'accord avec S. L.

1. Il ne sera pas utile de grouper ici les principaux textes de S. L. relatifs au *Veda* ; outre le *Théâtre indien* (ci-dessus, p. XIII) et les *Skt Texts fr. Bāli* (ci-dessous, p. XLIII) : *L'Inde et le monde*, p. 82 ; *Formation religieuse* (ci-dessous, p. XLVIII, n. 1), p. 19 ; *Les études orientales* (*ibid.*), p. 18 ; *L'indianisme* (ci-dessous, p. XLVII, n. 3), p. 92 ; *Parts respectives des nations* (*ibid.*), p. 30, et, de manière analogue (c'est-à-dire en insistant sur le caractère « aryen » des recherches védiques pratiquées notamment par les Allemands au XIXe siècle : première rédaction de cette vue dans la *Doctrine*, p. 9), ailleurs encore. Il faut mentionner aussi d'assez nombreux comptes rendus d'ouvrages védiques qui sont donnés par S. L., notamment entre les années 1890 et 1900 ; on en trouvera la liste complète dans l'*Or. Bibliogr.* ; citons parmi les

écoles, il demeure sur le plan des idées reçues, encore que, sur un point particulier, sur la notion de l'immoralisme védique, ce livre montre déjà la tendance vers laquelle son auteur a décidément penché.

Par la présentation, en quelque manière par le style et le réalisme de l'exposé, la *Doctrine du sacrifice* est comme le pendant de la *Religion védique* de Bergaigne. Elle a l'avantage pratique sur cette dernière de comporter de nombreuses traductions, dont l'original est fourni au bas des pages, et d'amorcer par là cette concordance des notions et des formules dans les *Brāhmaṇa*, qui n'a guère été poursuivie depuis lors, qu'il faudrait poursuivre, et qui révèle immédiatement, sous la diversité superficielle des *śākhā* védiques, l'unité fondamentale de la doctrine.

C'est bien d'une doctrine qu'il s'agit en effet : l'exposé fixe les traits de cette mythologie à soubassement rituel, créée en fonction du rituel, qui apparaît toute constituée dans les premiers *Brāhmaṇa*, et qui a relégué à l'arrière-plan, et non sans l'avoir vidée de sa substance, la mythologie d'essence naturaliste qui était celle des hymnes. Dans cette nouvelle mythologie, l'acteur prépondérant est le sacrifice même, avec un S majuscule comme Barth l'avait invité à écrire, non sans une ironie qui le chagrinait : le sacrifice identifié tantôt aux dieux, tantôt au *yajamāna*, tantôt à l'officiant, et par lequel l'homme a prise sur les dieux et s'élève même au-dessus d'eux. « Le sacrifice, a-t-on dit excellemment, est un acte mécanique qui agit par son énergie même ; il réside dans l'acte et finit avec l'acte[1] ». De même que la mythologie selon Bergaigne décrivait un système d'interférences entre les activités brâhmaniques sur terre et les phénomènes célestes que les *ṛṣi* prétendaient imiter après les avoir façonnés à leur image, le sacrifice des textes prosaïques consiste en un échange entre un prototype céleste et des rites qui visent à le renouveler.

Bien entendu, on n'a là qu'une des faces de la religion brâhmanique ; tout le rituel proprement dit en est exclu, et il n'est pas démontré, il est peu vraisemblable en général, que les véritables interprétations qui valent pour les schèmes rituels soit celles-là mêmes qu'à grand renfort de jeux de mots et d'anecdotes les *Brāhmaṇa* ont conservées. Mais on voit quelle ressource une pareille étude offre pour la compréhension par l'intérieur des mobiles de la pensée védique ; quelle ressource aussi pour la théorie de la magie — il semble que Sylvain Lévi en ait

plus importants : *Rev. cr.*, '96, I, p. 165 (sur Oldenberg, *Rel. des Veda*) ; *Rev. hist. rel.*, XLIV, p. 442 (sur Caland, *Zauberritual*) ; *Rev. cr.*, '08, I, p. 361 (sur Bloomfield, *Ved. Concordance*). Signalons enfin la définition du *chandas*, ci-dessous, p. xxix, note et xxxiii.

1. Mauss, *loc. cit.*

le premier reconnu l'intervention dans la dogmatique même du sacrifice brâhmanique —, et plus généralement pour les études de sociologie religieuse [1].

De sentiment religieux dans cet acte religieux par excellence, il n'y en pas trace [2]. Ce qui importe est de savoir le rite. La *śraddhā* est la conviction toute extérieure en l'efficacité du rite, le *ṛta* est l'exactitude rituelle, le *satya* est la réalisation même des actes qui composent le rite. De valeurs éthiques, il n'en apparaît pas davantage, et bien que nous soyons moins soucieux qu'autrefois de savoir s'il y a ou non un idéal moral dans les *Brāhmaṇa*, il est certain que la *Doctrine* n'a rien mis en évidence qui pût y faire penser. On a prononcé le mot de caricature [3] : cette impression, si elle est exacte, résulterait en tous cas d'un exposé objectif, qui se retranche pied à pied derrière les textes et nous contraint à le suivre par l'enchaînement rigoureux qu'il découvre sous les raisonnements épars et les équivalences velléitaires des *Brāhmaṇa*. C'est le seul des ouvrages de Sylvain Lévi où il ait posé les termes d'une doctrine et se soit appliqué à la décrire. Mais l'histoire et l'Inde le requièrent déjà à nouveau.

En octobre 1897 il arrive à Bombay, chargé d'une mission par le Ministère de l'Instruction publique [4]. Il visite successivement le Kathiawar, Bénarès, Patna, les sites archéologiques, les bibliothèques, s'exerce à la pratique courante du sanskrit, accorde la même attention aux témoignages du passé et aux phénomènes du présent ; tout l'attire à la fois. C'est évidemment au contact de l'Inde vivante, des personnalités qu'il rencontre, des amitiés durables, certaines illustres, qu'il commence à nouer là-bas, qu'il acquiert, avec l'universalité croissante de sa curiosité, sa conception même du rôle de l'Inde. Après Kapilavastu et Lumbinī dont il visite les vestiges, après Calcutta, il monte vers le Népâl où il avait depuis quelques années médité de faire halte [5]. Il était tenté par ce pays isolé, si profondément indien sous son particularisme, et qui mieux que les provinces indiennes

1. Hubert et M. Mauss, bien que par la nécessité des choses, ils se soient exclusivement fondés sur le *śrautasūtra*, ont reconnu ce qu'ils devaient à S. L. pour leur *Étude sur la nature et la fonction du sacrifice* ('99) : cf. le c. r. précité de M. Mauss, et les notes de cette *Étude*, *passim*.

2. D'après Barth, *loc. cit.*

3. Barth.

4. Cf. le *Rapport de M. S. Lévi sur sa mission dans l'Inde et au Japon*, *C. r. Ac. Inscr.*, '99, p. 71. Il fait allusion, *ibid.*, p. 85, à un autre rapport qu'il a eu à fournir pour le Ministère de l'Instruction Publique. Compte rendu : Leumann, *Idg. Forsch.*, X (*Anzeiger*), p. 373, qui déclare que les résultats de cette mission effacent ceux des missions antérieures, célèbres pourtant dans les annales de l'indianisme, de Bühler, Peterson, Kielhorn, etc. ; cf. aussi Senart, *C. r. Ac. Inscr.*, '98, p. 174 et 231.

5. On pourrait voir en effet une préparation scientifique de ce voyage dans ses *Notes sur la chronologie du Népâl*, *J. as.*, '94, II, p. 55.

a conservé les traditions locales et l'empreinte bouddhique. Il se flattait d'y renouveler les trouvailles de Hodgson, qui avaient permis à Burnouf de reconstituer de toutes pièces l'histoire du bouddhisme d'après le Canon du Nord. Son attente ne fut pas vaine : après un séjour de deux mois, il rapporte, avec les éléments d'un gros ouvrage, un lot de manuscrits importants, bouddhiques pour la plupart, qui devaient alimenter pour plusieurs années son activité et celle de ses élèves. De l'Inde, il passe au Japon, où il s'informe de la littérature canonique traduite en chinois et en particulier des dictionnaires sanskrits-chinois où depuis des siècles était condensé le savoir des écoles bouddhiques. La venue à Paris de deux Japonais bouddhistes dès 1888 [1] l'avait averti de l'importance de ce mouvement. Ce n'est pas sans émotion qu'il retrouve à Nikkō une stèle portant un long texte sanskrit, en caractères presque identiques à ceux des inscriptions qu'il venait d'étudier au Népâl [2].

Anticipant sur l'ordre chronologique, on pourrait situer ici le livre sur le Népâl [3], volumineux ouvrage en trois tomes, dont la lecture reste légère et comme fluide sous la masse de faits qui le supportent. C'est au premier chef la description analytique d'une province indienne : géographie, ethnographie, état social et politique, état des sectes et des cultes, monuments et fêtes ; à quoi se superpose un aperçu historique, mené depuis les origines accessibles, et qui s'achève de façon imprévue par un « carnet de séjour » (II, p. 306), où le savant, cédant la plume au voyageur, retrace avec une délicieuse fraîcheur les mille aventures de la route et l'émerveillement sans cesse renouvelé devant les choses et les hommes. L'ouvrage se termine par un recueil d'inscriptions népalaises [4], inédites, qu'accompagnent une traduction annotée et des introductions particulières où sont traités nombre de problèmes débordant le cadre du Népâl. Toutes les sources ont afflué pour combiner l'édifice : chroniques locales, documents européens, chinois et tibétains, inscriptions, manuscrits et monnaies, expériences personnelles et prévisions de l'homme qui sait. C'est l'histoire de l'Inde à travers celle d'un royaume

1. M. Fujiéda et Fujishima. Mention est faite de leur venue par Réville dans l'introduction aux *Études de critique* (ci-dessus, p. XIII, n. 2), p. XVI. Cf. le c. r. de S. L. sur FUJISHIMA, *Le bouddhisme japonais*, donné *Rev. cr.*, '90, II, p. 495.

2. Sur le retour du Japon et les observations d'ordre géographique qu'a faites à cette occasion S. L., cf. son article *De Nagasaki à Moscou par la Sibérie*, *Ann. géogr.*, VIII ('99), p. 330.

3. *Le Népal, étude historique d'un royaume hindou*, 3 vol., Paris, '05-'05-'08 (*Ann. Mus. Guimet, Bibl. d'ét.*, XVII-XIX). Comptes rendus : FOUCHER, *B. E. F. E.-O.*,V, p. 207, VI, p. 355, VIII, p. 583. MAUSS, *Ann. sociol.*, X, p. 257. CHAVANNES, *T'oung-pao*, '08, p. 609. PELLIOT, *Ann. géogr.*, XV, p. 173. RENEL, *Rev. hist. rel.*, LII, p. 442. HILLEBRANDT, *D. L. Z.*, '06, p. 1297.

4. Parues aussi séparément sous le titre *Anciennes inscriptions du Népal* (deux séries), *J. as.*, '04, II, p. 189, et '07, I, p. 49.

hindou ; c'est pour nous comme le substitut de ce manuel général d'indianisme que Sylvain Lévi n'a jamais trouvé le temps de rédiger, mais dont pour un auditeur attentif certains de ses cours mis bout à bout auraient fourni tous les éléments.

C'est par l'autre extrémité de l'Inde qu'à son retour en France il reprend le cours de sa production. Débrouillant d'après les annales chinoises les relations de la Chine avec Ceylan, il réussit à fixer un synchronisme précieux, celui de Samudragupta, le second empereur gupta, et du roi de Ceylan Meghavarṇa qui lui envoya une ambassade vers 360. Mais l'objet principal de ce mémoire[1] était de décrire les voyages que Wang Hiuan-ts'ö effectua dans l'Inde en 643 et 648, lorsqu'il fut envoyé en ambassade auprès de Harṣa et de son successeur. La période obscure de la fin du règne de Harṣa se trouvait éclaircie, et Sylvain Lévi achevait ainsi le cycle des grands itinéraires chinois dans l'Inde, ouvert dès l'aube des études orientales par Rémusat et Stanislas Julien, poursuivi par Chavannes. Chavannes avait d'ailleurs contribué à ce mémoire en traduisant les inscriptions gravées par Wang Hiuan-ts'ö. Enfin Sylvain Lévi revenait sur le problème de Kaniṣka et sur l'introduction du bouddhisme en Chine, en défendant contre les attaques de Specht son point de vue antérieur.

En 1902 il retourne à l'Inde propre, avec une de ses thèses les plus hardies[2] : partant de concordances qu'il avait relevées entre certaines appellations qui figurent dans les inscriptions des Kṣatrapa du Mālava et celles dont use le drame classique ou que préconise la théorie dramaturgique, il conclut que le théâtre sanskrit, au moins sous la forme du *nāṭaka*, et même « la littérature sanscrite proprement littéraire » se seraient constitués chez les Kṣatrapa occidentaux du IIe siècle, c'est-à-dire « à l'époque où ces appellations mêmes étaient en vigueur dans l'étiquette officielle ». On aurait là l'effet de la laïcisation linguistique du sanskrit dont les Śaka semblent s'être faits les promoteurs, si l'on en juge par les inscriptions sanskrites du type *kāvya*, dont les premières datent précisément de ce temps et de cette région. Ici, comme en d'autres circonstances, ce sont les

1. *Les missions de Wang Hiuen-ts'e dans l'Inde*, *J. as.*, '00, I, p. 297 et (appendice) p. 401. Trad. anglaise abrégée, *Ind. Ant.*, XXXIII, p. 111. Il faut considérer comme une annexe de cet article la note ultérieure *Wang Hiuan Ts'ö et Kaniṣka*, *T'oung-pao*, '12, p. 307, où il revient sur la question à la suite d'un mémoire de M. Pelliot. Bibliographie chez La Vallée Poussin, *Hist. de l'Inde dep. Kaniṣka*, p. 108, et spécialement sur Ceylan, p. 281 (sur Ceylan S. L. groupera plus tard d'autres informations bouddhiques, notamment, *B. E. F. E.-O.*, V, p. 296, et *passim*, *J. as.*, '16, II, p. 46 et 49, ci-dessous, p. XXVII, note et p. XXXIV, n. 2).

2. *Sur quelques termes employés dans les inscriptions des Kṣatrapas*, *J. as.*, '02, I, p. 95. Trad. anglaise, *Ind. Ant.*, XXXIII, p. 163 (avec quelques additions de S. L.). Compte rendu : Finot, *B. E. F. E.-O.*, II, p. 295.

vues de Bühler sur lesquelles Sylvain Lévi s'appuie et dont il tire de nouvelles conséquences. Des adhésions immédiates ont accueilli cette hypothèse, même hors de l'école française ; elle a rencontré de vives résistances [1] ; des recherches ultérieures montreront si le témoignage épigraphique suffit à l'assurer. Mais on pourrait se demander comment, dans la chronologie de Sylvain Lévi, la constitution au IIe siècle de la littérature poétique s'accorde avec l'existence du *Buddhacarita*, dont la date est impliquée par celle de Kaniṣka ?

Cet article n'interrompt que pour un court instant la série des publications sino-indiennes. La même année en effet paraissent les premières *Notes chinoises* [2]. Sylvain Lévi aborde un problème difficile quand il tente de déterminer le nom et du même coup l'origine de l'écriture *kharoṣṭhī* (appelée aussi *kharoṣṭrī*) d'après un document chinois dans le *Tripiṭaka* japonais : on aurait dans le nom de Kharoṣṭra une appellation ancienne de la ville de Kachgar, et l'écriture se désignerait comme « la kachgarienne », le rapport entre les deux noms étant facilité par l'identification bilatérale qu'il propose avec les *Kalystrioi* de Ctésias.

Cette opinion a été aussitôt rejetée par Pischel et Franke, défendue par Halévy, tandis que M. Pelliot signalait de part et d'autre de graves difficultés et se tenait sur la réserve. C'est Sylvain Lévi lui-même qui trois ans plus tard [3] liquidait le débat en abandonnant sa première position, et en reportant l'emploi de Kharoṣṭra à quelques siècles en arrière et à une localisation moins étroite : il pense trouver dans la littérature bouddhique et brâhmanique des indices du fait qu' « aux environs de l'ère chrétienne, le nom de Kharoṣṭra s'applique vaguement... aux régions qui bordent l'Inde vers le Nord-Ouest ; c'est la terre des « Barbares limitrophes » qui commence à la lisière des royaumes brahmaniques, et qui se prolonge vers l'Occident indéfini ». Ainsi était-il ramené invinciblement vers le problème des « Indo-Scythes » [4].

1. En particulier chez Keith, *Sanskrit Drama*, p. 69, et v. ci-dessus, p. XVI.

2. *Notes chinoises sur l'Inde* : 1. *L'écriture kharoṣṭrī et son berceau*, *B.E.F.E.-O*, II ('02), p. 246. Trad. anglaise, *Ind. Ant.*, XXXIII, p. 79. Le c. r. de M. Pelliot est *B.E.F.E.-O.*, III, p. 339, l'article de Halévy, *Rev. sém.*, XI, p. 165 et 335, celui de Franke et Pischel, *S.-Ber. preuss. Ak.*, '03, p. 184 et 735.

3. *Notes... :* 4. *Le pays de Kharoṣṭra et l'écriture kharoṣṭrī*, *ibid.*, IV ('04), p. 543 (avec un appendice *La liste des écritures dans le Lalitavistara comparée aux textes parallèles en chinois*). Trad. anglaise *Ind. Ant.*, XXXV, p. 1. Contre les résultats de S. L., à nouveau : Franke, *S.-Ber. preuss. Ak.*, '05, p. 238.

Bibliographie ultérieure La Vallée Poussin, *L'Inde aux temps des Mauryas*, p. 35. En dernier lieu, Przyluski, *J. R. A. S.*, '30, p. 43.

4. Les autres *Notes chinoises* concernent : 2. *Une version chinoise du Bodhicaryāvatāra* (à la suite immédiate de la *Note* 1, p. 253) ; 3. *La date de Candragomin* (*ibid.*, III ['03], p. 38) ; 5. *Quelques documents sur le bouddhisme indien dans l'Asie Centrale* (*ibid.*, V ['05], p. 253). Dans cette dernière, S. L. étend pour la première fois son investigation, à travers les sources chi-

Toutefois, à partir de 1904, c'est vers l'étude du canon sanskrit qu'il se tourne pour de longues années. La grande série des découvertes de textes bouddhiques en Asie Centrale, inaugurées dès 1892 par Dutreuil de Rhins et l'exhumation du « *Dhammapada kashgarien* », continuées par Sir Aurel Stein, Grünwedel, que devaient suivre von Le Coq et M. Pelliot, en renouvelant notre connaissance du bouddhisme du Nord, ont projeté des lumières inattendues sur la constitution des écoles canoniques. Elles furent pour Sylvain Lévi le moyen de vérifier et d'étendre ses idées sur la valeur de la tradition du Nord, idées que par Burnouf il s'était formées dès les origines de sa recherche. Dans un premier article de 1904 il étudie les fragments sanskrits du *Saṃyuktāgama* [1], connu jusque là par la seule version chinoise, que Grünwedel avait découverts et Pischel identifiés. Sylvain Lévi retrouve le correspondant exact des textes Grünwedel dans le *Tripiṭaka* chinois, en suite de quoi se trouve confirmé qu'une recension sino-sanskrite existe, indépendante de la tradition palie.

L'année 1907 est celle d'un de ses coups de maître : il retrouve dans le même *Tripiṭaka* une grande partie des chapitres qui composent le *Divyāvadāna* [2] : il est

noises, sur la diffusion des textes canoniques du bouddhisme, jusqu'à la région de Khotan et Kachgar; il décrit les conceptions géographiques du bouddhisme dans les premiers siècles de l'ère et démontre l'empreinte sérindienne de nombreuses informations. Dans la troisième *Note* (préparée dès 1902 par une notice, *La date de Candragomin*, parue dans les *Comptes rendus du 1er Congr. int. des ét. d'Extr.- Or.*, p. 98), il soutient contre M. Liebich (qui tenait pour les ve-vie siècles) que l'activité du grammairien bouddhiste Candragomin est à situer dans la 2e moitié du viie siècle, pour la raison que Yi-tsing cite un auteur dramatique dont le nom serait à identifier avec Candragomin. Cette fixation a l'intérêt de servir indirectement à la datation de Vasubandhu : elle est au centre d'un problème épineux. Résumé des discussions ultérieures dans *J. as.*, '32, I, p. 154, La Vallée Poussin, *Hist. de l'Inde dep. Kaniṣka*, p. 64, et cf. encore l'article posthume, *J. as.*, '36, I, p. 111.

De la même époque : *La légende de Rāma dans un avadāna chinois* in *Album Kern* (Leyde, '03), p. 279. Il s'agit d'une version du *Dasaratha-jātaka*. Cf. Huber, *B.E.F.E.-O.*, IV, p. 698.

1. *Le Saṃyuktāgama sanscrit et les feuillets Grünwedel*, *T'oung-pao*, '04, p. 297.

Il convient de mentionner ici l'important compte rendu par S. L. dans le *J. sav.*, '05, p. 534, sur V. A. Smith, *The Early History of India*, où il discute divers problèmes de l'histoire indienne; il y donne notamment (p. 540) une interprétation nouvelle de l'inscription du reliquaire de Piprawa : interprétation dont on trouvera la critique, parmi celles des exégètes antérieurs et ultérieurs, chez Barth, *ibid.*, '06, p. 541 (= *Œuvres complètes*, V, p. 259).

2. *Les éléments de formation du Divyavadāna*, *T'oung-pao*, '07, p. 105. Résumé en anglais par G. K. Nariman dans *Lit. Hist. of Skt Buddhism* (Bombay, '20). On sait que la question des sources du *Divya* a été reprise, notamment, par M. Lüders, *Kalpanām.*, p. 71, en fonction du « *Sūtrālaṃkāra* ». Cf. aussi Przyluski, *Légende d'Asoka*, passim. M. Przyluski tient aujourd'hui que les compilateurs du *Vinaya* ont au contraire emprunté au *Divya* ou à une recension plus ancienne de ce texte (*Hist. Ind. Qu.*, V, p. 5), opinion considérée comme admissible par M. Lüders, *S.-Ber. preuss. Ak.*, '30, p. 35 [39]. L'article de Huber avait paru dans *B.E.F.E.-O.*, VI, p. 1 (cf. déjà, du même, *ibid.*, IV, p. 709, sur la présence dans le « *Sūtrālaṃkāra* » de quelques contes du *Divya*).

Cf. encore Oldenberg, *G.N.*, '12, p. 151 et surtout p. 156, et ci-dessous, p. xxix, n. 2.

Ici se placent chronologiquement : *Des préverbes chez Paṇini* (*Sūtras I, 4, 80-82*), *M.S.L.*, dès lors en mesure d'affirmer que le *Divyāvadāna* appartient à l'école des Mūlasarvāstivādin, que la rédaction de ce *Vinaya* ne peut remonter plus haut que le IIIe siècle de l'ère et qu'elle est à localiser « peut-être au Népal, en tout cas près des zones himalayennes ». On verra une confirmation singulière de ses vues sur l'origine du *Divyāvadāna* dans le fait que Huber, qui dès 1904 avait retrouvé dans le *Sūtrālaṃkāra* chinois des contes du *Divyāvadāna*, était arrivé parallèlement et de manière indépendante aux mêmes résultats que Sylvain Lévi. La conférence de 1909 sur *Les Saintes Écritures du Bouddhisme*[1] permet de saisir avec clarté les conclusions qu'il tire de ces faits nouveaux : il y résume toutes les raisons qu'on a de douter de la priorité du canon pali, et il exprime que « la constitution du Canon est un fait tardif qui s'est vraisemblablement produit dans les diverses écoles vers la même période, un peu avant l'ère chrétienne » (p. 19). On sait avec quels arguments Oldenberg a pris la défense du point de vue pali[2].

Ce sont à nouveau les fouilles d'Asie Centrale qui en 1907 appellent son activité. La célèbre campagne de M. Pelliot venait de mettre au jour des fragments sanskrits en écriture *brāhmī*[3] : Sylvain Lévi reconnaît qu'ils appartiennent à divers petits traités canoniques, dont le plus remarquable est une version inconnue du *Dhammapada*[4]. Ainsi ce texte précieux, considéré jalousement comme son bien propre par la tradition du Sud, apparaissait sous une vêture nouvelle, non moins fondée que l'ancienne à revendiquer l'authenticité. Ces reliques « viennent attester aussi, par un nouveau témoignage, éclatant et irrécusable, l'existence du Canon bouddhique en sanscrit, ignorée ou contestée si longtemps » (p. 434).

C'est sur la base de cette trouvaille, augmentée d'autres fragments provenant

XIV ('07), p. 276. S. L. s'efforce, en s'appuyant sur les *sūtra* de Pāṇini relatifs à la place des préverbes, de marquer les frontières entre le *chandas* et la *bhāṣa* et d'expliquer par suite la valeur des règles védiques chez Pāṇini. Ces vues ont rencontré récemment audience chez Thieme, *Pāṇini and the Veda* ('35), p. XII ; cf. aussi, ci dessous, p. XXXIV, sur l'aspect bouddhique du problème. Des faits de métrique appuyés sur les théoriciens indigènes sont signalés par S. L., *Népal*, II, p. 190 et *apud* Meillet, *M. S. L.*, XVIII, p. 313.

L'original chinois du Sūtra tibétain sur la Grande Ourse, *T'oung-pao*, '08, p. 453 : ad Laufer, *ibid.*, '07, p. 391.

Abhidharma Kośa Vyākhyā in *Encycl. Rel. a. Ethics*, I ('07), p. 20.

1. In *Conférences Musée Guimet '08-'09* (= *Ann. Mus. Guim.*, *Bibl. vulgar.*, XXXI). Trad. angl. par Nariman, *op. cit.*

2. Oldenberg, *G. N.*, '12, p. 155 et notamment p. 197 (et cf., ci-dessus, p. XXVIII, note 2). Un résumé des deux points de vue a été fait par M. Cœdès, *B.E.F.E.-O.*, XII, 9, p. 32.

3. Sur les découvertes de la mission Pelliot, outre l'article mémorable de M. Pelliot lui-même, *B.E.F.E.-O.*, VIII ('08), p. 698, cf. la notice donnée par S. L., *Ann. Géogr.*, XIX ('10), p. 274, *La mission Pelliot en Asie Centrale*, avec des renseignements bibliographiques sur les missions antérieures.

4. *Textes sanscrits de Touen-Houang : Nidana-sūtra. Daśabala-sūtra. Dharmapada. Hymne de Mātṛceṭa*, *J. as.*, '10, II, p. 433.

des missions Stein et von Le Coq, qu'il donnera en 1912 une étude[1] critique comparative des divers état de ce texte, c'est-à-dire des trois recensions sanskrites, de la recension palie, du manuscrit Dutreuil de Rhins, de la traduction tibétaine, des quatre traductions chinoises, en prenant pour axe l'un des chapitres qui permettent le plus commodément d'instaurer une telle comparaison. Cette étude établit que dès une haute époque la tradition bouddhique a marqué de profondes variations ; elle conclut qu'il est impossible de reconstituer un archétype verbalement fondé : impossibilité en face de laquelle on se retrouve si souvent dans le domaine indien, qu'il s'agisse des *Purāṇa* ou du *Mahābhārata*, des *Saṃhitā* médicales ou des écoles védiques.

Il faut revenir quelques années en arrière pour suivre l'œuvre de Sylvain Lévi sur Asaṅga. La découverte d'un manuscrit du *Mahāyāna-Sūtrālaṃkāra* attribué à Asaṅga avait été la conquête principale de sa campagne népalaise. Il s'agit, comme on sait, d'un des traités essentiels, et sans doute le plus ancien, du *Mahāyāna*. Il en procure le texte en 1907[2], utilisant les versions chinoise et tibétaine pour rectifier les incorrections du manuscrit népalais : par là se trouvait institué, du point de vue philologique, ce nouveau mode de restitution du sanskrit par le secours combiné du chinois et du tibétain[3], et dont on connaît la fortune ultérieure. Il fait suivre le texte, quatre ans plus tard, d'une traduction accompagnée d'une introduction et de notes copieuses, dont certaines valent de véritables monographies. Il présente modestement ce travail comme celui d'un « philologue honnête » qui ne prétend pas être philosophe (encore que les pages 16 et suivantes de l'Introduction montrent qu'il sait analyser une doctrine en termes très précis). Mais c'est un de ces travaux dont les philosophes ne sauraient se passer et qu'ils sont rarement en état de faire. On a parfois critiqué le système d'équivalents français, à base étymologique, qu'il a instauré pour rendre les termes techniques du bouddhisme. Il est vrai que l'aspect insolite de beaucoup d'entre eux n'est pas fait pour faciliter la lecture de ses traductions. Mais à l'usage ils se sont révélés un outil pratique, si habilement forgé dès l'abord qu'il a pu servir tel quel, sauf de légères modifications, pour les traductions de Vasubandhu faites quinze ans plus tard et pour nombre d'autres travaux. Les index du *Mahāyāna-Sūtrālaṃkāra* jettent les bases d'un vocabulaire bouddhique comparé.

C'est à l'autre *Sūtrālaṃkāra*, celui que la tradition attribue à Aśvaghoṣa, que

1. *L'Apramāda-varga, étude sur les recensions des Dharmapadas, J. as.*, '12, II, p. 203.

2. *Asaṅga Mahāyāna-Sūtrālaṃkāra, exposé de la doctrine du Grand Véhicule selon le système Yogācāra*, éd. et trad. par S. L., Paris. I. Texte, '07; II. Traduction, Introduction, Index, '11 (*Bibl. Ec. Htes Et.*, *Sc. philol.*, CLIX et CXC).

3. Cf. toutefois, ci-dessus, p. XXI, note, sur une poésie de Harṣa.

revient Sylvain Lévi en 1908 [1] : parue peu de temps auparavant, la traduction de la version chinoise par Huber l'invitait à souligner l'importance doctrinale et littéraire de l'ouvrage, et à dépeindre à nouveau, en une large fresque, la carrière et l'œuvre du grand docteur bouddhique. Il retombe incidemment sur le problème de l'origine des écoles, en sorte que, rappelant (p. 90) que « l'orthodoxie palie a subjugué la science », il est amené à préciser (*ibid.*) que le *Sūtrālaṃkāra* révèle l'état du Canon du Nord à la cour de Kaniṣka « sous les auspices de qui (ce Canon) passe pour s'être formé, vers les environs de l'ère chrétienne »; citons encore cette indication explicite (p. 184) : « il y a dans les substructions du *Sūtrālaṃkāra* le *Vinaya* des Mūlasarvāstivādins et les *Āgamas* septentrionaux. Nous ne sommes pas encore en mesure d'affirmer que le canon tout entier avait pris sa forme définitive ; mais pour un groupe de *sūtras* du *Madhyama*, nous voyons que le classement adopté par Aśvaghoṣa concorde avec l'*Āgama* sanscrit et s'écarte du *Nikāya* pali. Libre aux dévots... de proclamer l'authenticité exclusive des Trois Corbeilles palies... », etc. On a vu par avance (ci-dessus, p. XXIX) comment la conférence sur les *Saintes Écritures* repose sur ces conclusions.

Les années qui suivent, de 1910 à 1915, sont absorbées, pour une grande part, par cet événement qu'a été dans les études orientales le déchiffrement du « tokharien » : connu par une série de textes exhumés durant les quinze années antérieures, linguistiquement identifié en ses deux branches dialectales par MM. Sieg et Siegling en 1908 [2], c'est à Sylvain Lévi qu'il était réservé, grâce aux bilingues sanskrits-tokhariens, de fournir la première interprétation d'un texte continu du dialecte B. Ceux qui l'ont connu à cette époque se rappellent avec quelle fièvre il travaillait sur les misérables lambeaux de textes arrachés aux sables du Turkestan, quelle joie fut la sienne quand il reconnut que certains d'entre eux étaient des bilingues. La connaissance du tokharien était dès lors assurée. Les publications de Sylvain Lévi se succèdent à un rythme rapide : en 1911, deux fragments d'une recension, sanskrite et « tokharienne B », du *Dhammapada*, l'un provenant de Saint-Pétersbourg, l'autre de la mission Pelliot ; de la même mission trois feuillets d'un traité médical [3] ; en 1912, il aborde de front les textes non

1. *Aśvaghoṣa, le Sūtrālaṃkāra et ses sources*, *J. as.*, '08, II, p. 57.
Compte rendu (du point de vue des sinologues) : PELLIOT, *B.E F.E.-O.*, IX, p. 166. Trad. anglaise, par NARIMAN, *op. cit.*

2. Dans leur mémoire des *S.-Ber. preuss. Ak.* '08, *Tocharisch, die Sprache der Indoskythen* ; v. le résumé des recherches (jusqu'en 1914) donné par Meillet dans l'*Indogerm. Jahrb.*, I, p. 1 ; il en ressort nettement la part prépondérante prise par S. L. dans ces études de 1910 à 1916. Analyse des principaux articles, *ibid.*, I, p. 54, II, p. 55, III, p. 40, IV, p. 83.

3. *Étude sur les documents tokhariens de la mission Pelliot* : 1. *Les bilingues*, *J. as.*, '11, I, p. 431, et II, p. 119 (avec, en annexe aux deux articles, des *Remarques linguistiques*, par

bilingues : un fragment de la collection Hoernle, attestant que l'Église « tokharienne » relève des Sarvāstivādin[1], un autre fragment contenant l'épisode du roi Ambara tiré d'un des *sūtra* du *Mahāyāna*[2] ; en 1913, provenant également de Hoernle, un fragment du *Prātimokṣa* des Sarvāstivādin[3] ; les deux années qui suivent, une série de recherches philologiques et grammaticales, tant sur les textes publiés que sur des inédits, entreprises de concert avec l'interprétation linguistique d'A. Meillet, qui avait déjà, pour les deux premières publications, apporté le concours de sa science intuitive[4]. Sylvain Lévi tient en réserve d'autres textes, annonce dans une communication l'existence de fragments de deux drames[5], établit pour son usage un lexique complet du dialecte B. Et son rôle ne se limite pas à celui d'un éditeur ; dans un de ses écrits les plus décisifs, il déchiffre sur des tablettes trouvées par M. Pelliot près de Koutcha des laissez-passer pour caravanes ; d'autres documents sont des pièces de comptabilité de couvents : ainsi le « tokharien B » n'était autre que la langue courante employée à Koutcha. Il réclame dès lors pour cette langue le nom de « koutchéen ». Cette constatation l'amène à suivre les destinées de Koutcha durant les dix premiers siècles de l'ère et, grâce à la mention d'un roi cité dans les annales chinoises, à dater ces textes de la première moitié du VIIe siècle. A certains indices enfin, il suppose que le koutchéen a servi de véhicule pour l'importation du bouddhisme en Chine[6].

Le « tokharien » n'a pas été pour Sylvain Lévi le simple exercice d'un jeu supérieur, et supérieurement mené ; en révélant dans l'Asie Centrale une littérature bouddhique riche et variée, qui se rattachait (du moins quant aux textes

Meillet). Avait précédé : *Note préliminaire sur les documents en tokharien de la mission Pelliot*, *ibid.*, '11, I, p. 139.

1. *Un fragment tokharien du Vinaya des Sarvāstivādins*, *J. as.*, '12, I, p. 101 (suivi d'*Observations linguistiques*, par Meillet).

2. *Une légende du Karuṇā-Puṇḍarīka en langue tokharienne* in *Festschr. Thomsen* (Leipzig, '12), p. 155 : avec communication des textes parallèles sanskrit et « tokharien ».

3. *Tokharian Prātimokṣa Fragment*, *J.R.A.S.*, '13, p. 109.

4. (En collaboration avec A. Meillet.) *Remarques sur les formes grammaticales de quelques textes en tokharien B*, *M.S.L.*, XVIII ('14), p. 1, 381 et 422. Également avec Meillet, *Notes sur le koutchéen*, *ibid.*, XIX ('15), p. 158.

Et encore : *Kuchean Fragments* in Hoernle, *Manuscript Remains of Buddhist Literature* (London a. New-York, '16), I, p. 357. Cf. aussi l'article plus général *Central Asian Studies*, *J.R.A.S.*, '14, p. 953.

5. Cf. la note, *J. as.*, '11, I, p. 139 (ci-dessous, XXXI, n. 3).

6. *Le « tokharien B », langue de Koutcha*, *J. as.*, '13, II, p. 311. Compte rendu (du point de vue des sinologues) : H. Maspero, *B.E.F.E.-O.*, XIII, 7, p. 73. Cf. aussi (contre les vues de S. L.) F. W. K. Müller et Sieg, *S.-Ber. preuss. Ak.*, '16, p. 395. — Sur tous ces travaux, v. la bibliographie analytique de M. Fukushima, *Mem. Vol. to... Katsuji Fujioka*, p. 48 et suiv. du tirage à part.

d'inspiration religieuse) à cette même école qu'il avait contribué par les textes chinois à mettre plus d'une fois en évidence, cette découverte rejoint et enrichit son expérience ; elle fortifie ses vues sur les origines du bouddhisme scripturaire et sur l'expansion des idées indiennes par le bouddhisme.

C'est encore le Canon bouddhique, mais vu par les sources indiennes, qui fait le fond d'articles échelonnés entre les années 1912 et 1916. Les *Observations sur une langue précanonique du bouddhisme* [1] ont une place à part : elles visent à reconstituer la genèse des traditions sur des données purement linguistiques. De la teneur d'ouvrages cités dans l'édit de Bhabra, de la nomenclature technique du Canon pali, d'autres témoignages encore, il déduit qu'il a existé une tradition antérieure au sanskrit et au pali, et que cette tradition apparaît sous la forme d'une *māgadhī* phonétiquement dégradée, distincte de la *māgadhī* officielle. La découverte de ces faits lui appartient, et ils n'ont pas été contestés ; on n'en saurait dire autant des conclusions qu'il en tire sur les origines du Canon pali et sur l'éventuelle obligation où l'on se trouverait d'en abaisser la date au moins jusqu'au IIᵉ siècle avant l'ère.

Comparant les rapports sur le premier Concile que contiennent les divers *Vinaya*, il apporte des précisions sur le développement des écoles bouddhiques [2] ;

1. *J. as.*, '12, II, p. 495 ; avec une *Note additionnelle* (p. 513) sur *Vartakā* « *la caille* » : forme « orientale » chez Kātyāyana, et qui, « associée sans doute dès l'origine à un *jātaka* né chez « les orientaux », a survécu grâce à lui et s'est perpétuée comme un souvenir direct des origines bouddhiques ».

Bibliographie sur la *māgadhī* précanonique, La Vallée Poussin, *L'Inde jusque vers 300 av. J.-C.*, p. 201 ; dernière opinion, J. Bloch, *Indo-aryen*, p. 9. De la même époque : *Vyuthena 256*, *J. as.*, '11, I, p. 119 : article où S. L. revenait (cf. ci-dessus, p. xx, n. 2) sur l'interprétation d'un passage controversé des édits asokiens de Rupnath, Siddhapur et Sahasram, pour aboutir (en conformité avec M. F. W. Thomas, qui était arrivé indépendamment au même résultat, *J. as.*, '10, I, p. 507) au sens : « celui qui fait cette proclamation a quitté sa maison pendant 256 nuits. » Cf., plus récemment, Hultzsch, *Inscr. of Asoka* [2], p. 168.

Et : *Nīlakaṇṭhadhāraṇī*, *J.R.A.S.*, '12, p. 1063 : communication sur une *dhāraṇī* en graphies *brahmī* et sogdienne à la fois : décrite déjà par M. de La Vallée Poussin et par Gauthiot, *ibid.*, p. 629.

Enfin : introduction de S. L. au mémoire de M. Przyluski, *Le Nord-Ouest de l'Inde dans le Vinaya des Mula-Sarvāstivādins*, *J. as.*, '14, II, p. 493.

2. *Sur la récitation primitive des textes bouddhiques*, *J. as.*, '15, I, p. 401.

Sur les problèmes touchant la constitution du Canon, dont S. L. clôt l'examen à cette époque (cf. toutefois encore ci-dessous, p. xxxvii), on aura des bibliographies récentes dans les manuels historiques de M. de La Vallée Poussin, notamment *Hist. de l'Inde dep. Kaniṣka*, p. 337, ou chez Winternitz, II [2], *passim*. Il convient de faire une place à part à Przyluski, *Concile de Rājagṛha* ('27).

De la même époque : *Trois notes* : 1. *La date de Kaniṣka*. 2. *Le nom de Kusaṇa*. 3. *Les rois Fou-tou du Khotan*, *J.R.A.S.*, '14, p. 1016. Dans la première de ces notes, S. L., se fondant sur le système chronologique des Mūlasarvāstivādin, croit pouvoir poser la date de Kaniṣka à 300 ans des premières années du règne d'Aśoka. V. la bibliographie ci-dessus, p. xxi, note.

il se fonde notamment sur le fait que deux d'entre elles proscrivent les intonations védiques dans la lecture des textes sacrés, ce qui lui permet d'inférer que « les premiers essais de littérature canonique iraient rejoindre l'époque des derniers textes accentués du Canon védique » (p. 447), époque qui lui semble délimitée par l'intervalle séparant Pāṇini de Kātyāyana, c'est-à-dire, dans la chronologie reçue, entre le IVe et le IIIe siècles avant l'ère.

En 1915, reprise de la collaboration avec Chavannes[1] pour élucider la signification d'un titre de la hiérarchie ecclésiastique, pali *āvāsika* = chin. *mo-mo-ti*, qui éclaire les origines de la vie monastique dans le bouddhisme. Le dernier fruit de cette collaboration est le long mémoire de 1916[2], consacré à décrire les étapes d'un culte bouddhique très répandu, celui des Seize (ultérieurement des Dix-huit) *Arhat*, parmi lesquels se détache l'Ancien de la communauté, Piṇḍola le thaumaturge, figure que met en un relief saisissant l'imagination populaire. Ce culte a rayonné jusqu'en Extrême-Orient, où, mêlé aux observances locales, il a subi des déformations singulières. L'indianiste et le sinologue, dans ce dernier travail commun, ont réalisé là la plus heureuse fusion de leurs disciplines et de leurs dons[3].

C'est à l'autre extrémité de l'Asie que nous mène Sylvain Lévi par son brillant article sur le *Bāveru-Jātaka*[4]. Nulle part il n'a montré plus d'ingéniosité à tirer d'un fait en apparence minime les conséquences les plus vastes. Reprenant l'hypothèse de Minayeff qui avait soupçonné Babylone sous le nom de Bāveru — la ville où le *Jātaka* nous dit que des marchands partis de l'Inde allèrent vendre un paon —, il réunit à travers plusieurs littératures les témoignages sur le commerce et l'élevage des paons qui de l'Inde, et précisément par Babylone, avaient accédé au monde grec et au monde romain ; il prolonge ensuite le schéma d'une enquête analogue dans l'Extrême-Orient, pour aboutir à cette conclusion : « c'est ainsi que la division profonde du monde ancien se manifeste avec netteté, même dans cette infime question du paon : à l'est, le monde chinois avec ses annexes, qui poursuit à l'écart ses destinées autonomes ; à l'ouest, depuis l'Inde

1. S. L., et Ed. CHAVANNES, *Quelques titres énigmatiques dans la hiérarchie ecclésiastique du bouddhisme indien*, *J. as.*, '15, I, p. 193 et II, p. 307.

2. *Les Seize Arhat, protecteurs de la Loi*, *J. as.*, '16, II, p. 5 et 189. Sur la question de Piṇḍola, v. depuis : PRZYLUSKI, *Légende d'Asoka*, p. 68, qui reconnaît s'appuyer ici sur l'article de S.-L. Chavannes.

Un travail posthume de Chavannes sera ultérieurement englobé dans un livre de S. L., ci-dessous, p. XXXIX.

3. Cf. S. L. *La part de l'indianisme dans l'œuvre de Chavannes* in *Bull. Archéol. Mus. Guimet*, I (Paris, '21), n° 3.

4. *Autour du Bāveru-Jātaka*, *Annuaire Ec. Hles Et.*, *Sc. philol.*, '13-'14, p. 5.

et la Sérinde jusqu'aux colonnes d'Hercule, un système de civilisations solidaires » (p. 18).

Cependant l'Inde brâhmanique fait sa rentrée dans l'œuvre de Sylvain Lévi avec deux études jumelles, fortement documentées, et qui marquent le point culminant dans sa production de ces recherches exhaustives à objectif limité. La première intéresse indirectement le *Mahābhārata* [1], la seconde concerne le *Rāmāyaṇa* ; l'une comme l'autre attestent son souci de forcer par les documents bouddhiques les problèmes de chronologie ou d'authenticité des textes brâhmaniques, rebelles comme on sait à livrer de front le secret de leur origine.

Il procède à l'examen critique du catalogue géographique de la *Mahāmāyūrī*, montre que ce texte se situe nécessairement « aux trois ou quatre premiers siècles de l'ère », que ses données sont en accord avec celles du *Mahābhārata*, en sorte que, pense-t-il, le *Mahābhārata* lui aussi « a reçu vers le même temps sa rédaction définitive » (p. 122). Mais cette conclusion suppose résolues les questions de recension et d'interpolation, au sujet desquelles Sylvain Lévi n'a pu donner sa pensée définitive.

Dans la seconde étude, parue en 1918 [2], il suit à travers toutes les versions du *Rāmāyaṇa*, soumises à une critique verbale personnelle, les itinéraires que décrit au IVe chant Sugrīva, en présence des émissaires qu'il charge de poursuivre aux quatre points cardinaux les ravisseurs de Sītā. Il retrouve dans un traité bouddhique, le *Saddharmasmṛtyupasthānasūtra* traduit en chinois en 539, une imitation de ce Digvarṇana et plus précisément de sa recension cachemirienne. Comme pour le *Mahābhārata*, il conclut que « notre *Rāmāyaṇa*, composé à une époque encore indéterminée, sort dans ses multiples recensions d'une édition publiée aux

1. *Le Catalogue géographique des Yakṣa dans la Mahāmāyūrī*, *J. as.*, '15, I, p. 19. Deux ans plus tard, S. L. élucide une formule du *Mahābhārata* dans son article *Tato jayam udīrayet* in *Comm. Essays to R. G. Bhandarkar* (Poona, '17), p. 99 (traduit en anglais, *Ann. Bhand. Inst.*, I, p. 13), et en vient à des vues générales sur la constitution de ce texte : ce serait un code de discipline *kṣatriya* tel qu'il est mis en pratique par les Bhāgavata. Cf. là-dessus WINTERNITZ, I^{3}, p. 459.

On groupera à ce propos les autres textes où S. L. a eu l'occasion de traiter du *Mahābhārata* (outre, le *Théâtre indien*, *passim*, v. index *s. v.* ; ainsi que *Nala et Damayantī*, introd., v. ci-dessous, p. XLVII) : *J. as.*, '29, II, p. 345 (c. r. de l'édition Sukthankar : question des recensions ; cf. la réponse de SUKTHANKAR, *Prolegom.*, p. CIII); *Rev. cr.*, '93, I, p. 277 (c. r. de HOLTZMANN, *Gesch. u Krit. des Mahābh.* : questions diverses) ; *Népal*, III, p. 28, et cf. p. 130 (question de Vyāsa) ; *Skt Texts fr. Bāli*, p. XXXIII (sur le *Mahābh.* javanais), et plusieurs autres comptes rendus.

2. *Pour l'histoire du Rāmāyaṇa*, *J. as.*, '18, I, p. 5. Outre le *Théâtre indien*, *passim* (index *s. v.*), v. encore sur le *Rāmāyaṇa* chez S. L. l'article de l'*Album Kern* (ci-dessus, p. XXXVIII) et le c. r. de *Triumph of Vālmīki* (ci-dessous p. XLVI) ; sur le *Saddharmasmṛtyupasthāna*, *Notes indiennes* (ci-dessous p. XXXVII, n. 2), p. 36.

environs de l'ère chrétienne » (p. 150). Tout semble comme à l'envi le ramener à cette époque, cruciale dans son œuvre comme dans son esprit.

La même année, il reprenait, en collaboration avec M. Stcherbatsky, l'édition de textes philosophiques du bouddhisme, en établissant le premier chapitre du commentaire par Yaśomitra d'un traité fameux de Vasubandhu, l'*Abhidharmakośa* [1]. Le texte fut publié par les soins de l'indianiste russe, qui avait assumé la charge de confronter la version tibétaine. La reconstruction partielle du texte sanskrit des *kārikā* et du commentaire de Vasubandhu, ainsi qu'une traduction française du chapitre édité, préparées par Sylvain Lévi, n'ont pu paraître, et l'œuvre est demeurée inachevée [2].

C'est peu de temps après, en novembre 1921, que se place le second voyage en Orient de Sylvain Lévi : il touche l'Inde à Colombo, la traverse jusqu'à Santiniketan, où il assiste le 22 décembre à la fondation de l'Université internationale de Tagore ; puis, après Calcutta, Dacca, Bénarès, c'est un nouveau séjour de quatre mois au Népâl, duquel il rapporte d'importants manuscrits. Enfin, retour à Colombo par un circuit dont les points d'arrêt principaux sont Bombay et le Mysore. Partout il se dépense en recherches, en conférences, en leçons. Il faut lire, dans les notes de voyage données par Mme Sylvain Lévi [3], le vivant témoignage de cette multiple activité. De Ceylan il passe en Indochine, pousse jusqu'au Japon, où il donne quelques cours à l'université de Tōkyō. Il est de retour en juin 1923, pour recueillir quelques mois plus tard la présidence de la section religieuse de l'École des Hautes Études.

Dès lors, les recherches géographiques, préparées par les mémoires de 1915 et 1918, prennent le pas pour un temps. Ce sont les années ptoléméennes : certains d'entre nous se rappellent avec quelle passion il allait à la chasse des identifications, à travers le VIIe livre de la *Géographie*, en quête des moindres indices

1. *Sphuṭārthā. Abhidharmakośavyākhya, the work of Yaśomitra. First kośasthāna*, ed. by S. L. a. Th. Scherbatsky, Petrograd, '18 (*Bibl. Buddh.*, XXI). Comptes rendus : Finot, *J. as.*, '19, II, p. 321, E. J. Thomas, *J.R.A.S.*, '33, p. 167. Sur la bibliographie et notamment la suite ultérieure de cette publication, v. Winternitz, II [2], p. 357 : le 2e *kośasthāna* a paru en 1930, par les soins de M. Wogihara et d'Obermiller.

2. De la même époque : *La suite des idées dans les textes sanskrits, à propos d'une des inscriptions de Nasik* in *Cinqu. Ec. Htes Et.* (Paris, '21), p. 91 : essai de critique littéraire et philologique appliquée à l'épigraphie indienne.

3. D. Sylvain Lévi, *Dans l'Inde (de Ceylan au Népal)*, Paris, '25. Sur les résultats scientifiques de ce voyage, v. la communication insérée dans le *J. as.*, '23, II, p. 359. Sur des observations d'ordre géographique et social, v. *L'Asie nouvelle*, *La.Géogr.*, XLI ('24), p. 328 : on trouvera là la rédaction d'une conférence donnée par S. L. à la *Société de Géographie* sur Tagore et Santiniketan d'une part, sur le Népâl et son gouvernement d'autre part. Cf. enfin sur ce voyage Senart, *C. r. Ac. Inscr.*, '22, p. 221.

permettant de restituer l'image du territoire indien aux premiers siècles de l'ère. Déjà son article *Pré-aryen et pré-dravidien dans l'Inde* [1] repose pour une part sur Ptolémée, quoiqu'il en déborde singulièrement les données : se fondant sur un ensemble de noms géographiques qui paraissent se présenter sous forme de doublets, que seule différencie la nature de la consonne initiale, il enseigne qu'on est en face de « préformantes » identiques à celles des langues mon-khmêr : ce qui, joint à d'autres indices linguistiques ou culturels, indiquerait une influence « polynésienne » sur la civilisation pré-arienne et pré-dravidienne de l'Inde.

En 1925, Ptolémée passe au centre de la recherche : la 3e des *Notes indiennes* [2] vise l'identification du Paloura de Ptolémée, sur la côte orientale, avec le Dantapura du Kaliṅga, bien connu de la tradition bouddhique, et dont Paloura figurerait une traduction tamoule.

Les informations géographiques du *Mahāniddesa* [3], commentaire admis dans le Canon pali, ne pouvaient manquer de retenir son attention, car elles forment « comme le tracé d'un vaste périple qui part de l'Extrême-Orient, touche aux côtes de l'Inde, et va se perdre dans les profondeurs de l'Occident » (p. 3) ; l'un des noms de ce texte, le port de Takkola, sans doute le Takôla de Ptolémée, recouvrirait l'appellatif *takkola* « noix muscade » et aussi, par le jeu des « préformantes » alternantes, le pays de Kakkola et le nom de *kakkola-*. D'autres rapprochements sont faits, d'où résulte que les renseignements de Ptolémée et ceux du *Niddesa* concordent, que la datation du texte bouddhique s'en trouve assurée, et qu'elle entraîne par voie de conséquence la fixation du Canon pali à une époque qui ne saurait être antérieure au IIe siècle de l'ère. Il serrait ainsi de divers côtés le même problème, pour aboutir cette fois à un rajeunissement sensible par rapport aux évaluations, jugées déjà téméraires par certains, de ses enquêtes antérieures. Enfin, ces informations géographiques se retrouvant dans un recueil de contes émanés de la *Bṛhatkathā*, voilà l'énigme de Guṇāḍhya qui se présentait à nouveau dans son esprit.

1. *J. as.*, '23, II, p. 1. Trad. anglaise (comprenant des articles parallèles de MM. Przyluski, J. Bloch, P. Ch. Bagchi, S. K. Chatterji) sous le même titre, Calcutta, '29. Cf. MEILLET, *B.S.L.*, XXXI, 3, p. 76. On sait que M. Przyluski en particulier a poursuivi ces mêmes recherches.

2. *Notes indiennes* : 1. *Deux notes sur la Viṃśatikā de Vasubandhu* (*La défaite de Vemacitra* et *Un fragment de l'Upāli Sūtra en sanscrit*). 2. *Notice sur un manuscrit du Dharmasamuccaya découvert au Népal* [cf. ci-dessous, p. XXXIX]. 3. *Notes sur la géographie ancienne de l'Inde* (a. *Paloura Dantapura*, p. 46 ; b. *Pihuṃḍa Pithuḍa Pitundra* ; c. *Malakūṭa* ; d. *Vaikṛtika-Vaekərata*), *J. as.*, '25, I, p. 17. Les notes géographiques « a » et « b » ont été traduites en anglais, *Ind. Ant.*, LV, p. 94 et 145.

3. *Ptolémée, le Niddesa et la Bṛhatkathā* in *Études asiat.* (Hanoï, '25), II, p. 1. Cf. dans l'étude posthume *J. as.*, '36, I, d'autres identifications ptoléméennes et un dernier écho du problème de la *Bṛhatkathā*, p. 65 et 97.

Mais des travaux différents occupent ces mêmes années : en 1923 il décrit deux traités de dramaturgie[1] qu'il a découverts dans son second voyage au Népâl ; l'un d'eux fait connaître un drame entièrement ignoré jusqu'ici, dû à l'un des maîtres du théâtre indien, Viśākhadatta, et permet inopinément de rouvrir le problème de l'authenticité de Bhāsa que la naïveté respectable de Gaṇapati Śāstrī croyait avoir résolu.

En 1925, retour temporaire aux études koutchéennes[2] par l'édition et la restitution historique de deux fragments provenant de la mission Pelliot et où il retrouve un récit conservé dans les Canons chinois et tibétain, récit dont une autre trace est décelée par lui dans des fragments en dialecte « A » de la mission allemande. Citons les lignes finales de cet article (p. 329) : « plus les recherches s'approfondissent, et plus il apparaît que l'Asie Centrale n'a pas été seulement un carrefour de civilisations, mais qu'elle a constitué, au moins dans la période privilégiée de son histoire, une réelle unité de civilisation, et que, si elle a emprunté et reçu de tous ses voisins, elle a su imprimer à tous ses emprunts, en littérature comme en art, un cachet et un accent original ».

Cette même année, la trouvaille qu'il avait faite au Népâl de deux traités importants de Vasubandhu le ramenait vers les textes philosophiques. C'est alors en effet qu'il publie la *Viṃśatikā* et la *Triṃśikā*[3], exposé classique du système *Vijñaptimātra* qui est « le plus florissant encore aujourd'hui dans les écoles bouddhistes du Tibet, de la Chine et du Japon ». Il restaure le début du texte sanscrit,

1. *Deux nouveaux traités de dramaturgie indienne*, *J. as.*, '23, II, p. 193 : il s'agit de : 1. Le *Nāṭyadarpaṇa* de Rāmacandra ; 2. Le *Nāṭakalakṣaṇa-Ratnakośa* de Sāgaranandin. Le drame en question de Viśākhadatta s'appelle *Devīcandragupta*. Une édition du *Ratnakośa* est en préparation, par M. Dillon.

Sur Gaṇapati Śāstrī (et, incidemment, le problème de Bhāsa, sur lequel S. L. n'a pu formuler par écrit les raisons de son attitude sceptique), v. la notice nécrologique par S. L., *J. as.*, '26, I, p. 374.

Cette même année paraît une brève note : *King Śubhakara of Orissa*, *Ep. Ind.*, XV ('19-'20, publié en fait en '25), p. 363. Et encore : *Gonarda, le berceau de Gonardīya* in *Asutosh Mukherjee Vol.*, III, 2 (Calcutta, '25), p. 197 : Gonarda serait le pali Gonaddha, ville du Malava, malgré le témoignage des grammairiens qui situent cette localité « chez les orientaux ».

2. *Le Sūtra du Sage et du Fou dans la littérature de l'Asie Centrale*, *J. as.*, '25, II, p. 305. En appendice (329) : *Sur un texte koutchéen de Berlin* (texte B, publié par MM. Sieg et Siegling et dont S. L. retrouve le parallèle dans les versions chinoise et tibétaine du *Vinaya* des Mūla-Sarvāstivādin).

3. *Vijñaptimātratāsiddhi. Deux traités de Vasubandhu, Viṃśatikā* (*la Vingtaine*) *accompagnée d'une explication en prose; et Triṃśikā* (*La Trentaine*) *avec le commentaire de Sthiramati* ; original sanscrit publié... par S. L. I. Texte. Paris, '25 (*Bibl. Ec. Htes Et., Sc. philol.*, CCXLV). Rappelons les *Notes indiennes*, 1 (ci-dessus, p. xxvii). Compte rendu : « Diṅnāga », *Ind. Hist. Qu.*, IV, p. 188 ; des corrections au texte ont été publiées p. 175 du tome II (note suivante); v. aussi cette note.

qui manque, avec l'aide du tibétain et du chinois. Il faut lire dans la brève introduction dont il le fait précéder le récit des heureuses intuitions qui l'ont amené à découvrir et à identifier ces deux traités jumeaux, perdus pendant de longs siècles. Pressé par d'autres travaux, ce n'est qu'en 1932 qu'il en donnera la traduction annotée [1], pourvue d'un index analytique et précédée d'un résumé du système *Vijñaptimātra*. Tandis qu'en tête de cet ouvrage M. Demiéville donnait un historique de ce système d'après la notice d'un érudit japonais, Sylvain Lévi, exécutant un dernier vœu de Chavannes, publiait en appendice la traduction d'un mémoire chinois sur la « Notation du Tréfonds », traduction qu'il avait préparée douze ans auparavant en collaboration avec le sinologue disparu.

De 1925 à 1929, c'est le cycle d'Aśvaghoṣa qui réapparaît. Une des *Notes indiennes* de 1925 [2] avait recueilli des informations sur un texte apparenté au *Saddharmasmṛtyupasthāna*, ce *sūtra* bouddhique qu'il avait utilisé dans son étude sur le *Rāmāyaṇa* ; il avait vu qu'on était en présence d'un corps d'ouvrages sur lesquels « plane le nom d'Aśvaghoṣa ». Mais c'est en 1927 que sa recherche revêt un aspect aigu ; l'expédition allemande à Tourfan avait rapporté les fragments d'un ouvrage où M. Lüders avait reconnu l'original sanskrit correspondant à la version chinoise par Kumārajīva du fameux *Sūtrālaṃkāra* attribué par la tradition à Aśvaghoṣa ; mais les colophons du texte exhumé le donnent comme l'œuvre de Kumāralāta et semblent autoriser à restituer le titre *Kalpanāmaṇḍitikā*. Fallait-il dès lors, avec M. Lüders, dénier à Aśvaghoṣa la paternité de cet ouvrage ? Sylvain Lévi semble d'abord accuser le coup [3] : il ne conteste pas que la question est ouverte à nouveau, il doute que l'attribution proposée doive être

1. *Matériaux pour l'étude du système Vijñaptimātra : Introduction. Historique du système V.*, d'après D. Shimaj, par P. Demiéville. *Traduction de la Viṃś. et de la Triṃś. L'ālayavijñāna, d'après le Fan yi ming yi tsi*, trad. en collaboration avec Ed. Chavannes. Paris '32 (*Bibl.*.. CCLX). Comptes rendus : Cœdès, *B.E.F.E.-O.*, XXXIII, p. 1011. Lamotte, *Muséon*, '34, p. 182. Keith, *J.R.A.S.*, '34, p. 414. Winternitz, *Arch. Or.*, vi, p. 475. Schayer, *O.L.Z.*, '34, p. 565. La *Triṃśikā* a été traduite simultanément par Jacobi : comparaison des deux versions Lacombe, *D.L.Z.*, '35, p. 585.

2. *J. as.*, '25, I, p. 35 (cf. ci-dessus, xxxnii, n. 2).

Dans la même période : *Problèmes indo-hébraïques* in *Mél. Isr. Lévi* (Paris, '26 = *Rev. ét. juiv.*, LXXXII), p. 49 : 1. Gozan (= Balkh.) 2. Le roi Nahuṣa métamorphosé en serpent.

Ikari « ancre » in *Mél. Kano Naoko* (Tōkyō, '27), p. 1 : rapproché de gr. *aṅkura* et posant le problème de l'expansion jusqu'à l'Extrême-Orient d'un terme et d'une notion européens.

3. *La Dṛṣṭānta-Paṅkti et son auteur*, *J. as.*, '28, II, p. 95. L'ouvrage de M. Lüders est *Bruchstücke der Kalpanāmaṇḍitikā des Kumāralāta* (Leipzig, '26).

La *Note additionnelle* de S. L. est p. 113.

La même année : *Note additionnelle* (p. 226) à l'article de M. Yoshiwaza Yoshinori (trad. Haguenauer) sur *Le signe du « Nigori » dans l'écriture syllabique japonaise*, *J. as.*, '27, II, p. 193. S. L. voit dans ce signe « comme un prolongement vers l'Extrême-Orient du système inauguré en Asie antérieure pendant les premiers siècles de l'ère ».

tenue pour certaine et se borne provisoirement à grouper des matériaux extraits de la tradition chinoise et concernant la personnalité de Kumāralāta ; un fait précis en ressort du moins : le nom réel de l'ouvrage serait *Dṛṣṭāntapaṅkti*, *kalpanāmaṇḍitikā* n'étant apparemment qu'une épithète. Mais dès la *Note additionnelle* qui fait suite à cet article, des recherches faites dans les catalogues chinois lui permettent de marquer un avantage qu'il pense décisif : non seulement Aśvaghoṣa y est constamment désigné comme l'auteur du *Sūtrālaṃkāra*, mais « il est prouvé, par l'annotation authentique de Kumārajīva sur le *Vimalakīrtinirdeśa*, que ce savant moine était nourri des récits du *Sūtrālaṃkāra* » (p. 126).

A la suite d'une réplique de M. Nobel qui se refuse à admettre ces déductions, il précise son point de vue[1], confirme que Kumārajīva était familier avec les œuvres d'Aśvaghoṣa et revient sur plusieurs traités annexes que la tradition attribue au grand docteur bouddhique. Enfin, en 1929[2], il décrit de nouveaux textes qui gravitent autour du même nom et, au terme d'une discussion plutôt obscure, il en vient à définir sa position actuelle (p. 279) : « le *Sūtrālaṃkāra*..., traduit en chinois par Kumārajīva, représente donc l'ouvrage primitif, l'œuvre d'Aśvaghoṣa. La *Dṛṣṭāntapaṅkti*..., si elle est l'œuvre de Kumāralāta comme l'indique le manuscrit d'Asie centrale mis en lumière par M. Lüders, est une nouvelle édition du *Sūtrālaṃkāra*. » L'avenir enseignera si ces vues peuvent être maintenues.

C'est du Japon qu'il avait pris les armes en faveur d'Aśvaghoṣa ; car dès septembre 1926 il était parti à nouveau pour l'Orient : il devait assumer pour deux ans la direction de la *Maison franco-japonaise* nouvellement fondée à Tōkyō sous l'impulsion de l'ambassadeur Claudel, et qu'avait inaugurée huit mois plus tôt M. Foucher comme premier directeur. Mais ces fonctions d'administrateur n'absorbent pas tout son temps : il donne un cours régulier sur le bouddhisme

1. *Encore Aśvaghoṣa*, *J. as.*, '28, II, p. 193. L'article de M. Nobel est dans les *G.N.*, '28, p. 295. Sous-titres de S. Lévi : 1. *Aśvagh. et le Rāṣṭrapāla Nāṭaka* ; 2. *Aśvagh. et Dhārmika Subhūti* ; 3. *Aśvagh. et la Nairātmyaparipṛcchā*.

2. *Autour d'Aśvaghoṣa*, *J. as.*, '29, II, p. 255. Sous-titres : 1. *Les opuscules* ; 2. *Dṛṣṭāntamālya, Dṛṣṭāntapaṅkti et Sūtrālaṃkāra* ; 3. *ālayārama* ; 4. *Deux stances*.

On sait que M. Przyluski a soutenu ultérieurement un point de vue différent : pour lui une *dṛṣṭāntapaṅkti* « nommée *Kalpanāmaṇḍitikā* » est l'œuvre de Kumāralāta, et ce n'est que plus tard que, sous le nom de *Sūtrālaṃkāra*, la collection a été attribuée à Aśvaghoṣa ; cf. *Bull. Lettres Acad. Belg.*, '30, p. 425, et *Rocznik Or.*, VIII, p. 14. Point de vue analogue, WINTERNITZ, II², p. 623. Cf. aussi PELLIOT, *T'oung-pao*, '31, p. 196. L'étude posthume donne (*J. as.*, '36, I, p. 80) un détail nouveau qui n'est pas sans conséquence : le nom du *Sūtrālaṃkāra* se trouve pour la première fois mentionné, apparemment comme œuvre d'Aśvaghoṣa, dans un texte sanskrit du VIIᵉ siècle.

On sait qu'à partir de 1928 les travaux bouddhiques sont analysés dans la *Bibliographie bouddhique*.

indien, durant deux années scolaires, à l'Université de Tōkyō ; il jette les bases d'une entreprise de grande envergure : la compilation d'un dictionnaire encyclopédique du bouddhisme [1], fondé sur les documents chinois et japonais, c'est-à-dire sur les dictionnaires et répertoires existants mais contrôlés par le recours aux sources elles-mêmes. Le professeur Takakusu l'avait assisté dans la préparation de cette œuvre, dont la direction effective est prise dès l'abord par un des élèves de Sylvain Lévi, M. Demiéville. Il aimait voir là les gages d'une union scientifique entre Français et Japonais pour un travail qu'il estimait fondamental.

Il revient par Java [2], Bali, l'Inde, où il fait un nouveau séjour, de courte durée, au Népâl. Rentré à Paris en octobre 1928, il reçoit la succession de Senart à la présidence de la Société asiatique ; il donne une impulsion nouvelles aux études indiennes en France par l'activité qu'il consacre à l'*Institut de civilisation indienne*, qui venait de se fonder sous le patronage de l'Université de Paris et la présidence d'honneur d'Émile Senart. Dans sa pensée cet organisme devait être la première étape d'une sorte de Faculté des Études orientales qu'il rêva un temps de voir se constituer à Paris.

Cependant il élabore de nouveaux ouvrages qu'il livre simultanément au public dans les années 1932-33. Nous avons signalé par avance la traduction des traités philosophiques de Vasubandhu, laquelle, préparée par lui de longue date, ne paraît qu'à ce moment [3].

1. *Hōbōgirin, Dictionnaire encyclopédique du bouddhisme d'après les sources chinoises et japonaises*, publié... sous la direction de S. L. et J. Takakusu ; rédacteur en chef P. Demiéville, Tōkyō. Parus les fasc. 1 (*A-Bombay*), '29 ; 2 (*Bombay-Bussokuseki*), '30 ; ainsi qu'un fasc. annexe. (*Tables du Taishō Issaikyō*), '31. Compte rendu : Soothill, *J. R. A. S.*, '30, p. 697.

En liaison avec ce travail, signalons l'étude préliminaire *Matériaux japonais pour l'étude du bouddhisme*, *Bull. Maison fr.-jap.*, *sér. fr.*, nº 1 ('27), où se trouvent de précieux renseignements sur les sectes bouddhiques ; cf. *La Maison franco-japonaise de Tôkyô*, *Rev. de Paris*, sept. '29, p. 410.

2. De son passage à Formose est sorti un article : *Taiwan, Formose sous le régime japonais*, *Bull. Soc. Autour du monde*, nº 31, déc. '28.

3. Ci-dessus, p. xxxviii. Plusieurs articles prennent place dans l'intervalle :

Ysa, *Feestbundel... Batav. Genoots. Kunsten* (Weltevreden, '29), II, p. 100. Conclusions : « la combinaison *ys* apparaît comme une innovation introduite dans l'écriture indienne le jour où, transportée en dehors des frontières linguistiques de l'Inde, cette écriture a été employée pour noter d'autres langues... aux environs de l'ère chrétienne... Nous la voyons recueillie pieusement dans l'alphabet sacré du mysticisme bouddhique. » Compte rendu : Pelliot, *T'oung-pao*, '31, p. 134.

L'inscription de Mahānāman à Bodh-Gayā, *Indian Stud. Lanman* (Cambridge-Mass., '29), p. 35. Sous-titre : *Essai d'exégèse appliquée à l'épigraphie bouddhique*. Comptes rendus : Randle, *J. R. A. S.*, '30, p. 431. Cœdès, *B.E.F. E.-O.*, '29, p. 412. S. L. retrouve là des allusions à l'*Abhidharmakośa* et à Vasubandhu.

La pesée de l'éléphant in *Modi Mem. Vol.* (Bombay, '30), p. 442 : conte jaina dans la

Il publie et traduit un autre texte philosophique, richement annoté, fourni sous les versions parallèles du sanskrit, du pali, du tibétain, du chinois et du koutchéen : le *Karmavibhaṅga* et son *upadeśa*[1]. C'est un traité doctrinal relatif à la classification des Actes, qui prend appui sur un *sūtra* familier : un discours adressé par le Bouddha au maître de maison Śuka Māṇava. L'histoire du châtiment et du rachat de Maitrāyajña (chap. XXXII) est l'une des pages les plus saisissantes de la littérature narrative du bouddhisme. Mais l'originalité de cette publication est qu'elle combinait les expériences de ses deux voyages : il avait reconnu en examinant à Java en 1928 les sculptures de Boro-budur l'illustration même des récits que contenait ce texte qu'il avait retrouvé au Népâl en 1922. Mais laissons-le parler : « invité à chercher l'interprétation des reliefs encore inexpliqués de [la galerie inférieure du *stūpa* de Boro-budur]..., j'avais pu, au premier examen des photographies prises pendant une exhumation de courte durée, reconnaître dans les sujets traités et jusque dans le libellé des inscriptions l'inspiration de ce *Karmavibhaṅga* que j'avais découvert, sept ans auparavant, au Népal ;

Nāndivr̥tti de Malayagiri rapproché d'un conte chinois chez Chavannes, *Cinq cents contes*.

Quelques documents nouveaux sur les Juifs du Sud de l'Inde, *Rev. ét. juiv.*, LXXXIX ('30), p. 26.

Un cycle mineur autour de Maṇimekhalā, à savoir : *Maṇimekhalā, divinité de la mer*, *Bull. Lettres Acad. Belg.*, 5, XVI ('30), p. 281. [Trad. anglaise *Ind. Hist. Qu.*, VI, p. 597]. *On Maṇimekhalā « the guardian Deity of the sea » (a Cambodian document)*, *Ind. Hist. Qu.*, VII ('31), p. 173. *More on Maṇimekhalā*, *ibid.*, p. 371. Ce culte se situerait d'abord entre Kāñchi près de Madras et les bouches de la Kāverī ; les textes où il apparaît, notamment deux *Jātaka*, seraient à placer dans cette aire ; de sources siamoises, singhalaises et indochinoises il résulte que ce nom s'est répandu dans toute la partie orientale de l'Océan indien.

Un ancêtre de Tagore dans la littérature javanaise, *Golden Book of Tagore* (Calcutta, '31), p. 296.

Un nouveau document sur le bouddhisme de basse époque dans l'Inde, *Ind. Stud. Rapson* (London, '31 = *B.S.O.S.*, VI), p. 417 : textes se référant au culte tantrique de Vajrayoginī, divinité populaire au Népâl.

Kouen Louen et Dvīpāntara, *Bijdr. Taal- Land- Volkenk.*, 88, IV ('31), p. 621 : équivalence des deux mots, comme désignation des îles et du continent des mers du Sud, soit « l'autre partie du monde ».

Les mudrās et leur intérêt religieux et ethnographique (Inde, Indonésie, Japon), *Actes du 18e Congr. Or.* (Leyde, '31), p. 152.

Signalons enfin une note en appendice de A. Stein, *Innermost Asia* (4 vol., Oxford, '28), III, p. 1029 : *Notes on Manuscript Remains in Kuchean*.

1. *Mahā-Karmavibhaṅga (La grande classification des Actes)* et *Karmavibhaṅgopadeśa (Discussion sur le Mahā-Karmavibhaṅga)*, textes sanscrits... éd. et trad. avec les textes parallèles en sanscrit, en pali, en tibétain, en chinois et en koutchéen par S. L., Paris, '32. Comptes rendus : Bosch, *Tijds.*, LXXIII, p. 374. Printz, *Z.D.M.G.*, LXXXVII, p. 97. Winternitz, *Arch. Or.*, VI, p. 475. C. A. F. Rhys Davids, *J.R.A.S.*, '34, p. 358. Cœdès, *B.E.F.E.-O.*, XXXIII, p. 1011. Filliozat, *Rev. cr.*, LVII, p. 3. S. L. avait donné le récit de sa découverte à Boro-budur in *Bibliogr. Ind. Archaeol.*, '31, Introd., p. 1, sous le titre *The Karmavibhaṅga illustrated in the Sculptures of the buried basement of the Barabuḍur*. Sur la version koutchéenne, v. Sieg, *Asia Major*, X, p. 411. V. aussi, ci-dessous, p. XLIII, n. 2 et 3.

minute incomparable où j'ai compris et senti toute la grandeur de l'œuvre accomplie par la civilisation indienne » (p. 7). « A combien de savants, a-t-on pu dire justement, pareilles rencontres sont-elles possibles ? »[1].

L'Insulinde lui fournit encore la matière d'un autre livre qui, pour imprévu qu'il apparaisse, rentre comme à dessein dans le cadre de son inspiration : il arrive à Bali en juin 1928, sachant qu'il lui faudrait contrôler les témoignages sur l'influence indienne, que depuis plus de cent ans, depuis Crawfurd et surtout Friederich, les voyageurs érudits y avaient recueillis. Le résultat dépasse son attente. Alors que l'Inde n'adore plus les dieux védiques, Viṣṇu excepté, depuis 2.000 ans peut-être, il voit se profiler sur le territoire indonésien un sanctuaire dédié à Varuṇa. Il entend les *pĕdanda*, les prêtres locaux, réciter des fragments de poèmes religieux en sanskrit. Avec le sens des textes qui est le sien, il peut déceler aussitôt, sous le sanskrit profondément altéré, totalement incompris d'ailleurs de ceux qui le psalmodient, des passages de la *Nārāyaṇopaniṣad*, l'une des *Upaniṣad* mineures placées sous le chef de l'*Arthavaveda*. Il réussit à se procurer des *tālapattra*, car il avait gagné la confiance des *pĕdanda* en devançant sur leurs lèvres la récitation de certains *stotra* qu'il connaissait par cœur. Il reconstitue de la sorte une petite chrestomathie sanskrite de Bali, où les morceaux d'inspiration védique tiennent une place de choix. Cette anthologie, présentée d'une manière charmante, paraît en 1933 dans la collection que dirige le Gaekwar de Baroda et qu'inspira d'ailleurs Sylvain Lévi[2]. Ainsi retrouvait-il au terme de sa carrière les souvenirs de Bergaigne et, à travers sa longue infidélité bouddhique, les enseignements du *Veda*.

Cette même année, il publie et traduit une série de textes koutchéens provenant des missions Pelliot et Stein, du fonds Hoernle et du Musée asiatique de Leningrad[3] : à savoir des fragments bilingues de l'*Udānavarga* et de morceaux

1. J. Bloch dans la notice nécrologique de *L'univers israél.*, numéro du 9 nov. '35, p. 99, col. 2.

2. *Sanskrit Texts from Bāli* (*Bālidvīpagranthāḥ*), critically ed. with an Introduction by S. L., Baroda, '33 (*Gaekw. Or. Ser.*, LXVII).

Sur le *Mahākarmavibhaṅga* et les textes de Bali, v. encore la courte notice *Recherches à Java et Bali* in *Oost. Genoost. in Nederl.* (Leyde, '29), p. 7.

3. *Fragments de textes koutchéens, Udānavarga. Udānastotra. Udānālaṃkāra et Karmavibhaṅga*, publiés et trad. avec un vocabulaire et une introduction sur le « tokharien », par S. L., Paris, '33 (*Cahiers Soc. as.*, 1re *sér.*, n° 2). L'introduction reproduit un article antérieur, *Le « tokharien »*, *J. as*, '33, I, p. 1 (sous-titre : *A propos de la Tocharische Grammatik publiée par MM. Sieg, Siegling et Schulze*). Comptes rendus : Cœdès, *B.E.F.E.-O.*, XXXIII, p. 1011. Poucha, *Arch. Or.*, VII, p. 258. Sieg, *O.L.Z.*, '36, p. 10 (défavorable). Sur l'*Udānavarga* koutchéen, v. encore Sieg et Siegling, *Ind. Stud. Rapson*, p. 483, et *Festschr. Winternitz*, p. 167.

M. Pelliot a depuis (*ibid.*, '34, I, p. 23) contesté une partie des résultats auxquels tendait cet article : si le dialecte B est bien, pense-t-il, la langue de Koutcha et a dû être aussi celle de

apparentés, et d'autre part des fragments d'un poème sur la rétribution des Actes qui, « par une rencontre véritablement stupéfiante » (p. 80), se trouve être la paraphrase du *Karmavibhaṅga* qu'il avait découvert au Népâl en 1922. Un vocabulaire de ces textes, accompagné des correspondances en dialecte « A », — première base d'un dépouillement lexicographique du koutchéen — termine ce volume qu'introduit une étude détaillée : à propos de la *Tocharische Grammatik* nouvellement publiée par MM. Sieg et Siegling en collaboration avec W. Schulze, il précise à nouveau les raisons qu'il a de refuser, au moins provisoirement, le nom de « tokharien » aux textes trouvés à Koutcha, et tente de montrer que pour les textes de Karachar et Tourfan le nom d' « ārśi », fourni par les documents mêmes, serait à substituer à celui de « karasharien » qu'il avait proposé en 1913.

Restent une série d'articles qui se répartissent sur les années 1932 à 1934 : on sait l'émotion qu'avait fait naître en lui la nouvelle que Sir Aurel Stein, puis M. Hackin avaient, en 1931, eu connaissance d'un lot considérable de manuscrits trouvé par hasard dans un *stūpa* récemment effondré, sis aux environs de Gilgit sur le haut Indus. Grâce à quelques feuillets et aux photographies que purent lui envoyer les deux explorateurs, il reconnut l'exceptionnelle importance de la découverte. On était en présence, entre autres textes, de fragments du *Mūla-Sarvāstivāda*, l'un des *Vinaya* perdus du bouddhisme septentrional, qu'une tradition constante associe au nom d'Aśvaghoṣa. Ainsi retombait-il, par une sorte de prédestination, sur les œuvres qui durant tant d'années avaient été l'axe brûlant de sa recherche. Il pensa partir pour Gilgit ; il espéra jusqu'au bout que les manuscrits du Cachemire, dont il pressentait qu'ils renouvelleraient les études bouddhiques, seraient à la disposition des savants européens. Cette joie devait lui être refusée [1].

Dans un autre article de la même période, il étudie sous tous ses aspects le personnage curieux de Maitreya, qui symbolise dans le bouddhisme la notion du Sauveur ; il se demande si cette notion même et l'assimilation qui se fait de bonne heure entre ce Maitreya et Ajita « l'invaincu » ne proviendraient pas de l'influence

Karachar et de la région de Tourfan, le dialecte A est le tokharien, « la langue des Kuṣaṇa et, en tout cas, du Tokharestan ». Contre la position de S. L. : St. Konow, *Act. Or.*, XIII, p. 250. V. encore Fukushima, *Mem. Vol... to Katsuji Fujioka*, p. 70 du tirage à part ; Benveniste, *Festschr. Hirt*, II, p. 227 ; Bailey, *B.S.O.S.*, VIII, p. 883.

1. *Note sur des manuscrits sanscrits provenant de Bamiyan (Afghanistan) et de Gilgit (Cachemire)*, *J. as.*, '32, I, p. 1. Les fragments de Bamiyan sont pour la plupart des traités d'*Abhidharma*, ainsi qu'un morceau du *Vinaya* des Mahāsāṃghika : ils proviennent d'une fouille effectuée par M. Hackin en 1930. Cf. aussi N. Dutt, *Ind. Hist. Qu.*, VIII, p. 93.

iranienne, qui parallèlement semble avoir propagé vers l'Occident, avec la notion du Messie, la figure du « Mithras *invictus* »[1].

C'est aussi vers l'Occident qu'il se tourne avec son article *Alexandre et Alexandrie dans les documents indiens*[2]. Il pense découvrir le nom d'Alexandre, dissimulé sous un jeu de mots, dans un passage d'un roman de Bāṇa, du VIIe siècle ; et du même coup il dépiste le nom d'Alexandrie dans un autre ouvrage célèbre, l'*Arthaśāstra*, attribué à Kauṭilya, dont la datation, qui avait fait l'objet de vives controverses, serait de ce fait munie d'un rigoureux terme *a quo*.

Enfin le dernier article qui ait paru de son vivant, *Devaputra*[3], recommence sur d'autres données le long chemin parcouru jadis à propos du *Bāveru*, de l'une à l'autre extrémité de l'Asie. Il montre, reprenant une hypothèse ancienne, que le titre de *devaputra* pris par les Kuṣāṇa, titre ignoré de la littérature brâhmanique, a été créé, par un intermédiaire iranien, à l'imitation du traditionnel *t'ien tseu* porté par les Empereurs de Chine, et il pose la question de savoir si l'appellation « Fils de Dieu » qu'entendirent les premières communautés judéo-chrétiennes n'est pas l'écho de ce même nom. Sa conclusion résonne comme l'abrégé de sa vision asiatique : « sur la route fréquentée qui reliait Jérusalem à l'Euphrate, le titre chinois du Fils du Ciel, devenu *bagpuhr* ou *devaputra*, a dû croiser le titre du Fils de Dieu arrivant en Palestine, avant de le croiser dans les oasis de la Sérinde, sur la route des caravanes allant de l'Iran à la Chine » (p. 21)[4].

1. *Maitreya le consolateur* in *Études d'orientalisme Raymonde Linossier* (Paris, '32), I, p. 355.

La même année : *Syandanikā* in *Grierson Comm. Vol.*, I (= *Ind. Linguistics*, II ; Lahore, '32), p. 13 : le mot désigne une rigole pour l'écoulement des eaux devant les maisons et répond au pali *candanikā*. L'essentiel de cet article a passé dans une note (p. 22) du *Karmavibhaṅga*.

2. In *Mél. Maspero, II* (= *Mém. Inst. fr. du Caire*, LXVII ; Le Caire, '34), p. 155. Avec une note non imprimée sur un passage de Hiuan-tsang portant mention du « Royaume des Femmes d'Occident », où S. L. reconnaît le pays des Amazones, qui a joué le rôle qu'on sait dans le *Roman d'Alexandre*.

La même année : *Bilaṅga-dutiya* in *Comm. Vol. Sc. Rel. in Tokyo Univers.* (Tōkyō, '34), p. 84 : expression du Canon pali qui, accouplée avec *kaṇajaka-*, désignerait « une sorte de gruau grossier fait avec des farines de grains à bon marché » et par suite, proverbialement, une pitance misérable.

3. *J. as.*, '34, I, p. 1. Il avait touché à la question de *devaputra* dès son article des *Mél. Harlez* (ci-dessus p. XXI, note), p. 182 et v. encore *J. as.*, '36, I, p. 78 sqq. ; par une coïncidence curieuse, le dernier article de J. Darmesteter était consacré aux Rois Mages (*J. as.*, '94, II, p. 43).

4. On pourrait mentionner ici que S. L., surtout dans les vingt premières années de sa carrière, a donné d'assez nombreux comptes rendus : peu d'entre eux sont vraiment développés, mais ils attestent par la variété de leurs objets l'ampleur de la curiosité scientifique de S. L., débordant tous les cadres de l'indianisme consacré. On en trouvera la liste, pour les années '87 à '11, dans l'*Or. Bibliogr.* ; plusieurs ont été signalés ci-dessus (cf. notamment p. XXII, n. 1, pour ceux relatifs aux études védiques). Un certain nombre, qui se massent dans les années

* * *

Lorsqu'il disparaît, le 30 octobre 1935, foudroyé par la mort subite qu'il souhaitait, sans avoir connu une heure de déclin, sa tâche pouvait être tenu pour achevée. Il semblait arrivé au terme d'un long parcours.

Et cependant, il laissait encore un monde de projets derrière lui ; ses fiches accumulées, les suggestions que renouvelaient sans trêve ses cours et sa conversation, attestent que des avenues nouvelles ne cessaient de s'ouvrir devant ses yeux. L'année qui précéda sa mort, il préparait une traduction intégrale des fameux documents de Niya, rédigés en un moyen indien aberrant qui pour la plupart des indianistes est resté lettre morte ; il se proposait de publier ce qu'il possédait encore de manuscrits koutchéens ; enfin, il avait commencé à rédiger le livre qu'il méditait depuis longtemps sur l'Inde et la Mer, et le premier chapitre qui en est seul sauvé semble marquer, dans le cadre de l'Inde ptoléméenne, le point de convergence entre ses réflexions sur Aśvaghoṣa et sur Kaniṣka, élaborées en une vaste synthèse [1]. Sans doute sera-t-il possible de publier ces trois études. D'autres sont demeurées à l'état de projets lointains : ainsi cette anthologie de contes bouddhiques à l'intention des enfants, par laquelle il rêvait quelquefois de terminer sa carrière [2].

Mais l'œuvre si vaste que nous avons passée en revue ne représente pas, on le

consécutives à son premier voyage, concernent des ouvrages sur l'Inde moderne. La plupart concernent des livres d'histoire. Citons parmi les plus importants : a) dans le domaine littéraire, *Rev. cr.*, '87, I, p. 441 (sur Pischel, édition du *Śṛṅgaratilaka* de Rudraṭa) ; *J. as.*, '09, II, p. 530 (sur Hertel, édition du *Tantrākhyāyika*) ; *ibid.*, '10, II, p. 389 (sur Haraprasad Shāstri, *The Triumph of Vālmīki*) ; *ibid.*, p. 395 (sur S. Ray, édition de *Śakuntalā*) ; *b*) dans le domaine du bouddhisme, *Rev. hist. rel.*, LVIII, p. 247 (La Vallée Poussin, trad. du *Bodhicaryāvatāra*) ; *G.G.A.*, '11, p. 324 (sur La Vallée Poussin, *Bouddhisme* ; avec des vues générales sur sa conception du bouddhisme et des études bouddhiques) ; c) dans l'ordre historique, *J. as.*, '90, II, p. 375 (sur Dutt, *History of Civilization*) ; *Rev. cr.*, '94, II, p. 489 (sur A. Stein, édition de la *Rājataraṅgiṇī*) ; *ibid.*, '95, I, p. 1 (sur Chavannes, trad. de Yi-tsing) ; *J. sav.*, '08, p. 135 (sur Smith et Wright, *Catalogue of the Coins in the Ind. Mus. Calc.*). V. enfin le c. r. cité ci-dessus, p. XXVIII, n. 1, qu'il faut mettre hors de pair.

1. Ce livre devait porter, semble-t-il, le titre significatif *La Bouche-de-la-Jument*, du nom d'un gouffre des mers australes communiquant, d'après les légendes indiennes, avec le monde infernal. M. Foucher estime que le chapitre auquel il est fait allusion, et qui est paru *J. as.*, '36, I (p. 61 et suiv.), constitue plutôt un article indépendant, sorte de « by-product de ses recherches nautico-géographiques ».

2. Un index général des mots indiens étudiés dans l'ensemble des travaux de S. L. est compilé par Mme Stchoupak, et paraîtra dans le numéro de la *Bibliogr. bouddh.* contenant la bibliographie de S. L.

Les textes koutchéens, revus par M. Filliozat, seront publiés ultérieurement par ses soins.

sait, la totalité de son activité humaine. Si indivisible qu'ait été sa vie, nous n'avons pas voulu parler ici de l'homme social, de l'homme au grand cœur qu'il a été. Du moins faut-il rappeler, pour apprécier comme il convient sa production d'indianiste, que son labeur a été, surtout dans les vingt dernières années, traversé de mille dérangements, littéralement haché de corvées, de soucis allant jusqu'à l'angoisse. Il a souffert de la guerre et des dommages dont elle a prolongé l'effet, jusqu'à nos jours. Ce qui chez d'autres eût été le loisir et la détente, lui a fourni une part de son travail.

Mais, pour demeurer sur le plan de ce travail même, il faut dire un mot des publications, articles ou conférences, qu'il a faites à l'adresse d'un plus large public. On situera ici la traduction de l'épisode célèbre du *Mahābhārata*, *Nala et Damayantī* [1]; elle remonte aux premières années de sa carrière, et « ne doit rien aux trente années qui se sont écoulées depuis » (p. 16) : on n'en jugera pas moins qu'en sa grâce simple, elle rend bien le tour à la fois lâche et pressant de l'épopée indienne. D'autres traductions, une ébauche de *Ratnāvalī*, un projet de *Bhagavadgītā*, une première rédaction de *Prabodhacandrodaya* (cette dernière, revue, ayant des chances de pouvoir paraître) [2], se situent sans doute également aux années qui précédèrent le *Théâtre indien*. D'autres études ont trait aux origines de l'indianisme, question qui passionnait un homme tel que lui, vivant si intensément par le souvenir : on rappellera à cet égard la belle conférence qu'il y a quatre ans il donnait sur Chézy et « l'entrée du sanscrit au Collège de France » [3]. La plupart

1. *La légende de Nala et Damayantī*, trad., avec introd., notes et vocabulaire, par S. L., Paris, '20 (*Class. Orient*, I).

2. Par les soins de M. Lacombe. Il ne semble pas qu'il ait exécuté le projet dont il parle dans son Théâtre (p. 280) de faire une étude sur le *Mahānāṭaka*.

3. *Les origines d'une chaire : L'entrée du sanscrit au Collège de France* in *Livre jubil. quatr. centen. du Collège* (Paris, '32), p. 329.

Appartiennent au même groupe les cours historiques de l'indianisme ou de l'orientalisme qu'il a donnés à diverses reprises: *Les parts respectives des nations occidentales dans le progrès de l'indianisme*, *Scientia*, janv. '24, p. 21 ; *L'indianisme* in *La Science franç.* (Paris, '33 ; 1re éd., '15), II, p. 91 ; *The transformation of Sanscrit Studies in the course of the nineteenth Century* in *Congress. Arts a. Sc.* (Saint-Louis, '04), III, p. 99 [l'original français a paru sous le titre *La transformation des études sanscrites au cours du XIXe siècle*, *Rev. idées*, I ('06), p. 897]; *L'enseignement de l'orientalisme en France, son état actuel, les réformes nécessaires*, *Rev. synth. hist.*, XX ('10), p. 261 ; *Les études orientales, leurs leçons, leurs résultats* in *Confér. Mus. Guim.*, '11 (= *Ann. Mus. Guim.*, *Bibl. vulgar.*, XXXVI). On peut citer spécialement la préface au livre de M. R. Schwab, *Vie d'Anquetil Duperron* (Paris, '34), et rappeler ses notices nécrologiques, celle (ci-dessus p. xxxiv, n. 3) sur Chavannes, et celles du *J. as.*, dont on trouvera la liste sous son nom aux *Tables décennales*, '92-'93. Cf. enfin *Un journaliste indien : Behramji Malabari, sa vie et son œuvre*, *Rev. bleue*, '93, II, p. 353 et 392, et *Le Théâtre indien à Paris*, *Rev. de Paris*, '95, I, p. 818 (sur les représentations scéniques de la *Mṛcchakaṭikā*, qui furent données à Paris, une première fois en 1850 d'après l'adaptation de Méry et G. de Nerval, une seconde fois en 1895, par V. Barrucand).

concernent des problèmes généraux de la religion ou de l'histoire de l'Inde, brossés en larges esquisses. Elles nous aident à relier les conceptions de Sylvain Lévi, jalonnées de long en long intervalle par ses recherches de détail. Il faut regretter qu'elles ne soient pas plus nombreuses et plus nourries. On a mentionné plus haut (p. XXIX) l'une des plus importantes, celles sur les *Saintes Écritures*[1]. On fera une place à part pour le recueil d'articles qu'il a réunis sous le titre significatif *L'Inde et le Monde*[2], et qui, en dépit d'un lyrisme quelque peu exubérant, livrent d'une manière vive et pittoresque ses vues principales sur le développement religieux et historique de l'Inde.

Il n'a pas écrit de manuel ; si ce n'est à l'occasion des *Brāhmaṇa* et par l'influence de Bergaigne, il ne s'est guère occupé du contenu même des doctrines[3].

1. Autres conférences (v. encore ci-dessus p. XLVII, n. 3) : *La transmigration des âmes dans les croyances hindoues* in *Confér. Mus. Guim.*, '03-'04, 2e partie (= *Ann. Mus. Guim.*, *Bibl. vulgar.*, XVI) ; *Les Jātakas, étapes du Bouddha sur la voie des transmigrations, ibid.*, '05 (= t. XIX) ; *La formation religieuse de l'Inde contemporaine, ibid.*, '07 (= t. XXV) ; *Les grands hommes dans l'histoire de l'Inde, ibid.*, '13 (= t. XL) ; *La science des religions et les religions de l'Inde, Annuaire Ec. Htes Et., Sc. rel.*, '92. Cf. encore *Religions universelles et religions particulières, Rev. d'Et. relig. de Tokyo*, '28 ; *Les « Marchands de mer » et leur rôle dans le bouddhisme primitif, Bull. Ass. Amis Or.*, oct. '29, p. 19 ; enfin *Le bouddhisme dans l'Asie actuelle*, Conférence du Mus. Guim. du 23 mars '24 ; vers la même époque, autre Conférence sur *Les Paradis et les Enfers de l'Inde*.

Il faudrait rappeler ici les nombreuses préfaces qu'il a écrites pour présenter des ouvrages d'élèves ou d'amis, et dont aucune n'est indifférente. Les plus remarquables sont celles à la *Svapnavāsavadattā*, trad. Baston ('14) et au *Gītagovinda*, trad. Courtillier ('04) où se trouvent touchés d'importants problèmes littéraires ; celle au *Lotus de la Bonne Loi*, trad. Burnouf (pour la réimpression de '25) : seul témoignage qui subsiste du rang incomparable auquel il situait Burnouf parmi les maîtres des études indiennes.

Rappelons encore la part qu'il a prise à l'ouvrage collectif *Indochine* (2 vol., Paris '31, Exposition coloniale internationale de Paris), publié sous sa direction et précédé d'une introduction de sa main. Enfin sa notice *Écriture kharoṣṭhī, écriture brāhmī, écriture devanāgarī* in FOSSEY, *Notices sur les caractères étrangers anciens et moderne* (Paris, '27).

2. Paris, '26. Les articles en question avaient précédemment paru dans la *Revue de Paris* (au cours de l'année '25, *passim*). Ce sont : *L'Inde et le monde* (qui, significativement, a donné son nom à l'ensemble) ; *Humanisme bouddhique ; Civilisation brahmanique ; Civilisation bouddhique ; Orient et Occident ; Essai sur l'humanisme.* Le recueil s'achève par le texte d'une conférence qui fut faite à l'Université de Dacca sous le titre *Eastern Humanism* (parue aussi séparément, *Dacca Univ. Bull.*, n° 4, '25).

Comptes rendus : STRAUSS, *D.L.Z.*, '26, p. 1949. B. K. SARKAR, *Ind. Hist. Qu.*, II, p. 875. HOPKINS, *J.A.O.S.*, XLIX, p. 177. CHARPENTIER, *J.A.R.S.*, '27, p. 147.

On joindra les aperçus généraux qu'il a donnés sur l'Inde et la civilisation ou l'histoire indiennes : d'une part dans la *Grande Encyclopédie* (notamment s. v. *Inde*, vol. XX, '95, p. 668 ; aussi s. v. *Brahma, Brahmanisme* (etc.), *Eres* (*indiennes*), *Hindouisme, Hiouen-Tsang, Lokâyatas*, etc.). D'autre part, dans l'*Histoire générale des peuples* (Paris, '25, Coll. in-4 Larousse), I, p. 359. Cf. encore *Ancient India, Cal. Rev.*, sept. '22, et *L'Inde et la civilisation humaine, Cahiers de Radio-Paris*, juillet '34, p. 635. Appartient à ce même groupe la description saisissante de l'Inde donnée en tête de l'album paru en 1935 sous le titre : S. L., *Aux Indes : sanctuaires ; 136 photographies* choisies et commentées par O. BRUHL (Paris).

3. Cf. toutefois ci-dessus p. XXX et notamment le compte rendu *G.G.A.*, '11, p. 324.

Pour qui n'a pu suivre ses cours — la seule lecture de ses rapports annuels laisse voir à quel point ils furent riches et variés, et fera toujours regretter qu'à une exception près ils n'aient jamais été transcrits et conservés [1] —, pour qui n'a pu profiter des leçons que sa conversation prodiguait inlassablement, il n'est pas facile de se représenter, par exemple, quelles furent ses vues profondes sur le bouddhisme en tant que phénomène religieux. Ce qu'il a voulu assurer d'abord, c'est l'origine des doctrines, leur classement, leur filiation. C'est là qu'il a prétendu obtenir des résultats importants, et qu'il y a réussi. Il a aimé par suite la recherche circonscrite et exhaustive : celle qui, par une masse de textes brassés en tous sens, au sortir d'un long tunnel de minutieuses discussions phonétiques et philologiques, le faisait déboucher tout à coup dans un horizon tout neuf, aux indiscernables limites. Mais c'est pourquoi aussi son œuvre, si fécondante, si achevée en un sens, ne livre pas sur des points essentiels la substance de sa pensée.

Il a été spécialiste éminent dans la plupart des branches de nos études : géographie ancienne, connaissance des religions et des littératures, épigraphie, philologie proprement dite ; telles erreurs qu'on a pu lui reprocher venaient d'un excès de hardiesse où son enthousiasme l'avait conduit, jamais d'une insuffisance technique ou d'une lacune de son érudition. Il a été familier avec l'Inde moderne comme avec l'Inde ancienne, capable de rejoindre Tagore au *Veda* et d'expliquer le bouddhisme primitif par les communautés japonaises ou les rites tibétains ou cambodgiens. Maître du sanskrit comme peu d'Européens l'ont été — on sait qu'il maniait avec élégance le vers sanskrit — il savait se débrouiller dans plusieurs vernaculaires aryens (seul le monde dravidien lui est demeuré relativement fermé). Il était informé de tout ; les textes se suscitaient l'un l'autre, comme de vivants souvenirs, à sa mémoire toujours en éveil ; tel domaine où il n'a rien donné, le jaïnisme par exemple, a fait de sa part l'objet d'une lecture considérable et d'un travail dont il ne reste pas trace.

Mais sa vocation essentielle est celle de l'historien. C'est en historien qu'il a

1. On relira avec profit les indications, malheureusement brèves en général, fournies sur ces cours et conférences dans les rapports des *Annuaires* du Collège de France et des deux sections de l'École des Hautes Études. L'exception à laquelle il est fait allusion vise *L'Upanishad du Grand Aranyaka* (*Bṛhadāraṇyakopaniṣad*) trad. par A. F. Hérold (Paris, '94) et qui, comme se plaît à le proclamer le traducteur, sort d'une explication de ce texte dirigée peu de temps auparavant par S. L.

On peut lire aussi les sommaires des communications faites à la *Société asiatique* : v. dans le *J. as.*, de '85 à '35, *passim*, leur mention (ou par le moyen des *Tables*, années '92 à '32, sous son nom). Pour la séance du 8 nov. '35, il projetait de faire une nouvelle communication sur un terme énigmatique dans l'architecture bouddhique (article qui vient de paraître dans les Mélanges Grierson = *B.S.O.S.*, VIII, p. 619 sous le titre *Māla vihāra*).

abordé le bouddhisme, par l'histoire qu'il l'a dominé. Là est l'unité et la clef de son œuvre.

Bien entendu, en face de ses divers travaux, toute une gamme d'attitudes se justifient, de la réserve à l'adhésion immédiate ; comment en serait-il autrement? Il a toujours couru les plus grands risques, dédaignant le connu et le facile, les accommodements et les solutions moyennes. Il a rencontré beaucoup d'adversaires et n'a rien fait pour les ménager. On ne peut attendre que son édifice chronologique résiste de toutes parts ; peut-être a-t-il trop tablé sur la tradition. Lui-même a donné les premiers coups à plus d'une partie de son œuvre, aussi tenace à persévérer dans certaines de ses thèses que prêt à délaisser sur-le-champ certaines autres quand une piste meilleure se présentait à ses yeux. Mais les succès évidents qu'ont remportés plusieurs de ses vues laissent espérer que l'avenir confirmera les plus aventureuses.

Dans l'ordre des études bouddhiques, il a restitué en leur pleine valeur les traditions du Nord, découvertes par Burnouf, quelque peu négligées après lui. Il a imposé dans l'établissement des textes et dans les enquêtes historiques la méthode comparative. C'est grâce à lui que se sont constitués des centres d'études tibétaines dans l'Inde et au Japon. En Orient comme dans les pays d'Europe qui ont une tradition indologique, c'est lui qui dans une large mesure est responsable de la forme particulière qu'ont prise ces études[1]. C'est à son appel que tant d'indianistes et de sinologues se sont consacrés au bouddhisme[2].

1. On sait l'intérêt particulier — et qui n'allait pas sans d'excessives, mais bien explicables indulgences — qu'il a pris aux thèses de doctorat présentées par des étudiants indiens devant l'Université de Paris. Pour quelques-unes d'entre elles, il n'est pas exagéré de parler à certains égards d'une collaboration de sa part : à savoir pour Hari Chand, *Kalidāsa et l'Art poétique de l'Inde* ('17), où les nombreuses traductions de stances lyriques trahissent sa facture; pour N. P. Chakravarti, *L'Udānavarga sanskrit* (t. I, seul paru, '30); enfin pour P. Ch. Bagchi, l'un de ses élèves les plus aimés, qui l'accompagna lors de son second séjour au Népâl, *Le Canon bouddhique en Chine* ('26).

2. Sa seconde patrie, on le sait, a été l'Inde et, dans l'Inde, le Népâl, qu'il a tant aimé et où, trente années durant, l'ont accompagné les amitiés illustres de l'ancien Mahārāja Chandra Shamshere, de son fils le Général Kaisar, de son frère et successeur Bhim Shamshere, du Rajguru Hemraj Sarman.

Parmi les nombreux hommages qui ont été rendus à S. L. de son vivant, il convient de signaler que plusieurs Académies étrangères et Sociétés savantes l'ont accueilli spontanément dans leur sein, et que, s'il n'a pas été membre de l'Institut de France, c'est qu'il a toujours résisté aux affectueuses sollicitations dont il avait été l'objet, notamment de la part de Senart et de Chavannes.

Un recueil d'articles lui a été offert par ses élèves dès 1911, à l'occasion du 25e anniversaire de son enseignement, sous le titre *Mélanges d'indianisme*. L'avant-propos se termine par ce juste témoignage, plus vrai que jamais aujourd'hui : « si l'école d'indianisme fondée à Paris par l'enseignement d'Abel Bergaigne a continué de se développer après la mort prématurée du

Cette voie n'était pas arbitraire. Si l'on a pu dire que le bouddhisme n'avait eu pour l'Inde même que « l'importance d'un épisode » (Barth), il n'en est pas moins vrai que cette forme de pensée a porté le nom de l'Inde de la Grèce au Japon. Par elle seule il était en mesure de réaliser son double vœu de servir l'Inde et de faire acte d'historien.

Et cette voie s'est révélée féconde pour lui : toujours ses intuitions les plus hardies ont reçu, soit une confirmation, soit quelque élan nouveau pour partir plus loin. Le long de son œuvre, qui semble faite d'abord de jaillissements en tous sens, un réseau serré s'organise sans cesse, liant les hypothèses aux vérifications, les découvertes anciennes aux découvertes ultérieures. Il a vécu durant plus de quarante ans cette expansion indienne qu'il avait prise pour thème de sa recherche. Tour à tour le Népâl, le Japon, l'Asie Centrale, l'Insulinde sont venus justifier ses espérances et s'insérer dans sa vision. Cette chance aura été donnée à peu d'hommes. C'est par là surtout qu'il est grand.

Louis Renou.

maître, elle le doit à celui qui, obligé d'en prendre la direction dès sa jeunesse, lui a ouvert tant de vues nouvelles et qui, avec sa science si variée, lui a donné tout son cœur. »

Table of Contents

ABEL BERGAIGNE ET L'INDIANISME

LEÇON D'OUVERTURE[1]

Je manquerais à un devoir de piété presque filiale si mes premières paroles ne rappelaient pas le souvenir de mon maître bien-aimé, M. Bergaigne. Si je dois laisser de côté les titres glorieux du savant, j'ai droit plus que personne à proclamer les admirables qualités du professeur. Cinq années d'études poursuivies sous la direction de M. Bergaigne m'ont valu le bonheur de pénétrer dans son intimité, de vivre avec lui presque côte à côte, d'éprouver chaque jour sa bonté, sa bienveillance, sa sollicitude, je ne crains pas de dire son amitié. Attiré dès les premières leçons par la netteté de l'exposition, la rigueur de la méthode, la nouveauté des aperçus, la chaleur sobre du débit, je me sentis lié bientôt par une sorte de charme indéfinissable : la sérénité du visage, la clarté du regard, la dignité simple sans raideur des manières, la douceur réservée de l'accueil séduisaient également tous ceux qui l'approchaient, et les retenaient auprès de lui. La sympathie qu'il inspirait profitait à son enseignement : plus d'un élève resta fidèle à la philologie sanscrite ou à la grammaire comparée par attachement au maître qui représentait ces deux sciences à la Sorbonne. Il fallait cependant triompher au préalable d'une résistance inattendue. M. Bergaigne se faisait scrupule d'engager ses auditeurs dans une voie trop étroite et presque sans issues ; il les prévenait loyalement des dangers auxquels ils s'exposaient ; il leur montrait les difficultés du travail, l'insuffisance des ressources, le petit nombre des situations ouvertes. Si le néophyte, en dépit des avertissements, persistait dans sa résolution, le maître n'avait plus du moins à craindre les reproches de sa conscience.

Dès lors, il pouvait laisser libre carrière à sa complaisance et à son dévouement. Aux heures régulières des cours il ajoutait des heures supplémentaires ; malgré ses travaux personnels, dont la préparation aurait suffi à absorber une longue vie

1. Cours de sanscrit à la Faculté des lettres de Paris.

de labeur, il donnait sans compter sa matinée, son après-midi, souvent la journée tout entière, et il s'accusait encore d'imposer aux auditeurs qui lui prenaient son temps des dérangements excessifs et des voyages trop longs.

Il n'hésitait pas à s'imposer un surcroît d'occupation ou même une besogne matérielle quand ses élèves devaient en tirer profit. Pendant une année entière, il employa chaque semaine deux jours à reproduire par l'autographie des notes, des croquis, des cartes, des inscriptions, des résumés substantiels que ses auditeurs gardent aujourd'hui avec un soin jaloux comme une pieuse relique et comme un trésor précieux. Sa bonté active suivait ses élèves en dehors des cours.

Il se préoccupait de leur santé, de leurs moyens d'existence ; sa délicatesse ingénieuse savait au besoin leur assurer les ressources indispensables à la vie studieuse, sous des formes qui sauvegardaient également la dignité du bienfaiteur et celle de l'obligé.

Je n'ai pas le droit de rappeler ici des souvenirs trop personnels et trop intimes ; je me trouverais entraîné à raconter en détail ma propre histoire pendant les cinq dernières années. A partir du jour inoubliable où je demandais à M. Bergaigne de diriger, comme les *guru* indiens, mes études et ma conscience, ma vie est devenue, pour ainsi dire, le reflet de la sienne. Puisse-t-elle en rester toujours un reflet fidèle ! Son exemple enseignait à la fois le travail persévérant et la pratique des plus nobles devoirs. Frappé coup sur coup de deuils cruels, il n'avait pas cédé au découragement. Enfermé dans un isolement austère, mais serein, il poursuivait avec une ardeur enthousiaste les recherches les plus ardues ; il cultivait la science par amour de la vérité. Malgré l'importance de ses découvertes, qui ont transformé l'histoire des origines indo-européennes, il dédaignait les succès bruyants. Né avec un tempérament d'artiste et une âme de poète, il eut le courage d'imposer silence à ses goûts. Dans sa chaire comme dans ses ouvrages, il s'appliqua à traiter en philologue sévère la philologie sanscrite et la grammaire comparée.

La mort, qui l'a brusquement ravi à ceux qui l'aimaient, n'a pu cependant les priver de sa protection efficace. Son souvenir reste devant eux comme un exemple et comme une sauvegarde ; il leur trace la voie à suivre et les devoirs à accomplir. Formé par un tel maître, je revendique avec fierté l'honneur d'avoir été son élève. C'est son affection qui m'a désigné, comme une recommandation posthume, au choix de M. le directeur de l'enseignement supérieur et aux suffrages de la Faculté. L'autorité du maître disparu vaut à l'élève une faveur que ses titres seuls n'auraient pas justifiée. Le respect d'une mémoire qui m'est si chère m'impose des obligations précises ; j'espère en être digne, et je remercie M. le directeur ainsi que la Faculté de n'en avoir pas douté.

Je les remercie plus encore d'avoir reconnu, par la création d'un cours spécial, l'émancipation définitive de l'indianisme. Une tradition qui remonte aux origines de nos études, et dont Bopp est responsable, a rivé longtemps à la même chaire le sanscrit et la grammaire comparée. La grammaire comparée, qui devait au sanscrit sa naissance et ses progrès, lui a mal payé ses services ; elle l'a réduit en servage et l'a presque absorbé. En dehors du petit cercle des orientalistes, l'opinion commune considère le sanscrit comme un instrument commode à l'usage des linguistes, indispensable à la phonétique et la morphologie des langues indo-européennes ; il est le couronnement et le faîte des études grammaticales. L'intérêt provoqué jadis par les œuvres littéraires de l'Inde s'est évanoui ; Çakuntalā ne trouve plus de lecteurs et la strophe célèbre de Gœthe n'éveille plus d'écho. L'étrangeté des noms attire aisément la raillerie ; le *Rāmāyaṇa* et le *Mahā-Bhārata*, déchiffrés et expliqués avec enthousiasme au commencement du siècle, sonnent aux oreilles contemporaines comme le nom de Childebrand aux oreilles de Boileau. Les systèmes philosophiques et religieux de l'Inde, ignorés ou mal connus, ne servent de pâture qu'aux cervelles malades. M. Bergaigne s'est efforcé de revendiquer contre l'ignorance, la raillerie et le dédain, les droits réels de l'Inde. Obligé d'associer dans la même chaire l'enseignement du sanscrit et l'enseignement de la grammaire comparée, il s'est appliqué à les séparer soigneusement dans ses cours. En exposant les principes et les lois de la grammaire comparée, il écartait de parti pris les exemples tirés du sanscrit et s'enfermait rigoureusement dans le cercle des langues classiques. Ses leçons n'y perdaient point en valeur, elles y gagnaient en clarté. Il prouvait ainsi, par une expérience irréfutable, l'indépendance respective des deux études. Qu'il prît pour texte d'explication les hymnes védiques, où le portaient ses goûts et ses travaux personnels, ou les drames classiques, qu'il essayait ensuite de vulgariser par d'élégantes et fidèles traductions, il laissait résolument de côté les observations linguistiques et s'attachait surtout à tracer avec netteté la méthode d'interprétation exacte. Il ne se contentait pas de donner le sens littéral, il éclairait par un commentaire abondant les indications sur les usages, les mœurs, les lois, les religions, au hasard des rencontres. La part de ce commentaire alla toujours en s'accroissant : elle avait fini par contre-balancer la part de l'explication ; elle allait bientôt la supplanter. M. Bergaigne avait choisi comme sujet de cours, en 1887-1888 : l'archéologie indienne, inscriptions et monuments. Il s'était jeté avec son ardeur coutumière dans ces études nouvelles ; il avait par un labeur prodigieux accumulé les documents, amoncelé les notes. Entré dans cette voie encombrée et mal aplanie, il se proposait d'y tracer une route commode et dessinait déjà de vastes plans. La mort en a brusquement arrêté l'exécution. Il avait eu cependant le temps de préparer l'évolution que la Faculté vient de consacrer définitivement. Il avait marqué la place de l'*indianisme* à la Sorbonne.

*
* *

L'indianisme a le droit de traiter en égal avec les études classiques. Son domaine est au moins aussi vaste et aussi riche que le domaine de la philologie grecque ou latine ; il s'étend à la fois sur l'Inde entière et sur plusieurs des pays limitrophes, de l'Himalaya jusqu'à Ceylan, de l'Indus à l'Indochine et à l'archipel Indien. Sur cet-immense territoire, comparable en étendue à l'empire romain, se pressent et se heurtent des races nombreuses, séparées par leurs origines, leurs croyances, leurs usages, leurs langues, morcelées à l'infini, incapables de cohésion, en perpétuelle hostilité. Le génie brahmanique est cependant parvenu à introduire l'ordre dans ce chaos ; il a donné à cette masse hétérogène une solide unité. Le sanscrit a été l'instrument de cette prodigieuse transformation. Langue savante, créée dans les écoles par un travail de lente épuration et d'analyse subtile, élevé à la dignité de langue sacrée, reconnu comme l'unique intermédiaire entre Dieu et les hommes, employé d'abord à exprimer les idées et les sentiments religieux, affiné et enrichi par une longue élaboration, le sanscrit a été de bonne heure adopté comme langue littéraire par l'Inde tout entière ; il a triomphé des dialectes, des patois, des langues rivales ; idiome aryen, il s'est imposé à l'Inde dravidienne. Le brahmane qui entre chez des tribus sauvages, soit en captif, soit en aventurier, et dont le savoir s'arrête à de maigres formules qu'il ne comprend pas, jette sans en avoir conscience les premières semences de l'esprit brahmanique. Il rattache, par une généalogie forgée sans scrupule, l'ancêtre du clan aux grandes familles héroïques de l'Inde aryenne ; il introduit le dieu local dans le panthéon hindou par l'invention d'un avatar nouveau. La conquête de l'Inde par les brahmanes, entreprise depuis plusieurs dizaines de siècles, se poursuit encore aujourd'hui, sous nos yeux, secondée par les races qu'elle prétend soumettre. L'adoption des institutions brahmaniques passe pour une sorte d'anoblissement, où les peuplades barbares aspirent ardemment. Les ouvrages religieux entrent bientôt à la suite du brahmane, et ouvrent le chemin à la littérature. L'étude des mêmes modèles, le même système d'éducation atténuent et finissent par effacer les différences locales ; les pandits de Tanjore écrivent comme les pandits du Cachemire, ceux de Bénarès pensent comme ceux de Calcutta.

La langue sacrée du brahmanisme a triomphé même des résistances religieuses. Les hérésies les plus redoutables, les schismes les plus puissants, ont essayé en vain de combattre le sanscrit ; le pali des bouddhistes, l'ardha-māgadhī du jaïnisme ont dû capituler tour à tour. Les adversaires des brahmanes ont, pour les réfuter, emprunté leur langue sainte. En dépit de leurs passions, ils ont contribué à enrichir le trésor commun de l'esprit indien, et rehaussé par leurs productions l'éclat d'une littérature hostile.

Cultivée sur une étendue de territoire si considérable pendant une si longue série de siècles, la littérature sanscrite est sans contredit la plus riche du monde. Si l'on y joint les œuvres de l'époque védique, qui lui appartiennent de plein droit aussi bien qu'Homère à la littérature grecque, que Nævius ou Ennius à la littérature latine, ou que la *Chanson de Roland* à la littérature française, son activité commence dix siècles peut-être avant le Christ et continue sans interruption jusqu'à notre époque. Malgré les pertes énormes imputables au temps, aux révolutions politiques, aux haines religieuses, à la rareté des manuscrits, à l'influence pernicieuse du climat et de la nature, le nombre des ouvrages connus flotte entre dix et vingt mille ; et les recherches poursuivies méthodiquement sous l'impulsion du gouvernement anglais et des sociétés savantes accroissent constamment ce nombre. Tous les genres littéraires, toutes les variétés de la science y sont largement représentés. Les doctrines et les pratiques religieuses, les récits d'édification, les traditions légendaires, la législation, l'épopée, la poésie, le drame, la fable, le conte, la grammaire, la lexicographie, la rhétorique, la métrique, les systèmes de philosophie, l'astronomie, la médecine, l'art y ont produit d'admirables chefs-d'œuvre, dignes de rivaliser avec les modèles les plus illustres. L'étude de ces documents, intéressants par leur antiquité, par leur valeur historique, par leur mérite de style, monuments d'une pensée originale et puissante malgré ses bizarreries, suffirait à occuper l'activité de nombreuses générations ; elle n'est cependant qu'un des éléments essentiels de l'indianisme.

Obligés d'emprunter aux brahmanes la langue sanscrite, les bouddhistes et les jainistes n'en ont pas moins gardé une langue religieuse originale ; ils l'ont tirée des dialectes moins littéraires, moins raffinés, vulgaires peut-être, mais arrêtés dans leur évolution par une sorte de consécration rituelle. Le canon des bouddhistes méridionaux, de Ceylan, de Birmanie, de Siam, du Cambodge, est rédigé en pali ; le canon d'une des deux grandes sectes jainistes est écrit en ardhamāgadhī. Les adhérents des deux confessions n'ont jamais cessé d'employer ces dialectes, même en concurrence avec le sanscrit.

Il s'est formé ainsi deux grandes littératures, moins riches que la sanscrite, moins variées, moins artistiques, mais indispensables à l'intelligence exacte de deux grandes religions et à la connaissance exacte de l'esprit indien.

Les langues vulgaires de l'Inde, comprimées dans leur essor par le sanscrit, ne sont pas cependant restées infécondes. Elles ont emprunté au sanscrit des modèles, une règle, une inspiration générale ; mais elles ont subi l'influence des circonstances locales et des temps. En s'adressant à un public plus étroit et moins cultivé, elles ont dû sacrifier à ses goûts, se plier à ses exigences ; elles présentent chacune un reflet isolé de l'esprit indien. Si elles n'en mettent pas en lumière les caractères généraux, elles permettent d'en analyser plus intimement les détails, d'en marquer avec plus de netteté les traits secondaires par un grossissement fidèle. Le tamoul, le malayalam, le télougou, le canarais ont produit des œuvres nombreuses; le tamoul mérite de se placer immédiatement au-dessous du sanscrit, mais à une longue distance encore, par l'abondance, le mérite, la variété et la popularité de sa littérature. Les langues aryennes de l'Hindoustan, sœurs cadettes du sanscrit, sont également entrées, après de longs tâtonnements, dans la vie littéraire et commencent à disputer la place à leur aînée, comme instrument de propagation des idées modernes. Le bengali, l'hindi, le gujerati, le mārathi, l'hindoustani se glorifient de poètes et de prosateurs illustres.

L'épigraphie indienne est une annexe naturelle et considérable de la littérature, Nulle part ailleurs la pierre n'a été si bavarde et si prétentieuse. Les inscriptions sont le plus souvent de véritables poèmes, ciselés avec un art minutieux par l'écrivain comme par le lapidaire. Les figures de rhétorique, les beautés de style, les finesses de versification s'y étalent complaisamment. Souvent aussi l'auteur prend soin de signer son œuvre pour en revendiquer à jamais la paternité. L'épigraphie débute avec les prédications morales du roi Açoka, trois siècles avant l'ère chrétienne; elle se propage avec les conquêtes spirituelles du bouddhisme, couvre de ses monuments l'Afghanistan, le pays de Hérat et de Kandahar; la colonisation brahmanique la porte ensuite au Cambodge et à Java, où elle produit des chefs-d'œuvre, et elle continue à fleurir dans son pays natal pendant vingt siècles sans interruption.

L'ensemble de ces documents si riches et si variés permet de suivre l'évolution du génie indien pendant trente siècles, et donne à l'histoire de l'Inde, si complexe et si morcelée en apparence, une surprenante unité. Ils attestent la solidarité de l'Inde antique et de l'Inde actuelle, de l'Inde aryenne et de l'Inde dravidienne, de l'Inde orthodoxe et de l'Inde hérétique; ils prouvent la continuité des mêmes traditions, du même esprit, de la même inspiration, en dépit des révolutions intestines et des invasions étrangères. Sans être jamais parvenue, au cours de sa longue carrière, à former une nation, l'Inde acquiert cependant une personnalité véritable; elle présente le phénomène, unique au monde, d'une agglomération incohérente de races, de langues, de croyances toujours hostiles, souvent asservies, et portée cependant à la conception d'une patrie commune par la littérature.

L'indianisme, comme l'Inde elle-même, est arrivé lentement à cette conception d'ensemble. Les orientalistes ont longtemps sacrifié l'intérêt réel de leurs études à un intérêt illusoire. Trompés par les inventions ou les traditions chimériques des brahmanes, les premiers explorateurs de la littérature sanscrite avaient cru toucher brusquement au berceau de l'humanité. Le traducteur des lois de Manou, William Jones, fixait la date de ce code au XIIIe siècle avant le Christ. Les hymnes védiques, peu connus, mal expliqués, entourés d'un prestige superstitieux, cachés aux Européens par un fanatisme jaloux, passaient pour reculer le domaine de l'histoire jusqu'à l'enfance du monde. On les abordait avec émotion; on en attendait des révélations sur l'origine des sociétés. Les textes arrivaient lentement, comme pour entretenir la curiosité impatiente des savants et du public; à peine obtenus, on s'y précipitait, on se hâtait de leur dérober leurs secrets.

Les études védiques passèrent ainsi au premier rang dans l'indianisme; elles prirent un caractère vénérable, une sorte de sainteté. Un savant illustre déclarait que le Véda devait être la Bible des races aryennes. Les ancêtres perdus de l'Europe moderne y ressuscitaient tout à coup avec leurs sentiments et leurs pensées naïves, leur foi simple, leur adoration ingénue. Un roman pastoral, simple et touchant, s'était improvisé de toutes pièces. Des patriarches y passaient graves et nobles, avec des femmes, des enfants, des troupeaux. Le matin, ils sortaient de leur tente au soleil levant, pour adorer la jeune aurore, heureux de la voir renaître au ciel; quand le soleil se couchait, ils le suivaient de leurs prières inquiètes et le suppliaient de revenir pour chasser les ténèbres ennemies. Leur culte s'adressait aux forces de la nature, aux phénomènes célestes, au feu, au vent, au nuage, à la lumière; ils offraient à ces divinités simples des offrandes candides, le lait, le beurre, le suc des plantes; ils se plaisaient dans leur innocence et détestaient le vice. L'âge d'or venait d'entrer dans l'histoire.

*
* *

M. Bergaigne eut le courage de rompre en visière avec des préjugés qu'on ne discutait plus; il reprit, pour vaincre ses adversaires, l'arme qu'ils avaient forgée. M. Roth, le chef de l'école allemande et le doyen respecté des études védiques avait revendiqué hardiment les droits de la critique occidentale contre l'exégèse indienne; il refusait d'accepter le commentaire de Sāyaṇa, écrit au XIVe siècle, comme un héritier fidèle de l'interprétation primitive. Mais M. Roth ne se révoltait contre la tyrannie des scoliastes indiens que pour tomber sous le joug de l'opinion courante; il substituait l'arbitraire à l'arbitraire. Les hymnes védiques, durent se plier bon gré mal gré aux illusions séduisantes de leurs nouveaux interprètes; les mots comme les idées durent subir une douce violence pour s'accorder avec le caractère préconçu de l'âge védique. M. Bergaigne déclara la guerre à ce système de complaisances, si contraire à la logique rigoureuse de son esprit. Il prit à part le Ṛg-Veda, admis sans contestation comme le plus ancien des recueils védiques; il en dressa l'inventaire complet, distribué en trois chapitres: les idées, les mots, le style. Ses ouvrages sur la religion védique, le lexique, la rhétorique du Ṛg-Veda répondent à cette triple division. Sa méthode consistait à grouper les formules analogues, à les classer par ordre de difficulté, à expliquer les plus complexes par les plus simples, à contrôler les acceptions douteuses ou contestables par une comparaison minutieuse des passages allégués ; à définir rigoureusement les procédés de style qui modifiaient l'expression directe de la pensée. Appliquée avec une logique sévère, elle aboutit à une révolution. La naïve simplicité des hymnes védiques se réduisit à des formules liturgiques ressassées, usées, souvent combinées sans art et même sans intelligence, monuments d'une religion savante, complexe, fortement organisée et déjà peut-être entrée en décadence. La nature divinisée cédait la place à des figures théologiques, vagues, flottantes et confuses.

Fidèle à sa méthode d'observation interne, M. Bergaigne essaya d'arracher au Rg-Veda son histoire, comme il lui avait arraché son interprétation réelle. Il entreprit de renouveler sur le texte védique le travail audacieux de Wolf sur les poèmes homériques, et son essai hardi obtint le même succès. Il retrouva, par des combinaisons de génie, les principes des diascévastes védiques, et parvint à distinguer avec certitude les couches successives et les interpolations.

L'analyse critique de la *Saṃhitā* (collection d'hymnes) laissait cependant subsister un petit nombre d'exceptions irréductibles, qui supposaient l'action d'une force inconnue dans le classement des hymnes. M. Bergaigne y devina l'influence de la liturgie ; mais pour la démontrer, il était nécessaire de retrouver la liturgie contemporaine du Rg-Veda, sans autre secours que la Saṃhitā seule. M. Bergaigne parvint à résoudre ce problème désespéré ; les indications tirées des hymnes, comparées aux données du rituel classique, lui permirent de restituer la liturgie propre à chacune des grandes familles sacerdotales de l'époque védique.

Pour obtenir des résultats certains et irrécusables, M. Bergaigne avait strictement limité le domaine de ses recherches ; il avait pris à part le Ṛg-Veda, il l'avait détaché de la mythologie comparée, qui le traitait comme un patrimoine commun aux peuples aryens, et l'avait définitivement rendu à l'Inde ; mais il avait dû le séparer aussi du reste de la littérature et de l'histoire. La méthode d'observation interne menaçait de couper l'indianisme en deux tronçons ; les antiquités védiques risquaient de rester éternellement isolées, sans espoir de se rejoindre au reste de l'histoire indienne. Les brahmanes, pour assurer à leurs livres sacrés un prestige de vieillesse incomparable, semblent avoir pris à tâche d'en effacer les données historiques ; les noms et les faits qu'ils mentionnent ne permettent pas d'en déduire la moindre date positive. Les érudits ont en vain appelé l'archéologie et l'astronomie à leur secours ; les tentatives chronologiques ont toutes également échoué. La langue même des ouvrages védiques contribue encore à les isoler ; son apparence archaïque, la richesse luxuriante de ses formes, les maladresses de sa syntaxe, les singularités de son lexique, l'éloignent du sanscrit classique, assoupli et épuré par les grammairiens et les poètes. Les études védiques, prises comme point de départ, arrêtent l'indianisme derrière une barrière infranchissable : pour les rattacher à l'histoire générale de l'Inde, et marquer la place de l'esprit védique dans l'évolution du génie indien, il est nécessaire de recourir à une autre méthode. L'histoire positive de l'Inde doit servir de préparation aux recherches sur l'âge védique. Les périodes connues par des documents précis et nets éclaireront par reflet les ténèbres du passé. Les doctrines religieuses postérieures, le bouddhisme, le jainisme, l'hindouisme, exposées dans une longue série d'ouvrages et de monuments, aideront à comprendre et à expliquer le système religieux qui les a précédées. Si la cause se dérobe et refuse de se livrer, l'analyse exacte des effets permet d'en retrouver par inférence tous les éléments, si variés qu'ils puissent être. L'œuvre qui s'impose aujourd'hui à l'indianisme consiste donc à étudier le génie indien dans toutes ses manifestations historiques, à noter avec soin ses variations et ses progrès, à marquer ses procédés de développement, à expliquer, en un mot, par les résultats du même travail, l'état présent de l'Inde et son état lointain aux origines mêmes de l'histoire. L'indianisme doit se proposer pour idéal une sorte de logique historique pour remédier au morcellement infini des études qu'il embrasse ; la géographie, l'ethnographie, les sciences naturelles comme les sciences religieuses, doivent concourir avec la littérature et les monuments à introduire un ordre naturel dans l'enchevêtrement presque inextricable des idées et des faits qui composent l'histoire du génie indien.

*
* *

La difficulté d'une si vaste entreprise s'accroît encore par la rareté des documents historiques dans l'Inde. L'abondance des inscriptions ne profite guère à l'histoire ; la rhétorique banale des poètes officiels a l'horreur des faits précis. Dépouillée de ses ornements convenus, elle ne laisse qu'un petit nombre de renseignements, et ne sert le plus souvent qu'à fixer la généalogie des familles royales. Les chroniques locales et les annales religieuses ne méritent qu'une confiance très limitée. Écrites à la gloire d'un dogme ou d'une race, elles sacrifient de parti pris la vérité et mêlent sans scrupule la fable au récit ; pour exalter le passé, elles le divinisent et le peuplent de saints et de héros surnaturels. Victimes de ces fictions intéressées, les premiers orientalistes ont édifié une chronologie fantastique ; ils ont entassé les siècles sur les siècles, les millénaires sur les millénaires. Aveuglés par la réputation classique de la sagesse indienne, ils acceptaient sans discussion les contes les plus invraisemblables.

L'Égypte, ouverte presque en même temps que l'Inde à la curiosité des érudits, reculait brusquement l'horizon de l'humanité et révélait un passé si lointain qu'il donnait le vertige, si ancien qu'il paraissait rajeunir l'histoire ancienne. Les spéculations les plus extravagantes sur les rapports de l'Inde et de l'Égypte étaient accueillies avec respect. Mais la licence effrénée des combinaisons fondées sur les textes indiens finit par en ruiner le crédit ; un examen critique suffit à en démontrer les contradictions flagrantes, les erreurs manifestes et les confusions inextricables.

Entre le passé perdu dans le brouillard des fables et le présent trop touffu pour permettre au regard d'y pénétrer, l'histoire de l'Inde, abandonnée à ses seules ressources, risquerait de demeurer à jamais fragmentaire, émiettée, creusée de vastes lacunes. Mais, heureusement, l'Inde s'est trouvée depuis longtemps en contact avec des *barbares*, qui se sont plu à l'observer et à la décrire. Environ cinq siècles avant l'ère chrétienne, deux siècles et demi avant les premiers documents indigènes qui portent une date, un Grec explore le cours de l'Indus au nom du roi Darius de Perse. Le logographe Hécatée étend ses recherches jusqu'au pays fabuleux qui passait pour l'extrême limite du monde. Hérodote recueille en Perse des informations détaillées sur ces tribus lointaines, soumises à la domination des Achéménides, et que la Grèce a vu passer deux fois dans la foule innombrable de ses envahisseurs. Le médecin grec d'Artaxerxès, Ctésias, ouvre la série si longtemps prolongée des merveilles de l'Inde.

L'invasion d'Alexandre semble rattacher un instant les sujets de Porus et de Taxile aux destinées des peuples classiques ; son expédition, scientifique autant que militaire, ouvre à l'intelligente curiosité des Grecs un vaste domaine.

Le roi grec Séleucus donne sa fille en mariage au roi du Magadha, qui domine sur l'Hindoustan, et il entretient un ambassadeur à la cour de Palibothra. L'ambassadeur, c'est Mégasthène, un Grec à la façon d'Ulysse, diplomate adroit et subtil, observateur sagace des mœurs et des pays. La perte de ses *Indica* est l'éternel regret des indianistes ; heureusement les historiens et les géographes postérieurs en ont sauvé de précieux fragments. Le morcellement de l'empire macédonien crée un royaume grec à la frontière de l'Indus ; des conquérants helléniques pénètrent jusqu'aux rives sacrées de la Yamunā, dans les champs idylliques de Mathurā, prennent le titre de rois de l'Inde, frappent des monnaies admirables où la langue grecque s'associe à la langue indienne. Un Ménandre accole fièrement à son nom glorieux l'épithète de mahārāja, s'amuse aux controverses des théologiens comme ses ancêtres aux discussions des sophistes, favorise et propage le bouddhisme et meurt en odeur de sainteté. L'Afghanistan et le Penjab cachent encore dans leurs ruines les vestiges de l'art grec ; des chapiteaux corinthiens, des colonnes doriques, des statues au profil délicat, aux membres harmonieux commencent à sortir du sol, témoignages inespérés d'une civilisation disparue.

L'invasion des Scythes (Çaka) anéantit les principautés grecques, sans interrompre l'action durable de la culture hellénique. Les successeurs barbares de Ménandre et de Démétrius, chassés de leurs steppes par la poussée des tribus qui devaient plus tard étouffer l'empire romain, imitent leurs devanciers et frappent sur leurs monnaies des caractères grecs. Si le commerce des caravanes entre l'Indus et l'Euphrate est intercepté, les navires des Ptolémée entrent dans les ports de l'Inde, suivent la côte occidentale, doublent Ceylan et s'aventurent jusqu'à la Chine. Les érudits alexandrins recueillent les témoignages des voyageurs et tracent la carte de l'Inde. Maîtres à leur tour du monde occidental, les Romains suivent la tradition hellénique, entretiennent un commerce régulier avec l'Inde, qui draine leur or en échange de ses marchandises. Les orages violents déterrent aujourd'hui les deniers d'Auguste et de Tibère, d'Hadrien et de Faustine, enfouis depuis près de deux mille ans par l'avarice hindoue.

Le contact prolongé de l'Orient et de l'Occident finit par exercer une influence sur l'esprit des deux mondes. La vanité de l'Inde essaye en vain de dissimuler ses emprunts : l'astronomie porte la marque irréfragable des Grecs ; la littérature et la religion laissent soupçonner une action profonde, mais difficile à préciser. En retour, la philosophie et la religion de l'Occident reçoivent manifestement l'empreinte des doctrines orientales. Plotin, Porphyre, l'école des néoplatoniciens reflètent la métaphysique de Kapila et de Patañjali ; Manès et les gnostiques introduisent dans le christianisme l'esprit du brahmanisme et du bouddhisme, tandis qu'une colonie de Nestoriens apporte l'Évangile à l'Inde.

Les tribus barbares sorties de l'Asie centrale, voisines des Çaka qui ont renversé le royaume grec de l'Inde, inondent brusquement le monde romain. L'Europe, en proie à des convulsions violentes, oublie le chemin de l'Inde ; pourtant elle rêve encore pendant son long sommeil des contrées merveilleuses entrevues jadis, et les fictions des conteurs la consolent de ses connaissances perdues.

Au moment même où l'Occident cesse d'éclairer les destinées de l'Inde, l'Extrême-Orient accourt pour reprendre le flambeau. Le bouddhisme introduit en Chine aux environs de l'ère chrétienne s'y est propagé avec une rapidité surprenante ; la religion de Gautama, prêchée par d'ardents apôtres, a séduit des millions d'âmes. Des pèlerins, prêts à supporter toutes les fatigues, à affronter tous les dangers, accourent pour visiter les lieux consacrés par la présence du saint, pour adorer les pieuses reliques et pour recevoir l'enseignement traditionnel dans sa pureté native. Plusieurs d'entre eux, Fa-Hien, Hiuen-Tsang, I-Tsing ne se contentent pas d'apprendre la langue sacrée et de traduire les livres saints ; leur zèle religieux n'arrête pas leur curiosité intelligente : ils observent, questionnent, notent, rédigent leurs mémoires, et tiennent en réserve l'histoire de l'Inde du ve au viie siècle, tandis que l'Inde elle-même la néglige et l'oublie. Les couvents du Tibet continuent après eux à enregistrer les annales du bouddhisme indien.

I-Tsing venait de quitter l'Inde quand les musulmans entrèrent en contact avec elle. L'émir Kâsim envahit le Sind en 711 et s'établit dans la vallée de l'Indus. La vaillante résistance des Hindous retarda pendant trois siècles encore l'invasion définitive du pays ; mais les géographes et les chroniqueurs arabes portèrent bientôt leurs études dans cette direction nouvelle. La première relation arabe sur l'Inde date du milieu du IXe siècle; elle est l'œuvre d'un simple marchand nommé Suleyman. Dès le commencement du Xe siècle, l'auteur des *Prairies d'or*, Maçoudi, décrit avec une remarquable abondance de renseignements exacts et précis la vallée de l'Indus, le golfe de Cambaye, la côte de Malabar et l'île de Ceylan. Écrit cent ans plus tard, l'ouvrage d'Al-Birouni sur l'Inde est un trésor inépuisable que les indianistes ne cessent pas d'exploiter depuis cinquante ans. Versé dans toutes les connaissances humaines, familier avec la langue et la littérature sanscrites, il interroge les livres et les pandits, contrôle les uns au moyen des autres, et réduit la science indienne à une précision dont elle ne semblait pas susceptible. L'époque d'Al-Birouni marque le commencement de la domination musulmane dans l'Inde. Mahmoud le Ghaznévide franchit la passe de Khaiber, tente la première de ses dix-sept invasions en l'année 1001, pille le temple de Somnâth en 1024 et meurt maudit à la fois par les brahmanes et par le poète du Shâh-Nâmeh, Firdousi, dont il n'a pas su reconnaître la valeur.

La dynastie de Mahmoud est supplantée par la maison de Ghor, renversée à son tour par Kutab-ud-Din, qui fonde la dynastie des Esclaves. La maison de Khilji la remplace, puis est obligée de céder le trône aux Tughlak. Mais les révolutions de palais et les compétitions intestines n'entravent pas les progrès de la conquête musulmane; l'invasion foudroyante de Tamerlan la paralyse un instant, sans l'arrêter. La défaite de Prithvî-Râja, roi de Delhi et d'Ajmir, pleurée comme un deuil national et immortalisée par l'inspiration du poète Chând, avait abattu le dernier rempart de l'Hindoustan. Le Penjab, les provinces du nord-ouest, d'Oude, de Behar, d'Ajmir, de Gwalior, de Mâlvâ, du Sind, du Bengale, reconnaissent la suzeraineté des mahométans. Leurs armées victorieuses passent le Vindhya, entrent dans le Dekkhan, prennent Warangol et Deogiri. Après un siècle d'anarchie, les descendants du farouche Tamerlan rentrent dans l'Inde et viennent lui apporter la paix, la prospérité et la grandeur. La dynastie des Moghols est une série de noms glorieux : Baber, Houmayoun, Akbar, Jahāngīr, Shāh Jahān, Aurangzeb. L'islamisme a introduit dans l'Inde la langue et la littérature de l'Arabie et de la Perse. L'hindoustani, la *lingua franca* de l'Inde, est une fusion de ces langues avec les dialectes aryens. Il y a introduit aussi l'art arabe, qui y a produit ses plus beaux chefs-d'œuvre. Il suffit de rappeler les monuments de Delhi et d'Agra, et surtout le Taj-Mahal, ce rival oriental du Parthénon, pour évoquer le rêve d'une architecture élégante et harmonieuse, pittoresque et variée, grandiose et délicate. La conquête musulmane a, de plus, donné à l'Inde une longue histoire. Princes et rois ont entretenu à leur cour des annalistes, des chroniqueurs chargés d'éterniser leur mémoire; parfois même les conquérants n'ont pas dédaigné d'écrire leurs propres souvenirs. L'histoire administrative et économique de l'Inde ne commence qu'avec la domination arabe.

Tandis que les envahisseurs musulmans poursuivaient avec une ardeur de fanatiques et une avidité de pillards la conquête des provinces indiennes, les peuples qui devaient plus tard recueillir ce riche héritage commençaient à visiter le pays en marchands, en voyageurs ou en missionnaires. Avant le jour où Vasco de Gama jeta l'ancre devant Calicut (1498), l'Inde avait vu passer, sur les traces de Marco Polo, Frère Jean de Monte-Corvino (1292), Odoric de Pordenone, un Frère mineur, Frère Jourdain de Severac, évêque de Quilon (1328), le franciscain Jean de Marignolli, le noble vénitien Nicolo Conti, le Russe Athanase Nikitin et le Génois Gérôme de San-Stefano. La route de mer, retrouvée par les Portugais, rétablit les communications entre l'Europe et l'Orient. Les missionnaires s'y élancent avec enthousiasme ; les nations se hâtent d'y fonder des comptoirs. Les ouvrages sur l'Inde, multipliés par l'imprimerie récemment découverte, se succèdent dès lors sans interruption. Un siècle et demi après l'arrivée de Vasco, l'Europe recevait par l'intermédiaire d'un chapelain hollandais la première traduction d'un auteur sanscrit : *les Cent Proverbes du payen Bhartrouherri.* Il fallut cependant attendre encore un siècle et demi pour entrer en possession définitive de la littérature sanscrite.

Le nombre insuffisant des documents indiens et l'abondance des documents étrangers indiquent spontanément la méthode la plus sûre pour étudier l'histoire de l'Inde. Les ouvrages grecs, tibétains, chinois, arabes, persans, portugais, anglais, hollandais, français, italiens, donnent aux recherches une base solide. Écrits à des dates connues, ils servent à la fois de témoins et de contrôles ; ils groupent et coordonnent un ensemble de faits, parfois contestables en détail, mais en somme d'une exactitude générale.

La tâche de l'historien consiste dès lors à prendre successivement ces textes, à les critiquer, les commenter, les interpréter, les éclairer par les secours de la littérature et de l'archéologie indiennes ; à opposer constamment le témoignage indigène au témoignage étranger, à contrôler la valeur spéciale de l'un par la valeur générale de l'autre, à en rechercher les concordances et à en signaler les divergences.

L'histoire grecque de l'Inde doit être le premier chapitre de ce vaste travail. Nous examinerons les informations malheureusement trop vagues ou trop fragmentaires des écrivains antérieurs à l'époque d'Alexandre, et nous en chercherons la signification dans nos textes sanscrits : nous essayerons par une inspection minutieuse de leur arracher quelques secrets sur l'état de l'Inde à cette époque lointaine. Puis nous suivrons les guerres du héros macédonien après la soumission de la Perse ; nous étudierons patiemment les noms des peuples, des villes, des individus cités dans les historiens d'Alexandre ; nous les comparerons avec les données géographiques ou légendaires des écrivains indiens et les monuments archéologiques. Puis nous suivrons les progrès des connaissances et des armes grecques dans l'Inde ; Sandracottos ou, pour lui rendre son nom véritable, Candragupta, nous fournira l'occasion d'éprouver la valeur des traditions chronologiques préservées par les brahmanes, les bouddhistes et les jainistes, et de jeter un coup d'œil sur les destinées antérieures du Magadha. L'ambassade envoyée par Séleucus à ce roi nous conduira naturellement aux mémoires de Mégasthène ; nous chercherons à vérifier les assertions de cet auteur, et nous nous en servirons pour tracer, avec les documents indiens correspondants, le tableau de la société indienne et l'état politique de l'Inde à la fin du IVe siècle avant Jésus-Christ.

Le traité d'Antiochus Theos avec Açoka nous portera à l'étude des édits célèbres qui proclament encore la sainteté de ce roi bon et pieux, et ces édits à leur tour appelleront un commentaire sur l'histoire religieuse de l'Inde. Le royaume indo-grec nous montrera la propagation du bouddhisme attestée par la conversion d'un roi grec, par les édifices religieux et par les monnaies. Nous aborderons ainsi l'histoire de l'art dans l'Inde, nous en chercherons le point de départ et nous en suivrons le développement. Les ambassades envoyées de l'Inde à Rome, le commerce établi régulièrement entre l'Occident et l'Orient, les travaux des géographes conduiront notre étude jusqu'au point où les pèlerins chinois doivent nous servir de guides. Nous essayerons alors de grouper et de résumer les faits acquis et de mesurer l'influence réciproque des idées gréco-latines et des idées indiennes.

La méthode que nous venons d'exposer est la seule qui permette de tenter un jour l'histoire critique de l'Inde védique. Lorsque la chronologie indienne sera solidement établie jusqu'au IVe siècle, lorsque l'état social et religieux de l'Inde sera connu jusqu'à cette époque, il sera moins téméraire et moins périlleux de se fier aux restitutions hypothétiques au delà de cette limite. Réduite à partir de là aux documents indiens, la critique sera moins exposée aux interprétations erronées ou arbitraires quand la comparaison des documents étrangers en aura montré la valeur et en aura réglé l'emploi. Également éloignée des préventions contre l'antiquité de la civilisation brahmanique et du parti pris en sa faveur, plus préoccupée d'en suivre par induction le développement historique que d'en rechercher l'origine problématique, elle rattachera certainement la période initiale de cette civilisation, l'âge védique, aux mouvements religieux qui donnèrent naissance au bouddhisme, et peut-être au jainisme. L'histoire de l'Inde verra disparaître ces lacunes qui la coupent comme des abîmes et se présentera dans son ensemble comme un tout continu, régulier et logique, en dépit des accidents qui paraissent constamment l'interrompre et la troubler.

Appliquée à l'enseignement, cette méthode présente un autre avantage qu'il serait injuste de dédaigner. Elle jette une sorte de pont entre l'Inde et les peuples classiques et facilite l'accès de l'histoire indienne aux étudiants encore dépourvus de connaissances spéciales. Les noms d'Hécatée, d'Hérodote, de Ctésias les conduiront sans effort à l'Indus et au Gange. La curiosité qui entraîna si longtemps les races de l'Occident vers ces régions lointaines se justifierait mieux encore aujourd'hui chez leurs descendants. Le littérateur y trouve une poésie originale, fondée sur des principes nouveaux, riche en chefs-d'œuvre épiques, dramatiques, lyriques : le linguiste, plusieurs groupes linguistiques d'une importance considérable et dont l'histoire se déroule pendant une longue série de siècles, une langue incomparable, une grammaire qui tient du prodige ; le juriste, des codes anciens restés en valeur jusqu'à notre temps ; le sociologue, une puissante organisation des castes ; le philosophe, une admirable variété de systèmes ingénieux et grandioses ; l'historien des religions, le terrain le plus fécond qui soit au monde. L'Inde a enfanté trois grandes religions : le brahmanisme, le bouddhisme, le jainisme. Le jainisme, après une fortune éclatante, est entré en décadence et tend à disparaître ; le bouddhisme, en dehors du Népal et de Ceylan, est presque éteint ; le brahmanisme, transformé dans l'hindouisme, a triomphé de ses rivaux et règne aujourd'hui sur cent cinquante millions d'âmes. Mais, vaincu dans l'Inde, le bouddhisme exilé a conquis des domaines plus vastes que son ancien empire. Le Tibet, la Chine, la Sibérie méridionale, la Corée, la Manchourie, la Mongolie, le Japon, la Birmanie, le royaume de Siam, l'Annam, le Cambodge, ont accueilli la loi du Bouddha Çakyamouni, et quatre cents millions de voix adorent chaque jour le divin maître sous le nom sanscrit d'Amitâbha. Tous regardent comme la terre sainte le pays où vécut jadis leur libérateur ; tous ont préservé la langue sanscrite dans des formules que nul ne comprend plus ; tous ont traduit avec un zèle pieux le canon rédigé en sanscrit, la Triple Corbeille de la Foi. Les monastères du Japon ont récemment rendu à la lumière les plus anciens manuscrits sanscrits actuellement connus ; ils envoient aujourd'hui des élèves en Europe pour étudier la langue des anciens docteurs de l'Inde. Comme le brahmanisme a donné l'unité à l'Inde, l'Inde à son tour donne une sorte d'unité aux peuples de l'Asie orientale. Depuis la Perse jusqu'à la mer de Chine, depuis les steppes glacés de la Sibérie jusqu'aux îles brûlées de Java et de Bornéo, à l'entrée de l'Océanie et de Socotara, en face du continent africain, elle a propagé ses croyances, son génie, sa civilisation et ses contes ; elle a marqué de son empreinte indestructible, pendant une longue suite de siècles, un quart de la race humaine. Elle a droit de réclamer dans l'histoire universelle le rang que l'ignorance lui a trop longtemps refusé, et de prendre sa place entre les grandes nations qui résument et qui symbolisent l'histoire de l'esprit humain.

LA SCIENCE DES RELIGIONS ET LES RELIGIONS DE L'INDE

L'étude des phénomènes religieux doit, pour s'élever à la dignité d'une science, s'attacher d'abord à les classer dans un ordre historique afin de dégager les lois générales qui en gouvernent la succession. Les religions, sous l'unité fictive d'un nom, groupent une infinie variété d'opinions et de sentiments : à la fois enthousiastes et dogmatiques, belliqueuses et persuasives, sublimes et grossières, inflexibles et souples, insinuantes et brutales, elles passent par les nuances les plus délicates jusqu'aux contrastes les plus accusés. L'adhésion sincère aux mêmes formules, la pratique dévote des mêmes observances sont impuissantes à niveler les esprits et les cœurs. La conscience n'emprunte à la religion que des mots et des formes vides ; elle les façonne à son goût, les anime de ses aspirations et de ses pensées, et s'incline avec une docilité illusoire devant ses propres créations. Les divergences inaperçues d'abord conduiraient vite à des scissions profondes, sans l'intervention opportune d'un clergé modérateur, qui garde le dépôt des traditions et oppose aux forces dispersées de la multitude active une force d'inertie collective, puissante par sa cohésion ; entraîné dans la marche fatale, il réussit du moins à la retarder, et calcule chacun de ses pas sur l'allure moyenne du plus grand nombre.

L'histoire de l'église est donc l'introduction nécessaire à l'étude d'une religion ; elle est le centre autour duquel gravite ou rayonne l'active imagination des fidèles ; elle scande les mouvements et marque au nom de la foi raisonnée des divisions commodes, encore qu'elles soient artificielles, qui résument les progrès acquis et les transformations définitives. Les traités dogmatiques, les exposés systématiques, les œuvres d'école sont les premiers matériaux à mettre en œuvre ; ils représentent sous une rédaction individuelle un groupe de consciences uni dans un corps de doctrines ; ils arrêtent sous une forme précise et palpable les ébauches vagues et presque insaisissables où se complaît le sentiment. Mais l'âme de la religion vit ailleurs ; elle ne meurt pas tout entière avec la multitude des simples qui confessaient la foi sans la raffiner ; elle s'exprime dans les œuvres d'inspiration qui, fortes des suffrages populaires, ont forcé l'entrée de la littérature sacrée et s'y sont placées au premier rang, au risque d'éclipser les ouvrages fondamentaux, soudaines, spontanées, triomphantes par leurs inconséquences mêmes. L'examen parallèle de ce double courant nous enseignera le jeu des forces contraires qui préserve les religions d'une dispersion précoce ou d'une immobilité cadavérique et leur assure la vie active dans l'unité.

Les religions de l'Inde semblent faites pour décourager ce genre de recherches. Le travail continu d'une activité exubérante sur une étendue de vingt-cinq ou trente siècles a tiré des vieilles croyances védiques une multitude innombrable de sectes, séparées par les pratiques et par les doctrines. L'orthodoxie brahmanique les englobe toutes dans sa large indulgence et ne compte que deux hérésies : le bouddhisme et le jaïnisme. Indifférent aux dogmes comme aux rites, commodément appuyé sur l'autorité fort maniable des Vedas, le brahmane poursuit avec ténacité l'idéal tracé par ses législateurs : sa propagande lentement victorieuse rêve d'imposer à l'Inde entière la savante hiérarchie des castes, qui l'élève même au-dessus des dieux. Le bouddhisme, en dépit d'une fortune éclatante, s'est épuisé dans une lutte dix fois séculaire contre cet insaisissable rival, et le Maître rebelle a dû par un hommage perfide entrer dans le système élastique des avatars. Les destinées médiocres du jaïnisme l'ont préservé de l'anéantissement ; trop peu redoutable pour inquiéter, il survit pour attester l'impuissance des révoltes contre les privilèges brahmaniques.

Le triomphe écrasant du brahmanisme semble le désigner à nos premières recherches, de préférence à ses rivaux malheureux, comme l'expression la plus authentique du sentiment religieux dans l'Inde. Mais, pour avoir noyé systématiquement toutes les phases de son développement, tous les noms, tous les faits, toutes les œuvres dans les brumes frauduleuses d'un passé mythique, le brahmanisme échappe à l'étude scientifique. La science des religions appellerait inutilement à l'aide l'histoire littéraire et l'histoire épigraphique. La critique échoue à rétablir l'ordre dans ce chaos volontaire, et pour classer la longue série des documents l'hypothèse offre seule ses secours fallacieux. Le témoignage exprès des traditions et l'inspection directe des monuments permettent seulement de distinguer trois périodes mal définies : la période védique, une période intermédiaire, puis la période hindoue. La période védique est la moins accessible aux recherches. Des quatre recueils d'hymnes aux plus modernes des Upaniṣads, la Çruti embrasse une littérature énorme, sainte et sacrée au premier chef, ramassée dans une unité artificielle, mais où la langue, les idées et les réalités trahissent des intervalles de temps et de lieu, qui se dérobent au calcul précis. La variété des résultats affirmés avec une conviction égale montre mieux qu'une argumentation les incertitudes de l'exégèse. Le Ṛg-Veda, reculé par les uns jusqu'au berceau de la race aryenne, descend avec les autres à l'époque de l'invasion macédonienne ; le reste de la littérature suit naturellement ces oscillations extrêmes. La tradition indigène s'inscrit dans des œuvres trop tardives pour revendiquer une autorité absolue ; l'interprétation raisonnée, qui donne libre carrière aux plus extravagantes fantaisies, n'aboutit pour le mieux qu'à des vraisemblances relatives. La plus sage posture est de se résigner à l'ignorance provisoire. Les partisans et les adversaires de Sâyaṇa, l'école du bon sens et l'école du non-sens ont tour à tour plaidé leur cause et épuisé les arguments ; même soumis à de nouvelles épreuves, les textes n'ont plus rien à répondre. L'étude toujours plus pénétrante des Brâhmaṇas, des Sûtras, des Upaniṣads dégagera peu à peu les rapports internes des documents védiques ; mais, pour les introduire dans la chronologie positive, indispensable à une vue d'ensemble, il faudra chercher au dehors un point d'attache solide et résistant. Exclus par prudence des sciences religieuses, les Vedas n'en resteront pas moins le but idéal où tendront nos efforts. Ils ne sont pas seulement nécessaires pour compléter l'histoire religieuse de l'Inde ; ils la contiennent presque tout entière en germe, et le plus beau résultat de l'indianisme sera d'y trouver l'amorce des manifestations infiniment variées où s'est épanchée la vie intellectuelle de l'Inde.

Les sectes hétérogènes qui se massent dans l'hindouisme cachent sous leur unité nominale des divergences si profondes qu'il est impossible de les grouper dans une étude d'ensemble. Les unes sont de date récente et portent l'empreinte de la civilisation composite qui les a enfantées ; l'Islam peut en disputer un bon nombre au Brahmane. D'autres remontent jusqu'aux Vedas, plus haut encore peut-être, dans la nuit impénétrable, et perpétuent les vieux cultes populaires, dédaignés jadis, aujourd'hui sanctifiés par le brahmanisme ; d'autres encore jaillissent brusquement à la lumière, sans précurseurs, sans passé, déjà mûres et puissantes. Les régions, les langues, les siècles, les races dessinent sur ce fond bigarré un inextricable réseau de divisions, tandis que les rapprochements forcés de la vie journalière ouvrent d'une classe à l'autre des échanges et des emprunts. Mystérieux dans ses origines, ondoyant et mobile à l'excès sous sa forme présente, l'hindouisme, inaccessible à ses deux extrémités, offre aux recherches historiques le fouillis d'une littérature gigantesque qui déroute à plaisir les efforts de la chronologie. Un long travail de préparation classera peut-être les matériaux ; la science des religions peut en attendre l'élaboration patiente. D'autres sujets la sollicitent et lui permettent des résultats plus amples et plus sûrs.

Le bouddhisme et le jaïnisme ont au regard du brahmanisme la supériorité fatale de l'hérésie dans l'histoire religieuse. Le brahmanisme s'est formé graduellement par la transformation des croyances populaires sous la lente action de forces convergentes. Le progrès de la conquête, les modifications de la vie sociale, l'avènement d'une caste sacerdotale substituèrent par d'imperceptibles degrés une religion nouvelle aux cultes antérieurs ; le changement était depuis longtemps achevé lorsqu'il devint apparent. La réforme du Jina et la réforme du Buddha sont nées, au contraire, à jour déterminé, d'une pensée individuelle et d'une volonté consciente ; l'un et l'autre ont senti le moment de la rupture, et la colère de leurs adversaires ne leur eût point permis de l'ignorer. Le schisme éclatait dans une civilisation avancée déjà, assez mûre pour comprendre l'intérêt des grands souvenirs. Les deux hérésies ont enregistré pieusement la date de leur naissance, perpétuée par la création d'une ère nouvelle. Les divergences du comput en usage dans les sectes diverses sont faites à coup sûr pour provoquer la méfiance ; la critique est en droit de contester l'exactitude des données traditionnelles. La chronologie religieuse n'en a pas moins un point d'attache qui lui suffit. Une heureuse fortune ou plutôt le concours des mêmes circonstances a fait surgir les deux hérésies dans le même temps et dans la même province ; les traditions de leurs origines s'entrecroisent, et l'accord des témoignages indépendants, même restreint à des détails secondaires, ouvre aux recherches l'espoir de résultats certains.

L'égalité des mérites historiques entre le jaïnisme et le bouddhisme paraît s'étendre au delà de leurs origines sur toute la suite de leur développement. L'inévitable multiplication des sectes aboutit chez l'un et l'autre à la formation définitive de deux Églises rivales en possession d'un canon propre. Les Jainas Çvetâmbaras ont leurs Aṅgas rédigés dans un dialecte demi-mâgadhî ; les Digambaras ont des Âgamas sanscrits. Le Tripiṭaka du bouddhisme indien est écrit en sanscrit ou du moins en quasi-sanscrit ; celui des Singhalais est en pâli. La langue n'est pas le seul trait qui les sépare ; les matières, les ouvrages, les doctrines, l'esprit diffèrent d'une collection à l'autre. C'est dans le trésor de ces écritures sacrées que chaque Église a inscrit à son insu l'histoire de ses variations sous la poussée du temps et des événements. Mais, pour discerner les couches successives et tracer l'indispensable chronologie des ouvrages, les ressources disponibles sont en général insuffisantes. Pour assurer à tous les textes qu'elle adopte une égale autorité, l'Église tend plutôt à effacer les distinctions d'âge qu'à les souligner ; les auteurs réels, humains, disparaissent pour céder la place à des noms que le temps a consacrés ou pour s'évanouir dans l'anonyme si favorable au mystère. L'active propagation du bouddhisme indien hors des frontières de l'Inde, dès les premiers siècles de son existence, donne à l'histoire un moyen d'éventer ces pieuses fraudes. Tandis que le jaïnisme se contentait d'aspirer en rêve à la domination du monde, tandis que l'église singhalaise, enfermée dans son île, brisait ses forces d'expansion contre la malveillance de l'Océan et l'hostilité de l'Inde méridionale, le bouddhisme du nord, soutenu par le patronage de princes puissants, lançait ses missionnaires au delà de l'Indus et de l'Himâlaya, envahissait l'hellénisme et la Chine, et préparait la conquête de l'Asie entière. Le zèle des nouveaux prosélytes réclamait des lectures édifiantes ; des traducteurs audacieux soutenus par l'ardeur de la foi entreprirent d'interpréter les sublimes paroles du Maître avec les ressources des langues barbares. Dès le sixième siècle après le Nirvâṇa, trois cents ans après la consécration officielle de l'Église, à l'heure de son triomphe incontesté, un ouvrage du canon sanscrit passait dans la littérature chinoise ; dix siècles plus tard, la collaboration des pandits et des lettrés achevait de donner à la Chine le Tripiṭaka tout entier. La marche progressive de l'entreprise se lit dans les catalogues chinois, qui notent avec leur précision coutumière en face de chaque œuvre le nom du traducteur et sa date. Échelonnées sur une période aussi considérable, les traductions s'espacent en perspective et se distribuent en plans successifs.

Il serait téméraire de prétendre à reconstruire sur les données de ces seuls documents l'histoire du canon sanscrit et des doctrines qu'il exprime ; elles permettent au moins de fonder une chronologie relative et même d'ébaucher une chronologie positive. La date de la traduction garantit à l'original une date antérieure et marque aux tâtonnements une limite extrême. L'indication, il est vrai, pour certaine qu'elle soit, laisse encore à l'incertitude une marge énorme. Le bouddhisme était âgé de cinq ou six siècles quand il fut introduit en Chine, et la rédaction des livres saints avait pu commencer de bonne heure après la mort du Bouddha. La tentative à coup sûr serait chimérique et condamnée d'avance qui voudrait suivre dans la succession des traductions chinoises le développement original du bouddhisme primitif. Mais ne sera-t-il pas permis d'y chercher au moins quelques clartés sur les mouvements contemporains du bouddhisme dans l'Inde? Dès l'ouverture de leurs relations religieuses, les deux pays restèrent en communication continue ; la Chine attirait de l'Inde les docteurs les plus réputés et lui envoyait des pèlerins ardents à s'instruire ; un courant ininterrompu portait au delà de l'Himâlaya les idées et les œuvres nouvelles. Les discussions d'écoles, si vives après la scission des Véhicules, entretenaient la curiosité et ne lui laissaient pas le temps de languir sur les vieux textes. Les indices fournis soit par l'Inde brahmanique, soit par l'historien tibétain du bouddhisme indien, soit par les textes mêmes, montrent un étroit rapport de temps entre l'original et la traduction, surtout dans les derniers siècles où l'Inde et la Chine marchent du même pas.

Pour se fonder sur des assises stables, l'histoire du bouddhisme doit par conséquent réserver à ses derniers efforts l'étude obscure des origines et suivre à revers le développement de l'église. Fidèles aux principes que nous avons exposés, nous choisissons pour commencer nos recherches un traité scolastique de la décadence, le commentaire de Yaçomitra sur le *Trésor de métaphysique*, de Vasubandhu. Le texte qui servait de base aux développements du commentateur, écrit au VIe siècle par un des derniers patriarches, ne s'est pas retrouvé dans les débris de la collection sanscrite ; mais la Chine en a préservé la version qui nous permettra de reconnaître dans la prose de Yaçomitra les fragments dispersés de l'original. Le commentateur a fort heureusement groupé autour des aphorismes du maître les opinions analogues ou divergentes des autres écoles ; ses explications rédigées dans un style net et précis fixent le sens des termes familiers à la scolastique du bouddhisme et qu'il nous serait malaisé d'entendre sans son secours. Nous pourrons dresser grâce à lui le tableau comparatif des doctrines en cours à son époque, et remonter ensuite avec plus de sécurité aux ouvrages antérieurs qui les ébauchent et les préparent. Nous nous proposons d'aborder plus tard un ouvrage populaire daté de la décadence qui serve à son tour de repère pour jalonner l'histoire du mouvement laïque. Nous continuerons ainsi à étudier de front les deux aspects de la religion dans l'âge historique. Arrivés au point où cessent les données positives, nous serons alors moins téméraires de nous hasarder dans les ténèbres des origines ; les lois déjà constatées guideront notre critique à travers les textes incertains et les renseignements sans précision.

Nous avons jusqu'ici laissé à dessein en dehors de notre programme le bouddhisme pâli. Tant de savants justement estimés s'accordent à le reconnaître comme l'héritier direct des doctrines et des traditions originelles que l'exclusion risque de sembler un paradoxe de mauvais goût. Un canon complet, régulièrement distribué en trois Corbeilles, un dialecte archaïque et grammatical, un système de chronologie ecclésiastique arrêté de bonne heure sont les titres respectables que l'Église singhalaise fait valoir ; son faux air de rationalisme n'a pas laissé de prévenir favorablement les esprits occidentaux. Tous ces avantages prétendus ne prouvent rien ; il est aussi facile d'en restreindre la portée que de l'exagérer. Mais le plan que nous nous proposons nous dispense de trancher l'obscure question de pureté dogmatique ou de priorité. Nous n'envisageons pas ici le bouddhisme comme une philosophie, mais comme une religion ; les idées personnelles du fondateur nous intéressent assez peu : nous voulons savoir les sentiments et les pensées que des multitudes innombrables ont introduits, en croyant les y retrouver, dans ce cadre banal. Les griefs des théoriciens contre le bouddhisme indien, considérés sous ce point de vue, l'élèvent au-dessus de son émule doctrinaire. L'exubérance de la mythologie, le débordement du merveilleux et du surnaturel décèlent la collaboration de la foule, indifférente aux controverses dogmatiques, aussi logique dans ses imaginations que les philosophes dans leurs raisonnements. Tandis que l'Église singhalaise détachée du tronc vivant se dessèche dans sa stérilité monastique, impuissante à développer ses forces internes, plus impuissante encore à créer, le bouddhisme indien séparé de l'hindouisme par une barrière artificielle laisse agir ou plutôt active les tendances hindoues qu'il tient de sa naissance. Partagé en deux courants presque indépendants par la société laïque et la communauté monastique, il côtoie d'une part le brahmanisme d'école et d'autre part les cultes populaires. La vie journalière impose aux deux religions un contact exécré, mais fécond ; elle oppose et réunit dans des controverses savantes les docteurs orthodoxes et les docteurs hérétiques, comme elle rapproche dans des croyances communes, des pratiques analogues et des superstitions identiques les laïques des deux confessions. Les dissemblances accidentelles s'effacent à la longue et les caractères généraux prévalent ; les fidèles inclinés devant les mêmes dieux se rencontrèrent dans les mêmes temples ; le clergé qui avait emprunté aux brahmanes leur langue, leur style, leur dialectique, leur esprit même, se confondit avec eux, et le bouddhisme rentra dans le sein de l'hindouisme enrichi : le brahmane avait appris l'adoration d'un dieu personnel, l'amour des humbles, la charité.

Sorti du brahmanisme védisant, en rapport d'origine avec le jaïnisme, retombé dans l'hindouisme après quinze siècles d'activité, le bouddhisme offre aux recherches religieuses un terrain solide, un espace limité, et leur ménage des issues pour passer de plain-pied sur les autres domaines de l'Inde religieuse. Mais ne risque-t-il pas de les accaparer ? L'étude du Tripiṭaka sous sa triple rédaction absorbera les labeurs patients de plusieurs générations avant de se prêter à une vue d'ensemble. La littérature des Jainas et celle du Brahmanisme pour être explorées avec le même soin veulent aussi de longs siècles. Faut-il perdre courage devant la perspective d'un horizon si lointain ou marcher résolument vers la terre promise, même sans espoir de l'atteindre ? Notre choix ne saurait hésiter. Épris de la vérité et fiers de travailler aux progrès de la science, nous fuirons les généralisations séduisantes qui dupent la raison, l'endorment dans une confiance illusoire, et laissent en s'écroulant le chemin obstrué de préjugés dangereux. L'indianisme jeune encore et qui vient à peine de franchir son premier centenaire étale un sol presque vierge, encombré d'inextricables broussailles, coupé de rares chemins, et réclame des pionniers avant les architectes. Nous serons dans notre enseignement les modestes ouvriers de la tâche grandiose. Nous explorerons les manuscrits de ces textes bouddhiques si longtemps négligés ; nous les expliquerons avec la sévérité des études philologiques, attentifs aux mots, aux syllabes, qui méritent bien le respect comme la pensée qu'ils servent et qu'ils risquent si facilement de fausser. Sûrs d'avoir établi le sens littéral, nous chercherons à sentir par la puissance d'une sympathie loyale l'esprit et l'âme des vieilles écritures. Affranchis par un effort sincère des préventions d'école ou d'éducation, nous nous garderons de condamner les sentiments, de réprouver les doctrines. Sous les formes mêmes qui déconcertent ou choquent, nous respecterons l'idéal qui s'y dissimule et qui parfois s'y travestit. A lire les légendes pieuses ou les traités dogmatiques nous ressusciterons la foi crédule des simples et la foi raisonnée des savants ; nous ferons passer en nous l'âme ardente et tendre des multitudes mortes, récompensés de toutes nos peines par une communion délicieuse avec les générations depuis longtemps éteintes. L'étude et le sentiment combinés dans l'histoire dissiperont ainsi par une analyse persévérante l'unité factice des sectes, des schismes, des religions de l'Inde ; ils y reconnaîtront une série innombrable d'états individuels classés sous des rubriques illusoires ; ils réduiront à des dissemblances secondaires les divergences qui longtemps séparèrent en camps ennemis des millions de créatures, dégageront les caractères communs que voilaient les rivalités d'intérêt ou de passion ; le jour viendra où l'histoire religieuse de l'Inde se déroulera sans lacunes, sans inconséquences, sans contradictions comme le développement logique et régulier d'un organisme puissant.

LA TRANSMIGRATION DES AMES DANS LES CROYANCES HINDOUES

Le problème de la mort n'a pas cessé d'obséder la conscience humaine depuis son premier éveil en présence du premier cadavre. Elle ne s'est pas résignée à ignorer ou à écarter ce mystère gênant ; elle ne s'est pas même blasée au spectacle incessamment renouvelé de la mort. D'innombrables milliards de deuils n'ont pas émoussé sa curiosité anxieuse. Le front penché sur les tombes ouvertes, nous scrutons l'insondable énigme qui refuse de nous livrer son secret. Mais si notre impatience reste déçue, c'est nous-mêmes que nous devons en accuser. Nous devenons trop exigeants, et nos ancêtres se contentaient à moins de frais. Notre science, envahie par la critique encombrante, met en doute jusqu'aux données qui semblaient jadis, et semblent encore à tant de gens, imposées par l'indiscutable évidence. Nous en sommes venus jusqu'à contester l'existence de l'âme. L'homme préhistorique ne nous le pardonnera pas, et les préhistoriques ne manquent pas, jusque dans les sociétés modernes. Les bonnes gens d'autrefois, comme ceux d'aujourd'hui, se flattaient pourtant de la connaître par expérience. On dormait ; on rêvait ; le corps inerte, on vagabondait à travers des paradis étranges ou des horreurs à faire frémir. L'explication s'offrait de soi ; l'âme, attachée au corps dans l'état de veille, s'était émancipée, et librement elle avait battu la campagne. Et quand la mort avait fait son œuvre, quand le sommeil du corps se prolongeait sans réveil, quand la chair refroidie, livide, décomposée, n'évoquait plus que le dégoût, ne voyait-on pas reparaître dans les songes nocturnes la forme qui semblait abolie ? n'entendait-on pas la voix qui semblait éteinte? est-ce qu'on ne recueillait pas parfois les confessions posthumes des disparus, quand il leur plaisait de raconter leurs destinées nouvelles ? Et même éveillé, dans la terreur étreignante des ténèbres, d'où venaient les soupirs, les appels, les plaintes indécises et les lueurs fuyantes, si des âmes n'étaient point là ?

L'âme se démontrait donc clairement ; mais l'âme étant donnée, un problème s'imposait. Cette force si puissante, qui suffisait à mettre en branle tous les ressorts du corps, qui mouvait cette lourde machine, qui l'échauffait, disposait à son gré des sens pour commander, pour résister, pour séduire, pour jouir, pour souffrir, comment allait-elle s'exercer maintenant? Les réponses pouvaient varier avec la nature, le tempérament, les goûts, la prétendue expérience des individus; mais une société veut avec des pratiques communes, des dogmes communs. C'est le rôle propre, et presque la raison d'être des corporations religieuses, de créer entre les tendances désordonnées des fidèles, une sorte d'opinion moyenne qui réduit les écarts trop violents et satisfait le besoin d'unité qui travaille les petits clans comme les grands États. Chose étrange : l'Inde, si vaste, si confuse, si souple, si insaisissable, entend et répète depuis deux ou trois mille ans, d'une voix unanime et sans se lasser la même réponse ; Aryen du nord ou Dravidien du sud, brahmane au teint clair ou paria presque noir, sectateur de Viṣṇu, de Çiva et de tout le panthéon orthodoxe, ou adepte des maîtres hérétiques, du Bouddha, du Jina, partisan du Vedānta idéaliste qui nie la matière, ou du Sānkhya dualiste qui l'admet, ou — paradoxe inconcevable — du bouddhisme qui proclame l'universel néant, l'Hindou croit aveuglément, obstinément, fatalement à la transmigration des âmes. Il ne la discute pas, il ne la réfute pas, il ne l'établit pas. Il la pose en fait, comme une donnée nécessaire, et cherche ensuite à s'en accommoder.

La doctrine de la transmigration n'est pas, à vrai dire, exclusivement spéciale à l'Inde. Sur la terre entière, il s'est trouvé, il se trouve encore des hommes qui acceptent cette doctrine. La Grèce classique l'a connue et l'a proclamée par de grandes voix ; Platon y a cru, Pindare y a cru ; Pythagore en a fait un dogme fondamental de son école. Le moindre écolier de nos lycées connaît l'aventure du philosophe samien qui reconnut, dit-on, suspendu comme offrande à la paroi d'un temple, le bouclier qui couvrait jadis son bras, quand sous le nom d'Euphorbe il combattait dans la guerre de Troie. Nous avons même emprunté à la langue grecque un mot qui désigne la transmigration : c'est la « métempsychose » qui indique clairement, aux hellénistes du moins, les transformations de l'âme au cours d'incarnations successives. Nos ancêtres, ou plus modestement nos devanciers sur le sol de la France, les Celtes partageaient aussi cette croyance ; les Druides l'enseignaient dans leurs écoles. Mais en dehors de l'Inde, la doctrine de la transmigration n'a jamais pris la même ampleur, la même portée, la même popularité, la même persistance, le même caractère de nécessité. Nulle part, on ne peut l'étudier avec autant de clarté.

Les plus anciens documents de l'Inde, qui sont les hymnes védiques, semblent pourtant ignorer, ou peu s'en faut, la transmigration. Le chantre védique, ou la clientèle qui le fait parler, se tient volontiers terre à terre et se préoccupe assez peu de l'au-delà. « Puissions-nous franchir cent hivers ! » s'écrie l'un. « Puissions-nous vivre cent automnes ! » répond l'autre. « Nous sommes les fils de Manu, les parents de la mort, prie un troisième. O Āditya, prolongez-nous bien l'existence à vivre ! » S'il est parfois question d'immortalité (amṛta, amṛtatva), ne nous y trompons pas ; le réalisme des écoles brahmaniques nous le rappelle nettement, au reste. « L'immortalité, pour l'homme, c'est d'avoir la longévité totale », autrement dit, c'est ne pas mourir avant le terme extrême.

Il faut bien se garder de fonder sur ces textes des conclusions trop précipitées ou trop étendues. On s'est mépris longtemps, on se méprend encore souvent sur la valeur des hymnes védiques, et le grand public n'est pas seul en cause. On entend parler fréquemment de la religion védique et de l'Inde védique ; on consulte le Véda comme l'œuvre globale d'une race et d'une civilisation. Je n'ai pas à rechercher ici les préjugés inconscients, je ne dis pas les préjugés aveugles qui ont suscité cette conception et qui l'ont recommandée. Les esprits de bonne foi s'apercevaient à leur surprise que les *templa serena* de la science ne sont pas fermés aux grands courants de l'opinion, et que les études reflètent les idées à la mode lorsqu'elles croient les diriger. Les découvertes géniales d'Abel Bergaigne ont établi que les hymnes védiques, comme tout le reste du Véda, sont une compilation sacerdotale, savamment élaborée par des prêtres à demi-magiciens, en vue d'un rituel compliqué et d'une liturgie sans âme. Les poètes et les docteurs du Véda sont les serviteurs à gage d'une aristocratie féodale ; leur formulaire subtil, embrouillé, coûteux surtout, suffirait pour écarter d'eux le « vulgaire profane ». A côté d'eux, et classés au-dessous d'eux dans la hiérarchie sociale, d'autres prêtres offrent d'autres dieux, d'autres rites, d'autres doctrines à la même clientèle, et surtout aux classes moins élevées. Leur apport, exclu d'abord de l'orthodoxie conservatrice, émerge seulement un peu plus tard dans la littérature, avec la naissance des grandes hérésies, et plus tard encore dans le brahmanisme populaire des Purāṇa.

Ainsi prémunis, nous ne serons pas surpris si le Ṛg-Veda est avare d'informations sur l'au-delà. L'au-delà n'est pas son domaine ; il le laisse exploiter à d'autres. Cependant il n'abandonne pas le vivant à l'heure précise du trépas. Le prêtre védique tient un rôle dans les funérailles, et le Ṛg-Véda nous a conservé une petite collection d'hymnes funéraires, qui, combinés avec des données éparses, nous laissent entrevoir les idées courantes. Les morts s'en vont chez Yama Vaivasvata, qui règne sur les morts par droit de priorité, car il a été le premier mort. « Dans le séjour de Yama, il y a des eaux courantes, de la joie, de la béatitude ; c'est l'enclos réservé du ciel ». Mais n'y va pas qui veut ; n'y reste pas qui veut. « Là où est le roi Vaivasvata, fais-moi immortel ! » L'âme ne va donc chez Yama que pour y mourir encore ! L'idée de la *palingénésie* (c'est le terme même des Pythagoriciens), du retour à la vie s'exprime nettement ici ; l'idée de la transmigration s'exprime, et plus clairement encore, dans un autre passage. A la cérémonie des obsèques, le prêtre dit : « Que l'œil aille au soleil ; au vent, le souffle ; au ciel va-t-en, à la terre, selon la loi ; ou bien aux eaux va-t-en, si c'est là ton bien ; dans les plantes installe-toi avec tes membres ! » Ainsi l'âme, détachée du corps, peut à son gré choisir dans toute l'étendue de la nature une nouvelle demeure, pourvu qu'elle se conforme à la loi.

Le témoignage des hymnes védiques est en somme bien vague, et s'il fallait s'en tenir à lui, nous serions obligés d'en conclure que les Aryens védiques manquaient d'idées nettes sur la condition des morts et sur l'immortalité. Mais, outre les hymnes, nous avons aussi des traités d'exégèse théologique, les Brāhmaṇa, et des traités de théosophie ésotérique, les Upaniṣad, qui sont également admis dans le canon védique. On les considère ordinairement comme les étapes successives d'un développement chronologique postérieur aux hymnes, et l'hypothèse est des plus vraisemblables. Mais il reste à déterminer la longueur des intervalles qui séparent les hymnes des Brāhmaṇa, les Brāhmaṇa des Upaniṣad. Max Müller qui a véritablement créé l'histoire védique en la tirant du chaos, l'a distribuée en périodes arbitraires qu'on a pris l'habitude d'accepter comme des repères commodes, sans en examiner la valeur. Pour ma part je suis loin d'adhérer à ces dates, même en admettant l'approximation la plus large. Hymnes, Brāhmaṇa, Upaniṣad me semblent voisiner de près ; loin de considérer leurs divergences comme les marques d'une évolution continue, je suis tenté d'y reconnaître plutôt les aspects divers qu'une même idée était susceptible de prendre dans les écoles de rituel pratique, de théorie, ou d'interprétation mystique. Chez les auteurs de Brāhmaṇa, la doctrine des renaissances se présente de préférence sous son aspect négatif, ce qu'on peut appeler la remort. Les Brāhmaṇa esquivent ainsi la question délicate : quelle loi préside aux renaissances ? comment en est réglé le roulement ? La pratique et la théorie du rite assurent l'une et l'autre le même profit ; mort « une fois séparé du corps, on devient immortel ;... une fois séparé du corps, on naît à nouveau, et naissant cette fois on naît à l'immortalité. Et ceux qui ne savent pas ainsi ou ceux qui ne font pas ainsi, ceux-là une fois morts naissent encore, et ils sont encore et encore la nourriture de la mort ». Et Naciketas demande à la Mort qui consent à l'instruire : « Dis-moi comme on écarte victorieusement la remort. »

Comment donc se fait-il qu'on meure, une fois affranchi du corps ? Quels dangers menacent l'âme ? Les Brāhmaṇa en connaissent deux : le soleil et la faim, la faim surtout, si cruelle aux âmes en peine. Il faut nourrir ces affamés, et le rituel a des cérémonies régulières pour apaiser leurs souffrances. Chaque nouvelle lune, au cours du sacrifice périodique, on appelle les Pères de la terre, les Pères de l'air, et les Pères du Ciel. Puis l'oblation offerte, on congédie poliment cette compagnie dangereuse. « Allez-vous en, Pères, par vos chemins profonds, antiques. Revenez dans un mois pour manger le sacrifice. »

Avec les théosophes des Upaniṣad, la doctrine de la transmigration se précise; elle apparaît constituée, arrêtée dans ses lignes essentielles, fondée sur la physiologie et sur la morale. La personne humaine est considérée comme la combinaison de deux parties inégales en valeur : 1° le corps, ou plus exactement le corps grossier, formé par le groupement des cinq éléments à des doses infiniment variables ; 2° l'âme. Mais l'âme elle-même n'est pas, si j'ose ainsi parler, un corps simple. C'est un composé, en partie stable, en partie variable. La partie stable, qui l'accompagne de toute éternité — et qui l'abandonne seulement au cas de l'émancipation finale — c'est : *a*) le corps subtil, constitué par les parties les plus subtiles des cinq éléments; *b*) les organes de la vie, distribués eux-mêmes en deux catégories : d'une part les organes de l'entendement, vue, ouïe, odorat, goût, toucher, et les organes du fonctionnement, voix, mains, pieds, parties génitales, anus; ce sont là les organes de la vie consciente; — d'autre part les souffles répartis dans les régions du corps et qui président aux fonctions de la respiration, de la digestion, etc.; ce sont les organes de la vie inconsciente, autrement dit des réflexes. Mais à ces facteurs inaltérables vient s'ajouter un facteur toujours sujet à changer : le karman. L'explication de ce mot risque de paraître superflue, tant l'emploi s'en est répandu aujourd'hui avec la doctrine qu'il exprime. Le karman, c'est la théorie de la causalité transportée dans le monde moral.

L'Hindou est par excellence un être moral. Peut-être faut-il en demander la raison au climat, amollissant à la longue pour les énergies les mieux trempées, et qui défend l'exercice violent de l'activité physique. En fait l'Inde passait dès l'antiquité pour une nation de philosophes; aujourd'hui encore le voyageur qui débarque dans l'Inde éprouve la même impression. La littérature de l'Inde est presque toute gnomique; l'épopée du Mahā-Bhārata est un immense code de morale, le Rāmāyaṇa sanscrit de Vālmīki, le Rāmāyaṇa hindi de Tulsī Dās enseignent avant tout les plus hautes leçons de sagesse, l'amour des vertus et la haine des vices. L'Inde n'a pas de grands savants ni de grands généraux; elle a des moralistes et des ascètes incomparables. La morale domine tout; tout se mesure à cet unique rapport. Les systèmes de philosophie, même les plus vastes en apparence, n'envisagent l'univers qu'au service de la morale. Le Bouddha, questionné sur les secrets ressorts du monde, répondait simplement : « T'ai-je promis de les dévoiler? Je t'ai dit seulement que j'enseignais la voie qui supprime la douleur. »

La doctrine de la transmigration était imposée par l'opinion courante; la morale devait s'en emparer pour l'ennoblir. La conscience s'insurgeait contre les transformations purement hasardeuses où se jouait peut-être l'imagination populaire. Il fallait une règle aux courses de l'âme comme aux actes de la vie. La loi du karman, quel que soit le génie qui l'ait révélée, apparut dans la société hindoue avec autant d'éclat et de prestige que les lois de Kepler, de Newton ou de Lavoisier dans la science moderne. Elle dégageait l'ordre du chaos ; elle embrassait dans une formule unique l'infinie variété des phénomènes ; elle livrait le secret de la vie et de la mort. Bonheur et malheur n'étaient donc plus les vains jeux du hasard, mais la rémunération du passé. Le dialogue de Yājñavalkya et d'Ārtabhāga, dans la Bṛhad-Āraṇyaka-Upaniṣad (3, 2), semble exprimer encore l'enthousiasme et l'émotion qui saluèrent cette grande découverte, alors qu'elle se transmettait comme un secret d'école, comme une sorte de mystère arraché par surprise à la nature et aux dieux.

Si les hymnes étaient vagues et les Brāhmaṇa imprécis, les Upaniṣad n'hésitent pas au contraire à détailler par le menu le mécanisme de la mort. L'âme commence par ramener en elle les organes qui mouvaient le corps, et elle se dirige vers le cœur ; le corps subtil qui l'enveloppe ne gêne pas sa marche ; il est assez fin pour passer par l'une quelconque des cent une veines ; il est transparent, et par suite échappe au regard ; il est chaud, car le corps qu'il abandonne se refroidit. Une fois l'âme logée au cœur, la pointe du cœur devient lumineuse, et l'âme alors va chercher son issue. Mais ce n'est pas le cas de répéter : *Spiritus flat unde vult* (L'esprit souffle d'où il veut). Le choix de l'issue règle et annonce la destinée future ; l'âme ne peut s'élever que si elle n'est pas alourdie de péchés. Elle va chercher alors au sommet du crâne une fente mystérieuse, le trou de Brahma, qui lui permet de s'échapper.

Trois voies à ce moment s'ouvrent devant elle : la route des dieux, la route des Pères, et la voie immonde qui ramène sur-le-champ aux animaux les plus vils.

Les théosophes ont osé faire un bond qui effrayait les ritualistes. Ils ont ouvert à l'âme humaine le monde des dieux. Cette conquête-là peut aujourd'hui nous faire sourire ; elle marque dans son temps une révolution profonde ; elle proclame à sa façon les droits de l'homme. Longtemps écrasé par les dieux qu'il s'est donnés, l'homme se révolte et réclame une part du paradis qu'il leur abandonnait. Les exégètes, par l'exaltation cynique de la vertu des rites, ont enseigné que les dieux doivent aux observances leurs victoires sur les démons, l'immortalité, la souveraineté du ciel. La pratique des mêmes rites doit assurer à l'homme les mêmes avantages. On a supposé que cette révolution religieuse répondait à un changement de coutume. On avait commencé par enterrer les morts ; la tombe semblait ouvrir à l'âme le monde souterrain ; mais plus tard la pratique de brûler les morts se propagea et prévalut au point de s'imposer à l'exclusion de toute autre. Le bûcher remplaça la tombe ; il la remplace encore pour l'Inde entière. Seuls les personnages morts en odeur de sainteté sont exceptés de la règle ; leurs corps sanctifiés sont pieusement déposés dans la terre. Des savants ont supposé avec assez de vraisemblance que la crémation marquait un progrès de l'idée de pureté ; on avait confié le corps au feu pour en consumer les souillures et les anéantir. Le feu, si j'ose dire, était l'antiseptique de la mort. L'expression, pour inattendue qu'elle soit, n'est pas complètement erronée. Pour les Ārya anciens, chez qui la religion tenait lieu de science et dominait la vie, les questions de pureté et d'impureté se posaient à propos du rite, comme elles se posent chez nous à propos de l'hygiène. Nos microbes s'appelaient des démons ; on se défendait contre les uns avec la même ardeur que nous mettons à nous défendre contre les autres. On consacrait l'eau par des formules tout comme nous la faisons bouillir, et les esprits faibles avaient la superstition des mots magiques comme d'autres ont la superstition de l'acide borique ; ils servaient à tout, préservaient de tout, guérissaient de tout. Le feu, qui purifiait l'offrande, la rendait digne des cieux et la portait au ciel, se trouva naturellement chargé de purifier le corps ; du même coup il ouvrait à l'âme l'accès du ciel, s'il consentait à l'emporter. N'allons pas en effet nous représenter le feu comme un agent physique, aveuglément soumis à des lois d'ordre matériel. Le feu est une manifestation divine, il est conscient et clairvoyant ; le prêtre qui l'observe lit ses intentions et les traduit au fidèle. « Si la flamme orientale touche la première le cadavre, il va au ciel ; si c'est la flamme d'ouest, il va dans le monde des airs ; si c'est la flamme du sud, il va dans le monde des hommes. » Ainsi on n'abandonne plus l'âme du mort au hasard des aventures ; on suit sa piste. Mais l'enseignement, enfermé dans les écoles, ne livre pas encore tout son secret ; il faut attendre une époque plus tardive pour nous initier aux détails des destinées de l'âme dans ses transmigrations.

La doctrine de la transmigration a pris ainsi dans les écoles théosophiques sa forme définitive. La croyance populaire au retour des âmes s'est enchâssée dans un système de morale savante, je dirais volontiers scientifique, car il établit une relation rigoureuse entre les existences successives, soumises à la loi de la causalité. Les idées confuses et peut-être contradictoires qui flottaient jusqu'alors se combinent dans un ensemble parfaitement harmonieux. Les uns croyaient à la renaissance sous la terre, les autres à la renaissance sur la terre ou au-dessus. Les Upaniṣad acceptent ces croyances diverses, mais les transforment en étapes sur le chemin de l'âme. La rémunération se répartit en deux degrés ; l'âme va d'abord dans l'autre monde dépenser son crédit de mérites ou solder sa dette de péchés, mais sans l'épuiser totalement. Il subsiste un reliquat, une sorte de résidu, où s'est concentrée l'énergie globale ; et c'est ce reliquat qui oriente l'âme à son retour sur la terre, qui détermine la race, l'espèce où elle naîtra, la caste, le sexe, la forme, tous les traits enfin où se marque la hiérarchie des créatures.

La doctrine ésotérique des Upaniṣad n'a pas pu rester longtemps confinée dans les écoles : colportée d'abord à mots couverts, elle disloque les vieilles croyances rituelles et provoque comme une explosion la naissance des grandes hérésies. Ce n'était point un pur hasard si les fondateurs du système théosophique avaient, même inconsciemment, emprunté à l'usage sacerdotal le mot essentiel qui désignait le rite, *karman*, pour l'appliquer au coefficient moral introduit dans le jeu des transmigrations. Les ritualistes avaient admis et proclamé le sacrifice comme un mécanisme aveugle et brutal qui gouvernait l'univers, des plantes jusqu'aux dieux ; le nouveau karman, installé sur le trône du souverain déchu, recueillait comme un héritier légitime son nom et ses fonctions. La morale allait gouverner le monde, comme avait fait le sacrifice, en dehors des dieux et sans leur concours, maîtresse même de leur destinées. C'est un spectacle piquant, mais surtout instructif, de constater que le peuple hindou, un des plus moraux, sinon le plus moral du monde, mais à coup sûr le plus fécond en divinités et le plus empêtré de superstitions dans sa vie pratique, a produit les penseurs les plus hardis, les spéculations les plus audacieuses contre la puissance des dieux. N'a-t-on pas observé dans notre Occident que les peuples les plus soumis au pouvoir de l'Église se sont amusés le plus librement à railler les moines ? Il n'y a pas de grand homme pour son valet de chambre. A vivre dans la familiarité des dieux, comme l'Hindou, aussi bien que dans la familiarité des moines, comme le Français du moyen âge, on ne cesse pas de les craindre, mais on ne se prend pas à les aimer. Les docteurs des Upaniṣad avaient sans doute espéré de bonne foi sauver le rituel en passe de se démoder en y greffant la science, c'est-à-dire l'interprétation morale. Les prédications triomphantes du Bouddha et du Jina leur démontrèrent qu'ils s'étaient trompés.

Le bouddhisme et le jainisme sont vraiment l'exaltation du karman ; leur littérature édifiante en est comme la Légende dorée. Puisque la morale réglait toute seule la destinée des hommes à travers la suite des existences, il était inutile de solliciter l'aide des dieux, du moment qu'on se sentait assez fort pour se passer d'eux. La religion et la pratique ne sont point reniées ni renversées ; elles restent l'apanage des faibles qui doivent chercher hors d'eux des auxiliaires pour adoucir ou corriger les rigueurs du sort. Mais le Bouddha et le Jina prêchent pour les vrais forts, pour ceux qui savent exercer l'empire sur soi-même ; ils leur tracent une règle, une discipline de sainteté qui mène l'homme au salut par une suite d'existences toujours plus nobles, toujours plus vertueuses, toujours croissantes en dignité morale, sans souci des vaines distinctions du monde. Rien de plus expressif dans leur dogmatique que ce trait : le salut ne s'obtient que dans la condition humaine ; les dieux mêmes, environnés des jouissances les plus grossières ou les plus délicates, ne peuvent pas atteindre directement au salut. Les hommes s'étaient efforcés de monter rejoindre les dieux ; c'est aux dieux maintenant à gagner assez de mérites dans la pratique des vertus pour s'élever à l'incomparable dignité de l'homme. Mais s'il est difficile de mériter une naissance d'homme, il est plus rare encore de savoir en profiter, et le tableau des longues transmigrations accomplies par le Bouddha dans sa poursuite de la perfection est fait pour préparer le fidèle à une rude patience et à de dures épreuves. L'histoire ancienne du Bouddha et des personnages mêlés à sa carrière constitue un corps énorme de récits édifiants distribués sous deux rubriques : les Jātaka et les Avadāna. Ces récits ont plus fait pour propager le bouddhisme que les spéculations les plus abstruses des docteurs ; le plus ancien des monuments de l'Inde, le stūpa de Bharhut, est tout entier décoré de médaillons et de fresques qui rappellent aux fidèles les plus célèbres de ces transmigrations. Encore aujourd'hui les Birmans, dit-on, ne peuvent pas regarder sans pleurer les fresques de leurs pagodes où s'étale l'aventure du prince Vessantara, qui fut l'avant-dernière renaissance du Bouddha. Plus tôt encore, au cours de 535 existences successives que raconte le Jātaka pali, le Bouddha avait été tantôt homme, et tantôt animal : lièvre, poisson, buffle, cerf, singe, etc... Quant aux Avadānas ils sont positivement innombrables ; ils forment plusieurs grandes collections, et de plus on en recueille encore dans toutes les catégories de la littérature religieuse.

Si nous sommes si bien renseignés sur le passé du Bouddha et de son entourage, c'est aux facultés surnaturelles du Bouddha que nous le devons. Un des privilèges et une des marques de la sainteté, c'est de se rappeler les existences antérieures qu'on a parcourues. Mis en présence de nouveaux venus, le Bouddha lit leurs antécédents passés, reconnaît leurs « racines de bien » s'ils en possèdent, ou découvre le germe caché de leurs faiblesses et de leurs fautes « aussi sûrement que l'orfèvre discerne sur la pierre de touche la marque de l'or ».

La concurrence des hérésies a provoqué par contre-coup une transformation graduelle du brahmanisme. Les masses indigènes, lentement incorporées dans la société brahmanique, ne se soucient pas des rites compliqués ni des discussions subtiles où se plaisait la caste sacerdotale des tribus aryennes. Le brahmane qui s'est multiplié a dû accepter, pour en vivre, des dieux et des cultes qui lui étaient inconnus ; il a dû, pour sauver son prestige, abdiquer son isolement, sortir des écoles, parler au peuple ; pour tenir en échec les apôtres des confessions rivales, il a dû emprunter leurs procédés et leurs armes. C'est la période qui voit naître les deux codes du brahmanisme réformé, ou autrement dit de l'Hindouisme : le code du droit, Mānava-dharma-çāstra, placé sous l'autorité du sage Manu ; le code de la morale, greffé sur l'ancienne tradition des rhapsodies épiques, le Mahā-Bhārata, tous deux en rapport étroit, si étroit même qu'une grande partie du Manu se retrouve textuellement répétée dans le Mahā-Bhārata. L'un et l'autre enseignent expressément la doctrine des transmigrations. Le code de Manu, qui débute par un exposé des origines du monde, s'achève sur la théorie du karman, désormais ouverte à tous les esprits. Après qu'il a traité minutieusement de l'ordre social, des droits et des devoirs, des castes et des professions, des crimes et des délits, le législateur s'élève à en donner l'explication métaphysique. C'est la conclusion naturelle, l'achèvement nécessaire du code. Il a tracé les règles de la loi humaine, de la justice humaine ; il doit encore montrer l'accord intime de cette loi, de cette justice avec la loi de l'univers (Manu, XII, 9-22).

Le code s'est contenté d'esquisser le sujet. Le Mahā-Bhārata, où tout est énorme, le développe avec une inépuisable profusion de traits (Mahā-Bhārata, XIII, 111) :

Yudhiṣṭhira demande à Bhīṣma :

Quand les hommes ont rejeté leur corps, qui ressemble à une bûche ou à une motte de terre, et s'en vont dans ce monde là-bas, quels sont ceux qui suivent (le défunt) ?

Bhīṣma dit : Voici qu'arrive le saint Bṛhaspati à la pensée haute ; questionne-le, ce bienheureux, sur ce grand mystère éternel. Car tu ne pourras pas l'apprendre d'un autre. Il ne se trouve en aucun lieu du monde un qui parle comme Bṛhaspati.

(Bṛhaspati arrive du ciel ; Yudhiṣṭhira lui rend hommage et lui pose sa question) :

Saint, connaisseur de toute loi, expert en toute science, qui est le compagnon du mortel ? son père ? sa mère ? son fils ? son guru ? Quand il passe dans l'autre monde, qui est-ce qui l'y suit ?

Bṛhaspati dit : Seul il vient au monde, et seul il disparaît ; seul il traverse les passages difficiles, seul il s'en va dans la voie douloureuse. Il n'a pour l'accompagner ni père, ni mère, ni frère, ni fils, ni guru, ni parenté, ni alliances, ni amitiés. En quittant le cadavre qui ressemble à une bûche ou à une motte de terre, les gens pleurent un instant, puis ils détournent la tête et s'en vont. Ce corps qu'ils ont abandonné, la justice seule marche à sa suite. Ainsi, que les hommes respectent toujours la justice, leur éternel compagnon ! Le mortel qui a pratiqué la justice s'en ira demeurer là-haut, dans le ciel, le mortel qui a pratiqué l'injustice prend la route de l'enfer !...

Yudhiṣṭhira dit : Le corps humain, une fois mort, est si subtil qu'on ne le perçoit plus ; il échappe au regard. Comment donc la justice le suit-elle ?

Bṛhaspati dit : La terre, l'air, l'espace, l'eau, la lumière, le manas, le compagnon final (? Yama ? ; Antaga = Antaka ?) la raison et l'ātman ensemble voient la justice perpétuellement ; ils sont nuit et jour les témoins de tout ce qui respire ici-bas ; et c'est avec eux que la justice accompagne le vivant. Peau, squelette, chair, semence, sang, le corps enfin, — quand la vie le déserte, ils le désertent eux aussi. Et alors, en compagnie de la justice, le vivant continue ; et alors dans son karman, soit bon, soit mauvais, les divinités qui sont dans les cinq éléments le regardent.

(Bṛhaspati enseigne alors comment le vivant pénètre dans la semence, lors de sa conception. Puis) :

Le vivant, en compagnie de son karman, arrive donc vite à être la semence, et conçu par la femme il naît au temps révolu. Les serviteurs de Yama le torturent ; les serviteurs de Yama le frappent ; la douleur l'attend et le cercle des transmigrations. En ce monde d'ici, tout ce qui respire mange son propre karman tel qu'il l'a fait, recueillant un fruit de justice. Si, dès sa naissance il pratique la justice au mieux de ses forces, alors, devenu homme, il pratique constamment le bonheur. Et s'il pratique tantôt la justice et tantôt l'injustice, il arrive au bonheur et sitôt après au malheur. Et si c'est l'injustice qui l'accompagne quand il passe dans l'empire de Yama, une grande douleur l'attend ; il naît dans une matrice bestiale. A quel karman répond quelle naissance? Je vais te le dire. Écoute. Voici ce que déclare le Çāstra, l'Itihāsa, le Chandas!

Un brahmane qui a étudié les quatre Veda, saisi de folie, accepte-t-il un don d'un hors-caste? Il naît alors dans une ânesse. Âne, il vit quinze années ; puis l'âne meurt, et il vit sept ans taureau ; le taureau mort, il naît Brahma-rākṣasa ; trois mois il reste Brahma-rakṣas, puis il naît brahmane.

S'il a sacrifié pour un hors-caste, il naît dans la vermine, il y vit quinze ans ; puis, sorti de la vermine, il naît âne ; âne quinze ans, cinq ans porc, coq cinq ans, cinq ans chacal, chien un an ; puis il naît homme.

L'élève qui agit mal envers son maître, insensé qu'il est, a trois tours d'existence à faire en ce monde : chien d'abord, puis carnassier, puis âne. Alors, il devient un fantôme douloureux ; après, il naît brahmane.

Le disciple qui a péché, ne fût-ce qu'en pensée, contre la femme de son maître passe par des transmigrations formidables, car il a la conscience injuste. Il naît chien, il vit trois ans ainsi ; le chien mort, il naît vermine, et reste une année ainsi ; la vermine morte, il naît dans un sein brahmanique.

Si le maître frappe son disciple qui vaut un fils pour lui, sans avoir de motifs, pour cet acte de passion, il naît comme une bête malfaisante.

Le fils qui méprise son père et sa mère, une fois qu'il est mort, il naît âne, et reste âne dix ans ; puis il est crocodile un an, et alors naît homme.

Le fils qui courrouce son père et sa mère pour sa méchanceté envers ses parents, après sa mort, il naît âne ; âne il vit dix mois, et chien quatorze et chat sept mois ; et alors il naît homme.

S'il insulte son père et sa mère, il naît grue ; s'il les bat, il naît tortue ; dix ans tortue et trois ans porc-épic, et six mois serpent, et alors il naît homme.

Mangeant le pain du maître qui l'entretient, s'il agit en ennemi de son roi, cet insensé une fois mort naît singe ; singe dix ans et cinq ans souris, puis chien six mois, il naît homme.

Qui s'approprie un dépôt, une fois passé dans l'empire de Yama, traverse une centaine de transmigrations ; il naît vermine, et il y vit quinze ans, et quand il a épuisé sa faute, il peut naître homme.

Le malveillant après sa mort naît oiseau çārṅga ; le méchant qui trahit la confiance naît poisson ; poisson durant huit ans, il naît ensuite gazelle ; quatre mois gazelle, il naît bouc ; le bouc mort au bout d'une année pleine, il naît vermine ; puis alors il naît homme.

Qui dérobe, en sa folie, du froment, de l'orge, du sésame, des pois, des kulattha, de la moutarde, de l'avoine, du kalāya, des fèves, du blé, du lin, et toute autre semence, il naît souris, cet être sans honte ; puis mort, il naît porc ; à peine né porc, il périt par la maladie ; il naît alors chien, l'idiot, par l'effet de son karman. Chien cinq ans, il naît homme ensuite.

Qui commet un adultère avec l'épouse d'autrui naîtra loup, chien, chacal, puis vautour, serpent, héron, grue.

Qui fait violence à la femme d'un frère, ce fou doit naître coucou pour un an.

Qui fait violence à l'épouse d'un ami, d'un maître, du roi, naîtra porc ; cinq ans porc, et dix ans loup, cinq ans chat, dix ans coq, fourmi trois mois, ver un mois. Ayant subi ces transmigrations il naît dans la vermine et il y vit quatorze mois ; puis, son injustice une fois épuisée, il naît homme.

Au moment d'un mariage, d'un sacrifice, d'un don, qui fait obstacle par égarement naît vermine ; vermine il vit quinze ans, puis, son injustice épuisée, il naît homme.

Qui a donné sa fille une première fois et veut la donner à un autre, une fois mort, il naît vermine, et il y vit quatorze ans, puis, son injustice épuisée, il naît homme.

Qui néglige les devoirs envers les dieux et envers les Pères, et mange sans faire d'offrande, il naît corbeau ; corbeau cent ans, il naît ensuite coq ; puis il naît serpent, et alors ensuite homme.

Qui méprise son frère aîné, respectable comme un père, arrivé à la mort, il naît grue ; grue il vit dix mois, et deux, et sept, et cinq ; puis trépassé, il naît homme.

Un Çūdra qui a possédé une Brāhmaṇī naît vermine ; puis, mort, il naît porc ; à peine né porc, il est enlevé par la maladie ; il naît chien, égaré par ce karman ; puis ayant été chien, son karman accompli, il naît homme.

Et s'il en a eu un enfant, il naît souris. L'ingrat qui passe dans l'empire de Yama subit des tortures effroyables par les serviteurs de Yama : coups de bâton, de marteau, pal, pot à feu, et la formidable forêt aux feuilles tranchantes d'épées, le sable, la çālmalī aiguë ; voilà quels supplices lui sont infligés et d'autres encore. Puis, enlevé de là, l'ingrat entre dans le cercle des transmigrations, il naît vermine, et il l'est quinze ans ; puis il est conçu dans un sein maternel, et y meurt en bas âge ; et il passe par des centaines de vies embryonnaires, et quand il a traversé bien des transmigrations, il naît animal ; il y souffre rudement pendant bien des années, et quand il n'a plus à renaître, il naît tortue, et grue s'il a dérobé du petit-lait, et grenouille s'il a dérobé des poissons non préparés, et, s'il a volé du miel, il naît moustique ; s'il a volé des fruits, des racines, des gâteaux, il naît fourmi ; s'il a volé des fèves, il naît ver ; s'il a volé du lait, il devient alouette ; s'il a volé du gâteau de fleur de farine, il naît hibou. S'il a volé du fer, il naît corbeau. S'il a volé du bronze, il naît oiseau hārīta ; s'il a volé un vase d'argent, il naît pigeon ; s'il a volé un vase d'or, il naît vermine ; s'il a volé de la soie blanche, il naît perdrix ; s'il a volé de la soie de cocon, il naît caille ; s'il a volé de la mousseline, il naît perroquet ; s'il a volé de la gaze, il naît oie ; s'il a volé des cotonnades, il naît héron ; s'il a volé des lainages ou s'il a pris du linge, il naît lièvre ; s'il a volé des couleurs, il devient paon ; s'il a volé des étoffes teintes, il naît oiseau jīvajīvaka. S'il a volé des colorants ou des parfums, il naît rat musqué, ce convoiteux ; il y vit dix ans et cinq ans encore, et ensuite, son injustice épuisée, il naît homme. S'il a volé du lait, il naît grue ; s'il a volé de l'huile, il naît buveur d'huile (teigne). S'il a tué, armé, un homme sans arme, par désir d'argent ou par haine, il naît âne ; âne il vit deux ans, puis il périt par l'épée ; puis il naît gazelle et vit constamment inquiet, et meurt frappé d'une épée au bout d'un an ; alors il naît poisson, et il est pris au filet au bout de quatre mois, et alors il naît bête de proie ; bête de proie dix ans, et panthère cinq ans, il meurt encore, et son injustice épuisée, il naît homme.

S'il a enlevé une femme, ce misérable, une fois passé dans l'empire de Yama, il encourt bien des tourments et vingt transmigrations ; et alors il naît vermine ; ayant été vermine pendant vingt ans, il naît homme. S'il a volé de la nourriture, il naît moucheron ; il vit en essaim de longs mois, puis son péché épuisé, il naît homme. S'il a volé du grain, il naît chat. Et s'il a volé de la nourriture avec des gâteaux de sésame, il naît rat, pareil à l'objet même, misérable, de grande taille ; il mord constamment des êtres humains et naît misérable. S'il a volé du beurre fondu, il naît volaille kākamadgu ; s'il a volé du poisson et de la viande il naît corbeau ; s'il a volé du sel, il naît pie ; l'homme qui désire un dépôt confié à sa bonne foi, une fois mort, il naît poisson ; puis, le poisson mort, il naît homme ; mais devenu homme, il a une vie courte.

Le criminel naît parmi les animaux.

Les méchants qui ne reconnaissent pas de loi comme autorité, et ceux qui cherchent à rejeter les fautes commises au moyen d'observances, ils ont un mélange de bonheur et de malheur, ils sont malades, sont hors de la société, barbares (mleccha). Et les hommes qui évitent le péché sont sains, beaux, riches.

Les deux textes sont d'accord, jusque dans le détail, jusque dans la forme même ; certains vers s'y reproduisent identiques. Désormais la doctrine est complètement arrêtée, et les siècles suivants l'ont enrichie sans la modifier. L'Hindou d'à présent croit aussi fermement que ses aïeux à la transmigration, et le karman reste la base de la morale, dans la pratique aussi bien que dans la théorie.

Avec le temps et les révélations des personnages inspirés qui ne font jamais défaut dans l'Inde, le mécanisme de la transmigration est devenu plus clair et mieux connu. Au moment précis où l'homme va mourir, le dieu Yama, qui continue à régner sur l'Empire des morts, envoie deux de ses serviteurs, armés d'un nœud coulant et chargés de saisir l'âme avec le corps subtil qui l'entoure. L'âme parfois met de la mauvaise volonté à sortir de sa prison, inquiète peut-être du sort qui l'attend. Aussi lors de la crémation, quand le corps est à moitié brûlé déjà, on frappe sur le crâne avec un morceau de bois consacré, assez fort pour le faire éclater. L'âme ainsi délogée de gré ou de force, les messagers de Yama la conduisent aux archives des enfers, devant l'archiviste Citragupta qui a bientôt fait de lui adresser une balance de compte. Mais que l'actif ou le passif l'emporte, l'âme doit subir encore avant la rémunération une opération préliminaire. Le corps subtil qui l'accompagne est, en vertu de sa subtilité même, à l'épreuve du feu du bûcher ; mais cet avantage a pour contre-partie un grave inconvénient ; il est incapable de jouir, comme disent les Hindous, d'éprouver des sensations quelconques, aussi réfractaire aux béatitudes du paradis qu'aux tourments redoutables de l'enfer. Plus d'un gagnerait, semble-t-il, à s'en tenir là, et à se consoler d'un paradis aléatoire en regard d'un enfer trop probable. Mais c'est ici que le karman apparaît avec le caractère positif d'une loi. L'âme n'a pas d'échappatoire ; elle est tenue aussi étroitement que le joueur à qui Pascal propose l'inéluctable règle des paris. Qu'il le veuille ou non, le joueur doit parier ; l'âme doit payer.

La nature morale réclame sa dette avec la rigueur d'un créancier inflexible, et malheur à qui se laisse protester. C'est aux vivants de lui donner, au moyen des offrandes funéraires, un corps compact qui la rende propre à ses nouvelles destinées; les messagers de Yama la ramènent donc, du bureau de Citragupta, au champ de crémation où elle recueillera les offrandes.

Si nul n'a rempli ce devoir en faveur du mort, s'il n'a point laissé de fils ou de parents qualifiés, s'il est mort loin des siens, victime d'un tigre, d'un serpent, ou si des opérateurs négligents n'ont pas ouvert l'issue du crâne, la pauvre âme est vraiment une âme en peine, un Preta, un trépassé. Elle erre douloureuse, inquiète, malveillante, impatiente de venger sur les vivants ses éternelles souffrances, consumée par une chaleur torride, affamée, réduite à se nourrir de fumier ; elle rôde autour des lieux familiers, de la maison, du carrefour voisin, en quête d'un asile. Parfois elle ira, comme un vampire, s'introduire dans un cadavre ; parfois, plus audacieuse encore, elle s'insinuera dans le corps d'un vivant, par un orifice mal gardé. Avis à ceux qui seraient tentés de bâiller ! Parfois encore un sorcier s'en emparera et la fera servir aux pires maléfices. C'est ainsi qu'un sorcier de Lahore ayant passé une partie de sa vie à recueillir sur les champs de crémation les crânes mal éclatés se trouva maître d'une armée de démons qui firent trembler tout le pays à la ronde.

Mais laissons l'âme en peine à son triste sort, et suivons l'âme ordinaire. Une fois revêtue de son corps grossier, elle s'en va jouir au paradis d'un bonheur provisoire, si long qu'il puisse être, ou subir aux enfers des supplices temporaires pour reprendre ensuite dans l'échelle des 8.400.000 espèces de créatures le rang où l'appelle son reliquat de compte.

Et la même course se répète sans répit et sans trêve, pendant des milliers, des millions et des milliards de siècles ! Étonnez-vous ensuite si l'Hindou, saturé de cette vie à outrance, épouvanté par la perspective de ce roulement infini, si contraire à ses goûts d'inertie, aspire à l'ineffable béatitude de l'extinction suprême et définitive. Comprend-on le cri de triomphe du Bouddha quand il a trouvé la voie et qu'il s'écrie : « J'ai parcouru un cycle de multiples naissances, cherchant sans le trouver le Constructeur de la maison. Douloureuse est la naissance répétée ! O Constructeur de la maison, tu es découvert ; tu ne bâtiras plus la maison ; tous les chevrons sont brisés et le faîte démoli ; le cœur attaché à l'annihilation est parvenu à l'anéantissement du désir ! » Aussi le mot d'ordre de toutes les religions que l'Inde a enfantées reste-t-il uniformément le même : mokṣa, la délivrance. La méthode varie avec chacune d'elles, le but ne change pas ; et les méthodes elles-mêmes se réduisent en fin de compte à la pratique d'une discipline morale, découverte par un visionnaire de génie.

Ainsi, par une élaboration patiente, l'Inde a tiré d'une conception grossière, commune aux races les plus sauvages, une des plus hautes doctrines morales que le monde ait produites. Sans doute la logique rigoureuse y peut trouver à redire ; on se demande en vain pourquoi les âmes, identiques en principe, ont contracté des karman divers et suivi des destinées inégales. Mais c'est là le mystère inhérent à toute origine, quelle que soit la solution qu'on adopte, et les Hindous l'ont tout au moins habilement esquivé en reculant dans l'indéfini de l'éternité le problème de la cause initiale. Au fond, comme je l'ai déjà indiqué, les systèmes philosophiques des Hindous ne sont que des méthodes de vie pratique, et pour être juste, c'est à ce point de vue qu'il faut les juger. Et, de ce point de vue, la doctrine de la transmigration prend une incontestable grandeur. Nos doctrines religieuses, que je n'ai point à juger, mais qu'il m'est permis de comparer, isolent l homme et Dieu face à face, dans une sorte de corps-à-corps inégal, saisissant de je ne sais quelle beauté tragique, satisfaisant sans doute pour la foi, mais affolant pour la raison. Atome entre deux infinis d'éternité, l'homme y joue en un clin d'œil un avenir de béatitude ou de souffrance à tout jamais. L'individu, grandi démesurément, est seul sa propre raison d'être ; l'univers entier ne le touche que comme le cadre de sa vie. L'Inde au contraire a senti avec intensité la conscience collective de l'univers, que notre civilisation refoule et détruit. Elle met l'homme à sa place, humble et glorieuse tout ensemble dans le temps et dans l'espace. Nous nous flattons sans doute, nous aussi, de continuer le passé ; mais nous nous indignons d'en porter la peine. « Les pères ont mangé du verjus, et les dents des enfants en sont agacées ». Cela est arbitraire et injuste. Mais pour l'Hindou, l'homme est l'héritier légitime et responsable du passé qu'il a fait lui-même, comme il est l'auteur responsable de l'avenir qui l'attend. Autour de lui, tous les êtres, éternels compagnons de ses joies et de ses peines apparus tour à tour sous les aspects les plus divers, se groupent comme une immense famille de parents et d'amis. Ceux-là seuls qui dans la paix des soirs indiens ont vu voltiger dans leur chambre les oiseaux familiers et sauter à leurs pieds les grenouilles confiantes, tandis que s'évoquait en eux le souvenir des temps disparus, savent tout ce que la transmigration porte en elle de tendresse et de douceur.

LES JĀTAKA

ÉTAPES DU BOUDDHA SUR LA VOIE DES TRANSMIGRATIONS

A l'heure du triomphe décisif, quand des hauteurs du ciel aux profondeurs des abîmes l'univers applaudissait à la défaite suprême du démon, le Bouddha salua l'aube naissante d'un hymne enthousiaste :

De naissances en naissances — Dans le cercle des existences — J'ai couru, sans paix ni trêve — Cherchant qui fait la maison. — Quelle souffrance que de naître — Et de renaître encor, toujours!

Faiseur de maison, je t'ai vu! — De maison, tu n'en feras plus! — Je t'ai brisé tous les montants, — Détruit jusqu'au toit la maison! — Rien n'altère plus ma raison. — Plus de désirs! tous au néant!

Ce chant de victoire ouvre au Bouddha la dernière étape de sa carrière. En possession des vérités sublimes, il va désormais les publier au monde et propager la Bonne Loi, avant de s'éteindre dans la béatitude du Nirvāna. Mais, en arrivant au but, sûr d'une conquête qui ne peut plus lui échapper, il se retourne avec une fierté légitime pour mesurer d'un coup d'œil la route parcourue et les obstacles surmontés. Il n'évoque pas seulement à sa mémoire les séductions du palais paternel à Kapilavastu, multipliées par une affection inquiète qui ne désespérait pas de démentir des prédictions trop nettes et de retenir le jeune prince sur son trône héréditaire ; il ne revoit pas seulement les quatre rencontres décisives qui lui montrèrent un vieillard, un malade, un mort, et un moine, et qui lui révélèrent sa vocation inéluctable, ni sa fuite hors du harem endormi où il abandonnait une jeune épouse et un fils nouveau-né, ni ses courses en quête d'un maître qui pût lui enseigner le salut, ni ses longues mortifications restées stériles, ni l'extase libératrice où il avait découvert la voie. Sa vision portait plus loin, dans la perspective infinie du passé. Dans les ténèbres de la nuit finale, soudainement illuminé par la splendeur de la Vérité absolue, — la Bodhi, — il avait à la première veille connu les existences d'autrefois. Les siècles écoulés, par milliards de milliards, s'étaient ouverts devant lui, il assistait, saisi d'une sorte de stupeur, à la prodigieuse gestation qui prépare un Bouddha.

Tous les êtres, nous le savons[1], sont les héritiers et les continuateurs de leur propre *karman* ; la somme totale de nos destinées antérieures se condense dans notre vie présente, et grossie de ce nouveau facteur elle ira former nos existences à venir. Le bouddhisme, comme les autres religions de l'Inde, admet sans discussion ce dogme fondamental. Il enseigne aussi, d'autre part, que le moi est une illusion, une erreur; la formule essentielle, répétée et développée à satiété, déclare que rien de ce qui existe n'a de personnalité. La suite des phénomènes se déroule comme une sorte de transmission mécanique, qui ne laisse pas de place au jeu de la personne. La personnalité apparente n'est qu'une combinaison d'éléments passagère, appelée fatalement à se dissoudre. On a souvent, à ce propos, accusé le bouddhisme de contradiction interne; ses adversaires hindous et ses critiques occidentaux lui reprochent de nier la personnalité et d'admettre cependant la rémunération. Je ne veux pas entrer ici dans le détail d'une controverse épineuse, compliquée encore par les raffinements d'une scholastique inépuisable [2]. Je n'ai pas davantage à me constituer l'avocat ou le champion du bouddhisme. Le Bouddha pourrait se contenter de répondre qu'il a voulu simplement instituer une règle morale de vie pour atteindre à la suppression de la douleur, et qu'il n'a pas prétendu bâtir un système complet de philosophie. Au surplus, la contradiction qu'on signale tient plus, peut-être, aux conceptions propres des critiques qu'au fond de la doctrine. Le Bouddha ne demande pas tant à l'individu de travailler pour le bien; moins l'acte sera personnel, plus le mérite en sera grand L'idée du Nirvāṇa, où tend toute la doctrine, l'exprime clairement. Le saint qui s'est affranchi de toutes les passions, de tous les désirs, n'en attend pas de récompense ; les dieux, qui ne sont supérieurs aux hommes que par l'abondance même de leurs jouissances, seraient mal qualifiés pour rétribuer des sages qui ont méprisé ces jouissances. Le seul fruit qui soit logiquement digne d'un pareil mérite, c'est l'anéantissement. L'acte accompli sans une vue intéressée est, si l'on peut dire, neutralisé; il ne dégage pas de force qui puisse provoquer un groupement nouveau des éléments, une fois dissociés par la mort.

Cette béatitude, le Bouddha pouvait en jouir depuis longtemps; il n'avait pas besoin de s'imposer une longue attente. Des millions d'années avant sa naissance à Kapilavastu, il était digne d'entrer dans le Nirvāṇa ; de longue date il possédait les qualités requises, et l'occasion nécessaire s'était plus d'une fois présentée. Ne fait pas, en effet, son salut qui veut ; il faut encore vivre au temps d'un Boud-

1. V. *La Transmigration des âmes dans les croyances hindoues*, conférences faites au Musée Guimet en 1903-1904, p. 85-118.

2. Je me contente de renvoyer, pour un exposé d'ordre technique, aux articles de M. de La Vallée Poussin : La Négation de l'Ame et la Doctrine de l'Acte, dans le *Journal Asiatique*, septembre-octobre 1902 et novembre-décembre 1903.

dha, et posséder à ce moment précis la condition d'homme : une femme, un dieu, une grenouille, peuvent accumuler les bonnes actions; leurs mérites compteront plus tard, et leur vaudront peut-être dans un avenir indéterminé de renaître hommes à une heure opportune; l'une avec son sexe, l'autre dans le ciel, l'autre encore dans son marais sont exclus du Nirvāṇa. Il faut singulièrement jouer de bonheur, ou, si la métaphore n'est point blasphématoire, il faut avoir réussi à mettre bien des atouts dans son jeu pour réaliser cette condition essentielle au moment précis où paraît un Bouddha. Les Bouddhas sont rares; l'intervalle qui les sépare n'a rien de périodique; il peut osciller entre des myriades et des millions d'années : un risque de plus encore à courir. Avant le Bouddha Çākyamuni, d'autres Bouddhas avaient paru. Pourquoi donc n'a-t-il pas accompli son salut sous Kāçyapa qui l'a précédé, ou sous Kanakamuni qui a précédé Kāçyapa, ou sous Krakucchanda qui a précédé Kanakamuni, ou même sous leurs devanciers? Lui manquait-il alors une des conditions nécessaires? Le Bouddha lui-même nous répond : Non! Grâce à l'omniscience qui accompagne naturellement la Bodhi, il connaissait le secret de ses anciennes existences; il s'est plu à conter à ses disciples ses multiples naissances. Ces histoires, sans équivalent dans aucune littérature, sont désignées chez les bouddhistes sous le nom technique de *jātaka*.

Le mot *jātaka* est une formation secondaire dérivée du mot *jāta*, participe de la racine verbale *jan*, qui signifie « naître ». Sans abuser de la grammaire comparée, il est permis de rappeler que ce verbe apparaît sans profonde altération dans nos langues classiques; sans être grand clerc, on peut connaître gi)-gno-(mai, gen-(os en grec, co)-gna-(tus, a)-gna-(tus en latin. *Jāta* signifie « né », et *jātaka* « histoire de naissance ». Les *jātaka* sont exclusivement le récit des naissances du Bouddha. Cependant le Bouddha ne connaît pas seulement ses propres naissances; il connaît aussi les naissances passées de toutes les créatures, et il les raconte à l'occasion. Ces récits forment une classe spéciale, qui porte le nom d'*avadāna*; le mot signifie au propre « une action d'éclat ». Jātaka et avadāna réunis constituent donc, en épisodes isolés, une histoire générale des êtres avant l'époque du Bouddha. Je laisserai ici de côté, autant que possible, les avadāna qui élargiraient à l'excès le cercle de mes observations et qui méritent une étude à part, puisqu'ils nous indiquent la société qui gravite autour du Bouddha; je m'en tiendrai aux jātaka qui ont toujours le Bouddha pour figure centrale; s'il n'y tient pas toujours le premier rôle, il en est toujours le beau rôle.

Nous possédons des jātaka dans toutes les langues que le bouddhisme a employées : en sanscrit, en prâcrit, en pāli; le birman, le siamois, le chinois, le tibétain nous en conservent de plus un grand nombre que nous n'avons plus dans leur rédaction originale. On en rencontre dans toutes sortes d'ouvrages, intercalés en manière d'épisodes ou d'illustrations; le Mahāvastu, par exemple, en est positivement bourré. L'ouvrage se donne comme une biographie du Bouddha

Çākyamuni ; mais chacun des épisodes appelle comme une explication nécessaire le souvenir d'une existence antérieure, qui prépare et justifie l'événement actuel. En outre, il existe aussi des recueils spéciaux, je dirai presque canoniques, tant leur autorité est consacrée. Chez les Bouddhistes de langue sanscrite, qui ont occupé la plus grande partie de l'Inde, l'Asie centrale et le monde chinois, c'est la Jātaka-mālā « la Guirlande des Jātaka » ; elle contient trente-quatre histoires, rédigées en prose et en vers mélangés, dans une langue classique, savante sans pédantisme, travaillée sans affectation. La date n'en est pas connue avec précision ; l'auteur, Ārya Çūra, vivait dans les premiers siècles de l'ère chrétienne. La Bible pālie, le Tipiṭaka, admis comme le canon de l'église bouddhique à Ceylan, en Birmanie, au Siam, au Cambodge, possède un recueil analogue de très près à la Jātaka-mālā ; c'est le Cariyā-piṭaka, où le Bouddha lui-même raconte trente-cinq de ses existences passées, classées au point de vue des perfections diverses qu'il y a manifestées. Mais il existe en pāli un autre recueil beaucoup plus important, à cause de son étendue et des matériaux dont il est formé ; on l'appelle par excellence le Jātaka. Il prétend raconter cinq cent cinquante jātaka ; mais le total en est flottant, à cause de la classification adoptée ; pour des raisons d'ordre apparent, les compilateurs ont tantôt rappelé plusieurs fois le même récit, tantôt incorporé au contraire plusieurs récits sous une seule rubrique. J'indiquerai ici le principe de leur classification, si techniques que les détails doivent en paraître ; car c'est sur les mêmes principes que, les Védas y compris, toutes les grandes collections religieuses de l'Inde ont été organisées.

Chaque récit a pour noyau des vers traditionnels, écrits dans un dialecte évidemment ancien ; c'est là la partie solide et stable du récit, qui se communiquait de génération en génération. L'histoire qui servait de cadre et d'explication à ces vers restait abandonnée à la fantaisie des narrateurs et ne fut rédigée que tardivement. La doctrine orthodoxe affirme que la rédaction en prose pālie conservée dans le Tipiṭaka est une version exécutée dans les premiers siècles de l'ère chrétienne d'après un texte singhalais, aujourd'hui perdu, et qui représentait lui-même la version en langue indigène d'un original pāli introduit à Ceylan en même temps que les vers ou *gāthā*. Quoi qu'il en soit de cette théorie suspecte, la prose est incontestablement postérieure aux gāthā. Au reste, les compilateurs regardaient si bien les gāthā comme l'élément organique des jātakā qu'ils les ont justement classés d'après le nombre de gāthā qu'ils contiennent, sans faire même entrer en ligne de compte les autres vers introduits souvent par surcroît dans la narration. Les jātaka d'une gāthā forment une première section, au nombre de 150 ; ceux de deux gāthā, une seconde section au nombre de 100 ; ceux de trois et quatre gāthā, deux sections de 25 jātaka chacune, et ainsi de suite. Les jātaka au-dessus de 80 gāthā sont réunis dans la dernière section.

Le procédé d'exposition est toujours le même ; le narrateur rapporte plus ou moins brièvement les circonstances qui ont provoqué le récit du Bouddha ; ensuite vient ce récit lui-même ; enfin, en guise de conclusion, le Bouddha relie le passé au présent, en marquant l'identité des personnages sous leurs rôles différents. Il va sans dire que, pour les orthodoxes, les jātaka sont réellement la parole du Bouddha, tout au moins pour les gāthā ; ils furent, comme les autres textes du canon, « chantés en chœur » au concile qui suivit immédiatement la mort du Bouddha et qui fixa l'enseignement authentique du Maître. Une chronique de l'Église singhalaise, datée du IVe siècle après Jésus-Christ environ, note même un remaniement tendancieux de la collection. Au Concile de Vaiçālī, réuni cent ans après le Nirvāṇa, les moines schismatiques qui formaient la majorité et qui constituèrent « la Grande Église » (Mahāsāṃghika) « rejetèrent une portion des jātaka et en substituèrent d'autres ». C'est simplement une manière de constater la différence entre les deux traditions ; chacune des sectes rivales réclamait naturellement pour elle un brevet d'authenticité, et, pour en être plus sûr, elle se le décernait. Nous serions en fin de compte très embarrassés d'assigner à ces récits une antiquité positive, sans le témoignage des documents figurés. Il subsiste encore dans l'Hindoustan, au sud d'Allahabad, un monument en ruines qu'on peut dater sans hésitation des environs de l'an 200 avant l'ère chrétienne ; le stūpa de Bharhut consiste essentiellement dans un hémisphère de terre et de briques entouré d'une sorte de palissade en pierres ; les montants et les traverses de cette palissade sont décorés de bas-reliefs empruntés à la légende bouddhique ; ils ne sont pas seulement destinés à embellir le sanctuaire, ils font corps avec lui. Le fidèle qui venait visiter le stūpa commençait par en faire le tour, afin de lui témoigner son respect; au cours de ce rite ambulatoire, les images pieuses qui s'offraient à sa vue l'aidaient à sanctifier sa pensée et nourrissaient sa dévotion. Les scènes représentées sont pour la plupart des jātaka ; l'art, fortement original, des sculpteurs a su si bien exprimer et condenser dans chaque médaillon tous les épisodes successifs de la même histoire qu'on a pu les reconnaître en grande partie depuis le premier examen. Au reste, les artistes eux-mêmes ont plus d'une fois pris soin de graver sur leurs bas-reliefs le sujet représenté : *Isimigo jātaka; Uda-jātaka; Biḍāla-jātaka*, etc. Les sculptures de Bharhut ne nous font pas assister à l'éclosion de cet art ; il reproduit sans nul doute des formes et des procédés appliqués antérieurement au bois, et dont les spécimens sont irrévocablement anéantis de longue date. Bien des siècles plus tard, nous retrouvons loin de l'Inde, dans l'île de Java, au temple de Boro-Boudour le même système de décoration employé avec une profusion inouïe ; les jātaka s'y déroulent en longue frise, comme une illustration régulière et continue des textes classiques. Le stūpa de Bharhut atteste sans équivoque la popularité des jātaka dans l'église bouddhique deux ou trois siècles avant Jésus-Christ.

Si nous consultons les jātaka, nous saurons maintenant, par le témoignage du

Bouddha lui-même, les raisons qui l'ont décidé à prolonger effroyablement sa course dans le cercle des existences, alors qu'il pouvait en sortir si tôt. Il nous faut remonter en arrière, si loin que le total des années dépasse l'imagination, jusqu'au temps du Bouddha Dīpaṅkara. En ce temps-là vivait un brahmane instruit, pieux, qui s'était retiré du monde. Il apprend dans son ermitage que Dīpaṅkara vient visiter la ville la plus prochaine, il s'empresse d'accourir, demande à se mêler aux habitants qui préparent hâtivement leurs chaussées pour le cortège du saint. Chargé de réparer un endroit marécageux, il est surpris par l'arrivée de Dīpaṅkara sans qu'il ait eu le temps d'achever la besogne. Il s'empresse alors d'étaler sur le sol les guenilles et l'écorce dont il est vêtu, ses tresses ascétiques qu'il a vivement dénouées, et son corps même, pour servir de pont au Maître. Il forme en même temps un pieux souhait : « Que le Bouddha avec ses disciples me foule à ses pieds ! qu'il ne marche pas dans la boue, et ce sera pour mon bien ! » Puis cette pensée lui vient à l'esprit : « Si je le voulais, je pourrais aujourd'hui même éteindre en moi la flamme des souillures ; je n'aurais qu'à m'engager comme novice dans la communauté, et j'entrerais alors dans Rammanagara. Mais je n'ai que faire d'atteindre ainsi en inconnu le Nirvāṇa après avoir éteint en moi les souillures. Ne dois-je pas plutôt comme Dīpaṅkara aux dix forces, marcher résolument à la suprême Bodhi, embarquer la multitude sur la nef de la Loi, la transporter par-delà l'Océan des transmigrations, et seulement alors entrer dans le Nirvāṇa total ? Voilà, certes, qui est digne de moi ! » Son parti est pris ; il a fait son choix. Dīpaṅkara, par son omniscience de Bouddha, a connu le vœu ainsi formé ; il le réalise, et prédit à son adorateur qu'il sera un jour Bouddha sous le nom de Gautama : « Ainsi, arrivé à l'autre rive, fais-y arriver les autres ; délivré, délivre ; consolé, console ; parvenu au Nirvāṇa complet, fais-y parvenir les autres ! » (*Mahāvastu* I, 239, 12, et cf. le Pūrṇa-avadāna dans Burnouf, *Introd.*, p. 254.)

A partir de ce moment, le futur Gautama, Siddhārtha, ou Çākyamuni est une créature de Bodhi ; c'est un Bodhisattva, car la Bodhi est son essence même. Pour une promotion aussi haute, la sainteté régulière n'est pas encore suffisante ; ce n'est pas assez de prendre un engagement en présence d'un Bouddha vivant, ou de ses reliques, ni d'avoir quitté le siècle, ni de posséder les cinq Connaissances et les huit Plénitudes ; il y faut une somme d'énergie, de zèle, de vigueur qui ne peut s'exprimer que par des comparaisons. Il faut qu'il puisse se dire : « Si l'univers entier était une seule masse d'eau, je la traverserais par la force de mes bras pour passer sur l'autre rive ! Si l'univers entier était un immense fourré de bambous, à force de poings et de pieds j'y ouvrirais un passage pour atteindre l'autre bout », etc. ! La préparation d'un grand homme, et le Bouddha est le Grand Homme par excellence (*Mahā-puruṣa*) impose à la nature un long travail ; il faut que le candidat désigné par la Bodhi apprenne par de multiples et douloureuses expériences toutes les puissances mauvaises dont il n'a plus seulement à s'émanciper, mais qu'il doit tenir en échec et briser pour un temps au profit de l'humanité entière. Il faut qu'il pratique sans se relâcher ni se lasser les dix Perfections cardinales : le Don, la Morale, la Patience, le Courage, la Contemplation, la Sagesse, les Procédés, le Vœu, la Force, le Savoir. Dès lors, sous chaque Bouddha, le futur Çākyamuni reparaît : sous le Bouddha Kauṇḍinya, il est le roi Vijitāvin, et se montre si généreux que son peuple inquiet l'exile ; il se retire dans l'Himalaya, et dans son ermitage il distribue encore aux autres ascètes les prémices de ses fruits. Le dieu Çakra, pour l'éprouver, lui montre un enfer magique où l'aumône est punie ; Vijitāvin ne se laisse pas convaincre, et accepte l'enfer s'il le faut, plutôt que de renoncer à l'aumône. Sous le Bouddha Maṅgala, il héberge et traite somptueusement la Communauté tout entière, au nombre de millions de moines. Sous le Bouddha Sumana, il est Atula, roi des Nāga, et renouvelle ses largesses au profit de l'Église. Sous le Bouddha Revata, il est le brahmane Atideva ; sous Çobhita, il est le brahmane Ajita. Il est inutile de poursuivre cette énumération d'apparence historique, mais de caractère purement scolastique. Les jātaka ont mieux à nous offrir. Des moines, ambitieux d'ordonnance savante, ont pu seuls combiner un système suivi de chronologie avec des matériaux de fantaisie. Le jātaka, de sa nature, est une œuvre de circonstance, surgie au hasard des incidents journaliers. Pour les ordonner en série chronologique, autant écrire sérieusement une histoire des animaux d'après les fables. Comme la fable, et plus qu'elle encore, le jātaka est :

> Une ample comédie aux cent actes divers
> Et dont la scène est l'Univers.

Le plus grand nombre des jātaka se passe au temps « où Brahmadatta régnait à Bénarès » ; nous disons en Europe : « vieux comme Hérode ». Le Bodhisattva y paraît dans les rôles les plus variés ; il est tour à tour ascète, roi, savant, courtisan, brahmane, prince, noble, marchand, propriétaire, esclave, potier, hors-caste, cornac, bûcheron, voleur, charmeur, joueur, maçon, forgeron, acteur, étudiant, orfèvre ; tantôt il est dieu, Brahma, Çakra, divinité d'un arbre ; ou bien c'est un simple animal, singe, cerf, lion, canard, éléphant, coq, bécasse, aigle, cheval, taureau, paon, serpent, lézard, poisson, rat, cheval, corbeau, porc, chien, poule d'eau, grenouille, lièvre, milan, coq de bruyère. Le Bouddha, on le voit, n'a pas le préjugé de la noblesse ; il montre, par un exemple réconfortant, qu'on peut à tous les rangs de la création réaliser en soi la perfection et servir les intérêts collectifs de l'univers. Les matériaux les plus disparates viennent se fondre harmonieusement dans ce recueil incohérent et toujours ouvert. On y a déjà signalé, sous des arrangements variés, l'histoire si populaire de Rāma, qui a donné à l'Inde son épopée classique, le Rāmāyaṇa. Tout récemment encore on y signalait un parallèle rigoureusement exact du Trésor du roi Rhampsinite, ce conte populaire de l'Égypte recueilli sur les bords du Nil par le grec Hérodote. Il n'est pas jusqu aux fables les plus répandues dans l'Occident, qui ne se retrouvent dans la masse des jātaka. C'est une rencontre assez piquante de voir paraître le Bouddha parmi les devanciers de notre La Fontaine. Je n'aurai qu'à lire quelques spécimens hindous; les vers du bonhomme chanteront d'eux-mêmes dans toutes les mémoires.

Jātaka de la tortue (*Collection pālie du Jātaka* II, 7, 5).

« *C'est sa faute qui l'a tuée* ». C'est là ce que le Maître a raconté lorsqu'il demeurait dans le Jetavana, à propos de Kokālika. (Kokālika est le type du mauvais moine, bavard, vantard, malveillant, acharné surtout par la jalousie contre les deux disciples préférés du Bouddha, Çāriputra et Maudgalyāyana, attaché à leurs pas avec une obstination qui prend l'air de la fidélité, délateur et calomniateur). Le Maître dit alors : « Ce n'est pas d'aujourd'hui seulement que Kokālika est victime de sa langue; il l'a déjà été autrefois. » Et il raconta ce trait du passé.

Jadis, quand Brahmadatta régnait à Bénarès, le Bodhisattva revint naître dans une famille de ministres. Parvenu à l'âge convenable, il fut nommé conseiller politique et spirituel. Le roi d'alors était bavard; quand il se mettait à parler, il ne laissait plus la place à personne. Le Bodhisattva aurait bien voulu le guérir de son bavardage, et il réfléchissait à trouver un moyen. En ce temps-là, il y avait dans la région de l'Himalaya une tortue qui demeurait dans un étang. Deux petits canards, en cherchant leur pâture, se lièrent intimement avec elle. Devenus ses amis intimes, ils lui dirent : « Amie tortue, dans notre Himalaya, en haut du pic de Beau-Mont, près la caverne d'or, il y a un séjour délicieux à habiter; c'est le nôtre. Viens-y donc avec nous. — Comment irai-je avec vous? — Nous te prendrons avec nous; il faut seulement surveiller ta langue, et ne rien dire à personne. — J'y prendrai garde; prenez-moi et allons! — Bon! » Ils lui firent prendre entre les dents un bâton; ils prirent eux-mêmes dans leur bec les deux extrêmités et partirent à travers l'espace. En la voyant ainsi menée par les canards, des gamins de village crièrent : « Tiens, deux canards qui enlèvent une tortue avec un bâton! — Et si mes amis m'emmènent, est-ce que cela vous regarde, méchants gamins? » dit la tortue, ou plutôt elle voulait le dire. Les canards allaient si vite qu'ils passaient juste sur la ville de Bénarès, au-dessus du palais royal, quand elle ouvrit la bouche et lâcha le bâton; elle tomba dans une cour, et se brisa en deux. Surpris, les gens s'écrièrent : « Une tortue est tombée dans la cour et s'est brisée en deux! » Le roi prenant avec lui le Bodhisattva, entouré de ses ministres, s'en vint voir la tortue, et il questionna le Bodhisattva : « O sage, qu'a-t-elle donc fait qu'elle est tombée? » Le Bodhisattva se dit : Voilà longtemps que je cherche à donner un avis salutaire au roi : cette tortue se sera liée d'amitié avec des canards, qui lui ont dit : nous te conduirons à l'Himalaya, elle a dû prendre entre les dents un bâton, partir à travers l'espace; elle aura entendu quelqu'un parler, elle n'a pas surveillé sa langue, et pour parler elle aura lâché le bâton; elle sera tombée ainsi du ciel et aura causé sa perte Et il dit : Oui, grand roi, les bavards qui ne savent pas s'arrêter de parler arrivent ainsi à leur perte. Et il prononça ces stances (*gāthā*) :

1. C'est sa faute qui l'a tuée ; — La tortue a voulu parler ; — Elle avait bien serré la perche ; — Mais sa langue a causé sa perte.

2. Tu le vois donc, ô grand héros ! — Ne parlons pas hors de propos. — La tortue a péri, regarde, — Pour avoir été trop bavarde.

« C'est à mon intention qu'il parle », se dit le roi, et il ajouta tout haut : Le sage a parlé pour moi. Le Bodhisattva s'expliqua : Grand roi, que ce soit toi ou un autre, qui parle hors de toute mesure arrive à pareil malheur. A partir de là le roi cessa de bavarder et parla peu.

Le maître ayant rapporté cette leçon, conclut le jātaka : « La tortue de ce temps-là, c'était Kokālika ; les deux canards étaient les deux grands disciples ; le roi était Ānanda, et le sage ministre, c'était moi. »

Jātaka de la peau de lion (*Ib.*, II, 4, 9).

« *Ce n'est pas le cri du lion, non !* » Cette histoire aussi le Maître la raconta à propos de Kokālika ; il demeurait alors au Jetavana. En ce temps-là Kokālika voulut se mêler de réciter avec les accents d'intonation. Le Maître en entendit parler et il rapporta ce trait du passé.

Jadis, quand Brahmadatta régnait à Bénarès, le Bodhisattva revint naître dans une famille de laboureurs. Parvenu à l'âge convenable, il gagna sa vie à labourer la terre. En ce temps-là un marchand circulait avec des marchandises qu'il chargeait sur son âne. N'importe où il arrivait, il descendait ses ballots du dos de l'âne, couvrait la bête d'une peau de lion et la lâchait au beau milieu des champs de riz ou d'orge. Les gardiens des champs en le voyant se disaient : C'est un lion, et ils n'osaient pas approcher. Un jour donc, le marchand s'était installé à la porte d'un village et y faisait cuire sa nourriture ; il avait couvert l'âne d'une peau de lion et l'avait lâché au beau milieu des champs de riz et d'orge. Les gardiens des champs se disant : C'est un lion, n'osaient pas s'approcher ; ils retournèrent chez eux annoncer la chose. Tous les habitants du village prenant des armes, soufflant des conques, battant des tambours, s'en vinrent près du champ et poussèrent de grands cris. L'âne crut à un péril mortel et se mit à braire comme un âne. Alors le Bodhisattva, reconnaissant que c'était un âne, dit d'abord cette stance.

1. Ce n'est pas le cri du lion, non ! — Du tigre, ni de l'éléphant. — Revêtu d'une peau de lion, — C'est un âne qui brait bêtement.

Les habitants du village, apprenant que c'était un âne lui brisèrent les os, le mirent en pièces, prirent sa peau de lion et s'en allèrent. Et alors le marchand étant survenu vit que son âne avait du malheur et il dit ce vers :

2. Il pouvait encore, le baudet — Se bourrer longtemps d'orge verte ; — Sa peau de lion le défendait, — Son braiment a causé sa perte.

Comme il parlait ainsi, l'âne mourut sur la place. Le marchand le laissa là, et partit.

Le Maître ayant rapporté cette leçon, conclut le jātaka : « L'âne de ce temps-là, c'était Kokālika, et le paysan avisé c'était moi. »

De ces régions de sagesse moyenne où se complaît en tous pays la fable, le jātaka s'élève naturellement, sans effort au plus haut sommet de la beauté morale. Je me contenterai d'un seul exemple :

Jātaka de l'avis au roi (*Ib.*, II, 1, 1).

« *Par la force il triomphe du fort* ». Le Maître, quand il demeurait au Jetavana, a raconté ceci à propos d'un avis au roi. Un jour le roi de Koçala, ayant tranché une affaire difficile à résoudre, prit son repas du matin, et les mains humides encore, il monta sur un char bien paré, se rendit auprès du Maître, adora les pieds du Maître qui ont la beauté des lotus épanouis, et s'assit près de lui. Alors le Maître lui dit : Eh, d'où vient donc, grand roi, que tu arrives en plein jour ? — Vénérable, j'ai eu aujourd'hui à trancher une affaire difficile à résoudre et qui ne m'a pas laissé de temps ; je viens tout juste d'en finir ; j'ai mangé et les mains humides encore je suis venu te trouver. Le Maître : Grand roi, c'est bien de trancher les affaires selon la loi, selon la vertu ; c'est le chemin du Ciel. Mais en vérité, il n'est pas étonnant que toi, recevant l'avis d'un être comme moi qui sais tout, tu tranches les affaires selon la loi et la vertu. Ce qui est merveilleux, c'est que des rois d'autrefois, en entendant les paroles de sages qui ne savaient pas tout, aient pu trancher les affaires selon la loi et la vertu, éviter ce qui mène à de mauvaises destinées, observer les dix devoirs royaux, régner selon la loi, et aller à leur mort occuper une place au ciel. Et ayant dit ainsi, il rapporta, sur la demande de son interlocuteur, ce trait du passé.

Jadis, quand Brahmadatta régnait à Bénarès, le Bodhisattva revint naître dans le sein de la première épouse royale ; il reçut tous les sacrements de la conception, et sortit heureusement du sein maternel. Quand il s'agit de lui donner un nom, on l'appela Brahmadatta-kumāra. Il arriva par degrés à l'âge convenable, et quand il eut seize ans, il s'en alla à Takṣaçilā où il se forma dans toutes les connaissances ; puis, comme son père était mort, il monta sur le trône et régna selon la loi et la vertu. Il décidait des affaires sans se laisser aller au caprice. Et comme il régnait selon la loi, ses ministres aussi décidaient les affaires selon la loi. Comme les affaires se décidaient selon la loi, il n'y avait pas de plaintes portées mensongèrement. Et comme elles manquaient, la cour du roi cessa de retentir des cris des plaignants. Les ministres restaient tout le jour assis à leur tribunal sans voir un seul plaignant venir, et ils se retiraient. La salle du tribunal finit par être abandonnée. Le Bodhisattva se dit : Comme je règne selon la loi, personne ne vient apporter d'affaire à trancher ; on n'entend plus de plaintes ; la salle du tribunal a dû être abandonnée. Maintenant il faut que je me mette à chercher mes défauts, et quand je saurai que j'ai tel ou tel défaut, je m'en déferai et vivrai dans la vertu. Et dès lors, demandant : Y a-t-il quelqu'un qui me dise des défauts? il se mit à questionner les gens de l'intérieur du palais, mais il n'y trouva personne pour lui dire ses défauts et n'entendit parler que de ses vertus. Ils ont peur de moi, se dit-il, et parlent de mes défauts comme si c'étaient des vertus. Et il se mit à questionner les gens du dehors, mais il n'y trouva personne pour répondre, et il se mit à questionner les gens de la ville, et ensuite les gens des faubourgs, dans les villages situés aux quatre portes. Et là encore, il ne trouva personne pour lui dire ses défauts et n'entendit parler que de ses vertus. « Et bien ! j'irai questionner les gens de la campagne ! » Et confiant à ses ministres le pouvoir royal, il monta sur un char, en ne prenant avec lui que son cocher, sortit de la ville dans un déguisement qui le rendait méconnaissable, et questionnant les gens de la campagne il alla jusqu'au pays limitrophe sans trouver personne pour lui dire ses défauts, n'entendant parler que de ses vertus. De la frontière, il retourna par la grande route vers sa capitale.

Or, dans ce temps-là, il y avait aussi un roi du Koçala nommé Mallika qui régnait selon la loi. Il se mit aussi à la recherche de ses défauts, et ne trouvant personne à l'intérieur pour lui dire ses défauts, n'entendant parler que de ses vertus, il alla questionner les gens de la campagne et arriva ainsi en ce même lieu. Tous les deux se trouvèrent face à face dans le fond d'une vallée, sur la route de chars. Point de place pour garer un char. Alors le cocher du roi Mallika dit au cocher du roi de Bénarès : Écarte ton char. — Ohé, cocher ! à toi d'écarter ton char ; dans ce char ici, le maître du royaume de Bénarès, le grand roi Brahmadatta est assis. — Ohé, cocher ! répliqua l'autre, dans ce char ici, le maître du royaume de Koçala, le grand roi Mallika est assis. Écarte ton char et laisse la place au char de notre roi. Le cocher du roi de Bénarès réfléchit : C'est aussi un roi ! qu'est-ce que je vais faire? Ah ! il y a un moyen. Je m'en vais lui demander son âge ; c'est au char du plus jeune à s'écarter pour céder la place au char de l'aîné. Ainsi résolu, il demanda au cocher l'âge du roi de Koçala. Il se trouva que les deux rois avaient exactement le même âge. Il eut beau questionner sur l'étendue du royaume, la force militaire, la richesse, la réputation, la caste, le clan, la famille. Tous les deux commandaient à un royaume de trois cents yojana d'étendue; ils étaient égaux de force militaire, de richesse, de réputation, de caste, de clan, de famille. Eh bien, se dit-il, je lui céderai la place s'il est le plus vertueux. Et il demanda : Ton roi, comment est-ce qu'il pratique la vertu? L'autre répondit : Voici comment mon roi pratique la vertu, — et présentant ses défauts comme des qualités, il dit ce vers :

1. Par la force il triomphe du fort; — Avec les doux, Mallika est plus doux encore ; — Avec les bons, c'est par le bien qu'il l'emporte ; — Avec les méchants, sa méchanceté est la plus forte. — Voilà quel est mon souverain. — Ton char, cocher, hors du chemin !

Alors le cocher du roi de Bénarès : Eh quoi ! tu as bien réellement énoncé les vertus de ton roi ? — Oui. — Si c'est là ses vertus, quels sont donc ses défauts? — Bon, mettons que ce soient des défauts. Et ton roi, quelles sont ses vertus? — Écoute, — et il dit cette stance :

2. C'est par la douceur qu'il vainc la colère ; — C'est par la bonté qu il vainc le méchant ; — L'avarice, il la vainc par la charité ; — Il vainc le mensonge par la vérité. — Voilà quel est notre souverain. — Ton char, cocher, hors du chemin !

A ces paroles, le roi Mallika et son cocher descendirent tous les deux du char, dételèrent les chevaux, tirèrent le char à l'écart, et cédèrent la route au roi de Bénarès. Le roi de Bénarès, s'adressant au roi Mallika, l'instruisit sur le devoir ; puis il partit à Bénarès, y fit toutes sortes d'œuvres pies, aumônes, etc., et à la fin de sa vie il alla prendre place au ciel. Et le roi Mallika, ayant reçu cette instruction, s'en fut questionner les gens de la campagne, mais il ne trouva personne pour lui dire ses défauts, et il retourna à sa capitale ; il y fit toutes sortes d'œuvres pies, aumônes, etc., et à la fin de sa vie il alla prendre place au ciel.

Le Maître, ayant rapporté cette leçon pour l'instruction du roi de Koçala, conclut ainsi le jātaka : « Le cocher du roi Mallika, c'est aujourd'hui Maudgalyāyana : le roi, c'est Ānanda ; le cocher du roi de Bénarès, c'est Çāriputra, et le roi, c'est moi ».

Je n'ai traduit jusqu'ici que les jātaka de la recension pālie, aisément reconnaissables à leur allure traînante, à leur simplicité un peu négligée, à leur contexture d'une régularité uniforme, avec leur épisode d'introduction, leurs stances, leur prose narrative et leur conclusion nécessaire. Je vais donner en regard deux récits tirés de la Jātaka-mālā sanscrite; au travers de la traduction même, le contraste ne manquera pas de ressortir. Nous sommes en présence d'un écrivain de race qui dispose avec une maîtrise insurpassable des ressources d'une langue affinée et polie à plaisir par des générations de grammairiens et d'artistes, exercée à tous les jeux de la réflexion et de l'imagination, apte à exprimer les nuances les plus subtiles avec les trésors d'un vocabulaire inépuisable. La foi n'a rien perdu en s'alliant avec cette culture littéraire ; la noblesse du ton s'accorde harmonieusement avec la noblesse des sentiments mis en œuvre.

Jātaka de la tigresse (*Jātaka-mālā*, I).

Adoration à tous les Bouddhas et les Bodhisattvas!

1. Bienheureuses, bénies par la somme de toutes les vertus, éternellement glorieuses, plaisantes sans être jamais rebattues sont les actions merveilleuses du Saint dans ses existences passées. Je veux par piété leur offrir en hommage la poignée de fleurs de ma poésie.

2. Ces actions dignes d'être célébrées sont les signes éclatants qui marquent le chemin de la perfection. Soyez donc gracieux, même vous, esprits moroses! Les récits édifiants n'ont-ils pas toujours eu un charme extrême ?

3. Comme j'ai la conscience de travailler ainsi au bien du monde, j'entreprendrai cette œuvre laborieuse par une voie qui ne le cède point aux pratiques des ṛṣis traditionnels en contant les hauts faits du plus grand des êtres pour concilier à mon imagination la faveur des oreilles[1].

4. Les égoïstes même, attachés à leur seul intérêt, n'ont pas pu imiter l'éclat de ses vertus et de son intelligence alors qu'il travaillait uniquement au bien d'autrui. Son nom, l'Omniscient, proclame la gloire splendide de sa parole véridique. Ma tête s'incline devant lui, l'incomparable, avec la Religion et l'Église[2].

Tous les êtres ont éprouvé la nature tendre autant que désintéressée de Bhagavat ; il a été l'âme de tous les êtres dans ses existences passées, et c'est pourquoi nous devons donner sans restriction notre foi au Bouddha Bhagavat. Voici le récit que nous a transmis notre maître, respectable par les trois joyaux, qui avait gagné le cœur des plus nobles par son intelligence et ses vertus, ennobli par la recherche du mérite moral. C'est un haut fait accompli par Bhagavat dans une existence antérieure et célèbre dans le monde.

Bhagavat était alors un Bodhisattva. Sa charité, sa douceur de langage, son zèle à rendre service répondaient à ses promesses en les surpassant ; sa parfaite sagesse préservait de l'erreur les mouvements impétueux de son cœur compatissant. Il faisait le bonheur des créatures. Il y avait alors une famille brahmanique grande et savante, qui se plaisait à ses devoirs propres et menait ainsi une vie honnête ; le Bodhisattva la choisit pour y prendre naissance. Il reçut les sacrements dans l'ordre prescrit, à partir des cérémonies de la naissance ; en grandissant, son intelligence naturelle, les secours particuliers dont il disposait, sa curiosité de savoir et son application lui méritèrent bientôt la maîtrise dans les

1. Jeu de mots sur *çruti*, la tradition védique dans le 2e pada, l'ouïe dans le 4e.
2. Buddha, Dharma, Saṃgha : les trois joyaux et les trois refuges.

dix-huit genres de la science et dans tous les arts en harmonie avec le rang de sa famille.

5. Il était comme Brahma parmi les brahmanes; comme un roi, il était respecté des rois; pour les créatures, c'était le Dieu aux mille yeux qui se montrait aux yeux; pour les chercheurs de vérité, c'était un père appliqué à se rendre utile.

Il avait un si heureux destin et tant de vertus qu'il attirait plus que personne au monde le profit, l'honneur et la gloire. Mais la pratique de la loi lui avait purifié l'esprit; il avait sérieusement pensé à sortir du siècle, et le Bodhisattva ne se trouvait pas ainsi satisfait.

6. Les pratiques antérieures avaient épuré son intelligence; il voyait dans les désirs l'origine de multiples maux; la vie de famille lui apparut un état de souffrance, il s'en dégagea et devint la parure d'une forêt.

7. Et là, par un absolu détachement, par un calme que la sagesse purifiait, il instruisit l'humanité à se détacher du penchant aux mauvaises actions et à connaître la paix du cœur.

8. Son apaisement fait de bonté enveloppait et entraînait dans son courant toutes les âmes; ne cherchant plus à s'entre-nuire, les serpents et les bêtes vivaient comme des ascètes.

9. La pureté de sa vie, produite par l'asservissement des sens, le contentement intime et la grande compassion, le rendait cher même aux créatures qu'il ne connaissait pas, autant que le monde lui était cher.

10. Il avait si peu de désirs, il ignorait tant la tromperie, il avait si bien renoncé à la recherche du profit, de la gloire, des plaisirs, qu'il entraînait à l'apaisement et à la foi le cœur des divinités même.

11. En apprenant qu'il vivait en ermite, les hommes que ses vertus enchaînaient de cœur quittaient parents et famille pour être ses disciples, forme suprême du bonheur!

12. Il formait ses disciples à une morale pure, à fixer l'attention sur les sens, à veiller sur la mémoire, à vivre en solitaires, à méditer sur la bonté et les autres vertus au mieux de leurs forces.

Or, un jour, la multitude toujours élargie des disciples était presque arrivée à la perfection; le monde solidement fixé sur le noble chemin avait été conduit sur la bonne voie du renoncement; les portes de l'enfer étaient comme fermées; les voies du salut étaient devenues comme de grandes routes, pour circuler heureusement dans le monde des phénomènes; le magnanime, accompagné d'Ajita qui était alors son disciple parcourait les broussailles et les antres des montagnes qui conviennent aux plus hautes méditations.

13. Et alors il vit la femelle d'un tigre dans un antre de la montagne qui venait de mettre bas et que les douleurs avaient réduite à une langueur inerte.

14. Les yeux amaigris, la peau du ventre toute coupée de plis, elle regardait comme une proie à manger ses petits qui venaient à peine de naître.

15. Ils s'approchaient de la mamelle, impatients d'y boire, confiants en leur mère et tranquilles, et elle les menaçait avec des hurlements intenses, comme des ennemis.

16. Le Bodhisattva la vit, et malgré sa fermeté d'âme, il se mit à trembler, pris de pitié pour le mal d'autrui, comme fait le roi des sommets quand la terre tremble.

17. Inébranlables en leur fermeté quand le malheur les frappe avec violence, les âmes compatissantes frémissent au mal le plus léger d'autrui ! N'est-ce point merveille, en vérité?

Alors le Bodhisattva bégayant d'émotion, trahissant la hauteur extrême de sa nature, la voix assourdie par la force de la pitié, dit à son disciple : « Mon cher, mon cher ! »

18. Vois la misère de la vie ! Voilà donc une tigresse avec ses propres petits qui sans respect pour les lois de l'amour maternel veut les manger pour satisfaire sa faim.

19. Hélas! faut-il que l'amour de soi pousse l'atrocité si loin, qu'une mère en vienne à vouloir dévorer ses propres enfants !

20. Qui donc voudrait accroître les forces de l'ennemi fait d'égoïsme pour entrer dans cette voie qui conduit à de pareils actes?

Va-t-en donc vite chercher quelque moyen de porter remède à la faim dont elle souffre avant de la voir périr avec ses petits. De mon côté, je ferai mes efforts pour la détourner d'un projet si cruel. Le disciple répondit : « J'y vais » et il se mit à chercher diligemment de quoi nourrir la tigresse. Et le Bodhisattva, quand il eut sous ce prétexte écarté le disciple, se prit à songer.

21. J'ai un corps tout entier à ma disposition. Pourquoi donc irai-je en chasse pour prendre la chair d'autrui? Si j'en trouve, c'est par hasard, et de plus je manque à mes devoirs.

Et de plus :

22. Le corps n'a rien de personnel ; il trouble, il manque de sève ; il est misérable, ingrat, constamment impur ; s'il peut être employé au service d'autrui, qui n'en est pas heureux n'est pas un sage.

23. C'est pour la poursuite d'un bonheur égoïste qu'on regarde en indifférent le mal d'autrui, ou parce que les ressources manquent ; mais pour moi point de bonheur si d'autres souffrent ; j'ai de plus les ressources nécessaires. Et je serais indifférent!

24. Si je puis agir et que je demeure indifférent au mal d'un autre, me fût-il même hostile, je crois commettre un péché, et mon cœur en est consumé comme un bouquet d'arbres par un grand incendie.

25. Donc avec ce corps vil, précipité sur les rochers pour en chasser la vie, je vais épargner à la tigresse le meurtre de ses petits, et aux petits la voracité de leur mère.

Et de plus :

26. C'est un exemple pour ceux qui veulent le bien du monde, un stimulant pour les énergies languissantes, une réjouissance pour ceux qui connaissent bien la charité, une séduction pour les cœurs des honnêtes gens.

27. Un découragement pour les grandes armées de Māra, un rappel à la foi pour les amis des vertus bouddhiques, une honte pour les égoïstes et pour les âmes souillées par l'envie ou la convoitise.

28. Un accroissement de foi pour ceux qui ont cherché leur refuge dans la meilleure des voies, l'étonnement de ceux qu'enorgueillit leur charité, le nettoyage de la grande route du ciel, la joie pour ceux qui chérissent la charité.

29. Quand donc pourrai-je grâce au ciel employer mes membres même au service des autres? Tel était mon souhait : je vais le réaliser et me rapprocher de l'intelligence parfaite et incomparable!

30. Et s'il est vrai que ce n'est pas une vaine émulation, ni la passion de la gloire, ni les plaisirs convoités du ciel, ni la possession d'un trône, ni un bonheur égoïste de durée illimitée qui dirigent mon zèle aux intérêts d'autrui,

31. Puisse-t-il m'être donné d'enlever la douleur et de faire lever le bonheur pour le monde du même coup, comme le soleil fait des ténèbres et de la lumière!

32. Que le spectacle de ma vertu m'assure l'immortalité du souvenir, ou que je passe en personne dans les propos des gens, de toute façon je veux faire à perpétuité le salut des êtres avec leur bonheur.

33. Sa décision prise, joyeux d'une rencontre imprévue qui assurait le bien d'autrui, même au prix de sa propre vie, stupéfiant même les fortes âmes des dieux, il sacrifia son corps.

Et la tigresse, au bruit de ce corps qui tombait précipité, fut prise d'une curiosité impatiente ; sur le point de massacrer ses petits, elle s'arrêta et promena ses regards. Elle vit le corps du Bodhisattva que la vie avait quitté, s'élança impétueusement et se mit à le dévorer. Alors le disciple, qui n'avait justement pas trouvé de chair, revint. « Où donc est mon maître ? » se dit-il, il regarda à l'entour et vit le corps du Bodhisattva que la vie avait quitté et que la femelle du tigre mangeait déjà. La surprise d'un acte si extraordinaire l'emporta sur l'exaltation du deuil et de la tristesse ; le respect d'une action si vertueuse s'exhala pour ainsi dire en ce monologue propre à lui faire honneur :

34. Oh! quelle compassion pour une créature que troublait la souffrance! Oh! quelle indifférence à son propre bonheur chez ce magnanime! Oh! elle a atteint son comble, la constance de la vertu! Ah! vous voilà en poussière, gloires et fortunes des adversaires du bien!

35. Oh! quelle énergie affranchie d'effroi! La tendresse fondée sur la vertu a fait voir son comble! Oh! le vase d'élection digne d'uniques hommages, soudaine métamorphose d'un corps qui n'était pas maigre de mérites!

36. Aimable de nature, ferme comme la terre, oh! comme il fut impatient en face des souffrances d'autrui! Oh! comme elle éclate, ma bassesse, au jour de cette héroïque perfection!

37. Avec la protection acquise d'un tel protecteur, le monde à présent n'est certes plus à plaindre. Inquiet d'une défaite suprême, pris d'anxiété, aujourd'hui Manmatha est tout à gémir!

En tout cas, hommage à ce bienheureux, que tous les êtres doivent appeler à leur secours, d'une pitié infiniment grande, d'une vertu incommensurable, au Bodhisattva réel et véritable, au grand être! Et ensuite il communiqua l'événement aux disciples.

38. La stupeur marquée sur le visage, les élèves, les Gandharvas, les Yakṣas, les Serpents et les princes des dieux, avec des guirlandes, des tuniques, des parures, du santal en poudre répandus en pluie couvrirent la terre où gisaient des ossements, devenue vraiment porteuse de trésors.

C'est ainsi qu'à l'égard de tous les êtres il a naturellement une tendresse extrême sans intérêt, toutes les créatures sont sa personne, même dans les naissances antérieures du Saint. Et voilà pourquoi il faut donner sa foi au Bouddha qui est le Saint. Quand est née la foi dans Bouddha le Saint, il faut qu'une extrême affection se produise. S'il en est ainsi, on est en droit de se dire : « Ma foi est fort bien à sa place ». Ainsi il faut écouter avec respect la loi. Puisqu'elle arrive ainsi à la perfection par des centaines de difficultés, quand on parle de la pitié, il faut dire : « La nature est poussée au delà de ses limites, la bonté pour autrui est développée par l'action de la pitié. »

JĀTAKA DU CERF RURU (*Jātaka-mālā*, XXVI).

C'est la douleur d'autrui qui est la douleur des bons; c'est celle-là qu'ils ne supportent point, ce n'est pas leur propre douleur. Voici ce que la tradition raconte du Bodhisattva.

Des sālas, des balukas, des piyālas, des hintālas, des tamālas, des naktamālas, des vidulas, des niculas en bouquets nombreux, des çiṃçapās, des tiniças, des çamīs, des palāças, des çākas, des bambous, des cannaies en massifs profonds, des kadambas, des sarjas, des arjunas, des dhavas, des khadiras, des kūṭajas pressés; toutes sortes de lianes jetant un manteau de jeunes pousses sur les innombrables branches des arbres; des antilopes ruru, des gazelles tachetées, des grands sangliers, des yaks, des éléphants, des bœufs gavœus, des buffles, des gazelles hariṇa et des gazelles nyaṅku, des sangliers, des panthères, des hyènes, des tigres, des loups, des lions, des ours errant çà et là, pas un être humain à y rencontrer : vaste est le domaine de la forêt et du bois, son séjour. Splendide comme l'or pur, le poil fin, avec toutes sortes de rubis, de saphirs, d'émeraudes, de béryls illuminant de leurs mouchetures chatoyantes son corps bigarré, la tendresse dans le bleu sombre de ses grands yeux purs, et tels des gemmes, sans la brutalité des feux, ses cornes et ses sabots, infiniment admirable de beauté, comme une mine de joyaux qui marche à pied, il était un cerf ruru. Il savait son corps fait pour surexciter la convoitise, et que la pitié du monde est mince ; aussi c'est à l'écart des rencontres humaines, dans les profondeurs des bois qu'il se plaisait ; ingénieux et fin, si les chasseurs préparaient des machines, des pièges, des filets, des lacs, des fosses, des bois englués, des appas semés à terre, il les évitait à merveille : escorté d'une caravane de bêtes, il les avisait comme un maître, et comme un père il exerçait sur les bêtes une autorité souveraine.

1. Beauté et intelligence parfaites, avec l'excellence des actes pour ornement : si les gens cherchent leur propre bien, où donc ne reçoivent-elles pas d'honneur ?

Un jour le magnanime, dans la profondeur des bois où il avait pris sa résidence, près d'une rivière grossie par des pluies récentes et torrentueuse, entendit les cris d'appel d'un homme entraîné par le courant.

2. Je suis entraîné ! personne pour me protéger ! pas de barque ! Et la rivière a gonflé le cours impétueux de ses eaux ! Au secours, cœurs compatissants et tendres ; par pitié, sauvez-moi vite !

3. Je ne puis plus attendre ; la fatigue a rendu sans usage mes bras. Je ne trouve pas à prendre pied. A moi ! sur-le-champ, au secours !

Et le Bodhisattva, que ce cri d'appel frappait pour ainsi dire au cœur, répond : N'aie pas peur ! n'aie pas peur ! Exercé par des centaines d'existences à chasser ainsi la crainte, l'abattement, la tristesse, la fatigue, répétées en sons étouffés mais clairs, il laissa échapper des paroles humaines, et hors des profondeurs de la forêt il s'élance. Et de loin, l'homme, comme un présent qu'apportait le cours des eaux, parut à ses yeux.

4. Puis, l'âme résolue à le sauver, sans réfléchir à sa propre vie en danger, il se plongea dans la rivière rapide à faire peur, l'agitant comme un guerrier fait l'armée ennemie.

5. Il lui ouvrit le chemin avec son corps, et l'appela : « Appuie-toi sur moi ! » L'autre, tremblant, hors de lui, les membres secoués par la fatigue, lui monta sur le dos.

6. Malgré la charge de l'homme à porter, malgré le torrent qui le détournait, soutenu par sa noblesse, inébranlable en son large héroïsme, il le mena à la rive où son désir aspirait.

7. Quand il eut conduit à la rive cet homme chez qui l'élan excessif de la joie arrêtait la fatigue et la douleur, il le réchauffa à sa propre chaleur, puis il lui dit adieu et le congédia en lui indiquant la route.

Chez un intime, un parent, un ami, on n'eût pas rencontré cette merveilleuse inclination à rendre service ; elle toucha le cœur de l'homme en même temps que l'éclat de la beauté provoquait son admiration et son respect; il s'inclina et lui dit mainte et mainte amitié :

8. *Une affection entretenue dès l'enfance, un ami ou un parent ne saurait faire cet acte que tu as fait pour moi.*

9. *Elle est à toi, cette vie ; si jamais je puis l'employer pour toi-même à la moindre chose, j'en serai trop heureux.*

10. *Si tu me donnes un ordre, tu me rendras heureux, si par hasard ta seigneurie juge qu'elle peut m'employer.*

Alors, le Bodhisattva lui dit en forme de compliment :

11. *La reconnaissance chez un homme de cœur n'est pas pour surprendre ; elle est chez lui une loi naturelle. Mais quand on voit le monde et la corruption qui y a cours, la reconnaissance elle aussi, passe au compte des vertus.*

Donc, je te dis ceci : Si ta seigneurie se rappelle ce qui a été fait, il n'en faut rien dire à personne, que c'est telle espèce de créature qui t'a sauvé. C'est un puissant appas qu'une beauté trop séduisante comme la mienne. Vois. La pitié est faible, et tant la convoitise est forte, la retenue manque au cœur humain.

12. *Préserve et la vertu dans leur cœur, et moi-même. A trahir un ami, il n'y a jamais d'avantage.*

Si je te parle ainsi, ne laisse pas la colère entraîner ton cœur offensé. Nous sommes des bêtes ; nous n'avons pas la pratique des compliments et des perfidies humaines. Et puis :

13. *C'est la faute des trompeurs adroits, faux docteurs en honnêteté, si une créature naturellement honnête est regardée avec méfiance.*

Ainsi, je te prie de me faire ce plaisir. Il lui promit de le faire, s'inclina, tourna respectueusement autour du Grand Être et retourna chez lui. Or, en ce temps-là, il y avait en ce pays un roi et une reine, et la reine avait des rêves vrais. Le rêve le plus extraordinaire qu'elle voyait était pourtant toujours réalisé. Une fois qu'elle était profondément endormie, à l'heure de l'aube, elle vit en songe, comme une collection de toutes les gemmes, resplendissant de beauté, assis sur un trône, un cerf ruru; et le roi avec toute sa cour l'entourait, tandis que d'une voix claire et éloquente, en langage humain, il prêchait la loi. Le cœur agité d'étonnement, quand le tambour battit le réveil royal, en sursaut elle s'éveilla, et selon l'usage, elle se rendit auprès du roi, fut introduite, accueillie avec affection et respect.

14. *La surprise avait largement épanoui la beauté de ses yeux ; le plaisir faisait trembler la grâce de ses joues ; comme un présent, elle apportait dans sa visite au roi la nouvelle de son rêve merveilleux.*

Et quand elle eut conté au roi le prodige de son rêve, elle lui dit encore respectueusement :

15. Bien! Il faut maintenant, Sire, faire un effort pour s'emparer du cerf ; et que ton harem soit embelli de ce cerf gemmé, comme le ciel l'est du cerf stellaire.

Et le roi confiant comme dans l'évidence dans le songe qu'elle avait vu se prêta à sa demande, par désir de lui être agréable et aussi par envie de posséder le cerf gemmé. La recherche de ce cerf fut prescrite à toute la corporation des chasseurs, et tous les jours dans la capitale on publiait cette proclamation :

16. « La peau d'or, et comme des centaines de pierreries, des mouchetures sur les membres, les récits parlent d'un tel cerf, et certains l'ont vu marcher. A qui le montrera, le roi lui donne un très bon village et une pleine dizaine de charmantes femmes ».

Or cet homme prêta l'oreille à la proclamation répétée.

17. La pauvreté et la misère, s'il y pensait, lui abattaient l'esprit; il se rappelait aussi le grand service rendu par le cerf; la convoitise et le bienfait le tiraillaient, et le cœur en balance, il considérait l'un et l'autre.

Que vais-je donc faire? Vais-je regarder la vertu ou l'abondance des richesses ? Serai-je fidèle au bienfait ou aux devoirs domestiques ? Est-ce l'autre monde que je vise ou celui-ci? Est-ce la conduite des bons que je suis, ou bien la conduite du monde? Est-ce la fortune que je poursuis, ou cette fortune qu'aiment les gens de bien? Est-ce le présent que je regarde, ou l'avenir? Alors la convoitise troubla sa raison. « Peut-être, si j'acquiers de grandes richesses, si mes parents, mes amis, mes hôtes, mes connaissances sont largement honorés, tout en jouissant du bonheur je m'assurerai aussi l'autre monde ». Sa décision prise, il chassa de sa mémoire le bienfait du cerf, et se présenta au roi. « Roi, lui dit-il, et le cerf et sa demeure, je les connais. Donne-moi tes ordres, à qui dois-je le montrer? » A ces mots, le roi, joyeux : « A moi ; c'est à moi, mon ami, qu'il faut le montrer », et pour partir en chasse il prit le costume convenable, s'entoura d'un grand corps d'armée, sortit de la capitale, et guidé par cet homme il arriva au bord du fleuve. Il enveloppa les profondeurs des bois de son armée entière, et l'arc en main, ganté pour le tir, entouré d'hommes résolus et sûrs, toujours conduit par son guide, il pénétra dans la profondeur du bois. Et cet homme vit le cerf ruru en repos, sans inquiétude, et il le montra au roi. « Le voilà, Sire, ce cerf extraordinaire ! Regarde-le, Sire, et fais bien attention ! »

18. Comme il élevait le bras, préoccupé de montrer le cerf, de son poignet sa main tomba, comme tranchée par l'épée.

19. Envers des objets pareils, que des actions exceptionnelles sanctifient, sous la poussée de leur force interne, sans obstacle assez fort pour les arrêter, les actes sur-le-champ portent leur fruit.

Et le roi dans la direction indiquée jetait sur le cerf des regards impatients.

20. Et dans ce bois bleuté comme un nouveau nuage, le corps radieux par la splendeur des accumulations de joyaux, riche de vertus, ce cerf apparut comme le feu de l'éclair au sein de la nue.

21. L'éclat de cette beauté séduisit le cœur du maître de la terre ; avide de le posséder, il fit mordre la flèche à la corde de l'arc et pour le transpercer il s'approcha de lui.

Et le Bodhisattva entendit tout à l'entour le tumulte des gens. « Évidemment, se dit-il, je suis enveloppé de toutes parts », et il remarqua le roi qui voulait le transpercer et qui s'était approché. Il reconnut que ce n'était pas le moment de partir, et d'une voix nettement articulée, en langage humain, il s'adressa au roi.

22. Arrête, grand roi ! ne me transperce pas, taureau des hommes ! J'ai une curiosité, veuille la dissiper !

23. Tandis que je me plaisais en cette retraite éloignée des hommes, tu as su : Le cerf est là. Qui te l'a dit ?

Et le roi que le prodige de cette voix humaine avait touché au cœur, du bout de sa flèche lui montra l'homme. « C'est lui qui m'a montré, dit-il, la merveille des merveilles ». Le Bodhisattva reconnut l'homme et lui adressa des reproches. Oh ! misère !

24. On a raison de dire que, si le courant des eaux l'entraîne, il vaut mieux sauver une bûche qu'un homme ingrat.

25. Tant de peine reçoit donc une pareille récompense ! C'est son propre bien qu'il a détruit ; comment ne l'a-t-il pas vu ?

Le roi se dit : « Pourquoi ce mépris écrasant ? » et saisi de curiosité, il s'empressa de dire au cerf :

26. Je ne pénètre pas la profondeur du sens. A quel propos ton blâme ? Je t'ai entendu, et mon cœur en est agité.

27. O bête merveilleuse, dis-le moi ! à propos de qui parles-tu ? d'un homme ou non ? d'un oiseau ? d'une bête ?

Le Bodhisattva dit :

28. Je ne me soucie pas de blâmer, ô roi ; mais, reconnaissant un acte répréhensible, j'ai désiré qu'il n'ait plus envie de recommencer ; et c'est pourquoi je lui ai adressé ces paroles aiguisées.

29. Comme du sel répandu sur une plaie, qui voudrait insulter durement aux faux pas d'un homme ? Mais, s'il chérit son fils, le médecin ne lui donne pas moins, en cas de maladie, un remède.

30. L'onde impétueuse l'entraînait, et par pitié je suis venu à son secours ; et c'est de lui, prince des hommes, que ce péril me vient. Ah ! la société des méchants n'est point salutaire !

Alors le roi, jetant à cet homme un regard aiguisé, l'expression durcie par la menace, lui dit : « C'est donc vrai, oh ! qu'il t'a sauvé jadis en une telle détresse ? »

Et l'homme, accablé de peur, d'affaissement, de sueur, de pâleur, d'abattement, paralysé par la honte, dit : « C'est vrai ». Et le roi, en disant : « Honte à toi ! » le menaça de son arc qu'il armait d'une flèche. Oh ! non !

31. Si pareil bienfait ne lui a pas attendri le cœur, enseigne du déshonneur pour ses pareils, un homme tellement vil n'a pas besoin de vivre !

Et déjà le poing fermé il tendait son arc pour le mettre à mort. Mais le Bodhisattva, gagné au cœur par une grande pitié, se plaça entre eux et dit au roi : « Assez, assez, grand roi ! Il est frappé, ne le frappe point ! »

32. Quand la convoitise ennemie en son piège détesté l'a saisi, il est mort du même coup pour ce monde où il a perdu l'honneur, et pour l'autre monde où il a perdu le mérite.

33. Quand la douleur intolérable enivre leur esprit, c'est ainsi que les humains tombent dans les passions, amorcés par l'espoir d'un profit complet, comme des papillons stupides par l'éclat d'une lampe.

34. Donc, prends-le en pitié et ne t'irrite pas ; tout ce qu'il désirait obtenir ainsi, accorde-le, que son entraînement ne soit pas stérile ; car, vois, ma tête s'incline devant ton autorité.

Cette compassion pour l'auteur de son mal, ce souci sincère d'assurer la récompense provoquèrent une extrême surprise au cœur du roi; touché par la grâce, il considéra avec respect le beau cerf et il lui dit : « C'est bien ! C'est bien ! ô très fortuné ! »

35. En présence du mal qu'on te fait, tu éprouves pareille compassion. Par la vertu, tu es un homme ; nous n'avons que la forme humaine.

36. Puisque tu demandes la pitié pour ce misérable, et qu'il nous a valu de voir une créature vertueuse, je lui donne la récompense qu'il désire, et à toi libre passage dans tout ce royaume !

Le cerf dit : « J'accepte cette royale faveur qui n'est pas stérile. Donc, donne tes ordres pour que cette rencontre nous serve à nous rendre utiles. » Et le roi fit monter le cerf comme un maître, sur son char, le fit entrer avec de grands honneurs dans la capitale, le traita avec les égards qu'on doit à l'hôte, l'installa sur un grand trône, et réconforté, avec ses femmes et la troupe de ses ministres à l'entour, l'affection, le respect, la douceur dans les regards, il l'interrogea sur la loi.

37. En matière de lois, les avis des hommes se partagent. Toi qui as la certitude, veuille donc nous l'apprendre.

Et le Bodhisattva, pour le roi et l'assemblée, en termes clairs, harmonieux et variés, prêcha la loi.

38. La pitié, c'est à mon avis la loi en résumé, Sire ! L'interdiction de nuire, de voler, etc., en sont les subdivisions, et aussi toutes les sortes de pratiques.

Regarde, grand roi !

39. Si le cœur est pitoyable, qu'il s'agisse d'un proche ou d'un autre, comment l'âme serait-elle inclinée à l'injustice et malveillante?

40. C'est faute de pitié qu'on agit mal, sous l'impulsion de la pensée, de la parole et du corps, envers ses proches comme envers les autres.

41. Qui veut le bien ne doit donc pas déserter la pitié d'où naissent les fruits désirés; comme une bonne pluie fait les grains, il fait naître les vertus.

42. Si la pitié réside au cœur, il ne se laisse plus emporter à faire du mal; si le cœur est pur, la parole ne va plus à la corruption, ni le corps. Le plaisir d'être utile aux autres, grandissant en lui, fait naître ainsi à la suite de l'affection la charité, la patience et les autres vertus qui gagnent la gloire.

43. Le compatissant ne provoque jamais le trouble chez autrui, car il est apaisé; le compatissant a la confiance du monde, comme un parent. L'emportement qui bouleverse ne règne pas dans un cœur qu'affermit la pitié; le feu de la colère ne brûle pas dans un cœur que la pitié rafraîchit de ses ondes.

44. En résumé, c'est dans la pitié que consiste le devoir, au jugement définitif des sages. Et quelle est donc la vertu chérie des gens de bien qui n'accompagne la pitié? Donc, prends, comme ton propre fils ou comme toi-même, la multitude des hommes en pitié; ravissant par ta bonne conduite les cœurs des vivants, exalte la dignité royale!

Alors le roi approuva avec joie ce langage, et avec les gens de la ville et de la campagne, il s'appliqua à la loi, et il assura la sécurité à toutes les bêtes et tous les oiseaux.

C'est ainsi que la douleur d'autrui seule est la douleur des bons; c'est celle-là qu'ils ne supportent pas, et ce n'est pas la leur. Quand on traite de la pitié il faut faire ce récit; et quand on célèbre les gens de bien ou qu'on censure les méchants, il faut aussi s'en servir.

Tous ces récits, sous leurs formes diverses, nous font plus sûrement qu'un exposé théorique, comprendre l'inspiration et l'originalité du bouddhisme. Ce n'est pas lui sans doute qui les a créés; ils circulaient de bouche en bouche, de village à village, pour la joie des humbles et l'amusement des ignorants. Les prêtres chantaient les exploits des dieux, les rhapsodes chantaient les exploits des héros; le peuple avait pour se distraire les histoires des petites gens et les histoires des bêtes. Inventé de toutes pièces, le Livre de la Jongle attendait son Homère; le bouddhisme le lui donna. Indifférent aux préjugés de caste et de naissance où la société hindoue avait cru fonder ses plus solides assises, impatient d'ouvrir à tous la voie du salut et d'anéantir partout la douleur, le bouddhisme naissant chercha la multitude, et ne craignit pas de lui parler son langage. Il s'empara de ces contes, de ces fables que le savant méprisait; il les anima des deux forces les plus puissantes que l'homme mette au service de l'idéal, l'art et la foi;

il les transfigura par son aspiration, et de ces lambeaux épars, il composa une magnifique épopée, l'Épopée de la Transmigration, variée comme elle, infinie comme elle, fourmillante de personnages et d'incidents, mais groupée tout entière autour d'un héros unique, qui la domine, la pénètre et l'éclaire. Le génie hindou avait senti d'instinct la fraternité des êtres et la solidarité de l'univers ; le Bouddha la lui expliqua en images. Sous ces menus drames, enfantés sans prétention par l'imagination de conteurs anonymes, il dévoila le drame de la conscience humaine, aux prises avec le mal qui l'étreint et menace de la terrasser, impatiente de lui échapper, réduite à ses seules forces, sans secours à espérer, sans aide à implorer. Quand le Bouddha, à l'heure de l'Illumination, chante ses stances de triomphe, il n'entonne pas d'actions de grâces. Il n'a personne à remercier. Au dernier assaut du démon Māra, les dieux épouvantés ne se sont-ils pas enfuis ? Et comme le démon le défiait de produire des témoins pour attester sa charité, il s'est contenté de répondre : « Je n'ai pas en ce lieu de témoin vivant. Mais je ne veux pas compter mes actes de charité dans toutes mes naissances ; je demande seulement à la Terre, la Terre grande et solide — quand même elle n'est pas un être vivant — d'attester les aumônes sept fois centuples que j'ai faites dans ma dernière existence, quand j'étais Viçvantara. » Et retirant sa main droite de sous sa robe, il l'étendit vers la terre et dit : Je dis qu'à ma dernière existence, quand j'étais Viçvantara, j'ai fait des aumônes sept fois centuples. Es-tu mon témoin on non? Et la Grande Terre, avec cent rugissements, avec mille rugissements, avec cent mille rugissements, dit : Je suis ton témoin. Et l'armée de Māra s'enfuit et se dispersa (*Jātaka pāli*, Introd., p. 74). A ce moment solennel, le Bouddha tient à l'affirmer et à le prouver en face de l'univers : il ne doit rien qu'à ses actions passées, qu'à ses existences écoulées. Il est le héros et le vainqueur de la transmigration.

LA FORMATION RELIGIEUSE DE L'INDE CONTEMPORAINE

Si nous jetons les yeux sur le dernier recensement de l'Inde (1901), nous trouvons, sous la rubrique des religions, la statistique suivante :

	Population totale	294.361.056
I.	Hindous	207.147.026
	Subdivisés en 3 groupes : Hindous Brahmanistes. 207.050.557 ; Hindous Aryas 92.149 ; Hindous Brahmoïstes 4.050	
	Sikhs	2.195.339
	Jains	1.334.148
	Bouddhistes	9.476.759
II.	Parsis	94.190
III.	Musulmans	62.458.077
IV.	Chrétiens	2.923.241
V.	Juifs	18.228
VI.	Animistes	8.584.148
VII.	Divers	129.900

Le nom du premier groupe, les Hindous, marque bien son caractère au regard des autres confessions ; il est la religion nationale, la croyance des indigènes, en contraste avec les autres venues de la Perse, de l'Asie Mineure, de l'Europe, etc, C'est là son unité, mais c'est presque la seule. Cette masse de deux cents millions d'hommes, unis dans le même orgueil des traditions nationales et dans le même mépris des doctrines étrangères, se dissout, dans la vie pratique, en une poussière de sectes fraternellement hostiles ou jalouses. La croyance courante, en dehors des cercles savants, se représente le Panthéon de l'Inde comme une hiérarchie régulière, présidée par un Olympe à la grecque ou plutôt à la chrétienne, puisqu'il est réduit à trois dieux souverains : Brahma, Viṣṇu, Çiva. De cette représentation schématique découle une série de notions aussi simples que fausses. Tout le monde connaît le nom des Brahmanes, nom déjà familier aux classiques grecs et latins.

Brahma, Brahmane ; cela va de soi ; les Brahmanes sont donc les prêtres de Brahma, et la religion brahmanique, — un autre nom fréquemment appliqué à l'Hindouïsme, — est le culte du dieu Brahma par le clergé brahmanique.

Autant de notions, autant d'erreurs. Brahma, la clef de voûte du système, est la plus pâle et la plus floue des personnalités divines de l'Inde ; on a pu, en cherchant bien et à force de patience, dénicher sur l'énorme surface de l'Inde trois ou quatre temples dédiés à Brahma, sanctuaires obscurs, indifférents ou inconnus à la multitude des pèlerins qui circule sur les routes de l'Inde. Les brahmanes ne sont pas un clergé ; ils peuvent être des prêtres, mais c'est pour eux une profession plutôt décriée. Viṣṇu, Çiva, sont des dieux réels et vivants ; mais que de figures diverses sous ces deux noms ! Vous connaissez peut-être la doctrine des avatars, ou tout au moins leur nom ; l'Europe l'a emprunté à l'Inde, mais sans y attacher la même valeur. On parle volontiers chez nous des avatars successifs d'un homme politique ; l'Hindou ne connaît que les avatars des dieux, et spécialement de Viṣṇu. Quand le monde est menacé d'une calamité irréparable, quand les démons, éternels adversaires des dieux, vont triompher, Viṣṇu prend une forme appropriée pour descendre sur la terre, — *avatāra* en sanscrit signifie « descente », — et ne remonte au ciel que l'œuvre de salut une fois accomplie. L'histoire des dix grands avatars de Viṣṇu est une chaîne de contes comme l'imagination hindoue se plaît à les inventer ou à les rapporter : Viṣṇu y paraît sous la forme d'un poisson, — c'est notre histoire du déluge ; — d'une tortue, — pour le barattement de la mer de lait ; — d'un sanglier, — pour repêcher la terre ; — d'un homme-lion, — pour triompher d'un démon ; — d'un nain, — pour reconquérir l'espace ; — de Paraçu Rāma, — pour abattre la noblesse d'épée ; — de Rāmacandra, Rāma par excellence, — pour vaincre le démon aux dix têtes ; — de Kṛṣṇa, — pour amender notre âge de péché, l'âge de fer ; — du Bouddha même, cet adversaire longtemps honni, et plus tard, adopté pour être moins à craindre ; — de Kalki enfin, le futur sauveur qui doit paraître sur un cheval blanc. Tous ces avatars ne jouissent pas d'une même popularité ; deux d'entre eux éclipsent tous les autres de leur prestige : Rāma et Kṛṣṇa, l'un, le guerrier héroïque, fils soumis jusqu'au sacrifice, époux d'une incomparable tendresse, martyr de l'honneur royal ; l'autre, Kṛṣṇa, l'enfant adorable, gracieux, mutin, espiègle, séduisant, avec le cortège de ses seize mille amantes éperdument attachées à ses pas. Mais, en dehors des dix avatars officiels, ou canoniques, admis par l'universalité des fidèles, que d'autres avatars où la substance du dieu s'est incarnée en totalité ou bien en partie, c'est aux théologiens de décider ! Les uns en voie de s'imposer partout, les autres reconnus dans des cercles plus ou moins restreints, jusqu'au simple fétiche de village, pierre ou billot, adoré comme la forme et l'essence du dieu. Nous touchons ici au trait essentiel de cet immense panthéon de l'hindouisme : c'est une anarchie organisée. L'expression sent le paradoxe et le jeu d'esprit ; dans l'Inde au moins, elle exprime une réalité. Cette église colossale, qui dénombre aujourd'hui ses fidèles par centaines de millions, n'a jamais créé ni reconnu d'autorité centrale, ni de pape, ni de conciles; elle a grandi dans le chaos, sans cesse enrichie de nouvelles divinités et d'adeptes nouveaux. Aujourd'hui encore, nous la voyons à l'œuvre, et son activité présente continue fidèlement les traditions de sa croissance. Autour des communautés régulières, parvenues au stage moyen de la civilisation, l'Inde nourrit encore dans les replis des massifs montagneux répandus à travers toute la péninsule des groupements voisins de l'état sauvage, presque nus, sans autres armes que l'arc ou la lance, incapables de travailler le métal ou de cultiver la terre, des survivants de l'âge de pierre, enfermés dans les larges mailles du réseau télégraphique et du réseau ferré. Ceux-là sont les huit millions que les ethnographes du dernier recensement, M. Risley et M. Gait, ont désignés sous la rubrique d'Animistes. Qu'on accepte cette désignation ou qu'on en préfère une autre, le caractère commun de ces croyances consiste en fait dans l'idée que l'être humain passe sa vie au milieu d'une troupe d'êtres invisibles, puissants, portés à la malveillance plutôt que bienveillants, cachés dans tous les phénomènes de la nature, dans les pierres, dans les eaux, dans le vent, dans l'arbre. Leur nom est légion; leur commerce est difficile; il faut de la prudence et du savoir-faire pour les manier sans danger, avec une chance de succès. Leur prêtre est le magicien. Ici, nous touchons à une des difficultés initiales des études religieuses : Où passe la ligne de démarcation qui sépare le prêtre du magicien, la religion de la magie ? Les réponses simplistes ne manquent pas, comme partout. Plus d'un parmi vous pense, sans doute, au premier abord, que le magicien dompte les puissances mauvaises, tandis que le prêtre sollicite les puissances bienfaisantes; l'un est le courtier du dieu, l'autre le courtier du diable. Cette répartition en deux compartiments ne s'adapte pas, par malheur, à la variété luxuriante des phénomènes religieux. Les sauvages se représentent volontiers les esprits comme M. Prudhomme concevait son sabre de garde national : à deux tranchants, l'un pour défendre la loi, l'autre pour l'attaquer. Le fétiche social du bourgeois, au XIXe siècle, conserve le trait fondamental du fétiche primitif; il combine deux fonctions diamétralement opposées : le même génie donne le choléra et le guérit. En somme, l'animisme est, si l'on peut dire, un système du monde, qui a pour pendant le panthéisme, avec le polythéisme à mi-chemin. Le véritable panthéiste imagine l'univers entier comme un corps immense, pénétré et animé par une seule âme; les beaux vers de Virgile, souvent cités, condensent la doctrine en lignes décisives :

> Spiritus intus alit, totamque infusa per artus
> Mens agitat molem, et magno se corpore miscet.

Transposée dans l'ordre scientifique, l'âme cosmique est la Loi; c'est la force constante et uniforme qui développe sans cesse ses effets infaillibles, qu'elle règle le cours du soleil ou qu'elle trace à la morale ses cadres immuables. Telle est la solution préférée et, si l'on peut dire, officielle, de l'Inde brahmanique à l'heure présente encore. La doctrine à peu près universellement acceptée dans les écoles est celle du Vedānta, qui est un panthéisme rigoureux, appuyé sur le témoignage des livres sacrés. A l'autre extrémité, l'animisme multiplie à l'infini, en nombre presque égal aux phénomènes eux-mêmes, le chiffre des esprits intéressés à ces phénomènes ; ici, en transposant dans l'ordre scientifique, nous confinons au stage rudimentaire de la connaissance, à l'éparpillement des faits recueillis sans ordre, sans méthode, sans lien ; à chaque fait, sa cause propre, indépendante et libre. En face de la Loi, que le panthéisme symbolise, l'animisme présente le miracle à jet continu, la nature entière tissée et tramée dans le surnaturel. Le polythéisme, à ses degrés divers, marque l'effort à classer et construire des catégories de faits; c'est le stage de la généralisation. Le nombre des esprits se réduit par un travail d'équation ; un concurrent heureux recueille toutes les activités de ses proches voisins et les absorbe dans sa spécialité agrandie. Dans le commerce de l'homme avec les dieux, les grandes maisons tuent fatalement les petites. Avec l'intelligence qui croît, avec la science qui se forme, chaque divinité élargit son rayon et précise ses traits. Dieux de tribu, dieux de village, dieux de clan, dieux de région s'emboîtent, s'agencent, s'organisent, se fusionnent.

L'hindouisme étend les membres souples de son corps immense sur toute la longueur de la route qui va de l'animisme au panthéisme. Au faîte, l'ascète, ce « délivré vivant », abîmé dans la contemplation de l'âme universelle et qui, sur le seuil de l'unité mystique, au moment où les mots qui différencient la pensée vont perdre à jamais leur emploi, s'écrie, dans un calembour suprême et transcendant qui fond déjà le sujet et l'objet : *Tat tvam asi*, « Tu es la Vérité ! (*tattvam*) », ou « tu (*tvam*) es ceci (*tat*) ». Sous la lumière de l'intelligence affranchie, les formes divines, jusqu'aux plus hautes, se sont évanouies, comme les vapeurs de l'aube à la clarté du plein jour. A l'autre bout, le sauvage de la jongle et de la montagne, obsédé par le monde des esprits qui grouille dans la pierre, dans l'eau, dans l'herbe, dans l'arbre. Entre les deux, l'hindouisme avec son panthéon toujours ouvert, toujours accru. Et partout, trait d'union nécessaire et unique, le brahmane.

Qu'est-ce donc que le brahmane, ce personnage si célèbre et si mal connu? Ce soi-disant prêtre de Brahma exerce presque tous les métiers : il est ermite, philosophe, maître d'école, scribe, rhapsode, astrologue, médecin, mendiant, cultivateur, usurier, fonctionnaire, cuisinier, marchand. Et pourtant ce Protée insaisissable garde, sous toutes ses transformations, ce caractère unique et monstrueux : c'est « un dieu sur la terre », un dieu plus haut que les rois. Et c'est là le point de convergence de toutes les religions qui forment l'hindouisme, si épurées ou si grossières qu'elles soient, croyances des basses classes ou croyance des gens cultivés : l'hindouisme consiste par excellence dans le respect superstitieux du brahmane ; j'ajouterai, sans esprit d'ironie, par simple souci de la vérité : du brahmane, et de la vache. Le brahmane et la vache font, dans la pratique hindoue, un couple inséparable. Tuer un brahmane ou tuer une vache, c'est le crime que rien n'expie ; révérer le brahmane ou révérer la vache, c'est le mérite que rien ne surpasse. La voilà, la ligne de démarcation que nous cherchions tout à l'heure : quel que soit le dieu, quel que soit le culte, le fidèle fait partie de l'hindouisme, s'il accepte sans sourciller cette double souveraineté du brahmane et de la vache. Ces tribus sauvages qui disputent misérablement leur vie aux fauves dans la jongle et la forêt n'ont pas d'autre accès à la civilisation en dehors de cette voie ; de gré ou de force, au besoin par une razzia dans les villages de la plaine, la tribu en mal d'ambition se procure un brahmane ; respectable ou non, ce n'est pas l'affaire, sa qualité suffit. Son long passé de souveraineté reconnue n'est-il pas le meilleur garant de son pouvoir magique ? Le brahmane est complaisant, l'hindouisme aussi ; de ses dieux et de ses fétiches, la tribu n'aura rien à abandonner. La théorie des avatars est si souple ! Le caillou, la souche adorés jusque-là, c'est Viṣṇu, c'est Çiva, c'est un des innombrables *dii minores* manifesté sous cette forme ; le brahmane est déjà nourri de tant d'histoires pareilles qu'il y croira de bonne foi ; il est sa première dupe. En échange, le chef de clan s'engage à vénérer la vache et le brâhmane. La concession lui est bien payée : le brahmane qui sait tout, sait aussi par quels fils mystérieux les ancêtres du chef tiennent aux vieux héros épiques de la fable hindoue. Et voilà notre sauvage pourvu d'un titre de noblesse, incertain et douteux encore ; mais c'est à lui de le faire valoir ; si sa piété brahmanique multiplie les gages, s'il témoigne sa soumission et sa générosité, les communautés hindoues de vieille date s'ouvriront peu à peu à ce parvenu et finiront par l'admettre dans leurs rangs.

Ainsi cette religion, si luxuriante de mythologie qu'elle défie la description, si abondante en divinités qu'elle dépasse le cadre de tous les catalogues, se concentre en dernière analyse dans un fait social : la suprématie du brahmane. Si nous voulons la suivre dans sa vie journalière, ce n'est pas dans ses rites compliqués que nous la saisirons ; là encore, l'unité nous échapperait, et nous serions à nouveau en présence du chaos. C'est dans une organisation sociale que nous la verrons s'exprimer : le régime des castes est la forme commune de tout l'hindouisme.

Les castes ! Encore un mot célèbre, et qui a fait fortune en Occident. Nous parlons couramment de l'esprit de caste ; on vit dans sa caste ; on se marie hors de sa caste, souvent au grand scandale des voisins. Nous croyons avoir des castes, et nous nous en plaignons. Un Hindou rirait à nous entendre, et nous accuserait d'un fâcheux abus de mots. La caste hindoue n'est pas une convention sociale que chacun accepte ou rejette à son choix ; c'est une nécessité de naissance qu'il faut subir, quel qu'en soit l'avantage ou l'inconvénient. La caste se définit avec une précision juridique : c'est le groupe des individus liés par la connubialité et la commensalité. En termes moins pédantesques, un homme ne peut pas manger avec des hommes d'une autre caste ; un homme ne peut pas se marier en dehors de sa caste. Je n'insisterai pas ici sur les limitations secondaires qui restreignent encore l'espace étroit où l'individu se trouve circonscrit. Je ne m'arrêterai pas davantage à débattre la question si controversée des origines de la caste, tenue tantôt pour ethnique, tantôt pour professionnelle au point de départ. On se figure volontiers de loin, sur la foi des codes sanscrits eux-mêmes, la société hindoue comme partagée en cinq catégories, dont quatre castes : en tête les brahmanes; derrière eux, l'aristocratie militaire (les Kṣatriya) ; en troisième lieu, les cultivateurs et les marchands (les Vaiçya) ; enfin, les castes inférieures (Çûdra) ; puis, en dehors de l'organisation, en dehors des lois et des droits, les Caṇḍâla, mieux connus sous leur désignation méridionale de Parias. La réalité est infiniment plus complexe que les classifications des juristes ; la société hindoue est une immense agglomération de menus groupes séparés par des cloisons étanches ; ni ascension, ni recul pour l'individu. Sortir de la caste, c'est déchoir en dehors de toute l'organisation, c'est tomber d'un coup jusqu'aux bas fonds immondes, où grouille la vermine humaine des Parias.

Un système aussi rigoureux, excessif dans ses privilèges aussi bien que dans ses charges, ne saurait s'imposer sans la complicité de la raison humaine. Notre conscience occidentale, heureusement étrangère à ce préjugé, ne peut pas supporter sans révolte l'idée d'un cadre social irrévocablement fixé par la naissance, au mépris des titres et des mérites personnels. L'Hindou, cependant, s'incline, et depuis de longs siècles, sous cette loi fatale. C'est que le régime des castes est, dans ses croyances, solidaire de la conception de l'univers. Sous l'influence concordante des idées classiques, des idées bibliques et des idées chrétiennes, nous nous représentons la vie humaine comme le plus court et le plus tragique des drames ; l'homme, brusquement surgi du néant à l'existence, y joue en quelques années sa destinée éternelle : le rideau de la mort tombe sur l'apothéose ou sur la damnation. L'Hindou répugne à une pareille doctrine comme à la plus cruelle des injustices. La vie pour lui n'est qu'une phase passagère dans une évolution infinie : la loi de causalité, qui nous paraît si nécessaire dans le monde physique, lui paraît plus nécessaire encore dans le monde moral. L'individu, avec ses avantages comme avec ses tares, n'est point un accident du hasard ou un caprice de la puissance divine ; c'est la résultante, mathématiquement fatale, d'un insondable passé. Il est son propre héritier, presque toujours inconscient par l'aveuglement de l'ignorance ; mais les grands voyants qui dominent la foule savent lire dans leur lointaine mémoire ; ils y déchiffrent le souvenir persistant des existences anciennes et le révèlent à la foule éblouie, comme Pythagore en présence du bouclier d'Euphorbe. Par là, se rétablit l'équilibre qui semblait si brutalement violé ;

le brahmane ici-bas recueille le fruit de ses mérites accumulés, comme le paria paie l'expiation de ses forfaits oubliés, mais non éteints, en vertu d'une loi supérieure aux exigences immédiates de la raison humaine, d'une loi de rétribution qui poursuit à distance son effet infaillible, par delà les perspectives trop courtes des regards humains. C'est la doctrine du *karman*, « de l'acte », comme l'appellent les Hindous ; nous la connaissons mieux sous le nom de la transmigration, et surtout de la métempsychose, que nous avons reçu tout formé des écoles grecques. Pythagore la professait ; il n'est guère de communauté humaine où elle n'ait trouvé des adeptes ; mais nulle part, elle ne s'est imposée à la conscience d'un peuple avec l'évidence et la nécessité qui l'ont imposée à la conscience de l'Inde.

La preuve la plus éclatante de cette nécessité, c'est qu'elle s'est imposée en dehors de l'hindouisme aux confessions rivales qui lui disputaient le terrain. De ce point de vue, le bouddhisme et le jainisme, les deux hérésies détestées, ne se distinguent pas de l'hindouisme ; le brahmane pense avoir anéanti l'un, épuisé l'autre ; en fait, il les a absorbés, et il les perpétue. La statistique du recensement compte, il est vrai, neuf millions et demi de bouddhistes dans l'Inde ; mais il s'agit, en ce cas, de l'Inde administrative, officielle, qui n'est pas l'Inde géographique, ni historique. L'Inde Britannique s'est annexé la Birmanie qui appartient, par la géographie et par l'histoire, à l'ensemble de l'Indochine, et c'est la population birmane qui fournit à peu près le total des bouddhistes compris dans le recensement. En revanche, une fantaisie analogue de l'administration laisse en dehors de l'Inde Britannique l'île de Ceylan, si étroitement attachée à l'Inde par une chaîne de récifs et par une chaîne de traditions, tant historiques que légendaires ; Ceylan est une possession directe de la Couronne Britannique, et les Bouddhistes de Ceylan, au nombre de plusieurs millions, n'entrent pas dans les tables du recensement de l'Inde. Mais Ceylan mis à part, la Birmanie rendue à l'Indo-Chine, l'Inde propre, l'Inde continentale, ne compte pas dans sa population stable et fixe, dans ses trois cents millions d'hommes, un seul bouddhiste. Que s'est-il donc passé ? Comment une confession qui mit en balance, il y a des siècles, la fortune de l'hindouisme a-t-elle pu disparaître ? Les croyances, les églises meurent, nous le savons. Mais comment meurent-elles ? Et qu'est-ce que leur mort ? Le cas du bouddhisme va nous l'apprendre.

Vers le VIe siècle avant l'ère chrétienne, l'Inde, sur une grande étendue, était déjà soumise à des conquérants aryens ; les envahisseurs qui parlaient une langue étroitement apparentée avec les parlers de l'Europe ancienne, avec le grec, avec le latin, avec le celtique, avec le germanique, et plus étroitement apparentée encore avec le langage des anciens Perses, avaient, à une époque indéterminée, franchi l'Indus et porté dans l'Inde avec leur langage, leurs idées, leurs institutions, leurs dieux et leur culte. Une tradition fidèle, conservée d'abord de vive voix, consignée plus tard par l'écriture, nous a conservé une partie des prières en usage chez les anciens Aryas de l'Inde, aussi les traités d'exégèse qui s'y étaient greffés, enfin, l'exposé des rites où les éléments de la liturgie trouvaient leur emploi. Cette littérature, c'est les Védas. Leur nom est connu, mais que d'erreurs s'abritent sous ce nom ! Les Hindous d'aujourd'hui, comme ceux d'autrefois, attribuent aux Védas une antiquité prodigieuse ; l'école la plus orthodoxe va même jusqu'à les dater d'avant la création. Les Européens qui les étudièrent les premiers, grisés de leur découverte, ne surent ni ne voulurent se dérober à la séduction du préjugé hindou ; ils se contentèrent d'y greffer un autre préjugé, le préjugé du nationalisme indo-germanique. Les textes, si on les sollicite, ne se refusent jamais. On fit des Védas comme une édition revue et corrigée de la Bible aryenne, toute poétique, toute pastorale, toute candide, sur le modèle de la pastorale et du romantisme combinés.

Les études, en se poursuivant, ont écarté ce préjugé ; la religion des Védas, mieux connue, nous apparaît aujourd'hui comme une sorte de magie très savante. Les divinités sont des forces naturelles, mais qui correspondent à des notions déjà clairement analysées et portées à un degré élevé de généralisation : l'une préside à la lumière, l'autre au vent, une autre aux eaux ; des personnalités puissantes se sont déjà précisées ; on sait leur aspect, leur filiation, leur histoire, leurs miracles, leurs exploits. Mais leur abord est difficile ; leur maniement dangereux ; leur action, commandée par les rites, est également avantageuse ou nuisible ; et les rites pour les approcher sont d'une délicatesse désespérante ; le sacrifice est une opération destinée à introduire le fidèle dans la communion des dieux, dans le monde de l'immortalité ; par une série d'actes symboliques aussi puérils que compliqués, le postulant traverse à nouveau les phases de la conception, de la naissance, de l'initiation ; puis, au moyen d'un cérémonial aussi embarrassant, il est ramené dans la société des hommes. Rien de plus sec, rien de plus brutalement mécanique que cette religion et que ce culte. Parallèlement, et sans doute en marge de la religion officielle, l'influence des peuples aborigènes avait suscité d'autres dieux, d'autres croyances ; le climat, le spectacle d'une nature en débauche avait facilité soit l'éclosion, soit la croissance de cette doctrine du *karman*, qui devait marquer sur le génie hindou une empreinte ineffaçable. La civilisation, plus raffinée, la vie, moins âpre et plus pacifique, laissaient plus de temps à la réflexion. Les ermites, les ascètes, dans leurs longues contemplations, ne se contentaient plus des extases ravissantes, où ils avaient cru partager la félicité matérielle des dieux ; ils mesuraient avec effroi le cycle infini des renaissances où la transmigration emportait les âmes, aspirant en vain à un éternel repos. Un mal moral tourmentait l'Inde. A ce moment, dans la même région de l'Inde Orientale et dans le même temps, parurent deux hommes qui devaient poursuivre parallèlement, avec des conditions de succès fort diverses, une œuvre analogue : Gautama Siddhārtha, mieux connu comme le Bouddha « l'illuminé », par excellence ; Vardhamāna, qui fut surnommé le « Jina », le vainqueur ; les doctrines qu'ils propagèrent s'appellent, de leur titre, l'une, le Bouddhisme, l'autre, le Jainisme. Ni l'un ni l'autre ne prétendaient entrer en concurrence avec les cultes et les dogmes reconnus ; ils ne niaient pas les dieux ; ils ne niaient pas les rites. Ils déplaçaient le problème et prétendaient le résoudre. Les rites n'assuraient qu'un bonheur passager, soumis à la loi inéluctable des transmigrations ; le paradis a une fin, comme la souffrance, et cette perspective suffit à en empoisonner les joies. Le Bouddha et le Jina crurent trouver dans la loi morale elle-même la cause des causes, capable par son seul jeu d'arrêter, ou plutôt de prolonger à l'infini, dans un effet uniforme, la loi de causalité. Supprimez le désir, enseignaient-ils, car le désir est la cause du devenir. Ils créèrent une discipline appropriée ; ils fondèrent des communautés de saints. Leur souvenir transmis pieusement s'y conserva comme une règle, comme un exemple, comme un encouragement ; pour répéter un mot célèbre, une doctrine qui ne laissait pas de place aux dieux initia l'Inde à l'adoration mystique, à la dévotion du cœur. Vers 250 avant J.-C., un empereur qui commandait à l'Inde entière, Açoka, adopte le bouddhisme comme religion d'état. Des temples splendides s'élèvent dans l'Inde ; des missionnaires vont porter la bonne parole en dehors du territoire hindou, par delà les limites trop étroites où le brahmanisme rituel avait prétendu enfermer la pureté orthodoxe ; emporté dans un élan d'enthousiasme, le bouddhisme va propager sa morale sublime, son ivresse de renoncement, de charité, de sacrifice, au Nord, à l'Himalaya, au Sud, à Ceylan. La fortune des armes, qui a donné à Alexandre l'Asie antérieure, a créé dans les ruines de l'empire macédonien un royaume hellénique sur la frontière de l'Inde, dans les montagnes farouches de l'Afghanistan. Le génie grec subit le prestige de la première religion universelle, qui vient publier à tous les hommes les fruits longtemps mûris de la sagesse brahmanique. La dialectique et la politique font des conversions ; un roi grec, Ménandre, entre dans le catalogue des saints du bouddhisme. Les sculpteurs grecs passent au service de l'Église bouddhique ; l'art hellénique, fécondé par une inspiration nouvelle, invente les formes canoniques où l'Inde et toute l'Extrême Asie, jusqu'au Japon, vont désormais se représenter leurs dieux, leurs saints, leurs scènes sacrées. La morale bouddhique, propagée ou insinuée par un apostolat anonyme, pénètre jusqu'à l'Égypte et jusqu'aux régions méprisées où va surgir un enfant-dieu, destiné à la conquête du monde. L'univers semble travailler d'un élan unanime à une œuvre de salut, sous les auspices du bouddhisme. Une secousse profonde a ébranlé les hordes qui poussent leurs chevaux entre la Mongolie et la Caspienne ; un héritier des Khans turcs partage d'abord avec un Grec le trône de Bactriane, puis l'occupe tout entier ; un empire Indo-Scythe s'étend du Gange au Fleuve Jaune. Le bouddhisme qui avait eu son Constantin, trouve son Clovis ; sous le patronage de maîtres barbares, les missionnaires du Bouddha vont conquérir le Turkestan, la Chine, la Corée, l'Indochine et les îles de la mer Orientale. Mais le bouddhisme doit succomber à son succès même : en passant chez les barbares, l'Église a dû s'assouplir à leurs exigences ; il a dû s'accommoder de leur panthéon bizarre, de leur sorcellerie, de leur abracadabra ; il est tombé, dans ses pratiques, au-dessous du niveau moyen de l'Inde ; il s'est dégradé. Autre tare : religion internationale, le bouddhisme apparaît comme la croyance de l'étranger en face du brahmanisme qui n'a jamais pactisé avec les ennemis du dehors. Et les ennemis du dehors se font pressants, formidables ; à partir du milieu du VIIe siècle, des grondements voisins annoncent déjà à l'Inde l'approche de l'Islam ; à la fin du Xe siècle, l'ouragan éclate, furieux, impétueux ; les temples sont saccagés, les couvents brûlés, les communautés religieuses sont dispersées. Quand l'ordre reparaît après la longue tourmente, le bouddhisme a disparu ; on chercherait en vain ses traces, tout est effacé.

Plus de docteurs, plus de moines, plus de laïques, plus de textes même ; mais l'esprit du bouddhisme n'est pas mort. Son antagoniste d'autrefois l'a recueilli. Le panthéon des brahmanes s'est transformé. Les vieilles divinités des Védas ont reculé dans l'ombre ; elles ont cédé le pas à des divinités nouvelles. L'homme, amélioré, plus cultivé, plus sensible, a refait ses dieux à son image ; il les veut plus amicaux, plus tendres, plus près de lui et meilleurs que lui. La doctrine de la *bhakti*, de l'amour de Dieu, de la dévotion personnelle, célébrée par l'épopée, exaltée par les compilations versifiées des Purāṇas, suscite toute une floraison de sectes consacrées de préférence au culte de Viṣṇu. Ce n'est pas sans raison que les exégètes et les théoriciens du brahmanisme hindou ont classé le Bouddha parmi les avatars de Viṣṇu ; Viṣṇu, sous ses multiples aspects, est le vrai successeur du Bouddha ; il est à son tour le maître, le conseiller, le guide, l'ami, le parent des hommes. Et ce n'est point non plus par une vaine fantaisie que les mêmes théoriciens représentent le Bouddha comme un avatar de Viṣṇu descendu sur la terre pour abolir la pratique des sacrifices sanglants que les Védas avaient prescrits. C'est vraiment la parole du Bouddha, et aussi du Jina, son contemporain, qui a appris à l'Inde l'horreur du meurtre rituel et le respect bienveillant de la vie, sous ses manifestations même les plus élémentaires.

Je ne m'arrêterai pas ici au jainisme. Ses pâles annales ne sont guère que l'annexe du bouddhisme ; c'est à sa médiocrité même qu'il doit d'avoir survécu. Les fonctionnaires du recensement avouent avec franchise qu'il leur est impossible de caractériser le jainisme contemporain ; ce n'est plus qu'une branche de l'hindouisme avec quelques dieux à part, et leurs chapelles en plus.

Après la ruine du bouddhisme, le brahmanisme hindou se trouve en face d'un adversaire formidable, qui ne connaît ni transaction, ni trêve ; le sabre à la main, l'Islam se rue sur l'Inde et la tient bientôt enchaînée. Rien de plus opposé que les deux systèmes : l'un, enfermé dans sa formule de confession précise, esclave docile du Livre qui l'a créé, serviteur jaloux d'un dieu unique ; l'autre, éternellement ondoyant, incertain du nombre de ses dieux toujours accru, sans hiérarchie, sans autorité souveraine, livré au caprice de tous les voyants et de tous les charlatans. La haine, fatale, éclate en de longs et formidables conflits ; elle se prolonge aujourd'hui encore, exploitée par la politique anglaise qui asseoit sa suprématie en bascule sur les discordes des rivaux. Et pourtant, à leur insu, en dépit d'eux, l'hindouisme et l'Islam ont agi l'un sur l'autre. Les appels scandalisés des réformateurs musulmans qui surgissent sans cesse, dénoncent plus de maux qu'ils ne signalent de remèdes : le Musulman de l'Inde continue à adorer les saints locaux ; il n'a fait que changer leur nom ; il offre des gâteaux aux mânes des ancêtres ; il prend même part à des fêtes, à des processions hindoues. Et l'Hindou, de son côté, apprend à réagir contre une idolâtrie effrénée, contre une anarchie débilitante : la puissante confrérie des Sikhs, qui osa disputer aux armes musulmanes comme aux armes anglaises l'empire des Indes, est née sur les confins du monde musulman et du monde hindou ; ses fidèles, armés pour la guerre sainte, au nom de Viṣṇu (Hari), comme le musulman au nom d'Allah, jurent comme de vrais musulmans, haine aux idoles, obéissance absolue à la Loi (*Granth*) et au Prophète (*Guru*).

C'est aux violences de l'Islam que l'Inde doit d'avoir recueilli les derniers débris des communautés zoroastriennes : chassés de la Perse par le fanatisme de ses nouveaux maîtres, au cours du VIIIe siècle après J.-C., débarqués comme des exilés et des suppliants, les Parsis étaient trop peu nombreux pour agir sur les croyances de l'Inde ; c'est déjà un miracle de vitalité que d'avoir su préserver pendant douze siècles leurs traditions, leur culte, leur littérature, tout ce qui nous reste de l'antiquité florissante de l'Iran. Mais, ni leur exemple, ni leur activité, n'ont été stériles pour l'Inde ; ils lui ont montré ce que peut une infime minorité, si elle est étroitement unie, si elle n'oublie pas ses devoirs historiques, si elle sait entretenir ses traditions et les assouplir, si elle s'offre à tenter loyalement les innovations qui effraient les grandes sociétés, si elle sait combiner avec la solidarité humaine.

Les Juifs n'ont jamais compté dans l'Inde. Le christianisme introduit, dit-on par l'apôtre Thomas, déjà puissant au VIe siècle sur les côtes méridionales, n'a exercé d'influence que depuis l'occupation européenne. L'intelligence, le zèle, l'activité admirables des missionnaires Jésuites se sont usés, pendant trois siècles, à de misérables discussions de rites, de liturgie, d'organisation et d'administration ; confiné dans son domaine primitif, accru seulement par le développement normal de la population, le catholicisme n'a pas agi sur la pensée de l'Inde. Mais l'esprit de la Réforme, introduit par les missions et par l'administration anglaise, a déjà été bienfaisant et fécond. Dès le début du XIXe siècle, un Bengali, Ram Mohan Roy, déjà familier avec le sanscrit et le persan, abordait l'étude de l'arabe, de l'hébreu, du grec, de l'anglais, et parallèlement à Bopp, fondait, si l'on peut dire, la grammaire comparative des religions. Loyalement séduit par les beautés propres de chaque système, chrétien pour les chrétiens, musulman pour les musulmans, il restait surtout Hindou ; fidèle à l'esprit fondamental du brahmanisme, il se croyait libre d'innover s'il acceptait l'autorité des Védas. Mais de l'immense littérature classée sous ce nom, il ne retenait guère que les productions les plus tardives, les Upaniṣad, qui substituent au rite matériel une interprétation de symbolisme mystique. C'est aux Upaniṣad qu'il prétend emprunter les pures leçons de la véritable sagesse indienne, en les contrôlant par la Bible, l'Évangile et le Coran. Il dénonce et condamne, au nom de l'orthodoxie même, les superfétations d'origine récente, le suicide des veuves, l'étroitesse des castes, et rompant avec un préjugé tant de fois séculaire, il s'embarque sur « l'eau noire » de l'Océan et part visiter l'Europe, où il meurt en 1833 à Bristol, resté jusqu'à la dernière heure Hindou et Brahmane. Après lui, l'Église du « protestantisme hindou », comme on l'a appelée, se scinde et manque de périr ; des hommes de caractère et de talent la sauvent : elle compte aujourd'hui dans ses deux groupes de l'Arya-Samāj et du Brahma-Samāj moins de cent mille adeptes, chiffre dérisoire par rapport au total de la population, mais l'avenir est aux minorités disciplinées et conscientes et « les intellectuels » de la petite Église pèseront plus, sans doute, sur les destinées futures de l'Inde que les millions inertes, déprimés par l'ignorance ou par le fanatisme.

C'est ainsi que l'Inde poursuivant à travers les catastrophes et les invasions son développement normal, s'est enrichie bon gré mal gré, le plus souvent à contre-cœur, et des hérésies mêmes qu'elle avait enfantées, et des croyances étrangères qu'elle avait honnies. Initiée par les Aryens védiques à l'ordonnance méthodique des divinités et des rites, par les maîtres brahmaniques aux spéculations de la théosophie, par le bouddhisme et le jainisme à la dévotion du cœur et à la charité, par l'Islam à la discipline sévère, par le christianisme à l'humanité, l'Inde pensive et douloureuse est à la fois et son œuvre propre et l'œuvre du monde entier.

LES SAINTES ÉCRITURES DU BOUDDHISME

COMMENT S'EST CONSTITUÉ LE CANON SACRÉ

Toutes les religions organisées se voient obligées, à une étape de leur carrière, de se constituer un *Canon*, c'est-à-dire un ensemble défini de textes qu'on impose au fidèle comme la règle de l'orthodoxie, et qu'on oppose à l'adversaire comme une autorité indiscutable. Le judaïsme a « la Loi et les Prophètes » ; le christianisme a l'Évangile et les Épîtres ; l'islàmisme a le Coran ; les brahmanes ont le Veda. Le bouddhisme a ses « Trois Corbeilles » (Tripiṭaka) qui contiennent dans son intégralité la « Parole du Bouddha ». Passons rapidement en revue ces Trois Corbeilles, des Sûtra, du Vinaya, de l'Abhidharma ; le choix des textes admis dans le Canon nous instruira par surcroît sur l'esprit même de la religion qui s'y exprime.

La Corbeille du Vinaya est la règle de la vie monastique, tant à l'usage des religieux qu'à l'usage des nonnes ; de ce fait, le Vinaya est double (*ubhatovinaya*) ; chaque rubrique y paraît deux fois, côté des hommes et côté des femmes. Les sections sont au nombre de cinq : Pâtimokkha, Mahâvagga, Cullavagga, Suttavibhaṅga, Parivâra. Le Pâtimokkha, destiné à être lu publiquement les jours périodiques de confession, n'est guère qu'une liste de péchés avec les sanctions afférentes. Le Mahâvagga et le Cullavagga donnent le code détaillé des obligations, soit journalières, soit accidentelles ; chaque prescription y est introduite par le récit d'un événement qui l'occasionne et la justifie. La narration s'y étale à son aise : une biographie partielle du Bouddha ouvre le Mahâvagga ; le Cullavagga se ferme sur le récit des conciles tenus après la mort du Bouddha. Le Suttavibhaṅga est un véritable commentaire des articles du Pâtimokkha ; il en raconte l'origine, en interprète le sens, en discute les applications. Le Parivâra est une espèce de « Deutéronome », revision et catéchisme à la fois.

La Corbeille des Sûtra renferme une masse énorme de prédications et de récits édifiants introduits par une formule stéréotypée : « C'est ainsi que j'ai entendu. Un jour le Bienheureux résidait à... ». Elle est répartie en quatre sections : la

Collection Longue (*Dîgha Nikâya*), formée des textes les plus étendus, au nombre de trente-quatre ; — la Collection Moyenne (*Majjhima Nikâya*), qui comprend les textes d'étendue moyenne, au nombre de cent cinquante-deux ; — la Collection Mêlée (*Saṃyutta Nikâya*), sorte de pot-pourri où ont été versées des collections de toute nature, au total sept mille sept cent soixante-deux textes ; — la Collection Numérique (*Aṅguttara Nikâya*), où les enseignements portant sur des rubriques numérales ont été rassemblés et classés par ordre de gradation ascendante, de la rubrique Un à la rubrique Onze, en tout neuf mille cinq cent cinquante-sept morceaux.

A ces quatre collections vient encore s'ajouter une cinquième, franchement artificielle, qui comprend tout ce qu'on n'a pas pu classer ailleurs, la Collection Mineure (*Khuddaka Nikâya*) ; des œuvres nommément attribuées à des disciples du Bouddha sont même venues ici s'incorporer sans scandale dans « la Parole du Maître ». Les éléments de la Collection Mineure sont :

Le *Khuddakapâṭha*, petit groupe de menus textes, en partie incorporés aussi dans d'autres sections ;

Le *Dhammapada*, trésor des sentences du Bouddha, en vers ;

L'*Udâna*, suite de courts récits édifiants terminés chacun par un apophthegme ;

L'*Itivuttaka*, petits sermons introduits par une formule spéciale [vuttaṃ hetaṃ...] ;

Le *Sutta Nipâta*, admirable recueil de morceaux certainement anciens, et déjà groupés antérieurement en sous-collections ;

Le *Vimâna vatthu* et le *Peta vatthu*, récits en vers d'actes, respectivement bons ou mauvais, qui ont valu à leurs auteurs soit le ciel, soit l'enfer ;

Les *Thera gâthâ* et les *Therî gâthâ*, poèmes dus à des religieux ou des religieuses de mérite éminent ;

Le *Jâtaka*, cinq cent quarante-sept récits d'existences antérieures du Bouddha ;

Le *Niddesa*, commentaire sur trente-trois pièces du Sutta-Nipâta, attribué à Çâriputra ;

Le *Patisambhidâ magga*, suite d'enseignements scolastiques sur la voie de la connaissance sainte ;

L'*Apadâna*, biographies en vers de saints et de saintes ;

Le *Buddhavaṃsa*, histoire de la succession des Bouddhas ;

Le *Cariyâ piṭaka*, récit versifié d'existences antérieures du Bouddha.

La troisième Corbeille est celle de l'Abhidharma. Classée de pair avec les deux autres, elle n'en occupe pas moins de fait un rang inférieur. Elle consiste en sept traités de métaphysique : *Dammasaṃgaṇi*, *Vibhaṅga*, *Kathâvatthu*, *Puggalapaññatti*, *Dhâtukathâ*, *Yamaka*, *Paṭṭhâna*.

Tel est l'ensemble du Canon. Voulons-nous savoir comment il s'est constitué ? Aussitôt après la mort du Bouddha, un des principaux disciples, Kâçyapa, a convoqué un concile de cinq cents moines, tous des saints, à Râjagṛha. Ânanḍa, le cousin et le disciple préféré du maître, a récité les Sûtra ; Upâli, l'ancien barbier reconnu comme le plus compétent en matière de Discipline, a récité le Vinaya. De l'Abhidharma, on ne parle point encore ; il reste l'apanage exclusif des Dieux, à qui le Bouddha l'a prêché ; c'est plus tard seulement que des voyants le révèleront à la terre. Un siècle après le Nirvâṇa, un second concile se réunit à Vaiçâlî, pour régler dix questions de pratique qui ont agité toute l'Église ; l'assemblée procède à une nouvelle récitation du Canon. Un siècle encore se passe ; le puissant Açoka règne alors à Pâṭaliputra, et l'Inde entière est soumise à son empire ; la communauté bouddhique est en mal de schismes. Nouveau concile, cette fois-ci officiel, convoqué par l'autorité royale ; nouvelle récitation des textes, sous la présidence de Tissa Moggaliputta, qui communique au Concile le dernier des textes d'Abhidharma, le Kathâvatthu. Des missions vont porter la parole du Bouddha aux extrémités de l'empire, et même au dehors. Le fils d'Açoka, Mahendra, convertit Ceylan et y apporte les Trois Corbeilles, vers 250 av. J.-C. La tradition orale les y préserve avec une fidélité scrupuleuse pendant deux siècles ; mais les troubles politiques semblent à la longue menacer leur conservation ; vers 50 avant J.-C., le roi Vaṭṭa Gâmani réunit un concile singhalais qui fixe par écrit les Livres Saints. Dès lors, les copies pieusement exécutées dans les monastères assurent la perpétuité des textes.

J'ai parlé jusqu'ici comme le plus fidèle des adeptes du Canon pali ; moines ou laïcs de Ceylan, de Birmanie, du Siam, du Cambodge pourraient souscrire sans restriction à l'histoire du Canon telle que je l'ai tracée. Mais changeons de pays, et le dogme va changer.

Dans l'Inde même, le bouddhisme a disparu ; seul, à l'extrême nord, dans l'Himalaya, le Népal le voit végéter encore, décrépit et moribond ; les Gourkhas, maîtres du pays, ont adopté le brahmanisme, et les Névars assujettis, appauvris, regardent nonchalamment s'écrouler leurs vieux sanctuaires. Les couvents dégénérés ne gardent plus que des fragments de la littérature bouddhique. Le Canon ancien a disparu ; l'Église l'a remplacé par neuf Dharma, « Lois » : la Prajñâ Pâramitâ en huit mille lignes ; le Gaṇḍavyûha ; le Daçabhûmîçvara ; le Samâdhirâja ; le Laṅkâvatâra ; le Saddharmapuṇḍarîka, « Lotus de la Bonne Loi » ; le Tathâgataguhyaka ; le Lalita vistara ; le Suvarṇa prabhâsa. A ces textes consacrés, il faudrait en ajouter d'autres encore, certainement anciens : le Mahâvastu, le Divyâvadâna, etc. Tous ces textes sont écrits, soit en sanscrit, soit dans des langues voisines du sanscrit, mais différentes du pali. Le désordre et les lacunes de la collection népalaise, si riche qu'elle soit, lui ont nui dans l'opinion des savants, séduits par la belle ordonnance du Canon pali ; on s'est plu longtemps à représenter ces textes comme des remaniements tardifs des originaux palis, mal compris par des interprètes trop ignorants. On a signalé, comme une tare radicale du bouddhisme sanscrit, l'absence du Vinaya dans cette collection : mais le Mahâvastu se présente, et non sans raison, comme une partie du Vinaya des Lokottaravâdin classés dans l'école des Mahâ-Sâṃghika ; le Divyâvadâna a été reconnu récemment comme formé en grande partie de fragments du Vinaya des Mûla Sarvâstivâdin. Une critique impartiale a de plus signalé dans d'autres textes népalais des recensions indépendantes de morceaux admis par ailleurs dans le Canon pali.

Le Tibet, converti au bouddhisme à partir du VIIe siècle, a une immense littérature sacrée répartie entre deux collections : le Kanjour (*Bka'-gyur*) et le Tanjour (*Bstan-gyur*). Le Kanjour est le Canon, au sens le plus restreint ; c'est « la Parole du Bouddha », tandis que le Tanjour contient les Pères de l'Église, la littérature exégétique et les traités techniques. Le Kanjour est divisé en sept sections : Dulva, Çer-phyin, Phal-chen, Dkon-brtsegs, Mdo, Myaṅ'das, Rgyud.

Le Dulva, c'est-à-dire le Vinaya, est une vaste compilation en treize volumes ; en fait, c'est le Vinaya de l'école Mûla Sarvâstivâdin, qui était rédigé en sanscrit, et dont le Népal nous a conservé de longs extraits. Ce Vinaya monstrueux, écrit avec art, mêle et brouille tous les genres ; les prescriptions ont souvent l'air de simples prétextes à conter de longues histoires familières, héroïques, comiques, fabuleuses, romanesques ; c'est en soi un canon déjà complet.

Les cinq sections suivantes sont des recueils de sûtra : le Çer-phyin, en dix-huit volumes, contient toutes les nombreuses recensions de la Perfection de Sapience (Prajñâ Pâramitâ) ; la plus développée équivaut en longueur à cent mille vers (100.000 $\times$ 32 syllabes !). Le Phal-chen (Avataṃsaka), en six volumes, le Dkon-brtsegs (Ratnakûṭa), en six volumes, le Myaṅ-'das (Nirvâṇa), en deux volumes, sont des collections de sûtra groupés par analogie de doctrine ou de sujet. La cinquième section, le Mdo (Sûtra), en trente volumes, a absorbé tous les sûtra qui n'entraient pas dans les trois autres groupes. Enfin le Rgyud (Tantra), en vingt-deux volumes, est la littérature magique, si fortement en honneur au Tibet.

A part treize sûtra, incorporés comme un appendice à la fin du dernier volume de la section Mdo, et qui se présentent eux-mêmes comme traduits du pali, les textes du Kanjour n'ont pas de correspondant exact dans le Canon de l'Église singhalaise. L'Église singhalaise se donne comme l'héritière des Anciens, les Sthavira (en pali, Thera) ; son enseignement ne vise qu'à faire des saints définitivement arrachés au tourbillon des transmigrations, ancrés dans le port du Nirvâṇa ; ce sont les Arhat. La collection tibétaine, comme la népalaise, se réclame d'une autre doctrine, qui se qualifie de Grand Véhicule (Mahâyâna). Le Grand Véhicule arrache le saint du Nirvâṇa où il est arrivé comme le Petit Véhicule (Hînayâna) l'arrachait des transmigrations ; il le ramène, épuré, sublimé, à la vie active pour accomplir le salut de l'univers entier.

La Chine, entamée par l'apostolat bouddhique dès le Ier siècle de l'ère chrétienne, n'a pas cessé d'absorber pendant plus de dix siècles, avec une sereine impartialité, tous les textes que missionnaires, aventuriers, pèlerins lui apportaient de partout ; il lui en est venu de l'Inde, de Ceylan, de Birmanie, du monde iranien, du monde turc. Les Trois Corbeilles de la Chine n'ont d'un Canon que le nom seul ; toutes les doctrines y ont trouvé leur place. De 518 à 1737, le Canon des livres bouddhiques n'a pas été dressé moins de douze fois. Encore faut-il y ajouter la collection de Corée, riche de textes originaux empruntés à la Chine, qui a été constituée en 1010 et qui nous a été transmise dans un exemplaire unique, conservé au Japon.

Le cadre du Canon chinois en exprime bien l'esprit ; il conserve la division traditionnelle des Trois Corbeilles ; mais, sous chaque rubrique, il ouvre deux sections : Mahâyâna et Hînayâna, le Mahâyâna en tête. La Corbeille des Sûtra du Mahâyâna reproduit en partie les classes du Kanjour tibétain : Prajñâpâramitâ, Ratnakûṭa, Avataṃsaka, Nirvâṇa ; elle y ajoute le Mahâsaṃnipâta, et ouvre ensuite une série spéciale pour les sûtra restés en dehors de ces collections ; elle les distribue en deux groupes, selon qu'ils ont été traduits plusieurs fois ou une fois seulement.

La Corbeille des Sûtra du Hînayâna consiste essentiellement en quatre collections (Âgama) respectivement dénommées Longue, Moyenne, Mêlée, Un-et-plus. Sous ces désignations, on reconnaît le pendant des quatre Nikâya palis. En fait, la ressemblance est frappante ; elle ne va pas à l'identité. C'est bien, en grande partie, les mêmes morceaux qui figurent de part et d'autre ; mais la disposition de l'ensemble et des détails diffère, le développement des mêmes sûtra offre de notables divergences ; enfin les transcriptions des noms propres laissent deviner un original en sanscrit, ou en quasi-sanscrit. Aurait-il donc existé, dans une des langues sacrées de l'Inde propre, une rédaction de ces quatre Collections indépendante du pali, conservée par une tradition autonome ?

La Corbeille du Vinaya renferme dans la classe du Mahâyâna une série de traités sur la discipline des Bodhisattva ; ici, plus de couvents, plus de règles monastiques ; des dissertations philosophiques et morales éloignées du Vinaya pali, sans rapport même avec lui. Mais la classe du Hînayâna ne contient pas moins de cinq Vinaya apparentés plus ou moins intimement au Vinaya pali ; nous retrouvons là tout entier le Code monastique des Dharmagupta, des Mahîçâsaka, des Mahâ-Sâṃghika, des Sarvâstivâdin, enfin de ces Mûla Sarvâstivâdin dont le Kanjour tibétain possède aussi la version, et dont les compilations népalaises ont préservé des fragments dans la langue originale. Des textes détachés nous renseignent sur le Vinaya d'autres écoles encore, les Kâçyapîya, les Saṃmatîya. Nous avons clairement affaire, dans tous ces Vinaya, à des rédactions indépendantes fondées sur une tradition commune, et qui s'échelonnent par l'ordre intérieur, par la composition, par les éléments, entre le Vinaya un peu sec du pali et le Vinaya presque épique des Mûla Sarvâstivâdin.

La Corbeille de l'Abhidharma, dans ses deux sections, contraste par sa richesse avec la sobriété étriquée de l'Abhidharma pali ; on y retrouve, dans une image fidèle, quoique incomplète, l'intensité d'activité de la pensée philosophique et de la controverse dans les écoles du bouddhisme. Parmi les sept traités canoniques de l'Abhidharma Hînayâniste, deux au moins rappellent par leur titre des correspondants palis : le Prajñapti-çâstra [Puggalapaññatti] et le Dhâtukâya [Dhâtukathâ].

A la suite des Trois Corbeilles, les Chinois ont encore admis une autre catégorie, analogue au Tanjour tibétain : les ouvrages dus aux Pères de l'Église, soit Indiens, soit Chinois.

L'inventaire du Canon bouddhique s'est, en outre, enrichi depuis douze ans à peine d'une annexe importante, et qui va en s'enrichissant sans cesse. Les recherches et les fouilles poursuivies en Asie Centrale ont ramené au jour des originaux qui semblaient irrémédiablement perdus et des traductions plutôt inattendues. La découverte, par Dutreuil de Rhins et par Pétrovsky, des deux moitiés d'un Dhammapada écrit dans un alphabet très ancien et rédigé dans un dialecte sanscrit ouvrit la série des trouvailles sensationnelles ; Stein, Grünwedel, von Le Coq, Pelliot ont tour à tour apporté des matériaux qui restent encore pour la plus grande partie à déchiffrer. Mais dès maintenant nous possédons des fragments authentiques de ce Saṃyukta Âgama sanscrit que la version chinoise laissait deviner, et jusqu'à trois rédactions sanscrites de ce Dhammapada que le Canon pali s'enorgueillissait d'avoir seul préservé. Nous voyons s'annoncer toute une littérature bouddhique de versions turques, et aussi en langue Tokharî, une langue entièrement inconnue hier encore, et qui vient s'ajouter à la famille des langues indo-européennes.

Nous ne sommes plus dès lors en présence d'un Canon unique, privilégié, comme on s'est plu trop souvent à représenter le Canon pali. Soit dans les textes originaux, soit dans des versions en langues fort diverses, nous connaissons d'autres Canons, aussi riches, aussi fournis, aussi bien ordonnés que le Canon pali. Comment choisir entre les prétentions rivales ? A qui discerner le brevet d'authenticité, réclamé de part et d'autre avec une égale assurance ?

Le pali, à l'en croire lui-même, est la langue du Bouddha. Pali n'est qu'une désignation impropre ; son vrai nom, c'est Mâgadhî, la langue du Magadha. Or le Bouddha a vécu dans le Magadha, prêché dans le Magadha ; il s'adressait à tous, sans distinction de caste ; il n'avait que faire du sanscrit, la langue sacrée des brahmanes ; il a dû parler la langue courante, la Mâgadhî. Mais la Mâgadhî nous est connue par des textes épigraphiques, des grammaires, et des textes littéraires. Elle a deux caractères fondamentaux et saillants : elle substitue constamment *l* à *r* [lâja « roi », au lieu de râja]; le nominatif masculin singulier des mots en *a*, le plus souvent en *o* dans les dialectes sanscrits, s'y termine en *e* [deve « le dieu », au lieu de devo]. Le pali maintient la lettre *r* et conserve la flexion en *o*. Il est donc étranger au Magadha. Son berceau reste encore à trouver ; on a proposé Ujjayinî, la côte de Guzerate (Lâṭa), la côte au Sud de l'Orissa (Kaliṅga); mais le Magadha est hors de cause. Si le Bouddha parlait la Mâgadhî, le Canon pali ne saurait en aucun cas être la notation directe de son enseignement.

Le Canon pali se vante d'avoir été « chanté » pour la troisième fois au temps d'Açoka, sur l'invitation expresse de ce prince. Açoka devait donc se servir des textes palis. Or nous possédons une lettre d'Açoka au clergé magadhien, gravée sur une pierre; le roi y signale sept textes dont il recommande la lecture aux religieux et aux laïques (Vinaya samukase, Aliyavasâni, Anâgatabhayâni, Munigâthâ, Moneyasûte, Upatisapasine, Lâghulovâde musâvâdaṃ adhigicya bhagavatâ budhena bhâsite). De ces sept titres, le dernier seul se retrouve dans la collection palie (Majjhima Nikâya, nº 61); le Canon sanscrit l'avait aussi puisqu'il se retrouve dans la version chinoise du recueil correspondant (Madhyama Âgama, nº 14). Mais les particularités linguistiques des mots qui figurent dans ce simple titre suffisent pour attester que le sûtra en question n'était pas rédigé en pali, ni en sanscrit, ni dans les dialectes épigraphiques d'Açoka. On a pour les autres titres proposé des identifications ingénieuses, mais que rien n'impose. Les monuments bouddhiques, groupés autour du règne d'Açoka (Bharhut, Sânchi), portent des inscriptions votives ou explicatives rédigées dans des dialectes qui ne sont pas le pali.

La garantie des trois Conciles n'est pas plus sérieuse. Le premier Concile est une invention pieuse trop mal venue pour tromper personne; le second Concile reste suspendu en l'air, sans aucune connexion historique, et se réduit en fin de compte à une menue controverse de discipline. Au reste, toutes les Écoles bouddhiques s'approprient le même récit, même les Mahâ-Sâmghika contre qui pourtant le second Concile aurait été rédigé si on en croit la tradition palie. La légende ne rencontre l'histoire qu'avec le nom d'Açoka; mais le saint qui préside le troisième Concile est entièrement inconnu en dehors de cet épisode; la maigre légende constituée autour de sa personnalité falote rappelle de trop près, pour être originale, la légende d'un autre saint, Upagupta, que les autres récits peignent avec un relief vigoureux comme le guide spirituel d'Açoka. La première donnée positive ne date que du Iᵉʳ siècle avant J.-C.; le Concile qui fixe alors par écrit les textes sacrés est une assemblée locale qui intéresse tout au plus quelques couvents de Ceylan. Mais la tradition des écoles Sarvâstivâdin place dans la même période un Concile convoqué pour le même objet, et d'une portée bien plus considérable. Le roi Kaniṣka, de qui les hordes scythiques ont soumis l'Inde du Nord, veut par politique ou par dévotion fixer le dogme; un Concile tenu au Cachemire arrête le Canon sanscrit, rédige un commentaire continu des Trois Corbeilles ; un écrivain de génie, Açvaghoṣa, prête aux élucubrations des théologiens les ressources de son style. Tandis que le Canon pali reste encore pour longtemps confiné dans Ceylan où des adversaires puissants (l'école des Mahîçâsaka) le tiennent en échec, le Canon sanscrit des Sarvâstivâdin se propage sur les routes du Turkestan et de la Chine, et les bateaux des colons hindous vont le porter dans l'Indochine et dans l'Archipel Indien. D'autres écoles, moins prospères, mais vivaces pourtant, élaborent aussi vers la même époque leur Canon dans des dialectes néo-sanscrits (prâcrits, apabhraṃça).

Somme toute, la constitution du Canon est un fait tardif qui s'est vraisemblablement produit dans les diverses écoles vers la même période, un peu avant l'ère chrétienne. C'est à l'histoire politique et à l'histoire économique qu'il faudrait sans doute demander les raisons de ce phénomène ; la soudaine diffusion de l'écriture et spécialement des matériaux à écrire provoque une révolution comparable à l'invention de l'imprimerie. Mais si la formation du Canon est tardive, ce n'est pas à dire que certains au moins des éléments qu'il contient ne soient pas de date ancienne. Personne encore ne peut écrire l'histoire exacte du Canon ; mais nous sommes pourtant en état de nous représenter avec une approximation suffisante les stages successifs de cette élaboration.

La tradition, trop facilement acceptée, suppose l'unité primitive de l'Église, et l'exprime par le premier Concile. Les faits protestent cependant contre elle. Le chef d'un groupe assez important, survenu après la clôture du Concile et invité à reconnaître le Canon comme il a été fixé, répond : « La Loi et la Discipline ont été bien chantées. Néanmoins, je veux les garder comme je les ai entendues moi-même, et recueillies de la bouche même du Maître. » Il n'en pouvait être autrement. Le prestige personnel du Bouddha, l'ambition, l'intérêt avaient amené dans la Communauté des religieux de toute provenance : ascètes, barbiers et balayeurs y coudoyaient des princes, des marchands, des philosophes. Rendus par la mort du chef à leurs tendances originelles, les uns et les autres essayèrent avec une parfaite sincérité d'y accommoder les enseignements reçus. Contre ces menaces de désordre et d'anarchie, l'Église avait une sauvegarde. Toutes les quinzaines, les religieux errants ou sédentaires devaient se réunir par paroisse, écouter la récitation des Règles Fondamentales (Prâtimokṣa), et confesser les infractions commises. L'institution de chaque règle se rattachait, ou prétendait se rattacher à un incident réel survenu au temps du Bouddha ; le récit de ces incidents, la biographie des personnages qui y étaient mêlés étaient autant de thèmes offerts à l'imagination et au style. De plus, la vie du couvent, qui allait en se développant sans cesse, proposait ainsi sans cesse des problèmes pratiques qu'il fallait résoudre au nom du fondateur de l'ordre. Les couvents les plus riches, les mieux fréquentés, se créaient ainsi des collections qui se perpétuaient en s'accroissant. Les religieux errants, qui circulaient toujours nombreux de couvent en couvent, maintenaient dans ce vaste ensemble une communication constante qui tendait à niveler les divergences trop accusées. Réduits par élagage à leurs éléments communs, les Vinaya de toutes les écoles se ramènent sans effort à une sorte d'archétype unique, qui n'est pas le Vinaya primitif, mais la moyenne des Vinaya.

En dehors des prescriptions monastiques, l'invention littéraire des moines trouvait aussi à s'exercer sur les souvenirs, réels ou légendaires, de la biographie du Bouddha. Colportés par les mêmes courtiers d'échange, les meilleurs morceaux ne tardaient pas à s'imposer partout, à peine altérés par les accidents de la route, par le goût local ou le parler local. A mesure que le nombre s'en multipliait, le besoin de les classer s'imposait. Les textes sanscrits et palis ont perpétué le souvenir d'une de ces anciennes classifications, distribuée en neuf (pali) ou douze (sanscrit) rubriques [sûtra, geya, vyâkaraṇa, gâthâ, udâna, ityukta, jâtaka, adbhutadharma, vaipulya (pali : vedalla) et de plus, en sanscrit seulement : nidâna, avadâna, upadeça]. L'usage classique a conservé plusieurs de ces dénominations ; d'autres ont si bien disparu, à la constitution du Canon, que leur sens est condamné à rester toujours obscur. Le Canon même nous a conservé une des collections qui l'ont précédé et préparé, l'admirable recueil du Sutta Nipâta (intégralement dans les Trois Corbeilles du pali ; attesté, mais incomplet, en sanscrit) ; le Sutta Nipâta n'est à son tour que la réunion de sous-collections (qui conservaient dans le Canon sanscrit leur existence autonome : Arthavarga, Pârâyaṇa, etc.) ; plusieurs des textes recommandés par Açoka dans l'Édit de Bhabra semblent appartenir à ce recueil. Au témoignage manifeste de tous les Canons, la poésie, ou tout au moins la forme métrique, resta d'abord l'appareil indispensable des compositions littéraires destinées à se transmettre. Plus tard, quand la prose envahissante trouva dans l'écriture une auxiliaire trop complaisante, il fallut créer de nouveaux cadres. L'idée des quatre grands Recueils (Nikâya en pali, Âgama en sanscrit) fut probablement inspirée par la division des Veda en quatre Recueils (Saṃhitâ) ; en tout cas, l'unité admise comme principe de classement (grandeur croissante d'étendue ou de nombre) est la même qu'ont adoptée les diascévastes des Veda. Les principes du classement interne, dans chacun des recueils, sont encore à déterminer ; la disposition varie, nous l'avons déjà constaté, du pali au sanscrit.

Il faut l'avouer loyalement : l'état présent de nos connaissances ne permet pas de trancher entre les prétentions rivales des divers Canons. On oppose volontiers le Canon Pali à tout le bloc des textes bouddhiques de l'Inde, englobés sous la désignation de Canon Sanscrit ou Septentrional. Le procédé peut être commode ; il est d'avance frappé de stérilité. La première précaution de critique est d'isoler, dans ce prétendu bloc, la part propre des diverses écoles ; ce départ une fois fait, il ne faut comparer entre eux que des ouvrages qui, de leur propre aveu, sont foncièrement analogues. Je suis loin de dire qu'il n'y a pas d'intérêt à rapprocher un morceau du Nikâya pali avec un passage du Lalita vistara ou du Mahâvastu ; on peut suivre ainsi les états divers d'une légende ou d'une tradition au cours de ses voyages. Mais on ne peut pas légitimement aller plus loin, ni tirer parti du rapprochement pour affirmer ou contester la priorité du Canon pali sur le Canon sanscrit. Il faut, pour cet objet, comparer les Vinaya aux Vinaya, les Nikâya aux Âgama ; où l'original manque, c'est aux versions chinoise ou tibétaine (turque ou tokharî, peut-être bientôt) à paraître en témoignage. La longue faveur dont le Canon pali a joui dans la science résistera-t-elle à cette épreuve ? Je n'oserais l'affirmer. Prenons par exemple le Vinaya des Mûla Sarvâstivâdin, en sanscrit ; cet immense pot-pourri de la Discipline bouddhique fait pendant, de façon frappante, au Mahâ Bhârata, l'épopée de la Discipline brahmanique ; son bouillonnement tumultueux et chaotique contraste avec la régularité sèche et froide du Vinaya pali. Mais l'ordonnance correcte et rigoureuse des matières marque, plutôt que la confusion des genres, un stage avancé de l'art ou de la technique. Le plus prudent est de se réserver, et d'attendre. L'histoire de l'Inde avance d'une marche lente, mais continue : elle nous a fait déjà connaître le Saint-Jérôme des Écritures palies, Buddhaghosa, traducteur et commentateur hors ligne ; en ce moment même, elle dégage de la brume une autre grande figure, le Saint-Augustin du Canon sanscrit, Açvaghoṣa.

LES ÉTUDES ORIENTALES, LEURS LEÇONS, LEURS RÉSULTATS

Vous me pardonnerez, j'espère, si le sujet que je me propose de traiter aujourd'hui rompt avec le cadre ordinaire de ces entretiens. Il ne s'agira pas cette fois d'étudier en commun un problème spécial de l'histoire religieuse. Je voudrais vous convier à un véritable examen de conscience. Les études orientales ont-elles une raison d'être dans la société moderne ? La question peut sembler oiseuse devant un auditoire qui vient tous les dimanches de l'hiver écouter avec un zèle soutenu les conférences toujours graves, parfois austères, que l'heureuse initiative de M. Guimet offre au public parisien. Même entre nous, pourtant, il ne serait pas inutile de la poser. Des conseillers prudents nous rappelleront sans doute qu'on perd son temps et qu'on court gros risque en demandant : A quoi bon ? L'ironie, l'indifférence, la malveillance tiennent toujours leur réponse prête : A rien ! Mais j'ai assez confiance dans le prix de l'activité humaine pour affronter sans crainte ces jugements dédaigneux.

Au reste, si nous voulions par une complaisance réciproque éluder la question, elle nous reviendrait du dehors. La société où nous vivons a, qu'on le regrette ou qu'on s'en félicite, perdu l'habitude du respect traditionnel ; elle entend soumettre au caprice de ses discussions les hommes et les choses. Et, comme elle a vu se produire, dans la chimie, dans la médecine, dans les arts techniques, des progrès stupéfiants qui ont métamorphosé la vie économique de l'humanité, elle se croit en droit d'exiger des autres disciplines les mêmes garanties d'utilité pratique. La crise est inquiétante. L'humanité qui vient de réaliser au cours d'un siècle miraculeux le long effort des penseurs, des érudits et des chercheurs, tend tout naturellement à oublier l'austère labeur qui a préparé le succès pour jouir éperdument des avantages acquis. Ignorer le passé, c'est compromettre l'avenir. L'étude du passé est la plus belle des épopées, comme aussi la plus instructive ; elle raconte à l'homme les phases de l'éternelle bataille contre les erreurs, les préjugés, les superstitions ; elle montre l'esprit humain aux prises avec les chimères qui le déçoivent, avec l'indolence qui l'engourdit, à la merci des rechutes et des régressions. Dans ce tableau de la pensée et de la science humaine, l'étude de l'Orient réclame une large part.

Mais d'abord, qu'est-ce que l'Orient? En principe, une simple expression géographique ; en fait, une conception brutale qui scinde l'humanité en deux tronçons, et qui remplace à ce titre la vieille notion hellénique des Barbares. Elle exprime, dans sa rudesse symbolique, l'orgueil satisfait de l'Occident en présence d'un monde entier qu'il englobe dans le même mépris.

On pourrait en chercher les racines jusque dans Homère qui oppose à la Grèce belliqueuse la splendeur asiatique de Troie. Sans remonter si loin, rappelons-nous seulement les vers où Virgile célèbre la victoire d'Actium (Enéide, VIII, 675 sqq.) qui décida de l'empire du monde : d'une part Auguste mène au combat « les Italiens avec les Pères et le peuple, et les Pénates et les Grands Dieux »; en face de lui, Antoine qui « revient vainqueur du Levant » et qui traîne avec soi « l'Égypte et toutes les forces de l'Orient ». Une fois de plus, et sur un domaine où on ne s'y attendait guère, nous sommes les héritiers du génie romain, avec ses tares comme avec ses grandeurs. Ici, nous avons même aggravé la faute : après tout, l'horizon romain du côté de l'Est n'allait pas très loin ; Bactres est au bout du monde, « ultima Bactra », et de l'Euphrate au Nil, le Romain ne voit que des menaces obsédantes ; le Parthe vainqueur de Crassus et l'Égyptien fauteur de séditions sont des ennemis héréditaires. Notre horizon, à nous, a doublé ; il découvre des terres immenses, l'Inde, la Chine, que les Romains n'ont guère connues que de nom. Notre Orient va jusqu'au Japon, jusqu'aux îles du Pacifique, et comme la terre est ronde, il arrive presque à en décrire le tour ; il a failli absorber l'Amérique. Colomb, parti à la découverte des Indes par la route de l'Ouest, a cru débarquer sur le sol asiatique. Les Sioux, les Peaux-Rouges, et toutes ces peuplades chères à Fenimore Cooper ont hérité du nom classique des Indiens, et nous parlons encore des Indes Occidentales pour désigner l'Amérique.

Tant de complaisance, dans un vocable, n'en promet pas beaucoup de précision. L'expérience confirme notre attente. Consultons le programme de l'École des Langues orientales vivantes, institution d'État qui réalise la conception officielle de l'Orient ; nous allons y cheminer de surprise en surprise. Le roumain, langue issue du latin, parlé aux bouches du Danube et sur la Mer Noire, est diplômé « langue orientale » ; « langue orientale » le russe malgré la convention géographique qui prolonge l'Europe jusqu'à l'Oural ; « langue orientale » le grec moderne, descendant du parler de Sophocle et de Pindare. Le grec ! Jamais le vieux Caton, farouche hellénophobe, n'aurait espéré ce succès. Puis vient le groupe fraternel des « trois langues », l'arabe, le persan, le turc, et les deux grandes familles d'idiomes de l'Inde moderne, et le chinois, et le japonais, et les parlers de l'Indochine avec la Malaisie. Nous voilà dans le Pacifique. Irons-nous jusqu'à l'autre bord? Mais l'autre bord, c'est San-Francisco où on parle l'anglais, c'est Lima, c'est Valparaiso où on parle l'espagnol. Faudra-t-il donc s'arrêter en si beau chemin? Non, certes. Le malgache, cousin du malais, nous invite à pousser vers Madagascar, et Madagascar, c'est déjà l'Afrique. Touchons hardiment au continent; par les langues du Soudan et par l'arabe du Maghreb, nous arrivons tout doucement aux colonnes d'Hercule, à la Méditerranée, en face de l'Espagne et de la France.

Un ensemble aussi hétérogène ne laisse guère à deviner une unité organique. Reste-t-il au moins l'unité du péril, comme les Romains du temps d'Auguste le sentaient confusément? La politique, qui se plaît au jeu des spectres rouges, a dénoncé les dangers de la question d'Orient; mais la question d'Orient, à proprement parler, se pose en pleine Europe, autour des Balkans. Des prophètes avisés nous prédisent les assauts furieux du pan-islamisme, qui doit ranger sous l'étendard du Prophète des hordes innombrables soulevées d'un Océan à l'autre. D'autres vigies, et non des moindres, signalent le « péril jaune », tandis que l'Amérique s'arme contre le « péril noir ». Voilà bien des gens qui ne voient pas la vie en rose. Personne, cependant, n'a dénoncé la conspiration universelle de l'Orient. Le seul trait commun qui permette de fondre en un seul amalgame, et sous une seule rubrique, tant de peuples si divers, c'est la haine qu'on leur prête, avouée ou secrète, contre la civilisation de l'Occident, ou contre la civilisation, c'est tout un. Dans cette conception simpliste, mais flatteuse, l'Occident se présente comme le champion de l'humanité supérieure, de la science, de la loi, de la morale, de l'idéal; l'Orient, c'est l'empire d'Ahriman, le monde des ténèbres et du mal.

La science, une fois de plus, vient remplir ici une mission de justice et de concorde. L'orientalisme n'est pas, à coup sûr, l'exaltation systématique de l'Orient; la recherche de la vérité ne s'accommode pas plus du panégyrique que de la dépréciation. Mais, qu'il le veuille ou non, quels que puissent être même ses préjugés personnels — il ne manque pas d'orientalistes qui n'aiment pas l'Orient ni les Orientaux — l'orientaliste est l'héritier authentique de la tâche glorieuse inaugurée au XVe siècle par la Renaissance; il peut revendiquer à bon droit ce nom admirable d' « humaniste » dont s'enorgueillirent les Pétrarque et les Erasme. Au XVe siècle, le grec et l'hébreu reconquis raniment l'intelligence, étiolée dans l'atmosphère étouffante de la scolastique; l'esprit d'autorité, lourdement assis sur sa Bible et son Aristote, s'écroule. Des voix nouvelles, qui chantent dans des idiomes oubliés, évoquent des formes inconnues, des pensées inconnues, des sentiments inconnus: l'amour de la nature, les droits de la raison, la passion de la liberté. Les trésors du passé, longtemps enfouis, enfin exhumés, viennent enrichir la conscience humaine; l'homme ne s'apparaît plus isolé dans son individu en face d'une éternité écrasante qui le menace; il se sent en communion avec l'espèce, solidaire de l'espèce qui l'a préparé et qui le continuera. Son passé, c'est le passé du monde ; l'avenir du monde est son propre avenir. La loi de fer, édictée jadis sur l'homme déchu par un dieu irrité, est abrogée par la volonté de l'homme. L'espoir du progrès, entré dans les cœurs, suscite en vingt ans Gutenberg et Colomb ; l'action a son champ, la pensée a son outil.

Le tableau nous est familier ; il est presque banal. Pour être plus rapproché de nous, et pour manquer encore du prestige que donne le recul du temps, le mouvement des études orientales au XIXe siècle n'est ni moins admirable, ni moins fécond. L'Égypte se laisse arracher par Champollion le secret de ses hiéroglyphes ; Rawlinson et Oppert déchiffrent les cunéiformes de l'Assyrie et de la Chaldée ; William Jones et Chézy pénètrent les arcanes brahmaniques du sanscrit ; Burnouf explique l'Avesta de Zoroastre et tire des manuscrits la doctrine du Bouddha ; Rémusat fonde l'étude critique du chinois. Les découvertes se succèdent comme au pas de course, haletantes, grandioses, presque magiques. Nous les voyons surgir encore sous nos yeux. Voilà quinze ans que l'explorateur Sven Hedin signalait les « Pompéis hindoues » enfouies dans les sables de l'Asie Centrale, et déjà des missions lancées à l'envi par l'Inde Britannique, l'Allemagne, la Russie, le Japon, la France ont rapporté leur butin merveilleux. Dans ces déserts envahis depuis mille ans par la mort, on a retrouvé des archives, des bibliothèques, souvenirs fragiles qui ont survécu aux empires et aux dogmes. Et ces trouvailles n'ont pas seulement fourni des matériaux nouveaux dans des langues déjà connues, en sanscrit, en chinois, en tibétain, en turc, voire même en hébreu ; elles ont révélé des langues oubliées, dont le nom même s'était perdu, et qui avaient connu des périodes de grandeur et de beauté ; la sagacité des chercheurs s'exerce en ce moment sur ces textes muets, mais déjà tout près de parler à leur tour ; le tokharien, le sogdien, ressuscités d'hier, ont déjà aujourd'hui des spécialistes !

Un mouvement de découvertes si intense ne saurait être stérile. Il a tout d'abord le mérite d'affirmer la valeur du génie humain. Je ne veux pas m'arrêter ici sur la beauté de l'effort consacré à la recherche de la vérité ; c'est un trait commun à toutes les sciences, quel que soit leur objet ; pourtant, sur ce domaine où la recherche promet si peu d'avantages pratiques, le spectacle prend une grandeur qui me semble plus sévère et plus saisissante. La vérité ne reçoit pas d'hommage plus pur que celui du philologue incliné sur des textes qu'il est souvent presque seul à comprendre, presque seul à goûter, presque seul à apprécier, et qui ne doivent lui rapporter ni profit, ni notoriété. L'humanité, en proie aux intérêts médiocres et vulgaires, s'est longtemps complu à vénérer dans ses moines et ses ascètes les vertus qu'elle négligeait, mais qu'elle tenait à s'attribuer. Nous applaudissons aux performances sportives des « recordmen » qui nous rappellent où peut atteindre la force des organes que nous entretenons souvent si mal.

L'orientaliste est aussi, dans son genre, un témoin édifiant : il montre jusqu'où peut aller la soif désintéressée d'apprendre et de comprendre.

Mais la science n'est pas un sport ; elle est l'expression de la vie, transcrite en symboles condensés qui résument la multiplicité insaisissable des phénomènes. L'orientalisme, qui étudie la vie de tant de peuples, sur une étendue de tant de siècles, est en voie de transformer plusieurs des notions fondamentales de la conscience occidentale. Il ne saurait entrer dans mon dessein de passer ici en revue les progrès spéciaux acquis dans chaque domaine ; l'œuvre serait longue et la compétence m'y manquerait sur un trop grand nombre de points. Mais je voudrais appeler votre attention sur quelques-uns des résultats d'ensemble, pour en faire apparaître les caractères communs.

La grammaire comparée est une des premières conquêtes de l'orientalisme, une des plus nobles du XIXe siècle. On avait remarqué de tout temps la ressemblance frappante d'un grand nombre de mots en grec et en latin ; mais constater n'est point expliquer. On s'était même amusé à signaler des rapports, soit réels, soit fantaisistes, entre des mots pris au hasard dans les langues les plus diverses ; l'hébreu, l'arabe, le chinois, le basque voisinaient au hasard des rencontres ; l'analogie des sons ou des lettres autorisait les combinaisons les plus téméraires. La donnée initiale du problème était, au reste, d'une simplicité rassurante. Dieu avait fourni à l'homme le langage tout fait ; Adam, au Paradis, avait passé en revue la création tout entière, et, guidé par l'inspiration divine, avait réparti les noms. Après la triste chute de l'homme, la Tour de Babel avait abouti à l'irrémédiable confusion des langues. Les ressemblances retrouvées à tâtons d'un bout de l'univers à l'autre témoignaient encore de l'unité primitive, garantissaient la parole biblique, et rappelaient les imprudents au respect d'un dieu jaloux. L'étude du sanscrit révéla vers 1820 à un linguiste de génie une doctrine nouvelle. Les Hindous, excellents observateurs des phénomènes internes, avaient à leur disposition une langue sacrée qu'une tradition fidèle avait merveilleusement préservée des altérations ; ils en avaient étudié le mécanisme et démonté les ressorts avec une sûreté d'analyse presque infaillible. Longtemps avant l'ère chrétienne, ils avaient reconnu dans les mots la racine, le thème, le préfixe, le suffixe ; ils avaient noté les degrés des formes, les influences réciproques des sons voisins. Pour maîtriser le système, il fallait une longue et pénible initiation. Franz Bopp se l'imposa ; une fois maître de l'instrument, familier avec les jeux des sons et des formations grammaticales, il vit s'ouvrir sous son regard ébloui une perspective stupéfiante. Du Gange à l'Islande, par l'Inde, la Perse, l'Arménie, la Russie, l'Allemagne et les nations classiques, et les pays scandinaves, une étroite parenté reliait une immense famille d'hommes. Un vocable inouï naissait à la science, symbole presque monstrueux d'une révolution profonde ; l'Inde s'accolait à l'Europe dans la désignation des langues « indo-européennes ». L'Allemagne, jalouse d'affirmer sur son nom une parenté qu'elle avait découverte et dont elle n'hésitait pas à tirer vanité, préférait à cette appellation le terme d'« indo-germaniques » qu'elle a obstinément maintenu. La vieille barrière dressée par le préjugé entre l'Occident et l'Orient tombait ; le drame gigantesque des guerres médiques, qui avait paru opposer entre eux deux mondes, se réduisait aux proportions d'une querelle de famille. La grande épopée nationale de l'Inde, le Mahâ-Bhârata, se plaît, après le carnage farouche, à ressusciter au dénouement les morts des deux camps rivaux et à les unir dans une réconciliation fraternelle. La science opérait le même miracle.

Elle en opérait bientôt un autre encore. Les religions, dans leur orgueil farouche, n'avaient groupé les hommes que pour les diviser. Nationales, elles ne voyaient en dehors de la cité que des adversaires ; universelles, elles n'aspiraient à la conquête du monde que pour écraser leurs rivales. L'effort des théologiens s'exerçait à découvrir dans l'histoire des hommes les prouesses ou les manœuvres d'une divinité jalouse, depuis les « Gesta Dei per Francos » jusqu'à l'Histoire Universelle de Bossuet. La tâche n'était pas trop malaisée ; le récit biblique, traité à la fois comme une révélation surnaturelle et comme un document historique, ramenait l'homme à son origine, dans un passé plusieurs fois millénaire dont le privilège lui appartenait sans conteste ; aucune autre tradition ne venait lui disputer ces siècles reculés. Les religions classiques, de la Grèce et de Rome, se réduisaient à des mythologies, des collections de fables héroïques, galantes, volontiers obscènes, qui méritaient bien d'avoir Ovide pour chantre et pour interprète. La seule grande religion qui pût encore compter au regard du christianisme, l'Islam, avait paru longtemps après lui, se réclamait des mêmes ancêtres et des mêmes traditions. Pourtant, à partir du XVIe siècle, les missionnaires chrétiens avaient rencontré dans les régions les plus diverses de l'Orient, au Japon d'abord, puis en Chine, au Tibet, au Siam, une religion singulière, organisée autour d'une grande divinité désignée çà et là sous des noms divers, Fo, Xiaca, Samanocodom, etc., et qui rappelait par des traits saisissants le christianisme qu'elle ignorait ; elle adorait une sorte de Trinité, elle avait des ordres religieux de moines et de nonnes voués au célibat ; elle pratiquait la confession, la sanctification hebdomadaire ; sa liturgie évoquait les cérémonies de l'Église ; et de plus elle se flattait d'une origine ancienne, bien antérieure au berceau du Christ. Dans l'Inde, les missionnaires avaient encore trouvé d'autres dieux, d'autres cultes, d'autres légendes qui se réclamaient d'un passé immémorial, sans aucun contact avec la tradition biblique ; on leur avait parlé d'un livre mystérieux, réservé aux seuls initiés, et qui datait d'une antiquité incalculable ; les « Gentils » l'appelaient « le Véda ». Mais l'impiété des Encyclopédistes seuls pouvait tirer argument de ces révélations ; une âme croyante n'y trouvait que l'occasion d'admirer une fois de plus la malice du démon, attaché à contrefaire l'Église chrétienne, et si pressé de la combattre qu'il avait pu même prendre les devants. L'affreux Manichéisme avait fait le reste ; l'ennemi maudit, laborieusement exterminé en Occident, avait pu corrompre les âmes dans l'Orient moins bien gardé. Enfin le dogme de la révélation primitive expliquait toutes les similitudes. Un missionnaire observait froidement que Brahma n'était qu'une altération d'Abraham ; et comment en douter puisque Sarasvatî, l'épouse de ce dieu, signifiait en langue de l'Inde : « Madame Sara » ?

Avec l'orientation du XIXe siècle, tout cet appareil de théologie suranné s'écroule. Les textes de l'Égypte et de l'Assyrie déchiffrés reculent le passé de l'humanité jusqu'au temps où semblait être son berceau ; la Bible cesse d'être le monument historique des origines humaines. Autour d'elle, en dehors d'elle, les témoignages se multiplient, authentiques, irréfutables, embarrassants aussi. Tout l'effort de la foi s'exerce et s'épuise à réconcilier « Babel et la Bible ». La lumière ne jaillit plus de la Palestine ; Jérusalem s'éclaire par Ninive et Babylone. Des déchiffreurs heureux retrouvent dans les cunéiformes le récit du déluge ; d'autres révèlent des psaumes nobles, émus, puissants, qui devancent et préparent les chefs-d'œuvre de David. L'Inde, à son tour, avec l'Extrême-Orient qui gravite autour d'elle, rentre dans l'orbite commune de la civilisation humaine. Les manuscrits du Népal et les textes de Ceylan, éclairés par le génie de Burnouf, ouvrent aux recherches l'accès du bouddhisme indien ; au lieu de documents dispersés, hétérogènes, incohérents, tardifs, recueillis du Japon au Siam et combinés tant bien que mal, la science dispose de collections canoniques, moins éloignées du Maître dont elles prétendent s'inspirer ; elle peut suivre, sur une étendue de deux mille années, les lentes et profondes transformations d'une doctrine et d'une communauté religieuses depuis leur modeste berceau sur les rives du Gange jusqu'aux bords de l'Océan Pacifique, portées de race en race par l'apostolat et par la conquête, perpétuées surtout par le charme austère et doux, humain et surhumain tout ensemble, du Bouddha, de sa vie et de sa légende. Et ce Christ de l'Extrême-Orient rappelle, ou devance, par plus d'un trait le Christ de Judée ; un autre Siméon vient exalter l'enfant sauveur ; à l'école, sa sagesse humilie les maîtres ; quand il enseigne, il aime à prêcher en paraboles ; il conte à sa façon l'histoire de l'Enfant Prodigue. Hasard ? rencontre ? Peut-être. Mais les apôtres du Bouddha ont entamé le monde hellénistique avant la Nativité de Bethléem ; mais un saint chrétien, Joasaf, populaire dans toute l'Europe médiévale, n'est qu'une copie à peine altérée du Bouddha, et sa vie, accueillie dans la Légende Dorée, a édifié les âmes chrétiennes par des leçons bouddhiques.

Tandis que le bouddhisme nouait l'Asie Ultérieure au problème des origines du christianisme, les Védas arrachés à la superstition brahmanique rendaient à l'Europe une « Bible Aryenne ». Le romantisme germanique saluait avec enthousiasme ces hymnes obscurs, et croyait y saisir les premières effusions de la conscience humaine en présence des aurores, des nuits et des tempêtes. Les dieux, les rites, les croyances qui ressuscitaient de ces vieux textes évoquaient des noms connus et des souvenirs familiers ; l'Olympe classique et le sacerdoce romain semblaient se colorer de reflets hindous. On crut toucher à l'origine des religions, comme on avait cru toucher à l'origine du langage, et l'on demanda aux mots le secret des idées. Sous l'empire d'une sorte de respect sacré, on ne s'attaque d'abord qu'aux « fables », livrées de longue date aux caprices des poètes. Le premier éditeur du Ṛg-Veda, Max Müller, qui mit au service d'une érudition profonde une imagination d'artiste, enseigne que le « mythe est une maladie du langage » ; l'épopée divine n'est qu'une épopée de la nature, mal interprétée par une tradition infidèle ou ignorante ; c'est le soleil qui tient le premier rôle dans cette exégèse. Mais déjà, dans ses rapprochements ingénieux, Max Müller a dépassé le cycle aryen ; pour expliquer les Indo-Européens primitifs, il a cité les primitifs de l'Afrique et de l'Océanie. Une école nouvelle, enhardie par l'hypothèse transformiste de Darwin, renverse les termes, pousse les sauvages au premier plan, et cherche à suivre l'évolution des phénomènes religieux depuis leurs formes embryonnaires jnsqu'au stade le plus avancé ; dans son enquête, elle embrasse tout le contenu de la religion, les rites et les dogmes aussi bien que les mythes. Une autre méthode surgit bientôt, qui néglige de parti-pris les aspects individuels de la religion pour l'étudier en fonction des sociétés qui l'élaborent. Mais, dans le conflit fécond des doctrines, le progrès essentiel reste acquis. L'orientalisme a créé la science comparative des religions, comme il a créé la science comparative des langages. Le domaine du sacré, où chaque groupe pensait s'isoler avec une fierté jalouse, manifeste plus clairement que tous les autres la cohésion profonde des faits humains : l'Australie explique l'Inde, comme l'Inde explique l'Europe. Et le Musée Guimet est le symbole heureux de la science nouvelle ; l'avenir ne manquera pas de louer l'homme entreprenant qui a su le premier discerner, dans le bric-à-brac des amateurs ou le pittoresque des collections, les matériaux d'une étude qui pénètre au plus profond de la nature humaine.

Ainsi l'orientalisme a réalisé une grande œuvre ; il a élargi l'horizon du monde, et, sous une perspective nouvelle, le passé a changé d'aspect. La civilisation n'apparaît plus désormais comme l'apanage exclusif de races privilégiées, qui garderaient sur elle une sorte de droit consacré ; la nature ne connaît pas, comme le dieu antique, de peuple élu. Elle appelle tous les hommes à élaborer en commun le bien qui doit profiter à tous ; elle les rapproche et les unit, tantôt par la guerre et tantôt par la paix ; serviteurs de l'idéal ou esclaves des intérêts, apôtres, marchands ou soldats, elle les brasse sans cesse de sa main puissante. Les ancêtres des Aryens védiques paraissent, quinze siècles avant l'ère chrétienne, sur le Haut-Euphrate, aux confins de la culture hittite et de la culture assyrienne ; la Grèce hérite de la Phénicie, des îles Égéennes, de l'Égypte pharaonique ; les guerres médiques la mêlent à la vie de l'empire achéménide ; Alexandre porte l'hellénisme au delà de l'Indus ; l'Inde fécondée par l'Iran et par la Grèce civilise le Pamir, le Turkestan, l'Indochine, l'Insulinde, et convertit la Chine aux doctrines du Bouddha qu'elle a enfanté. Les récentes découvertes de l'Asie Centrale prouvent, par le plus décisif des exemples, l'incessante fusion des apports humains ; le sanscrit, élaboré dans les écoles hindoues, y coudoie le chinois de l'Empire Céleste, le turc des steppes, le tibétain des Lamas, le tokharien du Haut-Oxus, le sogdien et les dialectes orientaux de l'iranien. Le bouddhisme y fraie avec le manichéisme, le manichéisme avec le christianisme, le confucéisme, le taoïsme ; une note marginale en grec, un humble feuillet en hébreu viennent encore évoquer sur cette scène encombrée l'ombre des grandes civilisations de la Méditerranée.

Ainsi, à chaque étape de la science, la conscience de l'humanité s'affirme et s'élargit. Instruit par les découvertes de l'histoire, l'homme comprend mieux sa dette envers le passé tout entier ; il mesure mieux l'effort gigantesque qui a préparé sa vie ; il s'affranchit du préjugé puéril, et dangereux, qui proclame brutalement la suprématie d'une race et qui flétrit le reste de l'espèce humaine. Grisé par les merveilles du XIXe siècle, l'Occidental se croit à jamais le maître du monde ; dans ses colonies où sa fièvre de souveraineté se satisfait, il ne regarde guère ses sujets qu'avec pitié ou qu'avec dédain. L'histoire lui conseille moins d'orgueil et plus de justice. Sans remonter jusqu'au temps d'un Ramsès ou d'un Sargon, elle oppose, dans une longue suite de visions parallèles, la cour élégante et littéraire d'un Gupta en face du barbare Clovis, la splendeur raffinée de Haroun-al-Rachid en face de Charlemagne, le Mogol Akbar en face des derniers Valois, le Fils du Ciel K'ang-hi en face de Louis XIV. Elle montre à l'horizon des puissances nouvelles, des nations somnolentes en voie de réveil, un monde en gestation ; elle dénombre les menaces et les espérances, et ramène le présent à sa juste mesure.

L'orientalisme n'est donc pas un simple passe-temps à l'usage des dilettantes. Sans doute les sciences techniques ont rendu des services plus éclatants, et surtout plus saisissables ; elles ont multiplié la vie, soumis les éléments, supprimé les distances, accru en apparence les sources du bonheur. Mais les plaintes qui montent de la rue accusent les tares de leur œuvre ; elles ont donné la puissance et la jouissance à de rares privilégiés ; elles n'ont rapproché les hommes que pour creuser entre eux des fossés plus profonds. Elles sont des instruments au service de la civilisation, mais des instruments neutres ; leur véritable valeur dépend de la pensée qui les emploie. La science de l'homme reste encore la science suprême ; les études orientales, qui ont élargi la conscience humaine, ont bien mérité de l'humanité tout entière ; elles concourent à préparer l'ère meilleure où l'homme, plus instruit, perdra le droit d'être injuste.

DES GRANDS HOMMES DANS L'HISTOIRE DE L'INDE

Dans un entretien précédent, nous avons cherché, à propos des Écritures bouddhiques, comment une religion organise une collection d'ouvrages canoniques. Le problème que nous nous proposons d'étudier aujourd'hui entre encore, malgré les apparences, dans le même ordre de recherches. Comment se font les grands hommes? Quels sont les suffrages qui en règlent le choix? Ces questions, je ne prétends pas les envisager dans toute leur ampleur; indianiste, c'est dans l'Inde que je veux les étudier. Mais l'Inde est un monde si singulier qu'il est difficile de l'aborder directement; il est plus prudent de s'en rapprocher par des voies un peu lentes; avant d'y étudier un ordre de faits, il vaut mieux se remémorer sommairement, mais avec précision, l'aspect des faits correspondants dans les sociétés qui nous sont plus familières.

Si nous nous demandons quels sont les grands hommes de l'antiquité classique, les noms affluent à notre mémoire. Le *De Viris Illustribus Urbis Romæ*, ou, pour l'appeler d'un nom moins solennel, le *De Viris* des lycéens a transporté et grisé notre première jeunesse; nous nous sommes tous sentis des héros à dix ans, tout prêts à jouer les rôles d'un Horatius Coclès, d'un Mucius Scœvola, d'un Fabius Cunctator, d'un Scipion, d'un Paul-Émile; c'est Plutarque ensuite, avec ses *Vies parallèles*, qui nous a introduits dans une société plus large, plus réelle, plus vivante, mais encore toute pénétrée d'idéal. Un peu plus tard, mieux assurés de notre jugement personnel, nous avons choisi nous-mêmes nos grands hommes de prédilection; au gré de la mode passagère ou de nos goûts intimes, nous avons préféré soit un brasseur d'hommes comme Alexandre, soit un artiste comme Sophocle, soit un philosophe comme Socrate. Ainsi c'est un suffrage continu qui élit et classe les grands hommes; ni Plutarque, ni l'auteur du *De Viris* n'ont eu le mérite de l'invention ou de la découverte; ils n'ont fait qu'enregistrer le verdict de l'opinion publique, tel que le temps l'avait déjà consacré. Est-ce à dire qu'un mécanisme aveugle et inconscient préside en dernier ressort à ces élections d'immortalité? ou bien encore je ne sais quelle force mystique, suggérée par le vieil adage : *Vox populi, vox Dei?* Rassurons-nous. Il nous suffit de consulter notre expérience pour résoudre la difficulté. Nous voyons assez fréquemment, dans tous les ordres de l'activité humaine, surgir des notoriétés d'abord restreintes ; les unes s'éclipsent ou s'éteignent après un court éclat ; d'autres persistent, gagnent en lustre, aboutissent à la réputation, ou, plus lumineuses encore, à la gloire. Survient la mort, et dès son lendemain, la postérité plutôt sévère incline à renverser les idoles de la veille pour s'affirmer à son tour. C'est l'épreuve suprême et décisive.

Nous en avons un exemple frappant, de date encore récente. Un journal populaire avait eu l'idée d'inviter ses lecteurs à désigner, parmi les illustrations du XIXe siècle qui venait de finir, l'homme digne de compter comme « le grand Français » par excellence. La question intéressait le public, car les réponses vinrent nombreuses. Pasteur arriva en tête ; derrière lui, dans un ordre qui importe peu, Victor Hugo, Alexandre Dumas, Gambetta, Napoléon. Tous ces hommes avaient, tour à tour, et chacun à son heure, incarné et fixé un des aspects du génie de la nation. Comme on admire dans l'œuvre d'art une forme approchée de la beauté idéale qu'on rêve au fond de soi, les humbles électeurs de ce curieux plébiscite avaient salué, chacun dans son héros, le rêve obscur de grandeur qu'ils choyaient au secret de leur âme. Pasteur symbolisait la science bienfaisante, appliquée à soulager les maux de l'humanité ; Hugo, la poésie qui vibre en échos à tous les appels de l'humanité, prêtant ses accents mélodieux aux souffrances, aux espérances, aux joies, aux saintes illusions ; Dumas, l'imagination souveraine qui arrache l'homme aux misères de la vie quotidienne et qui le berce de ses fictions ; Gambetta, la voix tumultueuse du sol natal, qui frissonne sous les douleurs de l'invasion, adjurant ses fils d'espérer toujours et quand même ; Napoléon, l'âme de la Révolution acclamée en triomphe à travers toute l'Europe. Cette liste, à coup sûr, n'est pas complète ; elle est loin d'épuiser tous les grands noms de la France au cours du XIXe siècle. Telle qu'elle est, en dépit de ses lacunes, cette liste émanée du suffrage populaire marque une nation, je veux dire, un groupe d'hommes conscients d'une tradition commune léguée par le passé et perpétuée dans l'avenir.

Les premiers Européens qui abordèrent l'étude historique de l'Inde, vers la fin du XVIIIe siècle, Wilkins, William Jones et leurs émules, ne manquèrent pas de questionner leurs informateurs sur les gloires de l'Inde ancienne. Nourris de l'esprit des Encyclopédistes, qui avaient espéré découvrir dans l'Extrême-Orient une tradition autonome, indépendante de la Bible, et susceptible de la démentir ou de l'éclipser, ils étaient tout prêts à accepter les affirmations les plus audacieuses sur le passé le plus reculé. Les brahmanes les servirent à souhait. Dans un mirage lointain, ils firent apparaître des fantômes devant qui l'Europe s'inclina. L'Inde avait son livre révélé, le Véda, trop sacré pour qu'on pût en communiquer autre chose que le nom ; on en parlait à mots couverts comme d'un trésor inaccessible où des sages, perdus dans la nuit des temps, auraient déposé des secrets inouïs. L'Inde avait son Moïse, un législateur marqué du sceau divin, Manu ; Williams Jones, à qui revient l'honneur d'avoir le premier traduit le Code de Manu dans une langue européenne, ne le datait — par discrétion — que de douze cents ans avant l'ère chrétienne. L'Inde avait son Hercule, son Achille, ses héros d'épopée, Râma, un avatar du dieu Vishnu, descendu jadis sur la terre pour dompter les démons que commandait Râvana, Râma, le modèle accompli de la piété filiale, de l'amour conjugal, et surtout de l'honneur, lui qui accepta l'exil pour remplir un engagement pris à regret par son père, lui qui n'hésita pas à se séparer de sa Sîtâ chérie, à peine reconquise sur son ravisseur, dès que la voix du peuple réclama ce sacrifice. L'Inde enfin avait ses Périclès, ses Auguste, ses rois lettrés entourés d'une cour de lettrés, un Vikramâditya, vainqueur des Sakas, les ennemis héréditaires, avec ses neuf poètes favoris, ses « neuf Perles », groupés autour de lui comme les neuf Muses autour d'Apollon, le protecteur, l'ami, l'émule aussi de Kâlidâsa ; un Bhoja, assis sur un trône magique aux statues parlantes, amateur insatiable de bel-esprit et de pointes subtiles, toujours prêt à récompenser par cent mille pièces d'or une stance bien troussée.

Malheureusement, si les brahmanes semblaient connaître à merveille le passé le plus lointain, leur science manifestait de fâcheuses lacunes dans l'histoire d'un passé plus accessible. Rien dans leur littérature ne rappelait le nom d'Alexandre ; et pourtant, le témoignage des Grecs était formel, le conquérant macédonien avait franchi l'Indus; il avait visité Taxile, lutté contre Porus, soumis tout le Penjab. L'Inde avait oublié son vainqueur, comme elle avait oublié les défenseurs de son indépendance. La longue suite des siècles qui la séparaient des âges fabuleux n'avait rien laissé de précis à son souvenir. On touchait là l'étrangeté stupéfiante de l'Inde. L'Inde, immense ramassis d'hommes, n'avait jamais été une nation. Elle avait absorbé les races les plus hétéroclites, les rudes autochthones, et les Dravidiens d'origine indécise qui peuplent aujourd'hui le sud de la péninsule, et les envahisseurs aryens qui l'apparentaient à l'Europe, et après eux les Scythes, les Turcs, les Afghans, les Mongols. Elle ne les avait pas groupés dans un accord fraternel ; elle ne les avait pas dressés les uns contre les autres comme des adversaires farouches ; elle les avait dissous en poussière amorphe dans le gouffre de l'impersonnalité. L'Impersonnalité ! C'est là le fond de la pensée indienne, le dogme nécessaire qui pèse sur elle, qu'elle ne discute pas, qu'elle admet comme l'évidence. On dirait qu'une fatalité de la nature, plus puissante que la raison humaine, interdit à l'Hindou de croire à la réalité de la personne humaine. « Le Moi est illusoire ! » s'écrient les vieilles Upanishads où s'élabore et se précise la sagesse brahmanique. Et le Bouddha leur répond : « Tout ce qui est n'a point de moi ! ». Et dans le triomphe de l'hindouisme, l'orthodoxie du Védânta proclame encore : « Hors de l'Être Absolu, tout n'est que fantasmagorie ! »

Dans la lumière transparente qui le baigne, dans la ligne précise des frondaisons, des fleuves, des montagnes, de l'horizon, l'Hindou ne semble percevoir plus clairement la nature que pour la nier avec plus d'assurance. Cette impression de réalité que le monde extérieur impose pour ainsi dire à l'esprit d'un Européen, l'Hindou ne la trouve au contraire que dans le spectacle de sa vie intérieure. Mais cette vie interne où la critique de Descartes allait chercher l'affirmation suprême qui lui permettait de rebâtir le monde, n'est encore au regard d'un Hindou qu'un mirage de plus. Il acceptera sans difficulté la formule célèbre : Je pense, donc je suis ; mais il ajoutera aussitôt avec une sérénité imperturbable : Je suis, donc il y a un Être. Tout l'effort des philosophes ne tend plus dès lors qu'à justifier ce dogme implicite, à dissocier les éléments factices du moi, à les anéantir enfin pour mettre la raison d'accord avec l'expérience intime. Une société qui se fonde sur une telle conception ne peut ressembler ni de près ni de loin à nos sociétés, inspirées de l'idéal grec, romain ou juif qui consacre la valeur de la personne humaine et qui ne craint pas même de la poser dans un duel tragique en face de la puissance divine, que cette puissance ait nom Zeus, Némésis ou Jéhova. La négation de la personne humaine s'exprime, dans l'ordre religieux, par le dogme de la transmigration ; les êtres ne sont que des combinaisons éphémères, dues au jeu grossier de l'Illusion ; ils paraissent et disparaissent sans cesse, entraînés dans une révolution éternelle qui tantôt les fait passer de la matière brute aux splendeurs du ciel, et qui tantôt les précipite des béatitudes du paradis aux tourments des enfers. Dieu, homme, animal, plante et jusqu'aux minéraux, tout se confond, se pénètre, s'échange, sous la loi identique du même néant. Dans l'ordre social, le dogme de l'impersonnalité humaine se réalise dans la caste : l'individu est dès sa naissance le prisonnier d'un groupe qui le dominera pendant toute sa vie ; c'est dans son groupe qu'il devra prendre femme ; c'est dans son groupe qu'il devra chercher une profession ; c'est devant son groupe qu'il devra comparaître, chaque fois qu'il sera soupçonné d'en avoir violé les règles. Tout lui rappelle qu'il n'est ni le maître, ni l'artisan de sa propre vie ; il n'a sa raison d'être que dans le groupe où le jeu de ses existences passées l'a fait naître, il n'est qu'un grain de sable et ne compte que par le tas.

Qu'on s'étonne ensuite de l'ébahissement qui saisit les Grecs lors de leur premier contact avec l'Inde, comme il saisit encore le voyageur européen quand il débarque à Bombay ! Qu'on s'étonne aussi des récits merveilleux que la Perse, la Grèce, la Chine, l'Arabie se sont transmis d'âge en âge sur ce peuple singulier, et qui se chuchotent encore discrètement sur les deux rives de l'Océan Atlantique ! L'Inde est peut-être une nation de philosophes, si la philosophie n'est qu'une longue rêverie ; elle n'est point une nation, au sens classique et moderne du mot. Elle est une expression géographique, inventée par des étrangers. Nous disons : « l'Inde », parce que les Perses, les Chinois après eux, ont connu d'abord le fleuve Indus comme la limite d'un autre monde. L'Inde est au propre la région du bassin de l'Indus ; avec les explorations et les conquêtes, le nom s'étendit à la péninsule entière. Mais les Hindous eux-mêmes ne surent pas le reconnaître quand ils l'entendirent, car les Perses avaient adapté aux habitudes de leur langage le nom sanscrit du fleuve. Les indigènes disaient : *Sindhu* ; mais de la sifflante initiale, le perse, comme le grec où le cas nous est familier, ne retenait qu'un souffle atténué ; *Sindhu* se transforma régulièrement en *Hindu* ; c'est de là que dérivent tous les noms en usage aujourd'hui. Mais *indu* en sanscrit désigne la lune, et la lune aux clartés reposantes est le symbole de la grâce ; les Hindous crurent reconnaître dans ce nom venu du dehors un hommage rendu aux charmes de leur pays. En fait, ils ne l'employèrent jamais. Leur géographie valait leur tradition historique. Leur cosmographie découpait l'univers en sept îles, disposées autour du mont Meru comme les feuilles d'un lotus. Dans ce cadre de fantaisie, ils distribuaient au hasard les noms réels et les noms imaginaires.

Mais est-il possible qu'une civilisation qui a enfanté des chefs-d'œuvre d'art et de littérature ait vécu par une anomalie monstrueuse en dehors de l'histoire, absorbée toute entière dans un « songe intérieur » qu'elle n'achevait jamais ? Le dogme de l'impersonnalité a-t-il vraiment abouti à créer une société où les caractères, les esprits, les pensées n'accusaient plus aucun relief individuel, une immense collectivité anonyme ? La science européenne a voulu le savoir ; elle a osé affronter ce problème redoutable, de rendre à l'histoire un passé qui appartenait uniquement à la légende. Elle y a réussi. Au prix de quels efforts ? Je n'ai point à l'exposer ici, mais je ne doute pas que la postérité rende un jour pleine justice aux ouvriers de cette tâche gigantesque. Il a fallu déchiffrer, à force de patience et de génie, des écritures antiques dont le secret s'était perdu ; il a fallu interpréter des dialectes sans lexique et sans grammaire ; il a fallu péniblement exhumer du sol les monuments enfouis, les monnaies, les médailles, les inscriptions ; il a fallu interroger dans une immense enquête les témoins lointains des époques disparues, compiler laborieusement les informations éparses chez les auteurs grecs, latins, arabes, chinois, recueillir avec une sorte de piété les indices les plus fuyants, les soumettre au contrôle rigoureux des recoupements. Mais la récompense est venue ; la science a réalisé l'œuvre qui la prolonge jusque dans le domaine de l'art. L'art a pour fonction de créer ; il emprunte à la nature, il rivalise avec elle, et il parvient même à la surpasser quand il fait entrer dans ses créations cette part d'éternité qui fait la beauté définitive, où l'humanité se retrouve et se plaît à tout jamais. La science n'a pas cet heureux privilège ; l'histoire ne crée pas, mais elle ressuscite les morts ; elle rend à la vie les actes, les paroles, les sentiments éteints ; elle n'accède pas comme l'art à l'universel, elle n'atteint que des individus, et elle ne les saisit que dans les parcelles de leur existence ; mais après tout c'est encore de la vie humaine, des êtres qui ont pensé, joui, souffert comme nous, et si l'érudit s'appelle Burnouf, la vérité reconquise sur les forces d'ignorance et d'erreur porte en soi cettte sensation d'éternité qui s'épanouit dans la beauté.

Par la science européenne, l'Inde a désormais des grands hommes. A leur tête, je voudrais nommer le Bouddha. Il est le premier dans l'ordre des temps ; il est aussi, et surtout, le premier dans l'ordre de la valeur humaine. Les autres, pour grands qu'ils soient, appartiennent essentiellement à l'Inde. Le Bouddha appartient au monde. Ses leçons ont nourri d'innombrables millions d'hommes, dans l'Inde d'abord, puis chez les Iraniens, et les Sérindiens de l'Asie Centrale, et les Chinois, et les Coréens, et les Japonais, et les Tibétains, et les Mongols, et les peuples de l'Indochine et ceux de l'Insulinde. Directe ou indirecte, son influence s'est propagée jusque dans l'Occident hellénique, jusque dans le monde chrétien. Nous savons maintenant, et c'est un des résultats les plus saisissants des fouilles de l'Asie Centrale, que dans ce chapelet d'oasis égrenées entre le Pamir et la Chine propre, des moines de la doctrine bouddhique ont vécu en contact journalier avec des moines chrétiens, des prêtres de Zoroastre, des fidèles de Mâni ; nous savons à quelles confusions pouvait aboutir cette Babel des croyances humaines. Nous savions depuis cinquante ans déjà que la biographie du Bouddha, transposée par un moine pieux, avait enrichi l'hagiographie chrétienne d'un nouveau saint, resté longtemps populaire entre tous dans la chrétienté entière, saint Joasaf. Je ferai volontiers bon marché des détails de la vie du Bouddha ; j'avoue que nous n'avons pas de témoignage direct qui se rapporte à son temps ; je reconnais que les reliques du Bouddha, exhumées à grand bruit dans ces dernières années et gravement distribuées par le gouvernement britannique entre la Birmanie, Siam et Ceylan, n'authentiquent rien et ne prouvent rien. J'ajouterai encore que la date du Bouddha reste incertaine quoique la tradition singhalaise sur l'ère du Nirvâna, fixée en 543 av. J.-C., puisse fort bien se défendre. Il n'en reste pas moins qu'une autre secte, rivale du bouddhisme, le jainisme, se réclame de la même origine, des mêmes temps, des mêmes lieux, des mêmes personnages, que sa tradition est autonome et qu'elle offre de sérieuses garanties. Je ne veux pas me laisser aller à la tentation de redire cette Vie, tradition, légende, ou fiction, qui a charmé et exalté tant de générations humaines. J'en résumerai sèchement les lignes essentielles. Le Bouddha naît à Kapilavastu, au pied de l'Himalaya, dans la région du Térai népalais. Il est le fils d'un prince local, Suddhodana, qui appartient au clan des Sâkyas. Après des années d'adolescence molles et voluptueuses, quatre rencontres décident de sa vocation ; il a vu tour à tour passer sous ses yeux un vieillard décrépit, un malade, un mort et un moine. Il abandonne sa jeune femme, un fils qui vient de lui naître, et part à la recherche d'un bonheur éternel. Les maîtres qu'il écoute n'arrivent pas à le satisfaire. Il pratique les plus rudes austérités sans trouver la solution du problème qui le hante. Enfin, une nuit, près de Gayâ, retiré sous le feuillage d'un arbre pippala, il voit la vérité jaillir et se développer en lui ; il découvre, sans le concours d'aucun dieu, d'aucun maître, l'enchaînement des douze causes qui relie fatalement l'existence à la douleur ; une fois en possession de la chaîne, il est libre de l'anéantir. Mais il ne veut pas garder le secret d'une découverte si précieuse ; il lui tarde de la divulguer. Il va rejoindre cinq de ses anciens compagnons qui l'avaient déserté dédaigneusement quand il avait renoncé à la voie classique des macérations. Il les rejoint dans la campagne lumineuse de Bénarès, et pour la première fois, il fait, selon l'expression consacrée, « tourner la Roue de la Loi ». Les traditions de toutes les écoles bouddhiques ont unanimement enregistré ce sermon que nous pouvons écouter comme la parole authentique du maître.

« [1] Alors le Sublime parla ainsi aux cinq moines : Il y a deux extrêmes, ô moines, dont celui qui mène une vie spirituelle doit rester éloigné. Quels sont ces deux extrêmes ? L'un est une vie de plaisir, adonnée aux plaisirs et à la jouissance ; cela est bien bas, ignoble, contraire à l'esprit, indigne, vain. L'autre est une vie de macérations : cela est triste, indigne, vain. De ces deux extrêmes, ô moines, le Parfait s'est gardé éloigné, et il a découvert le chemin qui passe au milieu, qui dessille les yeux et l'esprit, qui mène au repos, à la science, à l'illumination, au Nirvâna. Et quel est, ô moines, ce chemin du milieu que le Parfait a découvert, qui dessille les yeux et l'esprit, qui mène au repos, à la science, à l'illumination, au Nirvâna ? C'est ce chemin sacré, à huit branches, qui s'appelle : foi pure, volonté pure, langage pur, action pure, moyens d'existence purs, application pure, mémoire pure, méditation pure. C'est là, ô moines, le chemin du milieu que le Parfait a découvert, qui dessille les yeux et l'esprit, qui mène au repos, à la science, à l'illumination, au Nirvâna.

Voici, ô moines, la vérité sainte, sur la douleur : la naissance est douleur, la vieillesse est douleur, la maladie est douleur, la mort est douleur, l'union avec ce que l'on n'aime pas est douleur, la séparation d'avec ce que l'on aime est douleur, ne pas obtenir son désir est douleur ; pour abréger, le quintuple attachement (aux éléments de l'être) est douleur.

Voici, ô moines, la vérité sainte sur l'origine de la douleur : c'est la soif (d'être) qui conduit de renaissance en renaissance, accompagnée du plaisir et de la convoitise, qui trouve çà et là son plaisir : la soif de plaisir, la soif d'existence, la soif de puissance.

Voici, ô moines, la vérité sainte sur la suppression de la douleur : l'extinction de cette soif (d'être) par l'anéantissement complet du désir, en bannissant le désir, en y renonçant, en s'en délivrant, en ne lui laissant pas de place.

Voici, ô moines, la vérité sainte sur le chemin qui mène à l'abolition de la dou-

1. Traduction Oldenberg-Foucher, *Le Bouddha*, p. 131.

leur : c'est ce chemin sacré, à huit branches, qui s'appelle : foi pure, volonté pure, langage pur, action pure, moyens d'existence purs, application pure, mémoire pure, méditation pure. »

On accuse communément la doctrine du Bouddha, fondée qu'elle est sur la vérité trop réelle de la douleur, d'être une école d'inertie et de découragement. C'est elle pourtant qui a jeté dans l'action les forces somnolentes de l'Inde, elle qui a lancé ses missionnaires et ses apôtres sur les routes nouvelles de l'Orient hellénique, dans le massif presque impénétrable du Haut-Himalaya et du Pamir, dans les sables désolés du Turkestan, sur les flots des mers inconnues. Qu'un nietzschéen l'appelle « une morale d'esclaves », soit ; voyons quels hommes cette morale a pu former.

Poûrna était le plus riche marchand du port de Supâraka, près de Bombay ; il avait acquis dans le négoce une fortune immense quand des vers, entendus par hasard au cours d'un voyage en mer, lui révèlent la doctrine du Bouddha. Il se convertit, écoute les leçons du maître, et entre en religion. « [1] Alors Bhagavat lui demanda : Où veux-tu maintenant habiter? où veux-tu fixer ton séjour? — Je désire, répondit Poûrna, fixer mon séjour dans le pays des Sronâparantakas. — Ils sont violents, ô Poûrna, les hommes du Sronâparanta ; ils sont emportés, cruels, colères, furieux, insolents. Lorsque les hommes du Sronâparanta, ô Poûrna, t'adresseront en face des paroles méchantes, grossières, insolentes, quand ils se mettront en colère contre toi et qu'ils t'injurieront, que penseras-tu de cela ? — Si les hommes du Sronâparanta, ô seigneur, m'adressent en face des paroles méchantes, grossières, insolentes, s'ils se mettent en colère contre moi et qu'ils m'injurient, voici ce que je penserai de cela : Ce sont certainement des hommes bons que les Sronâparantakas, ce sont des hommes doux, eux qui m'adressent en face des paroles méchantes, grossières, insolentes, eux qui se mettent en colère contre moi et qui m'injurient, mais qui ne me frappent ni de la main, ni à coups de pierres. — Ils sont violents, ô Poûrna, les hommes du Sronâparanta [... etc., jusqu'à] ils sont insolents. Si les hommes du Sronâparanta te frappent de la main ou à coups de pierres, que penseras-tu de cela? — Si les hommes du Sronâparanta, ô seigneur, me frappent de la main ou à coups de pierres, voici ce que je penserai de cela : Ce sont certainement des hommes bons que les Sronâparantakas, ce sont des hommes doux, eux qui me frappent de la main ou à coups de pierres, mais qui ne me frappent ni du bâton ni de l'épée. — Ils sont violents, ô Poûrna, les hommes du Sronâparanta... ils sont insolents. Si les hommes du Sronâparanta te frappent du bâton ou de l'épée, que penseras-tu de cela ? — Si les hommes du Sronâparanta, ô seigneur, me frappent du bâton ou de l'épée, voici ce que je penserai de cela : Ce sont certainement des hommes bons que les Sronâ-

1. Trad. Burnouf, *Introduction à l'histoire du Bouddhisme Indien*, p. 253.

parantakas, ce sont des hommes doux, eux qui me frappent du bâton ou de l'épée, mais qui ne me privent pas complètement de la vie. — Ils sont violents, ô Poûrna, les hommes du Sronâparanta... ils sont insolents. Si les hommes du Sronâparanta te privent complètement de la vie, que penseras-tu de cela ? — Si les hommes du Sronâparanta, ô seigneur, me privent complètement de la vie, voici ce que je penserai de cela : Il y a des auditeurs de Bhagavat qui, à cause de ce corps rempli d'ordures, sont tourmentés, couverts de confusion, méprisés, frappés à coups d'épée, qui prennent du poison, qui meurent du supplice de la corde, qui sont jetés dans les précipices. Ce sont certainement des hommes bons que les Sronâparantakas, ce sont des hommes doux, eux qui me délivrent avec si peu de douleur de ce corps rempli d'ordures. — Bien, bien, Poûrna ; tu peux, avec la perfection de patience dont tu es doué, oui, tu peux habiter, fixer ton séjour dans le pays des Sronâparantakas. Va, Poûrna ; délivré, délivre ; arrivé à l'autre rive, fais-y arriver les autres ; consolé, console ; parvenu au Nirvâna complet, fais-y arriver les autres ».

Voilà le disciple ; voilà le maître. Voilà quelles âmes surhumaines l'Inde a pu produire. Il semble qu'un pays conscient de son unité, de son génie, doit se grouper autour de ces nobles figures pour leur vouer un culte de reconnaissance. L'Inde a oublié, je ne dis pas seulement Poûrna et ses émules, mais le Bouddha lui-même ; elle l'ignorerait encore, sans le secours des étrangers. Les missionnaires chrétiens ont pu découvrir en Chine, au Japon, au Tibet, la sainte figure du « sage des Sâkyas » avant que nul dans l'Inde pensât à le revendiquer. Et pourtant, mille ans après la naissance du Christ, le bouddhisme florissait encore dans l'Inde ; il avait des couvents prospères auprès de l'Indus, vers les bouches du Gange, au fond du Dekkhan ; il avait des Universités pieuses, d'où la science rayonnait vers la Haute-Asie et l'Extrême-Orient. Et pourtant, jusqu'à l'heure présente, le bouddhime indien garde un suprême asile dans les replis de l'Himalaya, sur la lisière nord de la plaine gangétique, au Népal, et l'île de Ceylan, en face de la côte consacrée à Râma, reste aujourd'hui encore le foyer vivant du bouddhisme, où les prêtres de la Birmanie, du Siam, du Japon viennent s'instruire et communier dans la pensée du maître. Mais l'Inde ne sait plus ; de ce passé merveilleux, elle n'a conservé qu'un nom pour en faire une arme de haine : le Bouddha dans l'orthodoxie brahmanique est un avatar perfide de Vishnu ; le dieu qui a tant de fois sauvé les hommes est descendu sur la terre pour éprouver la vraie foi ; il a pris le masque d'un maître d'erreur et d'hérésie, et les méchants l'ont suivi. Et, tout comme le nom du fondateur, le nom de la doctrine s'est perpétuée dans les écoles pour symboliser toutes les thèses exécrées, l'impiété, le scepticisme, le rationalisme. Singulière destinée d'une religion d'amour et de bonté !

L'histoire politique de l'Inde ne manque pas plus que son histoire religieuse de figures originales et puissantes. Entre toutes, la plus saisissante et la mieux connue peut-être est celle de l'empereur Asoka, le « Constantin du Bouddhisme », mais un Constantin comme l'Inde seule pouvait en enfanter. Asoka régnait à Pâtaliputra (le Patna moderne) sur le bord du Gange, au milieu du IIIe siècle avant Jésus-Christ (environ 270-240). Asoka pouvait se réclamer d'un ancêtre glorieux : son grand-père, Candragupta, avait connu Alexandre ; admis dans l'intimité du conquérant macédonien, il avait failli payer cher l'audace de ses propos ; l'agilité de sa fuite l'avait seule préservé d'un châtiment mortel. Mais il avait rapidement discerné comment on domine les hommes et comment on organise un empire. Après le départ d'Alexandre, il fomenta une révolte dans la vallée du Gange où les Macédoniens n'avaient pas osé pénétrer ; Nanda, qui y régnait, descendait d'une dynastie riche et puissante ; il disposait d'une immense armée. Candragupta le renversa sans peine, avec l'aide d'un brahmane vindicatif et rusé, Cânakya, de qui le nom est encore populaire dans toute l'Inde. Cânakya est à la fois Machiavel et Richelieu. Ministre de Candragupta, il a servi la grandeur de son maître ; théoricien, il passe pour avoir consigné ses principes dans des recueils de stances qu'on apprend encore par cœur, et aussi dans un traité en prose, souvent cité, mais réputé introuvable, et qu'on a enfin découvert et publié récemment. Dans la confusion qui suivit la mort d'Alexandre, Candragupta, secondé par un tel auxiliaire, eut bientôt fait de détruire la fragile organisation que les Grecs avaient imposée au Penjab. L'Inde n'avait pas encore connu de grand état ; longtemps émiettée en une poussière de principautés, d'oligarchies et de républiques, elle avait passé au stage des confédérations et des royautés féodales. Instruit par l'exemple d'Alexandre, qui s'était lui-même inspiré de l'empire Achéménide, Candragupta étendit son domaine des bouches du Gange aux bouches de l'Indus ; il réussit même à tenir en échec Séleucus, qui prétendait recouvrer toute sa part de l'héritage d'Alexandre, et porta sa souveraineté jusque sur la rive droite de l'Indus. Héritier d'un pareil empire, Asoka pouvait vivre dans l'indolence coutumière, ordonner de grandes expéditions, triompher à son aise et fuir dans les voluptés du harem les soucis vulgaires de la vie. Mais il entendait tout autrement le devoir royal ; ce qu'il voulait, nous le savons par son témoignage même. Ses paroles gravées partout dans l'Inde, sur des rochers et sur des piliers, vivent encore, émues, fortes et graves. Il avait d'abord rêvé, lui aussi, la gloire militaire, et porté la guerre dans le pays du Kalinga, le long du golfe du Bengale. Mais le spectacle de la guerre lui donna l'horreur de la victoire.

« [1] Immense est le Kalinga conquis par le roi à la face aimée, cher aux dieux. Des centaines de milliers de créatures y ont été enlevées, cent mille y ont été

1. J'ai reproduit, ici comme dans les autres citations des Édits, la traduction de M. Senart (*Les Inscriptions de Piyadasi*, Paris, 1881-6) avec quelques modifications.

frappées ; bien des fois le même nombre y sont morts. Alors le roi cher aux dieux s'est aussitôt, depuis l'acquisition du Kalinga, tourné vers la Loi, il a conçu le zèle de la Loi, il s'est appliqué à la diffusion de la Loi, si grand est le regret qu'a ressenti le roi cher aux dieux dans la conquête du Kalinga. En effet, en conquérant le territoire qui ne m'était pas soumis, les meurtres, les morts, les enlèvements d'hommes qui s'y sont produits, tout cela a été vivement et douloureusement ressenti par moi, le roi cher aux dieux. Mais voici qui a été encore plus douloureusement ressenti par moi, le roi cher aux dieux. Partout résident des brahmanes ou des sramanes ou d'autres sectes ou maîtres de maison : et parmi ces hommes, quand on veille à leurs besoins, règne l'obéissance aux autorités, l'obéissance aux pères et mères, la docilité envers les amis, les camarades, les parents, les égards pour les serviteurs, la fidélité dans les affections. Les hommes, dans la conquête, sont exposés aux violences, à la mort, à la séparation d'avec les êtres qui leur sont chers. Quant à ceux même qui, grâce à une protection, n'éprouvent aucun dommage, leurs amis, connaissances, camarades ou parents trouvent la ruine... C'est pourquoi autant de gens ont naguère été frappés, sont morts, ont été enlevés dans le Kalinga, le roi cher aux dieux le ressent aujourd'hui cent et mille fois plus douloureusement... En effet le roi cher aux dieux souhaite la sécurité pour toutes les créatures, le respect de la vie, la paix et la douceur. Or c'est là ce que le roi cher aux dieux considère comme les conquêtes de la Loi. C'est dans ces conquêtes de la Loi que le roi cher aux dieux trouve son plaisir, et dans son empire et sur toutes ses frontières, dans une étendue de bien des centaines de lieues. Parmi eux sont Antiochus, le roi des Yavanas, et au delà de cet Antiochus, quatre rois, Ptolémée, Antigone, Magas, Alexandre : au sud, les Codas, les Pandyas jusqu'à Ceylan... partout on se conforme aux enseignements de la Loi du roi cher aux dieux... J'y ai trouvé une joie intime, mais à vrai dire le roi cher aux dieux n'attache une grande valeur qu'aux fruits que l'on s'assure pour l'autre vie. C'est pour cela que cette inscription de la Loi a été gravée afin que nos fils et nos petits-fils ne croient pas qu'ils doivent faire quelque autre conquête nouvelle. Qu'ils ne pensent pas que la conquête par les armes mérite le nom de conquête ; qu'ils n'en voient que l'ébranlement, la violence. Qu'ils ne considèrent comme une vraie conquête que les conquêtes de la Loi. Elles valent pour ce monde et pour l'autre ; qu'ils fassent tout leur agrément des plaisirs de la Loi, car ceux-là ont leur prix et dans ce monde et dans l'autre » (XIIIe édit).

Ce qu'est la « Loi », Asoka le définit clairement dans un autre édit (le XIe) : « Voici ce que dit le roi à la face aimée, cher aux dieux. Il n'est pas d'aumône comparable à l'aumône de la Loi, l'amitié dans la Loi, la libéralité dans la Loi, la parenté dans la Loi. Voici ce qu'il faut observer : les égards envers les esclaves et les serviteurs, l'obéissance aux père et mère, la charité envers les amis, les camarades, les parents, les sramanes et les brahmanes, le respect de la vie des êtres. C'est là ce qu'il faut que dise un père ou un fils ou un frère ou un ami, un camarade, voire même un voisin : « voici ce qui est bien, voici ce qu'il faut faire ! ». En agissant ainsi, il y a avantage en ce monde et pour la vie à venir : il résulte un mérite infini de cette aumône de Loi ».

Le monde n'a jamais entendu de plus sublimes leçons dictées par la voix d'un monarque. Et Asoka vivait moins d'un siècle après Alexandre, deux siècles et demi avant le Christ. Le bouddhisme qui le vénère comme le plus puissant de ses protecteurs a propagé son nom dans toute l'étendue de l'Extrême-Orient ; il n'a pas craint de déformer cette grande image pour l'accommoder à ses cadres d'édification ; du souverain énergique, qui entreprit de soumettre à l'État la puissance croissante de l'Église bouddhique, qui prétendit régler au nom de l'État les lectures pieuses des moines et des laïcs, qui n'hésita pas à punir au nom de l'État les fautes disciplinaires du clergé, la légende bouddhique a fait un prince bigot, confit en dévotion, prosterné devant les religieux, ruiné par des prodigalités folles dans l'espoir de racheter les cruautés monstrueuses de sa jeunesse. Le jainisme a gardé dans le trésor assoupissant de ses traditions une image pâle et floue du grand roi. Le brahmanisme a tout oublié. Il a fallu la divination géniale d'un Prinsep pour retrouver le secret perdu des écritures qui avaient servi à l'empereur Asoka ; depuis quinze cents ans peut-être, ses inscriptions n'étaient plus qu'une lettre morte ou plutôt un abracadabra magique que la terreur des ignares protégeait heureusement contre la destruction. Si l'Inde sait aujourd'hui lire et interpréter ces documents, c'est à l'Europe qu'elle le doit.

Je ne pousserai pas plus loin cette courte nomenclature. Je n'ai pas à donner une liste complète des grands noms de l'Inde ancienne. Il me suffit d'avoir montré par un petit nombre d'exemples que les grandes individualités n'ont pas manqué à l'Inde et que la terre de l'impersonnalité a elle aussi ses grands hommes. Mais, par un phénomène singulier et peut-être unique, ce n'est point à sa propre tradition qu'elle doit de les connaître. C'est la science étrangère qui par un labeur continu les lui rend lentement. Et ainsi les travaux des érudits, que le public prend volontiers pour des amusettes de dilettantes, manifestent leur grandeur réelle. La science, qui est issue de la vie, aboutit à la vie. Les philologues, les épigraphistes, les archéologues ont contribué par leurs efforts à tirer l'Inde de ce rêve stérile et décourageant où l'humanité croit voir derrière elle un âge d'or évanoui, et se console de sa déchéance par les mensonges de la fiction. C'est par eux que l'Inde s'initie à l'idée virile de la patrie ; à connaître son passé historique, elle peut en méditer l'exemple, s'en inspirer, aspirer à l'égaler, à le surpasser peut-être. Sans doute, l'éveil d'une conscience nationale ne se fera pas dans un simple sursaut. L'Inde a cette honte d'être le pays le plus illettré du monde civilisé. Au recensement de 1901, on y comptait 947 illettrés pour 1.000

habitants. Un homme sur dix sait lire et écrire, et une femme sur cent quarante-quatre. Les Encyclopédistes du XVIIIe siècle, qui se représentaient volontiers la société comme l'œuvre des machinations sacerdotales, auraient pu chercher dans l'Inde la preuve de leurs théories. Un brahmane qui est l'honneur de la science indienne, le pandit Haraprasad Sastri, investi par le gouvernement du titre envié de Mahâmahopâdhyâya (maître de haute maîtrise), n'hésite pas à attribuer à ses confrères de caste les plus noirs desseins. Dans un poème intitulé *Le Triomphe de Vâlmîki*, il imagine un dialogue entre deux saints fameux des temps védiques, l'un Vasishtha, qui est le représentant authentique de la prêtrise, l'autre Visvâmitra, sorti de la noblesse militaire, mais introduit par la violence dans les rangs des brahmanes. « La première chose, déclare Vasishtha, c'est d'arrêter le cours de la pensée indépendante. Il faut faire tout pour que les classes inférieures n'aient pas la liberté de penser. — Quoi ! répond Visvâmitra, voulez-vous dire qu'une demi-douzaine de brahmanes peut obstruer le cours de la pensée indépendante parmi les peuples de la terre ? » — Vasishtha reprend : « Qu'y a-t-il de trop difficile à accomplir pour l'intelligence ? Je changerai la teneur de leur esprit à partir de l'enfance. Je les rendrai attachés aux plaisirs et aux jouissances ; je ne permettrai pas à d'autres pensées de grandir dans leur cerveau ». — « Un regard, réplique Visvâmitra, un regard sur le bleu illimité du ciel suffit à réveiller la liberté dans l'âme ».

L'audace de Vasishtha n'a pu triompher des forces invincibles de la vérité ; il a succombé sous les ruines de son œuvre. Visvâmitra saura-t-il refaire une Inde qui soit digne de ses vrais grands hommes ?

LES PARTS RESPECTIVES DES NATIONS OCCIDENTALES DANS LES PROGRÈS DE L'INDIANISME

L'indianisme, c'est-à-dire l'étude critique du passé de l'Inde, fondée sur la connaissance directe des documents anciens, date de la fin du XVIIIe siècle. Jusque-là, il ne manque pas de voyageurs, de curieux ou d'érudits pour s'intéresser à l'Inde ; mais les plus instruits s'arrêtent aux langues parlées ou bien au persan qui est devenu la langue cultivée des cours musulmanes. Il arrive même qu'un missionnaire italien, le P. Beschi (mort vers 1746), prend rang parmi les classiques de la littérature tamoule, riche pourtant en chefs-d'œuvre. Les Jésuites français des Missions du Sud de l'Inde, en particulier le P. Pons, le P. Calmette, ont acquis vers le même temps une teinture de la langue sanscrite ; ils ont manié, acquis, étudié des manuscrits ; mais leur œuvre d'apostolat paralyse leurs recherches. Anquetil-Duperron passe huit ans (1754-1762) dans l'Inde, où il est parti comme simple volontaire au service de la Compagnie ; mais il s'est exclusivement voué à retrouver les œuvres de Zoroastre ; c'est longtemps après son retour en France (1775) qu'il reçoit de son ami Le Gentil, en mission dans l'Inde, la version persane des Upanishads, l'antique texte de la théosophie indienne ; il se passe encore vingt-six années, vingt-six années chargées d'histoire (1775-1801), avant qu'il en publie la traduction latine, ce singulier et admirable *Oupnek'hat, id est Secretum tegendùm ; opus ipsa in India rarissimum*, qui devait agir si fortement sur Schopenhauer et par lui sur la pensée moderne.

Dans l'intervalle, le sanscrit a été conquis par des savants européens. L'Angleterre, en faveur de qui la victoire s'est prononcée contre Dupleix et les armes françaises, s'est montrée digne de sa fortune. Le 15 janvier 1784, la Société Asiatique de Calcutta inaugure ses séances ; elle embrasse dans son programme l'étude de l'Inde sous tous les aspects, mais l'étude du passé y occupe le premier plan. En 1785, Charles Wilkins donne la première traduction authentique d'un texte sanscrit ; il a su choisir pour ce premier essai une des perles de la littérature indienne, la Bhagavad-Gîtâ; l'attention de l'Europe est aussitôt saisie par cet incontestable chef-d'œuvre. Mais deux grands noms dominent les origines de l'indianisme dans l'Inde : William Jones et Colebrooke, tous deux au service de la Compagnie des Indes, tous deux originaires de Londres, tous deux animés d'un zèle égal, mais par ailleurs aussi différents que possible : Jones, enthousiaste, artiste, ardent, sensible ; Colebrooke, froid, raisonné, pondéré, tempérament de juriste et de mathématicien. Leurs efforts indépendants ouvrent toutes les avenues, découvrent toutes les perspectives de l'avenir. Jones reste par excellence le premier traducteur de Sakuntalâ (1789); Colebrooke est après plus d'un siècle de recherches le guide utile à consulter sur l'astronomie, sur la philosophie, sur la grammaire, sur le droit. Derrière ces deux pionniers, le Service Civil de l'Inde, continue à susciter des vocations d'indianiste. Wilson, avant de venir enseigner le sanscrit à Oxford dans une chaire de fondation spéciale en 1833, passe d'abord vingt-sept ans dans l'Inde comme employé de la Compagnie, tour à tour affecté au service médical et chargé des essais à la Monnaie de Calcutta. Wilson s'est formé sous l'action personnelle de Colebrooke qui l'a initié aux exigences du labeur austère et méthodique ; mais il tient de William Jones par la vivacité de ses goûts littéraires, ses dons d'écrivain et de poète. Il fournit aux études sanscrites l'instrument de travail et de progrès qui leur faisait encore défaut, un Dictionnaire Sanscrit-Anglais (1819) ; il traduit les chefs-d'œuvre du Théâtre Indien (1827) et il esquisse magistralement la technique du drame d'après les théoriciens indigènes ; sa traduction du Vishnu-Purâna donne une base solide aux discussions, trop longtemps vaines, sur la cosmologie et la cosmographie de l'Inde ancienne (1840) ; ses *Essais sur les Sectes Religieuses des Hindous* (1828-1832) ont été constamment transcrits et plagiés depuis un siècle. Dans l'archéologie naissante, il prend un rang honorable avec son *Ariana Antiqua* (1841) qui groupe dans un premier ensemble les antiquités de l'Afghanistan, et surtout la numismatique des Indo-Grecs et des Indo-Scythes. Mais sur ce domaine particulier, il a été devancé par un créateur de génie, James Prinsep (1799-1840). Prinsep, lui aussi essayeur de la Monnaie (à Bénarès), fait partie de la glorieuse phalange des déchiffreurs qui au cours du XIXᵉ siècle ont rendu à l'histoire tant de civilisations éteintes. Aussi patient que sagace, guidé à part égale par l'intuition et par le raisonnement, il parvient à lire les légendes indiennes des monnaies indo-grecques et indo-scythiques ; puis, fondé sur les résultats ainsi acquis, il aborde et explique les inscriptions d'Asoka Piyadasi, qui restent pour nous les premiers documents de l'épigraphie indienne. Dans le même temps, d'autres fonctionnaires anglais ouvrent et explorent le domaine du bouddhisme indien. La religion du Bouddha, d'abord rencontrée au Japon par les premiers missionnaires, étudiée ensuite dans les textes chinois, puis observée dans les pays de l'Indochine, semblait avoir disparu de son berceau.

Hodgson, envoyé au Népal comme résident en 1821, rencontre le bouddhisme vivant dans la belle vallée de l'Himalaya, et il y recueille les textes encore nombreux qui survivent à la ruine d'une immense littérature. Turnour, magistrat du Civil Service de Ceylan, publie, traduit ou analyse les chroniques ecclésiastiques de Ceylan (Mahâ-Vamsa) qui fournissent à l'histoire politique et religieuse de l'Inde un cadre solide.

Après la création d'une chaire de sanscrit à Oxford, l'indianisme anglais se partage en deux courants : l'un, qui continue la tradition originale avec un éclat qui ne faiblit point, est alimenté par le personnel des services de l'Inde ; l'autre, spécialement métropolitain, passe par les Universités anglaises. Après Oxford, Cambridge, Edinbourg, Manchester, Londres, créent des chaires pour l'enseignement des langues et des antiquités de l'Inde. Dans l'Inde même, la Société Asiatique du Bengale demeure le principal foyer d'études ; son Journal, centenaire depuis 1884, abonde en articles excellents sur la littérature, l'histoire, l'archéologie, l'épigraphie, la linguistique, l'ethnographie. Bombay, toujours émule de Calcutta, suit de près la capitale avec sa Literary Society fondée en 1819 et dont les « Transactions » apportent à la science de précieuses contributions, puis à partir de 1841, avec la Bombay Branch of the Royal Asiatic Society dont le Journal, publié à intervalles irréguliers, constitue un recueil de tout premier ordre. D'autres sociétés locales se sont constituées qui ont aussi fondé d'utiles périodiques. James Burgess, qui a rendu tant de services à l'archéologie indienne, a créé en 1872 l' « Indian Antiquary », répertoire inappréciable d'articles qui touchent à tous les problèmes de l'indianisme, tous dus à des savants de mérite, tous d'une tenue scientifique irréprochable. Le Gouvernement de l'Inde a pris lui-même la charge des grands services scientifiques, dotés de magnifiques publications qui sont distribuées aux spécialistes du monde entier avec une libéralité sans rivale : l' « Archæological Survey », créé en 1861, est par excellence l'œuvre du Général Cunningham ; cet infatigable explorateur, chez qui l'enthousiasme du génie ne laissait pas toujours assez de place à la critique rigoureuse, a pendant un demi-siècle visité, fouillé, exhumé, décrit presque toutes les antiquités du Nord de l'Inde. Graduellement, le service s'est étendu à l'Inde tout entière, et il a dû se subdiviser en plusieurs sections, sans rien perdre de son activité. Un autre service, le Linguistic Survey, qui a accompli en moins de vingt années une besogne gigantesque, est tout entier l'œuvre personnelle de George Grierson ; après une carrière éclatante d'administrateur, Grierson a osé entreprendre et il a réussi à mener à bout un relevé méthodique de tous les parlers en usage dans l'Empire indien. Il faut encore signaler, parmi les publications du Gouvernement, l'Epigraphia Indica, trésor des documents épigraphiques qui peu à peu rendent à l'Inde son histoire oubliée.

L'indianisme de la métropole est surtout le prolongement de l'indianisme indien.

La Royal Asiatic Society, fondée en 1823, groupe autour d'elle les fonctionnaires du Service Civil rentrés au pays pour y jouir de leur retraite ; c'est eux surtout qui alimentent le Journal de la Société. Les professeurs des Universités sont tantôt des maîtres qui ont enseigné aux Indes, comme c'est le cas de Cowell, ou bien ils vont par des voyages répétés se retremper au contact des gens et des choses de l'Inde, comme c'est le cas de Monier Williams. Ainsi le travail proprement scientifique reste sous l'influence de la science indigène, et d'autre part les spéculations d'ordre livresque se corrigent d'elles-mêmes par l'impression directe des réalités. Les publications de la Pali Text Society expriment à merveille l'action combinée des deux courants : M. Rhys Davids qui en est l'âme et le maître ouvrier a rapporté d'un séjour à Ceylan la passion du bouddhisme en langue palie ; il a su communiquer sa ferveur à des collaborateurs de toute nationalité, et grâce à son zèle la science dispose aujourd'hui de l'ensemble du canon pali sous une forme correcte, claire et maniable. Une collection de traductions vient peu à peu rendre les textes accessibles aux non-initiés. Il faut encore mentionner ici, quoiqu'elle ne soit pas réservée en propre à l'indianisme, la série des *Sacred Books of the East*, la plus riche et la plus sérieuse des collections dont dispose l'histoire des religions, créée et dirigée par Max Müller qui a su grouper autour de lui une élite de traducteurs hors ligne choisis dans la Grande-Bretagne, dans l'Inde, et dans le monde entier.

Le nom de Max Müller évoque et symbolise un groupe considérable, tant par le nombre que par la valeur, de savants incorporés à l'école anglaise, mais empruntés aux écoles germaniques, et qui participent des deux pays. Par l'effet d'un détachement singulier, qui tient peut-être à une conception insuffisante du rôle de la science dans la vie nationale, l'Angleterre n'a jamais cessé de recruter une bonne partie de son personnel d'indianisme dans les Universités allemandes : il suffira de rappeler Rosen, Goldstücker, Rost, Eggeling, Aufrecht, Max Müller pour le Royaume-Uni, Haug, Bühler, Kielhorn, Führer, Thibaut, Hultzsch pour l'Inde. Si on fait abstraction de la politique, où nous n'avons pas à entrer, leur rôle a été bienfaisant ; par la solidité de leur préparation scientifique, ils ont agi comme une sorte de frein sur les fantaisies débridées des essayistes amateurs qui pullulent dans le monde anglais ; ils ont apporté du dehors et maintenu une continuité de traditions scientifiques dans un pays d'individualités réfractaire à l'établissement de doctrines officielles ; et d'autre part ils ont réagi sur l'enseignement qui les avait formés en introduisant dans les théories abstraites de la science allemande le goût du réel et du concret.

L'indianisme français naît au début du XIXe siècle, par une sorte de génération spontanée, en plein Paris, à la Bibliothèque Nationale. Les envois des missionnaires pendant le XVIIIe siècle, encouragés ou provoqués par des conservateurs intelligents, y avaient constitué un fonds important de manuscrits sanscrits, la plupart en écriture bengalie, auxquels étaient venus se joindre de temps en temps, en manuscrit également, les essais tentés par les missionnaires pour se rendre maîtres de la grammaire et du vocabulaire. Un élève de Silvestre de Sacy, A. L. de Chézy, employé à la Bibliothèque, rêva d'être le premier Français qui ouvrirait à toute l'Europe l'accès des études indiennes. Ame de poète délicate et ombrageuse, tempérament romantique épris de couleur et d'exotisme, Chézy poursuivit longtemps son difficile apprentissage sans se confier à personne qu'à sa mère et à sa femme. La chute de Napoléon par un contrecoup singulier servit les ambitions secrètes de Chézy et la fortune de l'indianisme ; la royauté à peine rétablie créa en faveur du légitimiste Chézy une chaire au Collège de France ; le 16 janvier 1815, Chézy y prononçait une leçon d'ouverture : « Discours sur les avantages, la beauté, la richesse de la langue sanscrite, et sur l'utilité et les agréments que l'on peut retirer de son étude ». Ce titre contient tout le programme de Chézy ; sa curiosité plus sentimentale que raisonnée se laisse séduire sans se fixer ; il prétend publier tout et ne publie presque rien. C'est seulement en 1830, deux ans avant sa mort, qu'il donna la première édition du texte de Sakuntalâ qui constitue son vrai titre de gloire. Eugène Burnouf qui lui succède au Collège de France éclipse son devancier par le rayonnement d'un génie vigoureux, original, inventif, où la froide raison règle les mouvements d'une imagination féconde. Partout où il passe, il marque son empreinte et laisse une trace durable : l'étude du bouddhisme sort définitivement façonnée de ses mains créatrices, ainsi que l'étude des textes avestiques. Son *Introduction à l'Histoire du Bouddhisme Indien* (1844-1852), fondée exclusivement sur le dépouillement des manuscrits, palis, birmans, siamois, tibétains, n'a rien perdu de son importance malgré le progrès immense des recherches. Ses traductions, qu'il s'agisse d'un texte bouddhique comme le Lotus de la Bonne Loi ou d'un texte brahmanique comme le Bhâgavata Purâna, sont des modèles insurpassables de précision, de justesse, de savoir sobre et soigneux ; les notes qu'il y annexe témoignent de son érudition prodigieuse, toujours maniée avec une mesure discrète. Une autre partie de son œuvre, le *Commentaire sur le Yaçna*, fonde la philologie de l'Iran ancien. Si les Védas ne tiennent pas de place dans ses œuvres, ils occupèrent une bonne partie de son enseignement ; c'est à ses leçons que se sont formés tous les maîtres qui ont illustré les études védiques. Autour de sa chaire se pressaient des élèves venus de l'Europe entière ; les dénombrer, c'est passer en revue tous les noms qui ont marqué dans l'indianisme ; tous se sont plu à proclamer leur dette de reconnaissance envers le maître à qui Renan écrivait : « En écoutant vos leçons, j'ai rencontré la réalisation de ce qu'auparavant je n'avais fait que rêver : la science devenant la philosophie et les plus hauts résultats sortant de la plus scrupuleuse analyse des détails ».

Le prestige d'un si grand nom risque de faire tort à son entourage. Pourtant

Langlois, le traducteur du *Harivamsa* et surtout le premier en date des traducteurs du *Rig-Véda*, Loiseleur-Deslongchamps l'éditeur de l'*Amara-Kosha*, le traducteur des *Lois de Manu*, un des initiateurs de l'histoire des contes par son *Essai sur les Fables Indiennes et sur leur introduction en Europe*, ont produit des œuvres qui n'ont pas perdu leur mérite. Adolphe Regnier, connu surtout pour avoir organisé la grande Collection des Classiques Français, est le véritable continuateur de Burnouf par ses *Études sur la grammaire védique*, le *Prâtiçâkhya du Rig-Véda* qui soutient la comparaison avec le travail identique de Max Müller, paru dans le même temps. Pavie, qui recueille temporairement la succession de Burnouf au Collège de France, se rattache plutôt aux romantiques du début par ses goûts littéraires, sa passion d'exotisme, son humeur voyageuse ; il a du moins ce mérite original de joindre à la culture du sanscrit la connaissance d'une langue parlée actuellement dans l'Inde, l'hindoustani. Plus novateur encore, Garcin de Tassy se consacre tout entier à la littérature de l'Hindoustan moderne ; il gagne dans ce domaine une autorité véritablement unique. L'infatigable Hippolyte Fauche traduit sans désemparer, avec un enthousiasme qui ne faiblit jamais, les œuvres de Kâlidâsa, le *Râmâyana*, une bonne partie du *Mahâ-Bhârata*, la *Mricchakatikâ*, le *Daçakumâra-Carita* et d'autres ouvrages encore ; mais la passion sincère ne suffit pas à racheter chez lui les inexactitudes et les erreurs. Foucaux, professeur au Collège de France après l'intérim de Pavie, suit docilement pendant sa longue vie l'impulsion qu'il a reçue de Burnouf ; obstinément attaché à cette biographie miraculeuse du Buddha qui porte le titre de *Lalita-Vistara*, il la traduit d'abord sur la version tibétaine, puis sur l'original sanscrit ; il sauvegarde tout au moins l'étude du tibétain, ne fût-ce que comme une science auxiliaire du bouddhisme. Feer, derrière lui, maintient encore honorablement la même tradition ; il dispose de connaissances linguistiques qui couvrent en superficie une grande partie du terrain bouddhique ; il édite et traduit des textes sanscrits, palis, tibétains, mais sans aucune conception d'ensemble qui relie ses nombreux travaux.

Une poignée d'amateurs dévotieux, groupés autour d'Émile Burnouf, le neveu du grand Burnouf trop souvent confondu avec lui, essaie de réagir contre la centralisation du sanscrit à Paris et prétend fonder à Nancy un foyer d'études indiennes. Mais l'École de Nancy semble recueillir la tradition de Chézy sans tenir compte des progrès de la science ; sa bonne volonté ne réussit pas à la porter même jusqu'à la médiocrité.

La création de l'École des Hautes-Études à Paris en 1868, qui marque la renaissance de la philologie française, ranime l'indianisme somnolent. Hauvette-Besnault, chargé d'enseigner le sanscrit, distingue parmi ses auditeurs Bergaigne, qui est appelé à le seconder. Plus tard, quand la Sorbonne commence à se transformer en vue de besoins nouveaux, Bergaigne y est chargé d'un enseignement qui associe le sanscrit à la grammaire comparée. L'action personnelle d'un maître incomparable provoque un brillant réveil de l'indianisme. Bergaigne, ouvert sur tous les aspects du génie indien, s'attache surtout au *Rig-Véda* ; il y apporte une méthode originale, on peut dire révolutionnaire, qui se précise d'étape en étape. En réaction contre l'école germanique, il isole les Védas à titre de document indien ; il tend à les expliquer par eux-mêmes, au moyen de recoupements originaux. Le *Rig-Véda* lui apparaît de plus en plus comme la liturgie compliquée d'un rituel savant. Victor Henry, qui reprend l'enseignement et la doctrine de Bergaigne, essaie d'y introduire les premiers résultats de l'ethnographie par sa théorie des devinettes primitives ; mais c'est surtout par ses travaux d'ordre didactique ou de vulgarisation qu'il a mérité de la science. Une chaire de sanscrit, créée pour la première fois en province, à la Faculté des Lettres de Lyon, est occupée par P. Regnaud, auteur d'une étude érudite et sagace sur la Rhétorique sanscrite. Auguste Barth est un cas vraiment exceptionnel : réfractaire par principe à la publication, il se laisse aller à accepter un article d'Encyclopédie sur les Religions de l'Inde, et l'article devient, presque en dépit de son auteur, un livre classique ; il prétend se borner à passer en revue, dans des Bulletins irréguliers, les publications qui touchent à l'histoire des religions dans l'Inde, et sous couleur de critique ou de rectification il répand à poignée les idées neuves qui impriment aux recherches des directions fécondes. Bergaigne et Barth ajoutent à l'indianisme une nouvelle province : la France, qui commence à s'installer en Indochine, y a aussitôt entrepris un travail d'exploration scientifique ; le capitaine Aymonier recueille au Cambodge et au Champa une immense moisson d'inscriptions sanscrites que personne ne s'attendait à y rencontrer, et qui révèlent une magnifique floraison de la culture indienne sur un domaine dont elle avait oublié jusqu'au nom. C'est à Barth et à Bergaigne qu'échut l'honneur d'inaugurer par deux grands recueils cette épigraphie sanscrite de l'Inde Outre-Gange. L'École Française d'Extrême-Orient, fondée à Saïgon en 1898 et transférée depuis à Hanoï, a consacré cette orientation nouvelle des études indiennes ; l'Inde, trop longtemps vue de l'Ouest comme une annexe du monde classique, se place désormais au croisement des chemins, en philologie comme en géographie.

L'indianisme allemand est né, lui aussi, à Paris, sous les auspices du blocus continental. Friedrich Schlegel se trouvait en 1803 à Paris, où il étudiait le persan sous Silvestre de Sacy et prenait des répétitions avec Chézy ; à la Bibliothèque Nationale, Langlès, qui était le conservateur des manuscrits orientaux, le mit en relations avec Alexandre Hamilton, officier de la marine anglaise que le blocus avait surpris pendant qu'il traversait la France ; il était prisonnier sur parole et employait ses loisirs involontaires à dresser un catalogue des manuscrits sanscrits ; il avait acquis dans l'Inde la connaissance de la langue sanscrite, et plus tard il l'enseigna même au Collège de Haileybury. Schlegel, qui espérait trouver dans l'antiquité indienne l'image de l'humanité primitive que les théories de Rousseau avaient mise à la mode, se fit l'élève de Hamilton. En 1808, il publiait son livre sur *La Langue et la Sagesse des Indiens, contribution à l'établissement de la connaissance des antiquités.* Ses connaissances n'étaient, à dire vrai, ni solides, ni étendues ; il n'en avait pas moins le mérite d'avoir lu quelques textes. Il s'en tint là ; mais son frère aîné August-Wilhelm allait reprendre et poursuivre le travail. Arrivé à Paris dès le début de 1815, A. W. Schlegel suivit les cours de Chézy ; il y rencontrait Bopp, fixé à Paris depuis 1812 pour y étudier le persan et l'arabe. Une émulation amicale les rapprocha d'abord ; Bopp donnait même des leçons de sanscrit à son compatriote déjà fameux. L'opposition des tempéraments sépara bientôt le romantique fougueux du grammairien qui préludait à son œuvre géniale. Mais l'inspiration qui avait présidé à leur rapprochement pour la conquête du sanscrit n'en persista pas moins à maintenir étroitement soudées les deux tendances qui s'incarnaient en eux : la plupart des Universités allemandes créèrent l'une après l'autre un enseignement conjoint du sanscrit et de la grammaire comparée ; le trait d'union est un vocable, le nom d' « indo-germanique » appliqué à la famille de langues qui va de l'Atlantique à l'Océan Indien. L'Inde antique et la Germanie sont les seuls témoins authentiques de la race aryenne dans sa pureté ; l'une se complète et s'explique par l'autre. Les Upanishads font pendant à Kant et Schopenhauer, le Mahâ Bhârata aux Niebelungen, le Bouddha à Luther. Les Védas, traités comme le domaine commun des linguistes et des indianistes, exercent une attraction particulière ; Roth et Max Müller, tous deux élèves de Burnouf, élaborent la forme définitive d'une doctrine qui jouit d'une autorité incontestée en dehors de la France pendant presque un demi-siècle. Le travail philologique qui prépare et étaie cette doctrine impose une légitime admiration ; à la suite du *Nalus* de Bopp (1819) et de la *Bhagavad-gîtâ* de Schlegel (1823), une légion de maîtres et de disciples édite avec une application constamment soutenue une véritable masse de textes, tant classiques que secondaires, pris dans tous les genres et toutes les époques ; le catalogue sans commentaire en serait fastidieux. Cet immense labeur culmine dans le grand Dictionnaire Sanscrit de Böhtlingk et Roth, un des chefs-d'œuvre de la lexicographie, fondé sur un dépouillement stupéfiant d'une vaste littérature, exécuté avec une sûreté de méthode que d'autres parties de la philologie, beaucoup plus anciennes et plus cultivées, n'ont pas encore atteinte. Il est à noter que ce chef-d'œuvre de l'indianisme allemand a été publié par l'Académie Impériale de Russie ; on le désigne couramment comme le Dictionnaire de Pétersbourg. Dans un ordre tout différent, Lassen essaie de constituer la somme temporaire des connaissances acquises sur tous les domaines du passé indien ; collaborateur de Burnouf pour l'*Essai sur le Pali* (1826), élève et successeur de Schlegel, il introduit une clarté trop souvent illusoire dans le monde des faits encore douteux ou mal établis ; pourtant, si l' « Indische Altertumskunde » a pu retarder le progrès de la science en consacrant des hypothèses comme des solutions définitives, le livre est encore utile comme l'inventaire de l'indianisme vers le milieu du XIXe siècle. On peut juger du chemin parcouru si on le compare avec l'*Encyclopédie de la Philologie et des antiquités indo-aryennes*, où la science allemande a essayé de dresser son bilan canonique aux environs de 1900. L'entreprise est née dans le compartiment anglo-indien de la science allemande ; Bühler en a été le promoteur ; Kielhorn l'a remplacé quelque temps ; une partie des collaborateurs sont des Anglais ou des Anglo-Indiens, et nombre de fascicules sont publiés en anglais. S'il faut citer individuellement quelques-uns de ceux qui ont honoré l'indianisme allemand entre le milieu et la fin du XIXe siècle, Weber doit être nommé d'abord pour la masse invraisemblable de textes qu'il a lus, catalogués, publiés, traduits, décrits, analysés, commentés ; et d'autre part Oldenberg, également versé dans les Védas et dans le Bouddhisme, érudit d'une magnifique culture, l'auteur du plus beau livre, du seul livre peut-être qu'ait produit l'indianisme allemand, si on réserve ce nom à l'ordonnance harmonieuse d'un système de connaissances réduit à ses éléments essentiels, choisis et disposés par la raison en conformité avec les délicates exigences de l'art.

En regard de ces ensembles, la part des autres pays est assez restreinte. La Russie a, sur ce domaine comme dans tant d'autres secteurs de son activité, dépendu longtemps de l'Allemagne ; c'est par le bouddhisme qu'elle s'en est émancipée. Les populations bouddhiques incorporées dans l'Empire des tzars appelaient l'attention de ce côté. Sans porter ici en ligne de compte les travaux sur la littérature tibétaine, chinoise et mongole du bouddhisme, il faut du moins rappeler Minayeff, de qui la critique originale et pénétrante a su poser et souvent élucider tant de problèmes touchant le bouddhisme primitif. La précieuse série de la Bibliotheca Buddhica, publiée par l'Académie de Pétersbourg, prolonge en quelque sorte l'activité féconde de Minayeff. L'Italie a Gorresio, élève de Burnouf, à qui on doit l'édition complète du Râmâyaṇa avec une traduction élégante et fidèle, et aussi Angelo de Gubernatis qu'il convient de mentionner comme un vulgarisateur brillant. La Hollande a compté un indianiste de premier ordre, Kern, familier avec les langues et les choses de l'Indonésie aussi bien que de l'Inde, éditeur et traducteur accompli, historien du bouddhisme indien. La Belgique rappelle les noms un peu pâles de Nève et de Harlez, tous deux polygraphes intéressés surtout à l'histoire religieuse. L'Amérique, qui compte aujourd'hui une nombreuse et vigoureuse école, la doit surtout à Whitney, lui-même disciple resté indépendant de la science allemande, linguiste et mathématicien, auteur d'une Grammaire sanscrite qui a fait oublier tous ses devanciers.

On s'est systématiquement tenu dans cette rapide esquisse à ne mentionner que des morts ; à l'égard des contemporains encore vivants le jugement risque d'être faussé par des préventions de personne ou de groupe. Si ce résumé pèche soit par omission, soit par excès, il n'en fait pas moins ressortir que l'indianisme est comme toutes les disciplines redevable à l'ensemble des peuples civilisés. Les parts respectives sont sans doute inégales ; les nations les plus nombreuses conservent le privilège du nombre jusque dans le recrutement des études les plus spéciales. Mais, en dehors de la statistique brutale qui totalise des listes de noms ou de chaires, il est particulièrement digne d'intérêt d'observer à quel point le génie propre de chaque peuple s'affirme dans chacun des ensembles de sa production. Si la science, au sens absolu, est une œuvre universellement humaine, elle n'en est pas moins la somme des apports nationaux qui portent le sceau de leur origine, et surtout dans les faits d'ordre humain. Chaque peuple tient de la nature ou de l'histoire des traits originaux qui constituent son génie et qui agissent sur la direction moyenne des recherches individuelles. Il ne s'agit pas, bien entendu, d'une règle fatale qui ne laisse point de jeu à la personnalité ; il ne s'agit que d'une vérité moyenne, appliquée à la moyenne des individus.

A ne parler que de l'indianisme, l'Angleterre y décèle au premier abord la puissance de son tempérament individualiste ; elle a une suite ininterrompue de savants remarquables, parmi lesquels plusieurs se classent au premier rang ; mais cette suite n'est pas un enchaînement. Ni maîtres, ni écoles groupées autour de maîtres, fidèles à une orientation donnée, attachées à poursuivre une doctrine de génération en génération. L'intérêt politique qui lie l'Angleterre à l'Inde retient le travail britannique au contact des réalités concrètes, et maintient la cohésion entre les représentations du passé et le spectacle du présent.

L'Allemagne est pour ainsi dire aux antipodes : l'enseignement se passe comme un mot d'ordre. De Schlegel jusqu'au XXe siècle, une transmission régulière, scrupuleusement entretenue, rattache par des liens étroits tout le personnel de la science. Avec une conscience plus ou moins claire du but, chacun travaille à la glorification du génie germanique, seul interprète autorisé du génie aryen. L'Inde ancienne, solidaire de l'ancienne Germanie, est nettement isolée de l'Inde moderne, dont la solidarité serait désavantageuse. Mais l'adoption d'une doctrine commune et d'une méthode commune aboutit à une œuvre colossale par la masse, et respectable par la préoccupation scrupuleuse du détail.

La France, nourrie de la tradition classique, cherche l'esprit humain à travers l'espace et le temps. Elle s'intéresse à l'Inde comme elle s'intéresse à la Chine, que la science allemande a longtemps négligée avant qu'elle entrât dans l'horizon de sa politique. Tandis que l'Allemagne s'attache passionnément au Véda, considéré comme un document indo-germanique, l'indianisme français est surtout attiré par le bouddhisme, la seule production du génie indien qui soit d'ordre universel par son inspiration et par son histoire, et dans le bouddhisme même sa prédilection constante va au bouddhisme dit « septentrional » qui a couvert une aire de propagation de beaucoup la plus étendue.

Il n'est pas jusqu'aux groupes plus restreints où on ne puisse signaler chez les individus la persistance de certains caractères généraux : Minayeff, avec sa critique dissolvante, est bien un type d'intelligence russe ; Kern est un spécimen accompli de la science hollandaise avec la clarté de son esprit et l'audace tranquille de ses hypothèses.

UNE HEURE AVEC M. SYLVAIN LÉVI

INDIANISTE, PROFESSEUR AU COLLÈGE DE FRANCE

PAR

FRÉDÉRIC LEFÈVRE

Un professeur au Collège de France, et rue Guy-de-la-Brosse ! Était-ce l'Adrien Sixte du *Disciple* que j'allais rencontrer ? Suggestion d'autant plus tenace que depuis 1889, la petite province décrite par Paul Bourget n'a guère changé d'aspect. Mêmes rues calmes et solitaires, dans cette enceinte bornée par le Jardin des Plantes, l'Entrepôt des vins et les premières rampes de la montagne Sainte-Geneviève. Et cependant, par une ironie des choses bien propre à faire réfléchir, c'est dans cette province que la seule présence d'un Sylvain Lévi attire de l'Inde, de l'Annam, de la Chine et du Japon tant d'Orientaux qu'appelle sa science et que retient son amitié.

*
* *

Que peut donc contenir l'œuvre d'un homme qui exerce une telle puissance de rayonnement ?

Sa partie la plus efficace peut-être, je veux dire la masse des mémoires techniques dont Sylvain Lévi a enrichi la science, nous est aussi la plus difficilement accessible.

Par contre, ses grands ouvrages sur *le Théâtre Indien* (1890) ; *la Doctrine du Sacrifice dans les Brahmanas* (1895) ; *Le Népal* (1905) ; sa traduction du *Mahayana Sutralamkara* ouvrent aux profanes eux-mêmes l'accès d'une pensée riche de science et de méditation.

Ce qui confère à cette œuvre son caractère propre, c'est d'apporter à l'humanisme l'élargissement le plus inattendu. Des humanistes français de la Renaissance, Sylvain Lévi conserve l'érudition philologique la plus rigoureuse mise au service d'une ardente sympathie pour l'homme.

C'est ce qui lui a permis de mettre en évidence l'originalité propre d'un théâtre qui compte des chefs-d'œuvre comme la *Sakountala* de Kalidasa et de restituer le sens d'une pensée religieuse presque inconcevable à la nôtre.

Révéler aux lettrés une civilisation qui leur demeurait jusqu'alors étrangère, leur avoir fait lire la légende de *Nala et Damayanti*, où elle s'exprime si pleinement, n'est-ce pas *avoir annexé l'hindouisme à l'humanisme français ?*

* * *

— ...

— Comment ma vocation d'indianiste s'est décidée ? En partie par hasard, comme il arrive souvent, et peut-être aussi pour quelques raisons plus profondes.

Lorsque j'étais à la Sorbonne, j'avais établi, avec un ami, le tableau des cours que nous voulions suivre. Le total ne s'élevait qu'à trente-deux heures par semaine. C'était un peu maigre, mais nous ne savions comment l'augmenter, car il devenait assez difficile de découvrir un enseignement qui n'y fût pas encore représenté.

Le père de mon ami connaissait Ernest Renan ; pourquoi ne pas le consulter ? Sa réponse nous vint, prompte et formelle : « Il y a un professeur de génie qui n'a pas d'élèves ; c'est Bergaigne, et il enseigne le sanscrit. »

Nous ajoutâmes le sanscrit.

Je n'oublierai jamais cette première leçon. Bergaigne écrivit d'abord un vers sanscrit au tableau noir. Il l'expliquait sans presque nous regarder, se passant la main sur les yeux comme s'il suivait quelque préoccupation intérieure. Nul prestige du geste ou de la parole qui pût nous séduire... Et pourtant, dès la fin de cette première heure, j'étais voué à l'étude du sanscrit.

Trop longtemps méconnu, le génie de ce maître est aujourd'hui incontesté, et si vous écrivez quatre lignes sur mon œuvre, j'aimerais qu'il y en eût au moins trois sur Bergaigne.

C'est lui, après Burnouf, qui engagea l'étude des Védas dans la voie qu'elle a suivie depuis.

Les Allemands, assurés de l'antiquité et de la pureté de leur race, s'étaient déclarés les héritiers directs des anciennes civilisations de l'Inde. Il leur fallait une Bible aryenne qui pût être opposée à la Bible sémitique ; il leur fallait donc une sorte de révélation primitive, avec ses patriarches, ses prophètes, bref tout ce dont elle avait besoin pour devenir le digne pendant de l'autre.

Bergaigne, le premier, a fait s'écrouler un tel roman. Est-il besoin de dire que la science allemande fit, à une seule exception près, le plus complet silence sur ses travaux ?

Puisque les Germains étaient, par définition, les successeurs légitimes des Aryens primitifs, ils détenaient seuls, et de droit héréditaire, l'interprétation logique de leurs livres. Il n'en est pas moins vrai que les travaux de Bergaigne ont eu raison de leur système et rendu par là même possible les travaux qui se poursuivent encore aujourd'hui.

— *Mais dans quelle mesure*, le sens authentique *d'une poésie aussi différente de la nôtre nous est-il accessible?*

— Pour pénétrer le sens de la poésie hindoue, il faut d'abord dépouiller nos habitudes d'esprit européennes. Pour nous, la jouissance esthétique dépend avant tout du degré de culture personnelle. Pour un Hindou, l'état présent de l'individu n'est, en cela comme en tout le reste, que le résultat des mérites ou démérites accumulés au cours des existences antérieures. La poésie est donc réservée comme jouissance à un groupe d'élite. Mais à cause de cela même, la joie que confère l'œuvre d'art à ces privilégiés de naissance va bien au delà de l'échange purement personnel qu'elle constitue pour un Européen. L'art devient alors la capacité non seulement de faire vibrer en nous les forces conscientes, dont on se soucie peu dans l'art indien, mais surtout un appel aux virtualités latentes de l'âme qu'il dégage et en fait émerger.

Ce qu'un beau poème fait vibrer chez un Hindou, c'est tout un monde d'expériences antérieures dont les résonances multiplient jusqu'à l'infini l'émotion esthétique.

Peut-être suis-je contaminé par une longue familiarité avec l'Inde, — ici M. Sylvain Lévi sourit, — mais je ne puis imaginer que cette manière d'interpréter l'art, si étrange qu'elle nous paraisse d'abord, ne recèle pas une âme de vérité.

— *Si la différence entre leur conception de l'art et la nôtre est telle, quel sentiment peut grouper autour de vous ces jeunes gens, qui viennent de l'Inde s'initier sous votre direction à leur propre littérature?*

— C'est qu'entre eux et nous une collaboration féconde peut et doit s'établir. La poésie hindoue procède tout autrement que la nôtre. Elle ne part pas d'idées ou de sentiments définis pour en développer linéairement le contenu ; au contraire dans cet organisme complet qu'est une stance hindoue, la pensée doit se diriger, comme à travers une sorte de balancement d'idées et d'images, vers le mot final qui révèle seul le terme vers lequel elles tendaient. S'il me fallait user d'une image pour rendre sensible un mode de penser si différent du nôtre, on dirait la descente en spirale de quelque papillon : il semble hésiter en chacun des points de son vol, et cependant, lorsqu'il touche enfin la fleur, on voit bien que c'est vers elle que, dès le début, son vol tendait.

Les Hindous nous apportent donc pour l'interprétation d'une poésie toute en suggestions, au lieu d'être faite de rapports définis comme la nôtre, un jeu d'associations que nous n'avons pas.

Par contre, ils viennent nous demander le secret d'une précision dans l'expression dont le secret leur échappe trop souvent. Pour expliquer leurs propres poètes, ils ne disposent que de dictionnaires où les mots sont groupés par synonymes. Mais, en réalité, ces pseudo-synonymes diffèrent entre eux par des nuances définies, qui expliquent le choix des mots faits par le poète sanscrit, et qu'une philologie très précise permet seule de retrouver.

— *Faut-il attribuer à la seule philologie le prestige dont votre nom est entouré dans toute l'Inde? L'amitié d'un Rabindranath Tagore, par exemple, à l'Université de qui vous êtes allé enseigner, ne s'adresserait-elle pas d'abord à l'homme du* Greater India, *comme l'on vous nomme en Orient?*

— Mais c'est que le philologue et l'homme de la Grande Inde ne font qu'un. Dès le début de mes recherches, j'ai toujours pensé qu'il était impossible d'étudier une civilisation indépendamment de celles qui l'entourent. Nous commettons une erreur, par exemple, en étudiant la Grèce antique indépendamment du facteur Perse qui, à bien des égards, en explique la fécondité.

— *Ne semblera-t-il pas excessif d'attribuer au facteur Perse une telle importance dans l'histoire de la civilisation?*

— N'en croyez rien : la Perse est un pays privilégié entre tous. Sa situation climatérique explique le degré de perfection qu'y atteint l'individu. Mais une nation où chacun est trop intelligent individuellement n'est plus susceptible de vivre. Les Persans ne sont pas faits pour la terre. Ils l'ont été autrefois. L'histoire d'Alexandre est une histoire perse dont la suite normale est la période hellénistique. De même pour l'Inde. *Il est impossible de faire du bouddhisme indien sans annexer les langues dans lesquelles le bouddhisme s'est exprimé.*

J'ai toujours pensé qu'on ne pouvait établir et expliquer les textes de l'Inde bouddhique sans les comparer à leurs versions tibétaines et chinoises. Cette méthode a prouvé sa fécondité sur le terrain philologique, mais elle s'est trouvée mettre du même coup en évidence l'expansion jusqu'alors insoupçonnée de la civilisation hindoue, bien au delà des limites de l'Inde actuelle. Voilà comment l'étude purement scientifique d'une littérature a pu susciter, sur un plan tout différent, le sentiment du *Greater India.*

— *A quel système vos études vous ont-elles conduit touchant les relations de ces civilisations différentes?*

A aucun. Ce n'est pas en construisant des systèmes, mais en expliquant à fond des cas particuliers que la science progresse. L'interprétation juste du moindre fait exerce des répercussions indéfinies et l'on peut, suivant la parole hindoue, « montrer l'infini dans la plume d'un paon ».

— *Pourriez-vous illustrer ce « proverbe » d'un exemple?*

— Considérons, si vous le voulez, l'expansion prodigieuse du bouddhisme au Tibet et en Chine. Je n'ai pas besoin de souligner l'importance d'un tel fait pour l'histoire de la civilisation. Lorsqu'un peuple accepte une religion nouvelle, ce ne sont pas seulement des coutumes extérieures qui se modifient, ce sont encore ses manières de penser et de sentir les plus intimes, bref son être même, qui se trouvent désormais transformés. Mais comment une modification aussi profonde a-t-elle pu se produire ? Difficile problème !

En pareil cas, on ne saurait surestimer le rôle des traducteurs. Les Orientaux l'ont si bien senti que c'est une question classiquement débattue en Chine, de savoir quels sont les plus grands traducteurs d'œuvres bouddhiques en chinois. On s'accorde unanimement à reconnaître que la palme revient à Koumâra-Jîva. Et, en effet, l'expérience de la perfection avec laquelle il a assimilé la pensée des textes bouddhiques est facile à faire, même pour qui ne connaît ni le chinois, ni le sanscrit : une version faite sur la traduction chinoise de Koumâra-Jîva est toujours plus claire et plus assimilable pour un Européen qu'une version faite directement sur le sanscrit.

— *L'action personnelle d'un tel individu devient évidemment, en pareil cas, un facteur capital dans l'histoire de la civilisation?*

— Aussi, tout ce qui permettrait d'éclairer la formation d'une telle personnalité présenterait pour l'histoire un intérêt singulier.

— *D'où attendre des éclaircissements sur une personnalité si lointaine?*

— Précisément de l'étude de faits particuliers, et non de systèmes, si ingénieux soient-ils. Voici une petite caissette de bois ; regardez ce qu'elle contient. Un millier de fragments d'écorce de bouleau et recueillis par des Russes, des Français, des Anglais, des Japonais dans l'oasis de Koutcha. Ce sont les témoins découverts depuis une vingtaine d'années, d'une langue parlée dans le Turkestan chinois, dans les premiers siècles de notre ère, et complètement éteinte depuis longtemps. Il y a là des passeports pour les caravanes, des comptes de monastères, des fragments des textes dont on accompagnait les représentations religieuses, des débris de littérature bouddhique enfin, traduits du sanscrit en koutchéen.

— *Comment peut-on savoir ainsi le contenu de fragments écrits dans une langue disparue?*

— Il faut avouer qu'actuellement l'explication de ces textes ne peut se faire qu'à Paris, mais enfin elle s'y fait, car j'ai réussi à en reconstituer la langue. Leur écriture était d'origine indienne ; quelques noms propres m'ont orienté vers des textes bouddhiques correspondants et j'ai vu se reformer ensuite peu à peu sous mes yeux une langue indo-européenne, de la même famille que le celte ou l'italien. Mais le fait important, pour le problème qui vous intéresse, est que nous retrouvons ici l'existence d'une civilisation frontière entre l'Inde et la Chine, dans une grande oasis peuplée de nombreux couvents bouddhiques, et que Koutcha se trouve être précisément le pays d'origine de Koumâra-Jîva.

— *Ainsi le déchiffrement de cette langue oubliée révèle les conditions du milieu social et religieux qui préparaient Koumâra-Jîva à son rôle de médiateur entre le bouddhisme hindou et la Chine? Que n'existe-t-il de tels truchements entre l'Europe d'aujourd'hui et cet Orient que nous sentons si proche de nous à la fois et si lointain! Mais peut-être un humanisme aussi largement compréhensif que le vôtre pourrait-il devenir l'interprète de l'Asie dont l'Europe et surtout une puissance coloniale comme la France ont absolument besoin?*

— Notre devoir, c'est de comprendre la civilisation orientale. Le problème de l'humanisme qui consiste, sur le plan intellectuel, dans un effort de sympathie et d'intelligence pour comprendre les civilisations étrangères dans leur passé et leur présent, se pose pour nous, Français, dans l'ordre pratique, à l'égard de nos grandes colonies d'Asie.

Nous avons en Indochine une France de l'Extrême-Orient, comblée de faveurs de la nature, peuplée de populations remarquablement douées, égales en valeur au meilleur « matériel humain » de l'Orient.

Ces populations sont les héritières d'un long passé d'histoire, d'art, de religion, dont elles n'ont pas entièrement perdu la conscience et qu'elles étaient probablement susceptibles de prolonger. Nous avons assumé la responsabilité d'intervenir dans leur développement, parfois sans les consulter, parfois sur leur requête comme dans le cas du Cambodge qui nous a appelés à son aide pour défendre son existence. Nous prétendons, à tort ou à raison, représenter une civilisation supérieure, et du droit de cette supériorité que nous avons affirmée avec tant d'assurance qu'elle avait paru incontestable aux indigènes, nous avons mis en question toutes leurs traditions.

Nous avons cru, et de très bonne foi, les élever dans l'ordre humain sans nous poser la question de savoir si nous leur assurions plus de bonheur. Or, la hiérarchie, dans l'ordre humain, se mesure difficilement, et quant au bonheur seul, il n'y en a pas d'autre mesure que le jugement de chaque individu.

D'une manière générale, partout où l'Européen était intervenu, l'indigène s'aperçoit avec une sorte de désespoir vraiment poignant que la somme de son bonheur, dans l'ordre moral plus encore que dans l'ordre matériel, loin de s'accroître, a diminué. Tout ce qui faisait l'assiette de la vie sociale vacille et croule sous lui, et les piliers d'or sur lesquels il croyait bâtir à nouveau ne lui apparaissent plus que comme du carton doré.

Cette déception se traduit en rancune d'un bout à l'autre de l'Orient et la rancune est tout près de se convertir en haine et la haine n'attend que l'heure propice pour passer à l'action.

Si l'Europe, par paresse ou par incompréhension, ne fait pas l'effort que ses intérêts seuls suffiraient à lui commander, *le drame asiatique approche de sa crise.*

C'est ici que la science qui est une forme de vie et un instrument de politique — c'est-à-dire en ce qui nous concerne — se doit de faire effort pour pénétrer la civilisation indigène et la vie indigène dans leur esprit intime, pour en discerner les valeurs fondamentales et les facteurs durables au lieu de l'étouffer sous la menace incohérente des apports européens. Il nous faut offrir cette civilisation comme nos autres marchandises sur le marché des échanges locaux. Sachons la faire valoir pour ce qu'elle vaut réellement. N'essayons point de coup de surprise. Laissons à l'indigène la faculté d'y choisir à son goût, à son heure et à sa convenance.

Tâchons de l'assister dans ce choix délicat en le guidant avec tact sans essayer de l'éblouir, en nous efforçant de comprendre par nous-mêmes ce qu'il lui importe de sauver de ses traditions propres, s'il désire les combiner avec les nôtres.

Le vieux régime colonial est, de l'avis universel, mort et enterré. La formule du mandat est une étiquette nouvelle qui, à défaut d'autre mérite, affirme la volonté de rompre avec les errements antérieurs.

Partout où nous sommes, présentons-nous et affirmons-nous comme des collaborateurs bienveillants qui attendent et espèrent la collaboration de ceux que le caprice de l'histoire a associés, par hasard plus que par logique, à leur destinée.

Le jour où — pour parler de l'Indochine — le public et les hommes politiques de France sauront qu'il a existé une civilisation khmèr, une civilisation tiame, qu'il existe depuis des millénaires une grande civilisation indienne et une grande civilisation chinoise, quand ils sauront sommairement, mais substantiellement, quelles en sont les données intimes, l'action de la France en Indochine sera bienfaisante et solide.

Gardons-nous des erreurs d'enseignement, les plus graves de toutes. L'avenir d'un pays est d'abord un problème d'école. Gardons-nous des mesures précipitées qui, pour flatter le chauvinisme prudhommesque, risqueraient d'arracher les générations présentes aux garanties de leur passé sans aucune compensation...

Toute cette partie de l'entretien fut un monologue passionné. La tête penchée, tout le corps raidi comme par la contemplation angoissée d'un avenir menaçant, le vieux prophète d'Israël réapparaissait dans le savant.

Quand il eut fini, je le priai de dégager les leçons générales qu'on pouvait tirer d'études aussi spéciales.

— L'étude des problèmes auxquels l'indianiste en particulier se consacre, a une valeur humaine considérable. Il ne faut pas oublier que l'Inde est avec la Chine la masse la plus compacte de l'humanité. Le dernier recensement en 1921 y a dénombré plus de trois cents millions d'hommes (dans l'Inde) et si on multiplie un pareil chiffre par la somme des siècles que couvre l'histoire positive de l'Inde, sans parler de celle que nous commençons à entrevoir au delà, on arrive à des nombres qui confondent l'imagination.

Et si on pense qu'une erreur d'interprétation dans la psychologie, dans les institutions, dans les croyances, une erreur des philologues, transportée par l'homme politique dans la vie active peut agir lourdement sur le sort de semblables multitudes, on apprend à contrôler sa pensée et à se garder des conclusions hâtives que tant d'autres auraient à expier.

La science, je le répète, est inséparable de la vie. Elle y contracte sa dignité, mais en subit aussi des obligations qu'un savant dans son cabinet ne doit jamais perdre de vue. Ce n'est point par hasard ni caprice si *humanisme rappelle humanité.*

Ce contact avec la vie qui anime les études, le savant doit le rechercher par des voyages qu'il faudrait fréquents. J'ai eu la bonne fortune de visiter deux fois l'Inde, à vingt-cinq années de distance. Assez d'intervalle pour mesurer le chemin prodigieux parcouru par le soi-disant immuable Orient.

Outre les observations que suggère le spectacle de la vie quotidienne, j'ai eu la chance d'en rapporter de véritables trésors de matériaux, en particulier du Népal, un pays que j'aime comme une petite patrie, où je ne compte que des amis et où la protection éclairée du Maharaja a facilité ma tâche.

Ce pays si rigoureusement fermé aux étrangers m'a accueilli deux fois. J'en suis l'historien, l'historiographe même et comme il est l'unique *conservatoire* des anciens manuscrits, j'ai pu y découvrir des textes qu'on avait toujours cru irrémédiablement perdus.

Cette fois-ci encore, pour ne citer qu'un exemple, j'ai pu rapporter deux admirables traités philosophiques (la Trimsikâ : la Trentaine ; la Vimsatikâ : la Vingtaine), qui sont la base reconnue de l'enseignement doctrinal au Tibet, en Chine, au Japon. On les y étudie dans des versions indigènes où ils se trouvent écrasés sous un fatras d'immenses commentaires...

Frédéric LEFÈVRE.

RELIGIONS UNIVERSELLES
ET RELIGIONS PARTICULIÈRES

L'usage divise les religions en deux catégories : les religions universelles et les religions particulières. Le second groupe embrasse les systèmes de croyances et de pratiques qui s'enferment volontairement dans les limites d'un groupe humain, tribu, clan, peuple ou nation, et qui font corps chacun avec un système complet d'institutions propre à la communauté. Les religions universelles sont libérées de ces entraves restrictives ; elles se promettent et s'efforcent de convertir tous les hommes. Le bouddhisme est une religion universelle ; né dans l'Inde, il s'est répandu dans toute l'Asie moyenne et orientale ; il a même des fidèles dans l'Europe géographique, chez les Kalmouks du fleuve Oural. Le brahmanisme ou hindouisme est au contraire une religion circonscrite ; né dans l'Inde, il y est resté enfermé, lié aux seules destinées des populations de l'Inde. Le christianisme est une religion universelle ; né en Palestine, il a conquis l'Europe, occupé l'Amérique, et il a pris pied dans le monde. Le judaïsme est vis-à-vis de lui comme le brahmanisme au regard du bouddhisme ; souche d'une religion universelle il s'est obstinément circonscrit dans les cadres d'un groupe tenu pour ethnique ou national. L'islamisme est une religion universelle : né chez les Sémites de l'Arabie, sous l'influence du judaïsme et du christianisme voisins, il a été adopté par une grande partie de l'Asie et de l'Afrique ; il conserve des positions dans l'Europe orientale et il prospère dans les Indes Néerlandaises. Le mazdéisme, chassé de son berceau iranien par la violence de l'Islam comme le judaïsme avait été chassé de son berceau palestinien par la conquête romaine, s'est maintenu dans sa nouvelle patrie, sur la côte occidentale de l'Inde, comme une religion nationale confinée aux familles échappées de la Perse et réfugiées sur un sol étranger.

Cette vue simpliste semble, au premier aspect, en conformité rigoureuse avec les faits. Max Müller avait cru marquer un progrès de l'analyse en substituant à la division consacrée une nouvelle terminologie ; il distinguait les religions propagandistes ou « missionnaires » des religions sans propagande et sans missionnaires ; il pensait mettre ainsi en relief le trait positif qui différenciait les deux groupes. Il n'a réussi qu'à faire apparaître clairement une erreur dissimulée par les vocables en usage. En indianiste qu'il était, il avait cité le brahmanisme comme un type accompli de religion sans propagande ; mais son indianisme, si érudit qu'il fût, n'était qu'une science de cabinet ; il ignorait la vie réelle. Sir Alfred Lyall le lui fit bien voir. Familier avec l'Inde par une longue carrière et de hautes fonctions, observateur sûr et perspicace, il montra dans des pages inoubliables l'activité prodigieuse du missionnaire brahmanique dans les limites géographiques des pays indiens ; les tribus à demi sauvages de la brousse aspirant à gagner ou à forcer l'accès de la société brahmanique qui symbolise à leurs yeux la puissance et la science, le brahmane amené de gré ou de force, la pieuse invention d'une généalogie qui rattache les origines de la tribu à une des divinités complaisantes du panthéon hindou, et en retour les principes fondamentaux de l'ordre brahmanique reconnus, adoration du brahmane et de la vache, organisation en castes. Le mouvement commencé dès l'arrivée des Aryens de l'Inde, se poursuit sous nos yeux sans diminuer d'amplitude ; l'épopée nous montre les saints antiques établis dans la profondeur des forêts, en plein monde barbare, précurseurs des colons et conquérants aryens ; plus tard les couvents du bouddhisme poursuivent la même œuvre ; et de nos jours chaque recensement décennal marque un nouveau progrès dans l'hindouisation des aborigènes, signale de nouveaux groupes qui se réclament de l'hindouisme. Mais tandis que le brahmane conquiert des prosélytes parmi les autochtones, un rival grandissant lui dispute et lui arrache une autre part de son domaine. L'Islam attire à lui les basses classes, les castes méprisées, les réprouvés de l'ordre brahmanique ; il leur offre l'appui d'une immense confrérie qui confond tous ses fidèles dans la même fraternité et qui ne leur demande en retour que l'adhésion à un credo rudimentaire, l'observance régulière de pratiques faciles, et surtout un dévouement fanatique que l'Inde est toujours prête à donner.

Ce double travail qui s'accomplit simultanément dans l'Inde montre appliquées à la même œuvre de prosélytisme deux religions dont l'une est classée comme particulariste et l'autre comme universelle. C'est qu'en fait cette classification n'est pas exacte, ou du moins elle n'a qu'une valeur relative. Les religions du type particulariste même les plus réfractaires à la propagande ont connu des périodes d'expansion. Le brahmanisme avant de s'enfermer dans l'Inde, a débordé sur l'Indochine, sur l'Archipel indien ; les misérables Chames de Phanrang, la séduisante île de Bali sont les derniers témoins d'une poussée vigoureuse qui avait atteint les limites du monde connu vers l'Est. Le judaïsme, qu'on se représente si volontiers enfermé dans ses ghettos de l'Europe chrétienne, dans ses mellahs de l'Orient musulman, a passé par des phases de prosélytisme ambitieux ; la Rome d'Auguste, l'Alexandrie des Ptolémées ont tourné en dérision la propagande insinuante des Juifs qui préparait les voies à l'apostolat chrétien ; la conversion du royaume des Khazars, en Crimée, prouve encore la force d'expansion du judaïsme à l'aurore du moyen âge. Le culte du Mithra iranien, celui de l'Isis égyptienne ont paru un moment destinés à se transformer en religions universelles ; le Manichéisme, iranien d'origine et de doctrines, a longtemps inquiété les ambitions chrétiennes.

Les religions universelles, d'autre part, à les regarder de près, perdent de leur magnifique unité et justifient mal leur prétention. Le christianisme triomphant dans les limites de l'Empire Romain, n'a pu ajouter au legs impérial que les prolongements de l'Empire et les colonies fondées par l'Europe romaine. Byzance a pour l'Église complété l'œuvre de Rome, sauvé le christianisme oriental, conquis le monde slave, ouvert la voie qui devait porter la croix grecque au bord du Pacifique ; Colomb, l'Espagne, le Portugal, la France, l'Angleterre lui ont donné l'Amérique entière. La Grande-Bretagne lui a donné l'Australie, la Nouvelle-Zélande, l'Afrique du Sud. Mais toute la puissance anglaise n'a pu lui donner l'Inde ; trois siècles de souveraineté hollandaise n'ont pu lui donner les îles de la Sonde ; et moins que jamais la conversion n'en semble prochaine. L'Islam arrêté dans son élan victorieux à la bataille de Poitiers s'est vu refouler graduellement de l'Espagne, de la Sicile, de l'Europe Orientale où il ne conserve plus que de rares îlots enclavés dans le domaine chrétien ; en Asie, il s'est ancré dans tous les pays où la conquête musulmane l'avait introduit, de l'Asie mineure à l'Inde, au Turkestan chinois, à l'Indochine où il a disputé au vieux culte hindou les lamentables restes de la population chame ; maître de la navigation dans l'Océan Indien avant la ruée européenne, il a chassé les cultes hindous de l'Archipel, envahi les ports chinois et peu à peu rejoint dans l'intérieur les avant-gardes de la poussée continentale. En Afrique, implanté par les navigateurs arabes sur toute la côte orientale, porté par une vague de conquête sur tout le littoral du Nord, il a par les razzias et les trafiquants gagné à l'Islam les tribus de l'intérieur ; seule l'Éthiopie, attachée à ses traditions comme à son indépendance, lui a échappé. Le bouddhisme, à sa gloire, n'a eu ni Cortez, ni Mahmoud de Ghazni, ses étapes ne sont ni des batailles, ni des bûchers, ni des carnages ; enfant de l'Inde, il a comme elle le goût de la « non-violence » ; il compte sur d'autres moyens pour « libérer » les âmes. Mais c'est à lui que revient sans doute l'honneur d'avoir inauguré la politique des missions que l'Europe et l'Amérique ont portée à la perfection ; puissance savamment organisée dans une hiérarchie qui présage l'Église catholique, il sert les maîtres qui le servent ; Asoka le premier a compris le parti à en tirer ; il a, de son propre aveu, envoyé des missionnaires en dehors des frontières, dans les pays helléniques et peut-être jusqu'aux frontières de la République romaine ; le Scythe Kaniṣka l'adopte et le propage dans son immense domaine à l'Est du Pamir, sur la route de la Chine. En Chine même la légende veut que le songe d'un empereur ait provoqué la venue des premiers apôtres, symbole du lien qui unit le trône à l'autel; la Loi du Bouddha entre dans les jeux compliqués de la politique chinoise et s'y insinue de partout à la faveur des divisions qui déchirent l'empire des Han; choyée des uns, honnie des autres, elle ajoute son apport aux doctrines traditionnelles de Confucius et du Tao et s'amalgame si bien à la civilisation chinoise qu'elle l'accompagne partout, en Corée, au Japon; illuminée par le double prestige de l'Inde et de la Chine, elle séduit tous les grands barbares qui veulent entrer dans la société des nations, les Turcs d'abord qui, toujours avides d'innovations empruntées, passeront ensuite au manichéisme, et plus tard à l'Islam ; les Tibétains qui lui restent fidèles au point d'absorber l'état dans l'église, et les Mongols et les Mandchous qui donnent à la Chine deux dynasties bouddhistes. Mais à l'ouest de l'Inde une fatalité implacable a brisé les efforts de la propagande bouddhique : la Bactriane, berceau de Zoroastre, où les rois helléniques l'avaient favorisée, peut-être pour faire échec aux résistances locales dont Alexandre avait pu lui-même mesurer la force, la Bactriane, restée fidèle jusqu'à la ferveur sous ses maîtres scythiques ou turcs, brûle avec frénésie ses dieux, ses temples, ses couvents dès le premier assaut de l'Islam. Plus loin, le monde iranien n'a pas même été entamé.

Ainsi trois religions universelles, trois grandes zones qui se lisent clairement sur la carte, nettes dans leurs grandes lignes avec des chevauchements sporadiques. Mais dans l'intérieur de chaque zone, que de nuances à porter sur la teinte plate du fond! Je n'ai pas à tracer ici un tableau des divisions, des sectes, des hérésies dans l'Église chrétienne ou l'Église bouddhique; les noms qui nous sont le plus familiers nous avertissent des réalités profondes où notre attention néglige trop souvent de s'arrêter : Église romaine, église grecque, église slave, église anglicane, église gallicane, église arménienne, etc..., autant de noms nationaux; d'autres désignations couvrent d'un nom d'homme une église nationale; l'église luthérienne est proprement allemande; l'église calviniste est suisse romande; quakers, wesleyens, méthodistes sont anglo-saxons. L'Église catholique, le plus puissant effort d'organisation internationale qui a été réalisé, a pu donner l'illusion d'être étrangère et supérieure aux divisions humaines; elle n'a pu résister à l'épreuve de la grande guerre : les clergés, tant réguliers que séculiers, ont partagé les passions des foules et porté les haines nationales des champs de bataille jusqu'au sein des sanctuaires : même dans les pays restés à l'écart du conflit, l'Église a eu ses germanophiles et ses neutres suspects; intéressée dans les deux camps, avec l'Autriche d'un côté, la France et l'Italie de l'autre, elle n'a pas su, ou voulu faire appel aux liens de la foi pour arrêter le massacre. A l'autre bout du monde, le bouddhisme donne moins encore l'impression de l'unité spirituelle ; dispersé sur un immense espace, dans des régions sans cohésion géographique, il ne possède ni papauté, ni conciles œcuméniques pour établir la cohésion des croyances. Chacun des groupes vit sa vie propre, rattaché aux autres portions de l'ensemble par accident ou par occasion seulement, voyages de moines ou de pèlerins ou de marchands, ou bien organisations religieuses associées à des fins politiques. Ainsi livré à son propre destin, le bouddhisme local s'est partout assimilé profondément à chacun des pays où il s'était introduit; le çivaïsme l'a envahi dans l'Inde, la sorcellerie au Tibet, le taoïsme en Chine, le shinto au Japon. L'esprit de l'Orient, moins attaché au principe de contradiction dans l'ordre logique que la Grèce, dans l'ordre religieux que la Judée, rendait partout l'accommodation facile.

Il est pourtant impossible de réduire les grandes religions, dites universelles, à une simple mosaïque de groupes hétérogènes, vaguement unis entre eux par un minime résidu de dogmes et de pratiques communes. Les dogmes n'intéressent guère que les théologiens; le public les accepte ou les rejette de confiance par respect d'une autorité admise, traditionnelle ou novatrice; toute croyance repose en dernier lieu sur un article de foi, et tout appel à la raison ou à la discussion aboutit toujours à ce postulat nécessaire. La plupart des hommes n'apprécient guère, dans leur acte de foi fondamental, que la satisfaction de s'affirmer au regard d'autres groupes; la conscience religieuse est naturellement toute prête à se confondre avec la conscience nationale. Dans la vie religieuse comme dans la réflexion philosophique et dans la vie politique, le moi se pose à l'occasion du non-moi et par opposition avec lui. Une religion qui n'aurait de contradicteurs ni au dehors, ni au dedans serait bien près de mourir d'épuisement; Dieu a besoin de Satan; Viṣṇu, au cours de ses avatars, a pris, disent les brahmanes, la forme du Bouddha pour prêcher l'erreur afin d'éprouver les vrais fidèles; pour être tenue en éveil, la bergerie a besoin du loup. Voilà la conception naïve et profonde du sentiment religieux dans la masse; il unit — religio a religando —, mais il sépare. Les pratiques, observances, culte, fêtes, pèlerinages — ont la même fonction; dans ce domaine, si étroitement lié aux intérêts matériels, la concurrence sait exploiter les tendances particularistes. Le Bouddha n'est certainement jamais sorti du bassin du Gange; on a pourtant adoré ses « traces » dans l'Inde entière, et plus tard en dehors de l'Inde, au bénéfice des fidèles lointains et des sanctuaires locaux. La maison de la Vierge, transportée par les anges, a passé de la Palestine à Lorette quand la prédication galiléenne a conquis Rome. Ainsi, dans des temps plus anciens, le dieu vaincu était transporté dans la capitale de son vainqueur, mainmise salutaire sur une puissance toujours tenue pour redoutable et amorce d'une association politique sous les auspices de la religion. C'est là, si on peut dire, l'aspect religieux de l'idée impériale, et le genre de l'organisation pontificale; Rome évoque à sa cour les saints du monde entier et leur donne leur brevet. Ni l'Islam démocratique, ni le bouddhisme tronçonné n'ont su aller jusque là. La papauté par là atteint l'universel; elle embrasse, en acte ou en virtualité, le monde entier.

Mais ce n'est, il faut l'avouer, qu'une unité administrative, étrangère à la conscience religieuse, incapable de créer chez les administrés un autre sentiment que celui d'une dépendance collective, où peut se mêler une nuance de dévouement, d'affection, d'attendrissement, de reconnaissance. Tel était, il y a peu de temps encore, le sentiment du paysan russe à l'égard du Petit-Père ; tel est encore le sentiment du Japonais à l'égard de son souverain impérial et divin. En outre, l'Église catholique n'est pas toute la chrétienté, il s'en faut ; on sait quelles passions furieuses peut déchaîner encore dans plusieurs pays chrétiens le seul rappel du papisme. Et pourtant il existe, à part de l'autorité papale, un monde chrétien qui s'affirme comme tel et qui paraît comme tel aux autres confessions. Interrogez les voyageurs rentrant de l'Extrême-Orient par la voie de terre. Où cesse pour eux l'impression de l'exotique impénétrable ? Où s'annonce le retour « chez soi » ? Passé la frontière de Mandchourie, à l'entrée de la Sibérie, le village, l'église, la cuisine, les chansons, tout change ; la langue est inintelligible, les traits des visages sont souvent tartares, et pourtant on a franchi la barrière définitive ; on a quitté les « payens », comme disent les missionnaires, on est en terre de chrétienté. Le prêtre ici n'est pas en jeu, ni la prière, ni le credo. Ce qui compte, c'est un faisceau d'usages, de coutumes, de modes qui président aux mille détails de la vie quotidienne. Le blé, le seigle, l'orge sont chrétiens ; le riz est oriental ; avec le mouton, il est musulman ; avec le poisson, il est bouddhiste. Le fameux chapitre des chapeaux, qui manque chez Aristote, a sa place marquée dans l'étude des religions : la Turquie, en proscrivant le fez, préludait à sa rupture avec l'Islam. Une secrète affinité rive chacune des religions universelles à une aire géographique ; comme le costume et le régime, la foi suit le climat. Le christianisme se plaît dans les régions tempérées, l'Islam dans les régions équatoriales, le bouddhisme aux environs des tropiques. L'Amérique, il est vrai, viole la règle, mais l'Amérique, au regard de l'histoire, est un monstre. L'Ancien Monde, secoué, bouleversé par tant de catastrophes, malgré ses Attila et Tamerlan, n'a jamais connu la destruction intégrale et féroce de tout un passé, la substitution massive d'une race et d'une religion à des races et des religions dépossédées.

Les religions universelles ne diffèrent donc pas en substance des religions particulières ; elles n'en sont que des cas élargis, amplifiés. Leur expansion tient à des causes multiples, dont beaucoup n'ont rien à faire avec la spiritualité. Le christianisme doit autant à ses soldats, aux fusils et aux canons qu'à ses apôtres ; l'Islam doit à ses cavaliers plus qu'à ses prédicateurs. Une conversion est toujours un hommage rendu à une civilisation tenue pour supérieure en moyens autant pour le moins qu'en idéal. Les peuplades africaines saluent encore aujourd'hui le missionnaire comme le guérisseur, le conteur et le dispensateur de la pacotille européenne ; de même, quinze ou vingt siècles plus tôt, l'Asie Centrale et l'Extrême-Orient demandaient aux apôtres du bouddhisme les formules de la médecine indienne et les récits pathétiques où l'Inde a toujours excellé. Les empereurs de la Chine attiraient les Jésuites pour introduire chez leurs sujets les sciences de l'Occident que la Renaissance venait de transformer. Les daimyôs du Japon escomptaient comme prix de leur conversion ou seulement de leur bienveillance les profits à tirer des marchands espagnols et portugais qui accompagnaient saint François-Xavier et ses émules. Le missionnaire apporte en même temps que l'inspiration de sa foi une réduction du monde où il s'est formé ; le spectacle d'une chrétienté en Extrême-Orient évoque brusquement pour l'Occidental de passage l'Europe lointaine : l'église avec son clocher, la musique de l'orgue ou de l'harmonium, le jardin fleuri du presbytère tranchent sur le paysage d'alentour et réveillent l'image des villages familiers. Mais l'œil a bientôt fait de distinguer si la chrétienté est française, espagnole, allemande, américaine ; le prêtre a mis son cachet national sur le style du clocher, sur la langue de l'école, sur les marchandises exotiques à l'usage des fidèles. Une mission est un embryon de colonie, solidaire elle aussi des vicissitudes de la politique ; la force militaire, la puissance économique, le mouvement des changes en décident la prospérité ou la décadence.

Travaillées de tout temps par des rivalités intestines qui ont parfois brisé leur essor, les religions universelles ont maintenant à lutter contre un nouvel ennemi venu du dehors. L'esprit laïque, fils de la Révolution française, a gagné de proche en proche et transformé de fond en comble les sociétés humaines ; il dispute aux Églises et leur arrache peu à peu leurs activités séculières pour les confiner, bon gré mal gré, à la direction des âmes. Le XIXe siècle a vu l'Europe s'émanciper de l'emprise millénaire. En Extrême-Orient, le bouddhisme a subi une perte aussi grave : le Japon, le pays le plus puissant et le plus actif du monde bouddhique, a violemment rompu ses attaches officielles avec l'Église du Bouddha ; dépossédé par des mesures brutales d'une grande partie de ses biens, le bouddhisme a dû céder la place au Shintô, qui n'est point une religion, le gouvernement se plaît à l'affirmer, mais un culte historique essentiellement fondé sur l'apothéose des empereurs. Au moment même où la communauté de foi pouvait servir les ambitions asiatiques du Japon, la révolution de l'ère Meiji s'en est volontairement éloignée. Et l'Islam à son tour passe par la même crise : la nouvelle Turquie, héritière du khalifat qui lui donnait la suprématie sur le monde musulman, abdique même au prix de son influence politique une dignité qui asservit l'État à la religion. C'est en dehors des fois consacrées que s'ébauchent désormais les rêves de fraternités universelles. Par une de ces ironies piquantes qui font l'amusement de l'histoire, c'est la cité de Calvin qui succède à la Rome des papes ; c'est d'elle que rayonnent ces organisations qui vont porter par-dessus les frontières aux peuples meurtris le nouveau message qui promet des temps meilleurs ; et la pauvre humanité, éternellement en marche vers des paradis illusoires, prête l'oreille au refrain qui l'a tant de fois réconfortée :

Magnus ab integro saeclorum nascitur ordo.

(Virgile, Eglogue à Pollion.)

LES « MARCHANDS DE MER » ET LEUR ROLE DANS LE BOUDDHISME PRIMITIF

Les ports de mer sont comme les fenêtres et les portes d'un pays. Par les fenêtres, on voit, de l'intérieur, les perspectives les plus lointaines du paysage; on connaît, même si on ne s'y mêle pas, la vie du dehors avec ses activités, ses plaisirs et ses peines; par là aussi, l'air se renouvelle, l'atmosphère, toujours un peu confinée, de la chambre est renouvelée et rafraîchie par les souffles de l'extérieur. Par les portes on sort de la maison pour s'occuper ou se promener au dehors, pour aller entendre ce qui se dit, pour se mêler à la vie d'une communauté plus large que la famille; par les portes aussi entrent les visiteurs du dehors, les porteurs de nouvelles, les clients, les marchands, tous les agents qui, à des titres et des degrés divers, assurent la continuité des échanges. Les ports de mer, dans la vie du pays, jouent le même rôle; c'est par eux que les marchandises du pays se répandent au dehors et que les marchandises du dehors entrent dans le pays, emportant ou apportant avec elles des habitudes, des goûts, des besoins, même des sentiments et des idées; car les marchandises ne sont pas une matière sans âme; elles sont solidaires de la civilisation qui les produit; elles sont créées par le pays pour satisfaire aux exigences ou aux agréments de la vie telle qu'il la conçoit et qu'il vise à la réaliser, pour lui donner la forme de bonheur qu'il tient pour la sienne propre, autrement dit, pour la meilleure. La marchandise, quelle qu'elle soit, porte avec elle une philosophie pratique et une doctrine de la vie; le marchand de mer, trafiquant et marin à la fois, qui va porter au loin les marchandises de son pays et qui va chercher au loin les marchandises étrangères, est donc, à sa façon, une sorte de missionnaire, qui, tout en travaillant pour son intérêt personnel et légitime, sert une cause idéale; c'est par lui que s'élabore la civilisation humaine qui, tout en respectant les traits propres des civilisations nationales, dont la variété même est pour elle un gage de richesse et comme une réserve toujours ouverte d'utiles emprunts, dégage et met en pleine lumière les caractères généraux qui leur sont communs par-dessus les frontières et les océans, et qui rapproche les peuples dans les tâches de collaboration et dans un idéal d'union toujours de plus en plus élargis. Une société, fondée sur des principes d'exclusivisme national, ou, comme on dit aujourd'hui, de xénophobie, sera donc forcément portée à regarder comme des individus suspects et dangereux tous ceux qui participent au commerce de la mer : marins et marchands ; au contraire, une religion, animée par l'esprit de propagande universelle, les traitera avec ferveur et recherchera leur concours.

Ce contraste se manifeste dans l'Inde plus clairement que partout ailleurs. On sait que deux grandes religions, ou plus exactement deux systèmes de civilisation, se sont pendant longtemps disputé l'Inde : le brahmanisme et le bouddhisme. Le brahmanisme est un corps de doctrines et d'institutions qui prétend limiter rigoureusement son domaine à un espace défini, entre l'Himalaya au nord, la mer au sud, le cours de l'Indus à l'ouest, le cours du Brahmapoutre à l'est ; en dehors de cet espace, le reste du monde est une terre impure, habitée par des barbares, qui sont à tout jamais des excommuniés. Pour appartenir à la société brahmanique, il faut y entrer par droit de naissance, être issu d'une famille qui y occupe une place reconnue dans les cadres d'une caste définie ; mais, pour s'y maintenir, il ne suffit pas d'y être né, il faut encore observer, avec une rigueur méticuleuse, les obligations qui pèsent sur le groupe spécial auquel on appartient ; il ne faut prendre de nourriture qu'avec des gens de sa caste, il ne faut prendre pour épouse qu'une femme de sa caste ; une poignée de riz, quelques gouttes d'eau acceptées des mains d'une caste inférieure, entraînent la perte de la caste, et, perdre sa caste, ce n'est pas déchoir d'un certain nombre de degrés dans l'intérieur de la société brahmanique, c'est en sortir ; on n'est plus qu'un « outcast », un être impur que la société brahmanique ne connaît plus. Passer la mer, c'est renoncer d'avance aux obligations de pureté, c'est se vouer à entrer en contact avec les barbares, à se mêler à leur vie. La réprobation qui pèse de temps immémorial sur les voyages maritimes est encore aussi forte que jamais ; l' « eau noire » (kâlâpâni), comme on appelle aujourd'hui la mer, évoque pour un Hindou un ensemble de sanctions vraiment effroyables. Un savant brahmane du Bengale, invité officiellement, il y a peu d'années, à un congrès outre-mer, dans un pays d'Asie, n'a pu s'y rendre devant l'opposition hostile des membres de sa caste qui le menaçaient de le frapper d'exclusion au retour. Le ministre d'un royaume sévèrement orthodoxe, qui avait récemment à visiter l'Europe pour des raisons d'État, n'a pu faire le voyage qu'en affrétant un bateau particulier, en emmenant avec lui son personnel de serviteurs et spécialement de cuisiniers, en emportant avec lui sa provision de riz pour toute la durée du séjour ; encore a-t-il dû, au retour, avant d'être admis dans son propre pays, passer par une série d'expiations coûteuses. Au début de la Grande Guerre, quand les Alliés eurent besoin du concours des soldats Gourkhas sur le front occidental, la question de l' « eau noire » se posa d'une façon particulièrement grave : les Gourkhas sont originaires du Népal ; au Népal, le brahmanisme est plus puissant que dans tout le reste de l'Inde ; il y trouve en face de lui son ancien rival, le bouddhisme, qu'il a chassé de l'Inde entière, mais qu'il n'a pu encore expulser de ce dernier asile. Le bouddhisme est la religion des anciens maîtres du pays, les Nevars, le brahmanisme est la religion des conquérants, les Gourkhas, qui occupent le pays depuis un siècle et demi. Les Gourkhas sont incontestablement les meilleurs soldats de l'Inde par leur bravoure, leur discipline, leur endurance ; l'Angleterre en a formé des régiments de mercenaires qui constituent son plus solide appui dans l'Inde actuelle. Mais l'idée de passer l' « eau noire » effraya ces braves ; ils eurent peur, au retour, de trouver la maison fermée, la famille fermée, la caste fermée, le pays fermé. Il fallut convoquer les casuistes les plus savants et les plus respectés du pays ; ils consentirent à promettre des indulgences spéciales en faveur des soldats qui auraient loyalement fait leur possible pour observer outre-mer les obligations régulières. C'était pour rassurer les scrupules.

Avec de pareilles dispositions, on peut imaginer d'avance que la littérature des brahmanes ne réserve pas beaucoup de place aux choses et aux gens de la mer. En fait, un lecteur appliqué peut parcourir les épopées, les drames, les romans classiques de l'Inde, sans se douter un seul instant que l'Inde est un grand pays maritime, qu'elle possède une immense étendue de côtes, que ces côtes ont de nombreux abris pour la navigation, que beaucoup de ces abris ont vu fleurir des ports prospères. Et pourtant, nous savons, par les témoignages des auteurs étrangers qui ont écrit sur l'Inde, et notamment par les témoignages des écrivains grecs et latins, que, sur la côte occidentale, des bouches de l'Indus au cap Comorin, s'échelonnaient des marchés importants, fréquentés par des bateaux du golfe Persique, de la mer Rouge ; que l'Inde, aux temps de l'ère chrétienne, avait ses Bombay, ses Karachi qui exportaient les produits indiens sur tout le pourtour de l'Océan indien, et qui recevaient en retour les produits du monde gréco-romain et de l'Afrique noire. Nous savons, par les monuments et les inscriptions découverts dans toute l'étendue de la presqu'île indochinoise et de l'Archipel Indien, que des colons indiens avaient porté leur langue littéraire et leur civilisation dans les pays que nous appelons aujourd'hui Birmanie, Siam, Malaisie, Cambodge, Annam, Sumatra, Java, et jusqu'à la côte orientale de Bornéo. Toute cette activité maritime, sur laquelle le brahmanisme a volontairement gardé le silence, transparaît clairement dans l'histoire et la littérature du bouddhisme.

Ce n'est point un simple hasard si les premiers « upâsaka », les premiers laïcs admis au privilège d'adorer le Bouddha, sont deux marchands, et presque certainement deux « marchands de mer », Trapusha et Bhallika. L'histoire est bien connue, je me contenterai de la rappeler sommairement. Le Maître vient de trouver l'Illumination sous l'Arbre de Bodhi, à Gaya ; il passe plusieurs semaines dans un recueillement de sérénité, sans contact avec des êtres humains ; seuls, des êtres divins ont osé l'approcher. « Or, en ce temps-là, deux marchands, Trapusha et Bhallika, allaient, avec cinq cents chariots, du pays d'Utkala vers le Madhyadeça qui est au milieu de l'Inde. Une divinité, qui leur était alliée par les liens du sang, arrêta leurs chariots et engagea ces hommes à offrir de la nourriture à Bhagavat. Ils prirent de la crème, des boulettes de miel, allèrent auprès de Bhagavat et lui dirent : « Fais-nous la grâce, ô Bhagavat, d'accepter de nous cette nourriture. » Bhagavat n'avait plus de bol depuis que le sien avait disparu miraculeusement le jour où, juste avant la Bodhi, il avait accepté du lait de Sujâta. « En vérité, se dit-il, les Tathâgata ne reçoivent pas directement de la main à la main ; de quoi vais-je me servir pour recevoir ce don ? » Dès qu'ils connurent sa pensée, les Quatre Grands Rois des quatre points cardinaux lui présentèrent avec respect des bols faits de saphir. Bhagavat les écarta. Bhagavat consentit à accepter le don d'un bol de pierre, et à recevoir dans ce bol la nourriture que lui offraient les deux marchands ; il en mangea et leur témoigna sa satisfaction. Les deux marchands, qui étaient frères, prirent refuge dans le Bouddha et dans la Loi ; ils devinrent des upâsaka (fidèles laïques) à deux refuges (le troisième refuge, la Communauté, n'existait pas encore). Et ils dirent : « Donne-nous, ô Vénérable, de quoi pratiquer un culte. » De sa main droite, il se toucha la tête et leur donna des cheveux en relique. Revenus dans leur ville, ils déposèrent cette relique à l'intérieur d'un caitya qu'ils avaient élevé. Aujourd'hui encore, après des milliers d'années, l'église universelle du Bouddhisme vénère ces précieuses reliques dans la capitale de la Birmanie, à Rangoun ; la pagode de Choei-Dagon, élégante et somptueuse, a remplacé le caitya primitif dû aux deux marchands, Trapusha et Bhallika. Des traditions divergentes revendiquaient, il est vrai, pour d'autres localités, l'honneur de posséder ce trésor sacré. Du temps de Hiuan-tsang, deux villages situés au nord de Bactres, dans l'Afghanistan actuel, prétendaient être le berceau respectivement de Trapusha et de Bhallika, et on y montrait un stûpa qui passait pour contenir la relique ; mais le plus grand nombre des témoignages en rattachant les deux marchands au pays d'Utkala semblent donner raison à la tradition birmane. Le pays d'Utkala s'appelle aujourd'hui l'Orissa ; il borde le golfe du Bengale au sud des bouches du Gange ; il a des ports qui font un commerce important avec la côte opposée qui est la Birmanie. Il n'est pas jusqu'au nom de Trapusha qui ne semble témoigner en faveur de la tradition du Choei-Dagon. Le mot *trapush*, en sanscrit, désigne l'étain ; l'étain est encore à présent un des articles principaux que le commerce indien va chercher dans la presqu'île malaise ; aux temps anciens, de petites barques de cabotage l'amenaient de crique en crique jusqu'aux bouches de l'Iraouaddy, d'où les voiliers cinglaient vers la côte indienne de l'Orissa. « Trapusha » serait « l'homme de l'étain », le marchand d'étain. Ainsi nous voyons le Bouddha, avant même d'ordonner des moines et d'instituer l'Église, à son premier contact avec les hommes, après la Bodhi, conférer à des marchands, et probablement à des marchands de mer, le privilège d'inaugurer le culte bouddhique et spécialement le culte des reliques.

C'est encore dans la corporation des marchands de mer que le Bouddha recrute un de ses plus glorieux disciples : le Saint-Pûrna de Supâraka. Supâraka était, dans les premiers siècles du bouddhisme, le port le plus célèbre et le plus prospère de l'Inde ; il était situé dans l'intérieur d'une anse, à une cinquantaine de kilomètres au nord de la ville de Bombay ; de là, rayonnaient — tout comme rayonnent les lignes de chemin de fer autour de Bombay — des routes de caravanes qui escaladaient à l'est les pentes abruptes des Ghâts pour atteindre la vallée de la Godavari et le plateau du Dekkhan, au nord, les terrasses allongées du plateau central, pour gagner par Ujjayinî, les affluents du Gange et la vallée du fleuve. Aujourd'hui le nom de Supâraka survit à peine modifié, dans le nom d'une obscure section de la ligne Bombay-Baroda ; c'est Nalla Sopara, « le vieux Sopara » ; déjà les Grecs avaient entendu et noté le nom de la même manière : Sopara. J'ai visité le site l'an dernier ; rien ne subsiste de l'antique splendeur, les paysans du bourg ne savent rien du passé ; je n'ai trouvé que des rizières alors inondées, sur le vaste emplacement que couvraient jadis des entrepôts, des temples, des palais, des couvents. Les rares débris exhumés du sol attestent pourtant combien on pourrait espérer de fouilles méthodiques. C'est là que vivait le marchand de mer Pûrna, au temps du Bouddha. Le Vinaya des Mûla-Sarvâstivâdin, à propos de sa conversion et de son ordination, rapporte en détail sa biographie, amusante et instructive comme un roman de mœurs. Je voudrais pouvoir la répéter ici tout entière ; le temps m'oblige à résumer ce qui ne touche pas directement à mon sujet.

« Pûrna est le fils d'un gros marchand de Supâraka. Son père, marié à plusieurs femmes de bonne famille, en avait eu trois fils ; mais, vieillissant et malade, il se voit négligé, presque abandonné ; il ne lui reste pour le soigner qu'une jeune esclave, fidèle et dévouée. Elle réussit à le guérir, et pour prix de ses services, elle demande à son maître de la rendre mère. Un fils naît de leur union ; c'est Pûrna. Dès son enfance, Pûrna manifeste des aptitudes surprenantes pour le commerce. Il voit ses aînés s'embarquer sur le grand Océan pour aller trafiquer au loin ; il prie son père de le laisser partir avec eux. Tu n'es encore qu'un enfant, répond le père, ô mon fils, reste ici ; occupe-toi des affaires de la boutique. Il s'en occupe si bien que, quand ses frères reviennent tout fiers des profits qu'ils ont réalisés, Pûrna se trouve avoir gagné autant qu'eux sans avoir quitté le magasin. Les frères sont jaloux de lui ; quand leur père meurt, ils s'empressent de mettre Pûrna à la porte. Pûrna ne tarde pas à refaire sa fortune par des opérations ingénieuses ; enrichi, promu chef de sa corporation, il veut sortir du pays, voir du nouveau, étendre ses affaires outre-mer. « Il fit alors proclamer à sons de cloche dans la ville de Supâraka : Écoutez, marchands de Supâraka ! Pûrna le chef des marchands va s'embarquer sur le grand Océan. Que celui d'entre vous qui veut s'embarquer avec Pûrna, sous la garantie d'une exemption complète de taxe, d'impôt d'entrée et de prix de passage pour sa marchandise, prépare ce qu'il destine à ce voyage sur le grand Océan. A cette nouvelle, cinq cents négociants rassemblèrent les marchandises qu'ils destinaient à ce voyage. Alors Pûrna, le chef des marchands, après avoir appelé sur son entreprise les bénédictions et la faveur du ciel, s'embarqua sur le grand Océan avec cette suite de cinq cents négociants. Il revint ensuite, ramenant son vaisseau sain et sauf, et recommença ses voyages jusqu'à six fois. Aussi ce bruit se répandit-il de tous côtés : Voilà Pûrna qui s'est embarqué six fois sur le grand Océan et qui a ramené chaque fois son vaisseau sain et sauf.

« Des marchands de Çrâvasti ayant rassemblé une cargaison, vinrent un jour à Supâraka. Quand ils se furent délassés des fatigues du voyage, ils se rendirent au lieu où se trouvait Pûrna, le chef des marchands, et, y étant arrivés, ils lui dirent : Chef des marchands, embarquons-nous sur le grand Océan. Pûrna leur dit : Avez-vous jamais vu, messieurs, ou avez-vous entendu citer un homme qui, après être revenu six fois du grand Océan en ramenant son vaisseau sain et sauf, se soit embarqué une septième fois ? — C'est pour toi, Pûrna, reprirent-ils, que nous sommes venus d'un pays éloigné. Si tu ne t'embarques pas, toi seul en es responsable. Pûrna fit alors cette réflexion : Je n'ai aucun besoin de richesses pour moi ; cependant, je m'embarquerai dans l'intérêt de ces gens-là. Il partit donc avec eux sur le grand Océan.

« Or, ces marchands, qui étaient venus de Çrâvasti, avaient souvent entendu le Bouddha quand il résidait à Çrâvasti, dans le parc du prince Jeta (le Jetavana) que le marchand Anâthapindika avait acheté pour l'offrir au Maître. A la nuit et à l'aurore, ils récitaient des textes sacrés, des sûtra et des gâthâ, en prose et en vers. Pûrna qui les entendait leur dit : Messieurs, quelles sont ces poésies que vous chantez ? — Ce ne sont pas des poésies, chef des marchands, ce sont les propres paroles du Bouddha. Pûrna, qui n'avait jamais entendu prononcer jusqu'alors ce nom de Bouddha, se sentit frissonner d'émotion, et il demanda plein de respect : Messieurs, quel est celui que vous nommez le Bouddha ? Les marchands répondirent : Le çramana Gautama, issu de la famille des Çâkya, qui après avoir rasé ses cheveux et sa barbe, après avoir revêtu des vêtements de couleur jaune, a quitté sa maison avec une foi parfaite pour entrer dans la vie religieuse, et qui est parvenu à l'état suprême de Bouddha parfaitement accompli, c'est, ô chef des marchands, celui qu'on appelle le Bouddha. — Dans quel endroit, Messieurs, se trouve-t-il maintenant ? — A Çrâvasti, chef des marchands, dans le bois de Jeta, dans le jardin d'Anâthapindika.

« Pûrna ayant gravé ces paroles en son cœur navigua sur le grand Océan et revint en ramenant son vaisseau sain et sauf. L'aîné des frères réfléchit alors : Pûrna est fatigué de voyager sur le grand Océan ; il faut qu'il se marie. Il lui dit donc : Dis-moi, mon frère, de quel homme riche ou de quel chef de marchands demanderai-je pour toi la fille ? — Je ne désire pas les plaisirs des sens, reprit Pûrna ; mais, si tu me donnes ton autorisation, j'embrasserai la vie religieuse. L'aîné, voyant que sa résolution était inébranlable, consentit. Pûrna lui dit alors : Mon frère, le grand Océan a beaucoup de misères et peu de douceurs ; beaucoup d'hommes s'y embarquent, mais peu en reviennent. Ne t'y embarque jamais, sous aucun prétexte.

« Après lui avoir donné ce conseil, il prit un serviteur et partit pour Çrâvasti. Quand il y fut arrivé, il s'arrêta dans le jardin et envoya son messager vers Anâthapindika, le maître de la maison. Le messager, s'étant présenté devant le maître, lui dit : Pûrna, le chef des marchands, est dans le jardin, désireux de voir le maître de maison. Anâthapindika pensa : C'est sans doute que, fatigué de ses expéditions maritimes, il fait maintenant des voyages de terre. Puis il demanda au messager : Combien est considérable la cargaison qu'il a apportée ? — Il s'agit bien de marchandises ! Il est venu seul avec moi qui suis son serviteur. Anâthapindika pensa : Il ne serait pas bien à moi de ne pas recevoir dans ma maison, avec les honneurs de l'hospitalité, un homme de cette importance. Pûrna fut donc introduit avec une grande pompe, on le parfuma, on lui donna le bain, on lui offrit un repas. Pendant qu'ils devisaient entre eux, Anâthapindika demanda : Chef des marchands, quel est l'objet de ton voyage ? — J'ai désiré subitement, ô maître de maison, embrasser la vie religieuse sous la discipline de la Loi qui est bien renommée ; je désire l'investiture et le rang de Religieux. Alors Anâthapindika, le maître de maison, redressant la partie supérieure de son corps, étendant le bras droit, prononça ces paroles avec l'accent de la joie : Ah ! le Bouddha ! ah ! la Loi ! ah ! l'Église ! Que votre renommée est bien répandue, pour qu'un homme de cette importance, abandonnant la foule nombreuse de ses amis et de ses gens, ainsi que ses riches magasins, désire embrasser la vie religieuse sous la discipline de la Loi bien renommée, et demande l'investiture et le rang de Religieux ! Puis Anâthapindika, le maître de maison, prenant avec lui Pûrna, se rendit au lieu où se trouvait Bhagavat. »

Le tableau n'est pas seulement pittoresque et touchant, il est d'une remarquable justesse de psychologie ; la soudaineté même de la conversion de Pûrna n'a rien d'extraordinaire ou de miraculeux. Chez les hommes de la mer, comme sur l'océan, surgissent tout à coup des lames de fond qui balaient la surface avec une violence irrésistible ; on voit souvent encore des officiers de marine renoncer brusquement à leur profession pour entrer dans les ordres. Il semble que l'isolement prolongé et le spectacle fréquent des éléments déchaînés avec une puissance presque surnaturelle portent l'âme à une sorte d'humilité recueillie qui se traduit dans une crise d'exaltation religieuse. Le portrait ne serait pas complet si je ne rapportais pas le sublime dialogue qui s'engage, après l'ordination, entre Pûrna et le Bouddha : « Où veux-tu maintenant habiter ? Où veux-tu fixer ton séjour ? — Maître, je désire habiter, je désire fixer mon séjour dans le pays du Çronâparanta ; — Ils sont violents, ô Pûrna, les hommes du Çronâparanta ; ils sont emportés, cruels, colères, furieux, insolents. Lorsque les hommes du Çronâparanta, ô Pûrna, t'adresseront en face des paroles méchantes, grossières et insolentes, quand ils se mettront en colère contre toi et qu'ils t'injurieront, que penseras-tu de cela ? — Si les hommes du Çronâparanta, ô Maître, m'adressent en face des paroles méchantes, grossières et insolentes, s'ils se mettent en colère contre moi et qu'ils m'injurient, voici ce que je penserai : Ce sont certainement des hommes bons que les Çronâparanta, ce sont des hommes doux, eux qui se mettent en colère contre moi et qui m'injurient, eux qui m'adressent en face des paroles méchantes, grossières et insolentes, mais qui ne me frappent ni de la main, ni à coups de pierres. — Ils sont violents, ô Pûrna, les hommes du Çronâparanta, etc..., ils sont insolents. Si les hommes du Çronâparanta te frappent de la main ou à coups de pierres, qu'en penseras-tu ? — Si les hommes du Çronâparanta, Maître, me frappent de la main ou à coups de pierres, voici ce que j'en penserai : Ce sont certainement des hommes bons que les Çronâparanta, ce sont des hommes doux, eux qui me frappent de la main ou à coups de pierres mais qui ne me frappent ni du bâton ni de l'épée. — Ils sont violents, ô Pûrna, les hommes du Çronâparanta, etc..., ils sont insolents. Si les hommes du Çronâparanta te frappent du bâton ou de l'épée, qu'en penseras-tu? — Si les hommes du Çronâparanta, Maître, me frappent du bâton ou de l'épée, voici ce que j'en penserai : Ce sont certainement des hommes bons que les Çronâparanta, ce sont des hommes doux, eux qui me frappent du bâton ou de l'épée, mais qui ne me privent pas complètement de la vie. — Ils sont violents, ô Pûrna, les hommes du Çronâparanta, etc..., ils sont insolents. Si les hommes du Çronâparanta te privent complètement de la vie, qu'en penseras-tu ? — Si les hommes du Çronâparanta, Maître, me privent complètement de la vie, voici ce que j'en penserai : Il y a des disciples du Maître qui, à cause de ce corps rempli d'ordures, sont tourmentés, couverts de confusion, méprisés, frappés à coup d'épée, qui prennent du poison, qui subissent le supplice de la corde, qui sont jetés dans des précipices. Ce sont certainement des hommes bons que les Çronâparanta, ce sont des hommes doux, eux qui me délivrent avec si peu de douleurs de ce corps rempli d'ordures. — Bien, bien, Pûrna, tu peux, avec la perfection de patience dont tu es doué, oui, tu peux habiter, fixer ton séjour dans le pays des Çronâparanta. Va, Pûrna, délivré, délivre ; arrivé à l'autre rive, fais-y arriver les autres ; consolé, console ; parvenu au Nirvâna complet, fais-y parvenir les autres. »

Devenu maître des pouvoirs surnaturels que confère la sainteté, Pûrna va les manifester d'abord sur l'Océan ; le marchand de mer sera tout naturellement un saint de la mer. Son frère aîné, malgré l'avis que lui avait donné Pûrna, s'est embarqué avec une troupe de marchands pour aller chercher du bois de santal rouge, le bois de santal le plus précieux qu'on recueille seulement loin, bien loin, à l'Est de Java, dans la région de Timor. Le génie auquel appartient la forêt de santal soulève une tempête terrible ; le bateau menace de sombrer. Les autres marchands qui voient leur chef inquiet l'interrogent : « Chef des marchands, nous voici tombés dans un danger redoutable. Pourquoi restes-tu ainsi plongé dans le découragement ? — Messieurs, mon frère m'avait averti en me disant : Le grand Océan a peu de jouissances et beaucoup de misères ; bien des gens, aveuglés par la cupidité, s'y embarquent, mais peu en reviennent. Aie soin de ne t'embarquer, sous aucun prétexte que ce soit, sur le grand Océan. Sans tenir compte de ces paroles, je me suis dit : Il faut que je m'embarque, et je me suis embarqué en effet ; que puis je donc faire maintenant ? — Qui est ton frère ? demandèrent les marchands. — Pûrna, reprit leur chef. — Messieurs, s'écrièrent les marchands, c'est ce Pûrna même, le Saint qui possède la grandeur et la vertu ; hâtons-nous d'implorer son secours. Et aussitôt tous, d'une voix unanime, firent en même temps cette prière : Adoration (Namo) à Pûrna le saint. Adoration, adoration (Namo, namo) à Pûrna le saint. En même temps, Pûrna se mit à réfléchir, et par la force de la méditation, il disparut du pays des Çronâparanta et il se trouva au milieu du grand Océan, assis les jambes croisées sur le bord du vaisseau. Aussitôt la noire tempête s'apaisa. Alors les marchands recouvrant la vie qui était sur le point de les abandonner, après avoir dirigé avec foi leurs pensées sur le vénérable Pûrna, remplirent leur vaisseau du bois de santal et ils reprirent leur voyage. Ils revinrent enfin à la ville de Supâraka. Là, le vénérable Pûrna dit à son frère : Tout ceci doit revenir à Celui au nom duquel ton vaisseau a été ramené intact ; partage donc les joyaux entre les marchands ; moi, avec le santal, je ferai construire, pour l'usage du Maître, un palais orné de guirlandes de bois de santal. Le frère aîné fit en conséquence le partage de ses joyaux entre les marchands ; puis le vénérable Pûrna se mit à faire construire un couvent avec le bois de santal. »

Ainsi, c'est à un port voisin de Bombay, à Supâraka, que doit revenir l'honneur d'avoir été le premier port de mer qui ait donné au Bouddhisme un saint de la mer, issu de la corporation des marchands de mer, et qui ait possédé un couvent bouddhique. Combien d'autres ont suivi le glorieux exemple de Pûrna et sont allés de port en port propager la foi bouddhique et construire des monastères, je n'ai pas à le rappeler ici, sur cette terre du Japon qui marqua la dernière étape de la longue route de mer parcourue par les apôtres du Bouddha, sur cette côte ravissante qui montre au voyageur émerveillé tant de pieux édifices souvent somptueux, toujours pittoresques à plaisir par leur aspect et par leur site, associés à un trésor de légendes et de souvenirs édifiants. A coup sûr, il ne fallait pas des âmes vulgaires pour affronter tant de périls sans autres appuis que la foi. Le Bouddha, en son dialogue avec Pûrna, n'avait pas eu besoin de lui signaler les dangers de la mer; Pûrna les connaissait par expérience ; pour l'éprouver, il se contentait de lui montrer les dangers qui venaient des hommes. Mais en d'autres occasions, le Bouddha se plaît à insister sur les étrangetés de la mer : « Il y a, ô moines, dans le grand Océan, huit choses extraordinaires dont le spectacle comble de joie les Démons (Asura). Quelles sont-elles ? Le grand océan va tout doucement en pente ; il s'incline tout doucement ; il descend tout doucement ; il ne se précipite pas d'un trait ; voilà la première merveille. Et puis encore, le grand océan ne dépasse pas la limite fixée aux marées ; c'est la seconde merveille. Et puis encore, le grand océan ne garde pas chez lui un cadavre ; s'il arrive qu'il y ait encore un cadavre dans le grand océan, il le rapporte bien vite à la côte et il le dépose au sec ; c'est la troisième merveille. Et puis encore, tout ce qu'il y a de fleuves au monde, en arrivant à la mer, perd son nom propre et ne compte plus que comme de l'eau de mer; c'est la quatrième merveille. Et puis encore, malgré tout ce qu'il y a d'eaux courantes en ce monde qui descendent à la mer, toute l'eau de pluie qui se précipite du ciel, on ne voit pas que l'océan en soit jamais moins plein ou plus plein ; c'est la cinquième merveille. Et puis encore, le grand océan a partout la même saveur, une saveur salée ; c'est la sixième merveille. Et encore, le grand océan a beaucoup de joyaux, des quantités de joyaux ; on y trouve des perles, des pierres, de la nacre, du corail, de l'argent, de l'or, etc... ; c'est la septième merveille. Et puis encore, le grand océan est la demeure de créatures immenses, des baleines, des croque-baleines, des Asura, des Nâga, des Gandharva ; il y a dans le grand océan des créatures qui ont une lieue de long, quatre lieues de long, cinq lieues de long ; c'est la huitième merveille. »

Si le Bouddha traçait une pareille image de l'océan, on imagine ce que les marins et les marchands pouvaient en conter. Aussi le Bouddha condamne-t-il parmi les sujets auxquels un moine ne doit pas prêter l'oreille, les « histoires de marins » (samudrâkhyâyikâ). Et pourtant le Bouddha n'a pas dédaigné, dans plus d'un cas, de leur emprunter quelques histoires pour en tirer une morale édifiante. Il y avait, entre autres, la terrible Ile des Diablesses (Rakshasîdvîpâ) qui avait coûté la vie à tant de malheureux. Là, si nous en croyons le récit du Bouddha, quand il arrive des naufrages, les Diablesses font toilette, elles apportent à boire et à manger, accompagnées de troupes de servantes, avec des enfants dans les bras, elles vont au-devant des marchands ; pour mieux leur faire croire qu'ils sont chez des humains, elles créent par magie des champs labourés, des étables, des hommes, des troupeaux, des chiens ; elles offrent aux marchands de la soupe à boire, du riz à manger, des friandises à croquer. Les marchands ne se doutent de rien, acceptent, prennent tout. Quand ils ont bien mangé, dégusté, pour se délasser, on se met à causer : « Pauvres malheureux, d'où venez-vous? où allez-vous? qu'est-ce qui vous amène ici ? — Notre bateau s'est brisé ; c'est ce qui nous amène. — Quelle chance ! Nos maris se sont embarqués sur la mer, voilà trois ans passés ; ils doivent être morts ; vous êtes justement des marchands, vous aussi, nous serons vos humbles servantes. » Elles les ensorcellent avec toutes les cajoleries de la malice féminine ; elles les entraînent dans la ville des Diablesses, elles les chargent de chaînes magiques, les jettent en prison, et la nuit venue, elles les tuent pendant leur sommeil et elles croquent leur chair. Voilà pour les naufragés. Si le bateau file trop bien, autre danger : il y a au beau milieu de l'océan, un abîme où la mer se déverse sans cesse, on l'appelle la Bouche de la Jument. Au fond, brûle une flamme infernale ; la vapeur siffle dans le gouffre tandis que le flot mugit en cascade. Pour se distraire de pareilles terreurs, veut-on se donner du bon temps à bord, sur ces pauvres petits bateaux où la vie journalière est si rude ; l'agrément risque de se payer cher; témoin l'histoire de ces marchands, racontée par le Bouddha. Ils s'étaient embarqués à Bharukaccha, un autre grand port de l'Inde, qui n'a gardé du passé que son nom à peine altéré, Broach, à l'embouchure du fleuve Narmada, un peu au nord de Supâraka. « Ils allaient faire voile pour la Terre de l'Or, quand un homme se présenta : Je suis musicien, leur dit-il, quand j'aurai fini mon service à bord, je vous ferai de la musique ; emmenez-moi avec vous. — Bon, dirent-ils, ils le laissèrent embarquer et ils prirent le large. Le bateau marchait bien ; ils appelèrent l'homme : Fais-nous de la musique, — Je ne demande pas mieux, mais je vous avertis, si je fais de la musique, les poissons vont danser et votre bateau coulera. — Tu n'es qu'un vulgaire musicien, les poissons resteront tranquilles. Joue. — Vous ne m'en voudrez pas, leur dit-il ; il prit sa lyre (vînâ) et se mit à jouer sans une faute de note ou de chant. Les poissons rendus fous par la musique, se mirent à danser. Et voici qu'une énorme baleine, en sautant, retomba sur le navire qui se brisa. »

Si le Bouddha contait de pareilles histoires, on ne saurait trop admirer la bravoure de ces marchands qui, comme Trapusha, comme Pûrna, osaient se confier à la mer, ou de ces missionnaires anonymes et de ces pieux pèlerins qui s'embarquaient avec eux sans avoir d'autre trésor à gagner que leur salut et le salut d'autrui. Et si la mort les surprenait en route, souvent ils savaient la regarder d'un front serein. Je voudrais seulement rappeler ici comme un hommage rendu à ces victimes de la mer, le récit de la mort du moine Tch'ang-min, tel que le rapporte un autre pèlerin chinois, Yi-tsing. Tch'ang-min voulait gagner l'Inde. « Or le bateau marchand sur lequel il monta avait une cargaison fort lourde ; il n'était pas loin du lieu où il avait démarré lorsque soudain des vagues énormes s'élevèrent, et en moins d'une demi-journée, le bateau sombra. Au moment où il coulait, les marchands se précipitèrent pour entrer dans le canot. Cependant le patron du bateau était un croyant; il cria d'une voix forte : Maître, montez donc dans le canot. Tch'ang-min répondit : Faites-y monter d'autres personnes; pour moi, je n'y vais pas. Alors, joignant les paumes de ses mains vers le couchant, il invoqua Amita Bouddha; pendant qu'il psalmodiait, le bateau s'enfonça et il disparut. »

Tous ces hommes, marchands, pèlerins, missionnaires, méritent l'hommage de notre respect, ils ont été les ouvriers d'une grande œuvre. C'est par eux que les continents et les îles se sont rapprochés ; c'est par eux que s'est préparée cette unité, cette union toujours plus étroite du monde qui a permis aujourd'hui à un visiteur venu des mers de l'occident, d'évoquer les souvenirs de l'Inde antique sur le sol qui salue le Soleil Levant.

LES ORIGINES D'UNE CHAIRE :

L'ENTRÉE DU SANSCRIT AU COLLÈGE DE FRANCE

Dans le Collège de France qui fête son quatrième centenaire, la chaire de langue et littérature sanscrites peut encore passer pour jeune, elle ne compte que cent dix-sept années d'existence et le titulaire actuel n'a eu que trois devanciers : Chézy (1814-1832); Burnouf (1832-1852); puis vient une période de chargés de cours dont l'histoire se rattache de trop près à l'histoire politique et qui met en jeu des personnalités trop voisines de nous pour que l'heure soit déjà venue d'en conter les péripéties; enfin Foucaux (1862-1893). La gloire d'Eugène Burnouf est assez solidement établie pour être indifférente aux honneurs d'une commémoration ; il reste et il restera le modèle accompli du génie appliqué à la philologie orientale : une imagination féconde mais toujours maîtresse d'elle-même, qui ne devance la raison que pour choisir entre les voies où elle doit s'engager ; une curiosité insatiable, mais toujours méthodique, qui ne se contente pas d'acquérir sans cesse des connaissances nouvelles, mais qui les ordonne rigoureusement en vue des recherches futures ; une justesse rigoureuse de l'esprit qui dégage le contenu intégral des faits sans jamais en dépasser la limite et, de plus, ce pressentiment instinctif des solutions qui anticipe sur les démarches dialectiques du jugement ou qui les totalise en dehors du temps et de la conscience dans un instant d'intuition. L'éclat d'un si grand nom a relégué dans une demi-obscurité ceux qui l'encadrent. Je voudrais aujourd'hui ranimer pour un moment le souvenir du savant qui a inauguré l'enseignement du sanscrit au Collège de France, Antoine-Léonard de Chézy. La science se doit de pratiquer, comme la société, le culte des morts ; il est juste qu'à certaines heures solennelles elle suspende sa course enfiévrée vers de nouvelles conquêtes pour procéder à l'appel des morts, pour se rappeler et pour apprendre au public oublieux quels dévouements, quels sacrifices il a fallu pour assurer d'étape en étape ses progrès laborieux. Même parmi les professeurs du Collège qui connaissent le nom de Chézy, combien ne l'associent qu'à l'image du délicieux bambin aux boucles dorées, aux joues roses, le bras posé sur un globe, un compas à la main, tel que Boilly l'avait peint à l'âge de dix-huit mois [1], dans le style des Amours de Boucher, tel qu'il figure sur les murs austères de notre salle d'assemblée, évocation inattendue de grâce mignarde parmi tant de visages graves ou sévères? L'image, à vrai dire, est mieux qu'un portrait, presque un symbole. Au long d'une vie traversée de tragiques épreuves, Chézy a conservé avec une fraîcheur d'enfant le goût d'un libertinage aimable et spirituel, héritage de l'ancien Régime que la Révolution n'avait pu abolir. A l'âge de cinquante-sept ans, sur la dernière page de sa dernière œuvre, l'édition et la traduction de Çakuntalâ, il reproduisait, en l'adressant à son héroïne, ce vers de Walter Scott :

That I o'erlive such woes, Enchanteress! is thine own.

« Si je survis à de pareilles souffrances, Enchanteresse, je te le dois! » Et l'année suivante, presque avant de mourir, il publiait, sous le pseudonyme aguichant d'Apudy, une anthologie érotique d'Amarou, texte sanscrit, traduction, notes et gloses, docte ouvrage où le grec, le latin, le persan sont appelés à la rescousse de l'érudition et du badinage; l'épigraphe tracée sur la couverture est empruntée aux Amours d'Ovide : *Me legat... non frigida virgo*, et le titre sanscrit fabriqué par l'éditeur annonce un « Manuel à l'usage des Ingénues, mis au jour par un vieux serviteur de Cupidon » [2]. Qui donc était Chézy? Par quel concours de circonstances une chaire de sanscrit a-t-elle été créée au Collège de France, et pour lui, dans le court intervalle de temps qui sépare l'abdication de Napoléon et le retour de l'île d'Elbe?

Antoine-Léonard de Chézy [3], né à Neuilly le 15 janvier 1773, était le dix-sep-

1. Le Catalogue de l'Exposition du Collège de France indique ce portrait comme anonyme; le témoignage de Helmina von Chézy (*Unvergessenes*, I, 320) en garantit l'attribution à Boilly.

2. *Amaruçatakasārah mugdhabālānāṃ çikṣārthe kenacit smaravṛddhakiṅkareṇa prakāçīkṛtaḥ, Parisnāmni mahāpure.*

3. Les matériaux dont nous disposons pour retracer la biographie de Chézy sont peu nombreux. Chézy n'a pas connu de son vivant les honneurs de la popularité, ni même de la notoriété; sa mort même aurait passé inaperçue parmi tant de victimes illustres que l'épidémie de choléra frappa en 1832, si une notice odieuse insérée dans le *Moniteur* et signée de Klaproth n'avait provoqué une réplique indignée de Silvestre de Sacy. Chézy lui-même s'est toujours imposé le silence d'un galant homme sur sa vie privée; c'est seulement en 1830, dans l'introduction à son édition de *Sakountala* qu'il a raconté brièvement les étapes de sa carrière d'indianiste. La Biographie universelle de Michaud, dans sa nouvelle édition, en 1844, donne une longue et substantielle notice sur Chézy; l'auteur de l'article a tenu à garder l'anonyme; mais il est facile de le reconnaître. Les détails intimes, les récriminations — notamment d'ordre pécuniaire, — les plaintes, qui donnent à cette biographie un accent singulièrement personnel, se retrouvent, et souvent sous une forme identique, dans les Souvenirs publiés en allemand par Helmina von Chézy, la veuve du savant; elle avait achevé de les dicter deux mois seulement avant sa mort, à Genève, le 1er décembre 1855; ils ont paru en 1858, chez Brockhaus, à Leipzig, 2 vols. in-12, sous le titre : *Unvergessenes. Denkwürdigkeiten aus dem Leben von Helmina von Chézy, von ihr selbst erzählt.* Chézy y paraît souvent; il y tient même beaucoup

tième et dernier enfant d'un ingénieur connu, Antoine de Chézy, qui fut l'adjoint du célèbre Perronnet, et qui l'assista dans la préparation et l'exécution des plans du pont de Neuilly [1]. Sous l'influence de son père, l'enfant sembla d'abord se vouer aux sciences : entré en 1783 au Collège de Navarre, il s'y appliqua en particulier à la minéralogie et à la botanique. Mais Chézy avait une âme « sensible », son imagination ardente et passionnée réclamait des émotions plus vives que l'étude des pierres ou des plantes ; il goûtait la poésie avec une sorte de volupté, il jouissait des rythmes, des sonorités, des images ; élevé dans le culte dévot des langues et des littératures classiques, il appartenait cependant à une génération que la raison seule ne pouvait plus satisfaire, qui, lassée de l'universel où le génie français s'était complu pendant près de deux siècles, demandait de l'étrange, du rare, du pittoresque. Doué d'une étonnante facilité pour l'étude des langues [2], Chézy devait fatalement aboutir à l'orientalisme. La politique habile des Jésuites avait intéressé le christianisme à la Chine ; la politique moins heureuse de la

plus de place qu'il n'en avait occupé de son vivant dans l'existence vagabonde de cette femme de lettres. C'est par un intérêt purement égoïste qu'elle exagère à bon escient les mérites de celui qu'elle avait tant fait souffrir comme elle prétend flétrir « la bande noire » des adversaires de son mari : Abel Rémusat « qui n'avait rendu que peu de services à l'orientalisme » (II, 405), Burnouf « qui ne se préoccupait que de recruter des partisans parmi les élèves les plus médiocres » (II, 399). La Muse germanique exprime à ce propos sa candide surprise de voir que « la carrière de la science produit souvent, tout comme la carrière de la littérature ou de la musique, des haines mortelles qui durent encore après la tombe ». Le fond de l'affaire était pour elle une question d'argent ; sa rancune s'exhale de page en page, elle narre dans le menu détail ses démarches pour obtenir une pension après la mort de Chézy qu'elle n'avait pas revu depuis vingt-deux ans ; elle poursuit la France d'une haine furieuse parce qu'elle, Allemande et définitivement séparée de son mari après huit ans de mariage, ne reçoit qu'une allocation annuelle de 1.200 francs. (Dans ses *Mémoires*, à propos de la liste des travaux inédits laissés par Chézy, elle renvoie le lecteur à « la Biographie Universelle de Michaud *et* à sa propre notice biographique sur les travaux de Chézy ». Elle emploie ici sans doute le procédé littéraire de l' « hendiadyn » ; les deux références n'en font qu'une). Leur fils aîné, Guillaume, ou plutôt Wilhelm von Chézy, né le 21 mars 1806, mort à Vienne le 14 mars 1865, a lui aussi écrit ses souvenirs : *Erinnerungen aus meinem Leben*, 4 volumes in-12 publiés à Schaffouse en 1863-1864 ; il s'y montre d'une sévérité presque féroce pour sa mère dont il perce impitoyablement les calculs et les petitesses ; quant à son père, qu'il avait quitté à l'âge de quatre ans, et qu'il n'avait pas revu, il a pu recueillir des informations auprès de son frère cadet, Max (né le 25 janvier 1808, mort à Heidelberg le 14 décembre 1846), qui était retourné à Paris de 1829 à 1830 et qui avait vécu sous le toit paternel. Les œuvres académiques de Silvestre de Sacy, qui fut le maître et le professeur de Chézy, apportent d'utiles indications. La leçon d'ouverture prononcée par Burnouf, quand il fut appelé à remplacer Chézy, rend un juste hommage « à la mémoire du savant professeur pour qui la chaire avait été créée », mais laisse de côté l'homme. Les correspondances des savants de l'époque, notamment celle de Bopp, et celle de Burnouf, aident à restaurer l'image à demi évanouie de Chézy.

1. Helmina von Chézy affirme même que l'honneur de la construction revient à Chézy seul. « C'est lui qui avait bâti le magnifique pont de Neuilly ; j'en ai devant moi les projets, les plans, les modèles dessinés et décrits en toutes lettres, et cependant la gloire de l'ouvrage est revenue à son chef M. Perronnet » (*Unverg.*, I, 320).

2. Guillaume de Chézy dit que son père « possédait à fond toutes les langues romanes, tandis que pour l'allemand, il le lisait seulement et ne le parlait pas » (*Erinn.*, II, 302).

royauté avait intéressé la France à l'Inde. Mais en dépit de quelques curieux isolés, comme Fourmont, de Guignes, Anquetil Duperron, les langues de la Chine et de l'Inde restaient encore le monopole des missionnaires. La connaissance scientifique de l'Orient s'arrêtait dans le présent à l'arabe et au persan. Sur ces deux domaines, si étroitement apparentés, un savant illustre s'était dès avant la Révolution affirmé chef d'école : Silvestre de Sacy, tout en exerçant avec ponctualité ses fonctions de conseiller à la Cour des Monnaies sous Louis XVI (depuis 1781), avait publié une série de travaux qui l'avaient mis hors de pair. Les années agitées de la Révolution, qui l'avaient obligé à chercher un asile dans un village voisin de Paris, n'avaient pas suspendu ses travaux. Quand Langlès, qui s'était formé sous sa direction, mais qui s'était occupé plus spécialement de la langue qu'on appelait alors « le tartare-mandchou », obtint de la Convention, en 1795, un décret qui instituait auprès de la Bibliothèque nationale une école publique destinée à l'enseignement des langues orientales vivantes, Silvestre de Sacy fut invité à y accepter une chaire. Il fallait alors, pour être admis à un emploi public, prêter un serment de fidélité au nouveau régime. Sacy refusa, comme Adolphe Régnier fit plus tard, après la mort de Burnouf, quand la chaire de sanscrit lui fut offerte ; mais la Convention se montra plus libérale que le second Empire et Silvestre de Sacy se montra plus accommodant qu'Adolphe Régnier ; il consentit à donner un enseignement provisoire « jusqu'au moment où on lui aurait trouvé un remplaçant ». On eut le bon goût de n'en pas trouver. Chézy fut des premiers élèves ; il n'était plus un débutant. Dès l'âge de dix-sept ans, il savait — paraît-il — l'arabe et le persan, soit qu'il les eût étudiés par ses propres moyens, soit plutôt qu'il eût sollicité et reçu les conseils de Sacy et de Langlès. Il dut à ses connaissances polyglottes, et sans doute aussi à ses protecteurs, d'être désigné par Bonaparte pour faire partie de l'expédition d'Égypte[1] ; mais la maladie l'arrêta sur le point de s'embarquer à Toulon et l'obligea à rebrousser chemin (1798). Il rentra à Paris pour assister aux derniers moments de son père. Mme de Chézy reçut une pension de 1.200 francs, plus le bois de chauffage et le logement ; quand l'École des Ponts et Chaussées alla s'installer au Palais-Bourbon, elle y obtint un petit appartement à l'entresol. Son fils, qui l'adorait autant qu'elle l'adorait, resta près d'elle et ne la quitta plus jusqu'à sa mort (1829). La vie était modeste, étroite même. Chézy n'avait pour ressources que des leçons aléatoires d'arabe ou de persan. Talleyrand, qui venait d'être nommé ministre des relations extérieures (juillet 1797), s'attacha le jeune Chézy au titre d'orientaliste[2] (1798). « Quelques années plus tard » il fut nommé « pre-

1. Ventura de Paradis, professeur à l'École des Langues orientales, choisi par Bonaparte comme interprète principal du corps expéditionnaire, emmena trois de ses élèves : Amédée Jaubert, le futur traducteur de la géographie d'Edrisi, Raige et Belleteste.

2. *Unverg.*, I, 405. La *Biographie universelle* affirme que dès 1792 Chézy « avait obtenu la

mier employé » au cabinet des manuscrits de la Bibliothèque nationale ; il y avait déjà travaillé à classer les manuscrits arrivés d'Égypte et s'était initié à l'ensemble des fonds orientaux. Sa passion des langues trouvait dans cet emploi un nouvel aliment : il se mit à l'étude de l'hébreu, du syriaque, du chaldéen, du turc, voire même du chinois et du « tartare-mandchou », et revint au grec qu'il avait négligé depuis ses débuts dans l'orientalisme. Mais entre tant de langues qui le sollicitaient, c'était au persan qu'il se consacrait avec le plus d'ardeur. L'imagination gracieuse et galante de Chézy s'adaptait par une affinité naturelle à la poésie persane ; il en goûtait les grâces subtiles, souvent même affétées et mièvres, le tour ingénieux et spirituel, et le mélange trouble du mysticisme avec l'amour. En outre, dans la perspective de l'orientalisme, le persan occupait à cette époque une place que nous avons peine à concevoir aujourd'hui. Depuis le Moyen Age et les conquêtes musulmanes, le persan était devenu la lingua franca de l'Asie presque tout entière. De la Méditerranée à l'Océan Pacifique il jouait un rôle que l'anglais lui a dérobé ; on le parlait à toutes les escales ; à l'intérieur des terres, du Cachemire au Bengale et au Mysore, les brahmanes qui aspiraient aux fonctions, les plus humbles comme les plus élevées, apprenaient le persan comme ils apprennent aujourd'hui l'anglais ; la Compagnie britannique des Indes, dans ses rapports avec le Tibet, se servait du persan. La Perse, en outre, avait tiré profit des polémiques dirigées par les Encyclopédistes contre l'Église chrétienne ; le nom sonore et mystérieux de Zoroastre, exalté par la tradition classique, permettait d'opposer un rival à Moïse ; la Perse disputait aux Hébreux la gloire d'une législation primitive et sublime. C'est à ces polémiques, il ne faut pas l'oublier, que nous devons la magnifique entreprise d'Anquetil Duperron ; on sait comment ce héros de la science, résolu à tout affronter pour retrouver les livres authentiques de Zoroastre, s'engagea tout jeune au service de la Compagnie des Indes, partit de Lorient comme le plus humble des soldats (1754) et dans un séjour de huit années, pendant que la France de Louis XV perdait tout son domaine indien, il découvrait, lisait, traduisait l'Avesta, inaugurant la longue série de victoires qui devait arracher au passé jaloux les secrets de l'Inde, de l'Égypte, de l'Assyrie, de l'Asie centrale et qui se poursuit sous nos yeux avec le déchiffrement du hittite. Le romantisme naissant qui prétendait retrouver dans l'Orient le reflet encore pur de l'humanité primitive, accrut encore le prestige de la Perse. Frédéric Schlegel écrivait en 1800 (*Athenaeum*, Bd. 3, p. 103) : « C'est en Orient que nous devons rechercher le romantique le plus élevé, et quand nous pourrons enfin puiser à la source même, cette apparence d'ardeur méridionale qui nous rend si attrayante la poésie espagnole nous semblera peut-être alors une chose d'Occident assez misérable. » Et en 1808 un émule de Schlegel, Othmar Frank, qui devait plus tard aussi,

permission de travailler dans les bureaux du Ministère des Relations extérieures, et qu'il continua ses fonctions jusqu'au moment où il fut désigné pour l'expédition d'Égypte. »

comme Schlegel, se convertir au sanscrit et même publier (en 1820) la première chrestomathie sanscrite, proclamait sa ferveur iranienne : « L'Iran est le pays de la lumière, et sa religion est la religion primitive de la lumière ». Et il développait sa doctrine dans un curieux ouvrage, *La lumière de l'Orient* (*Das Licht vom Orient*, Nurenberg-Leipzig, 1808) qu'il dédiait à « Napoléon protecteur de la Confédération rhénane, le plus puissant Avatar — au sens brahmanique — du Temps » ; il y proposait la création d'une académie philosophico-persane, qui serait la « Société de la Sagesse antique de l'Orient et de la nation germanique ». Devancier fantaisiste de Bopp, qui allait établir dix ans plus tard, sur des bases définitives, l'unité des langues « indo-germaniques », Frank dérivait l'allemand du persan. Fidèle attardée de ce rêve romantique, Helmina von Chézy appelle encore dans ses *Souvenirs* — et à propos de Chézy lui-même — le persan « du pré-germanique primitif » (uraltes Vordeutsch ; *Unverg.*, I, 346) ; elle avait sans doute emprunté l'idée, et peut-être l'expression même, à Frédéric Schlegel qu'elle avait si intimement fréquenté pendant son séjour à Paris.

Paris était alors, au témoignage de Helmina von Chézy, qui ne péchait pas par un excès de bienveillance, « le foyer de tous les nobles élans ; le monde de l'intelligence et de l'art venait y débarquer de partout » (I, 346). Au lendemain de la Révolution qui avait ébranlé l'Europe entière, on s'approchait avec une curiosité un peu anxieuse du volcan à peine éteint et qui pouvait encore se réveiller ; la fortune prodigieuse de Bonaparte, ce fils de la Révolution, semblait jeter un défi insolent aux dynasties établies ; elle éblouissait, elle émerveillait, elle attirait, elle inquiétait. Si la noblesse française errait encore en grande partie sur les routes de l'émigration, princes et seigneurs étrangers accouraient pour voir de près ce peuple de régicides ; artistes et gens de lettres les suivaient, petites cours ambulantes qui rêvaient de décrocher la gloire en passant. Pour la phalange des orientalistes, Paris était aussi un paradis : Silvestre de Sacy était le maître et le modèle ; la Bibliothèque nationale abondait en manuscrits orientaux que la complaisance et l'érudition de Langlès ouvraient volontiers à toutes les recherches. Frédéric Schlegel vint s'y installer dès 1802, accompagné de sa femme, son « ange gardien », Dorothée Mendelssohn, fille de l'illustre Moses Mendelssohn, qui le premier avait osé unir la vieille culture juive à l'esprit moderne. Dorothée s'était faite protestante pour épouser Schlegel ; quand la logique du romantisme conduisit Schlegel à embrasser la foi catholique, elle le suivit fidèlement du temple à l'église ; partis tous deux à Cologne, printemps de 1804, pour y abjurer l'hérésie, ils rentrèrent à Paris dès l'automne, y passèrent l'hiver et vinrent encore une fois s'y installer en 1807. Schlegel avait quitté l'Allemagne pour apprendre le persan à Paris ; il s'y était lié d'amitié avec Chézy qui lui donnait régulièrement des leçons ; mais il aspirait surtout à recevoir la consécration que Paris seul pouvait donner, et qui change une réputation en gloire. Il y multipliait ses efforts ; il donnait chez lui, dans son appartement de Montmartre, des conférences privées, des lectures de Shakespeare ; mais il ne put dépasser les cadres étroits de la colonie germanique, et s'en retourna le cœur ulcéré, exaspéré contre cette France qui n'avait pas su reconnaître son génie.

Le séjour de Schlegel à Paris marque une étape décisive dans la carrière et dans la vie de Chézy. En 1803, Schlegel va un beau matin visiter à la Bibliothèque nationale Chézy qui devait lui montrer de précieux manuscrits. Mme Schlegel comme toujours accompagnait son mari ; elle avait amené une jeune Allemande, Helmina von Klenke, femme de lettres, journaliste, poétesse par tradition de famille, elle était la petite-fille de la célèbre Karschin (Anna-Louise Karsch) ; mariée à seize ans avec le baron von Hastfer, elle s'était à dix-sept ans séparée de son mari, et à vingt ans elle était déjà veuve. Mme de Genlis l'avait connue à Berlin pendant l'émigration ; rentrée à Paris, accueillie avec faveur par le premier Consul qui lui avait accordé un logement à l'Arsenal, elle invita la jeune veuve à l'y rejoindre. Mais Helmina n'était pas faite pour le régime disciplinaire d'une gouvernante : elle reprit sa liberté et gagna sa vie à écrire des correspondances parisiennes pour les journaux allemands[1] ; elle les réunit ensuite sous le titre de : « La vie et l'art à Paris depuis Napoléon Ier » en deux volumes (*Leben und Kunst in Paris seit Napoleon dem Ersten*, Weimar, 1805-1806). Napoléon mécontent les fit saisir. Et cependant elle professait pour lui un culte idolâtre ; elle avait commencé en 1803 une épopée dont il était le héros, une « Napoléonide » qu'elle abandonna après l'exécution du duc d'Enghien (21 mars 1804) ; la haine croissante de Schlegel contre Napoléon avait sans doute exploité ce triste épisode. Ses souvenirs, rédigés un demi-siècle plus tard, dans une Europe transformée, sont encore pleins de cette grande figure. Elle a d'ailleurs une façon simple et nette d'expliquer la chute de l'idole : « Napoléon ne savait pas l'allemand ! C'était une anomalie qui a peut-être ébranlé une des colonnes de son trône. S'il avait connu l'allemand et l'Allemagne, il aurait été le plus grand monarque de tous les temps. Et il n'aurait jamais porté la guerre en Allemagne » (*Unverg.*, I, 205). Après ce jugement sommaire, elle s'empresse d'appeler Schlegel en témoignage : « Schlegel a dit quelque part que le plus grand bénéfice tiré par les Français de leurs guerres de conquête, c'est d'avoir gagné par là une bonne portion de l'Allemagne. » Et elle rappelle un propos que Schlegel lui tenait dans l'hiver 1804, quand son ardeur de catholique néophyte lui avait fait épouser les rancunes du « parti romain » contre « l'ennemi du clergé » : « Nous dînerons un de ces jours à table d'hôte avec la famille Bonaparte à Hambourg ».

La rencontre d'Helmina et de Chézy avait pour parrains Richardson, le pontife du roman, qui avait charmé l'adolescence de la jeune femme (*Unverg.*, I, 249), et

1. Helmina, toujours préoccupée de « profiter », y avait inséré des notices sur les manuscrits persans et arabes de la Bibliothèque nationale, que Chézy avait préparées.

Schlegel le pontife du romantisme ; elle fut digne de ce double patronage : ce fut le coup de foudre de part et d'autre. « Nous entrâmes dans la première salle de la Bibliothèque ; le jeune orientaliste travaillait à une table près de la fenêtre. Sa beauté surprenait dès le premier abord. L'âme qui illuminait la finesse de ses traits prêtait à sa grâce un éclat qui transportait au ciel. L'ovale régulier de son visage était encadré de boucles foncées. Ses grands yeux bleus lançaient des rayons d'intelligence ; la courbe élégante de ses sourcils noirs, l'ombre des longs cils, l'arcure douce du nez, la pourpre de la bouche, les tons chauds de la figure brune formaient un ensemble harmonieux, qui évoquait l'Orient si vivement qu'on croyait lire dans ces lignes splendides un beau poème oriental. La taille même répondait à la beauté du visage » (*Unverg.*, I, 251). Quant à l'héroïne, elle a pris soin de tracer elle-même son propre portrait : « Ma chevelure de l'or le plus beau, mes yeux bleus clairs, ma bouche rose avec des lèvres joliment arrondies, mon teint blanc comme neige, ma taille élancée suffisaient à ma parure » (*Ib.* 295). Peu après, Chézy épousait Helmina. Le jeune couple continua d'habiter au Palais Bourbon le logement concédé à Mme de Chézy. L'idylle, compliquée par la présence d'une belle-mère, allait bientôt tourner à la tragédie.

Helmina était protestante, et « bien décidée à l'être » (*Unverg.*, I, 263) ; Mme de Chézy était catholique et dévote. Helmina était Allemande ; Mme de Chézy était née en Alsace, à Saverne ; c'est ce qu'Helmina appelle « le sang allemand » de Chézy. Helmina était femme de lettres, poète, artiste ; Mme de Chézy était une ménagère ordonnée. L'éclat, inévitable, ne tarda pas à se produire : « Je n'avais été élevée que pour la poésie ; la meilleure volonté ne pouvait suppléer à mon ignorance de la vie domestique... il me fallait gagner de l'argent pour le ménage ; tous les prix avaient monté. Ma belle-mère pensait : « C'est au mari de gagner le pain ; la femme n'a qu'à s'occuper du ménage... » Il aurait fallu me transformer de fond en comble pour que je puisse répondre à l'idée qu'elle se faisait de la femme. Elle souffrait de me voir une plume à la main... Au premier repas que nous prîmes ensemble, je quittai la table sans plier ma serviette. Elle me fit tenir une lettre où elle me disait : « Croyez-moi, finissez-en de vos écrivasseries et raccommodez vos affaires » (*Unverg.*, II, 394). Helmina dut s'éloigner, elle chercha un logement à Chaillot, à Passy, et finit par se retirer à Montmorency. Chézy ne voulut pas quitter sa mère ; il promit à sa femme une visite par quinzaine.

C'est aussi qu'une nouvelle passion venait d'envahir sa vie de savant. Il avait entendu l'appel de l'Inde. La Perse ne le satisfaisait plus ; elle lui avait causé de cruels déboires. En 1806, Napoléon, toujours obsédé par l'Orient, avait créé des prix décennaux de traduction ; une partie en était réservée aux traductions de langues orientales. Cette même année, il avait envoyé une ambassade en Perse et créé au Collège de France, en faveur de Sacy, une chaire de langue persane

(4 avril 1806) ; jusque là le persan avait été réuni avec le turc sous la rubrique générale de « langues orientales ». Chézy présenta au concours la traduction du fameux poème persan de Djâmi, Medjnoun et Leïla. Il obtint un des prix. La traduction de l'Oupnekhat par Anquetil Duperron, ce merveilleux monument de patience, de conscience et d'érudition, qui révélait pour la première fois à l'Occident la pensée authentique de l'Inde ancienne, sous une forme — il est vrai — qui n'était pas faite pour séduire le lecteur, « n'avait pas paru au jury devoir occuper une place distinguée dans son rapport... Le jury n'avait pas cru devoir consacrer par son jugement un système de traduction aussi extraordinaire ». Ainsi s'exprimait le rapporteur qui n'était autre que Sylvestre de Sacy. Le Medjnoun et Leïla de Chézy était l'objet d'un long examen, en dix pages imprimées, où selon les bonnes règles académiques les critiques balançaient les éloges. Il suffira d'en citer la conclusion : « Si l'on se rappelle ce que nous avons dit de la difficulté de rendre en français les poètes persans, et que l'on considère que le poème traduit par M. Chézy est le seul qui ait paru jusqu'à présent dans notre langue (car le Gulistan, dont nous n'avons point d'ailleurs la traduction complète en français, n'est point un poème, et présente bien moins de difficultés) ; que le traducteur n'a eu ni traductions antérieures, ni gloses ou commentaires pour l'aider dans ce travail ; que, sans trop dénaturer le genre de l'original, et plutôt par des retranchements et des suppressions commandées par le goût que par des substitutions hasardées et des ornements empruntés, il est parvenu à en faire un ouvrage agréable, d'une lecture facile et attachante ; si l'on ajoute à cela que partout il a bien entendu le texte de son auteur, enfin que ce travail peut avoir l'utilité d'enrichir notre langue poétique de quelques imitations heureuses de figures orientales, on ne pourra contester que le prix ne soit justement décerné à un ouvrage unique dans son espèce, et que, soit qu'on l'envisage comme récompense ou comme encouragement, il ne remplisse les vues qui ont inspiré à Sa Majesté l'établissement des prix décennaux ».

Le prix était de 3.000 francs. Chézy, qui venait d'avoir son premier enfant et qui avait escompté cet appoint, n'en reçut jamais le montant. Mais son éditeur vint lui réclamer les frais d'impression. Chézy se crut perdu. Silvestre de Sacy prit généreusement la dette à son compte et se rendit acquéreur de l'édition entière. Chézy n'en resta pas moins douloureusement mortifié. Le persan lui valait pourtant à certains jours de piquantes aventures qui évoquent les *Lettres Persanes* ou les *Mille et une Nuits*. « Une fois, raconte Helmina, je le vis rentrer à la maison avec un air de gaieté rare. Vous ne devinerez jamais, dit-il, d'où j'arrive. Je viens de l'ambassade de Turquie ; mon chemin, vous le savez, passe devant l'hôtel... Devant la grille du jardin il y avait une foule de curieux qui regardaient l'ambassadeur faire les cent pas ; et moi je m'approchai. Le regard amical qu'il promenait sur la foule parut s'arrêter avec complaisance sur moi ; il me pénétra jusqu'au cœur. Achmet Effendi est un bel homme aux traits nobles et réguliers, de haute stature; il combine dans son expression le sérieux avec la grâce. Ses grands yeux de feu cherchaient les miens; il cria à un homme de sa suite, en arabe : « Voilà une figure qui appelle le turban! » Ces mots me firent un tel effet que, sans le vouloir, je prononçai quelques vers arabes. Aussitôt il s'empressa vers la grille, la secoua, donna l'ordre d'ouvrir, et me répliqua à son tour par des vers arabes, tandis que le jardinier maniait la porte. Il vint vers moi, me conduisit dans le jardin. Quel merveilleux parterre de fleurs! Je restai ahuri, abasourdi de surprise et de plaisir. Je dus prendre place auprès de lui sur un divan. Il me complimentait de mon arabe, m'adressait les éloges les plus flatteurs ; il avait fait servir des rafraîchissements et il aurait volontiers passé toute la journée à converser avec moi ». Il voulut voir Helmina ; quand Chézy la lui amena, il s'écria : « Et voilà aussi Leïla ! Je ne m'étonne pas que les Français ne demandent pas la polygamie ; pareille beauté vaut tout un harem ! » Le galant ambassadeur mena le jeune couple à l'Opéra, dans sa loge, où ils attirèrent tous les regards. Un peu plus tard, Achmet Effendi était rappelé, et le Sultan lui envoyait le fameux lacet de soie (*Unverg.*, I, 328 sqq.). La conclusion avait autant de couleur que l'aventure.

Mais ce genre de succès ne servait en rien la carrière de Chézy. L'Inde parut lui ouvrir des perspectives plus brillantes. La langue et la littérature sanscrites venaient d'être révélées à l'Occident. Maîtresse du Bengale par la victoire de Plassey (1757), l'Angleterre, désormais sans rivale, avait su justifier par une magnifique activité la fortune des armes. Dès 1785, un Anglais, Charles Wilkins, publiait la traduction de la Bhagavad-gîtâ ; l'Inde se révélait à l'Occident par un de ses chefs-d'œuvre, celui où elle a exprimé dans un langage souverain le plus profond et le plus permanent de sa conscience religieuse. Deux ans plus tard (1787), un obscur écrivain, Parraud, « de l'Académie des Arcades de Rome », en publiait une version française. Le discours préliminaire du traducteur français montre bien quels motifs dirigeaient alors vers l'Inde l'attention de l'Occident : « S'il est une Nation, écrit-il, qui par son antiquité, par les précieux monuments qu'elle possède, par la sagesse et la douceur de ses institutions, par la pureté de ses dogmes primitifs, mérite l'attention du philosophe, c'est sans doute la nation indienne. » En 1789 le chef-d'œuvre du théâtre indien, la Çakuntalâ de Kâlidâsa, traduite par William Jones, lettré délicat autant qu'érudit, consacrait la gloire littéraire de l'Inde; la version allemande de Forster, parue en 1791, inspirait à Gœthe les distiques célèbres qu'on ne se lasse pas de citer pour leur charme, et comme l'expression la plus heureuse de l'émotion universelle.

Will ich die Blumen des frühen, die Früchte des späteren Jahres,
Will ich was reizt und entzückt, will ich was sättigt und nährt,

Will ich den Himmel, die Erde mit einem Namen begreifen,
Nenn ich Sakontala dich und so ist alles gesagt [1].

« Fleurs du printemps, fruits de la saison tardive, tout ce qui charme et qui séduit, tout ce qui rassasie et qui nourrit, le ciel, la terre, si je veux les comprendre en un seul nom, c'est toi, Sakontala, que je nomme et par là tout est dit ».

C'est seulement en 1803, « l'an X de la Liberté », qu'il en parut une version française due au « citoyen A. Bruguière ». Cette année 1803 décida de l'avenir du sanscrit en Europe. Elle s'ouvrait pourtant sous de fâcheux auspices. La volonté du premier consul avait fermé aux Anglais, depuis avril 1802, les ports de France, de Hollande, d'Italie ; les publications de l'Inde qui arrivaient directement à Londres ne pouvaient atteindre le continent. L'étude du sanscrit semblait impossible en Europe sans le concours des Anglais qui venaient de l'inaugurer avec tant d'éclat. Mais par un retour singulier le blocus continental, qui arrêtait les livres, donna l'homme nécessaire. Un fonctionnaire de la compagnie des Indes, Alexandre Hamilton, officier de la marine britannique, membre de la Société asiatique que William Jones avait fondée à Calcutta, avait étudié à fond le sanscrit pendant son séjour au Bengale. Rentré en Angleterre, il poursuivit ses travaux au British Museum ; il préparait une édition du Hitopadeça, l'Esope indien, que Wilkins avait traduit dès 1787. Il désirait collationner les manuscrits de la Bibliothèque nationale à Paris. L'obligeance et l'érudition de Langlès, « garde-interprète des manuscrits orientaux », étaient connues de tous les orientalistes; un éditeur du Hitopadeça pouvait, plus encore que tout autre, compter sur son concours, car Langlès avait dès 1790, « sous les auspices de la Liberté », traduit en français la version de Wilkins, et il y avait ajouté de son cru un « Discours préliminaire avec des notes sur la religion, la littérature, les mœurs, etc., des Hindous ». Hamilton vint donc à Paris, sans aucune préoccupation, amenant sa femme, une indigène qu'il avait épousée au Bengale, et son jeune fils. Hel-

1. Telle est la forme originale de ces vers, comme l'établit Witkowski dans une note communiquée à Windisch (*Geschichte der Sanskrit-Philologie und Indischen Altertumskunde*, I, p. 47); ils ont paru pour la première fois dans la *Deutsche Monatschrift*, Berlin, 1791, 2 Band, juillet, p. 264, mais ils figurent en manuscrit dans une lettre de Gœthe, datée du 1er juin, conservée à la Freie Deutsche Hochstift à Francfort. Trente-neuf ans plus tard, Gœthe adressait à Chézy, pour le remercier de lui avoir envoyé sa traduction de *Sacountalâ*, une lettre curieuse, et cependant bien peu connue ; elle est datée de « Weimar, 9 octobre 1830 ». *Le Journal Asiatique* en a publié la traduction française en 1833, vol. XI, p. 470-472. Gœthe écrivait : « Dès la première fois que je lus cet ouvrage, son charme indéfinissable m'entraîna irrésistiblement, et il excita en moi un tel enthousiasme que je ne cessai plus de l'étudier. J'essayai même, quoique inutilement, de l'adapter à la scène allemande, et bien que mes efforts soient restés infructueux, ce travail du moins servit à me pénétrer plus intimement des beautés de cet admirable ouvrage. Il a fait époque dans ma vie. » Cette indication semble fortifier l'hypothèse qui attribue à l'influence du drame indien le « Prologue sur la scène » qui ouvre *Faust*.

mina, qui l'avait souvent rencontré chez les Schlegel, dit de lui : « Hamilton n'était pas plus que Schlegel un érudit desséché. Tout ce qu'il avait acquis de science passait dans son âme, dans son cœur, dans sa fantaisie ». « On pourrait, ajoute-t-elle, en dire autant à bon droit de tous les indianistes : l'étude du sanscrit enrichit, purifie, élève l'homme tout entier ; elle s'empare de lui à fond, ne laisse place à rien d'autre ; aucune autre étude ne surpasse celle-là dans son action sur le caractère moral » (*Unverg.*, I, 270). Sachons gré à Helmina de ce commentaire flatteur.

La déclaration de guerre entre la France et l'Angleterre surprit Hamilton en plein travail. Retenu prisonnier sur parole, traité avec honneur, il se piqua de répondre en gentleman à la courtoisie par la courtoisie. Il prépara un remarquable catalogue des manuscrits sanscrits de la Bibliothèque, qui est resté la base des catalogues ultérieurs, et il tint à en partager l'honneur avec Langlès qui avait appris de lui les premiers éléments de la grammaire, mais qui n'avait pas poussé plus loin. Claude Fauriel, le futur historien de la littérature provençale, lui demanda aussi des leçons. Mais son élève le plus zélé fut Frédéric Schlegel. Schlegel écrivait à son frère Auguste-Guillaume, le 15 mai 1803, le jour même de la déclaration de guerre qui le laissait indifférent : « Tout se passe à merveille. J'ai appris beaucoup, beaucoup. Je n'ai pas fait seulement des progrès en persan ; mais je suis sûr de mon sanscrit. Dans quatre mois je lirai Sakontala dans l'écriture originale, même si je dois m'aider encore de la traduction. Il m'a fallu une contention énorme, tant c'est compliqué, une méthode personnelle de divination, et du travail, car j'ai dû apprendre les éléments sans livre élémentaire. Enfin il m'est arrivé à point qu'un Anglais, Hamilton, le seul en Europe, excepté Wilkins, qui sache le sanscrit, et qui le sait à fond, est venu m'aider tout au moins de ses conseils. » Impatient d'aborder directement les textes, Schlegel ne prenait pas moins de trois heures de leçons par jour (*Unverg.*, I, 270). Chézy se tint à l'écart, sans penser alors à profiter de l'aubaine.

La grâce ne vint le toucher que trois ans plus tard, à la fin de 1806. Si nous en croyons Helmina, c'est la déception qu'il avait éprouvée à propos de ses travaux en persan et en arabe qui le décida à entreprendre l'étude du sanscrit (*Unverg.*, I, 280). Mais quelle raison positive guida son choix ? Chézy lui-même nous apporte ici son témoignage personnel. Dans l'introduction qui précède son édition de *Sacountalâ* il a raconté ses débuts ; nous n'avons qu'à l'écouter :

« Jamais je n'oublierai l'impression ravissante que fit sur moi la lecture du drame de Sacountalâ, lorsque, il y a environ trente ans [à compter de 1830, date de l'ouvrage], la traduction anglaise de ce chef-d'œuvre, par le célèbre W. Jones, vint par hasard à tomber sous mes yeux. Mais, pensai-je alors, tant de délicatesse, tant de grâce, cette peinture si attachante de mœurs qui nous donnent l'idée du peuple le plus poli et le plus spirituel de la terre, et nous inspirent l'envie d'aller chercher le bonheur près de lui ; tout cela, pensai-je, est-il bien dans l'original indien, ou ne serait-ce point une pure illusion due au style gracieux, à l'imagination brillante du traducteur ?

« Que faire pour éclaircir ce doute ? Il ne se présentait qu'un seul moyen, celui d'apprendre la langue sanscrite, langue la plus admirable en effet, mais aussi la plus difficile de toutes les langues connues, et pour laquelle il n'avait encore été publié, à cette époque, aucun ouvrage élémentaire. La bibliothèque du Roi possédait bien à la vérité un essai informe de grammaire, un manuscrit composé, à ce que je crois, par quelque missionnaire portugais, mais ne renfermant que le simple paradigme du verbe substantif, le tableau des déclinaisons, une partie du vocabulaire d'Amara, et une liste des *dhâtous* [racines verbales] ; le tout fourmillant d'erreurs les plus grossières, et beaucoup plus propre à effrayer qu'à inspirer l'envie de déchiffrer cet horrible fatras et de chercher la lumière dans cet écrit ténébreux. Aussi plusieurs années se passèrent sans que je pensasse à recourir à ce moyen ; et ce premier germe du désir, déposé dans mon esprit par Sacountalâ elle-même, y demeura longtemps enseveli dans la plus profonde inaction.

« Cependant la littérature sanscrite, grâce aux travaux des savants anglais dans l'Inde, acquérait de jour en jour une plus grande extension, et leurs mémoires de plus en plus intéressants, consignés dans le précieux recueil des Asiatic Researches, finirent par éveiller ma curiosité, au point que je me déterminai un beau jour (c'était vers la fin de 1806) à essayer de comprendre quelque chose à l'indigeste compilation dont je viens de parler, et je me mis à bégayer l'alphabet.

« Quelques mois d'un travail assidu m'ayant mis à même de me former une idée telle quelle du système de déclinaison et de conjugaison sanscrites, et de la manière non moins ingénieuse que compliquée avec laquelle les mots y sont orthographiés, je cherchai aussitôt à faire l'application de ces éléments, en m'exerçant sur quelque manuscrit, car il n'existait même pas alors de texte imprimé, sauf celui de l'Hitopadeça, qui n'avait pas encore passé sur le continent. Mais la traduction de ce curieux ouvrage par le Nestor de la littérature sanscrite, le célèbre Wilkins, était depuis longtemps entre les mains des savants, et comme la Bibliothèque du Roi possédait un manuscrit de l'original indien, ce fut là naturellement le texte que j'adoptai, en me servant pour le déchiffrer, en guise de dictionnaire, de la traduction anglaise dont je viens de parler.

« Quant aux efforts qu'il m'en coûta pour m'y rendre raison, d'abord de quelques mots, puis par-ci par-là de phrases isolées, et enfin de passages d'une assez longue haleine, il sera facile au lecteur de s'en faire une idée, comme aussi du plaisir qui me transporta lorsque je fus parvenu à comprendre un apologue tout entier ; et cependant toute ma science n'égalait encore que celle d'un écolier de cinquième en état d'expliquer sans faute une fable de Phèdre. A la suite de cette lecture, qui ne m'avait pas coûté moins de six mois de travail, mais qui déjà m'avait rendu maître d'un grand nombre de mots, d'idiotismes et des principales règles de la syntaxe, que je fus ainsi obligé de deviner, je passai successivement à l'étude du *Bhagavad-Guitâ* et du *Mânava-Dharma-Sâstra*, avec le secours également des deux traductions anglaises de ces ouvrages, la première due, comme celle de l'*Hitopadésa*, à la plume du savant Wilkins, et la seconde, que l'on ne pourra jamais assez louer, fruit des travaux du célèbre Jones ; et malgré la plus grande application, dix autres mois me furent nécessaires pour achever la lecture analysée de ces deux ouvrages, mais aussi quelles richesses je me trouvais alors avoir acquises !

« Enhardi par la facilité avec laquelle j'avais compris en grande partie les derniers chapitres de Manou, je me hasardai à faire l'essai de mes forces sur quelque manuscrit, sans le secours d'aucune traduction : je fis choix dans ce dessein du *Bhahma-Pourânam*, que je parcourus et entendis partiellement avec beaucoup moins de peine que je ne m'y serais attendu, et je fus même assez heureux pour comprendre entièrement le charmant épisode de l'*Hermitage de Candou*, que je savais y être, et dont je lus beaucoup plus tard (en 1820), à la séance annuelle des quatre Académies réunies, la traduction que j'en avais faite et que le savant Prof. G. Schlegel a pris la peine de reproduire en allemand, avec tout le charme qui caractérise son style, pour lui donner une place dans sa précieuse *Bibliothèque indienne*.

« *Le Bhâgavata-Pourânam* me fournit aussi, vers le même temps (fin de 1808), une lecture fort attrayante, mais bien plus difficile, dans la partie consacrée à la description des amours de Crichna avec les Gopîs...

« Cependant il me vint tout à coup dans l'esprit que mes travaux pouvaient par la suite me mettre en état de professer le sanscrit en France, et d'y faire naître le goût d'une langue non moins admirable que la langue grecque et seule capable de jeter un véritable jour sur les origines de cette dernière.

« Rempli de cette idée et stimulé sans cesse par l'espoir d'occuper un jour au Collège royal de France une chaire dont la création serait due à mes propres efforts (espoir qui fut en effet réalisé, en 1814, par la munificence de Louis XVIII), sans trop me laisser effrayer par la longueur et la difficulté de l'entreprise, je me mis avec une ardeur dont rien ne put me distraire à lire le Râmâyana... »

Nous pouvons arrêter ici le tableau des progrès accomplis par Chézy dans son nouveau domaine et qu'il poursuit avec une satisfaction légitime jusqu'au moment où, équipé des connaissances nécessaires en grammaire, en vocabulaire, en littérature, en métrique, il aborda le texte de Çakuntalâ qu'il se proposait d'éditer et de traduire. Nous avons recueilli l'aveu essentiel. Si jamais le Collège de France se voyait contester son utilité, il faudrait rappeler l'exemple de ce savant qui, déjà en possession de deux des grandes langues de l'Orient, s'acharne à découvrir par ses seuls moyens une langue presque inconnue encore, explore sans guide une immense littérature, s'enferme dans sa retraite et dans son travail, soutenu par le seul espoir d'obtenir quelque jour une chaire au Collège de France.

Pour atteindre son but, Chézy n'avait pas eu seulement à sacrifier son repos ; il avait sacrifié son foyer. Un matin de 1810, il conduisit la frivole Helmina et ses deux fils au coche qui du Faubourg Saint-Antoine devait les transporter à Heidelberg. Helmina allait reprendre en Allemagne l'existence vagabonde qu'elle aimait ; elle la traîna de ville en ville jusqu'à sa mort en 1856. Des deux enfants, Chézy ne devait revoir que le second, Max, quand il revint à Paris dix-neuf ans plus tard pour y étudier la peinture chez Hersent ; il y fit le coup de feu lors des Trois Glorieuses, comme sergent-major de la Garde nationale. La Révolution passée, son père s'empressa de le renvoyer en Allemagne. Quant à Guillaume, il ne revit jamais son père. En 1832, « un soir de septembre[1], il était à l'auberge des Trois Rois, à Bâle, avec son inséparable Spindler. Chézy [Guillaume] vit que son compagnon avait en main le *Journal de Carlsruhe*, et observa qu'il le lisait avec une attention particulière. « Après vous s'il en reste », lui dit-il gaiement en français. — « D'abord à Duller (un de leurs compagnons) », répliqua Splinder d'un ton gêné, et il murmura quelques mots à l'oreille de celui-ci. Chézy n'y attacha pas d'importance. Mais le lendemain le journal avait disparu ; impossible de le retrouver. Duller jurait ses grands dieux qu'il l'avait posé devant lui sur la table. Enfin, le jour suivant, l'énigme s'expliqua. Le journal annonçait que Chézy, le père de Guillaume, était mort du choléra. De Paris les enfants n'avaient reçu aucune nouvelle ». Tel est le récit, tragique dans sa sécheresse, que donne Guillaume, ou plutôt Wilhelm Chézy dans les souvenirs de sa vie (*Erinn.*, III, 144). Helmina s'empressa de retourner à Paris, au Collège de France où Chézy était allé loger, où il était mort ; elle y venait mettre la main sur la pauvre succession (elle en a donné l'inventaire, *Unverg.*, II, 38), sur les travaux inédits qu'il avait laissés en manuscrit (la notice de la *Biographie universelle* en donne une longue liste) dont elle comptait battre monnaie, et qu'elle finit par égarer en Allemagne ; à Rossheim, les deux grandes malles qui les contenaient ont définitivement disparu (*ib.*, 403, et cf. I, 280-321). Elle venait surtout réclamer à coup d'intrigues et de suppliques une pension de veuve que Guizot finit par se laisser arracher et qu'elle reçut avec dépit comme une aumône sordide (*ib.*, 407).

1. Dans ses *Souvenirs*, Guillaume [Wilhelm] Chézy (il avait délibérément supprimé la particule nobiliaire) parle toujours de lui-même à la troisième personne.

Une énigme subsiste encore, qui vaut d'être élucidée. Quand Chézy a commencé l'étude du sanscrit, en 1806, si Hamilton n'était plus à Paris pour l'instruire, il y avait laissé des élèves auprès de qui Chézy pouvait apprendre les premiers éléments. L'ouvrage de Schlegel, *Ueber die Sprache und Weisheit der Inder*, publié en 1808, prouve qu'il était alors en possession des rudiments. Pourquoi Chézy n'a-t-il point sollicité ses conseils ? La *Biographie universelle* nous dit : « Chézy était si peu communicatif, que le plus révéré de ses amis, M. le baron de Sacy, ne sut de lui qu'il s'occupait de la langue sanscrite que lorsqu'il l'avait déjà apprise. Sa mère et sa femme seules étaient dans le secret de cette étude. » Les *Souvenirs* d'Helmina commentent ici, une fois de plus, la notice de la *Biographie universelle* ; elle y prend le ton déclamatoire, et, pour trancher le mot, pleurnichard, qui lui est familier. « Dois-je révéler pourquoi Chézy n'avait mis dans le secret de son étude que sa mère et moi ? Oui, je le fais au risque d'irriter ses mânes. Il aimait de tout son cœur, avec la fidélité et le dévouement d'un fils, un ami qui se donnait souvent lui-même le titre de père, qui lui prodiguait ses conseils, qui l'assistait, mais il ne lui échappait pas que le cœur lui briserait si Chézy s'engageait dans la carrière de l'indianisme et la poursuivait en plein éclat. Chézy prit la chose à cœur ; il eut à soutenir un combat pénible. Si Chézy publiait ses travaux déjà prêts... il ne pouvait manquer d'être reconnu comme le premier des orientalistes. Il sentait que son cœur se briserait en ce cas, et si forte que fût son ambition d'être le premier Français qui sur le continent rendrait accessible à l'Europe entière l'étude de la langue indienne, il ne voulait pas le faire aux dépens du repos et de la satisfaction de son grand ami ; il garda le silence sur tous les fruits glorieux de ses efforts, qui étaient déjà mûrs. Personne que lui n'avait connu l'étendue de son sacrifice. Il supposait, et, je crois, avec raison, que son ami ne l'admettrait pas s'il venait à en être informé ». Quel était donc cet ami paternel, et cependant si ombrageux ? Silvestre de Sacy est hors de cause, puisque c'est à son intervention que Chézy dut sa chaire. Il ne peut être question que de Langlès. Langlès était alors l'indianiste officiel[1]. Dès le mois de septembre 1804, il avait pris sous son patronage une traduction des *Asiatic Researches* : « Recherches asiatiques ou mémoires de la Société établie au Bengale pour faire des recherches sur l'histoire et les antiquités, les arts, les sciences et la littérature de l'Asie » ; il l'avait fait publier par

1. Langlès était, comme on dit aujourd'hui, né sous le signe de l'Inde. Tout jeune, il avait voulu partir pour l'Inde et y chercher un emploi, civil ou militaire, car il hésitait alors entre ces deux vocations ; devenu directeur de l'École des Langues orientales vivantes, qu'il avait fait créer, il disait dans son discours inaugural, le 21 brumaire an V (11 novembre 1795) : « Après avoir étudié avec nous les idiomes vulgaires et diplomatiques de l'Asie, nos élèves iront se perfectionner au Collège de France en y apprenant les langues anciennes et sacrées de la Palestine qu'on y enseigne, celles de la Perse et de l'Inde, dont on ne peut se dispenser de fonder les chaires. »

l'Imprimerie impériale, avec la collaboration de savants illustres : Cuvier, Lamarck, Delambre ; il l'avait lui-même enrichie de notes développées sur des questions de philologie et d'histoire. Sa prétendue collaboration au *Catalogue des manuscrits sanscrits* préparé par Hamilton, avait enoore accru son prestige. Chézy qui avait été son élève, qui était son subordonné à la Bibliothèque (et qui devait lui succéder en 1824 à l'École des Langues orientales dans la chaire de persan), avait sans doute de bonnes raisons pour ménager l'amour-propre d'un ami influent. Quoi qu'il en puisse être, le secret si jalousement gardé est rompu en 1810 : Chézy publie alors dans le *Moniteur* une notice en quinze pages sur la *Grammar of the Sanskrite Language* que Wilkins avait fait paraître à Londres en 1808 ; il prouve qu'il peut parler en juge compétent d'un livre où s'affirmait l'érudition du doyen des études sanscrites. Chézy avait-il pu espérer à ce moment d'obtenir la chaire qu'il convoitait ? Puis, encore trois ans de silence. En 1813, Chézy fait graver par Mme Quévanne-Maige, sa nièce, le texte d'un épisode du Râmâyaṇa : La Mort d'Yajnadatta, en caractères bengalis d'après le manuscrit original ; ce texte circule ; Schlegel s'y réfère dans les *Heidelberger Jahrbücher* (p. 883) en 1815 ; cependant l'ouvrage ne sera publié qu'en 1826. C'est qu'un rayon d'espérance avait lui un moment. « On allait créer une chaire de sanscrit pour Chézy, quand la guerre de Russie bouleversa les destinées de la France » (*Biogr. Univ.*). Il fallut un changement de régime pour affirmer la fortune des études sanscrites. La chute de « l'usurpateur corse » avait rendu à Silvestre de Sacy son roi légitime et une autorité accrue. Il sut noblement employer son crédit au bénéfice de la science : « Devait-on, écrivait-il alors dans un juste mouvement de reconnaissance (*Mélanges de littérature orientale*, p. 68), espérer qu'un monarque occupé à tout réparer et à relever tant de ruines, porterait en même temps ses regards sur les lettres, que plus d'un savant même semble n'envisager que comme le luxe des états florissants ?... Et si plusieurs années s'étaient écoulées avant que le roi eût fait quelque chose pour la littérature de la Chine et de l'Inde, aurait-on eu lieu de s'en étonner ?... » Mais « sous les auspices de la paix et à l'ombre de l'olivier de Minerve, Louis le Désiré » voulut bien signaler son amour pour les lettres en créant au Collège royal de France deux nouvelles chaires. L'ordonnance royale, autant pour l'intérêt historique du document que pour la saveur archaïque des formules, vaut d'être citée intégralement :

« Louis, par la grâce de Dieu roi de France et de Navarre, sur le rapport de notre ministre secrétaire d'État de l'Intérieur, avons ordonné et ordonnons ce qui suit :

« Article premier. — Deux chaires, l'une pour la langue et la littérature des Chinois et des Mandchoux, l'autre pour la langue et la littérature des Sanskrites (*sic*) sont créées au Collège royal de France.

« Art. 2. — M. Abel Rémusat et M. Chézy sont nommés professeurs, le premier à la chaire de chinois et de mandchou, le second à la chaire de sanskrite (*sic*).

« Donné en notre château des Tuileries le 29 novembre de l'an de grâce 1814 et de notre règne le 20e.

« *Signé* : LOUIS.

« Par le Roi :

« *Signé* : L'ABBÉ DE MONTESQUIOU[1]. »

Fidèle à sa vocation, le Collège de France s'ouvrait à deux sciences nouvelles ; des maîtres illustres, Burnouf, Julien, Chavannes lui ont payé en gloire sa confiance et son hospitalité.

1. La copie adressée au Collège y était enregistrée le 1er décembre 1815 (*sic*) sous le n° 1.001.

AUX INDES

L'Inde est la terre classique des merveilles. Quatre cents ans avant l'ère chrétienne, un médecin grec, Ctésias de Cnide, recueillait à la cour de Perse les récits extraordinaires qu'on y entendait sur l'Inde voisine. Quand les Macédoniens d'Alexandre le Grand franchirent l'Indus et pénétrèrent au Penjab, le spectacle de la rue à Taxila les combla de surprise ; ces soldats qui avaient parcouru tant de pays se sentirent brusquement introduits dans un autre monde. Et après plus de deux millénaires, quand des révolutions si profondes ont changé tant de fois la face de la terre, le voyageur qui débarque aujourd'hui à Bombay éprouve encore la même surprise : ascètes presque nus, barbouillés de cendres, le front marqué de signes énigmatiques, charmeurs de serpents avec leur cortège de reptiles, processions bruyantes, multitudes en extase, idoles obsédantes, puériles et grandioses, tout dénonce une vie singulière. L'Europe et l'Asie Antérieure ont aussi des saints, des sanctuaires, des pèlerinages et des pèlerins, des fêtes et des solennités consacrées par la religion, mais cet appareil religieux y encadre la vie quotidienne, la traverse par instants. Ici l'humanité baigne dans le divin ; sous quelque vocable qu'il adore, chacun voit Dieu, entend Dieu, participe à Dieu, vit en Dieu tous les instants de sa vie ; et les plus humbles ne sont pas les moins doués ! les hymnes qui montent des rizières valent souvent, en dignité comme en émotion, les psaumes des poètes. Trait de race? Mais l'Inde est le pays le plus mélangé du monde ; du blanc pur au noir intégral, toute la palette des nuances est largement représentée dans les trois cents millions d'hommes qui la peuplent. Effet du climat ? Rien de moins uniforme que l'aspect du sol : glaces éternelles de l'Himalaya, déserts brûlants du Thar, larges vallées des grands fleuves, plateaux âpres ; ici le coton, là le blé, le maïs, le millet, la culture aussi variée que le terrain ; cependant un facteur commun, et capital : la mousson, un rythme d'alternance plus violent que les saisons, un ciel implacablement serein, tiède d'abord et qui finit par s'embraser, et soudain la chevauchée des nuées lourdes, et le déluge, et le déchaînement de la foudre avec les éclairs, et le pullulement effréné de la vie végétale, de la vie animale, de toutes les forces coalisées contre l'homme. L'homme trop petit pour la nature, et l'existence humaine conçue à l'image du drame céleste, l'alternance à l'infini de la naissance et de la mort, la pauvre personne humaine vidée de substance, réduite à un jeu éphémère d'ombres ou d'illusions. C'est là le fonds commun, inhérent au génie de l'Inde, et sur quoi elle à bâti avec une magnificence éblouissante ses doctrines et ses cultes.

Tout récemment encore, l'histoire de l'Inde s'ouvrait avec les hymnes védiques. Des envahisseurs, détachés de la souche commune d'où l'Europe devait recevoir les Grecs, les Latins, les Celtes, les Germains, les Slaves, traversaient l'Asie Trans-Caspienne où ils laissaient les germes des colonies iraniennes, passaient l'Indus avec leurs dieux encore associés par un lien étroit avec les phénomènes de la nature, dieu de la foudre, dieu du feu, dieu de la lune, etc., mais déjà surchargés de conceptions et de spéculations rituelles. Composés dans un sanscrit très archaïque, leurs hymnes constituent les quatre grandes collections des Védas que l'opinion généralement admise date entre 1500 et 1000 avant J.-C. Au delà de cette époque le passé de l'Inde n'était que ténèbres. Mais ces dernières années ont brusquement reculé l'horizon. Des fouilles poursuivies méthodiquement depuis 1921 dans le Sind, à Mohendjo-Daro, dans le Penjab, à Harappa, nous ont mis en présence d'une civilisation avancée, riche en productions d'art, équipée d'un système d'écriture, et que des recoupements répétés fixent indubitablement aux environs de 2800 avant J.-C. De cette civilisation, épanouie sur le sol même que les Aryas védiques ont ensuite occupé, aucune mention, aucune trace dans les Védas. Rien jusqu'ici ne permet de combler cette lacune troublante. Les rapports avec la culture élamite et sumérienne sont, au contraire, manifestes, et d'ailleurs attestés par des faits positifs. L'archéologue qui a présidé à ces fouilles retentissantes, Sir John Marshall, s'est attaché à découvrir dans l'imagerie de Mohendjo-Daro, les premiers linéaments du panthéon que l'Inde sanscrite devait adopter plus tard ; mais l'hypothèse attend d'être rigoureusement contrôlée. L'Inde préhistorique a connu aussi la religion de la période mégalithique : dolmens, menhirs, cromlechs sont disséminés dans la péninsule ; le groupe méridional a été récemment l'objet d'une étude méthodique. L'époque védique n'a pas, autant que nous sachions, laissé de monuments religieux, et on ne peut guère espérer d'en découvrir ; le culte, compliqué et raffiné comme à plaisir, associé à une liturgie minutieuse, n'atteint jamais le stage collectif ; chacun des sacrifices qui le constituent est offert au profit exclusif du sacrifiant, chef de clan ou chef de famille ; chacun d'eux forme un bloc isolé, avec son ouverture et sa conclusion propres, qui va s'insérer sans autre intermédiaire dans la trame du sacrifice par excellence qui constitue la vie même de l'univers. Il faut qu'une révolution religieuse s'accomplisse pour que le monument religieux naisse.

Cette révolution s'accomplit dans l'Inde vers le VIe siècle avant le Christ ; elle est solidaire d'un vaste mouvement qui semble ébranler le monde entier, depuis la Chine avec Confucius et Laotse jusqu'à l'Iran avec Zoroastre et la Grèce avec Pythagore. Parmi les maîtres qui viennent alors prêcher dans l'Inde un évangile du salut libéré des vieilles entraves liturgiques et rituelles, fondé sur le raisonnement ou sur l'expérience mystique, deux réussissent à créer une œuvre durable ; tous les deux naissent dans la vallée moyenne du Gange, entre la rivière sainte et les montagnes sacrées de l'Himalaya, à l'heure propice où s'accomplit aussi une révolution politique qui va substituer des états aux clans, et préparer au-dessus des états un empire. Mahâvîra crée une communauté ascétique, enfermée dans un système minutieux de règles, qui professe pour dogme fondamental le respect absolu de la vie — l'ahimsâ, cette fameuse « non-violence » sur laquelle Gandhi veut aujourd'hui édifier une Inde nouvelle ; il enseigne à ses disciples une méthode curieuse de discussion, une cosmologie où la mathématique joue un rôle considérable ; il rejette l'idée d'un dieu souverain, mais il admet un immense panthéon de divinités misérables, mieux partagées que l'homme en apparence, mais soumises aux mêmes vicissitudes que lui sans la perspective de la libération suprême qui est réservée à l'élite des saints sur la terre. De tous ces éléments se forme une religion communément désignée comme la religion Jaina, ou Jainisme, parce que son fondateur a reçu entre autres titres le nom de « Victorieux » (en sanscrit, jina) pour avoir triomphé de l'erreur et de la souillure. Après vingt-cinq siècles, l'église jaina poursuit aujourd'hui encore ses pâles destinées, dispersée dans toute l'Inde, mais avec ses anciens foyers d'activité qui se maintiennent au Guzerate, au Bengale, au Deccan ; elle connaît même un renouveau de prestige, grâce à l'éclat de quelques saints et de quelques savants. Ses fidèles, recrutés surtout parmi les castes de marchands — les banyans (sanscrit vâṇija), dont le nom est devenu familier à l'Europe, — n'ont jamais cessé d'élever avec une munificence sans rivale, d'admirables monuments de leur foi : les fouilles de Mathourâ ont révélé la splendeur de leurs temples aux premiers siècles de l'ère ; Girnar, Palitana, le mont Abou, comptent parmi les gloires de l'architecture religieuse aux Indes. Architecture de paroissiens prodigieusement riches : matériaux de grand prix, délicatesse et perfection du travail, avec un noble souci des ensembles, mais sans la vibration lyrique qui anime et transfigure la pierre.

Ce lyrisme qui fait défaut chez les Jainas, le bouddhisme lui a, presqu'à contre cœur, donné son plein épanouissement. Contemporain de Mahâvîra, le prince Siddhârtha, quand il acquit l'Illumination suprême qui fit de lui un Bouddha (en sanscrit bouddha signifie littéralement « l'homme qui s'est éveillé »), croyait avoir trouvé, dans l'ordre purement rationnel de la causalité, l'origine, la nature, et la guérison de la douleur, inséparable de l'existence ; mais jamais âme humaine n'avait encore contemplé la souffrance de l'humanité avec cette sympathie attendrie et sereine à la fois. Les Pères et les docteurs de l'Église purent déduire de ses enseignements des systèmes savants de métaphysique bâtis sur la négation de la personnalité ; les multitudes avides d'émotion adorèrent dans le Maître, dans les apôtres, dans les saints, puis dans les Bouddhas multipliés à l'infini les héros de la douceur, de la patience, de la charité, de tous les sacrifices sublimes exaltés au paroxysme. On n'ignore pas qu'une vie du Bouddha, subrepticement introduite dans l'Église chrétienne, a donné un nouveau saint dans le calendrier de l'Occident. Les dieux célestes, aussi rabaissés que chez les Jainas, étaient éclipsés par l'homme dont la terre, comme les âmes, avait reçu et conservait les empreintes. On adora les lieux que sa présence avait consacrés, berceau, terrasse de l'Illumination, premier sermon, miracles, entrée définitive dans le Nirvâna, etc. ; on adora les reliques. D'abord on éleva des tumulus de terre et de pierre, selon l'usage répandu partout en Orient ; on y planta les symboles, la roue de la Loi, le parasol de la souveraineté ; le tumulus s'entoura d'une palissade ; la pierre graduellement remplaça le bois trop fragile. On vit naître le stûpa dans sa forme classique, tel que Sântchî en offre un exemple parfait. La communauté monastique, tenue de mener une vie ambulante, devait néanmoins s'arrêter pendant les trois mois de la mousson ; à l'exemple du Maître, les « Mendiants » comme on les appelait (en sanscrit bhikṣu) se contentèrent des abris naturels, grottes, cavernes ; mais l'église grandissait, s'enrichissait ; on installa pour le va-et-vient des religieux des hôtelleries de passage qui devinrent des monastères. Par un respect apparent de la tradition, on aménagea les grottes ; on les creusa ; on les partagea en cellules ; on les décora. Le culte primitif s'était développé, lui aussi ; le bouddhisme possédait une liturgie, des rites collectifs ; la vie en commun avait exigé le couvent ; le couvent exigeait la chapelle, le temple. Les retraites des montagnes, toujours chères aux anachorètes qui y cherchent la paix, la fraîcheur et l'eau, virent éclore des sanctuaires merveilleux, à Kârlî, à Kanheri, à Ajantâ ; la peinture, la sculpture, fécondées par le passage des artistes grecs, apportaient leur concours pour glorifier le Maître. Dans le Nord-Ouest, au Gandhâra où des princes grecs avaient régné pendant deux siècles, un art hybride s'était formé, où les canons et les recettes des ateliers gréco-romains s'étaient mis au service de l'Asie ; toute une imagerie bouddhique s'y était élaborée, qui devait se propager jusqu'à la Chine, jusqu'à l'Insulinde, et transformer à fond la vieille doctrine orthodoxe. De plus en plus envahi par les croyances populaires, par la magie, par la sorcellerie, déformé par son expansion même qui l'a porté chez des peuples étrangers au génie de l'Inde, le bouddhisme se rapproche des cultes populaires de l'hindouisme brahmanique ; il est sur le point de s'y absorber quand la conquête musulmane détruit ses couvents, disperse les moines, brise l'ossature hiérarchique qui le faisait survivre, et l'efface du sol indien.

L'hindouisme est une désignation commode pour englober les cultes innombrables qui, s'adressant à une diversité infinie de divinités, ont néanmoins ces caractères communs reconnus comme la base de l'orthodoxie brahmanique : respect théorique des Védas en tant qu'autorité absolue, condition assez peu encombrante puisque le canon védique n'a jamais été officiellement constitué ; organisation de la société en castes, condition pratiquement inhérente au génie de l'Inde puisque les religions introduites du dehors comme l'Islam et le christianisme ont à lutter chez elles contre le retour à l'esprit de caste ; suprématie du brahmane qui est par droit de naissance « un dieu sur la terre » ; respect de la vache, tenue pour sacrée et inviolable. Sous ces réserves, les cultes les plus grossiers de la jungle ont droit de cité dans le panthéon hindou au même titre que les cultes purement spirituels des philosophes. L'hindouisme n'a jamais su, voulu, ou pu s'organiser en hiérarchie régulière avec un chef suprême à sa tête ; il s'est obstiné à vivre dans une anarchie systématisée, et il y a puisé sa force. Depuis des millénaires le programme constant de son apostolat, exercé à l'intérieur de l'Inde sur les tribus aborigènes, a été d'absorber dans son Olympe, par un jeu facile d'assimilations arbitraires, l'immense personnel de dieux, de démons, de génies, d'esprits, que des imaginations sauvages avaient pu inventer. Ç'est ainsi que se sont constituées les grandes figures de la religion hindoue, Çiva, Viṣṇu, Durgâ, etc... ; la multiplicité de leurs dénominations rappelle encore le grand nombre des divinités qui ont concouru à leur formation.

Le temple hindou, en dépit des vastes développements qu'il a reçus au cours des temps, exprime encore le caractère individuel des rites védiques. Pas de service collectif, pas de nef pour grouper les fidèles dans une communion de prières. Le temple est la demeure personnelle du dieu qui y loge à la manière humaine, dans une statue ou dans un symbole ; la fonction des prêtres est de pourvoir aux exigences de la vie quotidienne du dieu : réveil en musique, bain, offrandes pour les repas, promenades, distractions de tout ordre, et notamment la récitation de litanies, d'hymnes, de psaumes. Le prêtre est aussi l'intermédiaire obligé entre la divinité, qui est le sacré, et le fidèle, qui est le profane. Le rôle du fidèle, c'est d'apporter au dieu son hommage et ses offrandes que le prêtre saura faire agréer et qui lui reviendront en dernier lieu. La vie religieuse de l'Hindou ne connaît pas de « sabbat », de jour de repos fixe à courte période ; mais elle est surchargée de fêtes liées au calendrier qui sont des occasions de foires et de pèlerinages ; le goût inné de l'homme pour les voyages met constamment en branle sur les chemins de l'Inde des touristes de piété que les distances séduisent plus qu'elles ne les effraient. Un pèlerinage qui n'attire que des dizaines de milliers de visiteurs ne compte pas ; c'est par centaines de milliers que Prayâg (Allahabad), Bénarès, Puri dénombrent leurs hôtes de circonstance. On ne s'étonnera donc pas que les services du temple comportent de vastes cuisines ainsi que de vastes piscines. Le foyer spirituel du temple est dans le Saint des Saints, où le dieu réside dans une statue particulièrement sacrée ; au-dessus de la chapelle se dresse une tour à étages dont le seul aspect suffit à déterminer le style de l'édifice. L'architecture de l'Inde connaît trois styles essentiels : le Nâgara, rectangulaire, dans le Nord ; le Vesara, rond, propre au pays Andhra, sur la côte orientale ; le Drâvida, octogonal, dans le Sud. En avant de la chapelle centrale s'élèvent des pavillons ouverts à colonnades qui abritent des images saintes, la monture du dieu, des lavoirs, une salle de danse (les trop fameuses « bayadères »). Les temples Dravidiens se reconnaissent aussi aux constructions massives en forme de pyramides qui couronnent les portes d'entrée donnant passage à chacune des cours successives qui forment les enclos du temple. Les surfaces des constructions disparaissent le plus souvent sous une profusion luxuriante de décors, et surtout d'images qui déconcertent l'esthétique occidentale, mais où l'art du sculpteur hindou s'est efforcé de traduire à sa façon la nature surhumaine des puissances dont la religion peuple l'univers autour de lui.

A côté de ces édifices d'une technique si raffinée, l'architecture a conservé pieusement la tradition des antiques abris sous roche ; comme le jainisme et le bouddhisme, l'hindouisme a ses temples hypogées, témoin les grottes d'Éléphanta, près de Bombay, où les premiers voyageurs européens crurent voir des monuments d'Alexandre et de Porus ; parfois même, grâce au progrès de l'outillage, le roc a été entamé dans sa profondeur, taillé à vif, découpé en chapelles, en statues, en colonnes, comme dans le merveilleux Kailâsa d'Ellora, ou dans les fameux « rath » de Mâvalipuram où des rochers épars au bord de la mer ont donné naissance à une cité fantastique de temples et de sculptures qui se rangent parmi les grandes œuvres de l'art humain.

Outre les religions indigènes, l'Inde a reçu du dehors d'autres grandes religions : le christianisme, installé de longue date dans le Sud de l'Inde, le judaïsme qui l'y avait précédé, le zoroastrisme apporté au Guzerate par des réfugiés que la persécution musulmane avait chassés de la Perse. Mais aucune d'elles n'a donné à l'architecture de l'Inde des richesses ou des inspirations nouvelles. Il était réservé à l'adversaire le plus violent de la civilisation indienne, l'Islam, de renouveler et de transformer l'art indien. L'Islam iconoclaste, responsable de tant de destructions et de tant de massacres, opposait au régime hiérarchique des castes la fraternité spirituelle des croyants, et à la débauche désordonnée des idoles la sobre noblesse des lignes et des proportions. Partout où il a passé, il a dressé comme les témoins de sa foi, les mosquées, les minarets, les mausolées ; mais dans l'atmosphère religieuse de l'Inde, mosquées, minarets, mausolées se sont élevés à une dignité, à une beauté qui l'emporte sur tout le reste. Le Taj Mahal est seul digne de balancer la gloire du Parthénon ; Agra et ses alentours peuvent rivaliser avec la Grèce. Les Grands Mogols qui ont réalisé ces rêves grandioses et fastueux n'avaient pas dédaigné le concours des artistes venus de l'Europe ; en élevant des monuments à leur gloire, ils ont glorifié l'œuvre collective du génie humain.

DEUX CHAPITRES
DU SARVA-DARÇANA-SAṂGRAHA

Le système Pâçupata et le système Çaiva.

Les deux chapitres du Sarva-darçana-saṃgraha où Mâdhava expose la doctrine des deux grandes écoles çivaïtes : les Pâçupatas et les Çaivas ont été analysés et traduits en partie par Colebrooke dans son Essai sur la philosophie des Hindous (*Transactions of the Royal Asiatic Society*, I, pp. 549-579; réimprimé dans les *Miscellaneous Essays* I, 378 sqq. ; 2e éd., 402 sqq.). Pauthier traduisit en français l'Essai de Colebrooke (Paris, 1833-34). Le texte du Sarva-darçana-saṃgraha a été publié pour la première fois en 1858, à Calcutta, dans la collection de la *Bibliotheca Indica*, par le paṇḍit Îçvaracandra Vidyâsâgara ; l'édition nouvelle publiée à Calcutta en 1872 par Târanâtha Tarkavâcaspati reproduit la précédente avec un grand nombre d'erreurs en plus. Le journal du Collège de Bénarès, le *Paṇḍit*, a également publié cet ouvrage (1874-1878) avec une traduction anglaise de MM. Cowell et Gough. La traduction a depuis paru séparément en un volume dans la collection : *Trübner's Oriental Series* (1882). Les deux traducteurs ont eu l'avantage de séjourner longtemps au milieu des paṇḍits et de recevoir directement leurs explications, ressource précieuse lorsqu'il s'agit d'interpréter un texte aussi obscur. Nous n'avons point hésité cependant à nous séparer d'eux sur plusieurs points : les deux doctrines des Pâçupatas et des Çaivas n'ont plus aujourd'hui d'adeptes dans les écoles brahmaniques ; les ouvrages fondamentaux dont Mâdhava cite tant d'extraits ont disparu, et la tradition orale s'est entièrement évanouie ; il est donc permis de revendiquer les droits de l'interprétation littérale contre les explications des paṇḍits modernes. Nous n'avons pas craint non plus de corriger les textes publiés, soit en les confrontant, soit en nous fondant sur le contexte. Enfin nous avons espéré aider à l'intelligence de ces systèmes en les résumant dans des tableaux synoptiques qui permettent d'en embrasser d'un seul coup d'œil l'ensemble et l'enchaînement.

Le système de Nakulîça-Pâçupata.

La doctrine des Vaiṣṇavas, que caractérise l'emploi des termes : *servitude* etc..., entraîne une souffrance : la dépendance. Elle n'est donc pas le lieu où cessent toutes les souffrances. Certains Mâheçvaras qui aspirent à l'état de *Parameçvara* (seigneur suprême) la rejettent; car, disent-ils, quiconque compte sur un autre [1] n'est pas délivré, puisqu'il est sous une dépendance et qu'il n'a pas la qualité de Parameçvara comme nous etc. ; de plus, les âmes délivrées participent aux qualités du Parameçvara, car le *puruṣa* (âme libre, dégagée) n'a plus aucun germe de souffrance ; tel le Parameçvara. C'est sur ce raisonnement qu'ils se fondent, et ils adoptent le système *Pâçupata* qui expose cinq catégories comme les moyens d'atteindre à la fin suprême de l'homme.

Le premier aphorisme de la doctrine porte : « Nous allons exposer la manière d'unir le Pâçupata au Paçupati. » Expliquons ce texte, le mot *atha* suppose quelque chose d'antérieur ; il s'agit, dans le cas présent, de la question adressée par l'élève au maître (*guru*). Quelle est la définition du maître? La Gaṇakârikâ [2] la donne en ces termes :

« Il doit connaître les huit pentades et le groupe de trois en un ; qui connaît ces neuf éléments est propre aux sacrements ; c'est un maître. Acquisitions, taches, moyens, lieux, états persistants, purifications, initiations, forces : voilà les huit pentades ; et trois sont les moyens d'existence. »

Le neutre *trîṇi*, au lieu de *tisras*, construit avec le féminin *vṛttayas* est un archaïsme.

1) L'acquisition (*lâbha*) est le fruit d'un moyen en voie de s'accomplir. Il y en a cinq espèces : science, ascétisme, permanence, constance, pureté. Le docteur Haradatta dit : Science, ascétisme, permanence, constance et pureté sont les cinq.

2) La tache (*mala*) est un état mauvais qui s'applique à l'âme ; il y en a cinq espèces : fausse science, etc. Le même docteur dit : Fausse-science, démérite, attachement, intérêt, déchéance ; ces cinq-là sont la racine du *paçu*. Il faut s'en débarrasser tout particulièrement dans ce système.

3) Le moyen (*upâya*) est une cause de purification pour l'aspirant (à la libération) ; il y en a cinq espèces : pratiques domestiques, etc. Haradatta dit : Pratiques domestiques, prière murmurée, méditation, souvenir toujours présent de Rudra, appréhension sont les cinq moyens d'arriver aux acquisitions.

4) Le lieu (*deça*), c'est par où il augmente sa science et son ascétisme en s'attachant à poursuivre l'objet; c'est le maître etc... Haradatta dit : Un maître, une caverne, un lieu convenable, un cimetière et Rudra enfin.

1. Corr. °âbhimatâ.
2. Corr. °kârikâyâṃ.

5) La persévérance (*avasthâ*), c'est persister dans une de ces catégories jusqu'à obtenir l'acquisition ; on la distingue en différenciée etc... Il est dit : Différenciée, non-différenciée, prière, acceptation, et dévotion en cinquième lieu.

6) La purification (*çuddhi*) c'est rejeter entièrement la fausse science etc. Il y en a cinq espèces selon qu'elle est relative à tel ou tel objet. Il est dit : Se débarrasser de l'ignorance, du démérite[1], de l'attachement, de l'intérêt, de la déchéance, voilà les cinq purifications du *paçu*.

7) Les cinq[2] initiations (*dîkṣâ*) sont énoncées ainsi : Matière, temps, acte, corps et maître.

8) Les cinq forces (*bala*) sont : Dévotion au maître, clarté d'esprit, domination des contraires, devoir, absence de négligence.

Les trois moyens d'existence (*vṛtti*) sont les moyens de gagner sa subsistance contraires aux idées d'honneur et de déshonneur et simplement en vue d'amoindrir les cinq taches : vivre d'aumônes, vivre de rogatons et vivre au hasard.

Tout le reste est à voir dans les traités fondamentaux.

Dans l'aphorisme cité, le mot *atha* sert à introduire le sujet, qui est : La fin de la souffrance, pour répondre à une question sur la manière de rejeter la souffrance personnelle etc... Le mot *paçu* (bétail) qui exprime l'idée de dépendance montre que l'un est un effet, tandis que le mot *pati* (seigneur) montre que l'autre est une cause, puisque *pati* signifie maître, seigneur; il indique qu'il s'agit du seigneur qui est la cause de l'univers. Les mots *yoga* et *vidhi* sont bien connus. Dans ce système, la fin de la souffrance est de deux espèces : impersonnelle et personnelle. La fin impersonnelle consiste dans l'extirpation absolue de toutes les souffrances. La fin personnelle, c'est la suprématie consistant dans la puissance de voir et d'agir. La puissance de voir (*dṛk-çakti*) est considérée comme quintuple selon son objet : la vue, l'ouïe, la pensée, le discernement, l'omniscience.

La vue (*darçana*) est la connaissance relative aux objets de la vue, du toucher, etc., même imperceptibles, interceptés ou éloignés.

L'ouïe (*çravaṇa*) est une connaissance certaine ayant pour domaine tous les sons.

La pensée (*manana*) est une connaissance certaine ayant pour domaine tout l'intellect.

Le discernement (*vijñâna*) est une connaissance certaine ayant pour domaine la doctrine entière, et fondée sur la lettre et l'esprit des traités.

L'omniscience (*sarvajñatva*) est une connaissance certaine, toujours présente et pénétrée de la réalité, portant sur toutes les matières énoncées ou non, qui est à la fois d'ensemble, de détail, de classification et de propriétés.

1. Corr. ajñânasyâpy adharmasya hetoḥ sangakarasya ca | cyuter hâniḥ. — (Cf. 74, 20 : mithyâjñânam adharmaç ca saktir hetuç cyutis tathâ.)
2. Corr. pañcakam.

La puissance d'agir (*kriyâ-çakti*), toute une qu'elle est, est traitée comme formant trois espèces : rapidité égale à la pensée, faculté de se transformer, capacité de surpasser tout.

L'action rapide comme la pensée (*manojavitva*), c'est la faculté d'agir avec une promptitude insurpassable.

La faculté de se transformer (*kâmarûpitva*) est la puissance d'employer à son gré, sans avoir à tenir compte de la peine à se donner, les organes, soit analogues, soit dissemblables, d'une infinité d'organismes.

La capacité de surpasser tout (*vikramaṇadharmitva*), c'est posséder une suprématie transcendante même sans l'emploi de ces organes.

Telle est la puissance d'agir.

Tout ce qui n'est point indépendant est un effet. Il y en a trois catégories : vidyâ, kâla, paçu.

La *vidyâ* (science) est un attribut du paçu. Elle a deux subdivisions d'après sa nature. Elle est cognitive ou incognitive.

Cognitive (*bodhayuktâ*) elle a deux subdivisions : elle agit avec discernement ou elle agit sans discernement.

Elle a du discernement (*saviveka*), c'est-à-dire qu'elle est implicitement manifestée par les instruments de la connaissance. On l'appelle alors *citta* (intellect). C'est en effet par le *citta* que tout être animé prend connaissance des objets en général, isolés ou non (*viveçita* et *a*°), une fois saisis par la lumière essentielle aux objets extérieurs.

Incognitive, elle a pour attribut ou non les objets du paçu.

La *kalâ* (art), toute dépendante qu'elle est du conscient, est inconsciente. Elle a deux divisions : l'effet et la cause.

La *kalâ*, comme effet, est de dix espèces : les cinq éléments, terre, etc., et leurs cinq propriétés, forme, etc.

La *kalâ*, comme cause, est de treize espèces : les cinq organes de connaissance, les cinq organes d'action, et les trois organes internes : intellect, sentiment du moi, principe pensant, chargés respectivement de trois fonctions : la vérification, l'identification illusoire du moi et du non-moi, et la détermination.

Le *paçu* (c'est-à-dire ce qui est en relation avec la qualité de paçu) est de deux espèces : fardé ou sans fard. Il est *fardé* (sâñjana) quand il est attaché aux organes du corps ; sans fard (nirañjana) lorsqu'il en est détaché.

Pour les détails, voir la Pañcârthabhâṣyadîpikâ, etc.

La cause (*kâraṇa*) est ce qui émet l'univers et le résorbe. Elle est unique, mais si on la considère au point de vue de ses diverses actions et de ses divers attributs, on y établit des divisions (Maheçvara, Viṣṇu, etc.). Le *Pati* (Seigneur) a la puissance de voir et la puissance d'agir à l'infini. Il est éternellement doué de cette puissance, et n'a aucun rapport avec un pouvoir de hasard. Il est donc le premier absolument. Cela est exposé par l'auteur de l'Âdarça et d'autres autorités.

Le *yoga* (union), c'est unir l'âtman (l'âme, le moi) avec le seigneur par le moyen de l'intellect. Il est de deux espèces : soit caractérisé par l'action, soit caractérisé par la cessation d'action.

Le *yoga* d'action (*kriyâ*, acte religieux) emploie les prières à voix basse, la méditation, etc.

Le *yoga* de cessation d'action (*kriyoparama*) est désigné comme : la conscience (*saṃvid*), etc.

Le *vidhi* (rituel) est l'activité en vue d'arriver au mérite. Il est de deux espèces : principal ou secondaire. Il est principal lorsqu'il est un moyen direct de mérite, par exemple, les pratiques religieuses (*caryâ*). Ces exercices forment deux groupes : les actes de piété et les postures.

Les actes de piété (*vrata*) sont par exemple se baigner et se coucher dans la cendre, faire des offrandes, dire des prières, exécuter des pradakṣiṇas. Le saint Nakulîça dit : aux trois savanas (matin, midi, soir), il faut se baigner dans la cendre ; il faut se coucher sur la cendre.

L'offrande (*upahâra*) est une observance régulière ; elle se compose de six parties. L'auteur des Sûtras dit en effet : il faut honorer Maheçvara avec ces six sortes d'offrandes : rire, chant, danse, bruit de huḍuk, adoration, prière.

Le rire (*hasita*) est un éclat de rire, ahaha ! qui ouvre larges la gorge et les lèvres.

Le chant (*gîta*), c'est célébrer les qualités, les attributs propres à Maheçvara conformément aux règles du Gândharvaçâstra.

La danse (*nṛtya*) c'est agiter les mains et les pieds avec des mouvements des membres principaux et des membres secondaires et des membres accessoires en manifestant au-dehors ses sentiments intérieurs conformément au Nâṭyaçâstra.

Faire *huḍuk*, c'est coller la langue au palais et produire ainsi un son sacré pareil à un mugissement de taureau. Huḍuk est une onomatopée comme vaṣaṭ.

Où sont des profanes il faut faire ces rites en cachette. Le reste est bien connu.

Les portes (*dvâra*) sont : ronfler, trembler, boiter, faire l'amoureux, agir absurdement, parler absurdement.

Ronfler (*krâthana*), c'est, sans dormir, montrer les caractères d'une personne endormie.

Trembler (*kampana*), c'est agiter les membres comme quelqu'un qui a des rhumatismes.

Boiter (*mandana*), c'est marcher comme quelqu'un qui a les pieds gênés.

Faire l'amoureux (*çṛṅgâraṇa*), c'est faire les gestes d'un passionné qui a vu une belle femme.

Agir absurdement (*vitatkaraṇa*), c'est faire des actes que le monde blâme, comme une personne qui a perdu le discernement du bien et du mal.

Parler absurdement (*vitadbhâṣaṇa*), c'est prononcer des mots contradictoires ou sans aucun sens.

Le vidhi secondaire est un exercice religieux tel que se baigner ultérieurement afin de faire cesser l'idée d'une impropriété produite par les aumônes, les rogatons, etc. L'auteur des Sûtras dit : Il porte comme insigne la propreté du bain ultérieur.

L'ensemble (de la connaissance, *samâsa*) est l'indication du sujet seul. Tel est le premier aphorisme (v. sup.).

Le détail (*vistara*) est l'indication quintuple des cinq catégories d'après les autorités. Voir à ce sujet le Râçîkarabhâṣya.

Connaître par classes (*vibhâga*) les cinq catégories, c'est les énoncer distinctement et d'après les caractères propres autant que possible.

Connaître par les propriétés (*viçeṣa*) c'est les énumérer en marquant les caractères qui élèvent ce système au-dessus des autres doctrines. Par exemple, dans d'autres systèmes, la fin de la souffrance est la cessation de la souffrance ; ici, c'est l'arrivée à la suprématie universelle. Dans d'autres systèmes, l'effet est ce qui est né ou doit naître ; ici le paçu est éternel. Dans d'autres systèmes, la cause agit en tenant compte d'autre chose ; ici le seigneur ne tient compte de rien pour agir. Dans d'autres systèmes l'union a pour fruit l'abstraction ; ici elle a pour fruit la fin de la souffrance par la suprématie universelle. Dans d'autres systèmes on revient du svarga (paradis) à l'existence ; ici le svarga a pour fruit de rapprocher du seigneur, qu'il soit ou non suivi d'un retour au tourbillon du monde.

Mais, dira-t-on, c'est là une grande duperie. S'il est vrai que la cause, le Parameçvara, agit sans tenir compte de rien, alors les œuvres n'ont pas de fruit, et toutes les créatures doivent se produire au même moment. Ainsi naissent deux difficultés. — L'objection tombe à faux, car elle est sans base. Si le seigneur est la cause sans tenir compte de rien, alors les œuvres étant sans fruit, qu'arrive-t-il ? Si vous répondez qu'il en résultera l'absence de motifs pour agir, nous répliquerons : Chez qui se trouvera cette absence de motifs ? Que les œuvres soient sans fruit, la causalité est-elle chez l'agent ou chez le seigneur ? L'agent ne peut être la cause, puisque l'œuvre ne porte de fruits qu'avec la faveur du seigneur, et même l'œuvre de celui qu'il favorise peut être stérile : témoin Yayâti etc. On ne doit pas cependant s'abstenir des œuvres, à l'exemple du laboureur, à cause du résultat possible. De plus, l'entrée en action du paçu dépend de la volonté du seigneur.

Le seigneur n'est pas non plus la cause, car les désirs du Parameçvara se trouvent accomplis ; il n'a donc pas à tenir compte d'un désir à accomplir par des actes. — Il est également faux de dire que toutes les créatures doivent se produire simultanément : car le Parameçvara a une puissance inconcevable ; donc c'est dans la puissance créatrice soumise à ses volontés, et qui n'a point d'obstacles, que réside la faculté de produire les créatures. La tradition porte : Puisqu'il ne tient pas compte de tel ou tel fruit et qu'il agit selon sa volonté, le seigneur est dans ce système la cause de toutes les causes.

Mais, dira-t-on encore, dans d'autres systèmes la délivrance résulte de la connaissance du seigneur. Quelle différence y a-t-il ici ? — Il y en a une, et importante. Il est impossible, en effet, de choisir arbitrairement entre ces trois propositions : La connaissance seule du seigneur est la cause de la délivrance ; ou bien c'est la vue directe du dieu ; ou bien c'est la caractérisation exacte du dieu. Ce n'est point la connaissance, puisque, sans avoir appris aucun système, il suffit de savoir comme le vulgaire que Mahâdeva est le dieu suprême pour arriver à la connaissance ; en ce cas, l'étude des traités serait inutile. Ce n'est pas non plus la vue directe, car les paçus ne peuvent voir directement le Parameçvara, accablés qu'ils sont d'un amas de souillures, et n'ayant que des yeux de chair. C'est donc la caractérisation exacte du dieu ; on ne peut y arriver sans le secours des traités Pâçupatas ; il faut donc adopter leur doctrine. C'est ce que dit le docteur :

Si c'est la connaissance toute seule, plus de traités à étudier ; si c'est la vue directe, on ne peut l'obtenir. En dehors des cinq catégories, il n'y a pas d'exacte caractérisation.

Ainsi les personnages éminents qui veulent atteindre la fin suprême de l'homme doivent adopter la doctrine Pâçupata qui expose les cinq catégories.

SYSTÈME PÂÇUPATA OU DES CINQ CATÉGORIES.

A. *Le maître. — Connaissances nécessaires.*

I	5 lâbha acquisition upâya-phala.	jñâna, science. tapas, ascétisme. nityatva, constance. sthiti, permanence. çuddhi, pureté.
II	5 mala taches âtma-duṣṭabhâva.	mithyâjñâna, fausse science. adharma, injustice, démérite. sakti, attachement. hetu, intérêt. cyuti, chute, déchéance.

III	5 upâya moyens sâdhakasya çuddhi-hetu.	vâsacaryâ, vivre à la maison. japa, prière. dhyâna, méditation. rudrasmṛti, penser à Rudra. pratipatti, comprendre.
IV	5 deça lieux yena jñâna-tapovṛddhî prâpnoti.	guru, maître. guhâ, caverne. çmaçâna, cimetière. deça, une place spéciale. rudra, Rudra.
V	5 avasthâ persévérances âlâbhaprâpter ekatamâdâv avasthânam.	vyakta, le différencié. avyakta, le non-différencié. japa, prière. âdâna, accepter un don. niṣṭhâ, dévotion.
VI	5 çuddhi purifications mithyâjñânâdy-atyanta- vyapoha	ajñânahâni, perdre l'ignorance. adharma°, perdre le démérite. saṅgakara°, perdre l'attachement. hetu°, perdre l'intérêt. cyuti°, perdre la chute.
VII	5 dîkṣâ initiations	dravya, objet matériel. kâla, temps. kriyâ, rite. mûrti, image. guru, maître.
VIII	5 bala forces	gurubhakti, dévouement au guru. prasâda (mati-), clarté d'esprit. dvandvajaya, surmonter les extrêmes. dharma, mérite. apramâda, non-distraction.
	3 vṛtti moyens d'existence.	bhaikṣyavṛtti, vivre d'aumônes. ucchiṣṭa°, vivre de rogatons. yathâlâbha°, vivre au hasard.

B. *L'enseignement.* — *Les cinq catégories.*

I Duḥkhânta, fin de la douleur.
- anâtmaka, impersonnelle : sarvaduḥkhâtyantoccheda, destruction complète de tous les maux.
- sâtmaka, personnelle : dṛk-kriyâ-çakti-lakṣaṇam aiçvaryam, suprématie consistant en puissance de voir et d'agir.

Aiçvarya
- dṛk-çakti, puissance visuelle.
  - darçana, vue.
  - çravaṇa, ouïe.
  - manana, pensée.
  - vijñâna, discernement.
  - sarvajñatva, omniscience.
- kriyâ-çakti, puissance d'action.
  - manojavita, rapidité égale à la pensée.
  - kâmarûpitva, faculté de se transformer.
  - vikramaṇadharmitva, capacité de surpasser tout.

II Paçu = Kârya ; a-svatantra, dépendant ; nitya, éternel.
- Vidyâ.
  - bodhayuktâ, cognitive.
    - sa-viveka = citta.
    - a-viveka.
  - abodha°, incognitive.
    - paçu-artha-dharmikâ.
    - — adharmikâ.
- Kalâ.
  - kârya, daçavidhâ.
    - les 5 éléments.
    - leurs 5 guṇa.
  - kâraṇa, trayodaçavidhâ.
    - 5 jñânendriya.
    - 5 karmendriya.
    - 3 antaḥkaraṇa.
- Paçu.
  - sa-añjana, lié au corps.
  - nir-añjana, détaché du corps.

III Pati = Kâraṇa, nirapekṣa, agit sans vue. Çiva, Viṣṇu, etc.

IV Yoga, union du *paçu* avec le *pati*.
- kriyâyoga, par les actes.
- kriyoparamalakṣaṇa, cessation des actes : saṃvid-gati.

V Vidhi, rituel.
- pradhânabhûta, principal : caryâ
  - vrata, actes de piété : bain, rire, chant, etc.
  - dvâra, portes : ronfler, trembler, etc.
- guṇibhûta, secondaire : anusnâna, bain ultérieur, etc.

Le mokṣa, délivrance, résulte du yathâvat-tattva-niçcaya : caractérisation exacte du Parameçvara.

Le système Çaiva.

« Si le Parameçvara est la cause et qu'il ne tient pas compte des œuvres etc., on peut alors lui reprocher deux défauts, la partialité et la cruauté. » Ainsi parlent certains Mâheçvaras qui rejettent la doctrine des Pâçupatas, et qui acceptent le système fondé sur les Âgamas Çaivas. « Le Parameçvara, disent-ils, étant cause, tient compte des œuvres ». Telle est la théorie qu'ils préfèrent à l'autre[1]. Ils reconnaissent 3 catégories, savoir :

Pati, *paçu*, *pâça*.

Les Tantristes disent :

Le grand Tantra a 3 catégories et 4 pieds. Le maître du monde le résuma d'abord en un aphorisme, puis il le développa.

Voici le sens de ce vers : 1° il y a trois catégories dans le Tantra ; 2° il s'y trouve 4 pieds, savoir : *vidyâ*, *kriyâ*, *yoga*, *caryâ*. Ce sont les 4 pieds du tantra. Les *paçu* ne sont point indépendants ; les *pâça* ne sont points intelligents ; le *pati* qui diffère des uns et des autres est énoncé le premier ; puis comme les *paçu* ont pour caractère commun avec le *pati* d'être intelligents, on les énonce ensuite. Restent les *pâça* qui viennent en troisième lieu. Tel est l'ordre.

La *dîkṣâ* (initiation) est le moyen de parvenir aux plus hautes fins humaines ; mais elle exige la science (*vidyâ*) qui est un moyen de définir exactement le *paçu*, le *pâça* et le *pati* avec leurs caractères propres, et qui établit avec certitude la grandeur des *mantra* (formules) et du seigneur des mantra, sans elle, il est impossible d'accomplir la dikṣâ ; pour cette double raison, on énonce d'abord le pied *vidyâ* qui donne ces connaissances.

Les multiples espèces de rites d'initiation, avec leurs éléments, sont désignés par *kriyâ* (acte religieux) ; c'est donc ce pied qu'on place ensuite.

Sans *yoga* (union), on ne peut atteindre l'objet de ses désirs, dit-on ; or le yoga avec ses éléments est indiqué par le pied *yoga* ; on le place donc à la suite.

Accomplir ce qui est prescrit, éviter ce qui est interdit, telle est la *caryâ* ; sans la *caryâ*, le *yoga* n'atteint point ses fins. Pour cette raison le pied *caryâ* qui inclut tout cela, est énoncé le dernier.

La catégorie *Pati*, c'est Çiva.

Les âmes délivrées, Vidyeçvara etc. peuvent sans doute devenir Çiva, mais pourtant, comme elles dépendent du Parameçvara, elles n'ont point l'indépendance. — Ainsi les mondes etc. qui lui ressemblent, différant entre eux par la disposition des parties essentielles, se montrent manifestement comme des effets. — Et, comme ils sont des effets, on en induit une cause intelligente qui les a produits ; cette induction confirme la croyance courante au Parameçvara. Mais,

1. Corr. *pakṣîkurvâṇâḥ*.

dira-t-on peut-être, rien ne prouve que le corps soit un effet ; nulle part, jamais, personne n'a vu un corps en train d'être fait. — Fort bien, mais si personne n'a jamais vu un còrps, on ne peut en conclure qu'il n'a point de faiseur ; le raisonnement, à lui seul, peut en induire l'existence. Le corps etc. doit être un effet, car il a un arrangement particulier d'éléments, et il est destructible, comme une cruche etc. Puisqu'ainsi il est un effet, on en peut induire qu'il est fait par quelqu'un d'intelligent. Le sujet de l'argument (vimata) a donc un faiseur, puisqu'il est lui-même effet, comme la cruche etc... ce qui a le terme moyen énoncé (l'effet, kârya) a aussi le majeur énoncé (le faiseur kartṛ) ; ce qui n'a point celui-ci n'a point celui-là, par exemple, l'âtman etc. Nous avons déjà vu le raisonnement qui établit l'autorité de l'inférence relativement à Parameçvara ; nous n'en dirons pas davantage ici.

« La créature (*jîva*) ignorante qui ne dispose point de son bonheur ni de son malheur propre, doit aller, selon l'impulsion du seigneur, toujours au ciel ou toujours à l'enfer. »

Ce vers montre bien que si le Parameçvara est le faiseur, il n'est point sans tenir compte des actions des êtres vivants. Et qu'on n'aille pas dire : « Mais vous blessez l'indépendance de Dieu », car on ne peut dire que l'indépendance du faiseur est diminuée s'il tient compte des moyens. C'est ainsi que les libéralités d'un roi dépendent de sa bonté, et pourtant il tient compte de son trésorier. Ainsi dit Siddha-guru :

Ce qui caractérise l'indépendance, c'est de n'être pas employé et d'employer soi-même les moyens etc. ; telle est l'indépendance du Créateur, et elle ne consiste pas à agir sans tenir compte des actes.

Ainsi l'inférence nous montre un Créateur qui connaît dans le détail les fruits, leurs moyens, leurs causes matérielles, selon l'ensemble des actes individuels de chacun. Bṛhaspati a dit :

Celui qui connaît les fruits à goûter, leurs moyens, leurs causes matérielles, sait seul comment mûrit l'ensemble des actions humaines ; tout le reste du monde l'ignore.

Et ailleurs : L'objet où porte notre discussion a un créateur intelligent, sa qualité d'effet nous le prouve, aussi bien qu'une cruche ou tout autre effet.

Dieu, étant l'essence de tout, est omniscient ; l'ignorant ne peut rien produire. Mṛgendra dit :

Il est omniscient puisqu'il a tout créé ; car on ne peut faire une chose sans la connaître avec ses moyens, ses éléments, ses fruits ; c'est un principe bien établi.

Soit, dira quelque adversaire ; ainsi le Seigneur est indépendant : mais enfin il n'est pas sans avoir un corps [1], car nous voyons tous les effets produits par des causes corporelles, par exemple la cruche par le potier ; et s'il a un corps le

1. Corr. *anaçarîraḥ*.

seigneur est comme nous sujet aux affections, il ne connaît pas tout, et ne peut atteindre qu'une puissance limitée. — Erreur ! répondrons-nous, car nous voyons l'âme, tout incorporelle qu'elle est, produire les mouvements etc. du corps qu'elle régit ; en allant plus loin, nous affirmons que si Dieu est corporel, il n'en résulte pas qu'il ait toutes les imperfections que vous indiquez. Le Seigneur suprême, qui n'a rien de commun avec les multiples pâça, tels que *mala*, *karman* etc., n'a point non plus de corps ordinaire (matériel). Son corps est tout de force, comme dit le texte bien connu qui expose la création de la tête etc. (de Dieu) par les cinq mantra, Îçâna etc. qui sont des forces : Îçâna est sa tête, Tatpuruṣa sa bouche, Aghora son cœur, Vâmadeva son membre, Sadyojâta son pied : tel est Îçvâra. La grâce, la disparition, l'attraction vers soi, la préservation et la production sont, dans l'ordre exact, les cinq opérations qu'il fait avec son corps créé par sa volonté ; ce corps-là n'a donc rien de commun avec le nôtre.

Le révérend Mṛgendra l'a dit :

« Il ne peut avoir de mala etc. ; le corps de notre seigneur est tout de force et non point pareil au nôtre ».

Et ailleurs : « Son corps est fait des cinq mantra, respectivement destinés aux cinq opérations, à savoir Îça, Tatpuruṣa, Aghora, Vâmadeva etc. qui sont sa tête etc. »

On dira peut-être : Mais les passages des Âgamas, tels que : Il y a cinq faces, quinze yeux etc. donnent à entendre que Dieu a précisément un corps avec des organes. — C'est vrai, répondrons-nous ; comme il est impossible de méditer sur un être sans forme, et de l'adorer etc., le Seigneur, par bonté pour ses dévots, a pu prendre telle ou telle forme déterminée. Il n'y a là rien de contradictoire. Le Pauṣkara dit :

« Pour protéger le croyant, il prend telle forme ».

Et ailleurs : « Il faut nécessairement t'adorer sous une forme donnée, car l'esprit humain n'atteint point la réalité sans forme ».

Bhojarâja a développé les cinq opérations : « Les opérations de son corps sont au nombre de cinq : création, préservation, destruction, disparition ; il faut y ajouter la grâce de celui qu'on célèbre perpétuellement ».

Ces cinq opérations, dans le domaine du chemin Pur, sont produites directement par Çiva ; dans le domaine du chemin Étroit, c'est par l'intermédiaire d'Ananta etc. Le Karaṇa dit :

« Dans le chemin Pur, c'est Çiva qui produit : c'est Ananta dans le chemin qui n'est pas le bon du Seigneur ».

Le mot Çiva (ainsi entendu) comprend tous ceux qui ont atteint l'état de Çiva, Mantreçvaras, Maheçvaras, Muktâtmas, Çivas, et aussi les vâcakas (inspirés), avec les moyens qui leur ont permis d'atteindre cet état de Çiva, qui commencent par l'initiation. Tout cet ensemble est compris dans la catégorie *Pati*.

Ainsi est expliquée la première catégorie : *Pati.*

Passons à la définition de la catégorie *Paçu.*

L'âme individuelle, désignée sous les noms dans *An-aṇu* (non atomique) *Kṣetrajña* etc., c'est le *Paçu.* Elle n'a point comme chez les Cârvakas etc. une forme corporelle ; car dans cette hypothèse la mémoire serait impossible en vertu de la règle logique : « On ne se rappelle point ce qu'un autre a vu ». Elle n'est point non plus, comme dans le Nyâya, à portée de la connaissance, car il serait alors impossible de trouver un point d'arrêt.

« Si on pouvait prendre mesure de l'âme, il en faudrait une autre pour prendre cette mesure, et il en faudrait une autre encore pour prendre connaissance de l'autre ».

Elle n'est point, comme dans le Jaïnisme, incapable de pénétrer, ni momentanée comme dans le Bouddhisme, car elle n'est limitée ni par le lieu ni par le temps. Il est dit :

« La chose qui n'est limitée ni par le temps ni par l'espace est éternelle et pénétrante ; l'âme est donc éternelle et pénétrante ».

Elle n'est point unique comme dans le Vedânta ; car les jouissances spéciales attribuées à des cas déterminés prouvent la pluralité des âmes individuelles. Elle n'est pas non plus incapable d'agir comme dans le Sâṃkhya, car la Çruti nous enseigne que, si tous les pâça sont supprimés, il y a un état de Çiva caractérisé par l'intelligence sous la forme de pouvoirs éternels et insurpassables de la vision et d'action. Mṛgendra dit : « Quand les pâça n'existent plus, on devient un Çiva ; la Çruti le déclare. — « L'intelligence a pour forme la vision et l'action ; comme elle existe en lui en tout lieu et en tout temps et en tout endroit, elle a, selon l'expression de la Çruti, la face partout après la délivrance ».

Et le Tattva-prakâça : « Les âmes délivrées sont des Çivas, mais elles sont délivrées par sa faveur, lui il est délivré de toute éternité, unique, il a pour corps les cinq mantra.

Il y a trois espèces de *paçu* : 1° *vijñânâkala* ; 2° *pralayâkala* ; 3° *sakala :*

1° Quand on a par la connaissance, l'union ou le renoncement absolu, ou encore par la simple jouissance des faits, épuisé son *karman*, et qu'on n'est plus serré dans les liens des jouissances des *kalâ*, etc., lesquelles tendent à l'épuisement du *karman*, alors le *paçu* qui n'a plus rien que le *mala*, est dans l'état de *vijñânâkala* ;

2° Quand la destruction des *kalâ* etc., à la fin du monde laisse l'âme sous l'influence du *karman* et du *mala*, le paçu est dans l'état de *pralayâkala ;*

3° Quand le paçu est pris dans les trois liens, savoir : *mala*, *mâyâ*, *karman*, il est alors *sakala*.

α) Le premier état a deux divisions : 1° *samâptakaluṣa* ; 2° *asamâpta*°.

Les individus de la première espèce sont ceux dont les péchés ont déjà porté (épuisé) leurs conséquences, les premiers entre les hommes, et vraiment dignes d'un privilège. Dieu dans sa grâce leur fait atteindre les huit états de *Vidyeçvara* : savoir Ananta, etc. Les huit Vidyeçvaras sont désignés dans le Bahudaivatya : « Ananta, Sûkṣma, et Çivottama, Ekanetra, Ekarudra, Trimûrtika, Çrîkaṇṭha, Çikhaṇḍin : tels sont les Vidyeçvaras ».

Ceux de la seconde division, Çiva en fait des *mantra* au nombre de soixante-dix millions, de sa grâce. Le Tattvaprakâça expose tout cela :

« Les paçu sont de 3 espèces : *vijñânakevala*, *pralayakevala*, *sakala*. Le *vijnâña°* est le paçu qui a du *mala* ; le *pralaya°* a du *mala* et du *karman* ; le *sakala* a du *mala*, de la *mâyâ*, du *karman*. Le *vijñâna°* se subdivise : *samâptakaluṣa*, *asamâpta°*. Çiva de sa grâce place les paçu de la 1re subdivision au rang des huit *Vidyeça* ; des autres, il fait des *mantra* ; il y en a 70 millions ».

Et Soma-Çambhu dit : « Le premier s'appelle *Vijñânâkala*, le second *Pralayâkala*, le troisième *Sakala*. Ce sont les trois que le système déclare en état de grâce ; le premier n'a que des *mala* ; le second du *mala* et du *karman* ; le sakala a tous les *tattvá* depuis la *kalâ* jusqu'à la terre ».

β) Ce *pralayâkala* a deux divisions, selon qu'il est *pakvapâçadvaya* — ou non (selon que ses deux liens sont arrivés à maturité — ou non). Dans le premier cas, il arrive à la délivrance ; dans le second, il conserve le *puryaṣṭaka* (8 éléments du corps) et, par l'effet du *karman*, passe par des naissances de diverses espèces. C'est ce que dit le Tattvaprakâça :

« Parmi les *pralayâkala*, ceux dont le *mala* et le *karman* ne sont pas mûrs ont encore à passer par toutes les matrices, par l'effet du *karman*, en conservant le *puryaṣṭaka*. »

Le *puryaṣṭaka* y est ainsi expliqué :

« Le *pury°*, c'est le sens interne (antaḥkaraṇa), la pensée (dhî), le karman, les instruments (karaṇa).

Et Aghora Çivâcârya développe ainsi cette définition : c'est un corps subtil, déterminé pour chaque homme en particulier, qui dure depuis la création jusqu'à la délivrance suprême ou jusqu'à la fin du kalpa ; il est composé des trente tattva qui commencent par la terre et finissent par la kalâ ».

Le Tattvasaṃgraha dit de même : « C'est un groupe de tattva, commençant par la terre, et finissant par la kalâ, assigné à chaque individu, qui passe au gré du karman dans tous les corps que produit le monde ».

Voici le commentaire de ces définitions : le mot sens interne (antaḥkaraṇa) qui exprime directement le manas (pensée), la buddhi (raison), l'ahaṃkâra (sentiment du moi) et le citta (intellect), donne encore à entendre les autres parties internes de l'individu qui ont pour fonction de produire la jouissance, savoir les sept tattva appelés kalâ, kâla (temps), niyati (destinée), vidyâ (science), râga (passion), prakṛti (nature), guṇa (qualité) ; le mot dhî ainsi que karman fait entendre les cinq bhûta (éléments grossiers soumis à la connaissance), et leurs instruments, à savoir les tanmâtra (atomes). Le mot karaṇa résume les dix organes de connaissance et d'action.

Mais, dira-t-on, le Kâlottara donne cette définition :

« Le son, le toucher, la forme, la saveur, le goût, l'intelligence, l'esprit, l'égotisme forment le *puryaṣṭaka* ». Comment pouvez-vous en donner une autre définition ? — Fort bien, et voilà justement pourquoi le vénérable Râmakaṇṭha a donné de cet aphorisme un commentaire fondé sur le sens virtuel. Il est donc inutile de nous y étendre davantage. Pourtant, si on venait encore demander : Comment, d'après votre définition, peut-on l'appeler un puryaṣṭaka ? Nous répondrons : Il n'y a aucune contradiction entre le nom et la chose ; car voici comment le puryaṣṭaka se compose, selon nous : 1° les bhûta ; 2° les tanmâtra ; 3° les organes de connaissance ; 4° les organes d'action ; 5° les organes internes ; 6° leur instrument ; 7° (pradhâna), la nature (stagnante, non pas en évolution) ; 8° la classe composée des cinq qui commencent par kalâ et qui forment une espèce de vêtement collant (kañcuka). — Parmi ces individus qui conservent le puryaṣṭaka, s'il en est qui ont des mérites particuliers, Maheçvara Ananta par une faveur spéciale leur donne la qualité de *bhuvanapati* (maître du monde), comme il est dit :

Quelques-uns par grâce spéciale obtiennent de Maheçvara de devenir bhuvanapati.

γ) La classe *sakala* forme deux groupes : 1° les *pakvakaluṣa* ; 2° les *apakva°* (ceux dont les souillures sont à maturité — ou non). A l'égard des individus du premier groupe, Mantreçvara, à mesure que leurs souillures viennent à maturité, fait tomber sur eux un pouvoir favorable, et les élève au rang de Mantreçvara. Ces Mantreçvara, commençant par Maṇḍalin, sont au nombre de cent dix-huit. Il est dit :

« Le reste s'appelle *sakala* ; en raison de leur rapport avec la *kalâ*, etc., ils vont dans ce temps (kâla) qui a pour gueules les jours ; Mantreçvara en prend cent dix-huit pour en faire les Mantreçvara : huit sont les Maṇḍalin ; Krodha, etc. sont au nombre égal ; ajoutez Vîreça, Çrîkaṇṭha, les cent Rudra, le total est bien de cent dix-huit ».

Le Parameçvara les empêche d'augmenter encore en maturité, ramène à lui-même leur puissance, et par le moyen de l'initiation il leur donne la délivrance, en prenant la forme d'un maître (âcârya), comme il est dit :

« Quand leurs *mala* sont mûrs, il laisse tomber sur eux la puissance qui met fin, et les unit à la vérité suprême, en prenant la forme d'un maître d'initiation ».

Et Mṛgendra dit aussi : il enlève la masse de liens de cet atome qui le bouleversaient auparavant.

Nârâyaṇa-kaṇṭha a expliqué tout cela en détail ; c'est chez lui qu'il faut l'étudier ; par crainte d'allonger notre exposé, nous n'en parlerons pas davantage.

Quant aux *apakvakaluṣa*, le Parameçvara en fait des atomes attachés et leur donne les jouissances qui résultent de leur *karman*. Il est dit :

« Les autres sont attachés ; Dieu les destine à jouir des jouissances qu'ils méritent conformément à leur *karman*. Voici les diverses espèces de *paçu* ».

Passons maintenant à la catégorie du *pâça*. Le *pâça* est de 4 espèces : *mala-karman-mâyâ-rodhaçakti*. Mais, dira-t-on, les Âgamas çivaïtes disent que la chose principale, c'est la Trinité suivante : *Pati*, *paçu*, *pâça*. Le Pati, disent-ils, c'est Çiva ; les paçu, ce sont les atomes, et le pâça est une pentade. Donc le pâça est de cinq espèces ; comment se fait-il que vous en comptiez quatre seulement ? — Nous répondrons : Le *bindu* (l'anusvâra = Çiva) est le principe de la *mâyâ*, et il équivaut pour le sens à Çiva-tattva (le principe de Çiva) ; si on le considère par rapport à la délivrance suprême qui consiste à atteindre l'état de Çiva, on peut lui attribuer sans doute la qualité de *pâça* ; mais comme d'autre part ce *bindu* est un moyen d'atteindre à l'état de Vidyeçvara etc. et qu'il procure ainsi une autre espèce de délivrance, on ne peut le reconnaître comme *pâça*. Il n'y a donc rien de contradictoire dans notre doctrine. Aussi le Tattva-prakâça dit :

« Les *pâça* sont de quatre espèces ».

Et Mṛgendra :

La *prâvṛti* et l'*îça* ensemble, plus le *bala*, plus le *karman*, plus la *mâyâ* et ses œuvres forment les quatre espèces de *pâça*, qu'on désigne collectivement sous le nom de *dharma*.

Voici l'explication : le mot *prâvṛti* vient de *pra* et *var*, c'est-à-dire envelopper, couvrir complètement ; elle enveloppe absolument la vision et l'action, de là son nom ; c'est une impureté naturelle, c'est-à-dire le *mala* ; comme celui-ci domine (îṣṭe, de îç) par son indépendance, on l'appelle aussi *îça* (maître). Il est dit :

« Le *mala*, quoique unique, a une influence multiple ; il arrête le développement de la vision et de l'action ; c'est comme la glume sur le riz, ou le vert-de-gris sur le cuivre ».

Le *bala*, c'est une force d'empêchement (*rodhaçakti*) ; comme cette énergie de Çiva domine sur les *pâça* et s'applique au puruṣa qu'elle recouvre, on lui donne par métaphore le titre de *pâça*. Il est dit :

« Entre elles je suis la première énergie, favorable à tous, propice (çivâ) ; comme je vais à la suite du dharma on m'appelle par métaphore *pâça* ».

Le *karman*, c'est ce que font ceux qui désirent les fruits ; le karman a forme de mérite ou de démérite, il a un germe et des pousses ; il s'écoule éternellement sans avoir de commencement. Il est dit dans le Kiraṇa :

« Comme le *mala* est sans commencement, le moindre de ses *karman* est sans commencement ; si son caractère éternel est ainsi établi, qu'est-ce qui pourrait y introduire du changement ? »

La *mâyâ* porte ce nom parce qu'au pralaya (destruction finale du monde) l'univers entier y est contenu (*mâti*) en puissance, et qu'à la création le monde y va (*yâti*) se manifester. Le Saurabheya dit :

« Les effets y sont virtuellement ensevelis lors de la consommation suprême ; au renouveau du monde, elle se manifeste de nouveau avec des effets, *kalâ*, etc. »

On pourrait encore en dire long sur ce sujet, mais nous abrégeons par crainte d'allonger notre ouvrage. Nous avons ainsi exposé les trois catégories *pati*, *paçu*, *pâça*. — La Jñânaratnâvalî indique une autre manière de traiter le sujet : « *pati*, *vidyâ*, *avidyâ*, *paçu*, *pâça*, *kâraṇa* (cause qui fait cesser le pâça), voilà les six catégories. » — Ceux qui voudront des détails iront les y chercher. Notre exposé est complet.

ÇAIVA-ÇÂSTRA (Dieu tient compte des actions humaines).

3 *Catégories* : Pati—paçu—pâça
4 *Pieds* : Vidyâ—kriyâ—yoga—caryâ

I Pati = Çiva — cause *efficiente* du monde, indépendant, juge suprême des actions humaines, omniscient, incorporel — mais susceptible de se manifester sous des formes déterminées — et de prendre un corps fait de *forces*.

Le corps de forces fait 5 opérations : il donne la grâce, ramène à soi (ce qu'il veut), fait disparaître, préserve et produit (anugraha, âdâna, tirobhava, sthiti, udbhava.

Çiva = Parameçvara + les êtres en état de çivatva : Mantreçvara, Maheçvara, Muktâtman, Çiva, Vâcaka (inspirés) + la dîkṣâ, portée sur les 4 pieds : vidyâ, moyens de définir les 3 catégories, — kriyâ, rites d'initiation, — yoga, moyens d'atteindre la fin désirée — caryâ, pratique des saints préceptes.

II Paçu = âme individuelle = Jîva, — Puruṣa, — Anaṇu, — Kṣetrajña, etc.

Elle n'est ni « corporelle » (Cârvakas) — ni « à portée de la connaissance » (Nyâya) — ni « incapable de pénétrer » (Jaina) — ni « momentanée » (Bauddha) ; — ni « unique » (Vedânta) — ni « incapable d'agir » (Sâṃkhya).

Elle est indépendante — mais intelligente, douée de vision et d'action.

3 divisions	vijñânâkala — l'âme n'a plus de karman, mais conserve le mala	*a*)	samâpta-kaluṣa, — les conséquences de tous les péchés sont effacées = Vidyeçvara (8)
		b)	a-samâpta-kaluṣa — les conséquences des péchés durent encore : = Mantra (70 millions).
	pralayâkala — l'âme a encore du karman et du mala au moment du pralaya.	*a*)	pakva-pâça-dvaya = les deux pâças sont mûrs. Résultat : délivrance.
		b)	a-pakva-pâça-dvaya. Le mala et le karman ne sont pas mûrs. Résultat : nouvelle série de naissances corporelles (pury-aṣṭakayuta), puis : bhuvanapati.
	sakala — l'âme a encore le karman, le mala et la mâyâ.	*a*)	pakva-kaluṣa. Les péchés sont mûrs. Résultat dû à la grâce de Çiva : Mantreçvara (108).
		b)	a-pakva-kaluṣa. — Les péchés ne sont pas mûrs. Résultat : jouissance des fruits du karman.

III Pâça, liens qui attachent le paçu et l'empêchent d'être délivré.

4 Classes de pâça : mala = prâvṛti-îça, maître d'enveloppement ; c'est l'impureté naturelle, qui enveloppe absolument la vision (dṛç) et l'action (kriyâ), comme la glume sur le riz. Unique, mais agit de façon multiple.

bala — force d'empêchement, énergie de Çiva, désignée métaphoriquement comme pâça.

karman — mérite ou démérite, action en vue d'un fruit. Éternel et immuable.

mâyâ — elle contient virtuellement l'univers au moment du pralaya, et tout l'univers en sort ensuite.

Quelques-uns ajoutent une 5e : bindu — l'anusvâra, désignation de Çiva; principe de la mâyâ. Mais s'il est pâça par rapport à la délivrance suprême, il mène pourtant au rang de Vidyeçvara.

Parfois 6 catégories : pati — vidyâ — avidyâ — paçu — pâça — kâraṇa (moyens de détruire le pâça).

Le puryaṣṭaka — corps subtil, déterminé pour chaque individu, dure de la création au pralaya, fait de 30 tattva (terre etc... — kalâ). Groupe comprenant antaḥkaraṇa (= manas, buddhi, ahaṃkâra, citta + kalâ, kâla, niyati, vidyâ, râga, prakṛti, guṇa).

dhî + karman (= 5 bhûta, éléments grossiers connaissables + tanmâtra).

karaṇa = 5 sens de connaissance + 5 sens d'action.

LA GRÈCE ET L'INDE D'APRÈS LES DOCUMENTS INDIENS[1]

L'Inde a de bonne heure attiré la curiosité des Grecs, et pendant huit siècles, depuis l'expédition d'Alexandre jusqu'au temps de Justinien, elle n'a pas cessé d'entretenir avec le monde hellénique des relations politiques et commerciales. Les noms d'Hécatée, d'Hérodote, de Ctésias, de Mégasthène, de Strabon, de Ptolémée, d'Arrien, de Cosmas chez les Grecs, de Méla, de Pline chez les Latins résument le développement des connaissances sur l'Inde dans l'antiquité classique. Les textes, complets ou fragmentaires, de ces écrivains ont été plus d'une fois recueillis et commentés depuis la Renaissance. Les indianistes ont en ce siècle interrogé avec avidité ces précieux documents qui donnent à la chronologie indienne un cadre solide autant qu'indispensable ; le dernier en date, Lassen, a éclipsé tous ses devanciers et ne laisse à ses successeurs qu'un maigre butin à glaner. Mais il a paru jusqu'ici superflu ou impraticable de tenter une sorte de contre-enquête et d'interroger à son tour l'Inde sur les Grecs. Les préjugés courants, fondés sur des notions inexactes ou incomplètes, refusent à l'Inde le sentiment du réel et lui dénient *a priori*, et même contre l'évidence, le droit d'avoir une histoire et une géographie ; on se plaît à mettre en balance les résultats obtenus par l'indianisme après un seul siècle de recherches et les faits acquis par l'histoire classique après un labeur plusieurs fois séculaire ; on prétend interpréter et critiquer les textes indiens comme s'ils venaient de la Grèce ou de l'Italie sans tenir compte des formes particulières qui s'imposent à la pensée et à l'expression sous d'autres latitudes, entre le tropique et l'équateur. On se condamne ainsi d'avance à perdre le bénéfice de documents curieux et intéressants, pauvres sans

1. D'après notre ouvrage : *Quid de Græcis veterum Indorum monumenta tradiderint*, Paris, Bouillon, 1890 ; nous nous sommes abstenu systématiquement de donner ici nos références, trop nombreuses et aussi trop spéciales pour le public de la *Revue*. Le lecteur désireux de contrôler nos assertions pourra se reporter à notre opuscule ; il y trouvera une bibliographie abondante.

doute en ces menus faits qui font la trame de l'histoire politique, mais certainement utiles à l'histoire de la civilisation. Dût-il même ne sortir de cet examen ni un nom, ni une date, la tâche n'en serait pas moins fructueuse. Il n'est pas sans intérêt de savoir quelle impression l'Inde a gardée de son contact avec la culture hellénique, comment elle a apprécié à distance ce génie qui a fini par subjuguer l'Occident tout entier et quelle empreinte elle en a reçue.

Par un caprice singulier de la Fortune, les Grecs ou plutôt les Hellènes ont dû, dans l'Inde comme partout ailleurs, perdre leur nom authentique, leur désignation nationale. Les Indiens les appellent *Yavana* ou *Yona* (forme vulgaire), ethnique qui correspond exactement aux Yaunas des inscriptions perses, aux Yavanai des cunéiformes assyriens, au Yâvân de la Bible et au Yûnân des Arabes. L'origine de ces diverses désignations est évidente : les Ioniens, 'ΙάϜονες, établis sur les côtes de l'Asie Mineure entrèrent les premiers en rapport avec les populations asiatiques qui dans la suite étendirent peu à peu le même nom aux autres tribus helléniques. La forme sanscrite Yavana ne doit pas cependant s'expliquer comme une transcription directe du grec 'ΙάϜων ; l'Inde n'a pas ouvert de relations immédiates avec les Ioniens aussi bien qu'avec les autres tribus grecques avant l'invasion d'Alexandre ; à cette époque elle ne pouvait plus attendre de ses envahisseurs que deux ethniques collectifs : Ἕλληνες ou Μακεδόνες. Pour appliquer à ses vainqueurs un nom qui ne s'expliquait plus, elle avait dû le recevoir d'un intermédiaire familiarisé depuis longtemps avec les 'ΙάϜονες. Nous savons précisément par les auteurs classiques qu'Alexandre eut recours à des interprètes perses pour converser avec les Indiens, et les Perses au moins depuis le règne de Darius donnaient aux Grecs le nom de Yaunas. C'est aux Perses que l'Inde a emprunté le nom des Grecs. Peut-être l'avait-elle entendu déjà un siècle avant Alexandre, lorsque Xerxès incorpora dans son innombrable armée un contingent de Gandariens et d'Indiens ; les rares survivants de cet effroyable désastre rapportèrent peut-être dans leur patrie lointaine le nom des vainqueurs tel qu'ils l'avaient connu par la bouche des vaincus ; peut-être l'Inde entendit-elle alors de ces grossiers soldats des récits sur la Grèce dignes de faire pendant aux fantaisies sur l'Inde du médecin Ctésias.

L'imagination ne pouvait pas accepter, sans essayer de s'en rendre compte, ce vocable qui venait tout formé de l'étranger ; les savants aussi bien que le vulgaire s'évertuèrent par des procédés plus ou moins scientifiques à classer le mot nouveau dans des catégories familières de la langue, à lui façonner une étymologie. La société indienne, fondée sur l'institution des castes, fut frappée au premier abord par l'absence de cette belle ordonnance chez les Grecs ; elle nota ce trait comme une marque caractéristique. Justement le sanscrit possédait une racine *yu* qui signifiait : mêler, mélanger ; combinée avec le suffixe *ana*, cette racine donnait régulièrement un dérivé à sens actif : *yavana* = qui mêle, qui mélange.

La désignation de Yavanas convenait donc à merveille à ces peuples helléniques qui confondaient dans une sorte de chaos monstrueux toutes les classes de la société, si rigoureusement séparées par le brahmanisme.

Une autre explication se présentait encore, moins philologique, mais plus intéressante, car elle introduisait les nouveaux venus dans le cycle traditionnel de l'épopée indienne. Une vieille légende contait les démêlés du prêtre Vasiṣṭha et du roi Viçvâmitra qui se disputaient la possession d'une vache merveilleuse ; sur la prière du prêtre menacé, la vache émettait de son corps des légions armées pour le défendre ; ainsi se justifiait pour les Indiens la création des tribus barbares. Le nom de Yavana suggérait un rapprochement direct avec le mot *yoni* = matrice : les Yavanas étaient donc sortis de la matrice de la vache merveilleuse.

L'invasion d'Alexandre marque les premières relations intimes de la Grèce avec l'Inde. Le passage triomphal de l'armée macédonienne dans le Penjab et le Sind permit aux savants qui accompagnaient l'expédition de recueillir sur l'Inde, sur ses peuples, ses mœurs, sa géographie, son état politique, des notions assez abondantes et assez exactes pour défrayer pendant plusieurs siècles la curiosité de l'Occident. L'Inde au contraire semble à peine avoir pris garde à ses vainqueurs ; le souvenir d'Alexandre, si vivace dans l'Asie iranienne, s'éteint dans l'Inde aussitôt après son départ. Et cependant la mémoire des princes indiens qui se trouvèrent mêlés à l'histoire d'Alexandre a survécu dans la littérature ; nous avons eu nous-même la bonne fortune de retrouver dans un document sanscrit les noms de Sophytes (Saubhûti), d'Omphis le roi de Taxile (Ambhi), et de Phegelas (Bhagala), et nous avons pu par reflet établir la forme grecque et latine de ces noms, si défigurés par les auteurs et les copistes. (V. nos Notes sur l'Inde à l'époque d'Alexandre, *Journal asiatique*, avril-mai, 1890.)

Les seuls témoignages historiques fournis par l'Inde sur ces événements considérables sont : une monnaie du roi Sophytes frappée à l'image des monnaies grecques, avec une légende en langue et en caractères grecs, et la mention chez Pânini, grammairien contemporain d'Alexandre, de l'écriture grecque. Il convient d'ajouter à la décharge de l'Inde que l'expédition macédonienne a moins pénétré qu'effleuré le pays : elle n'a pas dépassé le Penjab, terre ouverte aux influences de l'Ouest et par suite un peu suspecte au brahmanisme, et elle n'a pas entamé le bassin du Gange, domaine authentique et séjour favori de la civilisation indienne.

Les guerres de Candragupta (Sandrocottos) avec Séleucus, qui mirent en contact toutes les nations de l'Hindoustan avec les peuples hellénisés, et qui eurent pour conséquence d'introduire une princesse grecque dans le harem du souverain indien, les négociations politiques ou commerciales des Séleucides et des Lagides avec la cour de Pâṭaliputra (Palibothra) répandirent dans l'Inde, ou du moins dans les connaissances officielles, des idées plus nettes sur les choses de l'hellénisme.

Le progrès se marque dans les inscriptions d'Açoka, le glorieux petit-fils de Candragupta, qui joua dans l'histoire indienne un rôle aussi considérable que Constantin dans l'histoire d'Occident et que les Grecs n'ont pourtant pas mentionné. Un oubli si grave, qu'il vienne de la négligence ou de l'ignorance, doit nous apprendre à juger avec moins de sévérité les faiblesses et les omissions de documents indiens. Dans le XIIIe édit, gravé vers 258 av. J.-C., Açoka déclare qu' « il trouve son plaisir dans les conquêtes de la religion, aussi bien dans son empire que sur toutes ses frontières dans une étendue de bien des centaines de yojanas. Parmi ces voisins sont Antiyoko, le roi des Yavanas, et par delà Antiyoko, quatre rois : Turâmaya, Antikini, Maka, Alikasudara... chez les Grecs, etc., partout on se conforme aux instructions religieuses du roi cher aux Devas ». La transcription et le synchronisme permettent de reconnaître immédiatement les noms d'Antiochus, de Ptolémée, d'Antigone, de Magas (de Cyrène), et d'Alexandre (d'Épire). Le second édit nomme également Antiochus : « ...Dans le territoire d'Antiochus le roi des Yavanas et aussi des rois qui l'avoisinent... partout le roi Piyadasi cher aux Devas a répandu des remèdes de deux sortes, remèdes pour les hommes, remèdes pour les animaux ». Le cinquième édit atteste encore les rapports de l'Inde avec l'hellénisme : « J'ai, dit Açoka, dans la quatorzième année de mon sacre, créé des surveillants de la religion. Ils s'occupent des adhérents de toutes les sectes, en vue de l'établissement de la religion, du progrès de la religion, de l'utilité et du bonheur des fidèles de la religion ; ils s'occupent chez les Yavanas, etc... » Enfin une inscription d'une date tardive nous apprend l'existence d'une préfecture grecque dans le royaume d'Açoka.

Les témoignages épigraphiques laissent à penser que le zèle religieux d'Açoka cherchait dans les royaumes helléniques et particulièrement en Syrie un nouveau domaine où s'exercer. Les annales religieuses de Ceylan paraissent attester que ses efforts ne furent pas stériles ; elle donne le nom des missionnaires qui portèrent le bouddhisme au pays des Yavanas : cent trente-sept mille personnes auraient embrassé aussitôt la religion du Bouddha, et dix mille seraient entrées dans les ordres religieux. Le pays des Yavanas fournit même à son tour des missionnaires qui propageaient ailleurs encore la bonne nouvelle. Vers le milieu du IIe siècle av. J.-C. une délégation religieuse venait d'Alasanda, la ville des Yavanas, à Ceylan, pour y assister à une grande solennité. Les inscriptions de la côte occidentale que nous citerons plus tard, affirment aussi la piété active des Yavanas passés au bouddhisme. Il faut prendre garde autant de déprécier que d'exagérer la valeur de ces témoignages sur la propagande bouddhique dans le monde hellénique ; nous croyons que la religion de Çâkyamuni a pu s'infiltrer dans les couches populaires de l'Orient hellénisé sans entrer jamais en contact avec la littérature savante de la période gréco-romaine. (V. le Bouddhisme et les Grecs, dans la *Revue de l'histoire des Religions*, janvier 1891).

Les inscriptions d'Açoka donnent un point de repère solidement fixé à la chronologie : dès le milieu du IIIe siècle avant l'ère chrétienne, l'Inde était renseignée avec exactitude sur ses voisins helléniques et elle entretenait avec eux des relations diplomatiques, commerciales et religieuses. La littérature permet de suivre la marche de ces notions dans l'Inde, au moins par grandes périodes ; la chronologie littéraire est trop peu fixée pour permettre un classement rigoureux des documents par ordre de date.

Les indications sur la situation géographique des Yavanas, éparses dans la littérature, semblent les disperser aux quatre coins de l'horizon. Ils sont placés tantôt à l'Ouest, tantôt au Nord, tantôt à l'Est, tantôt au Sud. Il est aisé de railler ici encore l'incohérence des témoignages indiens et de les rejeter en bloc sans examen. Mais une critique méthodique explique et justifie l'apparente contradiction des documents. Les Yavanas de l'Ouest ont pour voisins les Gandhâras (Γανδάριοι des Grecs), les Cachemiriens, les Bactriens, les Chinois, les Scythes, les riverains de l'Indus moyen et inférieur, les indigènes du Dardistan, du Marwar, du Penjab ; les villes principales de la région qu'ils habitent sont Puṣkalavatī (Πευκελαῶτις), Takṣaçilâ (Ταξίλα), Çâkala (Σάγαλα). Si on place les Yavanas au Nord, on leur assigne les mêmes voisins ; il s'agit donc évidemment du même peuple, placé en réalité au nord-ouest de l'Inde. La situation attribuée aux Yavanas répond exactement au territoire du royaume grec fondé par Diodote en Bactriane vers le milieu du IIIe siècle av. J.-C., puis agrandi successivement par les conquêtes d'Euthydème, de Démétrius, d'Agathoclès, d'Eucratidès, de Ménandre, et porté vers le Sud jusqu'au golfe de Cambaye, vers l'Est jusqu'au cœur du bassin du Gange. Les destinées de ce royaume étrange, brusquement détaché du monde hellénique par la révolte des Parthes et les constants progrès des Arsacides, pressé de tous côtés par des barbares impatients de le renverser, déchiré par des rivalités intestines et des guerres civiles, et pourtant assez robuste pour étendre et maintenir pendant deux siècles la suprématie du nom et de la culture helléniques, nous sont mal connues par les textes classiques. Les auteurs qui n'avaient pas dédaigné d'en écrire l'histoire sont perdus, et nous en sommes presque réduits aux courts passages de Strabon. L'Inde supplée heureusement à cette lacune par une double série de documents, numismatiques et littéraires. Les fouilles intelligentes des archéologues européens ont ramené au jour un nombre déjà considérable de pièces frappées par les rois indo-grecs, œuvres admirables de l'art grec et dignes d'être comparées aux plus beaux modèles. Une dynastie tout entière est soudain rentrée dans l'histoire, qui l'avait bannie si longtemps.

Mais ces monnaies ne donnent pas seulement une liste, assez indifférente en somme, de noms royaux ; elles racontent en détail l'histoire même de la Grèce en ces colonies reculées. Diodote et ses premiers successeurs, maîtres de la Bactriane seule, frappent des monnaies purement grecques, avec des légendes en caractères et en langue grecs ; ils portent les attributs ordinaires de la souveraineté chez les peuples helléniques ; les divinités représentées sont exclusivement grecques : Zeus, Artémis, Héraklès, etc. Bientôt les progrès de la nouvelle dynastie vers l'Inde se marquent à des traits manifestes ; Démétrius, Eucratidès, Agathoclès, Pantaleon et la longue suite de leurs successeurs frappent des monnaies bilingues, où les noms et les titres helléniques se traduisent en dialecte indien : Démétrius s'appelle Demetrya (?) ; Pantaleon, Pantaleva : Agathoklès, Akathukleya ; Eucratidès, Evukrâtida ; Helioklès, Heliyakreya, etc. ; le βασιλεύς hellène devient un *râja* ou le *mahârâja*. Les titres, les épithètes se correspondent avec exactitude. Si le souverain est δίκαιος en grec, il est *dhramika* pour ses sujets indiens ; s'il est νικηφόρος, il passe *jayadhara* ; σωτήρ a pour équivalent officiel *tradata* ; ἐπιφάνης, *praticha* ; ἀνίκητος, *apadihata*. Les emblèmes indiens remplacent aussi les insignes helléniques : à la place de la causia et du diadème, le front royal se décore des dépouilles d'un éléphant ; le buffle, l'éléphant, le lion indiens se substituent au cheval de Poseidon et au char d'Hêlios. Des cultes nouveaux ébranlent et chassent de leur trône les antiques Olympiens. Le reliquaire, la roue, la cloche sacrée du bouddhisme ornent les monnaies d'Agathoklès, de Ménandre. Les pièces d'Apollodote et de Ménandre qui circulaient encore à Barygaza vers l'époque du Périple de la mer Érythrée, celles que des explorations récentes ont déterrées à Mathurâ, sur les bords de la Jumna, confirment le témoignage de Strabon et attestent l'extension considérable de l'empire indo-grec.

La littérature indienne corrobore ces données : les Purâṇas rangent parmi les monarques de l'Inde, entre les Çakas et les Tukhâras, huit princes Yavanas dont les noms ne se sont pas conservés, mais qui ont exercé l'hégémonie pendant quatre-vingt-deux ans. Tel est, en effet, à peu près l'intervalle qui sépare l'invasion de Démétrius dans l'Inde et le recul définitif des derniers Indo-Grecs obligés de repasser l'Indus et de rentrer en Bactriane pour y être finalement anéantis. Un vieux traité d'astronomie expose sous la forme d'une prophétie les destinées des Grecs dans l'Inde : « Sous le règne de Çâliçûka (vers le commencement du IIe siècle av. J.-C.), les Yavanas méchants et puissants s'empareront de Sâketa, du territoire des Pancâlas (Πασσάλαι), et de Mathurâ (Μέθορα) ; ils atteindront jusqu'à Pâṭaliputra (Παλίβοθρα) ; la capitale soumise, toutes les provinces seront bouleversées ; alors seront maîtres les peuples attachés à l'hérésie ; mais ivres de combats les Yavanas ne s'établiront pas à jamais dans l'Hindoustan ; ils provoqueront entre eux des guerres atroces, et avec le temps la dynastie Yavana sera renversée. »

La prise de Sâketa (royaume d'Oude) par les Grecs dut agir avec force sur l'imagination indienne ; le souvenir s'en est transmis jusqu'aux temps modernes par un exemple de grammaire, reproduit depuis vingt siècles sans aucune modification dans les traités techniques. La victoire des Grecs sur les Madhyamikas a, par un jeu étrange du hasard, eu la même fortune.

La prédiction de Garga, combinée avec les documents grammaticaux, commente et précise le sommaire de Justin : l'abréviateur de Trogue-Pompée rapporte les victoires de Démétrius dans l'Inde, suivies d'un cruel retour. Tandis que le roi guerroyait au loin, Eucratidès se souleva en Bactriane ; Démétrius se hâta de rentrer dans ses États héréditaires ; Eucratidès s'enferma dans une place forte avec trois cents soldats, et par des sorties fréquentes fatigua les assiégeants ; il tenta alors un effort décisif, remporta la victoire, détrôna le vaincu et prit le titre de roi.

L'avènement d'une nouvelle dynastie indienne, après la décadence lamentable des Mauryas, après les débiles héritiers de Candragupta et d'Açoka, hâta l'expulsion des Grecs. Le fondateur de la dynastie Çunga qui prit pour capitale Vidiçâ (Bilsa, E. d'Ogein), Puspamitra, mit en fuite, sur les bords de l'Indus, une troupe nombreuse de cavaliers yavana, accourus pour lui barrer le passage (vers 150 av. J.-C.).

L'étonnante souplesse du génie hellénique a remporté dans l'Inde un triomphe singulier ; un des princes indo-grecs, Ménandre, est mort en odeur de sainteté et a laissé chez les Bouddhistes un souvenir persistant. Le monde occidental, au témoignage de Plutarque, avait appris par un écho lointain la sanctification inattendue décernée près de l'Indus à cet enfant perdu de l'hellénisme ; on savait que des cités s'étaient disputé avec un zèle jaloux les vénérables reliques du prince défunt. Un ouvrage antique, conservé dans le canon singhalais, a immortalisé la mémoire de Ménandre, sous le nom de Milindo, plus conforme à la fois au langage et au génie de l'Inde. Les « Questions de Milindo » sont comme la transposition d'un dialogue socratique ; le roi y a pour interlocuteur un savant docteur bouddhiste qu'il interroge avec la subtilité d'un sophiste sur les points les plus délicats de la métaphysique bouddhique ; le docteur trouve réponse à tout, réfute les objections, dissipe les doutes, et la théosophie nébuleuse de l'Orient l'emporte une fois de plus sur la philosophie scientifique de l'Occident. Ménandre se convertit avec son entourage. Un prologue curieux sert d'introduction à la controverse : la naissance royale de Ménandre y est représentée à la façon bouddhique comme la conséquence méritée d'une existence antérieure ; à l'époque où vivait Kâçyapa Bouddha, précurseur de Çâkyamuni, un novice chargé de balayer le monastère s'écria un jour après avoir fini son service : « Puissé-je en récompense acquérir le Nirvâna, rayonner d'une gloire éclatante et posséder la science ! » Son vœu fut exaucé, lorsqu'après plusieurs siècles il naquit sous le nom de Ménandre. Le récit du prologue jette aussi un jour curieux sur la vie de ces colons grecs relégués aux confins du monde connu. Ménandre est né dans la ville de Kalasi, au pays d'Alasadda (Alexandria sub Caucaso), à 200 yojanas de Sâgala

(Σάγαλα) et à douze du Cachemire ; il règne à Sâgala, entouré de cinq cents nobles grecs, Démétrius, Antigone, Hermagoras, etc. ; en véritable successeur d'Alexandre le Grand, il donne ses premiers soins aux affaires militaires ; tous les matins il inspecte ses troupes et il ne cesse de les entraîner par des exercices constants ; mais rentré au palais, le Grec sent son vigoureux isolement ; pas de poètes, pas de rhéteurs, pas de philosophes avec qui deviser à plaisir pendant les heures chaudes d'oisiveté forcée. Pour tuer le temps, il essaie de controverser avec les savants indigènes ; mais leur pédantisme étroit et guindé écœure bientôt la souplesse hellénique, et Ménandre s'écrie avec une sorte de nostalgie : « Ah ! l'Inde est vide, vide ! » Mais vienne un esprit d'une trempe supérieure, capable de résister aux assauts de la dialectique, et le Grec presque avec joie s'avouera vaincu, heureux d'avoir trouvé un digne adversaire.

Il ne faudrait pas d'ailleurs se faire illusion sur la valeur de ces conversions royales. Les sympathies témoignées au bouddhisme par les princes indo-grecs n'étaient, selon toute vraisemblance, que des mesures politiques destinées à toucher le cœur de leurs sujets et à abaisser les barrières presque insurmontables qui séparaient des Aryas vaincus les dominateurs barbares. Ménandre a pu jouer son rôle de néophyte avec une adresse plus décevante, et observer avec une attention plus soutenue les apparences d'un zèle sincère ; le Grec devait s'amuser *in petto* de cette comédie religieuse qui servait au mieux ses intérêts. Les âmes simples offraient peut-être une proie facile aux entreprises des missionnaires bouddhiques ; Ménandre, Agathoclès et les autres rois estimaient, en Grecs de la bonne école, que la couronne de l'Inde valait bien une messe bouddhique. S'ils ont embrassé le bouddhisme de préférence à l'orthodoxie brahmanique, c'est que le bouddhisme venait à eux, tandis que le brahmanisme les tenait rigoureusement à l'écart, et leur interdisait à tout jamais d'entrer dans la communauté. Le bouddhisme et l'hellénisme se donnèrent une aide réciproque pour conquérir l'Inde ; le succès de l'un explique le succès de l'autre. L'hellénisme demandait à son auxiliaire des lettres de naturalisation ; le bouddhisme réclamait en retour un appui et des subsides. Les donations pies de marchands grecs commémorées par des inscriptions dans les temples bouddhiques du Konkan n'étaient de même qu'une manœuvre commerciale ; ils achetaient à ce prix le droit de trafiquer à leur aise.

Le royaume indo-grec, affaibli par les attaques répétées des Çakas, finit par disparaître ; une dynastie sortie de la Scythie se substitua aux héritiers des Démétrius et des Ménandre. Ce changement considérable, qui arrêtait à jamais l'expansion de l'hellénisme vers l'Orient, s'accomplit sans révolution. Les documents indiens nous apprennent que les débris de la colonisation grecque s'absorbèrent lentement, sans résistance, dans la population scythique. Les noms des Yavanas et des Çakas se soudent dans un composé quasi fraternel, comme on voyait auparavant les Yavanas accolés à la mystérieuse tribu des Kambojas, qui, pour être entrée dans une si glorieuse association et pour avoir porté son nom jusque dans l'Indochine, n'en demeure pas moins énigmatique encore. La formation du composé Çaka-Yavana, correcte lorsque ces deux peuples vivaient sur le territoire de l'Âryâvarta (entre l'Indus et le golfe du Bengale, l'Himalaya et le Vindhya), embarrassa plus tard les grammairiens, quand elle ne fut plus justifiée en fait, et les obligea à chercher des interprétations arbitraires. Les monnaies attestent à leur tour la fusion des deux races. Le dernier des Indo-Grecs, Hermaios, frappe des pièces qui portent son effigie avec une légende en langue et en lettres grecques, et au revers l'effigie de son collègue scythe Kadphises avec une légende en langue et en lettres indiennes. Une autre monnaie de Hermaios porte même au revers des caractères chinois. L'Extrême-Orient entre ainsi, par l'intermédiaire des Indo-Grecs, dans l'orbite du monde hellénique.

Une autre série de documents assigne encore aux Yavanas d'autres établissements, sur les côtes du Dekkhan, au pied des Ghats orientaux en même temps qu'au pied des Ghats occidentaux. Au temps d'Açoka, le Gujerat formait une province du vaste empire des Mauryas ; le préfet qui l'administrait portait le titre de Roi des Yavanas ; il n'était pas indien de race ; son nom, Tuṣâspa, décèle une origine iranienne. Les relations entretenues par Candragupta et ses successeurs avec le royaume de Grèce avaient sans doute déjà créé un mouvement commercial entre les deux pays : parmi les sujets d'Antiochus « le roi des Yavana », plus d'un s'était aventuré à fonder des comptoirs du delta de l'Indus à l'embouchure de la Narmadâ (Ναμνάδιος) et la colonie hellénique était déjà assez nombreuse vers le milieu du IIIe siècle av. J.-C. pour donner son nom au pays. La Narmadâ vit peu à peu s'établir sur ses bords de nouvelles et puissantes colonies helléniques et finit même par passer chez les Bouddhistes pour un fleuve hellénique. Un prince yavana régnait à Mṛttikâvatî. Les vieux temples bouddhiques du Konkan conservent encore les témoignages irrécusables du séjour des Yavanas dans la région ; des inscriptions, intactes après tant de siècles, commémorent la piété et les œuvres méritoires de plusieurs Yavanas : c'est, à Junnar, un certain Irila qui fait creuser à ses frais deux citernes pour les offrir au sanctuaire ; un certain Cita, qui donne aux moines une grande salle de réfectoire, puis un nommé Canda qui prend à sa charge les dépenses du fronton. A Nâsik, le Yavana Idâgidata, fils de Dhammadeva, natif du pays septentrional, habitant de Dantâmitî, fait creuser une crypte dans le mont Tiramnhu et y fait élever une châsse à reliques ; il fait faire aussi trois citernes pour le salut de sa mère et de son père ; quant à la crypte dédiée à tous les Bouddhas, il en fait don à toute la communauté des moines en compagnie de son fils Dhammarakkhita. A Karli, le Yavana Dhenukâkatâ, Yavana selon la loi, donne au temple un pilier avec un chapiteau décoré de lions. Enfin la chronologie pouranique mentionne une dynastie yavana qui régna cent six ans et qui avait pris pour capitale Kilakila (dans le Konkan). Les noms de ces rois, préservés par la tradition, présentent en partie une physionomie étrange et ne se ramènent pas à des mots indigènes ; leur bizarrerie se marque mieux encore aux formes variées qu'ils ont prises dans les divers Purâṇas. L'épigraphie viendra sans doute un jour dissiper cette confusion et préciser les données flottantes de la tradition. Les faits acquis dès maintenant n'en forment pas moins une contre-partie intéressante et instructive au témoignage de Pline, de Ptolémée et du Périple sur le rôle des nations hellénisées dans l'Inde pendant la période gréco-romaine.

Des textes d'une authenticité et d'une époque incertaines rapportent que pendant le cours du IIe siècle et la moitié du Ier siècle av. J.-C., le territoire d'Orissa fut envahi à plusieurs reprises par des conquérants yavanas venus du Caboulistan et du Cachemire. La période indiquée correspond précisément à l'épanouissement du royaume indo-grec. L'Orissa est assez rapproché du Bihar pour avoir senti le contre-coup des brillantes expéditions qui aboutirent à la conquête de Pâṭaliputra par les Yavana. Trois siècles et demi plus tard, un aventurier yavana débarquait à l'improviste sur la côte d'Orissa avec une bande de partisans, pillait le temple de Puri (Jaggernauth), détrônait le prince régnant et fondait une dynastie qui resta maîtresse du pays pendant cent quarante-six ans. La date tardive de cet événement empêche d'assigner ici une valeur certaine au nom de Yavana.

Les dernières principautés yavanas qui avaient conservé leur indépendance sous l'hégémonie scythique furent détruites par la dynastie méridionale des Sâṭakanni. Le chef de cette race, Çâlivâhana, contemporain de Pline qui le mentionne, passe pour avoir anéanti les Yavanas et les Çakas dans l'Inde. Un de ses descendants, Gotamîputa, se vante à son tour d'avoir rendu à la famille de Çâlivâhana son éclat ancien en détruisant la puissance des Çakas, des Yavanas et des Parthes. Les Parthes, en effet, s'étaient taillé des principautés dans l'Inde, comme les Hellènes et les Scythes avaient fait auparavant : le Périple l'atteste, et la numismatique confirme ce témoignage. Toutefois les Sâṭakanni ne poursuivaient pas contre le nom hellénique une œuvre de fanatisme ou de haine aveugle : tandis qu'ils chassaient de l'Inde les dominateurs barbares, ils attiraient dans leurs ports du Gujerat et du Konkan les navires gréco-romains. L'auteur du Périple regrette avec amertume le temps du vieux Saraganès (= Sâṭakanni ; le *t* cérébral se prononce à peu près comme un *r*), où le commerce était presque libre.

Les échanges commerciaux entre l'Inde et l'occident hellénique ont laissé un vivant souvenir dans la langue même. Les pièces de monnaie ont continué jusqu'à nos jours à porter les noms de *dramma* (drachme) et *dînâra* (denarius). Plusieurs produits rappellent encore directement les préférences et les antipathies de l'exportation ou de l'importation hellénique. L'encens recueilli par les caboteurs de la mer Erythrée sur les côtes de l'Arabie s'appelle *Yâvana*. *Yavanaka* désigne une espèce de céréales, ou proprement le blé, appelé aussi *âlisandaga*, « l'alexandrin » ; la carotte est l'olibanum (d'Arabie). Le styrax, importé d'Arabie ou d'Éthiopie, est « le produit du pays Yavana » (*Yavanadeçaja*). Le poivre, si recherché par les gourmets romains qui le payaient au poids de l'or, est « la passion des Yavanas » (*Yavanapriya*, *Yavaneṣṭa*) ; on appelle également de ce nom l'oignon, l'azadiracta indica, et la datte sauvage. Les étoffes à ramages, employées surtout à faire de grands rideaux, se nomment « la grecque » (*Yavanikâ*). Enfin les Yavanîs indiquent un autre genre de cargaison fort apprécié dans l'Inde : les jeunes filles élevées en pays hellénique, instruites dans le chant et la musique, et destinées aux harems des rois indiens. Pline, le Périple, et même un texte du Digeste confirment sur ces divers articles les indications du vocabulaire indien : la traite des Grecques se pratiquait déjà pendant le IIe siècle av. J.-C., témoin Eudoxe de Cyzique dont Strabon a conté le voyage.

Il nous reste encore à mentionner la présence de populations Yavanas dans le bassin du Brahmapoutra, aux confins du Tibet et de la Birmanie. Par un procédé naturel à tous les colons éloignés de leur patrie, les Indiens en entrant dans ces régions tardivement ouvertes à l'immigration s'entourèrent des noms qui leur étaient familiers et façonnèrent l'onomastique de leur nouveau séjour à l'image du pays natal. Le nom des Yavanas, transporté des limites occidentales aux limites orientales de l'Inde et appliqué toujours aux barbares les plus voisins des établissements aryens, s'avança ainsi jusqu'au fond de l'Indochine, le jour où des colons plus aventureux allèrent ressusciter le souvenir des anciens Kambojas, ces antiques associés des Yavanas, sur les bords du Mékong. Les Annamites furent à leur tour les Yavanas de ces populations, et par une fortune surprenante le vieux nom des Ioniens, étendu à l'ensemble des races helléniques ou hellénisées, disparut de l'Asie Occidentale qui l'avait tant de fois entendu et prononcé pour aller revivre sur une côte que la navigation gréco-romaine n'avait pas connue.

Le contact prolongé des Yavanas — colons établis à demeure, trafiquants ou aventuriers de passage, — avait répandu dans l'Inde des notions sur le monde et la vie helléniques. Le nom d'Alexandrie, connu à la fois par la ville bactrienne et par le grand port égyptien, symbolisait les pays helléniques, groupés sous la désignation commune de région d'Alasanda. Les astronomes indiens, se fondant sur les calculs des Grecs, avaient déterminé la longitude d'Alexandrie « la ville des Yavana par excellence » (Yavanapura). On la plaçait à 44 degrés O. du méridien d'Ujjayinî, tandis que Ptolémée place la ville indienne (Ὀζηνή) à 50 degrés E. environ d'Alexandrie. On savait en général que les Yavanas parlaient une langue particulière écrite avec des caractères spéciaux ; mais, en dépit de la sagacité grammaticale naturelle aux Indiens, la parenté du grec avec le sanscrit et les langues vulgaires de l'Hindoustan n'avait pas été remarquée. Le parler yavana est rangé parmi les langues barbares avec le tamoul, etc. ; il s'oppose, par ses transformations perpétuelles, à la langue sacrée des brahmanes ou des bouddhistes, fixée et immuable à jamais. Mais la connaissance du grec ne paraît pas s'être répandue parmi les indigènes ; elle a toujours été exceptionnelle chez les savants comme dans le peuple. Sans être familiers avec les œuvres de la pensée hellénique, les Indiens avaient subi le prestige de la science grecque. « Les Yavanas possèdent toute science », proclame la grande épopée brahmanique ; et de leur côté les Bouddhistes attribuent aux Yavanas une somme de dix-neuf sciences, supérieure au chiffre traditionnel des sciences indiennes. L'astronomie surtout, ou plutôt l'astrologie des Grecs avait provoqué l'admiration de l'Inde : « Les Yavanas ne sont que des barbares, dit un vieux traité d'astrologie ; mais c'est chez eux que l'astrologie s'est fixée, aussi doit-on les vénérer comme des saints. » Les Yavanas avaient, d'après la légende, reçu la révélation du Soleil lorsque exilé du ciel il était né à Romakapura (ville des Romains) sur le territoire yavana. Les Indiens poussèrent même l'admiration jusqu'à emprunter l'astrologie grecque sans essayer de la démarquer ; la terminologie technique passa sans changement d'une langue à l'autre (ex. : liptâ λεπτή, anaphâ ἀναφή, sunaphâ συναφή, jâmitra διάμετρος, tâvuri ταῦρος, jituma δίδυμος, leya λέων etc.). La terre yavana passait aussi pour la mère-patrie des beaux-arts. L'adresse des Yavanas en mécanique semblait même confiner à la magie : un Yavana n'avait-il pas inventé une machine qui s'élevait dans les airs et s'y déplaçait ?

Græculus esuriens in cœlum, jusseris, ibit.

Juvénal ne s'attendait guère à ce commentaire venu de si loin.

L'attitude des Grecs à table avait frappé les Indiens : « Les Yavanas s'étendent sur des lits pour manger ». Leur coiffure n'était pas un moindre sujet d'étonnement. Au lieu de porter la touffe de cheveux qui distingue les castes supérieures, les Grecs se rasaient la tête comme des vaincus. L'imagination travailla sur ce détail de costume et en inventa aisément l'explication ; on raconta qu'un ancien héros avait jadis infligé aux Grecs une terrible défaite ; il était sur le point de les exterminer quand, vaincu par les sollicitations d'un saint personnage, il consentit à les épargner, mais il leur imposa du moins, comme une humiliation perpétuelle, l'obligation de porter les cheveux ras.

L'absence des castes n'avait pas manqué de formaliser les Indiens, accoutumés aux rigoureuses divisions de la société brahmanique ; cette particularité leur avait paru si notable qu'ils avaient été conduits naturellement à y trouver une étymologie du nom Yavana. Ils regardaient avec surprise et avec dédain « ce peuple partagé en deux catégories : les maîtres et les esclaves, où les esclaves pouvaient devenir maîtres, les maîtres devenir esclaves », au lieu d'être rivés à leur condition par le seul fait de la naissance.

Le nombre et l'importance des Yavanas dans l'Inde n'avait pas tardé à imposer aux législateurs indiens la nécessité de leur ménager bon gré mal gré une place dans l'organisation brahmanique. Le prestige de leur valeur militaire, attestée par tant de brillantes campagnes, les fit assimiler à la caste guerrière des Kṣatriyas ; on les considéra comme le fruit illégal d'une union contractée entre castes inégales, comme issus d'un père kaṣtriya et d'une mère çûdra (les Çûdras sont une caste infime, exclue des rites et de la vie religieuse). D'autres les regardaient seulement comme des Kṣatriyas dégénérés, tombés au rang des Çûdras pour avoir négligé la religion et cessé de voir des brahmanes. La loi ne leur reconnaît pas de droits, mais elle leur prescrit des devoirs précis ; la plupart ont un caractère de morale générale. Leur devoir essentiel (on pouvait s'y attendre), c'est de donner sans cesse et largement aux brahmanes. Il leur est aussi recommandé d'élever des bungalows, de fonder des lits, de creuser des puits. Ce dernier précepte rappelle curieusement les inscriptions de Nâsik et de Junnar, en l'honneur de plusieurs Yavanas qui avaient fait creuser des citernes.

Le rôle historique des Yavanas se mesure, aussi bien que par des documents positifs, à la place qu'ils occupent dans la légende. Ils figurent à nombre de reprises dans la grande épopée brahmanique tantôt comme les alliés et tantôt comme les adversaires du héros. Arjuna, le second des cinq Pâṇḍava, triomphe du roi Sumitra appelé aussi Dattâmitra qui commandait aux Yavanas et régnait sur les Suvîras (cours inférieur de l'Indus). Il semble qu'on reconnaît aisément sous le nom sanscrit le roi Démétrius qui étendit ses conquêtes par delà l'Indus ; la ville de Dâttâmitrî dans le territoire des Suvîras, patrie du Yavana Idâgidata, avait sans doute reçu, comme Séleucie, Antioche etc., le nom de son fondateur. Aux fiançailles de l'héroïne Draupadî, comme au cours de la guerre ultérieure, figure avec éclat le souverain des Yavanas, maître suprême de l'Occident, roi des rois, Bhagadatta ; il dispose d'une armée puissante où les Yavanas se mêlent aux Cînas (Chinois), aux tribus montagnardes, et aux barbares venus des bords de l'Océan. Ligué d'abord avec les ennemis des Pâṇḍava, Bhagadatta subit une défaite écrasante ; mais Arjuna son vainqueur ne veut pas abuser de la victoire ; il impose au vaincu un tribut et un traité d'alliance, et dès lors le roi yavana est un des plus fidèles auxiliaires de ceux qu'il avait combattus. Si on admet une hypothèse ingénieuse autant que vraisemblable, Bhagadatta serait comme une traduction indo-iranienne du grec Apollodotos ; l'épopée des brahmanes conserverait le souvenir précis du glorieux roi hellénique. Le divin ami d'Arjuna, Kṛṣṇa, défait et tue de son côté le Yavana Kaserumant, dont le nom inexplicable en sanscrit sonne comme un lointain écho des Césars romains. La légende du dieu Kṛṣṇa a, d'autre part, symbolisé les invasions grecques en un personnage mythique appelé : le Yavana noir, c'est-à-dire démoniaque, Kâla-Yavana. Kâla-Yavana naît dans le Dekkhan ; il est fils du saint Garga (qu'une tradition indépendante désigne comme un admirateur des Grecs) et d'une reine, que son époux légitime a offerte lui-même au saint. Il entre dans la coalition dirigée contre Kṛṣṇa par son adversaire acharné Jarâsandha et part à la tête d'une armée nombreuse pour assiéger Mathurâ, la ville de Kṛṣṇa. Kṛṣṇa évacue la ville en hâte, établit ses sujets au bord de la mer sur la côte du Kattiawar, revient faire face à son ennemi. Mais Kâla-Yavana meurt d'une mort surnaturelle ; il est brûlé par les regards du vieux roi Mucukunda qu'il a par sa maladresse réveillé d'un sommeil plusieurs fois séculaire.

La nature des relations entre l'Inde et l'hellénisme, à en juger sur les documents indiens, laisse à penser que l'Inde a pu subir l'influence de la civilisation grecque. Les faits justifient cette supposition. L'écriture grecque connue dans le Penjab dès l'expédition d'Alexandre, aussitôt adoptée par les princes indigènes qui s'empressent de battre monnaie à la grecque, se maintient pendant deux siècles sur les monnaies des Indo-Grecs, accolée aux caractères indigènes, et après la chute d'Hermaios les envahisseurs scythiques continuent cet usage jusqu'au jour où les lettres grecques, vides de son comme d'expression, ne servent plus qu'à tracer des *arabesques* décoratives autour de l'effigie royale. Des savants ont même prétendu, mais sans aucun succès, que l'alphabet indien était sorti directement de l'alphabet grec ; une autre théorie, en faveur aujourd'hui, attribue à l'invasion hellénique l'introduction et la propagation de l'écriture dans l'Inde. Les arts de la Grèce y ont subsisté plus longtemps encore que les caractères grecs et se sont répandus sur un plus vaste domaine. La sculpture grecque a produit dans l'Inde des chefs-d'œuvre originaux sous une inspiration nouvelle ; les musées de Lahore et de Londres ont déjà une riche et admirable collection de statues et de débris mis à jour par les fouilles des archéologues. La côte occidentale et jusqu'à l'Orissa sur le golfe du Bengale ont le droit de revendiquer une place dans l'histoire générale de la sculpture grecque. L'architecture grecque a fait aussi école dans l'Inde ; les trois grands genres y ont même chacun leur domaine propre : l'ionique à Taxile, le corinthien dans le Gandhâra, le dorique au Cachemire. L'influence artistique de l'Occident semble s'être exercée avec plus d'intensité sous l'empire romain : les œuvres ont le caractère plutôt romain que grec. Les sculptures romano-bouddhiques semblent en particulier faire pendant aux sculptures romano-chrétiennes des Catacombes. La peinture grecque avait aussi, à n'en pas douter, provoqué l'admiration et l'émulation des Indiens ; la fragilité de ses productions les a, dans l'Inde comme chez les peuples classiques, dérobées à l'histoire, mais on en retrouve un curieux reflet dans l'art bouddhique de la Chine et du Japon ; les décorateurs de l'Extrême-Orient ont emprunté à l'Inde, avec les sujets religieux, des figures traditionnelles qui sentent encore leur origine grecque. La numismatique indienne commence également à l'invasion grecque ; avant Alexandre les Indiens se servaient de métal poinçonné ; c'est des Grecs qu'ils apprirent à graver l'effigie et le nom royal. C'est aussi des Grecs qu'ils paraissent avoir reçu l'idée d'une ère ; du moins un comput chronologique fixe le sacre de Candragupta en 312 av. J.-C., l'année qui sert de point de départ à l'ère des Séleucides. L'étude comparée des deux lexiques révèle des emprunts matériels, confirmés parfois par les témoignages littéraires : tels le frein du cheval, la mine, l'étain, le musc, l'encre, le calame, etc.

Nous avons signalé déjà l'admiration provoquée par les astronomes yavanas dans l'Inde. Les savants indiens, malgré leur vanité jalouse, allèrent jusqu'à sacrifier leurs vieilles doctrines pour y substituer tout d'un coup le système occidental. L'astronomie grecque, telle qu'elle s'était fixée pendant le cours du IVe siècle ap. J.-C., passa tout entière dans l'enseignement brahmanique avec ses lois, ses règles, ses procédés et même sa terminologie. L'emprunt dut nécessairement être contracté entre 350 et 450 ; malheureusement nous ignorons la voie de transmission. Les traités sanscrits paraissent mentionner Speusippos ou Aphrodisios, Paul d'Alexandrie, Manéthon, Ptolémée ; mais les noms de ces personnages sont si déformés que les identifications restent douteuses. Le fait, du moins, est certain ; dès le XVIIIe siècle un missionnaire français, le P. Pons, avait indiqué les origines grecques de l'astronomie hindoue.

Puisque les Indiens ont reçu des Grecs une science entière avec son appareil technique, il est permis de se demander si l'influence grecque ne s'est pas exercée plus profondément encore et si elle n'a pas pénétré dans la littérature. Un problème attachant d'histoire intellectuelle se pose : Est-il possible de discerner dans les œuvres de la littérature indienne l'imitation des modèles grecs ? La question est débattue depuis quarante ans environ avec passion, et trop souvent aussi avec partialité. Les indianistes se sont divisés en deux camps, acharnés l'un à attaquer, l'autre à défendre quand même l'originalité du génie indien. L'enthousiasme soulevé par la sagesse indienne pendant vingt siècles dans l'occident semble avoir amené une réaction violente jusqu'à l'excès : l'Inde ne serait qu'un corps exsangue et inerte, heureusement vivifié par l'esprit grec. Cependant les preuves de détail alléguées jusqu'ici à l'appui de la nouvelle théorie manquent de solidité. Les épopées comparées ont présenté, avec des rapports inévitables dans les ouvrages du même genre, des différences essentielles et irréductibles. La fable du Râmâyaṇa et celle de l'Iliade n'ont que des ressemblances superficielles; les analogies de caractères et de situations sont inhérentes à la poétique même de l'épopée.

C'est surtout autour du théâtre indien que la discussion s'est engagée et continue à se prolonger. Après un échange de sentiments contradictoires, le débat est entré dans le détail ; des observateurs méticuleux ont dressé l'inventaire exact et précis des analogies entre le drame indien et le drame grec : la division de la pièce en actes, l'emploi des mêmes conventions scéniques, le nom du rideau appelé *la grecque*, l'introduction de femmes-soldats appelées les *Grecques*, comme figurantes dans le personnel des rois de théâtre, les détails d'intrigue communs aux deux littératures, la ressemblance des personnages indiens avec les types classiques, et l'usage du prologue. Nous avons discuté minutieusement ces analogies dans notre ouvrage sur *Le Théâtre Indien*, et nous avons établi le caractère factice ou forcé des rapprochements proposés. La poétique du drame a des lois universelles, imposées par les nécessités de l'art sous tous les climats ; mais le théâtre indien est la production naturelle et harmonieuse du génie indien en sa pleine indépendance et en sa pleine force. Il convient seulement de reconnaître que les μουσικὰ παιδισκάρια, les jeunes musiciennes importées dans l'Inde par les trafiquants grecs ont pu, par le spectacle de leurs jeux, arrêter l'attention des littérateurs sur les représentations dramatiques et hâter la maturité de la littérature dramatique. Excité par une sorte d'émulation l'art indien aura franchi plus vite les dernières étapes de l'évolution qui le conduisait à Çakuntalâ.

L'Inde, si longtemps tenue pour la mère des fables, a failli par un retour analogue passer pour la plagiaire des fables ésopiques ; son originalité semble pourtant hors de conteste ; le dogme de la transmigration conduisait naturellement l'esprit indien à l'apologue. Le roman littéraire a paru se rattacher également aux modèles grecs, à Héliodore, à Achille Tatius, comme si l'influence du mauvais goût et de la décadence grecques était nécessaire pour expliquer les puérilités raffinées des romanciers hindous ! C'est en vérité trop faire d'honneur à l'Inde que de lui dénier une pareille originalité. De même, malgré les rapprochements ingénieux entre l'Occident et l'Inde, les juges expérimentés considèrent comme indiscutable l'indépendance de la philosophie indienne.

L'influence grecque paraît se trahir dans un autre ordre de communications ; des contes populaires, des histoires merveilleuses, des récits légendaires ont pu passer de l'Occident dans l'Inde par l'intermédiaire des trafiquants, des matelots, des illettrés, entrer ainsi dans la tradition populaire, et lentement émerger plus tard dans la littérature. C'est par une telle transmission que des récits homériques, par exemple, ont pu trouver place dans les chroniques cinghalaises.

Ainsi le domaine de l'hellénisme dépasse à l'Orient le royaume syrien et même les provinces reculées de la Bactriane. L'Inde y entre à son tour, et elle y entraîne avec elle les lointaines nations de l'Extrême-Orient qui gravitent dans son orbite. Le génie grec devient ainsi, par un suprême et juste honneur, le centre et le nœud de l'histoire universelle. Le peuple incomparable qui a servi d'éducateur à l'humanité n'est, en apparence, connu des Indiens que comme une tribu barbare, qui marque son étrangeté dans ses institutions sociales, dans ses usages, dans son costume, aussi bien que dans sa langue et son écriture. L'Inde se borne à constater que les Yavanas ignorent la belle division des castes, qu'ils mangent couchés, qu'ils portent les cheveux ras, qu'ils parlent une langue en perpétuel devenir ; elle sait qu'ils pratiquent le commerce, qu'ils ont des ports et des vaisseaux. Cependant elle est obligée de reconnaître leur vertu militaire et d'admirer à contre-cœur leur science universelle. En dépit de sa haine et de son mépris, elle enregistre leurs victoires, leurs conquêtes et complète sans le vouloir l'histoire de ses adversaires. Elle rappelle leurs expéditions triomphantes jusqu'au cœur de l'Hindoustan, elle entretient le souvenir des principautés qu'ils ont fondées sur ses côtes et jusqu'en plein Dekkhan ; elle garde leurs monuments, elle préserve leurs noms, elle les introduit dans le cycle de ses antiques légendes et elle les y glorifie. Elle propage au dehors leur nom odieux et envié ; elle le porte par delà le Gange, et lui assure une survivance inattendue jusque dans l'Indo-chine. C'est en vain qu'elle veut les maudire ; toujours elle leur rend hommage. En vain son orgueil cherche à dissimuler ses emprunts : la science rétablit la vérité et assigne au génie grec une part éminente dans le développement du génie indien. Il faut à l'Inde comme au reste du monde le contact béni de ce génie bienfaisant pour la féconder et lui donner la maturité. Nourrie jusque-là de métaphysique et de contemplation, l'Inde aussitôt qu'elle touche la Grèce entre dans le réel et appartient à l'histoire. Elle demande à la Grèce ses arts et ses sciences, sa sculpture et son architecture, sa peinture, son astronomie, son monnayage ; elle lui doit peut-être même d'avoir hâté par une noble émulation son développement littéraire. Elle lui doit enfin jusqu'à sa propre gloire ; enfermée dans son isolement dédaigneux, la civilisation brahmanique aurait vieilli et disparu peut-être sans être connue ou même soupçonnée hors de ses frontières ; c'est la Grèce qui lui a ouvert le monde, qui lui a permis d'y exercer une longue et légitime influence ; c'est grâce aux récits et aux fables des Grecs que l'Inde séduit encore par un prestige magique l'imagination du moyen âge, qu'elle excite la curiosité, qu'elle attire les voyageurs et qu'elle entraîne Christophe Colomb à la recherche des Indes Occidentales, à la découverte d'un nouveau monde.

LE BOUDDHISME ET LES GRECS

Malgré les relations ininterrompues du monde hellénique avec l'Inde depuis l'expédition d'Alexandre jusqu'aux derniers temps de l'empire romain, la littérature grecque a presque ignoré l'existence du bouddhisme ou du moins l'a fort mal connu. La définition des *Sarmanes* chez Mégasthène et les écrivains qui le copient est si vague et si incolore qu'elle a provoqué chez les indianistes des interprétations absolument contradictoires. Von Bohlen [1] et Schwanbeck [2] y reconnaissent les moines bouddhistes désignés en sanscrit par le nom de *çramaṇa* ; Childers [3] confirme leur opinion par la valeur strictement bouddhique du mot *samaṇo* en pali ; Cunningham [4] la corrobore par des arguments tirés d'une phonétique invraisemblable. Colebrooke [5], Lassen [6] et Beal [7] s'accordent au contraire à repousser ce système et considèrent les sarmanes comme des brahmanes orthodoxes. Les samanaioi mentionnés par Alexandre Polyhistor (80-60 av. J.-C.) comme les prêtres de la Bactriane sont incontestablement des moines bouddhiques ; leur nom, tiré de la forme vulgaire de samaṇa, se retrouve dans la même région, de longs siècles plus tard, légèrement altéré en *shaman* [8]. Clément d'Alexandrie [9] à la fin du IIe siècle et Cyrille [10] pendant la seconde moitié du IVe copient avec une fidélité servile les renseignements d'Alexandre Polyhistor. Bardesane [11] vers le milieu du IIe siècle ajoute aux maigres informations de ses prédécesseurs quelques détails précis noyés dans bon nombre de fictions. Origène [12] au cours du IIIe siècle

1. *De Buddhaismi origine et ætate definiendis*, p. 31 sq.
2. *Megasth. Indic.*, p. 45 sq.
3. *Pâli dictionary*, s. v. *samaṇo*.
4. *Bhilsa topes* XII.
5. *Essays*, II, 203-4.
6. *Ind. Alt.*, II², 706.
7. *Ind. Antiq.*, IX, 122.
8. *Shâh : Nameh*, 1033, 4.1160,2.
9. *Stromat.*, I.
10. *Contra Julian.*, L. XV.
11. Cité dans Porphyr., *De abstin.*, IV, 17.
12. *Contra Celsum*, I, 24.

et saint Jérôme[1] à la fin du IVe distinguent, sur la foi de Bardesane, les brahmanes et les samanaioi sans connaître d'ailleurs les différences fondamentales de leurs doctrines. Le nom du Bouddha paraît pour la première fois chez Clément d'Alexandrie[2] : « Il y a des Indiens, écrit-il, qui croient aux préceptes de Boutta ; et ils l'adorent comme un dieu à cause de sa majesté extraordinaire ». Saint Jérôme deux siècles plus tard rappelle sa naissance merveilleuse : « La constante tradition des Gymnosophistes prétend que Budda, le chef de leur dogme, sortit du flanc d'une vierge[3] ». Consacré par les Pères de l'Église, le nom immortel du réformateur indien pénètre jusque dans les brumes du moyen âge. Un contemporain de Louis le Débonnaire, Ratramnus[4], oppose à la nativité du Christ les fables « des bragmanes sur la naissance de Budda, l'auteur de leur secte ».

Alors s'éteint dans l'Occident le dernier écho de l'incomparable révolution religieuse que les rives du Gange avaient enfantée treize siècles auparavant. Tandis que le bouddhisme propageait ses préceptes de douceur et de charité dans l'Inde, dans l'Irân et le Turân, au Tibet, en Chine, au Japon, dans la presqu'île indochinoise et dans l'archipel indien, le monde hellénique, à le juger sur sa littérature, restait obstinément fermé aux ardents missionnaires de la Bonne Loi ; quand des millions de voix humaines invoquaient chaque jour, dans l'Orient, l'inépuisable bonté et la miséricorde infinie du Buddha, l'Occident entendait à peine proclamer son nom trois fois dans un espace de mille années. Une inexplicable fatalité fermait la moitié du monde à la doctrine bienfaisante qui convertissait, sans le secours des armes, les races les plus variées, les nations civilisées et les tribus barbares. Les témoignages de l'Inde si souvent et si injustement dédaignés dissipent l'illusion, renversent un préjugé fondé sur les documents d'origine gréco-romaine, et y substituent une vue plus exacte et plus vraisemblable.

L'active propagande du bouddhisme entame le monde grec dès sa première expansion officielle. Lorsque le petit-fils de ce roi Candragupta, qui avait assisté aux victoires d'Alexandre, adopta les doctrines du Tathâgata, son zèle religieux d'accord avec ses ambitions politiques l'engagea à propager et à protéger en dehors même de ses frontières la bonne religion. Le treizième édit de Piyadasi, gravé vers 258 avant Jésus-Christ, proclame ses conquêtes religieuses. « C'est dans ces conquêtes de la religion que le roi cher aux Devas trouve son plaisir, et dans son empire et sur toutes ses frontières, dans une étendue de bien des centaines de yojanas. Parmi ces voisins sont Aṃtiyoko roi des Yavanas, et au nord de cet Aṃtiyoko quatre rois : Turâmaya, Aṃtikini, Maka, Alikasudara... chez

1. *Contra Jovian.*, pt. I.
2. *Stromat.*, I, XV.
3. *Op. laud.*, *ib.*
4. *De Nativit. Christi*, III ; *ap.* Lassen, III, 370 n.

les Yavanas et les Kâmbojas... partout on se conforme aux instructions religieuses du roi cher aux Devas. Là où ont été dirigés des envoyés du roi cher aux Devas, là aussi, après avoir entendu, de la part du roi cher aux Devas, les devoirs de la religion, on se conforme maintenant et on se conformera aux instructions religieuses, à la religion... C'est ainsi que la conquête s'est étendue en tous lieux » [1]. Le nom des Yavanas cité deux fois dans cette inscription désigne expressément les peuples helléniques [2]; les rois mentionnés ont été reconnus sans difficulté dès les premiers déchiffrements. Piyadasi se flatte d'avoir porté les conquêtes de la religion chez Antiochus, roi de Syrie, Ptolémée, roi d'Égypte, Antigone roi de Macédoine, Magas de Cyrène et Alexandre d'Épire. Alexandre d'Épire, dont Açoka inscrivait le nom sur les rochers de l'Inde, était le fils même de ce Pyrrhus qui montra le premier aux Romains la savante tactique de la Grèce et les redoutables éléphants de l'Orient. Ainsi, à en croire Açoka, le bouddhisme aurait atteint dès son premier essor l'extrême limite du monde hellénique. Mais l'épigraphie a son optique spéciale, et il faut se garder d'en être la dupe. Les relations du roi Maurya avec la Syrie sont confirmées par l'histoire; la dynastie de Ptolémée entretenait aussi avec l'Inde des rapports diplomatiques. Philadelphe, le contemporain de Piyadasi, avait envoyé à son prédécesseur un ambassadeur nommé Dionysios; les autres noms empruntés peut-être au protocole de chancellerie ont passé par surcroît à la suite des premiers; peut-être aussi dans sa ferveur un peu naïve Piyadasi avait-il envoyé vers ces régions lointaines des missionnaires qui n'atteignirent probablement jamais leur but. Le nombre de ces missionnaires envoyés à l'étranger devait être considérable; l'édit de Sahasarâm mentionne « deux cent cinquante-six départs de missionnaires » [3]. Le cinquième édit qui détermine les attributions des fonctionnaires appelés Surveillants de la religion place les Grecs dans leur ressort : « Ils s'occupent des adhérents de toutes les sectes, en vue de l'établissement de la religion, du progrès de la religion, de l'utilité et du bonheur des fidèles de la religion; ils s'occupent chez les Yavanas, les Kambojas, les Gandhâras... et les autres populations frontières, des guerriers, des brahmanes, et des riches, des pauvres, des vieillards en vue de leur utilité et de leur bonheur, pour lever tous les obstacles devant les fidèles de la religion; il s'occupe de réconforter celui qui est dans les chaînes, de lever pour lui les obstacles, de le délivrer parce qu'il est chargé de famille, parce qu'il a été victime de la ruse, parce qu'il est âgé [4] ». Antiochus et les Grecs sont encore nommés dans le second édit : « Partout, dans le territoire du roi Piyadasi cher aux

1. Senart, *Inscriptions de Piyadasi*, I, 310.
2. Cf. mon ouvrage : *Quid de Græcis veterum Indorum monumenta tradiderint*; Paris, Bouillon, 1890.
3. Senart, *op. laud.*, II, 196.
4. *Ib.*, I, 143.

Devas, et aussi des peuples qui sont sur ses frontières... dans le territoire d'Aṃtiyoko le roi des Yavanas et aussi des rois qui l'avoisinent, partout le roi Piyadasi cher aux Devas a répandu des remèdes de deux sortes, remèdes pour les hommes, remèdes pour les animaux [1] ». La piété active d'Açoka étendait ainsi de plusieurs manières son action en pays grec ; il y dépêchait des missionnaires chargés de répandre la Bonne Parole ; il y installait des consuls pour défendre les intérêts et la liberté des fidèles contre l'envie et la persécution : il y fondait des œuvres de charité, des hospices, des asiles, enseignait en dehors de l'Inde par son propre exemple le respect de la vie et la pitié pour tous les êtres. La chronique cinghalaise confirme par l'autorité d'une antique tradition le témoignage positif de l'épigraphie. Le Mahâvaṃso, le Dîpavaṃso et le Sutta-vibhanga de Buddhaghosa [2] rapportent en termes presque identiques la conversion des Yavanas sous le roi Devânaṃpiyotisso et le Dhaṃmâsoko. « En ce temps-là le thero Mogaliputto... réfléchit à l'avenir. Il vit que le temps était venu d'établir la religion dans les pays voisins, et au mois kattiko il envoya le thero Majjhantiko au Kasmir et en Gandhâra... et le thero Mahârakkhito dans le monde Yavana... le saint Mahârakkhito allant dans le domaine des Yavanas prêcha au milieu de la foule le sutta Kâlakârâma. Cent soixante-dix mille (ou : cent trente-sept mille) personnes se convertirent ; dix mille entrèrent dans les ordres ».

Déjà le pays Yavana, qui venait à peine de connaître la religion nouvelle, lui donnait des apôtres. Parmi les missionnaires choisis par Moggaliputto se trouvait un homme du pays grec. « Il envoya le thero Yavana Dhaṃmarakkhito au pays d'Aparantaka (contrées à l'extrémité de l'Occident)... Le thero Yavana Dhaṃmarakkhito étant allé au pays d'Aparantaka, prêcha au milieu du peuple le sutta Aggikhandopama ; là il versa l'ambroisie de la loi à soixante-dix mille âmes. Un millier d'hommes, un nombre plus grand encore de femmes, nés de familles kṣatriyas, entrèrent alors dans les ordres ».

Après la mort d'Açoka commence la décadence de la dynastie Maurya. Sur les confins du royaume syrien et de l'Inde s'élève un état indépendant qui couvre d'abord la Bactriane, s'étend dans la vallée de Caboul, envahit l'Inde, porte ses armes victorieuses jusqu'aux bouches de la Narmadâ vers le Sud, et vers l'Est jusqu'à la capitale des Mauryas, Pâṭaliputra (Patna). Tantôt morcelé, tantôt rassemblé par une main puissante, il reste pendant deux siècles soumis à des dynastes helléniques. Les princes gréco-bactriens et les princes indo-grecs continuent sans interruption à porter des noms purement grecs ; ils gravent sur leurs monnaies des caractères grecs, des titres grecs, des divinités grecques ; lors même qu'ils juxtaposent la langue grecque et la langue indigène, ils gardent avec orgueil la pureté de leur nom intacte : Lysias, Apollodotos, Nicias, Demetrios, s'associent

1. *Ib.*, I, 73.
2. *Mahâv.*, p. 71 et 74 ; *Dîpav.*, VIII, 7, 9 ; *Suttavibh.*, I, 317.

tant bien que mal au titre de maharaja. Zeus, Pallas, Poseidon, Apollon, Heraklès attestent sur les monnaies la fidélité de ces enfants perdus aux cultes de la patrie[1].

Pourtant certains indices trahissent plus que des concessions à la religion locale. Un des premiers et peut-être des plus puissants héritiers de Diodote, Agathoklès Dikaios (le Juste), qui frappe d'admirables monnaies à l'effigie d'Alexandre le Grand et de ses prédécesseurs immédiats, qui prend pour marque personnelle un Zeus debout, appuyé sur un sceptre et portant dans sa main une Hékaté, a laissé de plus une pièce étrange, qui tranche violemment par tous ses caractères avec le reste de son monnayage. Il en existe plusieurs exemplaires, à Londres, à Oxford, et dans la collection Cunningham. La pièce est en bronze ; elle n'est pas carrée ou ronde comme *toutes* les autres monnaies de la série indo-grecque, mais triangulaire, avec un côté légèrement arrondi, et forme comme un quart de cercle mal tracé ; au jugement de Sallet dont la compétence est indiscutable, elle est taillée à même au lingot. L'étrangeté de la forme concorde avec l'étrangeté de la description et des images. Seule, elle porte une légende en caractères indo-ariens, tandis que les autres ne présentent que des légendes grecques, ou si elles y associent la langue indigène l'écrivent du moins en caractères indiens. Sur la face est gravé un stûpa bouddhique, formé par trois étages de pyramides aux angles adoucis ; au sommet de l'édifice brille une étoile, sur le revers un arbre entouré d'une barrière en lattes croisées, conforme à la représentation traditionnelle du bodhidruma, l'arbre au pied duquel le Bouddha vit la vérité suprême.

Au bas du stûpa, le nom : Akathukreyasa, génitif indien du nom d'Agathoklès à peine altéré par la transcription ; sous l'arbre de bodhi se lisent ces lettres : *hidujasame*.

L'emploi du nom royal sans l'accompagnement d'un titre pompeux est contraire aux usages constants du monnayage indo-grec ; Agathoklès lui-même s'intitule partout ailleurs : basileuôn, basileus et râja. Aussi von Sallet, par instinct de numismate et sans consulter la linguistique, traduisait hardiment *hidujasame* par « Roi des Indiens ». L'analyse est impuissante, il faut l'avouer, à reconnaître dans le mot les éléments d'une telle interprétation. M. Bendall, dans le catalogue de Percy Gardner, explique *hidujasame* comme un équivalent par à peu près du grec *dikaios* : « just to those born on the Indus », juste aux natifs de l'Indus ; et il ajoute en remarque : *same* est le sanscrit *samaḥ* (nominatif). Sans discuter la probabilité du nominatif en e, nous nous contenterons d'observer l'étrangeté d'une syntaxe qui construit avec un nom au génitif une épithète au nominatif. Nous croyons qu'une autre division des lettres donne une explication plus correcte et

1. Cf. *The coins of the Greek and Scythic kings of Bactria and India in the British Museum*, a catalogue by Percy Gardner, London, 1886. — *Die Nachfolger Alexanders des Grossen in Baktrien und Indien* von A. von Sallet, Berlin, 1879.

plus acceptable. Nous séparons *hidujasa* et *me*, qui sont tous deux des génitifs comme *Akathukreyasa* et nous traduisons : « De moi, Agathoklès, Indien de naissance ». Les inscriptions des Achéménides d'une part, celles de Piyadasi de l'autre, nous ont familiarisés avec ce formulaire de chancellerie qui fait parler directement le souverain. Le génitif en épigraphie entraîne l'idée de donation. Nous proposons donc d'interpréter cette pièce comme une sorte de médaille commémorative. Agathoklès, soit par conviction, soit par politique, aurait élevé un stûpa et aurait revendiqué à cette occasion la qualité d'indien, qui pouvait le rendre populaire parmi ses sujets. Quelle que soit d'ailleurs la valeur de notre opinion, le caractère bouddhique de la pièce n'en est pas moins à l'abri de toute contestation.

Environ un demi-siècle après Agathoklès, le symbolisme bouddhique apparaît sur une monnaie du roi Ménandre. Ménandre Soter, *mâhâraja* (*sic*) *trâdata*, règne dans le Penjab et ne frappe que des monnaies bilingues. Pallas est sa divinité favorite ; il lui substitue parfois une tête de buffle ou bien d'éléphant, un lion, un trépied, une palme ; Athenè n'en demeure pas moins sans rivale. Mais une monnaie carrée en bronze porte un emblème que la Grèce ne saurait expliquer. La légende : *basileôs sôtêros Menândrou*, en lettres grecques, encadre une roue à huit rais ; le revers porte une massue avec la légende : *mâhârajasa trâdatasa Menadrasa*. La roue est un des emblèmes favoris du bouddhisme, car c'est le Bouddha qui a fait tourner la roue de la loi ; on la retrouve sur tous les monuments, à Bharhut, à Sanchi, à Buddha Gayâ, etc. Le hasard du classement a rapproché de cette monnaie dans le catalogue de Percy Gardner une autre qui paraît en compléter les indications : Ménandre y néglige son titre constant de Sôtêr, en indien trâdata, pour l'épithète *dikaiou*, en indien *dhramikasa*. Le mot grec semble être ici la traduction plus littérale qu'exacte du mot indien ; dhramika, variante de dharmika, indique chez les Bouddhistes un fidèle de la Bonne Loi, Sad-Dharma, un orthodoxe.

Le bouddhisme du roi Ménandre n'est pas d'ailleurs simplement conjectural ; il est attesté et célébré par la tradition bouddhique. Un ouvrage du canon pali, dont l'original s'est perdu chez les Bouddhistes du nord a pour sujet : les questions de Ménandre, Milinda-pañho. Le roi des Yavanas, Milinda, qui règne à Sagala (près Lahore) aime, en digne héritier des dialecticiens et des sophistes, à passer ses heures de loisir en controverses religieuses. Il triomphe tour à tour des docteurs les plus illustres, mais un jour le saint Nâgasena vient à la capitale, explique au roi la métaphysique du bouddhisme, dissipe ses doutes, anéantit ses objections, et Milinda conquis se convertit de bonne grâce [1]. La Grèce même avait appris par un écho affaibli la glorieuse sainteté du roi Ménandre. Plutarque

1. *Milinda-panho*, éd. Trenckner, Londres, 1880. — Le premier volume de la traduction par M. Rhys Davids vient de paraître : *Sacred Books of the East*, Oxford, 1890.

raconte qu'après la mort de ce prince, les cités se disputèrent la possession de son cadavre, s'en partagèrent pieusement les reliques et les adorèrent[1].

Agathoklès et Ménandre affirment leur foi par des symboles ; leur orthodoxie semble se refuser à transporter dans le bouddhisme le goût anthropomorphique des cultes grecs. C'est sur les monnaies des Indo-Scythes, héritiers inattendus de la domination et de la culture grecques, qu'on voit pour la première fois figurer l'image du Bouddha. Si ce n'est point un artiste grec qui l'a gravée, c'est du moins l'art grec qui l'inspire. Sur une des monnaies de Kaniṣka, qui semble fondre dans un éclectisme insouciant tous les cultes, tous les dogmes et tous les dieux, est représenté un personnage debout, vu de face, nimbé, vêtu du chiton et de l'himation, la main droite en avant ; la légende en caractères grecs écrite à sa droite porte : Boddo. La convention n'a pas encore fixé les traits et l'attitude de Çâkyamuni ; la figure n'a pas de rapport avec le type classique. Une autre monnaie de Kaniṣka montre pourtant ce type. Le Bouddha est assis, vu de face, les jambes croisées, une main posée sur les genoux, l'autre élevée en l'air ; la légende incomplète porte *..go Boudo.*

Les rois grecs n'étaient pas les seuls à embrasser la nouvelle religion de l'Inde ; les particuliers, établis dans des comptoirs disséminés sur la côte des bouches de l'Indus au delta du Gange, l'adoptaient et la servaient avec la même ferveur. Les admirables temples hypogées de Karli, de Kaṇheri, de Junnar, de Nâsik, à l'entour de Bombay, prouvent encore par leurs inscriptions la piété habile ou sincère des Grecs installés dans la région[2]. Un Grec, Irila, avait fait creuser à ses frais deux citernes pour l'usage des religieux à Junnar ; un autre, Ciṭa, avait fait construire un réfectoire pour la communauté. A Nâsik, le Grec Idâgidata, fils de Dhammadeva, natif du pays du nord, habitant de Damtâmitî, fait creuser une crypte dans le mont *Tiramnhu* et fait élever à l'intérieur un reliquaire (caitya-gṛha) ; en outre il fait creuser trois citernes en l'honneur de son père et de sa mère ; en compagnie de son fils Dhammarakkhito, il offre à la communauté une crypte, creusée en l'honneur de tous les Bouddhas. A Karli un Grec, Dheṇukâkaṭâ, Grec selon la loi, donne au temple un pilier avec un chapiteau orné de lions. Le même nom se retrouve à Kaṇheri associé au souvenir d'autres bienfaits.

Les prédications des missionnaires continuaient cependant à propager le bouddhisme en dehors de l'Inde. Sous le règne de Duṭṭhagâmaṇi, roi de Ceylan vers le milieu du IIe siècle avant Jésus-Christ, l'inauguration du grand stûpa (Mahâthûpo) attira des bhikkhus de tous les pays ; il en vint de Bénarès sous la conduite du thero Dhammaseno, de Çrâvasti sous la conduite du thero Piyadassi, et de Vaiçâli, et de Kauçâmbî et de Pâṭaliputra, et du Kashmir ; et du pays des Pallavas (Pahlavas, Parthes) vint le grand sage Mahâdevo avec quatre cent soixante mille

1. Reipubl. gerend. princip., 28.
2. V. les textes dans mon travail : *Quid de Græcis*, etc., p. 5-6.

prêtres ; et d'Alasando la ville des Yonao (Grecs) le thero Yona (Grec) Mahâdhammarakkhito amena trente mille bhikkhus[1]. Alasando est, à n'en point douter, Alexandrie, soit Alexandrie du Caucase, soit même Alexandrie d'Égypte ; l'astronomie indienne réserve exclusivement à cette dernière ville le titre de ville des Yavanas, et le Milinda-pañho la cite parmi les grands ports de commerce[2].

Un récit curieux montre même la Grèce associée à l'Inde dans son œuvre de prosélytisme. L'historien arménien Zénob de Klag raconte[3] qu'au temps du roi Valarsace, deux Indiens nommés Gisané et Démètr vinrent lui demander asile ; ils avaient fui devant la colère de leur souverain Tinaskeh. Valarsace leur assigna en jouissance le pays de Daron, où ils fondèrent la ville de Vishap. Bientôt après, ils se rendirent dans la ville voisine d'Achtichtat et y élevèrent des idoles adorées dans l'Inde. Leurs fils dressèrent sur le mont Karké deux idoles en cuivre, l'une de douze coudées de haut, l'autre de quinze. La colonie indienne se développa d'une manière extraordinaire, et resta fidèle à ses dieux ; le christianisme conquérant dut, au témoignage de Zénob, leur livrer de rudes combats au IVe siècle pour triompher de leur résistance. Lassen a depuis longtemps reconnu sous Gisané une transcription vulgaire de Kṛṣṇa (en prâcrit, kaṇho, kasiṇo)[4], mais égaré par un préjugé injustifié, il voulait contre l'évidence ramener Démètr à un mot sanscrit. Le rapprochement d'un nom grec et d'un nom indien dans une œuvre de propagande à cette époque est conforme à la vraisemblance et donne même de l'autorité au récit de Zénob.

La paix romaine, en développant le commerce et en facilitant les voyages, rapprocha encore l'Inde et ses dogmes de l'Occident. Peu de temps avant la naissance du Christ, Athènes vit le spectacle étrange d'un *sarmane* qui, rassasié des joies de l'existence, monta nu et frotté de parfums sur un bûcher comme jadis Kalanos devant l'armée d'Alexandre. On déposa ses cendres sous un monument qui resta longtemps fameux ; le peuple, au temps de Plutarque, l'appelait encore communément : la tombe de l'Indien. Il portait une inscription que Strabon et Plutarque lurent et copièrent tous deux : Ζαρμανοχηγας Ινδος απο Βαργοσης κατα τα πατρια Ινδων εθη εαυτον απαθανισας κειται ; Zarmanochêgas, Indien de Bargosê, ayant mis fin à sa vie selon les usages de sa patrie, gît ici. Lassen, qui suit Wilson, explique le mot zarmanochêgas par çramaṇâcârya, qui s'y ramène difficilement[5]. Peut-être la

1. *Mahâvamso*, p. 171.
2. *Quid de Græcis*, p. 31.
3. *Histoire de la province de Daron*, traduction dans la *Zeitschrift für die Kunde des Morgenlandes*, 1837, vol. I, p. 235 sqq. ; et par Prudhomme dans le *Journal asiatique*, 1864. — Cf. Emin, le *Paganisme arménien* (trad. franç.), Paris, 1864, p. 30 sqq.
4. Cf. la rivière appelée par les Occidentaux Kisnâ, Kistnâ, sanscrit Kṛṣṇā.
5. *Acârya* devient en pali *âcâriyo*. — Lassen, *Ind. Alt.*, III, 60. — M. Ed. Hardy propose comme explication (*Der Buddhismus*, Munster, 1890) : *çramaṇa uṣeça*. Mais *uṣeça* n'est pas connu dans l'onomastique des personnes, et la combinaison des deux mots serait pour le moins surprenante.

seconde partie du mot doit-elle s'expliquer comme çâkyo, et le nom doit-il se traduire : moine de Çâkya, moine bouddhique. Zarmanochêgas faisait partie d'une ambassade plus ou moins authentique adressée à Auguste par un prince indien. C'est aussi par des ambassadeurs indiens envoyés à un Antonin que Bardesane reçut des informations nouvelles sur les Bouddhistes au cours du IIe siècle [1].

Les grands commissionnaires d'Alexandrie durent aussi recevoir plus d'une fois la visite de prêtres aventureux, poussés hors de leur patrie par la curiosité et le goût de l'apostolat. Dion Chrysostome signale la présence, dans Alexandrie, de Bactriens, de Scythes, de Perses, et même d'Indiens [2]. Vers la fin du ve siècle, lorsque le commerce d'Alexandrie avec l'Inde était depuis longtemps entré en décadence, un Romain qui avait été consul de Rome (en 470) et qui s'était établi ensuite à Alexandrie, Severus offrait l'hospitalité dans sa riche maison à des brahmanes qu'il traitait avec honneur et qui vivaient chez lui selon leurs propres règles. Ils ne manquaient de rien pour pratiquer leurs observances, mais ils évitaient avec soin tout ce qui allait à l'encontre [3]. Si on songe aux lois sévères qui interdisent aux brahmanes orthodoxes de quitter le territoire indien sous peine de déchéance, il n'est pas permis de douter que les hôtes de Severus étaient des bouddhistes.

Ainsi s'explique, par une lente infiltration à travers le monde occidental, la soudaine puissance du courant bouddhique qui se manifeste aux premiers siècles du christianisme. Les ressemblances frappantes du christianisme et du bouddhisme ont été signalées de longue date [4] ; l'analogie des situations et des sentiments ne suffit pas à les expliquer toutes ; il en est qui exigent l'hypothèse d'un emprunt direct. L'hérésie des Manichéens est toute imprégnée de bouddhisme ; elle tient par ses racines à un sol bouddhique. Le maître de Manès, Terebinthus, prend le surnom de Budda et se prétend né d'une vierge ; le maître de Terebinthus est Scythianus, dont le nom semble une traduction grecque de l'indien Çâkya (Çaka = Scytha) ; un des disciples de Manès s'appelle également Budda ; enfin la formule d'abjuration imposée aux Manichéens par le christianisme maudit et déteste Zaradès, Bodda et Scythianos. La légende du Bouddha finit même par prendre place entre les vies des saints (Barlaam et Josaphat). La propagande du bouddhisme s'exerçait à l'étranger à la fois, par les œuvres pies qui inspiraient le respect et la sympathie, par les prédications des missionnaires qui ne reculaient pas devant les voyages les plus dangereux, enfin par l'action des sujets helléniques établis dans l'Inde et qui retournaient après leur conversion dans leur pays natal.

Mais comment s'expliquer le silence ou l'ignorance de la littérature, si le boud-

1. Peut-être avait-il pu aussi utiliser son séjour au fort d'Ani, en Arménie, non loin de la province où s'était établie une colonie indienne (Cf. Emin, *op. laud.*, p. 55).
2. *Ad Alexandrinos*, XXXII, 672 p.
3. Damaskios, *Vita Isidori ap. Photi. Bibliot.*, p. 246 aéd. Bekker.
4. Cf. Edmund Hardy, *op. sup. laud.*, qui discute les rapports et donne une bibliographie.

dhisme a réellement pénétré les populations helléniques ? L'esprit général de la période gréco-romaine est seul responsable de cette étrangeté. Encombrés par les connaissances que les siècles antérieurs avaient accumulées, accablés par les productions de leurs devanciers, les littérateurs s'occupent plutôt de compiler que de découvrir, de copier que d'observer. Les savants compagnons d'Alexandre dans l'Inde avaient recueilli une énorme provision de notes sur le pays, le peuple, les mœurs, la faune et la flore qui défraya tout le reste de l'antiquité. La connaissance de l'Inde s'arrêta presque aussitôt après sa découverte ; six siècles de relations constantes n'ajoutent aux données d'Aristobule, de Néarque, de Ptolémée et de Mégasthène que des noms et des détails secondaires. Si l'expédition d'Alexandre avait trouvé dans l'Inde le bouddhisme florissant, les générations suivantes auraient peut-être ouvert les yeux sur son développement ; ignoré dès le principe, il resta pour ainsi dire éternellement étranger à la littérature. En outre la propagande bouddhique s'adressait sans doute aux basses classes de l'hellénisme, tournées par leur génie et leurs goûts vers l'Orient et travaillées par des aspirations messianiques que le christianisme seul put satisfaire. Isolées par les transformations profondes de la société hellénique, dédaignées et mises à l'écart, elles ne trouvaient pas parmi les lettrés d'interprète ou d'observateur sympathique. Le bouddhisme, si peu propice à la littérature dans l'Inde, n'était pas capable de provoquer à l'étranger une rénovation littéraire ; les missionnaires et les catéchumènes auraient été fort embarrassés, par la faute de leur génie ou de leur éducation, de donner une expression littéraire à leurs croyances et à leurs légendes. D'autre part les principes métaphysiques du bouddhisme n'étaient pas de nature à entraver son prosélytisme ; les masses qui donnent aux religions leur force et leur plus solide point d'appui ne s'intéressent guère aux problèmes de haute philosophie ; les Tartares et les Kalmouks en adoptant le bouddhisme n'en ont point scrupuleusement critiqué les principes fondamentaux. Le bouddhisme apportait à l'occident comme à l'orient la légende attendrissante de son fondateur, ses récits d'édification simples et touchants, et ses maximes d'amour et de charité universelles. C'était assez pour conquérir aussi des âmes helléniques. Si pourtant il n'arriva point à triompher, s'il disparut de la scène sans y laisser presque aucun souvenir, la politique et la géographie seules sont responsables de son insuccès. La frontière de terre lui était fermée à l'occident par l'empire des Parthes, si souvent troublé par les guerres et les dissensions, hostile à l'Inde et à ses croyances. La route de mer était longue et périlleuse ; les vaisseaux ne faisaient entre l'Égypte et l'Inde qu'un voyage par an. Au moment où la découverte d'Hippalos ouvrit entre les deux pays des relations plus faciles, il était trop tard pour le bouddhisme ; le christianisme avait commencé son œuvre d'apostolat.

UN NOUVEAU DOCUMENT
SUR LE MILINDA-PRAÇNA

Le dialogue du roi Ménandre et du docteur Nâgasena n'a longtemps été connu que par une seule recension. Signalé par Turnour, étudié par Burnouf, édité par Treuckner, traduit en partie par M. Rhys Davids, le texte pâli du Milinda-pañha offrait un témoignage précieux, mais sans contrôle, à l'histoire des doctrines bouddhiques et aussi des rapports entre la Grèce et l'Inde. En 1892 nous avions l'honneur, M. Specht et moi, de signaler, dans un mémoire adressé au IXe Congrès des orientalistes, deux rédactions indépendantes préservées dans le Tripiṭaka chinois et qui révélaient la langue, la forme et l'étendue de l'ouvrage original. Un nouveau document confirme aujourd'hui plusieurs de nos conclusions. Un énorme commentaire sanscrit dont Burnouf avait reconnu et proclamé l'importance, l'Abhidharmakoçavyâkhyâ, cite le nom de Nâgasena. Burnouf n'en avait pas rencontré d'autre mention dans la littérature bouddhique du Nord, et les recherches poursuivies depuis un demi-siècle n'ont rien ajouté à cet unique témoignage. Dans une note adressée au *Journal of the Royal Asiatic Society* (vol. XXIII, n. s., 1891, 476-478) M. Rhys Davids rappelait l'attention sur ce passage et en publiait le texte sanscrit. La brièveté du commentaire l'empêchait d'en saisir le sens précis et le portait à conclure que l'opinion de Nâgasena rapportée par Yaçomitra était en contradiction formelle avec la doctrine de Nâgasena dans le Milinda-pañha. Deux questions restaient encore à élucider. L'identité du nom permettait-elle d'affirmer l'identité des deux personnages ? Fallait-il imputer la mention de Nâgasena à l'auteur de l'Abhidharmakoça, Vasubandhu, ou à son commentateur Yaçomitra ? Le problème se compliquait d'une difficulté nouvelle. L'ouvrage de Vasubandhu se composait de deux parties : l'une, en six cents vers, résumait dans des formules serrées et obscures les principes de l'école sarvâstivâdin ; l'autre, en prose, glosait et développait ces aphorismes trop concis. Les kârikâs et le çâstra n'existent plus en sanscrit ; il faut, pour en prendre connaissance, recourir aux versions chinoises dues à Paramârtha (564-567 A. D.) et à

Hiouen-Tsang (651-664 A. D.). Les leçons que M. Specht m'a prodiguées avec une bienveillance inépuisable m'ont mis en état d'aborder directement l'étude de ces textes, et j'espère donner un jour une édition de l'Abhidharmakoçavyâkhyâ avec une version du traité original, indispensable, le cas de Nâgasena suffit à le prouver, pour débrouiller le fatras confus du commentateur. Réduits aux maigres données de Yaçomitra, Burnouf et M. Rhys Davids hésitaient ou s'aventuraient dans des conjectures douteuses; l'examen du koça rétablit le fait positif et certain. Voici le passage, en effet, qui répond à la glose de Yaçomitra (édit. japonaise du Ta-ts'ang-king, 1881[1]; trad. Paramârtha, vol. II, p. 35ª, l. 11 sqq; trad. Hiouen-Tsang, vol. III, p. 108ª, l. 18 sqq.).

« Comment faut-il dire? La vie (*jîva*, l'âme individuelle) fait-elle un avec le corps? ou bien en est-elle différente?..... les anciens âcâryas (maîtres) de jadis ont résolu cette question. Il y avait un bhadanta (religieux), Nâgasena [Na-kia-sien-na P., Dragon-armée H. T.], arhat [P. Il avait les trois sciences, les six facultés surnaturelles (*abhijña*), les huit délivrances (*vimokṣa*) H. T.]. En ce temps il y avait le roi Milinda[2] [Min-lin-to P., Pi-lin-to H. T.]. Il alla vers le bhadanta par désir de l'interroger et lui dit ainsi: « Je viens aujourd'hui vers le bhadanta par désir de l'interroger. Or les çramaṇas aiment beaucoup à parler. De même que j'interroge, ainsi le vénérable doit me répondre loyalement. Je te demande la permission de t'interroger ». Le bhadanta consentit à se laisser interroger. Le roi aussitôt posa une question: « La vie (*jîva*) fait-elle un avec le corps? La vie est-elle différente du corps? » Le bhadanta répondit: « Ce n'est pas là le sens de ce qui a été dit. » Le roi reprit: « Bhadanta! Comment? N'est-ce pas convenu d'avance entre le bhadanta et moi? Et maintenant que je te demande quelle différence, tu ne réponds pas à ma question! » Le bhadanta dit à son tour: « Je désire interroger le grand roi. Or les rois aiment beaucoup à parler. Le roi doit répondre loyalement comme je l'interroge. Je vais poser une question au roi. » Le roi dit: « Bhadanta, interroge donc! » Le bhadanta demanda aussitôt: « Dans le palais du grand roi les fruits des manguiers sont-ils doux ou âcres au goût? » Le roi répondit: « Dans mon palais il n'y a pas de manguiers. » Le bhadanta reprit: « Ce n'est pas là ce qui est convenu. Maintenant je te demande quelle différence, et tu ne réponds pas à ma question. » Le roi dit: « Dans mon palais il n'y a pas de manguiers; vaut-il donc mieux pour répondre parler de fruits doux ou âcres au goût? » Le bhadanta dit: « La vie (*jîva*) aussi n'est point. Comment donc pourrait-on dire qu'elle fait un avec le corps ou qu'elle en est différente? »

La citation s'arrête là; le développement se poursuit par des passages empruntés aux sûtras où le Bouddha expose en personne sa doctrine. Il reste acquis

1. Je me plais à rappeler ici que c'est à la générosité d'un de mes anciens élèves, M. Ryauon Fujishima, que la Société asiatique doit un exemplaire complet de cette précieuse collection.

2. 旻隣陀 P. 畢隣陀 H. T.

désormais que les Questions de Ménandre sont mentionnées et citées expressément dans un ouvrage du canon sanscrit appartenant à l'école septentrionale des Sarvâstivâdins, et traduit en chinois dès l'an 564. Mais la date de l'Abhidharmakoça peut se fixer avec une précision plus satisfaisante : nous croyons avoir démontré par une série de synchronismes certains que l'activité de Vasubandhu s'étend sur presque toute la durée du VIe siècle (*Journal asiatique*, XVI, 546). La préface et la traduction de Paramârtha place Vasubandhu « environ 1100 ans après le Nirvâṇa ». Mais l'incertitude du point initial laisse la date douteuse ; si l'on fixe avec la tradition singhalaise le Nirvâṇa à l'an 543 avant J.-C., la date chinoise tombe justement au milieu du VIe siècle après J.-C. Il convient d'observer en outre que l'école du Sarvâstivâda se classe comme l'école méridionale des Sthaviras dans le Petit Véhicule[1].

Le texte pâli du Milinda-pañha et les versions chinoises étudiées par M. Specht n'ont pas de passage qui corresponde au fragment cité par Vasubandhu, mais la doctrine est de part et d'autre absolument conforme ; il suffit de rappeler les passages cités par M. Rhys Davids (pages 28, 54-57, 71, 87) où Nâgasena déclare formellement à plusieurs reprises qu'il n'y a pas de jîva. A en juger par le préambule, la discussion rapportée dans le Koça se trouvait au début même de la recension employée par Vasubandhu ; l'amorce s'en retrouve peut-être dans les premières lignes du dialogue, tant pâli que chinois, où Nâgasena répond à Ménandre qui lui demande son nom : « Je suis connu comme Nâgasena, ô roi, et c'est par ce nom que mes frères en religion m'appellent. Mais quoique les parents, ô roi, donnent un nom comme Nâgasena, ou Surasena, ou Vîrasena ou Sîhasena, pourtant ce n'est là qu'un terme généralement compris, une désignation d'usage courant. Car il n'y a pas d'individualité permanente (*pudgala*). » C'est justement à propos d'une discussion sur le pudgala [2] que Vasubandhu cite les Questions de Ménandre.

Du texte original, tel que Vasubandhu l'avait transcrit, il ne subsiste qu'un seul mot, conservé dans la glose de Yaçomitra. Mais, par une heureuse rencontre, ce mot est assez expressif ; c'est d'ailleurs à son étrangeté même qu'il doit son salut. Le terme *bahuvollakâḥ*, expliqué par *bahupralâpâḥ* « qui bavarde beaucoup », répond certainement à la phrase répétée deux fois : « Les çramaṇas aiment beaucoup à parler. Les rois aiment beaucoup à parler ». C'est sans doute *bahubolakâḥ* qu'il faut lire ; et nous avons ici un des exemples les plus anciens du thème *bol* consacré par l'hindoustani dans le sens de « parler ».

La transcription du nom de Milinda chez Hiouen-Tsang : Pi-lin-to, appelle une explication ; la substitution du son *pi* au son *mi* s'explique par l'analogie du

1. M. Rhys Davids (*loc. laud.*) considère à tort l'Abhidharmakoça comme un texte du Mahâyâna.

2. 補特伽羅.

nom de Pilinda-vatsa, un arhat du cortège du Bouddha et qui figure auprès du maître dans le préambule du Lotus de la Bonne Loi.

Le document que nous avons voulu mettre en lumière peut paraître de mince importance ; pour nous, c'est un gage ou une preuve. C'est par des repères jalonnés ainsi de distance en distance que l'histoire littéraire de l'Inde sortira peu à peu du chaos inextricable où elle semblait naguère encore enfouie sans retour. L'Abhidharmakoça, nous le répétons après Burnouf et avec plus d'assurance encore, est une mine inépuisable de renseignements précieux ; Vasubandhu y a mis en œuvre et cité un nombre considérable de textes et d'auteurs. Et l'ouvrage lui-même n'est qu'un fascicule double dans la masse colossale du Tripiṭaka chinois, fidèle image de ce Tripiṭaka sanscrit qui nous est presque entièrement inaccessible, qui peut-être est à jamais perdu. Je suis heureux d'offrir ces prémices sinologiques comme un public hommage au maître dont le zèle ardent pourra faire refleurir en France les jours glorieux des Rémusat et des Stanislas Julien[1].

1. Les passages du Milinda-pañha cités par Buddhaghosa et signalés par M. Rhys Davids et M. Morris présentent une particularité bizarre et qui vaut peut-être d'être soulignée. Tous ont trait à la seconde partie de l'ouvrage, qui forme un ensemble nettement caractérisé et que les deux versions chinoises ignorent également. Si la seconde partie, comme il est vraisemblable, est une addition faite après coup, il faudrait en conclure que, dès l'époque de Buddhaghosa (vᵉ siècle), le livre avait reçu cet accroissement considérable, probablement dans les pays du Sud.

LES DONATIONS RELIGIEUSES DES ROIS DE VALABHÎ

La tradition. — La dynastie qui régna sur le Kathiawar entre le VIe et le VIIIe siècle, et qui prit pour capitale Valabhî [1], n'a laissé de souvenirs vivaces que dans la tradition des Jainas. Lorsque James Tod se mit à recueillir, pour les coordonner et les interpréter à sa manière dans une monumentale compilation [2], les légendes épiques des Rajpoutes, les Jainas encore si nombreux dans la région [3] lui révélèrent le passé glorieux de la capitale disparue « où jadis trois cents cloches appelaient les fidèles à la prière [4] » et le nom béni du prince Çîlâditya qui avait rendu à l'Église et à la Loi leur lustre ancien, terni par de longues persécutions. Le zèle pieux de Çîlâditya avait même valu au royaume de Valabhî un secours miraculeux ; touché de ses ferventes prières, le Soleil avait fait sortir d'une source qui lui était consacrée le cheval à sept têtes qui conduit son char dans les espaces célestes, et il l'avait laissé à la disposition du roi comme un gage infaillible de victoire. En vain les barbares du Nord menaçaient la ville ; leurs assauts étaient impuissants. Mais un ministre déloyal souilla clandestinement la source sacrée avec du sang, et quand Çîlâditya vint y réclamer son auxiliaire coutumier, le cheval ne parut pas [5]. Valabhî fut prise, et la dynastie issue de la Race Lunaire, chassée de la ville où elle régnait depuis l'an 318 (ap. J.-C.), émigra dans le Mewar, à Udaipur, où elle retrouva des jours glorieux.

1. Aujourd'hui la bourgade de Wala, au nord-ouest de Bhaunagar, non loin du golfe de Cambay, sur la route de Gogo à Ahmadabad. V. *Notes on the ancient city of Valabhipura*, par B. A. R. NICHOLSON, J. R. A. S., old ser. XIII, 146-163.

2. Colonel James TOD, *Annals and Antiquities of Rajasthan*, Londres, 1829, 2 vol. 4° (réimprimé à Madras, 1873). — Du même, *Travels in Western India*, Londres, 1829.

3. Le dernier recensement (1891) compte 50.332 Jainas dans le territoire du Guikowar de Baroda, 417,618 dans le Rajputana, 314,773 dans les Bombay States, 239,513 dans la division Bombay de la Bombay Presidency, 26.939 dans Ajmire, soit 1,049,175 Jainas sur un chiffre total de 1,416,638 Jainas dans l'Inde entière.

4. TOD, *Travels*, p. 268. Dans les *Annals*, I, 213, le chiffre des cloches est réduit sans explication à quatre-vingt-quatre.

5. *Annals*, I, 217 sqq.

La légende du coursier miraculeux montre l'orthodoxie jaina associée chez Çîlâditya au culte du Soleil. Tod, sur la foi d'informateurs mystérieux, affirme ailleurs que le « disque solaire et le feu, son représentant, étaient les principaux objets d'adoration de Çîlâditya de Valabhî. Y ajoutait-il l'adoration du liṅga, symbole de Bâla-nâtha (le soleil), objet essentiel du culte de ses descendants ? On peut en douter [1]».

Un document jaina publié par M. Weber [2] corrobore en partie les assertions de Tod et associe le roi Çîlâditya de Valabhî à la restauration du jainisme. L'auteur du Çatruñjaya-mâhâtmya, Dhaneçvara Sûri, se donne pour le contemporain et même pour le précepteur spirituel de cet illustre roi [3]. Vîra, le dernier Jina, prophétise en ces termes, à la fin du poème, le rôle éclatant du maître et de l'élève : « Dans le cours des temps, grâce à la force de leur science, les bouddhistes, adversaires presque invincibles dans les controverses, convertiront les rois, renverseront les autres cultes, étendront sur la terre leur religion et dévoreront tous les lieux sacrés. Alors du Çaci-gaccha, Océan, sortira, comme une lune nouvelle, un maître armé des moyens de vaincre, formé de tous les dieux, le sage Dhaneçvara. Sanctifié par des austérités sans nombre, il convertira à la religion purifiante du Jina Çîlâditya, qui commande à la ville de Valabhî. Le roi des sages obtiendra de Çîlâditya l'expulsion de tous les bouddhistes hors de son empire et fera élever dans les lieux sacrés une quantité purifiante de caityas. 477 ans après Vikramârka, Çîlâditya sera le restaurateur de la foi [4]. » L'authenticité de l'œuvre, admise par M. Weber, qui reconnaissait dans Çîlâditya le roi du Mâlava mentionné sous ce nom par Hiouen-Tsang, a été rejetée sans discussion par M. Bühler, qui en fait descendre la date jusqu'au XIIIe siècle [5]. Les découvertes épigraphiques rendent désormais évidente la fraude du prétendu Dhaneçvara [6].

La tradition religieuse des Jainas connaît encore un autre roi de Valabhî. Les commentaires du Kalpa-Sûtra rapportent une lecture publique de ce texte sacré faite à Ânanda-pura devant Dhruvasena et sa cour, en vue de consoler le prince

1. *Ib.*, 219.
2. *Ueber das Çatruñjaya-mâhâtmyam*, par A. Weber ; Leipzig, 1858 (Abhandl. für die K. des Morg., I. 4).
3. I, v. 13-15.
4. XIV, v. 281-286.
5. Weber, *op. laud.*, p. 8 ; et cf. Ind. Lit. Gesch., 231, n. 225. — Bühler, *The Vikramâṅkadevacarita*, Bombay, 1875. *Introd.*, p. 18. n.
6. Le roi Çîlâditya figure fréquemment dans les récits légendaires des Jainas compilés dans les Prabandhas. V. p. ex. Peterson, *4th Report on the search of mss.* (1894), p. 4, le récit d'une controverse tenue en présence de ce roi entre les Bouddhistes et les Jainas. Les Jainas sont vaincus, et l'Âdinâtha de Çatruñjaya devient un Buddha. Mais un neveu de Çîlâditya, Malla, aspire à la revanche ; il s'instruit, s'exerce, obtient de son oncle l'autorisation d'ouvrir une nouvelle controverse, triomphe des Bouddhistes et reçoit le titre de Mallavâdin. Un texte place la composition du Padmacaritra par Mallavâdin en 884 Vîra, soit 414 de Vikrama, 63 ans plus tôt que la date de Çîlâditya dans le Çatruñjaya-mâhâtmya.

affligé par la mort d'un fils. La date assignée à cet événement varie avec les autorités[1] ; la plupart s'accordent à le placer en 980 Vîra ; Munisundara (1379-1446 J.-C.) donne 993. Le Saṃdehaviṣauṣadhi, le plus ancien de ces commentaires, composé en 1307 J.-C., cite un fragment prâcrit, et d'époque sans doute assez ancienne, qui place cette lettre un siècle plus tard, en 1080 Vîra (c'est-à-dire 553/4 J.-C.). L'incertitude de la date semble résulter d'une confusion qui s'établit de bonne heure entre le vague souvenir de cette lecture royale et le souvenir plus précis d'un événement qui fait époque dans l'histoire de l'Église jaina : c'est en 980 Vîra, et dans la ville de Valabhî, que se réunit le concile convoqué par Devarddhigaṇin et qui fixa par écrit le canon jaina, conservé jusque-là par une transmission orale.

Le bouddhisme, aussi soigneux de ses annales religieuses que le jainisme, n'a pas réussi cependant à les préserver dans l'Inde. L'indifférence, le dédain ou le fanatisme des brahmanes a soit provoqué, soit consommé la perte d'un énorme trésor littéraire tombé en déshérence après la disparition des monastères et des communautés bouddhiques. La ferveur intelligente de la Chine et du Tibet a seule sauvé les débris précieux de cette littérature et de cette histoire. Les Mémoires d'un pèlerin chinois, Hiouen-Tsang, nous donnent plus d'informations sur le royaume de Valabhî que l'ensemble colossal des écrits brahmaniques. Hiouen-Tsang visita ce pays vers la fin de l'année 640 J.-C., il en décrit ainsi l'état religieux[2] : « Il y a une centaine de couvents où demeurent environ six mille moines, lesquels étudient la plupart la doctrine de l'école Tching-liang-pou (Sammitîyas) qui se rattache au Petit Véhicule (Hînayâna). On compte plusieurs centaines de temples des dieux ; les hérétiques des différentes sectes sont extrêmement nombreux. Lorsque Jou-laï (Tathâgata) vivait dans le monde, il voyagea souvent dans ce royaume. C'est pourquoi, dans tous les endroits où s'arrêta le Bouddha, le roi Wou-yeou (Açoka) éleva des colonnes en son honneur ou construisit des stûpas. On voit de distance en distance des monuments qui rappellent les lieux où les trois Bouddhas passés se sont assis, ont fait de l'exercice et prêché la loi. Les rois de l'époque présente sont de la race des kṣatriyas ; tous sont les neveux du roi Çîlâditya du royaume de Mâlava. Maintenant le fils du roi Çîlâditya, du royaume de Kanyâkubja, a un gendre appelé Dhruvapaṭu[3]. Il est d'un caractère vif et emporté, et d'une intelligence faible et bornée ; cependant il croit sincèrement aux Trois Précieux. Chaque année il tient pendant sept jours une grande assemblée dans laquelle il distribue à la multitude des religieux des mets exquis, les trois

1. Cf. Les textes rassemblés par M. Jacobi : *The Kalpasûtra of Bhadrabâhu*, Leipzig, 1879 (Abhandl. für die K. des Morg., VII, 1), p. 114-7.

2. *Mémoires*, trad. Julien. Paris, 1858, vol. II, p. 162 sq.

3. A corriger en Dhruvabhaṭa. La transcription sanscrite donnée par Julien est manifestement erronée. Les caractères chinois n'admettent que la lecture T'ou-lou-p'o-po-tcha, répondant à un original sanscrit Dhruvabhaṭa.

vêtements, des médicaments, les sept choses précieuses, et des objets rares et d'une grande valeur. Après avoir donné toutes ces choses en aumône, il les rachète au double. Il apprécie la vertu et honore les sages, il révère la religion et estime la science. Les religieux les plus éminents des contrées lointaines sont surtout l'objet de ses hommages. A une petite distance de la ville il y a un grand couvent qui a été construit jadis par les soins de l'Arhat O-tche-lo (Âcâra)[1]. Ce fut là que les Bodhisattvas Guṇamati et Sthiramati fixèrent leur séjour et composèrent divers traités qui se sont tous répandus avec éclat. » Sur les provinces voisines, rattachées le plus souvent au royaume de Valabhî, Hiouen-Tsang donne des informations aussi détaillées[2] : « Dans le royaume d'Ânandapura, il y a une dizaine de couvents où l'on compte un peu moins de mille religieux, lesquels étudient la doctrine des Sammitîyas qui se rattache au Petit Véhicule. Il y a plusieurs dizaines de temples des dieux. Dans le royaume de Surâṣṭra[3], qui dépend de Valabhî, il y a une cinquantaine de couvents où l'on compte environ trois mille religieux, lesquels étudient la doctrine des Sthaviras qui se rattache au Grand Véhicule (Mahâyâna). Il y a une centaine de temples des dieux. Dans le royaume de Bharukacchapa, il y a une dizaine de couvents où l'on compte environ trois cents religieux de l'école des Sthaviras qui se rattache au Grand Véhicule. Il y a aussi une dizaine de temples des dieux ». Ainsi, vers le milieu du VIIe siècle, le bouddhisme est en équilibre avec les confessions rivales dans les provinces de Valabhî et de Bharukaccha ; autour d'Ânandapura et dans le Surâṣṭra il leur est inférieur. Le total des couvents dans ces quatre provinces est d'environ 170, avec 10.300 religieux ; le chiffre des temples des dieux approche de 250.

En face de ces témoignages venus du jainisme et du bouddhisme, la littérature brahmanique ne fournit sur Valabhî que de rares et vagues mentions éparses dans les recueils de contes, et qui attestent seulement la prospérité de son commerce et la réputation de ses écoles[4]. Le seul renseignement positif obtenu jusqu'ici se rencontre à la fin du Bhaṭṭikâvya ; l'auteur de cet étrange chef-d'œuvre a pris soin de nous apprendre qu'il vivait à Valabhî, sous le règne de Dharasena ou de son fils (XXII, 35).

L'histoire. — Entre les affirmations contradictoires des Bouddhistes et des Jai-

1. L'Arhat Âcâra est encore mentionné par Hiouen-Tsang, *Mémoires*, II, 106 et 152. Il était originaire de l'Inde occidentale, se rendit au Mahârâṣṭra, y éleva une construction merveilleuse, puis passa dans le pays Andhra où il construisit un stûpa et un couvent près de la capitale. — Le prétendu *Aṭharya*, fondateur d'un monastère mentionné dans une inscription de Dharasena II (12), et identifié avec le personnage nommé *Ngo-tche-lo*, par Hiouen-Tsang (Bühler, I. A., IV, 174), résulte simplement d'une faute de lecture ; il est remplacé par le titre d'*âcârya* dans l'édition de cette inscription donnée par M. Bühler lui-même (I. A., VI, 9).

2. *Mémoires*, II, 164.

3. *Ib.*, 154.

4. *Kathâ-Sarit-Sâgara*, 22, 60.116.128. 29, 75. 32, 44. *Daçakumâra*, ed. Wilson, 158.

nas qui revendiquent à l'envi ces princes comme les patrons de leur foi, en face du brahmanisme muet, il était difficile de reconnaître la véritable religion des rois de Valabhî. Trois chartes inscrites, selon l'usage, sur des plaques de cuivre et exhumées entre 1830 et 1840[1] semblèrent plutôt faites pour augmenter la confusion que pour la dissiper : toutes trois enregistraient des donations à des brahmanes. Mais depuis une vingtaine d'années le sol historique du Kathiawar a rendu spontanément, sans recherche méthodique, trente chartes nouvelles qui permettent de retracer en partie, avec des matériaux authentiques, l'histoire religieuse de cette dynastie sur un espace de deux siècles et demi. La difficulté chronologique qui pendant si longtemps a stérilisé ces documents et en a presque discrédité la valeur est aujourd'hui levée définitivement : l'ère de Valabhî, identique à l'ère des Guptas, et fixée par la tradition à l'an 318/9 J.-C., mais portée par les combinaisons arbitraires des archéologues à 57 avant J.-C., à 166/7 J.-C., à 190/1 J.-C., est désormais revenue par des synchronismes certains à son point de départ traditionnel[2].

Nous connaissons maintenant une série ininterrompue de dix-neuf dynastes, gouverneurs, grands vassaux ou rois suzerains, depuis Bhaṭârka, le fondateur de la dynastie, jusqu'à Çîlâditya[3].

1. *Account of the inscriptions upon two sets of Copper-Plates found in the western part of Gujerat*, W. H. Wathen J. A. S. B., IV (1835), 367 sqq., et VII (1838), 966 sqq. ; cf. Anderson, *Inscr. on a copper-plate in the Society's Museum*, Bombay Br., III (1849), 213 sqq. — *Dr Burns tambapatra from Kaira*, J. A. S. B., VII (1838), 967 sqq.

2. L'historique de cette controverse pourrait fournir matière à un volume. On en trouvera la bibliographie complète dans Fleet, *Corpus Inscriptionum Indicarum*, vol. III (1888), Introd., p. 19 sqq.

3. Pour éviter la répétition encombrante de longues indications, je donne une liste des inscriptions découvertes jusqu'ici, en les classant par ordre de date, et en leur affectant un numéro d'ordre qui servira seul désormais aux références :

DHRUVASENA I. 1. Hultzsch, Ep. Ind., III, 328-23 : *Ganesgad Plates saṃ. 207*. — 2. Bühler, I. A., V, 204-6 : *A grant... saṃ. 207*. — 3. Bühler, ib., IV, 104-6 : *A grant... saṃ. 216*. — 3 bis. Th. Bloch, J. R. A. S., 1895, 379-84 : *An Unpublished Copper-Plate Inscription... saṃ. 217*. — 4. Acharya Vallabhji Haridatt, W. Z. K. M., VII, 295-301 : *A new grant... saṃ. 221*.

GUHASENA. 5. Bühler, I. A., VII, 66-8 : *A grant... saṃ. 240*. — 6. Bühler, ib., IV, 174-6 : *A grant... saṃ. 246*. — 7. Bühler, ib., V, 206-7 : *A grant... saṃ. 248* (= *Arch. Surv. W. Ind.*, III, 93).

DHARASENA II. 8. Fleet, I. A., XIII, 160-2 : *A grant... saṃ. 252*. (= *Corpus Inscr. Ind.*, III, 164.) — 9. Fleet, ib., VIII, 301-5 : *A grant... saṃ. 252* (c'est la charte publiée par Wathen J. A. S. B., IV, 477 ; *v. sup.*). — 10. Bühler, I. A., VII, 68-70 : *A grant... 252*. — 11. Fleet, ib., XV, 187-8 : *A new grant... saṃ. 252*. — 12. Bühler, ib., VI, 9-12 : *A grant,.. saṃ. 269*. — 13. Bühler, ib., VII, 70-3. — *A grant... saṃ. 270*. — 14. Bühler, ib., X, 277-86 : *A forged grant... dated Çaka 400*.

ÇÎLÂDITYA I. 15. Bhandarkar, ib., I, 46 : *A grant... saṃ. 286*. — 16. Kielhorn, ib., XIV, 327-30 : *Wala Plates... years 286* (publiées antérieurement par Mandlik, Bomb. Br., XI, 359-53). — Bühler, ib., IX, 237-9 : *A grant... saṃ. 290*.

DHRUVASENA II. 18. Bühler, ib., VI, 12-16 : *A grant... saṃ. 310*.

DHARASENA IV. 19. Bhandarkar, I. A., I, 14-8 (trad.) et Bomb. Br., X, 66-81 (texte) : *A*

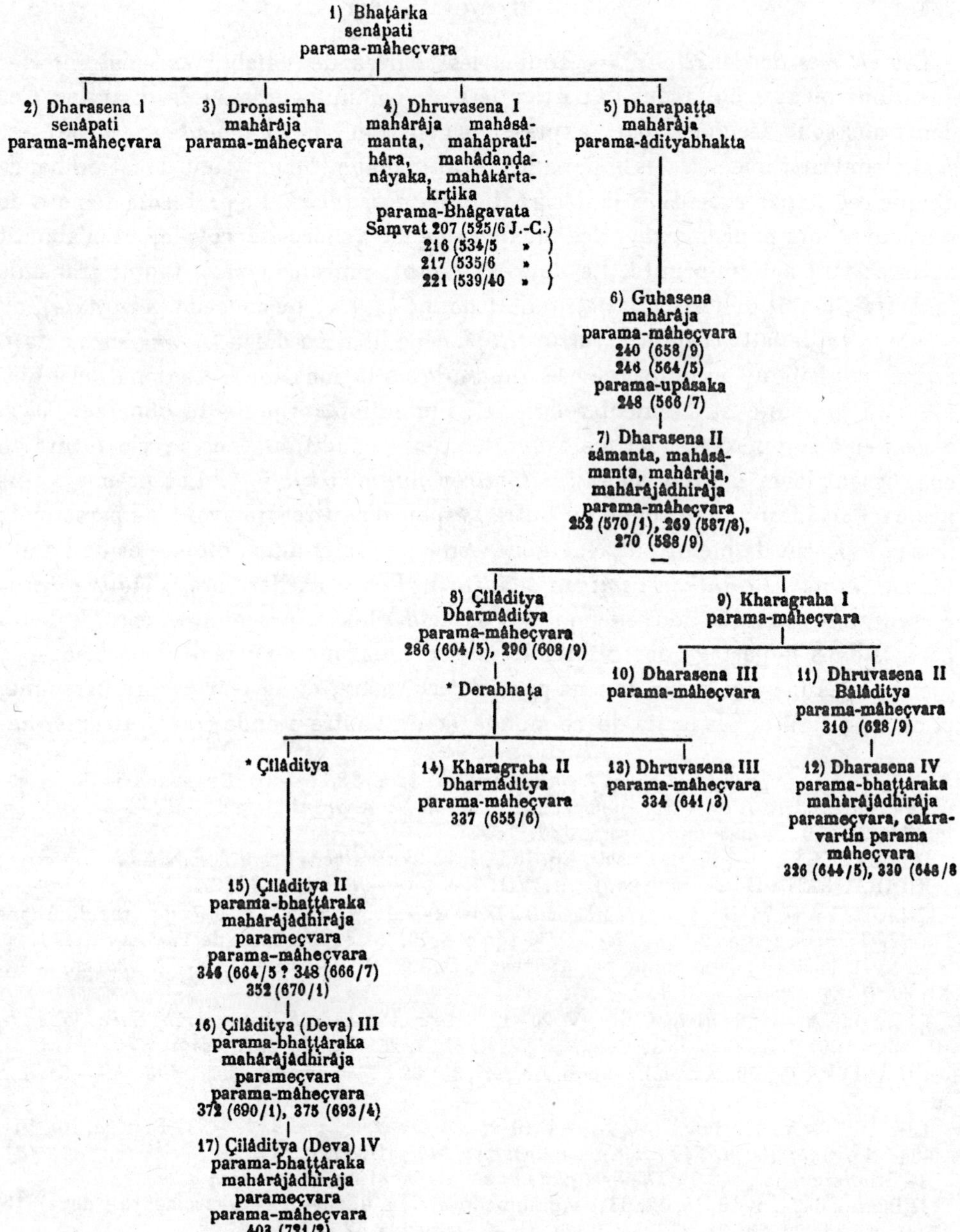

1. L'astérisque placé devant un nom dans le tableau généalogique indique que le personnage n'a pas régné.

Les chartes de donations, — Toutes les chartes de Valabhî enregistrent des donations pieuses en faveur de particuliers, de communautés ou de divinités. Ces donations sont désignées par l'expression générique de *dharmadâya* (°*deya*), et, si elle sont attribuées à des brahmanes, *brahmadâya* (°*deya*) ; une donation bouddhique reçoit par exception la désignation de *devadâya*[1]. Le protocole dispose de plusieurs mots pour marquer les nuances de la générosité royale, et n'aboutit qu'assez tard à l'uniformité. Le don est tantôt remis (*nisṛṣṭa*), tantôt transmis (*atisṛṣṭa*), tantôt délivré (*visṛṣṭa*), tantôt donné (*datta*), ou concédé (*anujñâta*), ou même le roi le fait accepter (*pratipâdita*)[2]. Une libation d'eau (*udaka-sarga*, °*atisarga*) symbolique accompagne presque toujours la donation[3]. La donation a toujours un caractère strictement religieux : l'intention formelle du donateur, c'est d'assurer à son père et à sa mère une heureuse condition dans la vie future en engraissant leurs mérites pieux (*mâtâpitror puṇyâpyâyana*)[4]. Les premiers rois jusqu'à Çîlâditya I, expriment en outre l'espoir d'en tirer un avantage personnel ; ils se proposent d'obtenir par leur générosité les fruits de ce monde et de l'autre monde (*âtmanaç caihikâmuṣmikaphalâvâpti*). Les trois derniers Çîlâditya introduisent une formule nouvelle qui les associe plus intimement encore à leurs parents dans le partage des profits religieux : ils ont en vue « d'augmenter la gloire et les mérites pieux de leur père, de leur mère, et de leur propre personne, et de leur assurer les fruits de ce monde et de l'autre monde (*mâtâpitror âtma-*

tamba-patra or Copper-plate-grant from Kathiawad, saṃ. 326. — 20. Bhandarkar, ib., I, 45-6 : *A grant... saṃ. 326.* — 21. Bühler, ib., VII, 73-5 : *A grant... saṃ. 330.* — 22. Bühler, ib., XV, 335-40 : *A new grant... saṃ. 330.*

DHRUVASENA III. 23. Hultzsch, Ep. Ind., I, 85-92 : *Valabhi grant... saṃ. 334.*

KHARAGRAHA II. 24. Bühler, I. A., VII, 76-9 : *A grant... saṃ. 337.*

ÇÎLÂDITYA II. 25. *Dr. Burns tamba-patra from Kaira*, J. A. S. B., VII, 967 sqq. (republié dans Prinsep-Thomas, *Indian Antiquities*, I, 257 sqq.) — 26. Seconde charte de Wathen : cf. J. A. S. B., VII, 966, en partie publié par Anderson, Bomb. Br. III, 212-23. — 27. Bühler, I. A., XI, 305-7 : *A grant... saṃ. 352.*

ÇÎLÂDITYA III. 28. Bühler, ib., V, 207-13 : *A grant... saṃ. 372* (= *Arch. Surv. W. Ind.*, III. 95). — 29. Vajeshankar G. Ozha, W. Z. K. M., I, 251-8 : *A grant... saṃ. 375.*

ÇÎLÂDITYA IV. 30. Mandlik, Bomb. Br., XI, 331-58 : *Two grants... saṃ. 403.* A. — 31. Id., ib., *id.*, B.

ÇÎLÂDITYA V. 32. Bühler, I. A., VI, 16-21 : *A grant... saṃ. 441.* — 33. Bühler, ib., VII, 79-86 : *A grant... saṃ. 447* (= *Corpus Inscript. Ind.*, III, 171).

34. Hultzsch, ib., 148-9 : *The first plate of a Valabhi grant of unknown date.*

1. Brahmadâya, 1, 13, 18, 32, 33. — Brahmadeya, 2, 4, 9, 10, 11. — Dharmadâya (°deya), 16, 17, 19, 20, 21, 22, 23, 24, 27, 28, 29, 30, 31. — Devadâya, 12.

2. Atisṛṣṭa, 1, 4, 6, 28. — Nisṛṣṭa, 8, 9, 10, 11, 12, 13, 18, 19, 21, 22, 23, 24, 27, 29, 30. — Visṛṣṭa, 5. — Datta, 3. — Anujñâta, 2. — Pratipâdita, 3 *bis* 7, 16 (bouddhiques). 17 (à Maheçvara). 32. 33 (brahmaniques).

3. L'expression se trouve une fois glosée (5) par *sodakena kamaṇḍalunâ*, avec la cruche d'eau. — La formule manque 2, 3, 7, 16, 17.

4. Sur l'origine et le développement de cette formule votive, v. Senart, *Notes d'épigraphie indienne, III*, J. A., 1890, I, 120 sqq.

naç ca puṇyayaçobhivṛddhaye aihikâmuṣmikaphalâvâptyartham). La prétention d'en tirer parti à trois n'a rien d'excessif, si on considère du point de vue hindou la nature du don. Toujours il s'agit de terres, champs irrigués ou même villages entiers ; et toutes les autorités sont unanimes à proclamer le don du sol comme le premier de tous les dons (*atidâna*). Le Mahâ-Bhârata a sur ce sujet un chapitre[1] singulièrement expressif (Anuçâsanaparvan, ch. 62) : « Le roi qui donne la terre en salaire aux prêtres, revenu à l'existence, est encore roi. Perdre la vie dans le combat ou donner la terre en présent, c'est là, dit-on, le vœu suprême d'un vrai kṣatriya. Tous les péchés qu'un homme commet, poussé par le besoin, sont lavés s'il donne de la terre, fût-ce grand comme une peau de vache. L'ascétisme, le sacrifice, la science sacrée, la vertu, le désintéressement, la véracité, le culte des dieux et du maître, tout cela ne surpasse pas un don de la terre ». Hemâdri[2], dans sa grande compilation, a recueilli de nombreux textes (Devala, Bṛhaspati, Kâtyâyana, Vasiṣṭha, Viṣṇudharmottara, Purâṇas) qui enseignent la même doctrine.

La teneur de l'acte est à peu près constamment identique. Il indique d'abord le lieu d'origine[3], puis donne une généalogie panégyrique, complète d'abord, et à partir de Çilâditya I, abrégée en sautant directement de Bhaṭârka à Guhasena. Ensuite vient l'avis adressé à tous les fonctionnaires et contenant l'intention du don, l'indication du donataire, la désignation précise des terrains concédés, le régime de la donation. Les recommandations et les imprécations usuelles terminent la charte, avec la date, les noms du délégué, du scribe, et la signature du roi. Le régime (*sthiti*) est toujours le même, quelles que soient les différences nominales[4]. La terre est donnée « avec l'udraṅga, l'uparikara, le bhûta-vâta-pratyâya, le revenu en grain et en or, le droit de justice sur les dix fautes, le droit de corvée éventuelle ; les officiers royaux ne doivent pas y mettre la main ; tous droits antérieurs accordés à des dieux ou des brahmanes sont abolis ; la jouissance, à la façon de la terre et des trous, doit durer aussi longtemps que la

1. Hemâdri, *Caturvarga-cintâmaṇi*, I, 495-501, reproduit ce passage du Mahâ-Bhârata avec des divergences curieuses. Le vers si souvent cité dans les inscriptions : *Vindhyâṭavîṣv atoyâsu*, etc., qui manque dans l'édition de Calcutta, se retrouve dans la citation d'Hemâdri devant le vers : *patanty açrûṇi* (= Calcutta, 3181).

2. *Op. laud.*, 500-508.

3. Valabhî, 1, 2, 4, 7, 8, 9, 10, 11, 16, 17, 18, 19. — Camp de victoire (*jayaskandhâvâra vij°*) : Khuḍḍavedîya, 3. Bhadropâtta, 12. Bhartṛṭâṭṭanaka, 13. Bharukaccha, 22. Siri simmiṇikâ, 23. Pûlinḍaka, 24. Maghavena, 27. Bâlâdityatâṭaka, 28. Puṇîka, 29. Kheṭaka, 30, 31. Godraha, 32. Anandapura, 34. — Camp indéterminé : 3 *bis*.

4. Brahmadeya (°dâya)sthityâ, 1, 2, 4, 8, 9, 10, 13. 19, 22, 24, 27, 28, 29, 32, 33. — Dharmadeya(dâya)sthityâ, 30, 31. — Brahmadeyâgrahârasthityâ, 21, 23. — Devâgrahârasthityâ, 12 (*corr. au lieu de* devavihâra), 16, 18, 20 (toutes bouddhiques). — Çâkyâryabhikṣusaṃghasthityâ, 6. — Enfin, pour la donation au liṅga et au temple de Mahâdeva, le scribe, vraisemblablement embarrassé, prend la formule : Uparilikhitasthityâ, 17.

lune, le soleil, l'océan, la terre, les rivières, les montagnes. Donc, que le dona taire cultive, fasse cultiver, ou le distribue, personne ne doit y faire obstacle[1] ».

L'appel aux rois futurs et les imprécations sont un lieu commun de l'épigraphie sanscrite : « Les rois futurs, soit de notre race, soit autres, devront approuver cette nôtre donation et la maintenir, en se disant que la dignité royale est bien éphémère, que la vie humaine est instable, et que la récompense d'une donation de terre est un bien en commun. Et il est dit : Bien des rois depuis Sagara ont joui de la terre ; qui la possède en a alors le fruit. — La terre donnée avant toi aux brahmanes, veilles-y bien, ô Yudhiṣṭhira, le meilleur des maîtres de la terre ; veiller est mieux encore que donner. — 60.000 années il vit dans le ciel, celui qui donne de la terre ; qui la reprend ou qui l'y aide vit autant dans l'enfer. — Dans les forêts sans eau, hôtes de troncs desséchés, ils naissent serpents noirs, ceux qui reprennent les donations pieuses. — Les richesses que les rois par peur de la pauvreté (en mérites) ont transformées en œuvres pies sont comme des guirlandes qui ont déjà servi ; quel honnête homme voudrait les reprendre[2] ? »

Les dates des donations excluent l'hypothèse d'un choix raisonné ; elles ne correspondent point aux jours de fête ou aux occasions solennelles du calendrier indien. Mais elles sont sans aucun doute, au moins dans plusieurs cas, en relation avec des circonstances qui ne nous sont pas connues. Il est difficile de croire que c'est par un simple effet du hasard que trois des six chartes authentiques de Dharasena II, toutes trois en faveur de brahmanes, du Ṛg-Veda, du Sâma-Veda et du Yajur-Veda respectivement, portent la même date : vaiçâkha, badi 15,252. En fait, les donations se répartissent sur tous les mois de l'année[3].

La désignation du délégué (*dûtaka*) semble être également indépendante du caractère confessionnel de la donation. Le même personnage est suivant l'occasion chargé de veiller à l'exécution des ordres royaux tour à tour en faveur de brah-

1. Sur les expressions techniques usitées dans ces formules, et dont l'explication est encore souvent hypothétique, v. *Corpus Inscr. Ind.*, III, à l'index.

2. Il est inutile de transcrire tout au long ces stances qui se retrouvent partout. Je n'en indique que les *pratîkas* : Bahubhir vasudhâ... — Pûrvadattâṃ dvijâtibhyo... — Ṣaṣṭiṃ varṣasahasrâṇi... — Anudakeṣv araṇyeṣu... — Yânîha dâridryabhayân... Dans 5 et dans 12 on trouve en outre la stance suivante, mutilée dans les deux chartes :

Lakṣmîniketanaṃ yadapâçrayeṇa prâpto si — o ko bhimataṃ nṛpârtham | tâny eva puṇyâni vivardhayethâ na hâpanîyo hy upakâripakṣaḥ ||

La plupart des stances sont citées sous l'autorité du vénérable Vyâsa (*bhagavatâ Vyâsena*, *Vedavyâsena*). La quatrième : *anudakeṣu*, etc., se trouve dans le passage du Mahâ-Bhârata cité par Hemâdri (cf. sup., p. 12, n. 1). — La troisième : ṣaṣṭiṃ, etc., est incorporée dans le passage du Viṣṇu-dharmottara, cité *ibid.*, 504.

3. Vaiçâkha, çudi, 1 (25) ; 13 (30). — badi, 15 (1, 8, 9, 10). — Jyaiṣṭha, çu., 5 (33) — ba., 5 (29) ; 6 (16). — **Âṣâḍha**, çu., (19) — ba., 5 (24). — **Çrâvaṇa**, çu., 5 — ba., 9 (28). — **Bhâdrapada**, çu., 1 (27) — ba., 8 (17). — Açvina, ba., (7) ; 1 (4) ; 5 ou 15 (18) ; 13 (3 *bis*). — **Kârttika**, çu., 5 (32) ; 7 (2). — **Mârgaçira**, çu., 3 (21) ; dvi., çu., 2 (22). — **Pauṣa**, ? (26). — **Mâgha**, çu., 9 (31) — ba., (6) ; 3 (3) ; 5 (20) ; 12 (30). — **Phâlguna**, ba., 10 (13). — **Caitra**, ba. (11) ; 2 (12).

manes et de couvents bouddhiques. Il est intéressant d'observer qu'on voit paraître dans ces fonctions, avec des princes royaux (*râjaputra*), des lieutenants royaux (*râjasthânîya*), des chambellans (*pratîhâra*), des marquis (*sâmanta*) et des officiers encore mal définis (*bhogika*, *s(t)ûpakârâpati*, *pramâta gañjâçâti*) une princesse royale (*râjaduhitṛ*) nommée Bhûpâ ou Bhûvâ (21, 22).

Donations divines. — Tous les princes de la dynastie, à l'exception de Dhruvasena I, de Dharapaṭṭa, et, dans un seul cas, de Guhasena, se déclarent « les premiers des adorateurs de Maheçvara ». Il est clair que Çiva, sous la désignation de Maheçvara, était la divinité tutélaire de la famille (*kuladevatâ*) ; chacun des rois n'en restait pas moins libre de choisir, pour l'adorer, une divinité à son goût (*abhimatadevatâ*). Les sceaux et les monnaies de la dynastie proclament aussi sa dévotion à Çiva. Le taureau de Çiva, Nandi, est figuré accroupi, tourné vers sa droite propre, sur les sceaux royaux ; au-dessous est inscrit le nom du fondateur, Çrî Bhaṭârka. Le trident de Çiva, le triçûla, est représenté au revers des rares monnaies publiées jusqu'ici[1]. Le premier visiteur du site de Valabhî, Nicholson, y trouva encore debout à la surface du sol une statue de Nandi en grandeur naturelle et un pilier qui portait un liṅga[2]. Cependant une seule des chartes découvertes jusqu'ici a une destination çivaïte. Elle émane du roi Çilâditya I (17), dont nous possédons deux autres donations en faveur de couvents bouddhiques. Le roi assigne plusieurs champs avec des citernes, d'une contenance totale de 295 pâdâvartas (pas carrés) « au vénérable Mahâdeva, élevé par les soins de Harinâtha, et installé sur le sol qui lui appartient à Balavarmânaka-Vâṭapadra[3] ». La rente doit servir « à prévenir toute interruption du culte, bains, parfums, encens, fleurs, guirlandes, éclairage, huile, etc., à défrayer la musique, le chant, la danse, etc., à réparer les dommages et les détériorations du temple du dieu, afin de subvenir à l'entretien de sa vénérable personne[4] ». Kharagraha, sans doute le frère de Çilâditya Ier, est désigné pour veiller à l'exécution de la volonté royale (608/9 J.-C.). Le rituel çivaïte apparaît ici tel qu'il doit demeurer établi jusqu'au temps présent, avec son cortège de pompes et de spectacles : l'étroite parenté des formules employées dans les donations bouddhiques[5] marque mieux le contraste des deux

1. Cunningham a publié, dans l'*Archaeological Survey of India*, vol. IX, pl. V, n°s 23, 24, 25, des monnaies de Valabhî. Il les attribue à Bhaṭârka et Dharasena, et donne de la légende cette transcription fort douteuse : mahâkṣatraparamâditya rajño sâmanta mahâ çri Bhaṭṭârakasa ; — mahârâjño mahâkṣatraparamasâmanta çrî Bhaṭṭârakasa ; — mahârâjño mahâkṣatra sâmanta mahesa pramâditiya Dharasenasa. — Une monnaie pareille à cette dernière a été publiée par Newton, *Bomb. Br.*, VII, p. 14, et pl., fig. 17.

2. Nicholson, *Notes*, etc., J. R. A. S., XIII, p. 146-63. L'article est accompagné d'une planche qui représente le pilier.

3. Balavarmânaka-vâṭapadra-svatala-niviṣṭa-Harinâtha-kârita-Mahâdevapâdânâm.

4. Pûjâ-snapana-gandha-dhûpa-puṣpa-mâlya-dîpa-tailâdy-avyavacchittaye vâdya-gîta-nṛtyâdy-upayogâya devakulasya ca khaṇḍa-sphuṭita-pratisaṃskârâya pâda-mulâ-prajîvana-nimittâya.

5. Cf. inf. p. 230.

religions. Maheçvara se manifeste, par les hommages mêmes qu'il reçoit, comme un dieu nettement personnel, sensible aux mêmes plaisirs que l'humanité, heureux d'être choyé par ses fidèles comme un maître aimé et respecté.

Donations brahmaniques. — Les donations brahmaniques qui constituent les deux tiers du total sont exclusivement individuelles et ne s'adressent jamais à des communautés, comme il arrive si fréquemment dans les inscriptions du Sud. Dans quatre cas, deux brahmanes se trouvent associés dans la même donation ; mais dans un des cas, les donataires sont frères et reçoivent la propriété en commun ; dans deux autres, il s'agit en réalité de deux donations indépendantes inscrites sur la même charte (19), enfin, dans le quatrième cas, où la propriété est donnée en commun, si l'indication de la parenté est absente, les deux brahmanes sont tout au moins du même clan et de la même école (10). Le but de la donation, lorsqu'il est exprimé [1], est de pourvoir aux frais des cinq grands sacrifices : bali, caru, vaiçvadeva, agnihotra, atithi, c'est-à-dire les cinq offrandes journalières aux êtres, aux mânes, aux dieux, au feu, aux hôtes, qui sont prescrites au maître de maison. Les donataires sont répartis sur tout le territoire, dans les villes et dans les villages : ils résident à Valabhî (27.28), à Ânandapura (4.33) à Kheṭaka (13.22. 24), à Brahmapura (11), à Siddhapura (26), à Hastakavapra (2), Hariyânaka (1), Unnata (8), Kikkaṭâputra (19), Kâsara (21), Mahicchaka (23), Vañçakhaṭa (29), Liptikhaṇḍa (30.31), Dahala (32). Mais, s'ils ne font pas partie des familles brahmaniques locales, la qualité d'émigré reste attachée à leur personne. Les uns ont émigré (*vinirgata*) d'Ânandapura (24.27), d'autres d'Ânartapura (13.21), de Siṅhapura (19), d'Udumbaragahvara (22), de Girinagara (26), de Gomutrikâ (28), de Viñcudasapura (29), de Vardhamânabhukti (30.31). Nous constatons ainsi, dès le VIe siècle, l'existence de plusieurs sous-castes encore reconnues au Guzerate, aussi rigoureusement exclusives que les castes en matière de connubium et de commensalité, et basées sur la communauté d'origine locale [2]. Les sous-castes actuelles des Nâgar, des Sidhpur, des Udambara, des Girnâra, correspondent aux anciennes divisions des brahmanes originaires d'Ânandapura, de Siddhapura, d'Udumbaragahvara et de Girinagara. Une fois de plus l'organisation moderne se superpose exactement à l'organisation ancienne dans l'Inde.

Les quatre Vedas sont représentés parmi les donataires : sur 23 brahmanes, 7 sont des Bahvṛcas (Ṛg-Veda), 8 se répartissent entre plusieurs écoles du Yajur-Veda (Vâjasaneyins 4, Maitrâyaṇaka-Mânavakas 3, Adhvaryu 1) ; 6 sont des Chandogas du Sâma-Veda (dont 2 Kauthumas), enfin 2 sont Âtharvaṇas. Les Bahvṛcas sont des *gotras* Kairâdi (1), Traivalambâyana (1), Çârkarâkṣi (3), Gârgya (1) ; les Yajurvedins des gotras Darbha (1), Bhâgava (1), Vatsa (1), Parâçara (1),

1. Cf. 4, 8, 9, 10, 11, 13, 21, 30, 31, 32, 33.
2. V. Javerilal Umiashankar Yajnik, *Notices of Hindu tribes and Castes in Gujarat*, Bomb. Br., X, 93 sqq.

Kauçika (1), Gârgya (1), Çâṇḍilya (1), Bharadvâja (1) ; les Chandogas des gotras Bharadvâja (4), Çâṇḍilya (2) ; les Âtharvaṇas des gotras Parâçara (1) et Droṇâyana (1). Les noms des individus illustrent encore en partie la surprenante concordance du présent et du passé [1]. L'éditeur indou d'une de nos inscriptions (4) a fait ressortir cet accord à propos de deux noms : Skandatrâta et Guhatrâta, portés par des brahmanes qui résidaient à Ânandapura et faisaient partie du gotra Bharadvâja. Les Brahmanes Nâgars, c'est-à-dire originaires de Vaḍnagar (= Ânandapura) portent encore aujourd'hui, tout au moins dans les cérémonies religieuses, treize *çarmans* ou titres supplémentaires distribués par gotras. Seuls les membres du gotra Bharadvâja ou Âtreya ont droit, chez les Nâgars, au çarman *trâta*. C'est précisément au gotra Bharadvâja qu'appartenaient Guhatrâta et Skandatrâta. Il est permis de croire que la règle en vigueur aujourd'hui était appliquée dès lors. M. Vallabhji cite encore, comme des çarmans en usage au Guzerate : *prasâda*, *datta*, *gupta*, *nanda* ; et il nous apprend, sur l'autorité de l'Audîcya-prakâça, que la section brahmanique des Audîcyas dispose de huit çarmans : *datta*, *viṣṇu*, *bhava*, *agni*, *soma*, *mitra*, *indra*, *mahâkâla*. Nous retrouvons chez les brahmanes du royaume de Valabhî plusieurs de ces çarmans. *Mitra* semble appartenir exclusivement au gotra Çârkarâkṣi : Viṣṇumitra, fils de..... mitra, d'Ânartapura (13) ; Nârâyaṇamitra, fils de Keçavamitra, d'Ânartapura (21), identique peut-être au Nârâyaṇa, fils de Keçava [2], qui est l'objet d'une donation sept ans plus tard (24) ; enfin Bhaṭṭa Âkhaṇḍalamitra, fils de Bhaṭṭa Viṣṇumitra, d'Ânandapura (33). *Çarman* figure dans le nom de Sacitiçarman (Droṇâyana) (2) et d'Aditiçarman, fils de Bhavînâgaçarman (Parâçara) (22), *bhûti* dans Rudrabhûti (Vatsa) (8) et Vâsudevabhûti, fils de Dâmodarabhûti (30, 31) ; *datta* dans (Ma) Gopadatta, fils de Kikkaka, (Gargya) (27) et dans Svâmidatta (brahmane mentionné dans 4) ; *kumâra* dans Bhûtakumâra, fils de Droṇa (28). Les autres noms sont nommés sans çarman : Dhammila (1), Devila, fils de Pappaka (29), Dasila (9), Saṃbhulla, fils de Ḍâtalla (32) ; peut-être si la lecture est exacte, Ladhulla, fils de Sânda (25), Chachara (11), Ludra (9), Duça (10), Ṣaṣṭhi (10), (le même nom brahmanique est mentionné dans 19) ; Arjuna (19), Bhaṭṭibhaṭa, fils de Bappa (23).

Les brahmanes des quatre Vedas se groupaient peut-être en dehors des sous-castes et de leurs subdivisions, dans une sorte de corporation locale, établie dans chaque ville ; les émigrés, selon leurs préférences, restaient affiliés à la corporation de la métropole ou s'affiliaient à celle de leur nouvelle résidence. C'est ainsi du moins qu'on est tenté d'expliquer l'expression obscure *câturvidya-sâmânya* [3],

1. Acharya Vallabhji Haridatt, W. Z. K. M., VII, 295 sqq.
2. Indiqué, il est vrai, comme originaire d'Anandapura ; mais il est permis de supposer (cf. le personnage suivant, avec le lieu d'origine) que Anartapura s'est introduit par une confusion graphique au lieu d'Ânandapura.
3. On trouve même, dans un cas (28), *câturvidya-traividya-sâmânya*.

accolée régulièrement au nom des donataires à partir de Dharasena IV, et qui se joint tantôt au nom de la ville d'origine (19. 21. 22. 23. 24), tantôt au nom de la résidence (29. 30. 31. 32. 33)[1].

Donations bouddhiques. — Toutes les autres donations, au nombre de dix, sont accordées à des couvents bouddhiques. L'intention exprimée est la même que dans les chartes brahmaniques : le roi vise à accroître la somme des mérites de son père et de sa mère, et à s'assurer le bonheur ici-bas et dans l'autre monde. L'objet en est triple ; la rente des terrains ou des villages concédés doit servir aux vénérables Bouddhas (*bhagavatâṃ buddhânâṃ samyaksaṃbuddhânâm*), ou même en spécifiant aux vénérables Bouddhas élevés dans le couvent (*vihârapratiṣṭhâpitânâṃ bhag. buddh.*), à la communauté des honorables mendiants (*âryabhikṣusaṃghasya, çâkyârya°*), enfin au couvent (*vihârasya*). Dans un cas particulier (20), le revenu est divisé en quatre parties, un quart est alors affecté spécialement aux dépenses à faire pour approfondir et nettoyer l'étang voisin. La part des Bouddhas, c'est les parfums, les fleurs, l'encens, les lumières, l'huile, etc., en un mot tout ce qui concourt à la splendeur du culte et à la beauté des offices. Une formule plus développée, et qui se rencontre deux fois (18. 20) ajoute à cette liste le culte (*pûjâ*) et le bain (*snâna, snâpana*). Le libellé en est identique à la charte en faveur de Maheçvara, et contribue encore à mettre en relief la ressemblance des deux liturgies, Le culte bouddhique s'hindouise et s'achemine vers le çivaïsme où il doit s'absorber.

Les donations individuelles aux brahmanes, mêlées par le hasard des découvertes avec les donations collectives à la communauté bouddhique, marquent aussi nettement le contraste des deux grandes organisations religieuses en présence. Les largesses royales ne s'adressent pas seulement aux moines en résidence, mais à tous ceux qui viennent des quatre points de l'horizon (*caturdigabhyâgata, nânâdig°*). Le roi veut leur assurer le vêtement (*cîvara, cîvarikâ*), la nourriture (*piṇḍapâta*), le coucher (*çayanâsana*), les remèdes (*bhaiṣajya*). Nous avons là la liste complète des quatre *paccayas*, le nécessaire du moine dans le canon pâli[2] ; mais la nomenclature admet des variantes et des additions : *grâsa* se substitue à *piṇḍapâta* (6), *âcchâdana* à *cîvara* (*ib*) ; les objets nécessaires aux malades (*glânapratyaya*) s'ajoutent aux remèdes (3 *bis*. 6. 7. 15, 16. 18. 20) ; enfin deux chartes (18. 20) couronnent cette énumération par une formule usitée à propos des dieux : « Pour l'entretien de leurs vénérables personnes » (*pâda-mûlaprajîvanâya*)[3].

1. Il est intéressant de noter que, d'après une inscription de Dharasena IV (22), les brahmanes recevaient régulièrement le vingtième du revenu de la terre (*brâhmaṇa-viṃçati*). La donation faite à un brahmane est exemptée de cette redevance.

2. Cf. Rhys Davids, J. R. A. S., 1891, p. 476 : *The four requisites in Guhasena's grant 248.*

3. Cf. sup., p. 16, n. 3. Bhandarkar, I. A., I, 46, traduit d'une manière assez inattendue : « For providing water at the root of the feet (*viz.* just at the door) ».

La part du couvent consiste dans les frais d'entretien et de réparation (*khaṇḍa-sphuṭita-pratisaṃskâra*). Dans une charte de Guhasena (5) figure un article intéressant et qui fait vivement regretter la sobriété de l'indication. Le couvent doit employer la dotation « à l'achat de livres religieux » (*saddharmasya pustakopakraya*).

Les chartes nous font connaître les noms de sept couvents [1]. Le plus favorisé est le couvent élevé à Valabhî par la princesse (*râjñî* 16. 18) Duḍḍâ, la première des fidèles (*paramopâsikâ*), fille de la sœur de Dhruvasena I et cousine germaine de Guhasena. Dhruvasena I, malgré sa ferveur vichnouite, fait don d'un village au Duḍḍâ-vihâra (3). Guhasena, adorateur zélé de Maheçvara avant de passer au bouddhisme, l'enrichit à son tour par deux donations (5. 6) : la dernière lui concède quatre villages. Çîlâditya I y ajoute un village, des champs, un jardin et une source dans la banlieue de Valabhî (16). Le savant docteur (*âcârya bhadanta*) Buddhadâsa avait élevé dans l'enceinte de ce couvent une construction supplémentaire (*vihâra-kuṭî*) destinée au culte. Dhruvasena I lui affecte spécialement les revenus d'un village (3 *bis*). Le couvent de Gohaka, qui portait le nom de son fondateur, était également établi dans l'enceinte du Duḍḍâ-vihâra, à Valabhî : Dhruvasena lui donne un village (18). Un monastère portait le nom de Bhaṭârka, le fondateur de la dynastie : il avait été gracieusement cédé (*prasâdîkata*) au Râjasthânîya Çûra. Tout près s'élevait un autre couvent bâti par Mimmâ (*Mimmâ-pâda-kârita*), sans doute une dévote parente de Guhasena, lequel donne des terrains au vihâra (7). Ces quatre couvents abritaient les sectateurs du Hînayâna ; ils étaient ouverts aux disciples de ses dix-huit écoles (*aṣṭâdaça-nikâya*, 5. 6. 7.). Les deux autres appartenaient au Mahâyâna : l'un avait été élevé à Valabhî par le savant docteur (*âcârya bhadanta*) Sthiramati. La charte de Dharasena II (12) le désigne sous le nom de Çrî Bappa-pâdîya-vihâra. Le sens de cette expression a échappé à l'éditeur de la donation ; mais depuis lors M. Fleet a démontré jusqu'à l'évidence, par l'examen des textes épigraphiques [2], que *Bappa* dans le protocole désignait le père du roi, en tant que son prédécesseur. Le couvent désigné du nom de Çrî-Bappapâdîya par Dharasena II était donc, autrement dit, le Guhasena-vihâra. Sthiramati, d'autre part, qualifié des titres spécifiques d'*âcârya* et de *bhadanta*, est certainement identique au fameux disciple de Vasubandhu, qui continua avec tant d'éclat l'enseignement de son maître [3]. Une autre indication chronologique, également fournie par une charte de Valabhî, vient à l'appui de cette donnée ; l'éditeur de ce document, M. Bloch, n'en a pas vu la portée. L'inscription 3 *bis* de

1. Sur le prétendu monastère d'Atharya, v. sup., p. 221, n. 1.
2. The meaning of Bappa and Bâva, I. A., XV, 272-77. Il aurait pu y ajouter l'autorité de Hemacandra, *Deçînâma-mâlâ*, 6, 88, qui donne : bappaḥ ; pitâ ity anye.
3. Cf. Târanâtha (trad. Schiefner), 129-30.

Dhruvasena I enregistre une donation consentie par ce roi en faveur de l'annexe élevée dans l'enceinte du Duḍḍâ-vihâra par l'*âcârya bhadanta* Buddhadâsa. Ce docteur éminent, décoré des mêmes titres que Sthiramati, nous est déjà connu grâce au Tibétain Târanâtha. Il était l'élève d'Asaṅga, frère par la chair ou par l'esprit de Vasubandhu. La période de son activité coïncide avec les débuts éclatants de Sthiramati, l'élève de Vasubandhu [1]. Le monastère agrandi par Buddhadâsa avait été élevé par Duḍḍâ, la nièce même du roi Dhruvasena I, qui accorde des fonds à la construction de Buddhadâsa. Buddhadâsa est donc le contemporain de la princesse Duḍḍa et du roi Dhruvasena I dont les chartes vont de 525 à 540 J.-C. Sthiramati, le cadet en religion de Buddhadâsa, est justement contemporain du roi Guhasena, fils et successeur de Dhruvasena I, dont le règne s'étend jusqu'à 566 J.-C. au moins, 570 J.-C. au plus.

La date que nous avions proposée [2] dès 1890 pour Vasubandhu reste ainsi fermement établie, et nous donne un repère précieux pour classer la série confuse des docteurs bouddhiques : la carrière de Vasubandhu couvre toute la première moitié du VIe siècle.

Le second couvent du Mahâyâna, et formellement désigné comme tel (*mahâyânârya-bhikṣu-saṃghâya*), est situé dans le village de Yodhâvaka, il a pour fondateur Skandabhaṭa, le chef des scribes (*divira-pati*) [3]. Il s'agit certainement du personnage même qui a écrit, en sa qualité de divirapati, la charte de donation (20). Son grand-père, il est vrai, porte le même nom, il est investi de la même fonction sous Guhasena et Dharasena II, mais le premier Skandabhaṭa ajoute toujours à ce titre celui de « ministre des affaires étrangères » (*saṃdhivigrahâdhikṛta*). Le second Skandabhaṭa n'est appelé à cette dernière fonction que postérieurement à la charte du couvent, datée de 326 (644 J.-C.). C'est seulement à partir de 330 (650 J.-C.) qu'il est revêtu de ce double titre. Ainsi des personnages de la cour, avec l'assentiment et même les encouragements du roi, fondaient encore des couvents bouddhiques dans le royaume de Valabhî au milieu du VIIe siècle. Le bouddhisme continua sans doute longtemps encore à y fleurir, car le sol rend aujourd'hui une abondance de sceaux bouddhiques qui portent la formule du *Credo : Ye dharmâ*, etc., inscrite en caractères des VIIe, VIIIe, IXe et Xe siècles [4].

1. TÂRANÂTHA, 104 et 127.

2. V. *La date de Vasubandhu*, J. A., XVI (1890), p. 552-3. Pour les applications de chronologie littéraire à tirer de cette date, cf. *Le Théâtre Indien*, I, 165, et II, 35 (n. 3). Nous pouvons ajouter aux arguments déjà proposés une indication contenue dans la préface de la traduction chinoise de l'Abhidharma-koça, par Paramârtha et qui fixe la venue de Vasubandhu « onze cents années après le Nirvâṇa du Buddha ». En prenant pour point de départ l'ère traditionnelle du Hînayâna (auquel appartient Vasubandhu), soit 543 av. J.-C., le chiffre donné nous porte au milieu du VIe siècle J.-C.

3. Le sens de *divira* a été établi par BÜHLER, I. A., VI, 10.

4. BÜHLER, I. A., I, 130. — MANDLIK, Bomb. Br., XI, 334.

Autres cultes. — Le jainisme jusqu'ici n'a pas reçu de la dynastie autant de services qu'il lui en a rendus ; s'il a gardé fidèlement et fait revivre même le souvenir des rois de Valabhî, aucune donation n'est encore venue attester leur zèle ou leur bienveillance en sa faveur. L'exactitude de la tradition jaina se vérifie pourtant et dans les noms royaux, et même dans les détails secondaires. Çilâditya, qui symbolise sous un nom générique toute la dynastie, passe pour un adorateur du Soleil. Les monnaies de Bhaṭârka et de Dharasena, si toutefois la lecture et l'attribution en sont certaines, les désignent comme des adorateurs fervents du Soleil (*paramâditya*). On serait tenté même de chercher dans le nom des Maitrakas, le clan auquel appartiennent les rois de Valabhî, un rapport réel avec un des noms du Soleil, Mitra [1]. Le dernier des fils de Bhaṭârka, le mahârâja Dharapaṭṭa, est qualifié dans les généalogies de *parama-Âditya-bhakta* « le premier des adorateurs du Soleil ». Les noms de lieux cités dans les chartes semblent aussi confirmer la popularité de ce culte : témoin Sûryapura, la ville du Soleil (32), Sûryadâsagrâma, le village de l'esclave du Soleil (10), l'Âdityaka-pratyaya-kṣetra, le champ appartenant au Soleil (4). Une donation de Çilâditya I (17) mentionne même « la source du dieu soleil », *Âditya-deva-pâdîya-vâpî*. N'est-ce point là la célèbre source du Soleil qui joue un rôle si important dans la légende jaina sur la destruction de Valabhî ? La concordance, en tout cas, est faite pour surprendre et pour frapper.

L'égale bienveillance témoignée par les princes de Valabhî à des confessions rivales n'est pas un phénomène isolé dans l'Inde, et particulièrement aux environs du VIIe siècle. Il suffirait de rappeler l'exemple illustre de Harṣavardhana Çilâditya, le roi de Canoge, resté cher au souvenir des brahmanes, des bouddhistes et des jainas, sorti d'une lignée d'adorateurs du Soleil, frère d'un bouddhiste fervent, et lui-même serviteur zélé de Maheçvara [2]. Encore au XIe siècle, Vîra Coḷa, çivaïte convaincu, patronne un Bouddhiste [3]. Même au XIIe siècle, le roi Kumârapâla, protecteur avéré du jainisme, n'en manifeste pas moins sa ferveur çivaïte [4]. « Il n'est jamais entré dans l'esprit d'un Hindou, observe à ce sujet Burnell [5], de supposer qu'aucun être fictif adoré comme dieu n'existe pas : c'est ainsi que la libéralité à l'égard de toutes les confessions était possible. » L'explication est juste, mais il ne faut pas s'y tromper : la crédulité naïve du vulgaire, dans les esprits ouverts et cultivés, s'épure et se transforme ; la conscience de l'insuffisance humaine et l'ondoyante complexité des choses, si nettement recon-

1. Cf. d'autre part FLEET, *Note on the Hathasni inscrip. of the Mehara chief Thepaka*, I. A., XV, 361-2. Les Mehars (de Mihira) seraient les représentants modernes des anciens Maitrakas.
2. Cf. BÜHLER, *Madhuban Copper-Plate grant of Harṣa*, Ep. Ind., I, 67-75.
3. BURNELL, *South-Indian Palaeography*, p. 111.
4. BÜHLER et VAJESHANKAR G. OZHA, *The Somnâthpattan praçasti of Bhâva Bṛhaspati*, W. Z. K. M., III, 1 sqq.
5. *Op. laud.*, 111.

nues par le génie indien, affranchissent les convictions personnelles de leur raideur dogmatique et laissent un vaste champ ouvert aux croyances d'autrui. La sagesse de l'Inde n'a pas eu à chercher dans une tolérance humiliante un compromis douteux entre la piété et la pitié ; elle s'est plu à reconnaître sous la multitude des apparences contradictoires les aspects infinis d'une vérité supérieure qui dépasse à la fois les sens et la raison.

DEUX PEUPLES MÉCONNUS

I. Les Muruṇḍas.

La notice sur l'Inde [1] insérée dans l'Encyclopédie Kou-hin-tou-chou (section Pien-i-tien) donne sur l'Inde, postérieurement à la dynastie des seconds Han, l'information suivante :

« Au temps des Wei et des Tsin (220-419) les relations entre la Chine et l'Inde furent interrompues, et elles ne reprirent pas de longtemps. Seulement à l'époque de la dynastie Ou (222-277) le roi du Fou-nan (Pégou, Siam) nommé Fan-tchen [2] (范旃) envoya un de ses parents nommés Sou-ou (蘇物) en ambassade dans l'Inde. Parti du Fou-nan, il sortit de l'embouchure du fleuve Teou-kieou-li [3], et suivit la grande courbe du littoral droit vers le nord-ouest, entra dans un grand golfe que bordaient plusieurs royaumes, et au bout d'un an et plus arriva à l'embouchure du fleuve de T'ien-tchou (l'Inde). Il remonta le cours du fleuve, parcourut 7.000 li, et arriva à destination. Le roi de l'Inde fut rempli de surprise et

1. Traduite en français par Pauthier, *Examen méthodique des faits qui concernent le Thian-tchu ou l'Inde*, dans le *Journal Asiatique*, 1839, pp. 257-400, et séparément, Paris, 1840. Le même passage se trouve dans l'Encyclopédie de Ma touan-lin, livre 328, notice sur l'Inde, d'où il a été traduit également par Pauthier (publié en anglais dans l'*Asiatic Journal* de Londres, 1836, puis dans le *Journal of the Asiatic Society of Bengal*, 1837), et aussi par Stanislas Julien, *Journal Asiatique*, 1847, t. II, p. 81-121 ; reproduit en anglais dans l'*Indian Antiquary*, 1880, pp. 14-24.

Les deux Encyclopédies ont, en fait, copié littéralement un passage de l'histoire des Leang, ch. 54, notice sur le Tchoung-T'ien-tchou. J'ai vérifié et corrigé sur ce texte les traductions publiées.

2. Le mot *fan*, qui fait partie du nom du roi Fan-tchen, est le premier élément du nom de tous les souverains du Lin-i (Campâ). Voir *Ma-taouan-lin, Ethnographie des peuples étrangers*, trad. d'Hervey de Saint-Denis, t. II, p. 420 sqq. Une dynastie nouvelle venait précisément de prendre possession du Fou-nan, et le nom de son fondateur Fan-che-man, puis de Fan-tsin, enfin de Fan-tchen semblent indiquer que cette dynastie se rattachait à la famille royale du Lin-i ou revendiquait le même titre.

3. L'embouchure du Teou-kieou-li 投拘利 est peut-être identique au port de Takôla mentionné par Ptolémée (VII, 2, 5), et qui demeura florissant jusqu'à la fin du moyen âge. Takôla, d'après Yule, était situé sur l'estuaire du Sit-taung.

s'écria : « Quoi ! il existe des hommes comme ceux-ci sur les bords des mers les plus lointaines ! » Et il ordonna de leur faire visiter l'intérieur de son royaume. Ensuite il envoya deux hommes, Tchenn-soung etc. pour offrir en retour à Fan-tchen et à Sou-ou quatre chevaux du pays des Yue-tchi. Ils n'arrivèrent qu'au bout de quatre ans.

En ce temps-là l'empereur de la dynastie Ou avait envoyé un officier de second rang, K'ang-t'ai (康泰) en mission au royaume de Fou-nan. Il y rencontra Tchenn-soung etc. et il les interrogea sur les coutumes de l'Inde. Ils lui répondirent :

« C'est un pays où la loi du Buddha prospère. La population y est droite et honnête, et la terre est très fertile. Le titre (*hao*) du roi est Meou-loun (茂論). La capitale où il réside a une double enceinte de remparts. Les rivières et les sources d'eau sont divisées en un grand nombre de canaux sinueux qui aboutissent aux fossés des murailles et se déversent dans un grand fleuve. Les palais et les temples sont décorés d'ornements sculptés ou gravés ; dans les rues, les marchés, les villages, les maisons, les hôtelleries, les tours, on voit des cloches et des tambours au son joyeux, de riches vêtements, des fleurs odorantes. Les marchands y viennent par terre et par mer, et se rassemblent en un grand nombre et y offrent des joyaux et tous les objets de luxe que le cœur peut désirer. A droite et à gauche il y a seize grands royaumes, ceux de Kia-wei (嘉維) (Kapilavastu), Che wei (舍衛) (Çrâvastî) Ie-po (葉波) (*ou* Che-po) etc. Plusieurs royaumes, même situés à deux ou trois mille li du T'ien-tchou, lui obéissent, parce qu'ils considèrent que ce royaume est situé au milieu de l'univers ».

L'itinéraire de l'ambassade, les distances, la description du royaume ne fournissent pas d'identification positive. Le titre royal n'a pas paru moins vague que le reste. PAUTHIER proposait de le considérer comme une transcription de *mahârana*. « Il n'y a aucun doute, écrit-il [1], sur la syllabe *meou* pour *mahâ* (en composition) « grand » ; mais le mot sanskrit représenté par *lûn* ou *run*, *ran* est moins clair ». La restitution fournie par PAUTHIER est inadmissible. Le titre de *rana* est moderne, et le caractère *meou* ne peut pas représenter *mahâ* ; sa valeur en transcription est invariablement *mu* ou *mo*. La lettre *lûn*, d'autre part, représente liquide +u+nasale, *luṃ* ou *ruṃ* devant consonne. *Meou-lun* nous ramène ainsi à un original : *Mu-luṃ+consonne* ou *Mu-ruṃ+consonne*. La seule correspondance qui se rencontre parmi les noms ethniques de l'Inde ancienne est *Muruṃḍa*, *Muruṇḍa* qui satisfait à toutes les conditions phonétiques.

L'histoire des Muruṇḍas est restée jusqu'ici mal connue, moins encore par la faute des documents que par la négligence des indianistes [2]. PTOLÉMÉE, qui les

1. *Examen méthodique*, p. 29.

2. LASSEN, *Indische Alterthumskunde*, t. II², p. 877 note ; t. III, pp. 136, 155-157 ; VIVIEN DE SAINT-MARTIN, *Étude sur la géographie grecque et latine de l'Inde*, pp. 329-332 ; CUNNINGHAM, *Ancient Geography of India*, p. 505-509 ; MAC CRINDLE, *Indian Antiquary*, t. XIII, pp. 377 sqq.

désigne sous le nom de Maroundai, les place sur la rive gauche du Gange, au sud des Ganganoi ou Tanganoi établis dans la vallée du Sarabos, la Sarayû de la géographie sanscrite, la Sarju ou Ghogra des modernes. Un demi-siècle après Ptolémée, Oppien désigne « le peuple Maruandien » comme « riverain du Gange, dans la plaine indienne ». Les cinq villes des Maroundai enregistrées dans les Tables de Ptolémée ne se laissent pas reconnaître avec précision : Boraita, Kôrygaza (Sôrygaza), Kondôta (Tondôta), Kelydna (Elydna), Aganagora (Aragara), Talarga. Mais la position donnée à Kôrygaza (long. 143° 30′ ; lat. 27° 15′) ne l'écarte de Palimbothra (long. 143° ; lat. 27°) que par un intervalle insignifiant ; tandis que Talarga, la ville la plus orientale des Maroundai, est située dans le delta du Gange, presque immédiatement au-dessous du point où le fleuve se divise en deux branches qui vont ensuite se ramifier en plusieurs canaux. Les données de Ptolémée concordent avec les informations chinoises et les expliquent. L'ambassade du Fou-nan avait mis le cap au nord-ouest, en longeant timidement les côtes ; puis, arrivée aux bouches du Gange, elle avait remonté le cours du fleuve pendant longtemps pour débarquer dans la capitale même du royaume.

Les documents indigènes confirment ces deux témoignages. La recension jaina de la Siṃhâsana-dvâtriṃçikâ désigne le Maruṇḍa-râja comme le souverain de Kanyâkubja [1] ; un autre ouvrage jaina, le Prabandha-cintâmaṇi de Merutuṅga désigne Pâṭaliputra comme la résidence du même prince [2]. L'une et l'autre ville étaient situées sur le bord même du Gange ; l'une et l'autre, rivalisant de splendeur, se disputèrent le titre de capitale de l'Hindoustan jusqu'au jour où le caprice du fleuve ruina l'une, tandis qu'un caprice de la fortune ensevelissait l'autre. Le territoire qu'elles commandaient coïncide avec le domaine assigné par Ptolémée aux Maroundai et couvre la région moyenne de la plaine gangétique.

La dynastie des Maruṇḍas a laissé un souvenir durable dans les traditions historiques de l'Inde. Leur nom se retrouve sous des formes à peine altérées dans les listes royales des Purâṇas brahmaniques : Maruṇḍas, Muruṇḍas : Vâyu-P. ; Puruṇḍas, Puraṇḍas, Puruñjas : Matsya-P. ; Suruṇḍas, Guruṇḍas : Bhâgavata-P. ; Svaraṇḍas : Brahmâṇḍa-P. ; Muṇḍas : Visṇu-P. La plupart donnent à cette dynastie treize princes ; seul le Bhâgavata en réduit le total à dix. Le Vâyu leur attribue une durée de trois cent cinquante ans [3]. Les Muruṇḍas sont classés par les Purâṇas brahmaniques à la suite des Andhrabhṛtyas, parmi les races méprisées et d'origine étrangère qui se partagent l'empire de l'Inde : Abhîras, Gardabhilas, Çakas, Yavanas, Tukhâras [4]. Un Purâṇa jaina, le Harivaṃça [5], nomme également

1. *Indische Studien*, t. XV, p. 279-280 = *Catal. mss. Oxon.*, p. 152, n. 3.
2. Édit. Bombay, 1888, p. 27.
3. *Çatâny ardhacaturthâni*, Wilson traduit à tort « *deux cents ans* ».
4. *Viṣṇu-Purâṇa*, trad. Wilson, ed. Fitzedward Hall, t. IV, pp. 203 et 206.
5. Pathak, *Ind. Antiq.*, t. XV, p. 141.

la dynastie des Muruṇḍas, mais il ne leur donne qu'une durée de quarante années, et il les fait régner pendant le troisième siècle après le nirvâṇa du Jina (210—250 V.) entre Pâlaka et les viṣaya-bhûbhujas d'une part et les Puṣpamitras d'autre part. Mais cette chronologie est en désaccord avec d'autres traditions jainas. Le docteur Pâdalipta-Sûri passe pour avoir converti à la religion des jainas le roi Muruṇḍa[1]; dans un autre récit, le même personnage guérit le roi Muruṇḍa d'une céphalalgie en lui promenant le doigt sur le genou, puis il part à Pratiṣṭhâna[2]. Pâdalipta-Sûri est le contemporain et le maître de Nâgârjuna[3] que les Bouddhistes et les Jainas mettent en rapport direct avec le roi Çâlivâhana fondateur de l'ère çaka (78 ap. J.-C.)[4]. La légende de Pâdalipta nous montre donc les Muruṇḍas établis soit à Kanyâkubja, soit à Pâṭaliputra[5]) un demi-siècle avant l'époque où Ptolémée recueille ses renseignements sur l'Inde.

Un document épigraphique de haute importance atteste l'existence de la dynastie Muruṇḍa, environ trois cents ans après l'ère çaka, entre 350 et 390 de l'ère chrétienne[6]). Le roi Samudragupta se glorifie, sur le pilier d'Allahabad, d'avoir reçu les hommages des rois de l'Inde entière, et parmi ces vassaux ou ces tributaires il nomme les Muruṇḍas. L'auteur du panégyrique, Hariṣeṇa, a, sans doute à dessein, réuni leur nom dans un seul composé avec les titres de *daivaputra-ṣāhi-ṣāhānuṣāhi-çaka*. Le dernier, seul, est un ethnique : au sens propre il désigne, comme on sait, les tribus scythiques qui s'ébranlèrent sous la poussée des Yuetchi, renversèrent le royaume grec de Bactriane et envahirent l'Inde entre le premier et le second siècle avant l'ère chrétienne. Les autres termes du composé : devaputra, ṣâhi, ṣâhânusâhi sont les titres caractéristiques du protocole royal en usage chez les Kouchans ; nous en avons de nombreux exemples dans les inscriptions de Kaniṣka, de Huviṣka et de Vâsudeva. Ils ne se rencontrent plus après eux ; les rois du Gândhâra qui prétendent se rattacher à Kaniṣka ne conservent que le titre modeste de Ṣâhi. Par une rencontre frappante, l'inscription de Samudragupta rapproche les Muruṇḍas des populations scythiques qui les coudoient dans les listes des Purâṇas.

Lassen a déjà signalé la curieuse définition du dictionnaire de Hemacandra (IV, v. 960) qui interprète Muraṇḍa comme un synonyme de Lampâka. Nous savons par des témoignages précis que les Lampâkas sont les habitants du Lam-

1. *Indische Studien*, t. XV, p. 279.
2. *Prabandha-cintâmaṇi*, loc. laud.
3. *Ibid.*, pp. 95 et 308.
4. Beal, *The date of Nâgârjuna Bodhisattva*, Ind. Antiq., t. XV, pp. 353-356 ; *Prabandha-cintâmaṇi*, loc. laud.
5. La description de la capitale et particulièrement de ses cours d'eau dans l'histoire chinoise semble bien répondre à la situation de Pâṭaliputra.
6. Buehler, *Die indischen Inschriften und das Alter der indischen Kunstpoesie*, Sitzber. d. kais. Akad. d. Wiss., Wien, t. CXXII (1890), p. 6, note 2.

ghan ou Laghman actuel, au confluent de l'Alingar et du Kabul-rud. L'historien tibétain du bouddhisme indien, Târanâtha, nomme un mont Muruṇḍa situé dans le pays d'Udyâna (le Chitral). L'école bouddhique des Muruntakas [1] est peut-être en rapport d'origine avec cette localité. Le nom des Muruṇḍas nous ramène ainsi sur les confins de l'Inde et de l'Afghanistan, dans ce pays de Kipin où tant de races se croisèrent dans le premier siècle avant l'ère chrétienne. Lassen supposait (t. III, p. 137) que les Muruṇḍas étaient une tribu indigène du Laghman, refoulée par les Indo-Scythes et réfugiée dans l'Hindoustan. Les témoignages chinois conduisent à une tout autre conclusion.

La mission chinoise envoyée dans les pays du Midi par la dynastie des Ou trouve le Fou-nan en relations régulières avec le royaume des Muruṇḍas. L'époque de cette mission peut se déterminer avec une précision suffisante : elle était envoyée par le fondateur même de la dynastie, Ta-ti, qui régna de 222 à 252. Les deux officiers qui la composaient, Tchu-Yng et Kang-taï, signalèrent cent et quelques dizaines de royaumes, tant pour les avoir parcourus que pour en avoir entendu parler. Ils écrivirent à leur retour une relation de leur voyage qui malheureusement n'a pas été retrouvée [2]. Plus de cent ans après leur exploration, un document chinois associe encore le Fou-nan à l'Inde. « Sous le règne de Mou-ti, raconte l'histoire des Tsin Orientaux (section de Mou-ti) la première année de la période Cheng-P'inh (357) le Fou-nan et le Tchou-tchen-t'an (竺旃檀) offrirent des éléphants apprivoisés. » Le même fait est rapporté une seconde fois dans la même histoire, à la Section des peuples étrangers (ch. 97, p. 8, r°). *Tchou-tchen-t'an* ne peut se traduire que par « Tchen-t'an de l'Inde » ; le caractère *Tchou* s'emploie fréquemment par abréviation au lieu de *T'ien-tchou*, nom de l'Inde ; devant un nom propre il marque régulièrement l'origine indienne du personnage. L'interprétation, dans le cas présent, est du reste garantie par un double témoignage. Le dictionnaire des composés Pei-wen-iun-fou cite (*s. v.* Tchen-t'an) le passage de l'histoire des Tsin en isolant le caractère *tchou* ; d'autre part le compilateur du Pien-i-tien mentionne, dans la section de l'Inde, l'ambassade du *Tchou-tchen-t'an*, en laissant de côté le nom du Fou-nan. Les caractères *tchen-t'an* sont dépourvus de signification et reproduisent certainement un mot étranger ; ils transcrivent fréquement le sanscrit *candana*. santal. On pourrait donc songer à traduire *Tchou-tchen-t'an* par « *l'Indien Candana* ». Cette désignation toutefois ne laisse pas de surprendre : si *candana* entre assez fréquemment en composition dans les noms propres, on ne s'attend guère à l'y voir figurer seul, alors surtout qu'il s'agit d'un personnage royal. En outre cette appellation de *Tchou Tchen-t'an*, l'Indien Candana, appliqué sans autre titre au roi qui envoie une ambassade jure

1. Wassilieff, *Buddhismus*, p. 253, n. 1.
2. Ma-touan-lin, *Ethnographie des peuples étrangers à la Chine*, t. II, Méridionaux, p. 410-411.

avec l'étiquette formaliste des historiens chinois. *Tchen-t'an* ne serait-il pas un titre au lieu d'un nom? Les caractères *tchen-t'an* se retrouvent accolés au nom d'un roi indien dans deux ouvrages bouddhiques, traduits du sanscrit en chinois : le Ta-koan-ien-king-loen (Nanjio, 1182) et le Tsa-pao-tsang-king (ib. 1329). Le premier est une version, exécutée vers 405, du Sûtrâlaṃkâra-çâstra composé par le Bodhisattva Açvaghoṣa ; le second, traduit en 472, est d'un auteur inconnu ; le titre chinois correspond en sanscrit à Saṃyukta-ratna-piṭaka-sûtra. L'un et l'autre consistent en des récits édifiants, où l'histoire trouve à glaner derrière la piété. Le roi des Yue-tchi Kaniṣka est le héros de quatre de ces contes [1] ; chaque fois il y est désigné par la formule *Tchen-t'an-Ki-ni-tch'a*. L'interprétation par *candana* est décidément inadmissible dans ce cas. Mais *tchen-t'an* s'emploie fréquemment aussi dans les traductions de textes sanscrits pour désigner la Chine. La forme savante Cîna-sthâna s'est altérée dans l'usage courant en Cîna-ṭṭhâna, Cîn-thân, reproduit fidèlement par les caractères chinois. Le souverain du pays [2] avait le titre de *t'i-pouo-fo-tan-lo*, fils du ciel, transcription du sanscrit *devaputra*. Le mot *devaputra* traduit exactement le titre impérial chinois *t'ien-tzeu*, Fils du Ciel. Mais l'usage indien, constaté par les grammairiens dans les règles des formations tadrâjas [3] transporte au roi le nom du pays. *Tchen-t'an* doit donc signifier à la fois « la Chine » et « le roi de Chine » ; employé dans ce sens il est synonyme de fils du ciel, *devaputra*. *Devaputra* est justement le titre officiel de Kaniṣka et de ses successeurs ; il figure régulièrement dans leur protocole, où ils l'avaient introduit à l'imitation du formulaire chinois, comme ils empruntaient aux Parthes le titre de Shâhân shâh. *Tchou-tchen-t'an* est donc *le Devaputra de l'Inde*, le souverain indien qui porte le titre de devaputra. Ce titre, apporté par les Indo-Scythes, est resté leur propriété exclusive ; les dynasties indiennes ne l'ont pas reproduit. L'ambassade du devaputra, arrivée avec celle du Fou-nan, venait d'un royaume soumis aux Indo-Scythes. Les Muruṇḍas, avec qui le Fou-nan entretenait des relations diplomatiques, étaient une dynastie indo-scythe ; l'inscription de Samudragupta, à peu près contemporaine de l'ambassade envoyée à Mou-ti, combine dans un seul composé *devaputra-ṣâhiṣâhânuṣâhi-çaka-muruṇḍa*, soit qu'il s'agisse de plusieurs princes rapprochés par la communauté d'origine et de race, soit que le prince des Muruṇḍas soit désigné comme un Çaka et qualifié de ses titres propres [4].

1. *Ta-koan-ien-king-loen*, ch. 3 et ch. 6 ; *Tsa-pao-tsang-king*, ch. 7, XV et XVI. Je publierai prochainement une traduction de ces contes.
2. Cfr. I-tsing, *Les Religieux éminents*, trad. Chavannes, p. 56, note.
3. Pāṇini, IV, 1, 168-178.
4. Les Çaka-Muruṇḍas correspondraient exactement aux Çakas mentionnés par Varâhamihira (Bṛhat-saṃhitâ, 16, 1) avec les Narmadârdhas (cours supérieur de la Narmada), Çoṇa (riverains du Sôn), Uḍras (Orissa), Vaṅga (Bengale), Suhmas, Kaliṅga (bouches de la Godavari), Bâhlikas, Magadha (Bihar), Prâgjyotiṣa (Assam), Cîna (Chine).

L'avenir indiquera la solution à choisir entre ces deux hypothèses ; quelle qu'elle doive être, un fait est désormais établi, les relations des Muruṇḍas avec le Fou-nan, des Indo-Scythes avec l'Indochine. Ces étranges courtiers de la civilisation, venus des frontières septentrionales de la Chine, des pâturages de Sibérie, des steppes du Turkestan, héritiers de la culture hellénique en Bactriane, disciples des mages iraniens, patrons du bouddhisme, protecteurs du jainisme, refoulés par des poussées successives de l'Afghanistan au Penjab, du Penjab à la Joumna, de la Joumna à la vallée inférieure du Gange ont servi enfin à porter le génie brahmanique chez les barbares de l'Inde transgangétique, jusqu'aux confins de la Chine méridionale. Cet énorme mouvement tournant ouvre à la fois les deux voies que la propagande bouddhique va suivre pour conquérir l'Extrême-Orient. Aux deux extrémités de l'ancien continent une singulière symétrie apparaît dans les destinées des peuples. Le christianisme, traité en ennemi par la culture grecque et romaine, convertit les barbares lointains pour répandre triomphalement dans l'Europe le génie de la Grèce et de Rome ; le bouddhisme combattu avec passion par l'orthodoxie brahmanique s'appuie sur les conquérants barbares de l'Hindoustan pour répandre dans une moitié de l'Asie la morale et l'exaltation religieuse de l'Inde qui l'a renié.

Nous pouvons suivre les Muruṇḍas dans l'Inde gangétique jusqu'au commencement du VIIe siècle. L'Encyclopédie de MA-TOUAN-LIN [1] fournit en effet une notice sur le peuple des *Ou-lun* 無論 ; la transcription est une simple variante de Mou-lun et ramène de même à Muruṇḍa.

« Le royaume des Ou-lun est à 2000 *li* environ à l'ouest du Fou-nan. Les routes y sont bordées d'arbres *pi-pa* et autres arbres fruitiers qui donnent beaucoup d'ombrage. De plus le voyageur rencontre de dix *li* en dix *li* un caravansérail pour se reposer et dans chaque caravansérail il trouve un puits. Les habitants mangent du pain de froment et boivent du vin de raisin qui a l'apparence de la colle forte fondue. Mêlé avec de l'eau ce vin est d'une saveur très agréable ».

MA-TOUAN-LIN ajoute que ce royaume fut connu à l'époque des Soei (589-618), mais il n'indique pas sa source. Peut-être, comme le conjecture M. D'HERVEY DE ST-DENIS, il a extrait sa notice du *Fou-nan-tou-tchoen* ou Relation du Fou-nan d'où il a tiré la notice précédente sur le Ho-chan. Le Fou-nan-tou-tchoen, dont les indications semblent se référer toutes à la période des Soei, était peut-être la relation des ambassadeurs envoyés par l'empereur Iang-ti (605-617) dans l'Indo-Chine. L'histoire des Soei donne des informations assez précises sur ce voyage, au chapitre des Peuples Étrangers [2]. Il est intéressant d'observer que ces rensei-

1. *Ethnographie des peuples étrangers*,... Méridionaux... trad. d'HERVEY DE SAINT-DENIS, p. 521.

2. Section du Midi, notice sur le *Tchi-tou* = MA-TOUAN-LIN, *op. laud.*, pp. 471-473.

gnements sur les Muruṇḍas de l'Inde sont encore parvenus aux Chinois par l'intermédiaire du Fou-nan : les relations séculaires des deux nations se perpétuaient encore au début du VIIe siècle.

II. Les Cañcûkas.

Le pèlerin chinois Hiouen-Tsang, en quittant Bénarès, suivit le cours du Gange, et après avoir fait trois cents *li* vers l'est il atteignit un nouveau royaume ; la traduction de Stanislas Julien, si sûre et si précise à l'ordinaire, donne à ce royaume le nom chinois de *Tchen-tchou* (戰主). Julien lui-même n'a pas manqué de signaler à chaque rencontre cette choquante anomalie [1]. Tous les noms géographiques de l'Inde sont reproduits par Hiouen-Tsang en caractères phonétiques qui figurent la prononciation sanscrite ; seul le royaume de Tchen-tchou échappe à cette règle, et sans aucun motif apparent. Ce petit état n'a jamais joué dans l'histoire politique ou religieuse de l'Inde un rôle qui justifie cette dérogation. Et pourtant l'étrange destinée qui a valu au Tchen-tchou cet honneur inattendu ne s'en est point tenue là. Julien a relevé dans une encyclopédie bouddhique [2] une variante de ce nom, sous la forme de *Tchen-wang*. Les deux appellations paraissent se confirmer mutuellement ; l'une et l'autre signifient : *le maître des guerriers* ou *le roi des combats*. Julien restitue hypothétiquement le nom sanscrit correspondant : *Yodha-* (ou *Yuddha*) *pati* (ou *râja*). La restitution de Julien a passé naturellement dans le *Mémoire analytique* de Vivien de Saint-Martin (p. 360), qui fixe le local de ce royaume aux environs de Ghazipour ; les auteurs du Dictionnaire de Pétersbourg la rappellent à propos de Yodhanîpura, nom de ville mentionné dans le Revâmâhâtmya du Çiva-purâṇa. Cunningham, toujours fécond en imaginations linguistiques, passe directement de Tchen-tchou à Ghazipur par l'intermédiaire d'un prétendu nom sanscrit Garjana-pura « la ville du fracas » puis par extension « la ville des mêlées bruyantes, la ville des batailles » [3] ; mais il n'en indique pas moins une longue série d'autres équivalents possibles : Vigrahapati, Yudhanâtha, Raṇasvâmi etc. Carlleyle, en bon disciple, enchérit sur le maître, et dans une longue dissertation sur la Capitale du Roi-des-Batailles [4], il allonge encore la liste des prétendues restitutions possibles (Raṇâditya, Saṃgrâmanâtha, Saṃgrâmapati,... etc.) et sur la foi de ces équivalences, promène avec incertitude la mystérieuse capitale aux alentours de Ghazipour même, à Samanpur (= Samarpur = Samarapura = Samarapatipura), à Ghamur (= Gahmaur Ghamsân-pur = Ghaṃsanâpatipura !) à Udharampur (= Yuddharaṇapura).

1. Vie, 134 ; Mémoires, t. II, p. 377 ; t. III, p. 482.
2. Fa-iouen-tchou-lin, livre XXXVIII, fol. 19.
3. *Ancient Geography*, p. 438 sq.
4. *Archaeological Survey*, vol. XXII, p. 88-94.

Le problème, à le regarder de près, ne comporte point tant de frais d'imagination. La variante *Tchen-wang* est née d'une distraction de copiste ; les deux caractères, *tchou* 主, chef, et *wang* 王, roi, qui sont à peu près synonymes, ne diffèrent dans l'écriture que par un point seulement ; le compilateur du Fa-iouen-tchou-lin, en reproduisant le nom donné par Hiouen-tsang, s'est laissé aller à une confusion facile de caractère : les auteurs d'Encyclopédies sont coutumiers de ces erreurs en tous pays. Le caractère *tchen*, réduit à sa valeur phonétique, transcrit la syllabe sanscrite *can*, p. ex : tchen-to-lo = candra [1]. Le caractère *tchou*, qui n'est pas enregistré dans la Méthode de Julien, transcrit la syllabe sanscrite *cu*. *Tchen-tchou* permet de restituer avec assurance le mot sanscrit *Cañcû*. Précisément ce nom se rencontre dans la longue liste de peuples que Varâha-Mihira a insérée dans la Bṛhatsaṃhitâ (XIV, 18). Les Cañcûkas, forme dérivée de Cañcu et sans doute imposée par les nécessités de la versification, y figurent dans les populations du sud-ouest, côte à côte avec une série de peuples désignés par des sobriquets : Mâkaras (de *makara*, monstre marin), Karṇaprâveyas (enveloppés dans leurs oreilles), Khaṇḍas (nains ?), Mangeurs de viande crue. Sans doute les Cañcûs ou Cañcûkas devaient leur nom à une particularité physique, car leur nom signifie : « bec d'oiseau ».

1. Hiouen-tsang, t. II, p. 154 ; t. III, p. 100 ; et cf. Julien, *Méthode*... n° 1808.

UNE POÉSIE INCONNUE DU ROI HARṢA ÇÎLÂDITYA

L'AṢṬA-MAHÂ-ÇRÎ-CAITYA-STOTRA.

L'*Hymne aux Huit grands Caityas vénérables*[1] (en chinois : *Pa-ta-ling-t'a-fan-tsan ;* en sanscrit : *Aṣṭa-mahâ-çrî-caitya-saṃskṛta-stotra*) se recommande moins par ses mérites propres que par le nom de son auteur. La tradition chinoise l'attribue au roi indien Kiai-jeu, « le soleil de la vertu » ; et Hiouen-Tsang nous a appris à reconnaître sous cette traduction l'empereur de l'Hindoustan, Çîlâditya de Canoge, plus célèbre dans l'histoire et la littérature de l'Inde sous le nom de Harṣa ou Harṣavardhana. Le poème se compose au total de cinq stances, la première en Mandâkrântâ, les quatre autres en Sragdharâ. Le moine Fa-t'ien[2], qui s'illustra sous la dynastie des Soung septentrionaux par plus de cent traductions, n'a pas dédaigné de transcrire laborieusement en caractères chinois l'original sanscrit. Il s'est d'ailleurs acquitté assez heureusement de cette tâche délicate ; fidèle au système que paraît avoir inauguré I-tsing[3], il résout les groupes de consonnes en éléments simples, et marque ensuite, par une indication hors texte, les combinaisons de deux ou de trois sons[4] ; il note, par un procédé analogue, les voyelles longues[5]. Son alphabet de transcription est si adroitement combiné qu'il est aisé de restaurer les termes sanscrits, à deux ou trois exceptions près. Le contrôle de la métrique garantit la fidélité de la reproduction. La graphie

1. Bunyiu Nanjio, *A Catalogue of the Chinese translation of the Buddhist Tripiṭaka* (Oxford, 1883), n° 1071.

2. *Ib.*, Appendix, II, n° 159. Fa-t'ien, à partir de l'année 982, transforma son nom en Fa-hien. C'est de ce second nom qu'est signée la transcription de *l'Aṣṭacaitya-stotra* ; elle se place donc entre 982 et 1001.

3. *Les Religieux Éminents qui allèrent chercher la Loi dans les pays d'occident*, par I-tsing, traduit par Éd. Chavannes (Paris, 1894), p. 201.

4. 二合, 三合, « deux ensemble, trois ensemble ».

5. 引, « allongez ».

mudhnâ (et *mûdhnâ*), répétée quatre fois, surprend dans un texte en général si correct.

Le titre du poème n'en indique pas exactement l'objet. L'auteur ne rend pas seulement hommage aux huit lieux sacrés par excellence, mais son adoration s'adresse à tous les Stûpas, tous les Caityas, tous les Dhâtugarbhas de la terre et de l'univers entier. La géographie a du moins plus d'une indication précieuse à recueillir dans cette énumération de peuples et de pays, où nous voyons figurer le Kasmir, la Chine, le Kachgar[1], le Marvar, Ceylan, le Lâṭa, l'Uḍra, le Sindh, le Pauṇḍra, le Samataṭa, le Magadha, le Mekhala, le Kosala, le Népal, le Kâmarûpa, les royaumes de Kâñcî et de Saurâṣṭra. La géographie du poète vient corroborer la tradition chinoise ; elle correspond bien à l'état réel de l'Inde vers le VIIe siècle.

Il est difficile de préciser, à l'aide de notre seul texte, le nom des huit Caityas très saints ; mais un autre opuscule, traduit par le même prêtre Fa-t'ien, en donne une liste claire et complète. Le (*Fou-chouo*) *Pa-ta-ling-t'a-ming-hao-king*[2] (*Buddhabhâṣita-Aṣṭamahâçrîcaityanâmastotra*), attribué soit à Buddha lui-même, soit à un sage anonyme de l'Inde, énumère tour à tour, en prose et en vers, les huit lieux saints du Bouddhisme avec les souvenirs qui les consacrent : le jardin de Lumbinî, à Kapilavastu (naissance) ; l'arbre de Bodhi, à Gayâ (illumination) ; Vâraṇâsî (mise en branle de la roue) ; Jetavana (manifestation du pouvoir surnaturel) ; Kanyâkubja (l'échelle céleste) ; Râjagṛha (enseignement) ; Vaiçâlî (annonce de mort) ; Kuçinagara (entrée dans le Nirvâṇa). Le poète de notre hymne ne désigne formellement que le jardin de Lumbinî, à Kapilavastu, Vaiçâlî et Kuçinagara ; il indique par allusion Vâraṇâsî (*dharmacakra*), Gayâ (*bodhimûle*) et Kanyâkubja (*devâvatâra*)[3] ; il ajoute Çrâvastî, Kauçambî, Mathurâ. J'ignore à quelle localité se rapporte la mention *bhîṣmakâyoditîra*.

On aimerait savoir à quel concours de circonstances le petit poème de Harṣa doit sa singulière préservation dans le canon chinois. Deux hypothèses se présentent : ou bien Fa-t'ien, élève du monastère de Nâlanda aux Indes, en a rapporté les stances qu'il a transcrites, ou bien Hiouen-tsang, le plus illustre des pèlerins chinois, les avait reçues de son hôte royal comme un souvenir amical et pieux ; consacrées par le nom vénéré du moine et du roi, elles ont été admises plus tard dans le canon. L'authenticité de l'attribution ne semble guère, en tout cas, contestable : nous savons par le témoignage formel de l'épigraphie, que Harṣa

1. Il est difficile de ne pas reconnaître dans le Khaṣa-taṭa (揭 沙), le pays nommé K'ia-cha (佉 沙) par Hiouen-Tsang, et qui répond au Kachgar.

2. Nanjio, n° 898.

3. Le lieu où s'effectua la descente par l'échelle merveilleuse, appelé Saṃkâçya par le pèlerin Fa-hien, Kapitha par Hiouen-Tsang, est simplement nommé Devâvatâra dans la *Mahâvyutpatti*, § 193, et aussi dans l'itinéraire d'un pèlerin chinois au VIIIe siècle : *Le Voyage de Ou-K'ong*, que nous nous proposons de publier sous peu.

ne se contentait pas de mettre son nom sur les œuvres de ses poètes à gages, et qu'il se piquait réellement de poésie ; et d'autre part, la tradition népalaise, indépendante de la tradition chinoise, attribue également au roi Harṣa (Harṣabhûpativiracita) un petit poème en vingt-quatre stances, le *Suprabhâtastotra*[1]. Les deux Stotras du Népal et de la Chine ont un air de parenté qui frappe : l'un et l'autre semblent être des litanies accommodées par un versificateur adroit ; l'un et l'autre se réduisent presque entièrement à une savante énumération de noms, avec un refrain au bout des stances. Le *Suprabhâtastotra* a de plus l'avantage d'un joli vers, spirituel et délicat, à la manière de *Ratnâvalî* ou de *Priyadarçikâ :*

stutam api surasaṃghaiḥ siddhagandharvayakṣair
divi bhuvi suvicitraiḥ stotravâgbhir yatîçaiḥ
aham api kṛtaçaktir naumi saṃbuddham âryaṃ
nabhasi garuḍayante kiṃ na yânti dvirephâḥ

Je donne d'abord le texte en caractères chinois ; puis la transcription du chinois, caractère à caractère, en réunissant par le signe + les syllabes à combiner d'après les indications de Fa-t'ien lui-même[2]. Fa-t'ien a divisé les vers par demi-pâda ; je reproduis également cette division de la stance en huit parties [3]. Enfin je donne l'index des caractères de transcription employés par Fa-t'ien ; je marque entre parenthèses, s'il y a lieu, le numéro du caractère dans la *Méthode pour déchiffrer et transcrire les noms sanscrits* de Stanislas Julien (Paris, 1861) ; je ne fais figurer sous leur forme chinoise que les caractères qui manquent chez St. Julien. Pour les premiers, mon Index servira de contrôle aux interprétations de Julien ; les autres compléteront, ou du moins enrichiront, la liste déjà si longue qu'il a dressée. On verra que Fa-t'ien attribue, en général, à chaque caractère une valeur précise et invariable ; il ne se départit guère de ce principe que dans un seul cas : si le mot sanscrit à reproduire est consacré de longue date en chinois, sous une forme traditionnelle, il se conforme à l'usage établi ; ainsi pour les mots *stûpa*, *dhâtu*, *Kâçmîra*. Une classification plus rigoureuse, tenant compte à la fois des temps et des lieux, fera sans doute disparaître de la *Méthode* de Julien l'apparente multiplicité des valeurs attribuées au même signe ; on verra peut-être que la plupart des interprètes chinois ont, comme Fa-t'ien, suivi un système de transcription fixe et constant.

1. Publié par Minayeff, dans les *Zapiski de la Société Archéologique*, t. II, fasc. III, 236 237 : *Prières bouddhiques.*

2. Les mots imprimés en italiques sont à grouper, selon l'indication de Fa-t'ien, en les rognant inversement, l'un de l'élément final, l'autre de l'élément initial.

3. Fa-t'ien, ou son éditeur, a confondu, par erreur, dans un seul demi-pâda, chiffré 7, deux demi-pâdas dont le premier s'arrêtait après le mot *çirasâ* ; à partir de là, les chiffres qu'il donne aux demi-pâdas sont tous inférieurs d'une unité aux chiffres réels. L'erreur se compense à la fin au moyen du titre (*Aṣṭamahâcaityavandana samâpta*) compté à tort comme le quarantième demi-pâda.

八大靈塔梵讚

西天戒日王製

宋三藏法師法賢奉詔譯

惹引鼎昌亭鉢囉二合嚩囉末覩朗 1 一 達哩摩二合作訖囉二合左囉

藐 2 二 載帝煬二合左引彌煬二合帝哩二合部嚩那摩呬當 3 三 室哩二合引

摩賀引鉢囉二合引底賀引哩煬二合四 4 薩他二合難際引曩呬摩

儗哩你羅煬 5 五 彌引嚩彌引縛引嚩多引囉 6 六 滿彌引喝鉢囉

二合拏摩多室囉娑引你沒哩二合多引拽怛囉二合沒馱引七 7 吠引舍引梁引達哩
摩二合作訖麗二合室輪摩儗哩怛致引八 8 呲引瑟摩二合哥引踰引迭帝引麗引九 9 室
囉引二合嚩薩參引二合冐提暮梨引拘尸那誐囉嚩麗引十 10 龍彌你引哥引必邏
引契曳二合十一 11 引惰睒引咩引薩兎二合羅酤瑟致引二合末吐囉嚩囉補麗引十二 12
難那吳播引寫囉引瑟致麗三合十三 13 引曳引左引戰切身下同舍引傘都二合載引參
引捺舍嚩羅嚩里那引十四 14 薩旦引二合那莫寫引彌暮達那二合十五 15 引割濕彌引二

合麗引際引那禰引尸十引 16 六蝎沙怛吒野牟泥引末哩嚩合二麗引星賀梨引

嚩 17 七引十邏引濃捺麗引二合辛度褒捺麗十二 18 八合引三摩怛吒摩蘗提引末蝎梨

引酤薩梨引嚩 19 九引十泥引播引梨引哥引摩嚕閉引割羅舍嚩囉補麗十引 20 二

幹引唧騷囉引瑟吒囉合三囉引瑟吒麗二三十合 21 一引曳引左引戰馱引覩詵哩婆

引二合捺舍嚩羅嚩里那十引 22 二二薩亶合二引那莫寫引彌暮達那十二三合 23 二該邏引

細引係引末酤引致呬摩儗哩你羅曳十引 24 四二滿捺麗引彌引嚕室凌合二詣十引

二五 25 播引怛引梨引味惹演帝引達那鉢底你羅曳引二十六 26 悉馱孍達哩嚩二合路

計引二十七 27 沒囉二合吽滿二合引尼引尾瑟女二合部耄引鉢輸鉢帝婆嚩泥引二十八 28 贊

捺囉二合素引哩也引二合𡆗路引計引二十九 29 曳引左引韈同上馱引覩誐哩婆二合引

捺舍嚩羅嚩里那引三十 30 薩旦二合引那莫寫引𡆗暮引達那二合引三十一 31 曳引左引

瑟誅吒切俟馱引覩誐哩婆二合捺舍嚩羅嚩里那三十二 32 功婆僧倪也二合室左二合

載爹引三十三 33 盎誐引囉契也二合引薩怛二合他引韈呬摩囉惹多你婆引三十四 34 窣都

二合引
波囉怛那二合鉢羅二合哥引舍引三十五 35 播引多引梨引曳引左部咩引儗俚
室揭囉誐多引三十六 36 薩哩嚩二合都引馱引覩誐哩婆二合引三十七 37 沒馱引喃引夜引
你泯摩引鉢囉二合底彌那摩設訖哩二合三十八 38 多引你暮引達那二合引那摩引
彌三十九 39 阿瑟吒二合摩賀引載爹滿㮏那三摩鉢多二合四十 40

Transcription.

jēe-ting-mao-t'ing-po+lo-fouo-lo-mo-tou-lang | **1** |
ta-li+mouo-tso-ki+lo-tsouo-la-miao | **2** |
tsai-ti+chang-tsoūo-gni+chang-ti+li-pou-fouo-no-mouo-hi-tang | **3** |
cheu+lī-mouo-hō-po+lō-ti-hō-*li*+*chang* | **4** |
sa+t'a-nan-tsī-nang-hi-mouo-i-li-gni-lo-chang | **5** |
gnī-fouo-gnī-foūo-fouo-toūo-lo | **6** |
man-gnī-ho-po+lo-na-mouo-touo-cheu-lo-soūo-gni-mou+li-toūo-ie-ta+lo-mou t'ouo | **7** |
feī-cheē-leāng-ta-li+mouo-tso-ki+li-cheu-chou-mouo-i-li-ta-tcheū | **8** |
p'ī-che+mouo-kō-ioū-tie-tī-lī | **9** |
cheu+lō-fouo-sa+tiē-mao-t'i-mou-lī-kiu-chi-no-ngo-lo-fouo-lī | **10** |
loung-mi-nī-kō-pi-lō-li+ī | **11** |
kiao-chēn-miē-sa+mien-lo-kou-che+tcheū-mo-t'ou-lo-fouo-lo-pou-lī | **12** |
nan-no-ou-poūo-sie-lō-che+tcheu+lī | **13** |
ī-tsoūo-*gning*+*i*-chēe-sou-+tou-tsaī-tiē-na-chee-fouo-li-nō | **14** |
sa+tān-no-mo-siē-mi-mou-ta+nō | **15** |
ko-chi+mī-lī-tsī-no-nī-chī | **16** |
k'ie-cha-ta-tcha-ye-meou-nī-mo-li+fouo-lī-sing-ho-lī-fouō | **17** |
loūo-noung-na+lī-sin-tou-pao-na+lī | **18** |
san-mouo-ta-tcha-mouo-gnie-t'ī-mo-k'ie-lī-kou-sa-lī-fouō | **19** |
gnī-pouō-lī-kō-mouo-lou-pī-ko-lō-chee-fouo-lo-pou-lī | **20** |
kān-tsi-sao-lō-che+tcha+lo-lō-che+tcha+lī | **21** |
ī-tsoūo-*gning*+*i*-t'oūo-tou-ngo-li+poūo-na-chee-fouo-lo-fouo-li-nō | **22** |
sa+tān-no-mo-siē-mi-mou-ta+no | **23** |
kai-louo-sī-hī-mo-koū-tchi-hi-mouo-i-li-ni-lo-ī | **24** |
man-na-lī-mī-lou-cheu+ling-ī | **25** |
poūo-tā-lī-mei-jee-yen-tī-ta-no-po-ti-ni-lo-i | **26** |
si-t'ouo-yen-ta-li+fouo-lou-kī | **27** |
mou+lo-heou+mān-gnī-wei-che+gniu-pou-māo-po-chou-po-ti-pouo-fouo-nī | **28** |
tsan-na+lo-soū-li+iē-gni-loū-kī | **29** |
ī-tsoūo-*gning*+*i*-t'oūo-tou-ngo-li+poūo-na-chee-fouo-lo-fouo-li-nō | **30** |
sa+tān-no-mo-siē-mi-moū-ta+nō | **31** |
ī-tsoūo-*che*+*tchou* [= *tcha*+*heou*] t'oūo-tou-ngo-li+poūo-na-chee-fouo-lo-fouo-li-no | **32** |
koung-pouo-seng-gni+ie-cheu+tsouo-tsai-tiē | **33** |
ngang-ngō-lo-ki+iē-sa+ta-t'a-*gning*+*i*-hi-mouo-lo-jee-touo-gni-poūo | **34** |
sou+toū-pouo-lo-ta+no-po+lo-kō-cheē | **35** |

poūo-toūo-lī-ī-tsouo-pou-mīe-i-li-cheu-k'ie-lo-ngo-toūo | **36** |
sa-li+fouo-toū-t'oūo-tou-ngo-li+poūo | **37** |
mou-t'oūo-nān-ié-gni-min-moūo-po+lo-ti-gni-no-mouo-chee-ki+li | **38** |
toūo-gni-moū-ta+nō-no-moūo-mi | **39** |
ngo-cha+tcha-moūo-hō-tsai-tie-man-na-no-san-mo-po+touo | **40** |

Reproduction du texte sanscrit.

八 大 靈 塔 梵 讚
Pa ta ling t'a fan tsan
Aṣṭa- mahâ- çrî- caitya-saṃskṛta-stotra.

1.

jâtiṃ bodhiṃ pravaram atulaṃ
dharmacakra ca ramyau [1]
caityaṃ câdyaṃ tribhuvanamahitaṃ
çrîmahâpratihâryam |
sthânaṃ cedaṃ himagirinilayaṃ
devadevâvatâraḥ
vandeha praṇamataçirasâ [2]
nivṛtâ yatra buddhâḥ [3] ||

2.

vaîçâlyâṃ dharmacakre çiçumagiritaṭe
bhîṣmakâyoditîre
çrâvastyâ bodhimûle kuçinagaravare
lumbinîkâpilâlye |
kauçambyâ smerakoṣṭhe mathuravarapure
nandagopasya râṣṭre
ye cânye çâstu caityâ daçabalinas [4]
tân namasyâmi mudhnâ [5] ||

1. Corr. : *dharmacakraṃ ca ramyam*. Le texte transcrit est inexplicable et de plus, le vers serait faux. Fa-t'ien a sans doute négligé les *anusvâra*.
2. Il manque une syllabe longue à la suite de l'incertain *vandeha* (*vande'haṃ?*) ; le *ha* doit être long. — *Praṇamata*°, inadmissible, se corrige aisément en *praṇamita*°.
3. *Nivṛtâ*. Le chinois donne *nibṛtâ*. Mais la première syllabe doit être longue. Corr. : *nirvṛtâ*.
4. *Çâstu*, inadmissible. Peut-être : *çâstṛ*. — Le mètre exige *daçabalabalinas*, comme plus bas.
5. Corr. : *mûrdhnâ*.

3.

kaçmîre çînadeçe khaṣataṭayamune
marvâre siṅhale vâ[1] |
lâṭoḍre sindhupauṇḍre samataṭamagadhe
makhale kosale vâ[2] |
nepâle kâmarûpe kalaçavarapure
kâñcisaurâṣṭrarâṣṭre
ye cânye dhâtugarbhâ daçabalabalinas
tân namasyâmi mudhnâ[3] ||

4.

kailâse hemakûṭe himagirinilaye
mandare meruçṛṅge
pâtâle vaijayante dhanapatinilaye
siddhagandharvaloke |
brahmâṇḍe viṣṇubhûmau paçupatibhavane[4]
candrasûryâdiloke
ye cânye dhâtugarbhâ daçabalabalinas
tân namasyâmi mudhnâ[5] ||

5.

ye câṣṭau dhâtugarbhâ daçabalabalinaḥ
kumbhasaṃjñâç ca caityâ
aṅgârakhyâs tathânye himarajatanibhâḥ
stûparatnaprakâçâḥ |
pâtâle ye ca bhûmyâ giriçikharagatâḥ
sarvato dhâtugarbhâ
buddhânâṃ yâni bimbâ pratidinam asakṛt
tâni mûdhnâ namâmi[6] ||

Aṣṭamahâcaityavandana samâpta.

1. Corr. : *marvare*. Il faut un amphimacre
2. Corr. : *mekhale*. Le mètre exige un amphimacre. Varâha-mihira, 14, 7, donne Mekhala comme un nom de peuple ou de lieu.
3. Corr. : *mûrdhnâ*.
4. Fa-t'ien a omis de marquer long l'*u* de *bhûmau*.
5. Corr. : *mûrdhnâ*.
6. Corr. : *mûrdhnâ*.

INDEX

an *etc.*, *v.* ngan *etc.*
cha (25) = ṣa.
chang *ou* iang 愓 *ou* 煬 = yaṃ.
chee (73) = ça.
che (88) = ça (*fautif pour* sa).
che (1554) = ṣ *suivi de consonne*.
chen (128) = çaṃ.
cheu (167) = çi *et* ç *suivi de* r.
chi (207) = ç (*dans* Kâçmîra).
chi (179) = çi, çe.
chou (250) = çu.
fouo (302) = va.
fei (288) = vai.
gni 禰 = di, de.
gni (1261) = ñ.
gni (1274) = ne.
gni (1273) = ni.
gni (1264) = ḍi, ḍe.
gning 寧 *en combinaison avec i* 曳 = n(ye).
gniu 女 = ṇu.
heou 吽 = h *suivi de consonne*.
heou 侯 *précédé de* 吒 = ṭ, au.
hi 係 (*cf.* 351) = he.
hi (341) = hi.
ho (410) = ha.
ho (386) = haṃ (?).
i 儗 = gi.
i (446) = ye.
i 詣 = ge.
iang, *v.* chang.
ie 拽 = ya.
ie 野 = ya.
ie (2227) = ya *en groupe*.
ie 孽 = ga (?).
ie (2230) = ya.
ien (2247) = yan.
ien 巘 = gan.
iu (2291) = yo (9).
jee (472) = ja.
kai 該 = kai.
kan 幹 kaṃ.
ki (546) = k *suivi de* r.
ki (544) = ke.
k'i (604) = kh *suivi de* y.
kiao (596) = kau.
k'ie (608) = kha.
kiu (492) = ku.
ko 哥 = kâ.
ko (711) = ka.
kou 酤 = ko, kû.
koung 功 = kuṃ.
lang 朗 = laṃ.
leang (879) = lyaṃ.
li (813) = ri *et* r *en groupe*.
li (876) = re.
li (856) = li.
li (830) = le *et* l *en groupe*.
ling 凌 (*cf.* 1008) = ṛṃ.
lo (1022) = ra.
lo (1038) = la.
lo (1056) = lâ.
lou (1065) = ru.
lou (1075) = lo.
loung (1061) = luṃ.
man 滿 = man, maṇ, ban (van).
mao 冒 = bo.
mao 耄 = mau.
mei (1108) = vai.
meou 牟 = mu.
mi (1123) = mi.
miao (1144) = mya.
mie (1102) = bya.
mien 免 = me (?).

min 泯 = biṃ (*cf.* 1146).
mo (1158) = ma.
mo (1173) = ma (*dans* namas°).
mouo (1148) = ma.
mou 沒 = bu *et* b *suivi de* r.
mou (1183) = mu.
na (1193) = na.
na (1206) = da.
nan (1214) = nâṃ.
nan (1220) = naṃ.
nang (1222) = daṃ.
neng (1226) n *suivi de* y.
ngang (13) = aṅ.
ngo (1253) = a.
ngo (1247) = ga.
ni, *v.* gni.
no (1199) = na.
noung 濃 = ṭoṃ (?).
ou 吳 = go.
pao (1346) = pau.
pi (1401) = pe.
pi (1359) = pi.
pi (1368) = bhi.
po (1474) = pa *et* p *suivi de consonne.*
pou (1509) = pu.
pou (1515) = bhu.
pouo (1420, p. 173) = bha.
pouo (1441, p. 172) = pa (*dans* stûpa).
pouo (1439, p. 174) = pâ.
sa (1531) = sa *et* s *suivi de consonne.*
sao 騷 = sau.
seng (1559) = saṃ.
si (1567) = si.
si (1575) = se.
sie (1581) = sya.
sin (1590) = sin.
sing 星 = siṅ.
sou (1623) = s *suivi de* tu.
sou (1632) = su.
ta (1668) = tha.
ta (1673) = ta *et* t *suivi de consonne.*
ta (1692) = dha.
tan (1713) = tan.
tang 當 = taṃ.
ṭcha (1741) = ṭa *et* ṭ *suivi de consonne.*
tcheu (1873[a]) = ṭe.
tchou 誅 = ṭau.
ti (1983) = ti *et* t *suivi de consonne.*
ti (1988) = ti.
t'i (1992) = dhi, dhe.
tie 爹 = tya.
tie (2017) = di (?).
ting 鼎 = tiṃ.
t'ing 亭 = dhiṃ.
t'ou 吐 = thu.
tou (2126) = tû (dans stûpa) *et* to.
tou (2101) = dhu.
tou (2126) = tu.
tou (2121) = tu (*dans* dhâtu).
touo (2026) = ta.
tsai 載 = cai.
tsan 贊 = can.
tsi 卽 (*cf.* 2160[a]) = ci.
tsi 際 (*cf.* 2137) = cî, ce.
tso 作 = ca (*dans* dharmacakra).
tsouo (2166) = ca.
wei (2193) = vi.
ye *etc.*, *v.* ie *etc.*

RAPPORT DE M. SYLVAIN LÉVI SUR SA MISSION DANS L'INDE ET AU JAPON

Chargé par le Ministère de l'Instruction publique d'une mission dans l'Inde et au Japon, j'obtins, en outre, de l'Académie des inscriptions et belles-lettres, une subvention destinée particulièrement à des recherches dans les régions subhimalayennes. Débarqué à Bombay en octobre 1897, je commençai par visiter le Kathiawar où survit, sous le contrôle britannique, le vieux régime féodal de l'Inde. Les antiquités bouddhiques de Junagadh, les temples jainas de Girnar et de Palitana, les ruines encore peu étudiées de Somnath arrêtèrent particulièrement mon attention. Les amis de l'archéologie indienne seront sans doute heureux d'apprendre que les princes et les rajas du Kathiawar portent un intérêt réel aux monuments du passé ; ils les préservent avec un soin éclairé et en favorisent volontiers l'étude. Des circonstances fâcheuses firent tour à tour échouer mes efforts à Ahmedabad, au mont Abu, à Adjmir où je me proposais de poursuivre l'étude des temples jainas et surtout d'explorer les collections de manuscrits jainas. Par Jeypore, Lakhnow et Ayodhya, je m'acheminai vers Bénarès. Là je crus utile de faire un séjour prolongé. La bienveillance du principal et des pandits me permit de fréquenter le collège et d'en suivre les cours. Déjà familiarisé par l'inspection régulière des écoles, partout où je passais, avec les méthodes d'enseignement traditionnelles, j'écoutai les leçons professées en sanscrit sur le Nyāya et sur l'art poétique ; en outre, je m'exerçai par des conversations quotidiennes et de longue durée à la pratique du sanscrit. Entre temps je visitais les antiquités du voisinage et surtout j'observais dans cette Jérusalem de l'hindouisme la vie journalière des cultes hindous. Enfin, je m'appliquai à recueillir dans la magnifique collection de manuscrits du collège des notes sur les relations de controverse entre le Nyāya et le bouddhisme.

De Bénarès je me rendis à Patna où je pus visiter minutieusement les nombreuses excavations pratiquées dans le sol de l'antique Palibothra par le babou P.-C. Mukherjea. Le gouvernement du Bengale voulut bien, à cette occasion, m'inviter officiellement à exprimer un avis sur les fouilles et sur les résultats obtenus. Il est permis d'espérer que le babou Mukherjea, s'il est encouragé par l'administration, rendra bientôt au jour les restes d'un édifice considérable et qui paraît fort ancien. L'obligeance de M. Grierson me procura les moyens de visiter au sud de Patna une région d'un intérêt capital dans l'histoire du bouddhisme, mais malaisément accessible et rarement visitée : la ville de Behar, puis le village de Baṭgaon (et non Baragaon), bâti sur le site de Nālanda, la grande université bouddhique, et qui exploite comme de vulgaires carrières les buttes énormes où gisent les débris des antiques monastères ; enfin Rajgir, obscure héritière d'un nom illustre. Hiuen-tsang et Fa-hien à la main, j'ai reconnu minutieusement la topographie des deux Rājagṛhas, déjà fixée en grande partie par les recherches de Cunningham. J'ai fait aussi l'ascension du Gṛdhrakûṭa, la scène de tant de sermons, avec l'espoir d'y retrouver un monument épigraphique qui m'est connu par ailleurs ; mais l'épaisseur de la jungle a rendu mes efforts stériles. La capitale du roi Bimbisāra est une des localités qui promettent le plus de résultats à une campagne méthodique : aussi ancienne que Kapilavastu, désertée presque aussitôt après la mort de Bouddha, elle est restée depuis enfouie sous une intense végétation, défendue aujourd'hui encore contre les défrichements par une superstition tenace. Le travail de la nature pendant plus de vingt siècles n'a pas eu raison des murailles qui dessinent encore leur puissant relief sur la masse des arbres ; l'enceinte cyclopéenne qui court sur les crêtes à l'entour est intacte. Je n'ai pas plus réussi que Cunningham à retrouver la grotte signalée par M. Beglar et qui correspondrait à la grotte Sattapanni où se tint le premier concile : mais d'autre part les textes chinois éliminent expressément l'hypothèse de Cunningham lui-même sur la grotte appelée Sonbhandar. Au sommet du mont Vaibhar, couronné de chapelles jainas et de buttes inexplorées, le service des travaux publics restaure le vieux temple çivaïte mentionné par Cunningham. De Rajgir je rejoignis Gayā et le temple de Mahābodhi.

Sur ces entrefaites le Dr Führer, chargé du service archéologique dans les Provinces du Nord-Ouest, me proposait de l'accompagner à Kapilavastu, et le gouvernement népalais m'en accordait l'autorisation. L'occasion était trop belle pour la négliger. Le site exact de la ville qui vit naître le Bouddha avait été déterminé par le Dr Führer dans sa campagne précédente ; cette fois les excavations allaient commencer. Un prêtre bouddhique de Ceylan, Saddhananda, demanda et obtint de se joindre à l'expédition. Le terme n'est pas exagéré. De la station d'Uska-Bazar, terminus du chemin de fer, jusqu'à la frontière népalaise, les chemins sont encore ou bons ou praticables. La route passe successivement par deux villages nommés l'un et l'autre Mahadeo. Le culte de Çiva sous ce vocable est populaire dans toute cette région. Le premier des deux Mahadeo possède un vaste stūpa de briques ; du reste, à partir de là jusqu'à Kapilavastu le sol est partout rouge de briques anciennes ; on ne passe que sur des ruines. De Mahadeo à Shorabganj, un magnifique domaine intelligemment exploité par un riche babou, Shorab Singh : c'est à Shorab Singh que nous avons dû notre véhicule, un éléphant, notre service postal, et presque notre nourriture ; sans ses « dalis », le Téraï inhospitalier nous laissait mourir de faim. On passe sur un bac la rivière Dohi, et on atteint la frontière, dessinée par une large route que borde un petit fossé ; de gros piliers blancs marquent de distance en distance des repères. Au delà, plus de chemin. La prudence aisément explicable du gouvernement népalais s'est refusée à faciliter l'accès du pays. Le premier village népalais est Parsouniya ; de là une étape jusqu'à Tauleva, la ville principale du district, résidence d'un subahdar, qui possède un grand et beau temple de Mahādeva et aussi une prison. Le bazar est assez bien pourvu. Encore une étape dans les rizières jusqu'à Gobhari, puis c'est la jungle, la jungle épaisse du Téraï ; les éléments hindous disparaissent presque complètement. Les hameaux, installés dans des clairières, sont habités par une population étrange, les Tharus, héritiers bien déchus des Çakyas. Seuls, les Tharus ont pu s'accommoder au climat terrible de la région, meurtrier même aux Hindous pendant la saison chaude, fiévreux en toute saison. Entre les Paharis de la montagne et les Hindous de la plaine, les Tharus misérables demeurent au stage le plus bas de la civilisation ; à peu près nus, établis dans de simples paillotes, ils n'ont guère comme arme que l'arc. Le Dr Führer choisit pour y fixer le camp le hameau de Sangarawa, sur la rive gauche de la Banganga, à un coude brusque de la rivière, à l'ouest d'un stūpa considérable qu'il se proposait de fouiller. L'appât du trésor caché, la seule raison qui explique les excavations aux yeux des indigènes, avait malheureusement fait tort à l'archéologie : le stūpa, à notre arrivée, était entièrement retourné jusqu'aux fondations ; seuls les grands murs de brique restaient en place, assez pour montrer que le sol s'était exhaussé d'environ 3 mètres depuis les jours lointains où l'édifice avait été construit. La profondeur de la couche à déblayer n'est donc pas décourageante, mais la forêt est si touffue, la jungle si broussailleuse qu'elle arrête et le regard et la pioche. Immédiatement à l'est du stūpa ruiné, sur les bords d'un étang rectangulaire, les Tharus mirent au jour en ma présence plusieurs petites chapelles de briques, identiques de forme et de dimensions, qui nous semblèrent correspondre aux stūpas commémoratifs du massacre des Çakyas signalés par les pèlerins chinois. J'ai appris depuis que les trouvailles ultérieures du Dr Führer confirmaient cette hypothèse ; le hameau de Sangarawa marque donc l'extrémité nord-ouest de Kapilavastu. Je dois ajouter que les excavations, placées sous le contrôle scientifique du Dr Führer, étaient exécutées aux frais du gouvernement népalais ; une escouade de soldats, sous le commandement du capitaine Bir Jangh, assurait le recrutement et l'assiduité des coolies. De Sangarawa j'allai avec le Dr Führer visiter le jardin de Lumbinī, qui marque l'extrémité opposée du territoire de Kapilavastu ; l'étape est longue, près de 30 kilomètres. Le chemin laisse la forêt au nord et traverse une file de villages installés parmi les rizières : Sirinagar, Jahadi, franchit la Jamona ; puis Banista, Barsauli, coupe plusieurs fois la rivière Marti ; Parsara, Bagdhi, Baraha, Kacherewa, Mahadeo, Gaura, Sisaniya, Matariya, Mahadeo, Likhiva, Rumin Dei. C'est là le jardin de Lumbinī, dans la plaine de rizières unie et nue, un tertre couronné de quelques grands arbres, qu'aucune tradition locale ne consacre. Un fakir sordide autant qu'ignorant, servi par un enfant de rencontre, a bâti sur le tas de ruines une chapelle où il adore une statue de hasard tirée des décombres. Il l'a baptisée Rupan Devi. Pourquoi ? Il l'ignore lui-même ; mais la déesse ne manque pas de dévots ; villageois de la plaine et soldats gourkhas l'adorent pieusement. Impossible aujourd'hui d'éventrer le sol : si Rupan Devi préserve les ruines contre les fouilleurs indiscrets, elle les dérobe aussi aux archéologues. Plus dangereux qu'elle, le vieux fakir honore chaque jour de prières, de fleurs et de fâcheuses aspersions le pilier qui porte l'inscription de Piyadasi. Les caractères, sauvés par la piété puis par l'oubli depuis vingt-deux siècles, résisteront-ils aux rites encombrants de cet absurde adorateur ? Il est permis d'espérer que la sagesse éclairée du Durbar, attestée déjà par tant d'heureuses mesures, saura bien assurer la préservation de ce monument. Les indigènes qui n'en savent pas l'histoire l'ont inventée sans peine : la colonne décorée d'un grimoire est un pilier frontière, analogue à ceux qui se dressent sur la limite actuelle de l'Inde britannique, et le gouvernement britannique n'est intervenu que pour revendiquer ses droits sur un territoire qu'il a perdu. A Lumbinī, je quittai le Dr Führer ; un éléphant prêté par l'administration népalaise me conduisit à Bridgmanganj où je pris le chemin de fer pour Calcutta.

Je n'étais pas seulement attiré à Calcutta par les institutions et les collections scientifiques réunies dans la capitale de l'Inde ; il me tardait d'y recevoir une réponse officielle au sujet de mon voyage au Népal. Dès mon arrivée dans l'Inde, je m'étais empressé de demander une passe pour Katmandou ; lord Reay et sir Alfred Lyall, délégués du gouvernement britannique au Congrès des Orientalistes, avaient bien voulu me recommander chaudement au gouvernement du vice-roi et au résident britannique de Katmandou. Tout, jusqu'aux informations officielles, me laissait cependant à craindre un refus. Comme je songeais déjà à modifier mes plans, la réponse me parvint enfin, favorable. Je me fais un agréable devoir de reconnaître publiquement que ce succès inattendu était dû entièrement au colonel Wylie, résident britannique au Népal, qui avait employé en ma faveur son influence près du Durbar. Le colonel Wylie, en m'informant du résultat obtenu, avait encore la bonté de m'offrir ses services pour la petite expédition à organiser ; grâce aux arrangements qu'il avait pris, je trouvai tout prêts le long du chemin le palanquin, les porteurs, les coolies et l'escorte. Quand j'atteignis le Népal, le résident et le docteur de la résidence étaient partis en tournée d'hiver dans les plaines du Téraï ; je me trouvai donc et je restai pendant deux mois le seul Européen du Népal, sans compagnon, sans guide, sans appui officiel. Je n'eus cependant rien à regretter, tant le Durbar me témoigna pendant ces deux mois de complaisance et de faveur. S. Exc. Deb Shamsher Jang, commandant en chef l'armée gourkha et qui exerçait par intérim les fonctions de maharaja, m'accueillit avec empressement, s'intéressa à mes recherches et s'attacha constamment à les rendre plus faciles et plus fructueuses. Son Altesse Bir Shamsher Jang, lorsqu'il revint prendre possession du pouvoir, me montra la même bienveillance. J'ai déjà adressé à l'Institut, au cours de mon voyage, un journal détaillé où j'ai rapporté tous les incidents de mon séjour. J'y reviendrai une autre fois. Je dois me contenter aujourd'hui de signaler brièvement à l'Académie les résultats scientifiques de mon voyage.

J'ai d'abord étudié la vie religieuse du Népal dans les textes, dans les monuments et dans la pratique. J'ai commencé par lire et par analyser avec soin le Nepāla-māhātmya, compilation brahmanique de date inconnue, qui glorifie les principaux lieux sacrés de la vallée ; ce ne sont pas les dieux seuls qui figurent dans ces légendes : Vālmīki, le poète du Rāmāyaṇa, et Guṇāḍhya, l'auteur de la Bṛhatkathā originelle, sont rattachés ainsi l'un et l'autre au Népal. La découverte d'une récension de la Bṛhatkathā, inconnue hors du Népal, et dont je rapporte un manuscrit, donne à penser que tout n'est pas de pure imagination dans ces récits. J'ai visité tous les temples importants de la vallée, sans distinction de culte ; au reste, la distinction serait impossible. En dehors des sanctuaires particulièrement fréquentés par les Tibétains, le choix du prêtre est le seul indice de séparation. Les Newaris partagent leurs hommages entre les divinités bouddhiques et les divinités brahmaniques, et les Gourkhas ne contestent pas les divinités du bouddhisme ; ils les apprivoisent plutôt pour les absorber. En face d'une caste sacerdotale appauvrie, humiliée, ignorante, la supériorité sociale du brahmanisme assurera encore ici le triomphe prochain de ses dieux. Les innombrables « bahals » des villes et des villages népalais ressemblent moins encore aux antiques vihāras par la physionomie que par le nom ; le carré des maisons sordides et ruineuses qui entoure le caitya central abrite en général un grouillement infect de prêtres, d'artisans, de femmes et d'enfants. J'ai eu la bonne fortune d'assister à la fête de Paçupati, la plus grande des fêtes locales ; elle attire des pèlerins même des régions les plus méridionales de l'Inde. La sage prévoyance du Durbar avait cette année interdit l'accès de la vallée aux visiteurs étrangers ; fakirs et dévots ont eu beau protester et maudire, ils n'ont pas pu pénétrer jusqu'à leur dieu. J'ai vu également plus d'une fois ces grandes processions, assez analogues à notre Mi-Carême, où s'exerce heureusement le goût traditionnel des Népalais pour le chant, la musique, la mimique et le décor.

Les monuments rassemblés dans la vallée du Népal résument vingt siècles d'architecture religieuse. La ville de Patan a quatre grands stūpas que la tradition attribue à Açoka, et la tradition a chance d'être exacte. C'est bien le type le plus ancien qui nous soit connu que cet énorme hémisphère de terre contenu par un soubassement de briques et couronné par un échafaudage qui reçoit encore aux jours de fête les bannières et le parasol si souvent figurés sur les bas-reliefs. Le temple de Svayambhu passe aussi pour l'œuvre d'Açoka ; mais ici la persistance du culte a imposé à la construction primitive des embellissements postiches. Le temple de Budhnath, usurpé par les Tibétains, remonte, d'après la tradition, au roi Mānadeva ; ici, le type ancien s'est altéré ; l'hémisphère s'est aplati au pôle et renflé vers la base. En dehors des stūpas et des caityas, la plupart des édifices religieux sont bâtis en bois. La date ne saurait donc en être très ancienne ; mais il n'est guère douteux, avec le goût conservateur des Hindous, que les bâtiments actuels ne reproduisent la forme depuis longtemps consacrée. Les descriptions émerveillées des voyageurs chinois s'appliquent exactement à ces constructions élégantes, où se reconnaît au reste le prototype évident des pagodes de la Chine et du Japon, avec la pittoresque gradation des toits décroissants. Mais le cachet népalais s'y reconnaît aux sculptures exquises du bois, à l'inépuisable variété des décors, à la tonalité harmonieuse des couleurs, et aussi aux sujets qui décorent les frises, empruntés presque toujours au Kāma-çāstra. La pierre n'est guère employée que dans les imitations des types hindous ; mais en les copiant le Népal les a transformés ; les temples à l'hindoue de Patan, tout délabrés et croulants qu'ils sont, sont encore des merveilles d'élégance et de fantaisie. Je dois, dès aujourd'hui, signaler à l'attention des archéologues le temple de Mahābudh à Patan, presque caché aux yeux par le bahal qui l'enserre, et qui reproduit en réduction le temple illustre de Mahābodhi à Gayā ; la tradition est, ici encore, d'accord avec les faits. Les restaurations exécutées ou proposées à Gayā ont à compter avec ce témoignage authentique et précis.

La visite des monuments et des ruines a pour complément indispensable, dans l'Inde plus que partout ailleurs, les documents épigraphiques ; eux seuls permettent de contrôler l'histoire, et plus souvent encore de la faire. J'avais peur de ne plus trouver à glaner après les explorations fructueuses du pandit Bhagvanlal Indraji, les découvertes de M. Bendall et la campagne toute récente de Mahāmahopadhyāya Haraprasad Sastri. Ici, le résultat a dépassé mes plus ambitieuses espérances. Avant mon départ, M. Bühler m'avait instamment recommandé de rapporter un estampage de l'inscription du pilier de Changu Narayan, le plus ancien des textes épigraphiques du Népal. Bhagvanlal Indraji qui l'avait découvert n'avait pu obtenir du prêtre local l'autorisation de creuser le sol à la base pour dégager sur les trois faces inscrites les lignes enfouies. Informé de l'intérêt que présente ce monument, le maharaja donna l'ordre de dégager le pilier ; il fallut dresser un échafaudage pour soulever un lourd anneau de pierre où la partie inférieure était encerclée. L'inscription complétée nous apprend à quelle occasion le pilier fut dressé : Rājyamatī, mère du roi Mānadeva, avait voulu commémorer les victoires remportées par son fils, et particulièrement la défaite de son propre frère, seigneur de Mallapurī, sur les bords de la Gaṇḍakī. Je me réserve de revenir sur les conséquences importantes à tirer de ce simple fait. J'ai de plus trouvé deux dédicaces épigraphiques du temps de Mānadeva, l'une à Katmandou, sur le socle d'une statue de Mahākāla, l'autre au nord-est de Katmandou à Lajampat au pied d'un bas-relief où figure, dans une attitude désordonnée, une divinité probablement tantrique. Le monument, étant daté, donne un utile repère à l'histoire de la sculpture indienne. A Harigaon, est de Katmandou, j'ai découvert un pilier surmonté d'un Garuḍa qui porte une inscription voisine du VIIe siècle ; c'est un long *stotra* en l'honneur de Dvaipāyana, l'auteur du Mahābhārata, qui y est surtout exalté comme un moraliste. La grande épopée, pour l'auteur anonyme de ce stotra comme pour la plupart des Hindous, n'est pas une œuvre d'art ou de littérature, mais un traité de morale, une *smṛti*. Harigaon m'a encore donné deux inscriptions du roi Aṃçuvarman, datées de l'an 30 et l'an 32, soit 624 et 626 de l'ère chrétienne. Je ne puis m'arrêter sur chacune des inscriptions nouvelles que je rapporte ; je n'ai pas encore eu, du reste, le temps de les déchiffrer toutes. Mais je tiens à signaler l'importance essentielle d'une inscription trouvée à Kisipidi, ouest de Katmandou, et qui est appelée à donner la solution d'un grave problème. Elle est datée : Samvat 449 prathamāṣāḍha ; la mention de ce mois intercalaire suffit déjà à ruiner l'hypothèse de M. Fleet, généralement admise, et qui considère l'ère des Licchavis du Népal comme identique à l'ère des Guptas. Pour le reste, je me contenterai d'une simple liste : Patan, Tongaha ; Bhatgaon, Tulachi Tol Çivadeva I) ; Timi (2 fragments ; Çivadeva II ?) ; Nangsal (2 stèles, dont une très étendue) ; Sanku (1 fragment bouddhique) ; Kisipidi (3) ; Tsapaligaon (1 ; sam. 487) ; Dharampur (1 sam. 320) ; Thoka (1 ; 409 ?) ; Thankot (1).

Je ne mentionne ici que les inscriptions antérieures au Nepalā-Samvat, qui a pour époque l'an 880 A. D. J'avais songé d'abord à faire le relevé de toutes les inscriptions du Népal ; j'ai reculé effrayé devant l'énormité de la tâche. Il n'est pas de peuple qui ait plus écrit sur la pierre, et l'usage est encore aussi florissant que jamais. J'ai rapporté cependant un estampage de l'inscription encastrée dans le mur du palais à Katmandou et gravée en 1654 A. D., par ordre du roi Pratapa Malla. L'infatigable pédant couronné s'est plu à y rassembler des spécimens de quinze alphabets qui lui étaient connus. Le français, aujourd'hui ignoré dans l'Inde même, avait alors pénétré jusqu'à l'intérieur de l'Himalaya ; sur le fond du grimoire se détachent les mots : AVTVMNE LHYVERT. J'avoue à ma honte que je n'ai pu lire tous les alphabets rassemblés dans ce document ; j'ai promis au maharaja d'appeler à mon aide les lumières de l'Académie.

Entre temps, j'appliquais mes efforts à la recherche des manuscrits ; mais mon espoir était médiocre. Voilà déjà soixante-dix ans que Hodgson a, par ses brillantes découvertes et sa générosité éclairée, fait connaître l'énorme trésor de la littérature bouddhique sanscrite que le Népal seul avait préservé. Depuis, le Dr Wright a drainé au profit de la bibliothèque de l'Université de Cambridge les antiques originaux que Hodgson s'était contenté de faire copier. Pour tenter une chance suprême, j'avais dressé la liste des ouvrages bouddhiques sanscrits conservés dans les versions chinoise ou tibétaine, mais dont l'original nous manque encore. Je distribuai cette liste aux pandits de la vallée ; mais l'effrayante ignorance des pandits bouddhiques était plutôt de nature à me décourager. Cependant, après un grand nombre de tentatives infructueuses, j'arrivai à mettre la main sur le Sūtrālaṃkāra d'Asaṅga. Le propriétaire ne consentit pas à se dessaisir de son manuscrit, le seul qui subsiste encore sans doute ; mais il me permit de l'examiner et d'en faire prendre copie. Le manuscrit est daté de l'an 792, ère népalaise, soit 1672 A. D. ; mais le texte est infiniment plus ancien. L'auteur, Asaṅga, vivait à la fin du ve siècle de l'ère chrétienne : s'il ne fut pas le créateur de la doctrine mahâyâniste, il en fut le plus puissant théoricien et l'apôtre le plus heureux. Une tradition, en cours dès le viie siècle, attribue même le Sūtrālaṃkāra à une révélation ; le Bodhisatva Maitreya l'aurait dicté, dans son palais céleste, à Asaṅga qui l'aurait ensuite rapporté sur la terre. L'ouvrage se compose de deux parties : un texte en vers, expliqué par un commentaire en prose. La langue en est excellente ; Asaṅga écrit vers la même époque que Kālidāsa. Le Sūtrālaṃkāra est le premier texte sanscrit qui nous donne un exposé systématique et méthodique du Mahāyāna, en l'opposant à la doctrine du Petit Véhicule, il nous met en état de préciser la définition, encore assez vague, de deux écoles entre lesquelles l'église bouddhique continue à se partager. J'ajoute que l'authenticité de l'ouvrage est garantie par sa correspondance exacte avec la version chinoise datée du viie siècle.

Je rapporte également une copie d'un long commentaire sur la Prajñā-pāramitā, l'Abhisamayālaṃkāra, déjà connu par un exemplaire conservé à la Bibliothèque de Calcutta ; mais le colophon du manuscrit népalais révèle l'importance de cet ouvrage que le catalogue de Mitra attribue par erreur à Maitreya. Le véritable auteur en est Haribhadra, un des plus grands noms de l'église vers le xe siècle, le prêtre du roi Dharmapāla. Les détails donnés par le colophon ont évidemment fourni à Tāranātha les éléments de sa biographie (Schiefner restitue à tort le nom sous la forme Siṃhabhadra). Haribhadra cherche dans son commentaire à concilier les vues d'Asaṅga avec les doctrines de Saṃghabhadra. J'ai fait aussi copier un Yavanajātaka, écrit sur feuilles de palmier d'apparence très ancienne, et qui a pour auteur Sphujidhvaja rāja. Bhau Daji pensait que le nom de Sphujidhvaja était une adaptation du grec Speusippos ; Kern y cherche une déformation d'Aphrodisios. Sphujidhvaja n'était encore connu que par de rares citations éparses. Le Yavanajātaka est écrit en 4.000 stances d'indravajrā.

Parmi mes acquisitions les plus précieuses, je dois nommer un manuscrit du Bṛhatkathāçlokasaṃgraha, une recension nouvelle du grand recueil de contes indiens, signalée déjà par Haraprasad Sastri ; le manuscrit contient les dix premiers paricchedas et donne le commencement qui manque à la copie de Haraprasad. Il est écrit sur feuilles de palmier, d'une belle écriture très ancienne et en parfait état de conservation.

Le Subhāṣita-ratna-karaṇḍaka, dont j'ai une copie, n'est que le recueil des vers qui servent de conclusion à chacun des récits du Dvāviṃçaty-Avadāna ; mais le colophon du manuscrit le plus ancien que j'ai examiné porte : Kṛtir ācārya Çūrasya. Le nom d'Acārya Çūra paraît le résultat d'une simple dittographie, aisément explicable par la ressemblance des deux lettres *ra* et *ca* dans l'écriture népalaise. Un problème important d'histoire littéraire se trouve ainsi posé, si nous devons rétablir le nom de Arya Çūra, le célèbre auteur de la Jātakamālā. D'autres indices viennent à l'appui de cette hypothèse que j'ai tenu à énoncer dès aujourd'hui, mais que je me propose de reprendre plus tard.

Le reste de la collection que je rapporte comprend encore un certain nombre de manuscrits du XIIIe et du XIVe siècle, écrits sur feuilles de palmier et qui, j'espère, enrichiront nos collections d'un appoint précieux. J'y signale, entre autres, un très bel exemplaire du Çivadharma, une énorme encyclopédie du culte çivaïte, qu'aucune collection publique, en Inde aussi bien qu'en Europe, ne possède encore ; le Siddhisādhana, recueil de textes tantriques portant chacun un nom d'auteur ; le Viçvasamaya kalpa, le Vidagdhavismāpana, le Saṃsārāmaya, le Pañcākāra, la Marmakallikā par Vīryaçrīmitra, paṇḍit du Vikramaçila-vihāra (qui cite des vers d'Aryadeva), le Nepālamāhātmya, le Praçastiratna ; le Kalyāṇasaṃgraha, grande encyclopédie médicale ; les dharmaçāstras de Yama et de Parāçara.

En outre, le maharaja m'a permis de visiter plusieurs fois sa splendide collection logée à l'École du Durbar et qui sera bientôt transportée dans un édifice construit spécialement pour l'abriter. J'ai pu y prendre des notes sur plusieurs textes importants ; mais c'est surtout aux colophons des manuscrits, si importants pour l'histoire, que j'ai donné mon attention. Je ne veux pas insister aujourd'hui, mais je dois, tout au moins, y signaler un exemplaire complet et en très bon état du Bhāratīya-nāṭya-çāstra, longtemps tenu pour perdu, et représenté encore par si peu de manuscrits.

En communiquant ces résultats, je me fais un devoir de proclamer qu'ils sont dus à l'aide inépuisable que j'ai trouvée auprès du maharaja Bir Shamsher et de de S. Exc. Deb Shamsher, commandant en chef. Avant mon départ, le commandant en chef m'a remis un magnifique exemplaire de l'Aṣṭa-sāhasrikā Prajñāpāramitā qu'il m'a chargé d'offrir en son nom à la République française. En retour, M. Rambaud, ministre de l'Instruction publique, a bien voulu, sur ma demande, adresser au Durbar népalais un exemplaire du Bhāgavata-purāṇa de notre grande collection orientale. Commencées sous d'aussi heureux auspices et grâce au concours courtois des fonctionnaires britanniques, les relations scientifiques entre la France et le Népal se poursuivront, je l'espère, au profit de nos études. J'ai laissé aux chefs et aux savants du Népal un programme de recherches ; dirigées sur des objets précis, elles ont quelques chances d'aboutir, et je serai heureux si des communications ultérieures me permettent de montrer à l'Institut que mon séjour au Népal a porté des fruits durables.

L'Académie n'attend pas de moi, sans doute, un compte rendu détaillé de mes travaux au Japon, et, d'autre part, je crains de fatiguer son attention ou d'en abuser. Je crois préférable de réserver pour le rapport que je dois au Ministère les détails qui feraient longueur ici ; je me contenterai aujourd'hui de courtes indications qui ne seront pas peut-être entièrement dénuées d'intérêt. J'ai d'abord à cœur de reconnaître publiquement l'assistance bienveillante que j'ai rencontrée partout, aux ministères, à l'université, aux musées, chez les diverses sectes du bouddhisme. Le Nishi-Hongwanji, la secte la plus nombreuse et la plus puissante du Japon, a tout particulièrement mérité ma gratitude ; j'aurais aimé, si le temps ne me faisait pas défaut, à en exposer la savante organisation et à signaler l'esprit vraiment scientifique qui anime ses écoles. L'indianisme est en droit d'attendre à bref délai d'actifs collaborateurs en ce pays qui nous a donné dans ces dernières années quelques travaux excellents ; dès maintenant, il peut lui emprunter de précieux matériaux. L'étude du sanscrit s'est perpétuée surtout dans la secte Shin-gon, limitée à la connaissance de caractères et de formules tenues pour magiques. J'ai été admis à résider plusieurs jours dans un temple du Shingon, situé dans le massif retiré du Shinge-san, où jamais Européen n'avait encore pénétré ; on m'avait fort vanté la science du prêtre. Il a fallu cruellement en rabattre. J'y ai trouvé, du moins, les travaux de Ji-on (Tzeu-tien) qui fut prêtre du temple et qui restaura l'étude du sanscrit au Japon ; ce brave homme, qui avait fièrement traduit son nom en sanscrit : Maitrīmegha, avait dressé le catalogue des feuilles de palmier conservées dans tout l'Empire, débris de manuscrits indiens sanctifiés par la piété des fidèles. Le temple même du Shinge-san possède une de ces feuilles ; l'écriture semble être du VIIIe siècle, et le contenu semble provenir d'un Vaipulyasūtra. C'est à ce Maitrīmegha japonais que nous devons la préservation du texte sanscrit du petit Sukhāvatī-vyūha. Enfin j'ai trouvé dans ce temple l'original d'un travail considérable et du plus haut intérêt : le Dictionnaire des mots sanscrits du Tripiṭaka chinois (Fan-iu-tzeu-tien) compilé par Ekkō, amas de matériaux infiniment précieux qui coûtèrent plus de vingt ans à recueillir. Il n'existe de cet ouvrage que deux copies ; des amis japonais s'occupent à m'en préparer une copie complète que je pense recevoir sous peu ; je montrerai alors quels grands secours les indianistes auront à tirer de ce dictionnaire. La connaissance du sanscrit, telle que je l'ai définie, s'acquiert surtout à l'aide des ouvrages désignés sous le nom de *Siddham* (Si-tan), rudiments de grammaire entremêlés d'ambitieuses spéculations sur les combinaisons graphiques et leur valeur magique ; mais dans ce fatras, se retrouvent encore les seules informations accessibles sur l'origine et le développement des écritures dans l'Inde ; la fable n'y a pas tué l'histoire. J'ai acquis une collection assez considérable d'ouvrages de cette catégorie : Si-tan tzeu-ki tsie-lan ; Si-tan tzeu-ki tcheu-nan-tchao ; Siddhaṃsan-mei tchao ; Si-tan moto ; Traité sur les huit cas ; j'ai même un exemplaire complet du « Trésor de Siddha » Si-tan tsang, compilation rare et importante.

Le travail colossal de traduction qui a fait passer dans la langue chinoise la masse compacte des écritures bouddhiques a dû sans doute faire éclore des dictionnaires sanscrits-chinois. Les prêtres bouddhiques du Japon ont conservé deux de ces dictionnaires, d'un intérêt capital et qui semblent pourtant avoir échappé jusqu'ici aux recherches. L'un, le Fan-iu-tsa-ming, est l'œuvre d'un prêtre du royaume de Kharachar (Fanking ta-te kien han-lin tai-tchao koan-ting seu Koei-tzeu kouo cha-men Li-Ien), Li-Ien ; ce personnage est inconnu par ailleurs, mais l'indication du Kharachar atteste l'antiquité de l'ouvrage. Les prêtres japonais que j'ai consultés sont unanimes sur ce point, l'ouvrage se rattache à la période éclatante où le pays de Kharachar, le Turkestan chinois septentrional, donnait à la Chine une élite de traducteurs, et parmi eux, l'illustre Kumārajīva. Le Fan-iu-tsa-ming a une nomenclature géographique, malheureusement trop courte, précieuse pourtant ; elle nous donne les désignations sanscrites des pays extra-indiens où le bouddhisme avait introduit la langue sacrée de l'Inde ; j'ai eu personnellement la satisfaction d'y voir le nom chinois du Ki-pin rendu en sanscrit par Kapiça ; c'est la confirmation positive d'une démonstration que j'avais tentée il y a trois ans. Les altérations et les déformations des mots sanscrits dans ce dictionnaire fourniront aussi un curieux chapitre à l'histoire du sanscrit bouddhique, du quasi-sanscrit comme on dit parfois.

L'autre dictionnaire est simplement le livre classique des Mille Mots chinois avec leurs équivalents sanscrits : T'ang Fan iu tsien-tzeu-wen. L'auteur en est le célèbre I-tsing qui fit aux Indes un long et fructueux séjour ; il nous donne même — sauf erreur — le nom sanscrit d'I-tsing qui nous manquait encore. L'ouvrage, en effet, s'achève ainsi : Cainākṣarasahasramālā āryabhāṣā samāptā. Kṛtir ācārya bahuçruta tripiṭakadatta Paramārthadevasya. Paramārthadeva est une sorte de pendant à Mokṣadeva et à Mahāyāna-deva, noms ou titres sanscrits qui furent décernés à Hiouen-tsang. La tradition de ces maîtres antiques n'est pas entièrement perdue ; un prêtre japonais a publié précisément pendant mon séjour un dictionnaire des mots sanscrits des Dhāraṇīs transcrits et traduits, le To-lo-ni tzeu-tien, ouvrage de haute science et de saine critique.

Mais c'est surtout l'étude des doctrines, des écoles philosophiques, qui prospère aujourd'hui. L'introduction du christianisme a réveillé l'apologétique ; les systèmes occidentaux, accueillis avec empressement et étudiés avec passion, ont naturellement provoqué des comparaisons avec les antiques doctrines locales, c'est-à-dire en fin de compte avec les doctrines indiennes, car depuis dix ou quinze siècles la philosophie religieuse de l'Extrême-Orient vit en grande partie sur la pensée de l'Inde. L'adresse des commentateurs s'acharne aujourd'hui comme autrefois sur les textes consacrés; leur pieuse souplesse s'entend à ménager l'esprit d'autorité et le goût du changement. Familiarisé déjà de longue date avec l'Abhidharma-Koça, que je me propose de publier, je me suis arrêté de préférence à ce système ; sous la direction de maîtres excellents je me suis initié à l'énorme littérature de commentaires chinois et japonais qui s'est développée autour du Koça depuis treize cents ans et qui n'est pas encore tarie. Base commune des études philosophiques dans toutes les sectes, le Koça est encore tenu en grand honneur. Les nombreux matériaux que j'ai rapportés profiteront, j'espère, à l'édition et à la traduction du texte que je prépare. Le système du Dharma-lakṣaṇa (ch. Fa-siang ; jap. Ho-ssō), tombé en décadence et presque oublié, semble se ranimer d'une vie inattendue ; le temple de Horiu-ji, le doyen des temples japonais, a pris cette restauration sous son patronage. Les doctrines hétérodoxes, le Sāṃkhya, le Vaiçeṣika, le Nyāya sont étudiés avec autant de soin et de fruit qu'aux plus beaux jours du passé; les indianistes ne sauraient négliger les informations de toute nature conservées par la tradition sino-japonaise. Dans cette catégorie d'ouvrages, je me contenterai aujourd'hui de signaler, parmi les livres que je rapporte, plusieurs traités de Koei-ki, le disciple favori de Hiouen-tsang. Koei-ki eut le tort de penser par lui-même, et ses œuvres tenues pour suspectes n'ont pas été admises dans les éditions successives du Tripiṭaka. Koei-ki s'est occupé avec passion du Nyāya ; il a aussi commenté l'important ouvrage de Vasumitra sur l'histoire et les doctrines des anciennes sectes bouddhiques. M. Kōyama vient de publier ce commentaire en l'accompagnant d'une glose où il a fait passer tous les renseignements venus d'ailleurs. A l'aide de ce secours nouveau et si précieux, il serait utile de reprendre la version déjà ancienne donnée par Wassilief et qui a rendu tant de services, en dépit de ses obscurités. Je veux surtout mentionner hors ligne un magnifique travail de M. Inouyé Enryō sur les doctrines indiennes en dehors du bouddhisme (Wei-tao-tche-hio). Une traduction de ce livre renouvellerait nos études. Les renseignements sur les Vedas, le Jainisme, le Çabdaçāstra, le Nyāya, etc., perdus jusqu'ici dans la masse désolante des commentaires inaccessibles, y sont soigneusement recueillis et méthodiquement classés. Enfin j'ai préparé, avec le concours des guides les plus sûrs, une traduction complète du Ki-sin-loun (Mahāyāna-çraddhotpāda-çāstra) d'Açvaghoṣa, introduction indispensable à l'histoire et à l'étude de la doctrine du Mahāyāna, et aussi du Iuen-jiṅ-loun, œuvre chinoise de controverse bouddhique, composée au IXe siècle et tenue encore pour essentielle dans les écoles japonaises.

L'énorme étendue de la littérature et la difficulté des recherches ont provoqué de bonne heure l'éclosion de dictionnaires et de répertoires ; le Fan-i-ming-i-tsi, le Dictionnaire Numérique en sont des modèles célèbres. La production n'a point cessé ; Fo-kiao tzeu-tien et le Fo-kiao iroha tzeu-tien, publiés tout récemment, sont d'excellents recueils des expressions techniques du bouddhisme, illustrés par des citations d'ouvrages canoniques. J'ai même obtenu la copie d'un recueil analogue, encore inédit, composé par trois prêtres actuellement attachés au temple de Shiba, à Tokyo. J'ai, d'autre part, acquis moi-même un ancien recueil du même genre, devenu fort rare, le Ming-mou tch'ou-tch'ou in-to-lo-kang ; c'est une longue liste de termes et de noms classés dans l'ordre de l'alphabet sanscrit avec des références empruntées presque exclusivement à la littérature des commentaires. Enfin je dois à la bienveillance intarissable de l'église du Nishi-Hongwanji trois précieuses collections ; deux d'entre elles sont à peu près introuvables aujourd'hui : 1° le Iuen-hen chou-chou (Gen-kō shaku-sho), compilation fort riche et fort ancienne sur les origines et le développement du bouddhisme au Japon, rédigée en 1321-1323 de l'ère chrétienne ; 2° le Seng-tchoen-pai-iun, dictionnaire (dans l'ordre des rimes chinoises) des traducteurs et des moines célèbres de la Chine, indiquant les références les plus importantes pour chacune des biographies. Enfin le Jeu-pen kao-seng tchoen, dictionnaire biographique fort développé des moines distingués du Japon.

L'archéologie bouddhique de l'Inde trouve au Japon un complément indispensable. L'art religieux est né au Japon sous l'influence de l'Inde, par l'intermédiaire de la Chine et peut-être aussi des îles Malaises, si on en croit une tradition locale. L'étude des monuments du passé et des problèmes d'emprunt qu'ils soulèvent vient d'être brillamment inaugurée. L'Université de Tokio a publié cette année même, à ses frais, et a bien voulu m'offrir une splendide monographie de M. Ito sur le temple de Horiu-ji. Fondé par Shō-toku (593-621), le temple de Horiu-ji reproduit les pagodes chinoises du VIe siècle, et par l'architecture népalaise se rattache étroitement à l'Inde. M. Ito en a étudié minutieusement la technique et les procédés ; les plans, les coupes qu'il en donne ne laissent pas un détail obscur ou incertain. Archéologue autant qu'architecte, M. Ito n'a pas cru pouvoir négliger la magnifique collection d'antiquités réunies dans le temple ; il a reproduit et étudié les vieux chefs-d'œuvre de ciselure et les fresques encore assez bien conservées qui rappellent invinciblement à l'esprit les fresques fameuses d'Ajanta ; la composition, le style, la couleur même sortent certainement de la même école. Le gouvernement japonais, de son côté, vient de fonder à Nara un musée de l'art bouddhique où sont classées les pièces les plus belles et les plus curieuses cachées jusqu'ici dans les couvents de la région ; l'évolution des types enfantés par la peinture et l'architecture de l'Inde s'y développe en série continue sur un espace de dix ou douze siècles. Pour la richesse et l'importance des collections, le musée de Nara est dès maintenant le digne pendant du musée de Lahore. Il est permis d'espérer que le gouvernement japonais tiendra à cœur de parfaire son œuvre en publiant à bref délai la reproduction photographique de toutes ces pièces ; les clichés sont déjà tout prêts et tels qu'on pouvait les attendre des artistes japonais, et la compétence du baron Kuki, administrateur des musées impériaux, promet aux savants un recueil hors de pair.

Je dois renoncer à prolonger un exposé qui finirait par être importun ; j'ajouterai seulement que le Japon a enrichi ma collection d'inscriptions sanscrites. J'ai trouvé à Nikkō, dans l'allée des Amida-Butsu, une haute colonne portant sur ses quatre faces un long texte sanscrit, tracé en beaux caractères siddha, presque identiques à mes inscriptions du Népal. Le baron Kuki a bien voulu, sur ma demande, en faire prendre l'estampage et me l'adresser. L'inscription sanscrite de Nikkō exprime par un témoignage positif les liens qui rattachent l'Inde au Japon et légitime en quelque sorte les recherches que j'ai entreprises sur un domaine si étranger en apparence à mes études.

LA LÉGENDE DE RÂMA DANS UN AVADÂNA CHINOIS

J'ai déjà signalé et mis à profit, dans mes *Notes sur les Indo-Scythes* (Journal Asiatique 1896, II, p. 446), la collection de 121 avadânas traduite en chinois par Ki-kia-ye, en 472 J.-C., sous le titre de *Tsa-pao ts'ang king* (Nanjio, 1329; éd. japon. XIV, 10). Le premier avadâna de la collection a pour sujet l'histoire de Râma. Il n'est pas sans intérêt de voir quelles corrections la légende épique a dû subir pour servir de lecture édifiante aux bouddhistes dévots. Le compilateur du Jâtaka pâli, s'il avait laissé de côté l'enlèvement de Sîtâ et l'expédition contre Râvaṇa, avait du moins conservé le personnage de Sîtâ ; il s'était contenté de transformer l'épouse chérie en tendre sœur. Cet artifice, que la littérature de couvent a religieusement perpétué jusqu'à nos jours, n'a pas satisfait la conscience exigeante du rédacteur de nos Avadânas : il a supprimé radicalement la princesse de la légende.

Le traducteur, Ki-kia-ye, est presque inconnu. Les catalogues chinois (voir les références dans Nanjio, *App. II*, 110) donnent son nom, sa date et se bornent à indiquer qu'il est originaire des pays d'occident (*si-yu*). La composition de l'original indien se place entre Kaniṣka, héros de plusieurs des contes du recueil, et la fin du ve siècle, époque de la traduction. Quelle qu'en soit la date précise, un fait subsiste : au ve siècle de l'ère chrétienne, la légende de Râma circulait dans certaines régions du monde bouddhique sous la forme que représente la version de Ki-kia-ye. C'est assez pour montrer l'inanité de la méthode qui prétend reconnaître les étapes successives de la légende au nombre croissant des éléments mis en jeu ; à ce compte, le présent avadâna remonterait plus haut dans le passé que le Dasaratha-jâtaka pâli, sans parler du Râmâyaṇa. Et pourtant il n'est guère douteux que l'œuvre de Vâlmîki fut déjà célèbre dans l'Inde à l'époque où un moine obscur compilait les avadânas que traduisit Ki-kia-ye.

DAÇARATHA-JÂTAKA.

Tsi-pao-ts'ang-king (éd. jap. XIV, 10, 1).

Jadis, au temps où la vie humaine durait dix mille ans, il y eut un roi qui s'appelait *Cheu-che*[1]. Il régnait sur le *Yenn-feou-ti* (Jambû-dvîpa). La première de ses épouses royales lui donna un fils nommé *Lo-mo* (Râma); la seconde, un fils nommé *Lo-man* (Lakṣmaṇa). Lo-mo, l'héritier du trône, avait une grande vigueur, la force de *Na-lo-yen* (Nârâyaṇa) en même temps que *chen-lo*[2]; à entendre sa voix, à voir ses traits, l'ennemi même le plus acharné n'aurait pu lui tenir tête. Ensuite la troisième épouse eut un fils nommé *Po-lo-to* (Bharata), et la quatrième eut un fils appelé « le Tueur d'Ennemis » (Çatrughna). La troisième épouse était très aimée du roi qui l'honorait beaucoup. Et il lui adressa ces paroles : « Tout ce que j'ai de richesses, je n'en réserve rien; quel que soit ton désir, il sera aussitôt exaucé. » La reine répondit : « Je n'ai rien à désirer. Plus tard, si j'ai une faveur à demander, je m'en ouvrirai à toi. » Le roi vint dans la suite à tomber malade; sa vie fut en danger. Alors il institua comme son héritier *Lo-mo*, pour lui succéder sur le trône, nouer sa chevelure avec le ruban de soie, porter le diadème royal, être généreux et obéir aux lois, comme c'est le devoir des rois. L'épouse de rang inférieur observait le roi malade; dès qu'il entra en convalescence, elle prit confiance. A voir *Lo-mo* héritier du trône paternel, elle avait conçu de l'envie, et elle s'en découvrit au roi : « Tu m'as offert une faveur; je la réclame aujourd'hui. Que mon fils règne, et que *Lo-mo* soit banni ! Tel est mon désir ». A ces mots, le roi fut comme un homme qui suffoque; il perdit le souffle et ne put parler. La droiture veut qu'il déshérite l'aîné après l'avoir créé roi; la droiture veut qu'il n'annule pas une faveur formellement concédée. Le roi *Cheu-che* n'avait jamais encore manqué à sa parole; c'est le devoir des rois. Le devoir n'a pas deux paroles; il a promis, il doit tenir. Dans cette pensée, il déshérita *Lo-mo*, lui retira le manteau et le diadème royal. Alors le frère cadet *Lo-man* dit à l'aîné : « Tu as de la vigueur, en même temps que *chen-lo*[2]. Pourquoi ne t'en sers-tu pas, quand tu éprouves ce déshonneur ? » L'aîné répondit au cadet : « Manquer à l'engagement paternel n'est point le fait d'un fils pieux. Et de plus, cette reine-ci est comme ma mère, sauf qu'elle ne m'a pas enfanté;

1. Ce nom est assez embarrassant. *Cheu* qui signifie *dix* traduit bien le sanscrit *daça*. Mais *che*, qui signifie *prodigue* ne peut traduire *ratha* « le char »; c'est surtout un caractère de transcription (Julien, *Méthode*... nº 60 sqq.) qui rend la syllabe *ça* ou *çya* du sanscrit. *Daçaratha* se traduit régulièrement par *Cheu-tch'e*.

2. Je ne sais comment expliquer ce *chen-lo* qui revient un peu plus bas exactement encadré de la même manière, et je suis porté à croire que Ki-kia-ye s'est trouvé dans le même embarras. Les deux syllabes signifient « l'éventail et le filet ». Elles s'emploient comme signes de transcription, *chen* (v. Julien, 127) pour *çaṃ* et *çāṃ* (p. ex. çânta), et *lo* pour *ra*.

mon père l'aime et l'honore, et elle est comme ma mère. Notre puîné *Po-lo-to* est parfaitement obéissant ; son cœur est droit sans erreur. Il m'est comme un autre moi-même. Plutôt que d'agir comme on ne doit pas faire à l'égard d'un père, d'une mère, d'un puîné, j'aime mieux éprouver du mal ». Le cadet écouta ces paroles et garda le silence.

Ensuite le roi *Cheu-che* bannit ses deux fils ; il les condamna à demeurer au loin dans les profondeurs des montagnes, à y passer douze ans entiers ; passé ce terme, ils pourraient rentrer dans le royaume. *Lo-mo* et son cadet obéirent à l'ordre paternel, leur cœur resta sans haine. Ils allèrent saluer leur père et leur mère, puis ils pénétrèrent dans les profondeurs lointaines des montagnes. Mais *Po-lo-to*, avant de s'installer sur le trône d'un autre, les pria de revenir pour exercer le pouvoir royal. *Po-lo-to* était intimement uni avec ses deux frères ; il leur obéissait, et sans cesse il les vénérait humblement. De retour dans le royaume, quand le roi son père mourut, il apprit que la déloyauté de sa mère avait causé la spoliation de ses deux aînés et leur exil au loin; il prit en horreur l'acte contraire à la justice commis par sa mère qui l'avait enfanté. Sans vouloir fléchir le genou devant elle, il lui dit : « Ce qu'une mère fait, qui voudrait y désobéir ? Mais quand elle a consumé et éteint la famille, regarder encore sa mère, la saluer, l'honorer, lui obéir avec une piété filiale, cela surpasserait de beaucoup l'ordinaire ». Alors *Po-lo-to* avec les généraux et la multitude alla jusqu'à la montagne ; il laissa la foule en arrière, et s'avança tout seul. En voyant survenir leur puîné, *Lo-man* dit à son frère aîné : « Eh bien, toi qui vantais toujours la droiture de notre puîné *Po-lo-to*, son humilité, son obéissance, regarde ; le voici qui vient à la tête des soldats ; il veut châtier son aîné comme un rebelle ». L'aîné dit à *Po-lo-to* : « Frère, pourquoi viens-tu donc à la tête d'une troupe armée ? » Le puîné répondit : « C'est que je craignais les difficultés de la route, des rencontres de brigands ; j'ai rassemblé cette troupe de soldats pour servir à la garde de ma personne ; je n'ai pas eu d'autre pensée. Je désire que mon frère retourne à son royaume pour le gouverner comme il convient ». L'aîné répondit au puîné : « C'est l'ordre de mon père qui m'a imposé d'aller au loin, jusqu'ici. Comment pourrais-je m'en retourner ? Si tu agis de ton chef, n'invoque pas la piété filiale ni les devoirs de la parenté, pour couvrir ton excès de zèle. Si tu veux t'obstiner, sache que ton aîné a la volonté tenace ». Le puîné, sachant que la fermeté de son frère était inébranlable, lui demanda une de ses sandales. Déçu dans son espérance, éprouvant du déplaisir, il retourna dans le royaume, porteur de ce présent, pour gouverner selon la loi. La sandale restait constamment installée sur le trône royal ; jour et nuit on venait lui demander de rendre la justice, comme si c'eût été l'aîné en personne, sans aucune différence. Et sans cesse il envoyait des hommes à la montagne ; mainte et mainte fois, il pria son frère de revenir. Mais, tant que les douze ans fixés par l'ordre paternel ne furent pas révolus, le chiffre des années n'étant pas encore rempli, les deux frères demeurèrent fidèles à la piété filiale et refusèrent d'enfreindre l'ordre reçu. Mais petit à petit les années finirent par s'écouler ; et comme le puîné n'avait pas manqué d'envoyer fréquemment des messagers pour rappeler son frère, l'aîné sachant quels honneurs il avait reçus, tout comme s'il eût été présent, se laissa toucher par les sentiments de son puîné et il retourna sans retard au royaume. Et quand il arriva au royaume, le puîné vint humblement au devant de lui, pleurant en silence, et il remit le pouvoir à l'aîné. Et l'aîné, humblement aussi, lui dit : « Mon père a donné le pouvoir au puîné, il ne convient pas que je le reçoive ». Le puîné répondit : « Mon aîné est le fils de la première épouse ; il a été la victime patiente de la volonté paternelle. Correct et droit fut mon aîné ; ainsi fais-je de retour. Je lui cède humblement la place ». L'aîné, n'ayant pas commis de faute, à son tour obtint d'être roi. La haute vertu de l'aîné et du cadet se propagea par l'exemple ; la voie qu'ils avaient largement ouverte fut un bienfait qui profita au peuple entier. Comme ils avaient pratiqué la piété filiale, les hommes s'entraînèrent sur leur modèle à la piété et au respect filial. La mère de *Po-lo-to*, quoiqu'elle eût causé tout le mal, n'eut plus de méchanceté au cœur. En conséquence de l'acte de piété filiale, il venta et il plut en saison ; les cinq céréales prospérèrent et mûrirent ; les hommes furent sans maladie, et dans le *Yen-feou-ti* (Jambûdvîpa) la population tout entière fut heureuse et florissante dix fois plus que d'ordinaire.

UNE LÉGENDE DU KARUṆĀ-PUṆḌARĪKA EN LANGUE TOKHARIENNE

Les documents tokhariens de la mission Pelliot appartiennent, pour ainsi dire, tous à la littérature du Hīnayāna ; j'en ai donné un aperçu sommaire dans une note du Journal Asiatique (janvier 1911). On est d'autant plus surpris d'y rencontrer un fragment qui n'est, à ma connaissance, apparenté qu'avec une légende du Grand Véhicule. La lecture la plus sommaire du fragment cité M. 500,4 offre immédiatement aux yeux les moins avertis les noms d'Ambara et du brahmane Roca. Ces deux noms se retrouvent associés dans un récit du Karuṇā-puṇḍarika (éd. de la Buddhist Text Society, Calcutta 1898, fasc. II, p. 116). Le Bouddha y explique, comme il le fait si souvent, la longue préparation qu'il a dû s'imposer au cours des existences avant d'arriver au stage suprême. Comme le monde débordait de péchés « je naquis alors en vue de permûrir les êtres, et je fus un roi cakravartin, prince des quatre Iles, nommé Ambara. Et alors les créatures furent par moi engagées, installées, consolidées dans les dix bonnes voies de l'acte ; engagées, installées, consolidées dans les trois Véhicules ; et moi, j'étais un Donne-tout ; je donnais toujours et partout. Et voilà que des quémandeurs surviennent, et ils me demandent toutes sortes de pierreries, de l'or, du rubis, du saphir,... et moi je leur demandai : D'où pourraient venir ces pierreries ? Ils répondirent : Les rois des Dragons indiquent les mines ; c'est ainsi que les mines, ainsi que les joyaux se manifestent dans le monde... Et alors je fis ce vœu : Puissé-je, quand le monde roulera dans les cinq Fanges, au temps du Kaliyuga, des souillures et de l'inquiétude intenses, quand les créatures ne vivront pas plus que cent ans, puissé-je alors atteindre l'insurpassable, la parfaite Illumination ! Et que donc ce souhait-ci se réalise pour moi : que, dans ce Champ-de-Bouddha, je sois un roi des Dragons nommé Nidhi-darçaka (Indique-mine) ! Et que partout, dans ce Champ-de-Bouddha nommé Vijitaghoṣa, et dans toutes les Iles, une à une, je prenne sept naissances ; et que dans chacune de ces naissances, j'indique des milliers, des millions, des myriades de mines ! Et que je les fournisse toutes pleines de toutes sortes de pierreries, or, rubis, saphir ! Et que, parcourant tout au long des milliers de lieues de mines une à une, je montre aux créatures, je fournisse aux créatures une abondance de pierreries, et que j'agisse ainsi en héros dans ce Champ-de-Bouddha ! Et de même aussi, dans les dix directions, dans des Champs-de-Bouddha aussi nombreux que les grains de sable du Gange, dans les parties du monde souillées des cinq Fanges, dans chacun des Champs un à un, dans toutes les Iles, je prenne sept naissances (etc... comme ci-dessus) ! Et quand j'eus fait ce vœu, alors, à la surface du ciel, des dieux, par milliers, par millions, par milliards, firent pleuvoir dans l'atmosphère une pluie de fleurs, et poussèrent ce cri : Bravo ! Bravo ! Bravo ! toi qui donnes tout, ton souhait se réalisera comme tu en as fait le vœu. Et la multitude entendit que les dieux, à la surface du ciel, avaient donné au roi Ambara le nom de Donne-tout. Et elle pensa alors : Si nous lui demandions un don qui coûte un rude sacrifice ! S'il le donne, alors son nom sera : Donne-tout. Et alors ils se mirent tous à demander au roi Ambara son harem, son épouse en titre, ses fils, ses filles. Et le roi Ambara donna d'un cœur serein. Et alors ils pensèrent : Ce n'est pas bien difficile de donner sa femme. Si nous demandions au roi Ambara ses membres ! Ou il les donnera, et il sera alors Donne-tout ; ou il ne les donnera pas et il ne sera pas Donne-tout. Et alors un étudiant brahmane, du nom de Jyotīrasa, se présenta devant le roi et lui demanda ceci : Donne-tout, donne-moi le royaume. Et, quand il l'entendit, le roi Ambara, au comble de la joie, prit soin lui-même de baigner le brahmane, de lui attacher le bandeau royal, de lui donner l'onction royale ; il l'installa sur le trône, lui remit le Jambudvīpa tout entier, et il fit ce vœu : Puissé-je, par le don du Jambudvīpa tout entier, arriver à l'insurpassable, à la parfaite Illumination !... Et un brahmane du nom de Roca me demanda mes deux pieds ; et moi, le cœur serein, je pris moi-même un couteau affilé, je me coupai les pieds et je les lui remis. Et je fis ce vœu : Puissé-je recevoir les Préceptes insurpassables ! » Après Roca, la série des visiteurs, et aussi des épreuves, se poursuit : le brahmane Dāṃṣṭra demande à Ambara ses yeux, un autre ses oreilles, etc. Ambara donne toujours, et accompagne chaque don d'un souhait spécial pour compléter son équipement de candidat à la Bodhi.

Je ne veux pas déprécier, au moment même où je viens de m'en servir, l'édition du Karuṇā-puṇḍarīka donnée par Çarat Chandra Dās et Çara Chandra Çāstri ; je dois cependant avertir qu'une partie au moins des incertitudes ou des erreurs de ma traduction a pour excuse légitime l'état affreux du texte imprimé. Les fautes y foisonnent ; les unes s'expliquent sans doute par la négligence des éditeurs ; mais d'autres obligent de croire qu'ils comprenaient à peine le texte qu'ils publiaient.

Je ne pourrais pas affirmer que l'histoire d'Ambara et de Roca ne se retrouve pas ailleurs dans l'immense trésor des contes bouddhiques ; du moins mes recherches n'ont pas réussi à l'y dépister. Je ne l'ai retrouvée que dans une compilation en vers, dont Hodgson avait déjà recueilli le titre, mais qui avait échappé jusqu'ici à tous les chasseurs de manuscrits, la Bṛhaj-jātaka-mālā. Le mahārāja du Népal, si zélé pour la cause de la science, Sir Chunder Shumshere Jung, a pu m'en procurer un exemplaire ; un de mes élèves, M. Emmanuel Lang, en prépare activement une édition et une traduction. Je ne veux pas déflorer l'intérêt du travail de M. Lang ; je ne puis cependant me dispenser d'indiquer que la section de la Bṛhaj-jātaka-mālā où l'histoire d'Ambara se rencontre n'est qu'une rédaction versifiée, et très développée, du Karuṇā-puṇḍarīka lui-même. M. Lang m'a communiqué le passage tout entier ; je n'en citerai qu'un spécimen, assez pour prouver qu'il ne s'agit pas d'un ouvrage indépendant.

« Alors le Compatissant descendit du ciel sur la terre ; il passa au Jambudvīpa dans la ville nommée Vada. Il y prit naissance dans une famille de cakravartins, pour le bien du monde. Bientôt il se rendit maître de toutes les sciences par la force de son intelligence. Sous le nom d'Ambara, il devint un roi puissant, souverain de toute science ; dès l'enfance, il se plaisait à honorer les vieillards ». Suit une longue description de ses charités. Puis : « En entendant vanter sa haute libéralité, étonnés, tous les besogneux accoururent de tous les côtés. » Il les satisfait tous. « Et alors ce grand bienfaiteur crut que les besogneux étaient satisfaits ; mais, le cœur envahi par la soif de donner, il pensa : Bienheureux les hommes à qui les quémandeurs, avec leur voix chérie, demandent les membres même de leur corps ! ... S'il y a ici quelqu'un qui le demande, je suis prêt à donner mon corps ! En voyant ce prince indifférent à ses membres même, la terre, comme une épouse aimante, trembla, abattue. Sur lui, les dieux firent pleuvoir des pluies de fleurs, et poussant le cri de Bravo ! ils parlèrent à voix haute : Bravo ! Bravo ! grand caractère ! tu dois être assurément Donne-tout ; que tout te réussisse au gré de tes désirs ! En entendant le fracas de la voix des dieux, tous les hommes, stupéfaits, accoururent et dirent : Oh ! réunis dans l'espace, les dieux ont donné maintenant à ce roi Ambara le nom de Donne-tout ..... Roi, donne-nous la pierrerie du Jyotīrasa ; nous n'avons que faire des autres ; elles valent trop peu. En entendant la parole de tous les hérétiques, Donne-tout, ce grand être, demanda à la foule : D'où peuvent venir les pierreries comme le Jyotīrasa ? » Suit, comme dans le Karuṇāpuṇḍarīka, la réponse et le vœu, où les termes même du Kp. se retrouvent, montés en vers tant bien que mal..... « Et ensuite un étudiant brahmane, nommé Jyotīrasa, orgueilleux s'approcha, salua le roi d'une bénédiction et lui dit : Sois victorieux, grand roi ! sois toujours heureux ! Que tout succède au gré de tes désirs ! J'ai entendu dire que les dieux t'ont donné le nom de Donne-tout. En donnant tout ce qu'on te demande, rends ce nom digne de son sens. Aussi loin que s'étend ton royaume, donne-le moi ; si tu me le refuses, ton nom n'a ni sens, ni fruit. Le roi Ambara entendit avec joie la demande du brahmane.

Soit, dit-il, et il le rendit satisfait. » Malgré les avis de ses ministres, il installe Jyotīrasa sur le trône, et lui enseigne copieusement les devoirs d'un roi. Il se retire alors dans un parc et prononce le vœu de Bodhi. « Ensuite un brahmane nommé Roca, jaloux de la réputation du roi, vint le trouver dans le jardin où il s'était établi. Il le vit plongé dans l'extase, le salua d'une bénédiction, et se présenta devant lui. Ambara, savant dans l'union mystique, le vit devant lui et lui demanda respectueusement : Pourquoi donc es-tu venu ? A cette question, le brahmane, d'une voix insolente, répondit : Bien, roi, ce que je désire, et pourquoi je viens, tu vas le savoir ; écoute-moi avec attention. Puisque le monde entier t'appelle Donne-tout, au bruit de ta réputation, je suis venu ici. J'ai besoin des pieds d'un homme pour un sacrifice. Donc, donne-moi en confiance tes deux pieds. Ainsi sollicité par le brahmane, Ambara très joyeux lui répondit : Bien. En le voyant prêt à se couper les pieds, la déesse du jardin se mit à pleurer, et elle s'approcha de lui en hâte. Le sage Ambara la salua des mains jointes, s'inclina et la rassura en ces termes : N'aie pas peur, déesse ; écoute quel est mon désir. Je veux donner mes pieds pour obtenir la dignité de Bouddha. N'y mets pas d'obstacle, déesse ; ce ne serait pas bien. La déesse du jardin l'entendit ; elle dit : Soit ! et elle se retira dans sa demeure. Alors le roi Ambara prenant un glaive affilé, dit d'un air respectueux au brahmane : Brahmane, je te donne de confiance mes pieds pour le bien du monde ; reçois-les pour arriver à la dignité de Bouddha. Alors le grand être trancha ses pieds joyeusement avec son épée, et les lui remit avec confiance. Il les donna d'un cœur serein, l'esprit appliqué à la Bodhi ; il pensa aux Trois Joyaux et resta dans son ermitage en extase. Le brahmane prit les deux pieds, regarda avec surprise et s'écria : C'est un grand prodige ; puis il le bénit et retourna chez lui ».

Je n'ai pas besoin d'en citer davantage pour montrer que le récit inséré dans la Bṛhaj-jātaka-mālā est une recension amplifiée du Karuṇā-puṇḍarīka ; l'accord verbal est souvent frappant, les détails ajoutés ne sortent pas du lieu commun. La version chinoise du Karuṇā-puṇḍarīka (Nj. 142 ; éd. Tōkyō VI, 3) correspond littéralement au texte des manuscrits sanscrits ; on ne saurait y chercher l'original du récit de la Bṛhaj-jātaka-mālā ni de notre texte tokharien. Le morceau tokharien consiste en deux fragments qui s'adaptent longitudinalement l'un à l'autre, mais sans former un feuillet entier ; les extrémités manquent à droite et à gauche. Les passages métriques décèlent une lacune d'environ douze syllabes par ligne. Il est impossible, en l'absence d'aucun indice de pagination, de rien conjecturer sur l'étendue de l'ouvrage. Dans l'état de nos connaissances en tokharien, il est impossible aussi de donner une traduction intégrale ; les lacunes viennent encore compliquer les difficultés de l'interprétation. La première ligne, fâcheusement tranchée au ras des caractères, foisonnait de mots sanscrits ; on y lit encore atyuccagāmī, paramārtha, et les noms d'Aniruddha, de Dhṛtirāṣṭra (*sic*), de Kauṇḍinya. La seconde ligne contenait l'énoncé du vœu exprimé par le roi. A la troisième ligne, on retrouve le récit : « Quand il eut appliqué son vœu à la dignité de Bouddha, il céda en don au brahmane le Jambudvīp. Et maintenant le brahmane ayant obtenu en cadeau le Jambudvīp se retira avec gratitude (4) et il sortit du palais. Et voilà maintenant que dans tout le Jambudvīp le roi Ambari (*sic*) est célébré en recevant le nom salutaire de Donation-de-tout, lui qui a donné tout son harem, tout ..... (5) Et alors d'autres brahmanes lui demandèrent : Ambari, celui-là n'est pas arrivé à l'extrême, qui a donné en cadeau les biens extérieurs ; celui-là y arrive qui donne son corps ..... (6) Ayant ainsi parlé, le brahmane Roca ..... ‖ En mètre ... dattāk : [au v° 1] Beaucoup de créatures vantent..... (2) Et voici maintenant je vais voir ce roi ; je vais lui demander en don ses deux pieds ; si cela lui convient, je saurai alors qu'il donne tout selon son renom. Et là-dessus ce Roca ... (3) Et alors le brahmane entrant dans le palais regarda ; et il vit que le roi tenait dans sa main ... (4) pour quel objet tu peux être venu. Le brahmane dit ‖ En mètre madanabhārat ‖ Ayant entendu le beau nom que tu as obtenu, grand roi, le vœu ... (5) ... qui donne en cadeau les biens extérieurs, celui-là n'a pas beaucoup ... (6) Et ensuite le roi, changeant de couleur, d'un regard souriant regardant le brahmane, sans hésitation ... »

Le récit est clairement parallèle à celui du Karuṇā-puṇḍarīka, mais la rédaction est indépendante, et d'un type différent. La partie narrative est écrite en prose, mais quand le brahmane prend la parole, le vers intervient. C'est là un mélange dont la littérature bouddhique offre de fréquents exemples dans l'Inde même. Comme il arrive toujours dans les textes tokhariens, le nom du mètre est indiqué en tête du vers ; le vers est constitué par quatre éléments identiques, et égaux deux à deux. Le vers madanabhārat a quatre pādas de douze syllabes chacun. Le nom du mètre est emprunté au sanscrit, comme dans le plus grand nombre des cas.

Une fois de plus, nous nous trouvons en présence d'une rédaction originale, autonome. Sans doute il ne reste pas absolument impossible que le tokharien traduise un texte sanscrit ou dialectal inconnu ou perdu ; des chercheurs mieux informés sauront peut-être découvrir ce texte qui m'aurait échappé. Pourtant, ce que j'ai acquis d'expérience en fait de tokharien me porte à croire que les rédacteurs tokhariens retouchaient et remaniaient volontiers les textes les plus sacrés, comme ceux du Vinaya. La difficulté du déchiffrement s'en trouve accrue. On voit néanmoins, par ce court spécimen, qu'il est dès maintenant possible de s'orienter dans un texte tokharien même sans l'aide d'un bilingue, d'y marquer des repères et d'y fixer quelques précisions.

Je suis particulièrement heureux de dédier ces Prémices Tokhariennes au savant génial qui a donné le modèle d'un déchiffrement méthodique et sagace et qui s'est assuré à jamais une place dans la phalange glorieuse des Champollion et des Burnouf.

Je réunis, en appendice à ce mémoire, les divers textes dont j'ai fait état.

Karuṇā-puṇḍarīka.

Tatrāpy ahaṃ sattvaparipācanārtham upapannaḥ caturdvīpeçvaraḥ cakravartī rājā Ambaro nāma babhūva | tatra ca mayā sattvā daçasu kuçaleṣu karmapatheṣu samādāpitā niveçitāḥ pratiṣṭhāpitās triṣu yāneṣu samādāpitā niveçitāḥ pratiṣṭhāpitāḥ sa[illegible]daç ca babhūva sarvatradāyī | tatra ca me yācanakā āgatvā vividhāni ratn[illegible]yācanti | tadyathā hiraṇyasuvarṇaṃ yāvac cendranīlamahānīlajyotīras[illegible]kaprasādakāni yācanakānāṃ tāvat prabhūtāni ratnāni labhyante | tadāhạm ābhyāṃ pṛṣṭavān kuta eṣāṃ ratnānāṃ prādurbhāvaḥ ta āhuḥ | nāgarājāno nidhīr nidarçayanti nidhīnāṃ loke prādurbhāvo ratnānāṃ prādurbhāvo bhavati | na kevalaṃ tāttakā nirdeçayanti yāttakā devasya yācanakāḥ tadāhaṃ praṇidhānam akarot | yady ahaṃ pañcakaṣāye loke vartamāne tīvrakleçāraṇe kaliyuge vartamāne varṣaçatāyuṣkāyāṃ prajāyāṃ anuttarāṃ samyaksaṃbodhim abhisaṃbudhyeyam | tad iyaṃ me āçā paripūryatu yad aham asmin buddhakṣetre nidhidarçako nāma nāgarājā bhaveyam | sarvatra cāsmin vijitaghoṣe buddhakṣetre | sarvadvīpeṣu ca ekaikasmin dvīpe sapta janmāni parigṛhṇīyām | ekaikasmin janmani nidhikoṭīn ayutaçatasahasrāṇi darçayeyam | prayaccheyaṃ ca nānāratnaparipūrṇāni | tadyathā hiraṇyasuvarṇaṃ yāvad indranīlamahānīlajyotīrasodakaprasādāç ca | ekaikaç ca nidhiyojanasahasrāṇi gatvā vistareṇa paripūrṇam api ratnaṃ sattvānāṃ nidarçayeyaṃ prayacchayeyaṃ ca yad asmin buddhakṣetre evaṃrūpaṃ çūrabhāvaṃ kuryām | evam eva daçasu dikṣu gaṅgānadīvālikāsameṣu buddhakṣetreṣu pañcakaṣāyeṣu lokadhātuṣu ekaikasmin kṣetre sarvatra dvīpe sapta janmāni pratigṛhṇīyāṃ yāvad yathā pūrvoktam | yadā ca me kulaputraivaṃrūpaṃ praṇidhānaṃ kṛtam | tadā gaganatale devakoṭīn ayutaçatasahasrair antarīkṣe puṣpavṛṣṭiḥ pravarṣitā sādhukāraç cānupradattaḥ | sādhu sādhu sarvaṃdada ṛddhiṣyati te evaṃrūpā āçā yathā te praṇidhānaṃ kṛtam | açrauṣīn mahājanakāyaḥ | rātryāmbarasya devair gaganatalagataiḥ sarvaṃdada iti nāma kṛtaṃ çrutvā caiṣām etad abhavat | yan nūnaṃ vayaṃ duṣkaraparityāgaṃ dānaṃ yācema | yadi parityakṣyati tadā sarvaṃdada iti nāma bhaviṣyati | tatas te sarvāḥ | ārabdhā rājño 'mbarasyāntaḥpurikāṃ yācitum | devīm agramahiṣīṃ putraduhitṛṇāṃ yācitum | tadā rājāmbaraḥ prayacchati prasannacittas teṣām etad abhavat | na cedaṃ duṣkaraṃ yo bhāryāṃ parityajati yan nūnaṃ vayaṃ rājño 'mbarasyāṅgapraharyānidhamaḥ | tad yadi dāsyati sarvaṃdado bhaviṣyati | atha na dāsyati na sarvaṃdado bhaviṣyati | tatas tasyāgrataḥ tatra Jyotīraso nāma māṇavako rājño 'mbarasyāgrataḥ sthitvā sarvaṃdada rājyaṃ dadasveti prārthitavān çrutvā ca rājñāmbareṇa paramaprītamanasā svayam eva brāhmaṇaṃ snāpayitvā paṭṭaṃ baddhvā rājābhiṣekenābhiṣicya rājatve pratiṣṭhāpayitvā sarvaṃ jambūdvīpaṃ niryātayitvā praṇidhānam akarod ahaṃ sarvajambūdvīpaparityāgenānuttarāṃ samyaksaṃbodhim abhisaṃbudhyeyaṃ | yadā yuvarājatvena vyākuryām anuttarāyāṃ samyaksaṃbodhau | Roco nāma brāh-

maṇas tena me ubhau pādau yācitau tasya mayā svayam eva prasannacittena tīkṣṇaṃ çastraṃ gṛhītvā svapādau chittvā pradattau praṇidhānaṃ cākarot | labheyāham anuttarān çīlapādān | tatra Daṃṣṭravā nāma brāhmaṇas tena me ubhe netre yācite |

Bṛhaj-jātaka-mālā (Ms. p. 300 b).

tataḥ sa karuṇākṛṣṭo divaç cyutvācarad bhuvi |
jambudvīpe vadaṃ nāma nagaraṃ samupācarat ||
cakravartikule tatra janma lebhe jagaddhite |
tatrācireṇa sarvāsāṃ vidyānāṃ pāragaḥ sudhīḥ ||
Ambaro nāma rājendraḥ sarvavidyādhipo 'bhavat |
sa ca bālyāt prabhṛty eva vṛddhopāsanasaṃrataḥ ||

— — — — — — — — — — — — — —

(301 b) *tatpradānamahaudāryakīrtim ākarṇya vismitāḥ |*
sarvārthino 'pi sarvebhyo digbhyo 'pi samupāyayuḥ ||

— — — — — — — — — — — — — —

(302 a) *tataḥ so 'timahādātā matvārthino 'bhitoṣitān |*
dānatṛṣṇāparītātmā dhyātvaivaṃ samacintayat ||
subhāgyāḥ puruṣās te 'pi ... praṇayonmukhaiḥ |
svagātrāṇy api yācyante ye 'rthibhiḥ priyavādibhiḥ ||

— — — — — — — — — — — — — —

yadi me yācako'sty atra dehe yad yat samīpsitam ||
tat tan nūnaṃ samutkṛtya saṃpradātuṃ samutsahe ||
iti tasya mahīndrasya svātmadehe 'pi niḥspṛham |
matvā patripiyā strīva cakampe bhūr viṣāditā ||
tadā tasyopari devāḥ puṣpavṛṣṭīr nyapātayan |
sādhukāraṃ pradatvaiva proccair vākyam udāharan ||
sādhu sādhu mahāsatva sarvaṃdado bhaver dhruvam |
yathā samīhitaṃ sarvaṃ samṛdhyet te tathā khalu ||
iti devamahāghoṣaiḥ samākhyātaṃ niçamya te |
mānavā vismitāḥ sarve saṃgatā evam abruvan ||
batākāçagatair devair asyāmbarasya bhūpateḥ |
sarvaṃdada iti khyātaṃ nāmādhunā vidhīyate ||

— — — — — — — — — — — — — —

(302 b) *rājan jyotīrasaṃ ratnaṃ vidyate yadi dehi naḥ |*
anyaiḥ svalpaguṇai ratnair asmākaṃ na prayojanam ||
iti tais tīrthikaiḥ sarvaiḥ pratyākhyātaṃ niçamya saḥ |
sarvaṃdado mahāsatvo papracchaivaṃ mahājanān ||

— — — — — — — — — — — — — —

(306 b) *tato jyotīraso nāma māṇavako 'bhimānikaḥ |*

sametyāçīrvaco datvā nṛpāyaivam abhāṣata ||
jaya deva mahārāja kalyāṇam astu te sadā |
yathā samīhitaṃ kāryaṃ tathā sarvaṃ samṛdhyatu ||
sarvaṃdada iti khyātaṃ tâva nāma suraiḥ kṛtam |
tathābhivāñchitaṃ sarvaṃ datvā kuru prasiddhitaḥ ||
yāvat te viṣayaṃ rājyaṃ tat sarvaṃ saṃpradehi me |
yady etan na dadāsi tvaṃ vyarthaṃ te nāma niṣphalam ||
iti tatprārthitaṃ çrutvā so 'mbaro bhūpatir mudā |
tatheti hi pratijñāya taṃ dvijam abhyanandayat ||

— — — — — — — — — — — — — — —

(307 b) *tato rocābhidho vipras tatkīrtīrṣyāvilāçayaḥ |*
tatrodyāne samāsīnaṃ tam ... upācarat ||
(308 a) *tatra dhyānasamāsīnaṃ taṃ dṛṣṭvā samupācaran |*
jayāçīṣaṃ pradatvaiva tasya puraḥ samāçrayat ||
tam evaṃ pura āsīnaṃ dṛṣṭvāmbaraḥ sa yogavit |
kimartham āgato 'sīti papracchaivaṃ samādarāt ||
iti pṛṣṭe 'mbareṇāsau brāhmaṇo 'tipragalbhavāk |
ambaraṃ taṃ mahāsatvaṃ vilokyaivaṃ nyavedayat ||
sādhu rājan mahāsatva yadiccho 'ham ihācare |
tadarthaṃ te pravakṣyāmi tac chṛṇuṣva samāhitaḥ ||
yat tvaṃ sarvaṃdado dātā sarvair lokair nigadyase |
iti te kīrtim ākarṇya prāgato 'tra mahāmate ||
yan me padbhyāṃ manuṣyasya yajñārthe 'sti prayojanam |
tava pādāv ubhau mahyaṃ çraddhayā dātum arhasi ||
iti saṃprārthite tena so' mbaraḥ saṃpramoditaḥ |
brāhmaṇaṃ taṃ samālokya tatheti pratiçuçruvān ||
taṃ pādachedanodyataṃ dṛṣṭvā tadvanadevatā |
rudantī sahasopetya sākṣāt sthitvā nyacārayat ||
tāṃ dṛṣṭvā so 'mbaro dhīro devatāṃ sāñjalir mudā |
bodhayituṃ praṇatvāpi samāçvāsyaivam abravīt ||
mā bhaiṣīḥ devate vākyaṃ çṛṇu me yat samīhitam |
saṃbuddhapadalābhārthaṃ pādau dātuṃ samutsahe ||
tad atra vighnatāṃ kartuṃ na samucyate devate |
anumoditum evātra tvam arhasi prasīda tat ||
(308 b) *iti tena samākhyātaṃ çrutvā sodyānadevatā |*
tatheti prativijñāpya yayau tatra nijāçraye ||
tato 'mbaraḥ sa ādāya tīkṣṇāsiṃ svayam ādarāt |
brāhmaṇaṃ taṃ samāmantrya samālokyaivam abravīt ||
brāhmaṇa çraddhayā pādau dattau mayā jagaddhite |
saṃbuddhapadasaṃprāptyai pratigṛhṇātv imau bhavān |

ityuktvā sa mahāsatvo svayaṃ chitvāsinā mudā |
satkṛtya çraddhayā tasmai vijñāya pradadāv ubhau ||
datvā sa suprasannātmā saṃbodhinihitāçayaḥ |
triratnasmaraṇaṃ kṛtvā dhyātvā tasthau jināçrame ||
brāhmaṇaḥ sa gṛhītvobhau pādau dṛṣṭvā savismayaḥ |
mahādbhutam iti proktvā datvāçīṣaṃ yayau gṛham ||
[tad dṛṣṭvā brāhmaṇo 'nyaç ca dāṣṭrāro nāma...]

Manuscrits Pelliot (M 500, 4 et 5)

rº 1. ...*çaṅkar atyuccagāmī* | *paramārthad. ç. su. ū-kne aniruddhe çlek* | *dhṛtirāṣṭre kauṇḍiny. çk. maiyya* kaṣṣi *çaiṣṣe ttse · caṃ nausaññ. p(o)yçintaś...*

2. ... *rsa prakre no palyāṅk çpālmeṃ* | *srūkalñeṣṣe çlek ñäkcye ṣpa mā lāndh yūkoym snai lyīpar pelaikneṣṣe laukaññe ṣpirttacce ṣparttaṣṣim cākka* ...

3. ... kdhaṃñe *perneçā akālk ritormeṃ brāhmaṇ ettse jambudvīp āyor wasa* || (*ña*)*ke se brāhmaṇe jambudvīp āyor* kalpormeṃ *katkauñai sa īne ka*(*klau*)...

4. ... *ntasa kercciyen meṃ lacā* || *on no ñake po jaṃbudvīp ne ambari lānte pontaṃts aiṣṣeñcaññe* kartseṣṣe *ñem* kalpve *klyauṣāte kuce po antiṣpūr po* ...

5. ... *wasa* || *tumeṃ brāhmaṇi alye caṃ mpaplāc. ambare · mā te todh amāskai ste kuse* partāññana *wättarwa āyor aiṃ · te amāskai ste kuse ṣañā kektseñā* ...

6. ... *cwī lānte po aiṣṣeñcaññe pratiṃ l. āp wättarwa s. ākeñāṣṣana pakenta* (*ya*)*s.amdhar ne mai* || *te weweñormeṃ roce brāhmaṇe ṣañā ypoy*(*n*)*e sa le* ...

vº 1. ... *dattākne* || *māka onolmeṃts . l.-kly . santr tañ . çy. -mre yāmu . amparw.y. — k. ç. nma wattr . n . odh — çaly . çaulaṣṣe ceu cālne wr . cc.* ...

2. ... *toṃ amparwa po rilñeṣṣeṃ ñake lakau cwī lānte* | *paite toṃ ānpi āyor ñāskau ne kwri tu rittr odh kārsau ne auṣpa pratiṃ pw aiṣṣeñcai* || *om no ñake sū ro* ...

3. ... *ri lānte yapoy ne çem* || *tumeṃ brāhmaṇe kercciye ne yaipormeṃ lyākāne walo istak çletsārwo wrattsai tsaṅkāne ṣar sa eṅsate ne asā* ...

4. ... kṣaṃ · *kuce wättare sa kaṣī kekamu taka* || *brāhmaṇe weṣṣaṃ* || *madanabhārat ne* || *keklyauṣormeṃ krendh ñem* kalpwe *wroccu wlo tañā* | *akālkaṣṣe rm.* ...

5. ... *k. n.* sdh *nū walñe* | *āyorntaṣṣe swese kent saswāsaṣṣa sta* | · *partāññana wättarwa kuse aiṣṣaṃ āyor mā tū māka ākne ke ste te maṃdh pkārsa* | ...

6. ... makte *ke sū cwī yāmor solmeṃ skedhar* ·· || *tumeṃ walo wawākaṣ ere sa çlesmīlñe pilko sa brāhmaṇeṃ rupne lkāskemane mācek warñai parsau.*

AUTOUR DU *BĀVERU-JĀTAKA*[1].

La tradition bouddhique classe sous le nom de *jātaka* les récits qui se rapportent aux existences antérieures du Bouddha. Le canon en langue palie, seul tenu pour orthodoxe à Ceylan, en Birmanie, au Siam, au Cambodge, applique le titre de *Jātaka* par excellence à un recueil de cinq cent cinquante contes où le Bouddha lui-même prend texte d'une circonstance présente pour évoquer un épisode de sa longue carrière dans la série des transmigrations. Tous ces contes, si variée qu'en soit l'étendue, depuis la brève anecdote jusqu'à la nouvelle et presque au roman, possèdent un caractère de composition commun ; ils consistent tous en deux éléments combinés : une narration en prose, et des vers qui tantôt reprennent et résument le récit, tantôt rapportent les paroles des personnages. Des raisons de tout ordre établissent que les vers seuls représentent le noyau authentique de la tradition ; la prose est l'œuvre d'un rédacteur de date tardive, et souvent mal inspiré.

Le jātaka 339, rangé dans la série des tétrades (*catukkanipāta*) parce que les stances y sont au nombre de quatre, porte le titre de *Bāveru-jātaka*. Les quatre vers donnent l'essentiel du conte :

« Faute d'avoir vu le paon — avec son aigrette et sa voix mélodieuse, — on rendait honneur au corbeau — avec de la viande et des fruits.

« Mais le jour où, sonore, — un paon est arrivé à Bāveru, — alors honneurs et profits — ont disparu pour le corbeau.

« Tant qu'un Bouddha n'était pas né — roi de la Loi, agent de lumière — on rendait honneur aux autres — brahmanes et samanes de toute espèce.

1. Appelé par le jeu d'une substitution tardive à donner un mémoire pour l'*Annuaire*, j'ai eu recours, pour compenser l'insuffisance du temps qui m'était départi, à la science et à l'obligeance d'un grand nombre de mes collègues. On verra clairement tout ce que je leur dois; c'est grâce à M. Serruys, à M. Israël Lévi, à M. Chavannes que j'ai pu parler de paléographie grecque, de philologie hébraïque et de littérature chinoise. Qu'ils reçoivent ici l'expression de ma profonde gratitude.

J'ai à peine besoin de signaler tout le profit que j'ai tiré de l'ouvrage classique de V. Hehn, *Kulturpflanzen und Hausthiere in ihrem Übergang aus Asien nach Griechenland und Italien* (j'ai utilisé la 6e édition revue et complétée par O. Schrader et A. Engler, Berlin, 1894).

« Mais le jour où, sonore, — le Bouddha a prêché la Loi — alors honneurs et profits — ont disparu pour les hérétiques. »

Le récit en prose reprend et développe le sujet ; le seul détail à en retenir, c'est que le paon arrive à Bāveru sur un vaisseau, apporté par des marchands qui veulent le vendre à prix d'or. MINAYEFF, qui sut explorer avec une sagacité si heureuse les textes encore inédits du bouddhisme indien, reconnut le premier l'intérêt de ce conte en apparence insignifiant (*Nouveaux Faits relatifs aux rapports de l'Inde ancienne avec l'Occident* [en russe] dans le *Journal du Ministère de l'Instruction publique*, Saint-Pétersbourg, 1870, août, 225-239 ; réédité [en traduction allemande] dans les *Mélanges asiatiques*, tirés du *Bulletin de l'Académie de Saint-Pétersbourg*, VI, 578-599). Sous le *Bāveru* du pali, il avait su retrouver le nom glorieux de Babylone, transcrit par *Babiru* dans les inscriptions cunéiformes en perse. Il rappela à ce propos les voyages des Phéniciens au pays d'Ophir d'où ils rapportaient à Salomon, entre autres raretés, des paons. WEBER (*Indische Beiträge zur Geschichte der Aussprache des Griechischen*, dans *Monatsber. K. Pr. Ak. Wiss.*, Berlin, 1871, 613-632) posa le problème sur un terrain mieux défini ; il observa avec raison (p. 622, n. 3) que « la forme *Bāveru*, avec un *r* au lieu de *l* [*Babel*, *Babilu*] témoignait contre un intermédiaire phénicien, en faveur d'un intermédiaire perse de date plus basse ». Une traduction anglaise de ce jātaka, par Rhys DAVIDS, publiée dans le *Babylonian and Oriental Record*, IV, 1890, p. 7-9, une note de MORRIS, dans le *Journal of the Pali Text Society*, 1893 (*Are there any traces of Babylonian or Assyrian names in Pali Literature*, p. 25) maintinrent la question à l'ordre du jour. BÜHLER, dans son mémoire *On the origin of the Indian Brāhma alphabet* (*Sitzber. K. Ak. Wiss.*, Wien, 1895, n° III), n'hésita pas à faire état de ce conte pour démontrer que « les trafiquants de l'Inde occidentale entreprenaient des voyages d'affaires aux rives du golfe Persique et des rivières qui s'y déversent, dans le ve siècle ou peut-être même le vi^e^ avant J.-C. ». Il croyait répéter un fait acquis. Il se trompait. M. HALÉVY le lui fit bien voir. Champion ardent d'un système qui rabaisse l'antiquité de la civilisation indienne, il discerna le péril et fondit sur le Bāveru-jātaka. Dans ses *Nouvelles observations sur les écritures indiennes* (*Revue sémitique*, 1895), ce jātaka a les honneurs d'un chapitre spécial intitulé : « Le Bāveru-jātaka, son Insignifiance, son Âge ». Je ne suivrai pas la controverse dans les menus détails ; il suffit de constater que M. Halévy ne conteste pas l'identité de Bāveru et de Babylone. Mais, en concédant ce point, M. Halévy n'entend pas rompre sur toute la ligne. Comme « ce n'est qu'au temps d'Auguste que Babylone a été définitivement abandonnée par ses habitants, le Bāveru-jātaka remonte tout au plus à l'an 31 avant J.-C., qui est la date de la bataille d'Actium. » Et même, en y regardant de près, « la date du Bāveru-jātaka peut bien ne pas être antérieure à la seconde moitié du IIe siècle après l'ère vulgaire ». M. Halévy a oublié d'expliquer pourquoi le nom grec de Babylone, colporté par l'hellénisme depuis Alexandre, a été écarté par le rédacteur du conte au profit d'une forme surannée. Ce goût d'archaïsme n'est pas familier à l'Inde, et M. Halévy serait sans doute le dernier à lui en faire crédit.

Ainsi ce conte « à dormir debout », comme le qualifie M. Halévy, si nous l'interprétons à l'aide de la méthode philologique, nous porte à supposer que le commerce des paons entre l'Inde et Babylone s'est ouvert à l'époque de l'empire perse, sous Darius ou ses successeurs, après le voyage du Grec Scylax qui avait reconnu (vers 510) la route de mer entre les bouches de l'Indus et le golfe Persique. Le témoignage de la littérature grecque vient curieusement confirmer cette donnée.

Le paon, ταῶς, paraît dans la littérature grecque à l'époque de Périclès. Un ami de Périclès, Pyrilampès, possédait une volière fameuse où il élevait des paons ; les poètes comiques qui accusaient Périclès d'employer ses amis, jusqu'à Phidias même, au service de ses intrigues galantes, ne se gênaient pas pour dire que, si une dame recevait un paon de Pyrilampès, c'est qu'elle avait plu à l'homme d'État (PLUTARQUE, *Vie de Périclès*, XIII, 13). Le fils de Pyrilampès, Dêmos, hérita de la volière et des goûts paternels. Ses paons étaient fameux ; on venait de loin, de Lacédémone et de Thessalie, pour les voir ; on se démenait pour en avoir des œufs. La volière était ouverte au public les jours de nouvelle lune ; les autres jours on n'y entrait à aucun prix. L'orateur Antiphon qui raconte cette histoire (cité dans ATHÉNÉE, IX, 397 *d* ; cf. ELIEN, V, 21) ajoute : « Et la chose n'est ni d'hier, ni d'avant-hier ; elle date de trente ans ! ». Antiphon meurt en 411 ; les faits qu'il rappelle remontent donc aux environs de 450, aux jours les plus éclatants de la carrière de Périclès. On a pu supposer que Périclès avait rapporté de son expédition victorieuse à Samos, en 440, les premiers paons introduits à Athènes. Ménodote de Samos (cité par ATHÉNÉE, XIV, 655 *a*) affirme, dans son traité sur le Temple de Hêra Samienne, que « les paons, consacrés à Hêra, ont leur origine à Samos ; c'est là qu'on les a élevés d'abord, et c'est de là qu'ils se sont répandus dans les autres pays ». Antiphane de même, dans les Ὁμοπατρίοι (ATHÉNÉE, *ibid.*) : « Chypre a ses belles colombes ; Hêra, elle, possède à Samos une race d'oiseaux en or, les paons aux belles formes qui charment les yeux. » Voisine de la côte asiatique, Samos a pu être la première étape du paon sur le chemin de la Grèce asiatique à la Grèce d'Europe. Une autre hypothèse s'offre et plus vraisemblable encore : la famille de Pyrilampès avait, au témoignage de Lysias (*Or. de Bonis Aristophanis*, XIX, 25), des relations officielles avec les rois de Perse ; Dêmos avait reçu du Grand Roi, comme un témoignage de faveur personnelle, une coupe d'or ; il se faisait fort de voyager à l'aise et confortablement dans tout le continent asiatique, sur la seule présentation de cette pièce. Il n'est pas surprenant qu'une famille si bien en cour chez les Perses ait été la première à posséder en Grèce des spécimens de l'oiseau merveilleux que l'Inde venait d'importer tout récemment à Babylone.

Il n'est pas jusqu'à la forme du mot qui ne témoigne de la date où le paon a été introduit en Grèce. Le nom du paon, ταῶς, présente cette particularité tout à fait exceptionnelle de porter un esprit rude sur une voyelle intérieure. Les grammairiens de basse époque n'hésitaient pas à déclarer cette pratique « absurde » (παραλόγως δ' οἱ 'Αττικοὶ καὶ δασύνουσι καὶ περισπῶσι, *Séleucus*, Περὶ 'Ελληνισμοῦ cité par Athénée, IX, 398 *a*) quoiqu'elle fût garantie par une tradition constante des manuscrits. La notation de l'esprit rude n'est sans doute, comme m'en avertit M. Serruys, qu'une altération graphique, substituée par une confusion au digamma original; le mot étranger transcrit en grec par ταῶς devait contenir un *vav* (cf. hébreu תוכי ; persan et arabe طاوس ; latin *pavus* et *pavo*). L'ancien tracé du digamma ϝ tend à se réduire, vers le ve siècle, à une forme abrégée ⊢ (cf. Larfeld, *Handbuch der griechischen Epigraphik*, 1907, p. 397) ; c'est la forme même qu'a prise à ses débuts l'esprit rude et qu'il a gardée jusque dans les premiers siècles de l'ère chrétienne (cf. Gardthausen, *Griechische Paleographie*[1], 1913, p. 383). Le nom du paon introduit dans l'écriture au moment où *tawōs* (ταϝως) se notait ΤΑ⊢ѠϹ, a été lu et interprété ταῶς par les Alexandrins. La graphie du mot nous ramène donc à la même époque que les premiers témoignages de la littérature.

Lancé par la mode, mêlé dès ses débuts à la chronique scandaleuse, le paon reste pendant un siècle un objet de haute curiosité. Les passages d'Eupolis, d'Aristophane, d'Antiphane, d'Anaxandride, d'Alexis, de Strattis, cités par Athénée à propos du paon, montrent que la comédie, tant ancienne que moyenne, avait fort à faire avec lui. Évelpide, en arrivant au pays des Oiseaux, est impatient de voir enfin ce volatile inconnu. A peine il aperçoit la huppe qu'il lui demande : « Es-tu un oiseau ? ou un paon ? » (*Oiseaux*, v. 101). Puis, à la réunion des oiseaux, dès qu'un d'entre eux se présente : « Tiens, un oiseau ! mais lequel ? Est-ce que ce n'est pas un paon ? » (v. 269). On voulait en avoir à tout prix ; la paire se payait mille drachmes, ou même dix mille drachmes (Elien, V, 21). « N'est-ce pas une folie, s'écrie Anaxandride, de payer pour avoir des paons chez soi autant que coûteraient deux œuvres d'art ? » Mais, un siècle après Pyrilampès et Dêmos, le paon n'était plus déjà qu'un article banal. Vers 350, Antiphane écrivait : « Jadis on avait par hasard une paire de paons, tant la chose était rare.

1. M. Meissner vient de publier dans le numéro de juillet de l'*Orientalistische Literaturzeitung* un article sur le paon en Assyrie (*Haben die Assyrer den Pfau gekannt?*) où il propose très dubitativement de reconnaître le paon dans « l'oiseau du ciel dont les ailes sont de couleur bleue » qui est mentionné dans les objets offerts en tribut à Tiglatpileser III en 738 avant J.-C. Mais M. Meissner n'en observe pas moins fort prudemment : « eine sichere einheimische Nachricht über sein Vorkommen daselbst [in Babylonien] haben wir nicht, und auch Abbildungen von ihm sind, soweit ich sehe, noch nicht gefunden ».

Maintenant ils sont plus nombreux que les cailles ! » Je ne suivrai pas plus loin les destinées du paon ; j'ai voulu seulement marquer les étapes de son passage depuis les bords de l'océan Indien jusqu'au bassin de la Méditerranée.

Mais n'y était-il pas déjà parvenu plus tôt par une autre voie? Les récits bibliques qui célèbrent le règne glorieux de Salomon rapportent que la flotte de ce prince, naviguant avec la flotte de Hiram, se rendait au pays de Tharsis, et qu'elle en revenait tous les trois ans avec une cargaison d'or et d'argent, d'ivoire, de singes et de paons (I *Rois*, x, 22 ; II *Chroniques*, ix, 21). Je laisse de côté l'énigme de Tharsis ; je tiens à observer toutefois qu'il faut se garder de confondre, comme on l'a fait trop souvent, la flotte de Tharsis avec la flotte d'Ophir qui est mentionnée dans un autre passage (I *Rois*, ix, 28 ; cf. aussi xxii, 49). On a logé Ophir un peu partout, et jusque dans l'Inde, au pays des Abhīra, voisin des bouches de l'Indus. On peut multiplier, par jeu ou par conviction, des identités de ce type. Mais la question d'Ophir fût-elle par impossible résolue, la question du commerce de Tharsis demeurerait tout entière.

Le mot qui correspond aux « paons » de la Vulgate est en hébreu *toukkiyyim*, écrit תֻּכִּיִּים (*Rois*) et תּוּכִּיִּים (*Chroniques*). La différence de graphie vient de ce que le texte des *Chroniques*, comme tous les textes récents, multiplie les *matres lectionis*, même quand elles sont contraires à la grammaire. Le mot *toukkiyyim* doit s'écrire sans *vav*, autrement la lettre כ ne serait pas redoublée. Le sens de « paon » une fois posé, il fallait retrouver dans l'Inde un vocable analogue de même sens. On y pourvut bientôt. Déjà Adelung, dans son *Mithridates*, ramenait *toukkiyyim* au malabarais *togei*. Défenseur de la culture sanscrite contre les prétentions anaryennes, Lassen (*Ind. Altersthumsk.*, I², 651) ramenait *togei* au sanscrit *śikhin* « mit Dekhanischer Aussprache », et Renan répétait après lui, presque dans les mêmes termes (*Hist. gén. des lang. sémit.*, I³, 209) : « *Toukkiyyim* = *śikhi* prononcé selon les habitudes du Décan. » Weber eut la sagesse de s'élever avec force contre ce rapprochement audacieux : « De quel droit, demandait-il dès 1853 (*Die Verbindungen Indiens*, etc., réimprimé dans *Ind. Skizzen*, 74), peut-on dire que la « prononciation du Dekhan » actuelle était identique vers l'an 1000 avant J.-C. ? » Il revenait à la charge en 1871 (*Monatsber. Ak. Wiss.*, Berlin, p. 622) : « Je ne puis admettre que *toukkiyyim* ait rien à faire avec *śikhin*; à l'époque dont il s'agit, il est difficile de croire que *śikhin* ait désigné le paon. De plus, le *ṭogei* malabarais qu'on a évoqué à ce propos n'a guère pu provenir de *śikhin*. » Le sanscrit *śikhin* est, en effet, hors de cause ; c'est un adjectif épithète dérivé de *śikhā* « aigrette » et qui désigne dans la langue littéraire le feu, le paon, la comète, etc. Quant au mot *tōgei*, que M. Vinson a étudié dans un article de la *Revue de linguistique* (*Sur l'origine du mot* Thuki-im « paon » *de la Bible*, 1873, 120-128), il appartient bien aux langues dravidiennes ; s'il a reçu dans le tamoul littéraire le sens secondaire de « paon », au sens propre il désigne « la traîne » (canarais *tōkĕ* « chose pendante » ; toulou *tūkē* « une pente », etc.) ; on l'a naturellement appliqué à la queue traînante du paon, d'où, par le procédé de la synecdoque partout familier aux poètes, on l'a étendu dans la poésie au paon lui-même. Le nom usuel du paon en tamoul est *mayil*, apparenté peut-être à *mayir* « poil, plume, duvet », mais qu'il est difficile en tout cas d'isoler du mot *mayūra*, qui est en sanscrit le nom usuel du paon. Il serait donc au moins hardi d'expliquer *toukkiyyim* au sens du 'paon' (au pluriel) par le dravidien *tōgei*.

Mais le mot *toukkiyyim* a-t-il au moins cette signification ? La prudence commande d'en douter. Le mot ne se rencontre pas en dehors des deux textes parallèles que j'ai mentionnés. La Vulgate le rend par *pavos* ; le Targoum (I *Rois*, x, 22 ; il n'y a pas de Targoum des *Chroniques*) traduit aussi par « paons » טווסין ; mais il discrédite fâcheusement son interprétation en traduisant de la même manière chez Ézéchiel, xxvii, 15, le mot הָבְנִים, autre terme mystérieux qu'on explique généralement par « ébène » ; la mention de l'ivoire dans le contexte a suggéré ici le paon au traducteur embarrassé. Il ne peut donc se réclamer d'une tradition bien solide. Les traducteurs grecs, plus anciens, trahissent plus d'incertitude encore. Le texte courant des Septante (Swete, *The Old Testament in Greek*, 1887) ne mentionne les paons ni dans les *Rois*, ni dans les *Chroniques*. Où la Vulgate (I *Rois*, x, 22) énumère « et dentes elephantorum et simias et pavos », on lit avec étonnement chez les LXX : καὶ λίθων τορευτῶν καὶ πελεκητῶν « des pierres tournées et taillées » en face de l'énumération hébraïque שנהבים וקופים ותכיים. Pour expliquer cette interprétation inattendue, M. Israël Lévi me suggère que שנהבים (analysé le plus souvent en שֵׁן « dent » et un énigmatique הָבִים qu'on rend arbitrairement par « éléphants ») a été pris pour une graphie de אבנים « pierres », par réminiscence de הבנים d'Ézéchiel dans le passage parallèle, xxvii, 15 ; on aurait rattaché קפים à la racine נקף « entourer » ; quant à תכיים, on lui aurait attribué un sens par une combinaison analogue. Il faut observer encore que le mot πελεκητὰ (joint à ξύλα) paraît déjà au verset 11, sans reparaître nulle part ailleurs ; il y traduit un autre mot également inintelligible אלמגים. Le Codex Alexandrinus substitue à la version καὶ λίθων..... une version qui répond à la Vulgate : οδοντω | ελεφαντινων και πιθηκων | και ταωνων. Lucien, dans sa revision des LXX (*Librorum Vet. Test. canonicorum* pars I, éd. Paul de Lagarde), prend le sage parti de s'abstenir ; il transcrit simplement le mot τεχείμ. D'autre part, dans l'énumération parallèle des *Chroniques*, toutes les recensions des LXX laissent tomber le mot תכיים (ὀδόντων ἐλεφαντίνων καὶ πιθήκων ; Vulgate : « et ebur et simias et pavos »). Au reste, un hébraïsant aussi compétent que M. Halévy (*Nouv. observ. sur le écrit. ind.*, p. 52) écarte résolument le sens de « paons » et propose de traduire par « flacons à parfums » en rapprochant les mots hébreux *kofim vetoukkiyyim* du babylonien *tukku sha kukupi* (= hébr. קֹפִים, ég. et gr. κῦφι).

Une prudence élémentaire interdit donc, comme on le voit, de faire état de ce texte. La contre-épreuve oblige à l'éliminer. Abstraction faite des passages qu'on vient de discuter, la Bible entière ne mentionne pas une seule fois le paon. D'autre part, « on le chercherait en vain dans la littérature et dans l'art des Babyloniens » (Halévy, *loc. cit.*, p. 52)[1]. Après l'époque des Achéménides, aux temps hellénistiques, il en va tout autrement. Diodore (2, 53), pour démontrer l'influence du climat sur les coloris, rappelle que « la Babylonie nourrit une multitude de paons émaillés de toutes sortes de couleurs ». Clément d'Alexandrie désigne le paon comme « médique » (Μῆδον ταῶνα, 61 ; ταῶνας Μηδικούς, 99) par opposition aux « oiseaux de l'Inde », périphrase qu'une scholie explique par « perroquets ». Une glose recueillie par Suidas (s. v. ταῶς) donne aussi comme équivalent de ce nom « l'oiseau médique » (μηδικὸς ὄρνις).

Dans l'Inde, au contraire, le paon paraît dès les origines de la civilisation. Les poètes védiques donnent aux coursiers du dieu Indra des plumes de paon (*mayūraroman* ; ṚgV., 3, 45, 1 = AV., 7, 117, 1 = SV., 1, 246 = VS., 20, 53, etc. ; voir Bloomfield, *A Vedic Concordance* s. v. *ā mandrair indra haribhir* ; ce vers est commun à tous les Védas : cf. aussi *mayūraśepya* ṚgV., 8, 1, 25). Le paon est du domaine de la magie ; on l'invoque contre le poison des serpents et des insectes (ṚgV., 1, 191, 14 ; AV., 7, 56, 7) ; cette fonction magique du paon s'épanouit plus tard, avec le bouddhisme, dans la « Sauvegarde du Paon » (*Moraparitta*) du canon pali et dans la « Formule souveraine du paon » (*Mahāmāyūrī vidyārājñī*), populaire en Asie centrale autant que dans l'Inde, et dont il n'existe pas moins de six traductions en chinois (Nanjio, *Catalogue of the Buddhist Tripiṭaka*, n°s 306-311). Le paon sauvage pullulait dans les forêts voisines du royaume de Sophytès (*Saubhūti*) quand l'armée d'Alexandre poussa sa marche triomphale vers la région nord-est du Penjab (Quinte-Curce, IX, 2 : *nemus... agrestiumque pavonum multitudine frequens*). Si l'on en croit le témoignage rapporté par Elien, V, 21, Alexandre fut si vivement frappé de leur beauté, qu'il prononça les peines les plus sévères contre ceux qui les offriraient en sacrifice. Au IIe siècle de J.-C., quand les gourmets riches ont adopté le paon comme la volaille de haut luxe (même chez les Juifs ; cf. *Talmud*, *Sabbat*, 130[a]), les délicats n'apprécient que les paons de l'Inde (ταῶς ἐξ Ἰνδίας, Lucien, *Navigium seu Vota*, 23). Hortensius, l'émule de Cicéron, avait lancé la mode à Rome ; mais,

1. On le retrouve encore, utilisé cette fois au service des croyances musulmanes, dans une rédaction arabe du Barlaam et Joasaf (cf. E. Kuhn, *Barlaam und Joasaf*, München, 1893, p. 31), cette biographie du Bouddha que l'Église chrétienne a adoptée pour en faire l'histoire d'un saint. J. Hertel, *Von Pāṇini zu Phaedrus* dans *Z. D. Morg. Ges.*, LXII, 1908, p. 113-118, a cru démontrer que la fable du corbeau paré des plumes du paon était déjà connue dans l'Inde au IVe siècle avant J.-C. Mais l'interprétation du mot *mayūravyaṃsaka* qui sert de base à sa théorie a, malgré l'appui que lui a prêté Richard Schmidt, *ib.* 119, été définitivement ruinée par H. Jacobi, *ib.* 358-360.

dans l'Inde, le paon était déjà, deux siècles plus tôt, un plat de roi. Vers 250 avant J.-C., l'empereur Aśoka, de cette dynastie Maurya qu'un calembour met en rapport avec le paon (*Maurya* est en pracrit *moriya* ; *mayūra* « paon » est en pracrit *mora*), faisait servir tous les jours à sa table « deux paons et une gazelle, et encore la gazelle pas régulièrement » ; il le confesse comme une faute dans le premier de ses Quatorze Édits, et prend l'engagement que « ces trois animaux ne seront plus immolés à l'avenir ». Je ne suivrai pas le paon dans la littérature indienne, où il tient un rôle de premier plan, ni dans la religion, où il est en particulier associé au culte de Skanda, le dieu de la guerre. Il n'est pas douteux, au témoignage des naturalistes, que l'Inde est, avec l'Indo-Chine, le pays d'origine du paon.

Si c'est l'Inde qui a donné le paon au monde occidental, symétriquement c'est l'Indo-Chine qui paraît l'avoir donné à l'Extrême-Orient. Je n'ai pas entrepris de ce côté une recherche minutieuse ; je me suis contenté d'utiliser les matériaux réunis dans le chapitre sur le paon de l'énorme encyclopédie *T'ou chou tsi tch'eng* (*K'in tch'ong tien*, chap. 41) et les textes cités par le fameux répertoire des noms composés *Pei wen yun fou*, chap. 99, 1re partie, vers la fin). Le nom chinois du paon, *k'ong tsio*, 孔雀, est une sorte de périphrase qui décèle une origine secondaire ; *tsio*, 雀, désigne les petits oiseaux en général, moineau, etc. ; *k'ong*, 孔, signifie au propre « vide, trou, ouverture ». Il se peut que *k'ong* ait ici une valeur phonétique et qu'il serve à noter un mot d'origine étrangère. Mais le nom tibétain du paon, *rma bya*, littéralement « l'oiseau (*bya*) aux plaies (*rma*) », suggère pour le chinois une interprétation analogue ; les « yeux » de la queue ont pu passer aussi bien pour des « trous » ou des « balafres » ; affaire de goût. La plus ancienne mention du paon que j'ai rencontrée remonte à l'an 179 avant J.-C. Un ancien officier de l'empereur Ts'in Che-hoang ti, Tchao T'o, 趙佗, avait fondé le royaume de Nan-yue, 南粤, qui couvrait tout le sud de la Chine et la plus grande partie de l'Indo-Chine orientale. En 179 il adressa à l'empereur Wen ti, de la dynastie des Premiers Han, une lettre accompagnée de cadeaux qu'il énumérait, entre autres « deux couples de paons ». Il fallait évidemment que l'oiseau fût d'une extrême rareté pour que le souverain d'un grand État pût en offrir deux couples comme un hommage précieux à l'empereur de Chine.

Le royaume de Nan-yue disparut en 111 avant J.-C., absorbé par la Chine. Le paon entre dans la littérature un peu avant cette date, vers 129 avant J.-C., chez un auteur qui est justement originaire d'une province méridionale de la Chine, le Sse-tch'ouan. Dans sa célèbre *Élégie de l'impératrice internée dans le palais Tch'ang men*, Sse-ma Siang-jou écrit : « Les paons se rassemblent et s'associent à mon chagrin » 孔雀集而相存兮. Et c'est encore chez un auteur originaire du Sse-tch'ouan, Yang Hiong (53 av. J.-C.— 18 J.-C.), que le paon reparaît ensuite ; dans sa pièce sur *La Chasse aux oiseaux*, on trouve : « Le sombre phénix et le paon, double manifestation de la pierrerie merveilleuse » 玄鸞孔雀翡翠垂榮.

Au ve siècle, les Chinois retrouvaient avec surprise, au cœur du Turkestan, le paon à l'état sauvage aussi bien qu'à l'état domestique. La Notice sur le royaume de Koutcha (à l'est de Kachgar) insérée dans l'*Histoire des Wei septentrionaux* (386-534), mais qui se réfère à des événements survenus un peu avant 450, constate qu' « il y a beaucoup de paons qui volent par bandes dans les montagnes et les vallées. Les gens les prennent, les élèvent et s'en nourrissent. Pour la ponte et la couvée, c'est comme les poules et les canards. Dans le palais du roi, il y en a toujours plus d'un millier ». Koutcha était la sentinelle avancée de la civilisation indienne sur le chemin de la Chine. La littérature locale, rédigée dans la langue qu'on désigne par hypothèse comme « le tokharien B », s'inspirait des modèles et des idées de l'Inde. Les procédés d'élevage du paon, qui surprenaient sans doute l'observateur chinois puisqu'il jugeait utile de les spécifier, reproduisaient probablement, eux aussi, les méthodes indiennes. Et c'est ainsi que la division profonde du monde ancien se manifeste avec netteté, même dans cette infime question du paon : à l'est, le monde chinois avec ses annexes, qui poursuit à l'écart ses destinées autonomes ; à l'ouest, depuis l'Inde et la Sérinde jusqu'aux colonnes d'Hercule, un système de civilisations solidaires, étroitement unies, que nous groupons volontiers autour de la civilisation grecque, mais où la Perse, mieux connue, pourrait sans doute revendiquer à bon droit une hégémonie temporaire. Le passage du paon de l'Inde à la Méditerranée, sous les auspices des Achéménides, est, mieux qu'un fait, un symbole ; il exprime l'unité économique d'une immense région réalisée pour la première fois, l'ouverture des grandes routes de pénétration, la rapidité des échanges. L'Inde, entraînée dans cette révolution qui lui a donné une écriture, a négligé d'en conserver l'histoire ; le conte, plus fidèle, en aura du moins préservé la trace. Le vieux thème de la rivalité entre le corbeau et le paon, adapté à des fins édifiantes par l'Église bouddhique, a sauvé par accident le nom de Babylone dans la tradition de l'Inde.

TATO JAYAM UDĪRAYET

Chacun des livres du Mahābhārata débute par une bénédiction liminaire uniforme :

Nārāyaṇaṃ namaskṛtya Naraṃ caiva narottamam
Devīṃ Sarasvatīṃ caiva tato jayam udīrayet.

La même formule reparaît vers la fin du dernier chant (XVIII, 232) dans une sorte d'appendice qui traite de la récitation du Mahābhārata. Cette bénédiction d'aspect assez banal ne paraît pas avoir attiré l'attention [1] ; on la lit et on la traduit sans s'y arrêter. L'interprétation communément admise a été suivie avec docilité par la traduction de P. C. Roy : *Having bowed down to Nārāyaṇa and Nara the most exalted male being, and also to the goddess Sarasvatī, must the word* success *be uttered* (les légères variantes de style qu'on relève d'un chant à l'autre dans la traduction anglaise de cette formule n'en affectent pas le sens). Le commentateur Nīlakaṇṭha signale pourtant la possibilité d'une autre interprétation pour le dernier pāda : *tato vyāptas tayaiva Sarasvatyā parama-kāruṇikayā janabodhāyāviṣṭo jayaṃ "Jayo nāmetihāso 'yam" iti vakṣyamāṇatvāj Jayasaṃjñaṃ Bhāratākhyam itihāsaṃ vā*

Aṣṭādas'a purāṇāni Rāmasya caritaṃ tathā
Kārṣṇaṃ vedaṃ pañcamaṃ ca yan Mahābhārataṃ viduḥ
Tathaiva Viṣṇudharmās' ca S'ivadharmās' ca s'ās'vatāḥ
Jayeti nāma teṣāṃ ca pravadanti manīṣiṇaḥ

iti Bhaviṣyavacanāt purāṇādikaṃ vā

Caturṇāṃ puruṣārthānām api hetau jayo 'striyām

iti kos'ād anyaṃ vā puruṣārtha-pratipādakaṃ granthaṃ S'ārīrakasūtrabhāṣyādirūpam udīrayed uccārayet.

1. Bühler en a toutefois reconnu et signalé la valeur religieuse : It is a characteristic mark of the works of the ancient Bhāgavata sect, where it is invariably found, frequently with the variant *devīṃ Sarasvatīṃ Vyāsam* instead of *caiva* (Indian Studies, n° II, p. 4, n. 2).

En commentateur honnête, Nīlakaṇṭha essaie de donner une valeur positive au mot *tataḥ*, que P. C. Roy néglige, et qu'on rend ordinairement par « ensuite, après cela (= après ce triple namaskāra) ». Il rattache par un lien immédiat cet adverbe au nom de Sarasvatī qui le précède, et il explique : « sous l'influence de cette divinité qui est toute compassion ». Quant au mot *jaya*, au lieu de lui attribuer ici son sens usuel de « victoire », il le considère comme une désignation du Mahābhārata lui-même, et il cite à l'appui le texte exprès du poème qui déclare par deux fois : « ce récit a nom Jaya », I, 2302, XVIII, 194 (la même désignation est appliquée à un épisode de l'épopée, le Vidulāputrānuçāsana V, 4539). Il cite l'autorité du Bhaviṣyapurāṇa qui applique le nom de Jaya non seulement au Mahābhārata, mais encore aux dix-huit Purāṇas, au Rāmāyaṇa, aux Viṣṇudharmas et aux S'ivadharmas. Il va même jusqu'à proposer d'étendre cette désignation à l'œuvre philosophique de Vyāsa, le S'ārīrakasūtra, et subsidiairement au commentaire (de S'aṅkara, etc.) sur la foi d'un lexique qui définit ainsi le mot *jaya* : « tout ce qui cause les quatre fins humaines ».

On peut taxer ici Nīlakaṇṭha d'un excès de subtilité ; on peut lui reprocher d'attribuer au mot *jaya* un sens purement scolastique, ou même imaginaire, que rien ne justifie dans l'usage réel de la littérature et de la langue. C'est pourtant par un sentiment profond des réalités de la langue qu'il a été conduit presque instinctivement à écarter le sens adopté plus tard par P. C. Roy et les Occidentaux. Je ne crois pas qu'on puisse trouver en sanscrit un exemple authentique du verbe *udīrayati* construit directement avec le mot qu'il s'agit d'exprimer. Je n'ai pas besoin de rappeler que *ud-īrayati* signifie au sens propre « produire la mise en branle, faire monter en l'air, décocher, lancer », et de là, au sens figuré, « pousser, émettre (un son) ». Mais, dans ce dernier cas, le verbe est toujours suivi d'un mot qui précise l'idée de son : *na tāṃ* (*vācam*) *udīrayet*, Manu II, 116 ; *vācam udīrayan*, Rāmāyaṇa II, 57, 3 ; *udīrayām āsuḥ... ālokas'abdam*, Raghu II, 9 ; *mantram udīrayan*, Yājñavalkya I, 136. On ne dira pas plus en sanscrit *jayam udīrayet* qu'en français « pousser la victoire » pour exprimer l'idée de « pousser un cri de victoire ».

Mais avant d'adopter le sens indiqué, assurément contourné, qui est proposé par Nīlakaṇṭha, il convient d'examiner si le texte ne peut pas fournir un sens plus simple et plus vraisemblable. Directement sans aucune prévention, on traduirait : « En adorant Nārāyaṇa et Nara le meilleur des mâles, et aussi la déesse Sarasvatī, qu'on fasse de là saillir la victoire. » N'oublions pas que le couple Nara-Nārāyaṇa est identique au couple Arjuna-Kṛṣṇa ; l'idée est proclamée à maintes reprises dans le Mahābhārata, p. ex. I, 218, 7889 ; 224, 8161 ; 228, 8302 ; III, 47, 1888 ; V, 96, 3496 ; 111, 3824 ; VII, 11, 422 ; 77, 2707 ; etc. Cette équivalence reconnue évoque aussitôt, en parallèle avec la bénédiction liminaire, une autre formule qui traverse tout le poème, qui en exprime toute l'inspiration, et qui subsiste encore dans la conscience de l'Inde comme la leçon la plus haute du Mahābhārata : *yataḥ Kṛṣṇas tato jayaḥ*, I, 205, 7513 ; IV, 68, 2531 ; VI, 21, 771 ; 23, 821 ; IX, 624, 3491 ; XIII, 168, 7746 : « unde Kṛṣṇa, inde victoria ». Dans plusieurs cas, la formule est complétée par une formule analogue, *yato dharmas tataḥ Kṛṣṇaḥ*... VI, 23, 821 ; IX, 624, 3491 ; les deux se combinent à leur tour en série continue, *yataḥ Kṛṣṇas tato dharmo yato dharmas tato jayaḥ*, XIII, 168, 7746 — « unde Kṛṣṇa, inde jus ; unde jus, inde victoria » ; d'où résulte enfin la formule *yato dharmas tato jayaḥ*, VI, 65, 2695. Sous cette forme, la maxime semble proclamer une leçon de morale absolue : le droit donne la victoire. Mais c'est fausser le Mahābhārata dans son principe même que de l'interpréter ainsi. Sans doute le Mahābhārata est une épopée didactique et moralisante ; mais l'épopée et la morale y portent la puissante empreinte de l'organisation sociale et religieuse de l'Inde ; elle est, comme toutes les créations du génie hindou, une œuvre de caste et de secte. Elle est bien le cinquième Veda, comme elle s'appelle et comme on l'appelle, parce que les quatre Vedas des brahmanes enseignent la vie sainte, ou plutôt la vie sacrée, et qu'elle enseigne avec une égale autorité la vie guerrière aux kṣatriyas. Elle est bien aussi le Kārṣṇa Veda, « le Veda de Kṛṣṇa », puisqu'elle prêche aux kṣatriyas, comme une garantie de succès et de salut, le culte de Kṛṣṇa. Le succès pour le kṣatriya, c'est la victoire, *jaya* ; le salut pour le kṣatriya, c'est le dieu des kṣatriyas, Kṛṣṇa. « Où est Kṛṣṇa, là est la victoire » ; car, « si on a Kṛṣṇa, on a tout » — *yataḥ Kṛṣṇas tataḥ sarve* ; « Où est Kṛṣṇa, là est la règle (dharma) », la règle propre des kṣatriyas, celle qui leur prescrit de combattre et de vaincre ou mourir, celle qui leur assigne pour fonction de manier le bâton de commandement, *daṇḍa*, le bâton qui frappe le méchant et qui impose le respect des lois. Le Mahābhārata dans son ensemble est l'illustration et le développement de ces principes ; ils convergent et s'illuminent dans la Bhagavadgītā ; cet incomparable dialogue, souvent considéré comme un hors-d'œuvre sublime, est tout au contraire le cœur et le noyau de l'ouvrage. Les deux inséparables, en qui s'incarnent Nara et Nārāyaṇa, divinités tutélaires de l'œuvre, Kṛṣṇa et Arjuna, se recueillent, face à face, à l'heure des décisions suprêmes ; le parfait chevalier interroge le Bienheureux, Bhagavat, maître parfait de chevalerie ; il apprend à suivre sans hésitation sa loi propre dans l'ensemble de la loi universelle ; il doit verser sans scrupule le sang, et de ses proches même, si le triomphe du bien l'exige. Les spéculations métaphysiques des brahmanes, conçues par répugnance à l'action, s'harmonisent pour le kṣatriya avec la nécessité d'agir. Arjuna, le parfait chevalier, est aussi le parfait dévot ; libre d'opter entre l'alliance effective des divinités et la simple assistance de Kṛṣṇa comme cocher de char, il choisit Kṛṣṇa comme la promesse infaillible du succès. Les critiques de l'Occident, habitués à considérer le Mahābhārata comme un traité de morale absolue, ont été souvent choqués de certains actes commis par les Pāṇḍavas et qui s'accordent mal avec l'idéal de l'honneur chevaleresque : Yudhiṣṭhira emploie un subterfuge pour se débarrasser de Droṇa ; Bhīmasena porte à Duryodhana un coup déloyal. L'auteur de l'épopée n'hésite pas à reporter sur Kṛṣṇa lui-même la responsabilité de ces actes (VII, 190, 8748; IX, 58, 3246); sa sagesse transcendante connaît et utilise les transactions nécessaires de la vie pratique. La fin justifie les moyens, quand la fin est la victoire du droit.

On n'hésitera donc pas, il me semble, à traduire ainsi la bénédiction liminaire : « En adorant Nārāyaṇa, et Nara le meilleur des mâles, et aussi la déesse Sarasvatī, qu'on fasse venir d'eux la victoire. »

Si l'interprétation que je propose est exacte, les combinaisons laborieuses échafaudées autour du Mahābhārata tombent. On est allé jusqu'à présenter le Mahābhārata comme le retournement artificiel d'un poème antérieur qui aurait eu pour héros Duryodhana et ses frères. Il est à la fois plus simple et plus honnête de prendre le poème tel qu'il est, pour essayer d'en concevoir la genèse. Que l'Inde ait eu des rhapsodes ou des jongleurs qui colportaient des récitations épiques, rien de surprenant; la vie féodale devait aboutir à l'éclosion du genre sur le sol indien. Juchés dans leurs châteaux forts, les rājas d'autrefois, comme les Rajpouts modernes, assistaient pour se délasser entre deux expéditions au récit des exploits légendaires; ils guettaient avec une curiosité impatiente le barde vagabond qui connaissait les preux d'autrefois. Mais l'épopée n'est pas une simple collection de chants épiques enfilés bout à bout; c'est une composition savante organisée avec art autour d'une donnée centrale, inspirée par un sentiment dominant qui la pénètre et la traverse. Dans l'Occident, où l'unité du groupe s'affirme dans le sentiment national, c'est l'âme de la nation qui inspire le poète. L'*Iliade*, l'*Énéide*, glorifient la Grèce et Rome; la Pucelle de Chapelain comme la Henriade de Voltaire prétendent glorifier la France. La foi religieuse est aussi un des liens les plus forts de la collectivité ; l'épopée peut lui emprunter aussi son inspiration ; la *Jérusalem Délivrée*, le *Paradis Perdu*, la *Messiade* sont écrites à la gloire du christianisme. L'Inde n'a jamais su dégager sa conscience nationale; elle n'a reconnu son unité que dans son organisation sociale et dans son panthéon. Le Mahābhārata découle de cette double source; il glorifie la caste des kṣatriyas et le rôle idéal qui lui est assigné dans l'ensemble de la société hindoue ; il enseigne aussi aux kṣatriyas la gloire du dieu qui leur garantit le succès et le salut. L'adoration à Kṛṣṇa, qui a accompli tant de miracles dans la littérature de l'Inde au cours des siècles, méritait de donner à la société brahmanique son épopée ; l'Inde des brahmanes y a concentré tout ce qu'elle recélait de grâce, de tendresse, de douceur, d'humanité. Le charme exquis de cette figure héroïque et galante pouvait seul faire échec au Bouddha. L'un incarnait l'idéal d'une communauté mélancolique, lassée des douleurs de la vie, sans autre consolation que l'espoir du néant. L'autre devait attirer à lui les âmes éprises d'action, d'aventures, de grands coups, de fêtes galantes. Tous deux également accueillants acceptent des prosélytes de l'Inde et du dehors. Ménandre, le roi philosophe, incline au bouddhisme ; mais vers le même temps un autre Grec, Héliodore, de Taxila, ambassadeur du roi Antalcidas auprès d'un prince indien, se réclame du dieu des kṣatriyas, et dresse un pilier à Garuḍa en l'honneur de Vāsudeva, dieu des dieux. Quand les Kuṣāṇas constituent un empire scythique dans l'Hindoustan, un des successeurs de Kaniṣka s'attribue aussi le nom de Vāsudeva. Dans l'excessive pénurie des documents historiques, ces menus indices, joints aux témoignages indigènes (inscr. de Ghosundi, de Nānāghāṭ), laissent entrevoir l'active propagande des Bhāgavatas en concurrence avec les Bouddhistes.

Pour le procédé de composition aussi, l'épopée de Bhāgavata semble entrer de propos délibéré en concurrence avec le bouddhisme. Le Mahābhārata s'enorgueillit d'être une « cent-milliade » (s'atasāhasrī), autrement dit une œuvre gigantesque qui dépasse la mesure ordinaire des ouvrages humains (*iti S'rī-Mahābhārata-s'atasāhasryāṃ Saṃhitāyāṃ Vaiyāsikyām... parvaṇi... adhyāyaḥ*). La désignation était consacrée dans l'usage dès le ve siècle ; l'inscription de S'arvanātha, trouvée à Khoh et datée de 214 (ère de Cedi ?), cite expressément le Mahābhārata comme « la collection de cent-mille » (*uktaṃ ca Mahābhārate s'atasāhasryāṃ Saṃhitāyām*...). Mais cette désignation rappelle inévitablement celles des ouvrages fondamentaux de la littérature bouddhique, la « cent-milliade » S'atasahasrikā, comme on l'appelle par excellence, ou pour l'énoncer par son titre complet, la Perfection de la Sapience en cent-mille [lignes], S'atasahasrikā Prajñāpāramitā. Pour passer dans l'usage courant, l'œuvre a dû subir des réductions successives, en vingt-cinq mille, en huit mille (aṣṭasahasrikā ; c'est la forme classique du traité), en sept cents, en cinq cents lignes. La S'atasahasrikā s'y prêtait d'ailleurs sans difficulté ; il suffisait d'élaguer les tautologies, les homonymes, les redondances, les répétitions qui l'enflent et la grossissent ; il est évident que l'auteur s'est proposé d'atteindre à tout prix les dimensions démesurées qu'il s'était assignées. Dans son effort continu vers le beau, l'Inde a manifestement passé par le stage intermédiaire du colossal ; avant de goûter et de réaliser la beauté dans l'équilibre harmonieux des lignes, l'esprit humain se laisse d'abord éblouir par le prestige de la masse. Dans la littérature profane, la Bṛhatkathā présentait un cas analogue ; Guṇāḍhya, le Vyāsa des contes, s'était piqué d'écrire une « Grande Histoire » ; mais son œuvre n'avait pas pour sa sauvegarde, comme la S'atasāhasrī de Vyāsa et comme la S'atasahasrikā bouddhique, le zèle pieux des copistes ; il n'a survécu que dans les adaptations réduites : Kṣemendra en a tiré un bouquet (Mañjarī) ; Buddhasvāmin en a versifié l'abrégé (S'lokasaṃgraha) ; Somadeva se donne formellement pour un abréviateur (*saṃgrahaṃ racayāmy aham*).

Mais c'est au bouddhisme encore qu'il faut revenir pour trouver le parallèle le plus frappant du Mahābhārata. L'école des Mūla-Sarvāstivādins qui employait le sanscrit comme langue sacrée et qui se faisait gloire d'une forte culture littéraire, s'est donné un Vinaya immense, double au moins en étendue du Vinaya des Sarvāstivādins qui lui-même surpasse d'autant les Vinayas des autres écoles : Sthavira (Pāli), Dharmagupta, Mahīs'āsaka, Mahāsāṃghika. Son Vinaya est plus grand que la S'atasahasrikā même ; la traduction tibétaine occupe treize volumes dans le Kanjour, tandis que la S'atasahasrikā n'en fait que douze. Autour des brèves et sèches prescriptions de la discipline monastique, le rédacteur a accumulé les récits, les contes, les jātakas, les épisodes, sans compter une véritable biographie du Bouddha, une sorte de Buddhavaṃs'a, qui peut faire pendant au Harivaṃs'a, complément organique du Mahābhārata. Avec toutes ses surcharges, tous ses épisodes, avec sa masse touffue et luxuriante, le Mahābhārata porte à sa base sur un Vinaya, le code de la discipline kṣatriya à l'usage des Bhāgavatas.

LA SUITE DES IDÉES DANS LES TEXTES SANSCRITS

A PROPOS D'UNE DES INSCRIPTIONS DE NASIK

Il peut sembler oiseux d'affirmer, plus oiseux encore d'établir que les Hindous, dont la littérature a produit tant de chefs-d'œuvre, ont connu et pratiqué la règle fondamentale du style qui consiste à mettre de l'ordre dans l'expression de la pensée. Cependant les indianistes, et même les meilleurs, semblent trop souvent procéder à l'égard des textes comme si l'Inde ignorait cette loi. Les Hindous, il est vrai, n'ont jamais analysé ni énoncé les principes de la composition ; leur vie sociale ne comportait ni l'agora, ni le forum ; leur vie spirituelle ne prétendait pas se fonder sur la raison. Fait surtout d'imagination et de sensibilité, leur art se soucie plus d'émouvoir et de toucher que de persuader ; leur esprit est plus accessible à l'intuition qu'à la dialectique. L'étude du style chez eux s'est arrêtée à des catalogues de figures ; le nom dont ils la désignent exprime bien leur conception : c'est l'*alaṃkāra-śāstra* « l'art des ornements ». Mais on chercherait en vain dans cette immense littérature de l'alaṃkāra une page sur la manière de traiter un sujet. En raison de cette lacune, on est généralement tout prêt à admettre qu'il est inutile de chercher la suite des idées dans un texte sanscrit. C'est là un préjugé fâcheux qui a causé trop souvent de graves méprises. Il est à souhaiter que les savants de l'Inde actuelle réparent la négligence de leurs devanciers, et qu'ils dégagent nettement les principes de composition des grands maîtres, chez Vālmīki, chez Aśvaghoṣa, chez Kālidāsa, dans les Brāhmaṇa, les Upaniṣad, le Mahā-Bhārata. Je voudrais illustrer par un exemple pris au hasard les avantages de cette méthode.

Une des grottes de Nasik nous a conservé une inscription fameuse, qui se place vers le milieu du IIe siècle de l'ère chrétienne et qui consiste dans un panégyrique du roi Gotamīputa, maître d'un vaste empire qui s'étendait au sud des monts Vindhya, du golfe de Bengale au golfe Arabique. L'inscription, rédigée en pracrit, est datée du règne de son fils Vāsiṭhīputa Siri-Puḷumāyi. Les maîtres de l'épigraphie indienne s'y sont exercés tour à tour : Bhandarkar, en 1876, dans les *Transactions* du 2e Congrès des Orientalistes à Londres, p. 308 sqq. ; Bhagvanlal Indraji, dans le *Bombay Gazetteer*, vol. XVI, p. 550 sqq. (1883) ; Bühler, dans l'*Archaeological Survey of Western India*, vol. IV, p. 108 sqq. (1883), et plus tard dans les *Sitzungsberichte* de l'Académie de Vienne, vol. CXXII (1890), XI, p. 56 sqq., 82 sqq. ; Senart, enfin, dans l'*Epigraphia Indica*, vol. VIII (1905), p. 60 sqq.

Le panégyrique commence par ce trait : (A) « Gotamīputa est par essence semblable à l'Himavat, au Meru, au Mandara ». Autrement dit, il est, comme les grandes montagnes de la cosmologie hindoue « un soutien de la terre » *bhūbhṛt*. Le roi remplit dans l'ordre social et politique la fonction que la cosmologie assigne aux montagnes dans l'ordre physique. Suit (B) l'énoncé des provinces qui constituent son royaume et des chaînes de montagnes dont il est le souverain. « Il est roi d'Asika, Asaka, Muḷaka, Suraṭha, Kukura, Aparaṃta, Anupa, Vidabha, Ākarāvati, souverain des monts Vijha, Acchavata, Pārichāta, Sahya, Kaṇhagiri, Maca, Siriṭana, Malaya, Mahida, Seṭagiri, Cakora ». Le lien des deux propositions est logique ; après l'avoir proclamé implicitement un des soutiens de la terre, le panégyriste définit la portion de la terre où s'exerce la fonction du roi ; après l'avoir égalé aux montagnes colossales, il le montre en effet maître souverain des chaînons secondaires.

(C) « Le monde royal en cercle reçoit ses ordres. » Le trait est symétrique au précédent, et fondé sur l'analogie reconnue des montagnes et des rois.

(D) « (1) Quand l'auteur du jour éveille de ses rayons le lotus, la fleur sans tache est pareille à son visage. (2) Trois océans ont de leurs flots abreuvé ses montures. (3) La pleine lune, toute ronde, a la grâce et la majesté de son aspect. (4) Le meilleur des pachydermes en marchant a le charme de sa démarche. (5) Tel que les anneaux du roi des reptiles, gras, musclé, grand, long est son bras. (6) L'eau distribuée (en signe) de sécurité mouille sa main ignorante de la crainte. »

L'auteur célèbre ici la perfection de la personne royale chez Gotamīputa. On a donc le droit d'être surpris à constater, entre deux propositions (des composés dans l'original) qui comparent le visage du roi au lotus (1) et à la lune (3), une autre proposition (2) sans rapport avec les deux autres, sans rapport avec l'ensemble du développement. Bühler traduit : « of him whose army drank the water of three oceans » ; Senart : « whose chargers had drunk the water of three oceans ». Que le mot *vāhana* désigne « l'armée » (Bühler) ou « les coursiers » (Senart), le détail s'encadre aussi mal dans ce tableau où figurent le visage (1), l'aspect (3), la démarche (4), le bras (5), la main (6) du roi. Et l'incohérence saisit d'autant plus que les autres traits se succèdent dans un ordre parfaitement raisonnable : teint du visage (1), rondeur du visage (3), noblesse de l'allure (4), dessin du bras (5), activité de la main. Mais *vāhana* « véhicule » (l'un et l'autre dérivés de la même racine) a une valeur particulière qu'il convient de se rappeler ici. C'est la monture personnelle, si étroitement associée à celui qu'elle porte, qu'elle semble en être inséparable. C'est ainsi que Viṣṇu a pour *vāhana* l'oiseau Garuḍa, Śiva le taureau Nandi ; chacune des divinités a son *vāhana* particulier ; pour la désigner, on dit couramment : (l'être divin) qui a pour monture Garuḍa, Nandi, etc. La dynastie à laquelle appartient Gotamīputa est désignée par une appellation de ce type ; c'est la race de Sātavāhana. Gotamīputa est dans notre inscription même (l. 6) « l'artisan de la restauration de la gloire de la dynastie Sātavāhana ». Le premier élément de ce nom prend diverses formes : Sāta, Śāta, Sāda. L'imagination des conteurs avait travaillé sur cette donnée. La Bṛhatkathā, qui prétend rattacher sa propre origine à un roi de cette dynastie, raconte que le roi Dīpakarṇa (Kṣemendra) ou Dvīpikarṇi (Somadeva), resté veuf sans enfants, adopta sur les indications du dieu Śiva un enfant de sept ans qu'il avait rencontré dans une forêt monté sur un lion ; ce lion était une métamorphose temporaire du génie Śāta ; l'enfant reçut le nom de : « Śāta (est) sa monture » Śāta-vāhana. On peut aussi considérer *Śātavāhana* comme une formation patronymique dérivée normalement, au moyen de la vṛddhi, du simple *Śata-vāhana* « qui a une centaine de montures », nom qui ferait pendant à celui de *Śata-ratha* « qui a cent chars »[1]. La création du type « *-vāhana* » marque sans doute un moment historique. Les noms formés avec le terme *ratha* « char » (p. ex. Daśaratha « qui a dix chars », le père de Rāma), fréquents dans la période héroïque de l'histoire indienne, sont encore en usage au temps des Maurya ; le premier ou le second successeur d'Açoka porte le nom de Daśaratha ; le dernier prince de la dynastie Maurya est Bṛhadratha. Avec lui, les noms en °*ratha* semblent avoir disparu définitivement. D'autre part, au cours du siècle suivant, on voit surgir les noms en °*vāhana*. Le roi Khāravela, qui règne au Kaliṅga, sur la côte orientale, prend dans son panégyrique (Inscription de Hathigumpha) le titre de Mahāmeghavāhana « grand-nuage monture » ; il est clair que Mahāmegha est le nom propre de sa monture ; c'est évidemment l'appellation d'un éléphant ; *megha* « le nuage » suggère à la fois la couleur et le son de la voix de l'éléphant. C'est à la même époque que

1. Les interprétations tardives du nom en chinois et en tibétain sont purement fantaisistes. Hiuan-tsang (*Mém.*, II, 95 ; éd. Tōk., XXXV, 7, 52ᵃ, col. 14) rapporte le nom sous la forme So-to-p'o-ho = Satavaha, et ajoute en note : « En langue T'ang (=chinois), on dit *yin tcheng* 引 正. » Le mot *yin* signifie « allonger, étendre, mener » ; *tcheng* signifie « correct, normal ». Stanislas Julien avait restitué *sadrāha* ; mais *tcheng* est donné comme l'équivalent chinois du mot *sāta* (pris au sens de « uni, lisse » dans la Mahāvyutpatti, CI, 46. La Mahāvyutpatti elle-même donne le nom de Sātavāhana dans la liste des noms de rois, CLXXXIV, 12, entre **Aśoka** et Kaniṣka ; elle interprète le nom en tibétain par *mthar 'gro źon* et en chinois par *pien hing cheng* 邊 行 乘, équivalent calqué sur le tibétain : tib. *mthar*, chin. *pien* = « limite, bout » (au terminatif en tibétain) ; tib. *'gro*, chin. *hing* = « aller » ; tib. *źon*, chin. *cheng* = « monture, véhicule ». Il semble que le compilateur de la Mahāvyutpatti a lu le nom sous la forme *Anta-vāhana* ou *Sānta* (analysé en *sa-anta*) *-vāhana*.

remonte aussi le nom des Śātavāhana (Inscriptions de Nanaghat). On peut se demander si les victoires d'Alexandre n'ont pas eu pour résultat de faire disparaître graduellement de la tactique indienne le char, qui avait été l'instrument de conquête des Aryas, tandis qu'en retour l'éléphant prenait une place régulière dans la tactique de l'Occident, par l'intermédiaire des Séleucides. Le rôle de l'éléphant dans la doctrine et la pratique militaire de l'Inde vaudrait l'honneur d'une étude spéciale ; elle ferait apparaître les transformations et les progrès de l'art dans cette histoire qui semble si uniforme, et dégagerait sans aucun doute d'utiles repères pour la chronologie. Mais la question dépasse de beaucoup le sujet que je traite ici. Je me borne à souligner le lien étroit qui associe la monture à celui qu'elle porte. Je rappellerai seulement l'ensemble des contes populaires, qui unissent les aventures du couple royal Udayana et Vāsavadattā au couple d'éléphants Nalagiri et Bhadravatī ; pour le détail, je renvoie à l'excellent ouvrage de Lacôte : *Essai sur Guṇāḍhya et la Bṛhatkathā*. Donc, si nous traduisons le composé *tisamudatoyapītavāhanasa* par « trois océans ont, de leurs flots, abreuvé sa monture », nous rétablissons une suite logique dans le développement.

Le panégyriste décrit d'abord la pureté des traits du roi, puis il l'évoque aussi sur sa monture victorieuse, puis il reprend en détail l'aspect, l'allure, les bras, les mains. Des associations d'idées ou d'images resserrent encore ce faisceau. Le visage (1) suggère naturellement le lotus dans la poétique indienne ; le lotus suggère immédiatement l'eau sur laquelle il s'épanouit ; d'où l'évocation des trois océans qui ont abreuvé sa monture (2). L'océan à son tour évoque immédiatement la lune(3) qui en est sortie quand les dieux et les démons l'ont baratté ; cette lune c'est du fait de sa noblesse (*sasirika*) — l'aimable aspect du roi. J'observe encore, comme je l'ai déjà fait autrefois à propos de quelques titres employés dans les inscriptions des Kṣatrapa (*Journal asiatique*, 1902, I, p. 105) que « l'aimable aspect (*piyadasana*) du roi est un équivalent indien de notre expression : « Sa Majesté ». Quand Aśoka dans ses inscriptions se désigne par « *piyadasi* (*priyadarśi*) *rāja* », il ne convient pas de traduire, comme s'il s'agissait d'un nom propre, « le roi Piyadasi », mais tout simplement : « Sa Majesté le roi ». Or c'est par sa beauté majestueuse (*sirī*, *śrī*) que Sa Majesté fait pendant au disque de la pleine lune. La monture (2) suggère l'éléphant (3) qui suggère à son tour l'allure aimable du roi.

La suite de l'inscription exalte les vertus morales et guerrières du roi ; pour couronner ce développement particulier, elle le compare avec les plus grands héros de la tradition : Nābhāga, Nahuṣa, Janamejaya, Sagara, Yayāti, Rāma, Ambarīṣa.

Enfin vient comme conclusion un dernier développement qui a embarrassé les interprètes. Bühler traduit : « Of him, who in wondrous, unthinkable, imperishable, and immeasurable wise conquered a crowd of foes (standing) in the foremost ranks in a battle fought by Pavana, Garuḍa, the Siddhas, the Yakshas, the Rākshasas, the Vidyādharas, the Bhūtas, the Gandharvas, the Moon, the Sun, the Constellations, and the Planets, — of him who dives deeper into the sky than the shoulder of the most excellent mountain, — who made the prosperity of his race great. »

Et Senart : « Who, vanquishing his enemies in a way as constant as inexhaustible, unthinkable and marvellous in battles fought by the Wind, Garuḍa, the Siddhas... (ut sup. ap. Bühler) — the Planets, (appeared to be himself) plunging into the sky from the shoulder of his choice elephant ; (and) who (thus) raised his family to high fortune. »

On voit par l'insertion du mot *thus* entre parenthèses que M. Senart s'est préoccupé de lier logiquement les propositions. Il insiste dans son commentaire sur ce point : « De *nagavarakhadhā* on ne peut rien faire de satisfaisant ; la lecture *nāga*° donne un meilleur sens. Sur son éléphant de bataille le roi apparaît comme s'il voulait monter au ciel. Ce n'est pas là seulement une manière hyperbolique de décrire la hauteur de l'animal ; cela implique davantage encore. Le roi est *jitaripusaṃgha* — il se manifeste dans la gloire de son triomphe ; en outre, comme il est secondé dans ses combats par les puissances divines, Pavana, etc., il apparaît en quelque sorte dans le ciel et parmi les dieux. Les deux épithètes *Pavana*° *jita*° et *nāga*° *vigāḍha* se complètent mutuellement en conformité avec la loi que Benfey (*Gesch. der Sprachwiss.*, p. 35) a justement indiquée, et en vertu de laquelle le terme le plus général vient le dernier, précédé par le déterminant, — règle qui, soit dit en passant, ne devrait jamais être perdue de vue dans l'interprétation des inscriptions et qui peut dans plus d'un cas aider à faire ressortir la nuance exacte du sens dans des constructions compliquées. »

Sans manquer à la déférence qu'on doit à deux maîtres de l'épigraphie indienne, je suis obligé d'avouer que l'interprétation de Bühler et celle de M. Senart échappent à mon entendement. Pourquoi l'auteur aurait-il réservé pour la fin ce trait que la grandeur du roi plonge dans les profondeurs du ciel, quand il avait au début l'occasion d'exprimer cette idée lorsqu'il le comparait aux grandes montagnes du monde et lorsqu'il le désignait comme le souverain des montagnes ? Quel rapport entre ce trait et le développement qui le précède ? Que viennent faire les puissances du Ciel dans les batailles du roi ?

Le texte dit : « (Le roi) est allé tout droit vers la surface du ciel pour s'y enfoncer (*gaganatalam abhivigāḍhasa*). » « Aller au ciel, monter au ciel » sont les euphémismes usuels pour signifier la mort du roi. Il est superflu d'en citer des exemples ; la littérature en offre à profusion. (Qu'on se rappelle le mot de l'abbé Edgeworth à Louis XVI sur l'échafaud : Fils de saint Louis, montez au ciel. ») Rien n'est plus naturel que de rencontrer à la fin du panégyrique la mention de la mort du roi. Le reste de la proposition va-t-il cadrer avec cette idée ? Nous remarquons d'abord que l'écrivain a jeté en tête trois adjectifs qui restent en suspens pour aller se construire avec le mot *gaganatalam*, tout à la fin de la description, de façon à encadrer dans des lignes précises le tableau de la mort du roi. Évidemment il prépare un coup et ménage son effet : *aparimitam akhayam acitam*[1] « Sans limite [dans l'espace], sans fin [dans le temps], pieusement honoré... (est) le séjour du ciel [où il est parti]. » Autrement dit, Gotamīputa a quitté le monde du fini, de l'éphémère, des mortels qui adorent, pour entrer dans le monde de l'infini, de l'éternel, des immortels qu'on adore. Et comment s'est passé ce départ ? « Prodigieux, Pavana, Garuḍa, Siddha, Yakṣa, Rākṣasa, Vidyādhara, Bhūta, Gandharva, Cāraṇa, Candra, Divākara, Nakṣatra, Graha (autrement dit, toute la kyrielle des divinités secondaires qui ont pour domaine l'espace entre le ciel et la terre) circulaient sur le champ de bataille » quand il a plongé dans le ciel ; tous, jusqu'au dernier, avaient voulu assister à ce spectacle et l'honorer de leur présence ; tout ce qui peuple l'atmosphère était accouru de partout *samarasirasi* « vers la tête de la bataille », nous dirions : sur le front de bataille, en première ligne, où le roi s'était laissé entraîner par son courage. Reste un dernier trait à expliquer : *jitaripusaghasa nagavarakhadhā*. Bühler sépare les deux termes ; il réunit le premier à ce qui précède : « Le roi avait vaincu une foule d'ennemis (alors qu'il se tenait) au premier rang d'une bataille où combattaient Pavana, etc. » Il construit le second terme, à l'ablatif, avec ce qui suit, pour en faire une proposition à part : « Le roi plonge dans le ciel plus profondément que l'épaule de la plus haute montagne. » Franke, dans ses *Notes épigraphiques* (*Zeitschr. d. Morg. Ges.*, vol. L, 1896, p. 596), prend *naga* comme l'équivalent de *nāga* et corrige ainsi : « Du dos de son éléphant le roi atteignait jusqu'au ciel (der vom Rücken seines Elephanten bis zum Himmel emporragte). » Senart change résolument *naga* en *nāga* ; il maintient la répartition en deux propositions séparées, établie par Bühler, et traduit la seconde à peu près comme Franke : « Il (semblait) plonger dans le ciel de l'épaule de son excellent éléphant. » Si on lit directement le texte sans tenir compte de la coupure faite par Bühler, les difficultés s'évanouissent : « Sur le champ de bataille, ayant vaincu la masse de ses ennemis, de l'épaule d'une magnifique montagne il est parti... » C'est le cas d'évoquer le vers de Brébeuf immortalisé par Boileau : « De morts et de mourants cent montagnes plaintives. » Sur la première ligne de la bataille, ses ennemis vaincus (*jita*), aussi bien les morts abattus que les vivants prosternés par soumission devant lui, formaient comme à dessein par leur entassement (*saṃgha*) une véritable montagne dont la haute cime lui permettait de plonger directement dans le ciel[2].

1. Bühler et Senart admettent *acitam* = *aciṃtiyam* ; je crois plutôt que *acitam* = *arcitam*.
2. Il n'est pas impossible, au demeurant, que le mot *naga* doive être pris dans son sens réel et que Gotamīputa soit mort sur le sommet d'une hauteur, dans cette région montagneuse que

L'équivalent, en simple prose, c'est : Gotamīputa est mort en combattant, les armes à la main. Et l'auteur de l'inscription ajoute, comme aurait pu faire un historien : « Il avait fait grandiose la fortune de sa famille (*kulavipulasirikarasa*). » Il pouvait partir, car son œuvre était complète. Ainsi la suite des idées se maintient logique jusqu'au bout, et, dans ce qui semblait un détail oiseux de rhétorique ampoulée, nous apprenons comment finit la vie d'un grand prince.

des rivaux puissants disputaient aux Sātavāhana, auprès de Nasik, où a été gravé ce panégyrique lapidaire du père de Puḷumāyi.

GONARDA, LE BERCEAU DU GONARDĪYA

Le Pārāyaṇa, incorporé dans le Sutta-nipāta pali, est un des monuments les plus anciens du bouddhisme. Les rédactions parallèles, attestées par des mentions fréquentes, ont disparu. Mais le texte pali, garanti qu'il est par deux commentaires très anciens eux aussi, le Mahā-niddesa et le Culla-niddesa, a une valeur incontestable. Dans le récit qui sert d'introduction au recueil, le brahmane Bāvari, émigré de la « charmante ville des Kosala » (Śrāvastī), est venu s'installer « au pays d'Assaka, dans le voisinage de Muḷaka, sur le bord de la Godhāvarī » ; il envoie ses disciples en mission auprès du Bouddha, dans son pays d'origine, à Sāvatthi des Kosala. Le poète résume en trois vers (1011-1013) les étapes de leur route : « Patiṭṭhāna de Muḷaka, ensuite la ville de Māhissatī, Ujjenī aussi, et Gonaddha, Vedisā, Vanasavhayā, Kosambī, et encore Sāketa, et Sāvatthī la grande ville, Setavya, Kapilavatthu, et Kusinārā, la cité, et Pāvā, Bhoganagara, Vesālī, la ville Magadhienne, et la Pāsāṇaka cetiya ».

L'itinéraire vaudrait l'honneur d'une étude intégrale. Ici, toutefois, je ne m'occuperai que de l'étape intermédiaire entre Ujjenī et Vedisā, deux localités bien définies : l'une est aujourd'hui encore Ujjain (Ogein), au nord d'Indore, lat. 23°11'10" N., et long. 75°51'45" E. ; l'autre, Besnagar, tout près de Bhilsa, lat. 23°31'35" N., et long. 77°50'39" E. Le Pārāyaṇa place entre ces deux points la ville de Gonaddha.

Le Catalogue des Yakṣa dans la Mahāmāyūrī [1] suit un ordre exactement identique : « à Avantī, le Yakṣa est Priyadarśana ; à Gomardana, Śikhaṇḍin ; à Vaidiśa, Añjalipriya. » Avantī est un autre nom d'Ujjayinī ; Vaidiśa est la forme sanscrite du pali Vedisa. Le nom de la localité intermédiaire est flottant dans la tradition des manuscrits ; j'ai reproduit dans le texte la lecture des Mss O et H ; mais D lit Gonardana, des trois versions chinoises, S transcrit *kiu-kia-t'o-na* qui suppose un original Gogardana. Y traduit *you-hi* « bœuf-joie » qui ramène à Gonandana, A traduit *you-ts'oei* « bœuf-comprimer », soit Gomardana. Le traduc-

1. Journ. Asiat., 1915, I, p. 43, v. 19.

teur tibétain a suivi le même texte (*balaṅ 'joms* « bœuf-comprimer »). Le témoignage du Sutta nipāta vient confirmer la lecture Gonardana, car il est évident que de part et d'autre il s'agit de la même localité. Le pali Gonaddha se ramène sans difficulté au sanscrit Gonarda. L'aspiration introduite subsidiairement dans la forme palie est un phénomène qui n'a rien d'exceptionnel ; dans cette même introduction du Pārāyaṇa, nous avons déjà rencontré le nom sanscrit de la Godāvarī modifié, lui aussi, par l'aspiration de la dentale à l'intérieur du mot, Godhāvarī ; on trouvera une liste de cas analogues p. ex. dans le *Pāli* de Geiger, § 40 et § 62, et pour les pracrits en général dans la *Grammatik der Prakrit-Sprachen* de Pischel, § 207-209. Dans les noms propres, le phénomène semble dû généralement à une interprétation erronée : p. ex. Khandha, « le dieu Skanda », doit son aspirée à une confusion avec *skandha* « l'épaule » ; Erāpatha = Airāvata, l'éléphant divin, a subi la contamination de *patha* « chemin » (comme il a subi ultérieurement en sanscrit même la contamination de *pattra* « feuille » en devenant Elāpattra). On aura cru reconnaître dans les premières syllabes du nom de la Godāvarī le mot *godhā* « grand lézard ». Le sanscrit *gonarda* (ou *gonardana*, par suffixation développée) signifie clairement « le mugissement de la vache ». Passé en pracrit, sous la forme *gonadda* (ou *gonaddana*) le mot devenait inintelligible. La racine *nard* semble avoir cédé en pracrit devant la racine *nad* dont elle ne se différenciait plus qu'à peine. D'autre part, le mot *go* suggérait tout naturellement le mot *naddha* « attaché, lié ».

Quoi qu'il en soit de l'explication, l'équivalence Gonarda= Gonaddha est certaine. Le nom de Gonarda est lié indissolublement au souvenir de Patañjali « le Gonardien », Gonardīya. Une tradition constante attestée par Kaiyaṭa, par l'auteur du Trikāṇḍaśeṣa, par Hemacandra, identifie le personnage désigné sous le nom de Gonardīya dans le Mahābhāṣya avec l'auteur du Mahābhāṣya. Kielhorn a, il est vrai, vigoureusement contesté la valeur de cette tradition [1] et soutenu que le Gonardīya était l'auteur des Kārikā en vers utilisées et citées par Patañjali. L'autorité de Kielhorn dans les questions qui touchent au Mahābhāṣya mérite à coup sûr la plus haute considération, mais son interprétation n'est pas en contradiction nécessaire avec la tradition indienne. Patañjali peut se référer dans le Mahābhāṣya à une œuvre antérieure qu'il aurait composée, en se désignant lui-même sous une appellation de caractère impersonnel, dérivée de son lieu d'origine. Toujours est-il que la situation géographique de Gonarda cadre à merveille avec les rares indications qu'on a pu dégager du Mahābhāṣya pour fixer la date de Patañjali. Les deux faits essentiels sont : 1° la mention de Puṣyamitra, de sa cour (*sabhā*), de son sacrifice (*iha Puṣyamitraṃ yājayāmaḥ*) — 2° la mention des conquêtes des Grecs dans l'Inde (*aruṇad Yavanaḥ Sāketam, aruṇad Yavano Mādhyamikām*). Or Gonarda est l'étape la plus voisine de Vidiśā. Vidiśā, au témoignage des récits

1 *Ind. Antiq.*, XV, 81-83.

suivis par Kālidāsa dans Mālavikāgnimitra, était la capitale où résidait, en qualité de vice-roi, le fils de Puṣyamitra. Et Vidiśā était aussi en rapports étroits avec la politique grecque ; la colonne de Besnagar, sur le site de l'ancienne Vidiśā, préserve le souvenir d'un ambassadeur grec (*Yonadūta*) Héliodore, envoyé par le roi grec Antialkidas auprès du roi indien Kāśīputra Bhāgabhadra. De plus, l'horizon géographique du Mahābhāṣya s'ordonne harmonieusement autour de la région Gonarda-Vidiśā comme centre. En dehors des désignations générales de territoires, comme Vidarbha, Videha, Cola, Kerala, etc., qui n'impliquent pas une connaissance directe et personnelle, les noms de localités, villes ou bourgades, s'encadrent dans une sorte de triangle dont la base va de Pāṭaliputra au Penjab, et dont le sommet atteint la basse Narmadā avec Māhiṣmatī. Māhiṣmatī figure, dans l'itinéraire du Pārāyaṇa, comme l'étape intermédiaire d'où les disciples de Bāvari, partis de Pratiṣṭhāna, se mettent en route pour Ujjayinī ; de même le Mahābhāṣya [1], *Ujjayinyāḥ prasthito Māhiṣmatyāṃ sūryam udgamayati.*

Une difficulté toutefois semble s'opposer à la localisation de Gonarda que je propose. Le nom de Gonarda est cité comme un nom de lieu « chez les Orientaux » dans la Candravṛtti [2], dans la Kāśikavṛtti, sur Pāṇini I, 1, 75, et justement pour expliquer la formation du dérivé Gonardīya, sans la vṛddhi. Pāṇini enseigne que, par exception, les diphthongues *e* et *o* doivent être considérées comme le degré de la vṛddhi (qui est normalement *ai* et *au*) dans les noms de lieu des Orientaux (*eṅ prācāṃ deśe* ; Candragomin reproduit ce sūtra en l'adaptant à son système III, 2, 25 *eṅādyacaḥ prāgdeśāt*). Evidemment nous sommes surpris, et même choqués de voir Gonarda, en plein Malva, englobé dans « l'Orient » de l'Inde. Nous n'avons pas cependant le droit de révoquer en doute l'assertion de Candragomin et de la Kāśikā. Il ne s'agit pas d'accorder une confiance aveugle aux connaissances géographiques de ces commentaires; mais leur raisonnement, d'ordre grammatical, est indiscutable : Gonardīya est un dérivé formé au moyen du suffixe *cha* (=°*īya*) ; le suffixe *cha* s'ajoute à un thème ayant la vṛddhi [3] ; Gonardīya est traité comme un thème à vṛddhi, quoiqu'il ait *o*, et non *au*, dans la première syllabe ; c'est donc qu'il entre dans l'exception prévue par Pāṇini [4] ; donc Gonarda, d'où il dérive, est un nom de localité des Orientaux.

Mais que faut-il entendre par « les Orientaux », *prāñcaḥ?* La grammaire, depuis Pāṇini, ne connaît que deux groupements en fonction des points cardinaux : les Septentrionaux (*udañcaḥ*) et les Orientaux (*prāñcaḥ*). Un vers traditionnel, rapporté par la Kāśikā [5] et par Kṣīrasvāmin [6], établit cette répartition :

1. Sur Pāṇini III, I, 26.
2. Sur Candragomin III, 2, 25 etc.
3. vṛddhāc chaḥ P. IV, 2, 114.
4. I, 1, 75.
5. Sur P. I, 1, 75.
6. Sur Amara II, 1, 6-7.

prāgudañcau vibhajate haṃsaḥ kṣīrodake yathā
viduṣāṃ śabdasiddhyarthaṃ sā naḥ pātu śarāvatī

« Elle sépare l'Est et le Nord, comme le cygne sépare le lait et l'eau, pour bien fixer l'usage de la langue classique. Qu'elle nous protège, la Śarāvatī ! »

Et le Dictionnaire d'Amara, en décrivant la terre, s'en tient encore à cette double division, qu'il complète par l'adjonction secondaire des deux autres directions : *Śarāvatyās tu yo 'vadheḥ* | *deśaḥ prāgdakṣiṇaḥ prācya udīcyaḥ paścimottaraḥ*[1].

« à partir de la Śarāvatī, le pays qui est au Sud-Est, c'est l'Orient ; celui qui est au Nord-Ouest, c'est le Nord. »

Ainsi, pour Amara, le Sud fait corps expressément avec l'Est, le Nord avec l'Ouest. Le glossateur Vandyaghaṭīya écrit sur ce passage que « la Śarāvatī est une rivière de l'Inde qui coule du Nord-Est vers l'Océan Occidental » (*etasmiṃś ca bhārate varṣe śarāvatī nāma nadī aiśānyā diśaḥ sakāśāt paścimasamudragāminī vahati*). L'indication paraît nette et claire ; malheureusement la géographie réelle ne la confirme pas. Vandyaghaṭīya, en véritable glossateur, a déduit de son texte même l'indication qu'il paraît y ajouter, il ne l'a empruntée ni à la géographie moderne, ni à la géographie ancienne, ni aux nomenclatures consacrées des rivières dans les épopées et les Purāna. On y chercherait en vain la prétendue Śarāvatī de Vandyaghaṭīya. En fait la tradition a, cette fois encore, perpétué une appellation qui n'avait plus, et depuis longtemps, aucun rapport avec la réalité. Un temps avait été où le nom de Śarāvatī « (la rivière) aux roseaux » était appliqué à un cours d'eau qui séparait en deux parties l'ensemble de l'Inde aryenne. Pāṇini enseigne expressément la formation de ce nom [2]. Le souvenir d'une frontière tracée par la rivière Sarāvatī s'est curieusement conservé dans un épisode célèbre de la doctrine bouddhique. Lorsque Koṭikarṇa va consulter le Bouddha sur la limite des pays de stricte observance, le maître fixe à la Śarāvatī la limite méridionale. « Au Sud il y a une ville nommée Śarāvatī, et par delà une rivière nommée Śarāvatī, c'est là le bout » (*dakṣiṇena Śarāvatī nāma nagarī tasyāḥ pareṇa Śarāvatī nāma nadī so'ntaḥ*). Telle est du moins la tradition de l'école Mūla-Sarvāstivādin dans son texte original recueilli par les compilateurs du Divyāvadāna (p. 21). Les éditeurs du texte Cowell et Neil, citent deux variantes du nom fournies par des manuscrits de valeur inférieure : *Sarvāvatī* (ms. A.) et *Savārāvatī* (ms. B.). C'est cette dernière lecture qui a été suivie par Yi-tsing, auteur responsable, sinon effectif, de la traduction chinoise du Vinaya Mūla-Sarvāstivādin ; il a rendu le nom de la ville et de la rivière par *che-pa* (ou : fo) *-lo-fa-ti* qui suppose un original Śavaravatī [3]. Yi-tsing reproduit la même forme dans un autre traité du même Vinaya, le Mūla Sarvās-

1. II, 1, 6-7.
2. *Śarādīnāṃ* ca VI, 3, 120.
3. Tok. XVII. 4, 108a, 9.

tivāda Ekaśatakarma [1] où le même épisode est répété en abrégé. La leçon Śavaravatī est due sans doute à un essai de correction pour substituer à l'inconnue Śarāvatī un nom qui évoquait l'idée des Śavara dont les tribus sauvages peuplaient le plateau central, à la lisière sud du bassin du Gange. Le passage correspondant du Vinaya des Sarvāstivādin ne nous est connu que par la version chinoise due à Puṇyatara, il s'y présente, par la faute du traducteur ou de l'original, dans un état d'inextricable confusion. Après avoir régulièrement donné le mont Uśīra (*Yeou-chi-lo*) comme la limite septentrionale, il ajoute : « Par delà cette montagne, et non loin, il y a l'arbre so-lo de la source aux joncs 薪泉薩羅樹 [2] ». La « source aux joncs » semble être l'équivalent de Śarāvatī « (l'eau) qui a des roseaux » et l'arbre *so-lo* = *sărā* ou *sālā* semble remonter au même original. En outre ce Vinaya donne comme limite au Nord-Est « le fleuvè des Bambous », qui lui aussi évoque la Śarāvatī. Tel qu'il est, ce passage est donc inutilisable. Le Vinaya pali, de l'école Sthavira, substitue à la Śarāvatī la Salalavatī (avec les variantes Sallavatī et Salilavatī ; mais le témoignage de Jātaka I, 49 et Suma˙gala vilāsinī I, 173 confirme la lecture Salala°) ; il fait de cette rivière la limite au Sud-Est : *puratthimadakkhiṇāya disāya salalavatī nāma nadī* [3]. L'orientation Sud-Est donnée par le pali concorde en partie avec l'orientation Sud donnée par le Vinaya des Mūla Sarvāstivādin ; elle est en contradiction absolue avec la détermination brahmanique de la Śarāvatī qui, séparant le Nord et l'Est, doit couler au Nord-Ouest du Pays du Milieu, le Madhyadeśa, lequel est le pays de stricte observance.

La ville de Śarāvatī (Śarāvatī nagarī) que le Vinaya des Mūla Sarvāstivādin place immédiatement en deçà de la rivière Śarāvatī n'est pas mieux connue que cette rivière même. Une ville du même nom reparaît, il est vrai, dans le Raghuvaṃśa XV, 97, comme la capitale où régnait Lava, fils de Rāma ; tandis que son autre fils régnait à Kuśāvatī :

> *sa niveśya Kusāvatyāṃ ripunāgāṅkuśaṃ kuśam*
> *śarāvatyāṃ śatāṃ sūktair janitāśrulavaṃ lavaṃ.*

Tel est du moins le texte adopté par Mallinātha et généralement accepté sur la foi de ce commentateur. Mais les commentateurs Vallabha, Vijayānandasūri, Cāritravardhana lisent : *Śrāvastyāṃ ca* ; Hemādri et Sumativijaya lisent *Śrāvatyāṃ ca*. Et l'Uttarakāṇḍa du Rāmāyana, que suit Kālidāsa, nomme en effet la capitale de Lava Śrāvastī, dans le texte de Bombay CVIII, 5, comme dans le texte de Calcutta CXXI, 4 : *Śrāvastīti purī ramyā śrāvitā ca lavasya ca* [4]. Et c'est, en effet,

1. Tok. XVII, 5, 57*b*, 2.
2. Tok. XVI, 4, 59*a*, 17.
3. Vinayapiṭaka, Mahāvagga V, 13, 12.
4. L'édition de Gorresio CXIII, 24 a *Śrāvatī : lavasya tu purīṃ ramyāṃ śrāvatīṃ lokaviśrutām.*

d'après tous les textes du Rāmāyaṇa, sur l'Uttara Kosala que régnait Lava tandis que Kuśa régnait sur le Kosala proprement dit (*Kosaleṣu kuśaṃ vīram uttareṣu tathā lavam*). Śrāvastī est la capitale de l'Uttara-Kosala. La ville et la rivière de Śarāvatī, sur les confins du Nord et de l'Est, n'ont rien à faire ici.

Il faut donc renoncer à préciser le site de Gonarda en fonction de l'introuvable Śarāvatī. Mais un fait subsiste : dans la division traditionnelle de l'Āryāvarta en deux régions, Nord et Est, Gonarda, traité grammaticalement comme une localité des « Orientaux », n'est pas du Nord, quelle que puisse être son orientation secondaire. On ne sera donc pas surpris si Varāha Mihira, le seul auteur connu qui mentionne Gonarda après les textes déjà cités, place Gonarda parmi les pays du Sud dans sa carte astrologique de l'Inde, Bṛhatsaṃhitā XIV, 12 : *atha dakṣiṇena laṅkā.... bharukacchāḥ... vanavāsi koṅkaṇābhīrāḥ ākaraveṇāvartaka* (corr. *ānart*°) *daśapuragonardakeralakāḥ karṇāta... nāsikya... tumbavanakārmaṇeyakāḥ*. Le nom de Gonarda paraît encore deux fois dans la Bṛhatsaṃhitā à l'intérieur de deux groupements purement astrologiques : IX, 13, *anyenātrākrānte mlecchāṭavikaśvajīvigomantān gonardanīcāśūdrān vaidehāṃś cānayaḥ spṛśati*. Et XXXII, 22 : *gonardacedikukurān kirātavaidehakān hanti*. Dans sa nomenclature géographique, Varāha Mihira semble jeter les noms au hasard du mètre, sans qu'on puisse rien inférer de leur disposition relative en se fondant sur l'ordre de classement. Parmi ces noms de la région méridionale, il en est un toutefois qui mérite de retenir l'attention : c'est le nom de Tumbavana. La localité est par ailleurs, autant que je sache, complètement inconnue dans la littérature ; cependant, dans son commentaire sur le Sutta-nipāta, la Paramatthajotikā, Buddhaghoṣa note à propos des vers du Pārāyaṇa où est mentionné Gonaddha :

Ujjeniñ cāpi Gonaddhaṃ Vedisaṃ Vanasavhayaṃ,

que « Vanasavhaya (littér. « qui porte le nom d'un bois ») désigne Tumbavananagara ; d'autres prétendent que c'est Vanasāvatthi » (*Vanasavhayan ti tumbavanagaram* (sic) *vuccati vanasāvatthin ti pi eke*) ; la glose est rapportée par Andersen-Smith dans leur édition du Sutta-nipāta [1]. Ainsi, au dire de Buddhaghoṣa, Tumbavana serait l'étape entre Vidiśā et Kauśāmbī, sur la route de Gonaddha-Gonarda vers la Yamunā. De fait, au stūpa de Sanchi, voisin du site de Vidiśā (23°28' N. de lat., et 77°48' E. de long.) cinq inscriptions [2] commémorent des donations faites par des habitants de Tumbavana. On voit aussi figurer parmi les bienfaiteurs du stūpa des habitants de Māhiṣmatī, d'Ujjayinī, de Vidiśā ; on s'étonne de n'y pas rencontrer des gens de Gonarda.

L'authenticité de la nomenclature géographique dans l'introduction au Pārāyaṇa

1. Ad. loc., p. 194.
2. Lüders, List, Nos. 201, 202, 449, 450, 520.

est confirmée par un trait décisif. Bāvari y est représenté comme installé sur le bord de la Godhāvarī, dans la région d'Aḷaka :

> *so assakassa visaye aḷakassa samāsane*
> *vasī Godhāvarikūle uñchena ca phalena ca* (vers 2).

Quand ses disciples le quittent, leur première étape vers le Nord est la ville de « Patiṭṭhāna d'Aḷaka » (*aḷakassa Patiṭṭhānaṃ*, v. 36). Tel est du moins le texte adopté par les éditeurs, Fausböll et Andersen-Smith. Mais l'appareil critique fourni par ceux-ci montre que dans les deux passages les manuscrits birmans portent, au lieu d'Aḷaka, « Muḷaka ». L'inscription de Siri Puḷumāyi à Nasik, énumérant les provinces réunies par Gotamīputa dans son empire, nomme le pays de Muḷaka, qu'elle accole au pays d'Asaka (Assaka) exactement comme fait le Pārāyaṇa : (Asika-Asaka-Muḷaka-Suraṭha-Kukurāparaṃta - Anupa - Vidabha-Ākarāvati). Le dernier éditeur de l'inscription, M. Senart, écrivait à propos du nom Muḷaka : " The Muḷakas remain shrouded in obscurity. Bhagwanlal adduced the dynasty of the Muṇḍakas, known from the Vishṇupurāṇa ; and the way in which they are there mentioned together with the Śakas and Tukhāras is such as to commend the hint. But I am doubtful about the change of *ḷ* into *ṇḍ* " [1]. Le mystère est dissipé, grâce au texte de Pārāyaṇa. Le site du Muḷaka peut être même déterminé avec assez de précision, puisqu'il se trouve entre l'Asaka (Assaka, Aśmaka) où est la ville de Pratiṣṭhāna (Patiṭṭhāna) aujourd'hui Paithan sur la haute Godavari, près de sa source, et le Suraṭha (Surāṣṭra) qui est aujourd'hui la presqu'île de Katthiawar. Muḷaka doit donc désigner la portion de la côte avec l'arrière-pays au nord de Bombay, le Guzerate.

On m'accusera peut-être d'attacher une importance excessive à l'ordre de succession où les noms de provinces défilent dans l'inscription de Pulumāyi. Mais l'inscription de Rudradāman à Girnar, qui remonte à la même époque, contient, elle aussi, une liste des provinces soumises par Rudradāman, l'adversaire de la dynastie Sātakarṇi à laquelle appartiennent Gotamīputa et Pulumāyi. Son domaine est en partie formé de territoires conquis sur les Sātakarṇi ; on y retrouve l'Ākarāvanti (Ākara + Avanti), l'Anūpa, le Surāṣṭra, le Kukurāparānta (Kukura + Aparānta) : *pūrvvāparākarāvantyanūpanīvṛdānarttasurāṣṭraśvabhramarukacchasindhusauvīrakukurāparāṃtaniṣādhādīnām.* Mais ici l'ordre de succession est inverse, puisque Rudradāman a étendu ses conquêtes du Nord au Sud en partant de la région d'Ujjayinī, sa capitale, tandis que Gotamīputa avait marché en conquérant du Sud au Nord, à partir des bords de la Godavari.

Le souvenir du pays de Mulaka n'est peut-être pas entièrement effacé dans la tradition pouranique. Le Viṣṇu-purāṇa (IV, 4) dans la généalogie de la race d'Ik-

1. *Epigr. Indica* VIII, p. 62.

ṣvāku donne à Kalmāṣapāda un fils nommé Aśmaka ; Aśmaka a pour fils et successeur Mūlaka, surnommé Nārīkavaca, parce que des femmes l'auraient caché et sauvé lors du massacre général des kṣatriya. Aśmaka est clairement un héros éponyme, l'éponyme du pays d'Aśmaka, ce territoire « pierreux » (*aśman* « pierre »), situé au Sud d'Avanti et qui fait étroitement corps avec lui (*Avanty-aśmakāḥ*, Gaṇapāṭha, gaṇa Kārtakaujapādayaḥ, *Aśmakāvanti* dans le Sarvāstivādivinaya, épisode de Koṭikarṇa ; le MūlaSarvāstivādivinaya [1] a *Aśmāparāntaka* que Cowell et Neil lisent à tort : *asmāt parāntaka*). La relation entre l'Aśmaka et le Mulaka, si nettement exprimée dans le Pārāyaṇa (*so Assakassa visaye Muḷakassa samāsane*, v. 2) donne à penser que la filiation indiquée dans le Purāṇa entre le roi Aśmaka et le roi Mūlaka traduit en généalogie un rapport géographique.

On s'étonnera moins de rencontrer dans une section du Sutta-nipāta des détails si précis sur la géographie des régions qui encadrent le golfe de Cambaye si on se rappelle qu'une des perles de la collection, l'admirable Dhaniyasutta [2], a pour scène la rive de la Mahī. Le berger Dhaniya y est installé : *Anutīre Mahiyā samānavāso* ; le Bouddha passe la nuit au bord de la rivière : *anutīre Mahiy ekarattivāso.* Pour amener le Bouddha dans ces parages exotiques, si éloignés de son activité réelle, au contact prochain de la mer fréquentée par les barbares, il fallait l'audace d'un poète du terroir et d'une inspiration locale.

1. Divayāvadāna, 1.
2. Uraga Vagga, 2.

PROBLÈMES INDO-HÉBRAIQUES

I. Gozan.

Le Livre des Rois II, xviii, raconte comment Salmanassar, roi d'Assyrie, s'empara de Samarie, la capitale d'Israël : « Le roi d'Assyrie emmena Israël en exil dans le pays d'Assyrie ; il le transporta à Halah, sur le Habor, rivière de Gozân, et dans les villes de la Médie... » Onze ans plus tard, le successeur de Salmanassar, Sennachérib, attaque le roi de Judée, Ezéchias ; il assiège Jérusalem et envoie à Ezéchias un message lourd de menaces : « Certes, toi aussi, tu as appris les exploits accomplis par les rois d'Assyrie dans tous les pays qu'ils ont dévastés. Et toi, tu serais sauvé ! Les dieux ont-ils pu assurer le salut des peuplades que mes ancêtres ont anéantis : Gozân et Haran, Récef et les Benê-Eden établis à Telassar ? »

Le prophète Isaïe, qu'Ezéchias dans sa détresse avait voulu consulter, a rappelé dans sa réponse au roi de Judée les termes mêmes du message assyrien ; le verset des Rois II, xix, 12 a donc passé intégralement dans Isaïe xxxvii, 12.

Je ne prétends point rechercher ici où se trouvait en réalité l'énigmatique Gozan ; c'est une question qui n'est pas de mon ressort ; elle appartient aux hébraïsants et aux assyriologues. Pour attester l'incertitude des opinions sur ce point, il me suffira de citer le fameux voyageur Benjamin de Tudèle, qui visita l'Asie Antérieure pendant la seconde moitié du xiie siècle : hanté par l'espoir de retrouver les tribus perdues, il accepte tout ce qu'on lui raconte sur le Gozan. Le Gozan a pour affluent la rivière El-Khabur, qui passe en Médie et qui a sa source dans la région d'Edesse, car El-Khabur est lui-même « le Habor, rivière de Gozan », nommé dans le Livre des Rois. Le Gozan marque la limite des domaines de Sul'an al-Fars. Le Gozan arrose « la ville de Tabaristan », située à quatre journées de Hamadan (vers la Caspienne). Le Gozan arrose la ville de Gazna (Ghazni), la capitale des Ghaznévides, où il n'y aurait pas moins de 80.000 Juifs. Ghazni est encore aujourd'hui une des principales villes de l'Afghanistan ; la rivière qui la baigne est, conformément à l'usage général, désignée couramment comme « la rivière de Ghazni » (Ghazni-rud), de même que la rivière qui arrose Caboul porte le nom de « rivière de Caboul » (Kabul-rud). Pour un voyageur en quête du Gozan, le nom du Ghazni-rud évoquait directement le nom presque identique du Gozan.

Pour Benjamin de Tudèle, Gozan est toujours le nom d'un cours d'eau. Le Gaon Saadia, qui précède Benjamin de Tudèle de deux siècles (il meurt à Bagdad en 942), tient Gozan pour un nom de ville. Dans sa traduction arabe d'Isaïe, il rend le verset XXXVII, 12 de cette manière : « Est-ce que les divinités des peuples que nos pères ont exterminés les ont sauvés depuis Balkh jusqu'à Harrân, Résef et les Edénites qui sont en Arménie ? » Les éditeurs du texte, H. Derenbourg et M. Lambert, notent sur ce passage que « le Gaon, suivant son habitude, s'est servi des noms de pays qui lui étaient connus » (*Œuvres complètes* de R. Saadia ben Josef al-Fayyoumi, Paris, 1896, t. III, p. 64). Joseph Derenbourg, qui avait donné antérieurement une édition du même texte (dans la *Zeitschrift für alttestamentliche Wissenschaft* de Stade, 1889-1890), avait déjà observé sur ce verset (t. X, p. 8, n. 4) que « Saadia, selon son habitude, donne ici des synonymes géographiques dont nous ne connaissons pas la source, mais qui étaient probablement répandus parmi les Juifs de son temps. » Et Munk, qui avait beaucoup plus tôt étudié la version arabe d'Isaïe due au Gaon Saadia (dans la Bible de S. Cahen, IX, 1838), avait relevé (p. 124) que « Saadia substitue souvent aux noms géographiques du texte hébreu des noms connus parmi les Arabes ; il le fait tantôt sur l'autorité de la tradition reçue, tantôt sur de simples conjectures ». Pouvons-nous choisir, dans le cas présent, entre les deux explications ? Nous avons perdu le Commentaire sur Isaïe où Saadia justifiait sans doute sa traduction. Balkh n'était certainement pas pour Saadia une ville mythique ou un nom irréel ; il a eu lui-même maille à partir avec un rabbin de Balkh, Hiwi Al-Balkhi, connu pour sa critique violente des textes bibliques (son livre des 200 Questions date d'environ 875) et dont le souvenir n'a survécu que grâce à Saadia, son adversaire. A l'époque même de Saadia, Balkh était, au témoignage formel d'Ibn-Khordadbeh, une des étapes régulières du commerce pratiqué par les marchands juifs entre l'Europe Occidentale et la Chine. Balkh, l'antique cité des Bactres, était un grand site historique, « la mère des villes » (Amm-ul-Belâd), comme les gens de l'Asie Centrale l'appellent encore ; au temps de Saadia, elle continuait à compter parmi les grands marchés de l'Asie ; elle possédait une importante communauté juive, que des relations suivies devaient maintenir en contact avec les marchands de Bagdad. Saadia n'était donc pas libre d'imaginer par pure fantaisie, sans apparence de raison, l'équation Gozan Balkh.

L'explication est, je crois, simple et quasi évidente. La dynastie des Kouchanes, qui avait joué un rôle incomparable, dans les premiers siècles de l'ère chrétienne, en présidant au rapprochement des civilisations de l'Inde, de la Chine, de l'Iran et de l'Orient hellénisé, était restée étroitement associée à la ville de Balkh ; les historiens arméniens l'appellent constamment « Balkh, la capitale des K'usank » (Marquart, *Eranshahr*, p. 87 et 90) ; dans le roman d'Alexandre, traduit du pehlevi en syriaque, l'original portait « Bâxtra des Kûsân, qui est Bahl » (*ib.*) ; dans le Livre des Lois écrit en syriaque, « Bactres et les Qusan vont de pair » (*ib.*). Parallèlement à la forme Kusan (a), il existait des formes aberrantes Khusan(a) et Gusana ; cette forme Gusana paraît dans les inscriptions de Panjtar (datée de l'an 122) et de Manikiala ; elle reparaît beaucoup plus tard dans un ouvrage tibétain sur l'histoire de Khotan (*Indian Antiquary*, 1903, p. 349). Mais si le nom des Kouchanes persistait, le nom avait cessé d'évoquer un souvenir positif. Saadia, entendant associer le nom de Balkh et de Kouchane, devait penser au Gozan biblique, et d'autant plus naturellement qu'une tradition sans doute ancienne plaçait sur les confins orientaux de la Perse la terre d'exil des tribus déportées jadis par le roi d'Assyrie.

II. Le roi Nahuṣa métamorphosé en serpent.

La littérature classique de l'Inde rappelle à maintes reprises l'histoire édifiante du roi Nahusa, qui, après avoir mérité et connu toutes les prospérités jusqu'à occuper le trône céleste, vacant par une déchéance temporaire du dieu Indra, se vit soudain, pour un péché d'orgueil, précipité du faîte des grandeurs et métamorphosé en serpent. Les origines du mythe de Nahuṣa sont très lointaines : Nahus est, en principe, un pendant de Manus, l'ancêtre éponyme d'un groupe humain, et même d'un groupe aryen. Le Ṛg-Veda le connaît et connaît aussi le fils de Nahus, Yayâti Nâhuṣa, célèbre comme un des parangons de la piété. Mais, en dehors du Ṛg-Veda, l'ensemble de la littérature védique semble ignorer Nahuṣa et sa légende. Le Mahâ-Bhârata, au contraire, l'encyclopédie des rhapsodies indiennes, est familier avec ce personnage ; il le fait figurer fréquemment dans ces énumérations où se plaît le conteur hindou, qu'il s'agisse des rois pieux groupés autour du dieu des Morts, Yama, dans son palais souterrain (II, 8), ou des princes célèbres par la pompe de leurs sacrifices (III, 256), ou des rois guerriers qui ont bravé le trépas sur le champ de bataille (VI, 17), etc... Sa piété, attachée à la lettre de la loi religieuse, ne craint pas d'immoler à l'occasion une vache et un taureau pour faire honneur à un hôte ; cet acte, conforme à l'orthodoxie, mais condamné par le progrès des idées ou des superstitions, provoque par deux fois la réprobation du poète (XII, 262 et 268). Dans une autre occasion encore, Nahuṣa, qui décidément paraît en avoir besoin, reçoit une leçon salutaire sur la sainteté de la vache, dogme fondamental du nouveau brahmanisme. Des pêcheurs ont pris dans leur filet, pêle-mêle avec les poissons, un ascète qui faisait pénitence dans l'eau ;

l'ascète, nommé Cyavana, veut partager le sort de ses compagnons de filet. Les pêcheurs, embarrassés, vont porter leur butin au roi Nahuṣa, qui veut leur racheter Cyavana ; mais à quel prix l'estimer ? L'ascète refuse comme indignes de lui les sommes les plus fabuleuses ; heureusement un saint homme vient enseigner au roi que seule une vache est l'égale d'un brahmane et peut lui servir de rançon (xiii, 51).

Mais l'épisode essentiel est la métamorphose en serpent. Elle n'est pas racontée moins de quatre fois en grand détail, iii, 176-181 ; v, 11-17 ; xii, 99-100 ; xii, 343. Nahuṣa, devenu roi du ciel comme de la terre, a oublié le respect dû aux brahmanes ; il a voulu faire porter sa litière par des saints réputés ; il va jusqu'à frapper un d'entre eux, Agastya, d'un coup de pied à la tête ; Agastya, furieux, le maudit et Nahuṣa est transformé en serpent. Tel est le thème général. Un des récits toutefois (xiii, 99-100) complique l'intrigue : Nahuṣa a reçu du dieu Brahma des dons qui semblent le garantir de tout danger ; un saint d'origine divine, Bhṛgu, se cache dans la chevelure d'Agastya, tandis que celui-ci porte le palanquin, et par un stratagème subtil, c'est Bhṛgu qui venge l'insulte faite à Agastya. Cet épisode, devenu classique au point d'être banal, ne semble pas faire corps avec la légende primitive, qui glorifiait la fortune du roi Nahuṣa ; le Râmâyaṇa n'y fait pas allusion ; il ne paraît pas figurer dans les Purâṇa les plus anciens. On est tenté de se demander s'il n'y a pas là un développement secondaire, provoqué par une coïncidence verbale.

L'hébreu a pour désigner le serpent un mot *nâḥâš* נחש ; le serpent d'airain érigé par Moïse et qu'Ezéchiel fit broyer était appelé *naḥuštân* נחשתן (peut-être par contamination du mot *naḥošet* נחשת « l'airain »). Ce nom du serpent ne paraît pas appartenir en commun à l'ensemble des langues sémitiques ; le seul correspondant régulier semble être le nom de la lettre N en éthiopien, *nahâs* et *nâhs*, qui serait ainsi désigné à cause de sa forme serpentine. Les autres rapprochements suggérés par ailleurs semblent précaires et suspects. Mon ami M. Marcel Cohen, à qui je dois ces informations comparatives, conclut : « En résumé, mot partiel en sémitique, et pour lequel on n'a pas un sentiment de racine. Il n'y aurait rien d'étonnant que ce soit un emprunt. »

Il est presque inutile de dire que je ne prétends pas établir un rapport de connexion directe entre l'hébreu *nâḥâš* et la légende de Nahuṣa changé en serpent ; mais, maintenant que nous savons à n'en pouvoir douter que les Aryens de religion védique ont vécu au contact des pays sémitiques et hittites vers le xve siècle avant l'ère, nous pouvons nous demander si nous n'avons pas, de part et d'autre, en hébreu et en sanscrit, les aboutissants divergents d'un mot ancien qui appartenait à une civilisation antérieure. Il faut pourtant nous habituer à considérer nos quelques millénaires de monde historique comme le prolongement tardif de longs siècles qui ont vu bien des contacts et bien des déplacements.

Et puisque j'en suis au chapitre du serpent, on me permettra de rappeler qu'un autre nom de serpent connu par la Bible a déjà provoqué des rapprochements audacieux. Les serpents *saraf* השרפים הנחשים que l'Éternel suscita (Nombres, xxi) et qui mordirent le peuple ont été comparés au sanscrit *sarpa*, au latin *serpens*. La question des noms du serpent vaudrait d'être prise dans son ensemble. Les reptiles, que nos civilisations ne connaissent guère, étaient loin d'être indifférents à nos devanciers ; un voyage dans certains pays suffirait à le faire comprendre.

INVENTAIRE
DES SECTES BOUDDHIQUES JAPONAISES

Les informations que nous rassemblons sous cette rubrique sont empruntées à une publication intitulée Nippon Bukkyô yôran 日本佛教要覽 ; elles sont en partie traduites, en partie résumées. Le Bukkyô yôran a paru en octobre 1925, à Tokyo, par les soins du Comité du Congrès Bouddhique d'Extrême-Orient (Tôa Bukkyô Daikai 東亞佛教大會) ; il était destiné, et réservé, aux membres de ce Congrès et n'a pas été mis dans le commerce. C'est une espèce de Vade-mecum du bouddhisme japonais à l'usage des visiteurs chinois et coréens venus pour le Congrès.

L'ouvrage s'ouvre par une série de cinq planches représentant les 30 fondateurs des sectes et branches du bouddhisme japonais. Ensuite vient une carte historique du bouddhisme japonais qui porte exclusivement l'indication des localités qui ont été le berceau de ces branches. Puis un graphique en couleurs montre par quelle hiérarchie de bureaux les temples et monastères, les chapelles, les locaux d'enseignement religieux, le clergé se rattachent au Ministère de l'Instruction Publique. Le texte proprement dit est distribué en deux chapitres : l'un retrace l'historique des sectes et branches, l'autre en esquisse les doctrines. Nous avons reproduit presque intégralement ces deux chapitres en n'éliminant que les redites assez fréquentes. Le texte est d'abord donné en japonais, puis en traduction chinoise. Le troisième chapitre est une statistique détaillée des 58 sectes et branches : les chiffres qu'il fournit peuvent paraître suspects, en dépit ou à cause de leur apparente précision ; ils n'en donnent pas moins une sensation assez juste de l'importance relative des sectes, de leurs moyens d'action, de leur activité et de la puissance réelle que possède le bouddhisme dans la vie japonaise.

La seconde partie du volume n'avait guère qu'un intérêt de circonstance et nous l'avons laissée de côté. Elle contient la liste de tous les chefs de sectes et de branches avec l'adresse de leur bureau, à la date du 10 octobre 1925 ; puis une chronologie parallèle du bouddhisme en Chine et au Japon depuis l'an 523 jusqu'à 1925 ; enfin les statuts de l'Alliance Bouddhiste (Bukkyô Rengô Kai 佛教聯合會).

Quelques éclaircissements préalables sont nécessaires pour la lecture de cette section. Nous avons rendu par l'expression de « souscripteurs perpétuels » le terme de tanto 檀徒 qui désigne les familles liées de père en fils à la même église par un engagement de cotisation. Les autres cotisants sont les shinto 信徒 que nous avons désignés comme les « souscripteurs occasionnels ».

Dans les statistiques du clergé, nous avons désigné comme « personnel breveté » les kyôshi 教師 qui sont les prêtres aptes et utilisés à la prédication. Le reste du clergé compte comme « non breveté ».

Les locaux d'enseignement religieux (kyôkai 教會, sekkyôjo 說教所) sont des salles de prédication comptées en dehors des temples pour des raisons d'ordre administratif.

Nous avons conservé intégralement les diverses unités de mesure de superficie employées dans chacun des inventaires particuliers. Pratiquement on pourra compter :

le tsubo 坪 pour 3 M. q. (3. 3058) ;
le se 畝 (30 tsubo) pour un are ;
le tan 段 (10 se) pour 10 ares ;
le chô 町 (10 tan) pour 1 hectare.
Le yen 圓 vaut environ 2.50 or = 2 shillings = 1/2 dollar.

Statistique générale

des 58 branches du Bouddhisme japonais (chiffres de 1923).
Temples et monastères 71.114.
Locaux de réunions et d'enseignement religieux 5.893.
Chapelles 35.518.
Abbés 53.949.
Personnel breveté 75.872 ; non breveté 56.136.
Souscripteurs perpétuels 31.714.976.
Souscripteurs occasionnels 16.687.066.

Secte Tendai 天臺.

La secte Tendai remonte au temps des Souei (en Chine). Le fondateur en est Tche-tcho Ta-che (Chisha Daishi) 智者大師 du mont T'ien-t'ai (Tendai). Elle fut introduite au Japon dans l'ère Enryaku (782-805) par le bonze Saichô 最澄 (Dengyô Daishi 傳教大師), qui se rendit en Chine et y reçut la Loi des successeurs spirituels de Tche-tcho (Chisha), Tao-souei (Dôsui) 道邃, Hing-man (Gyôman)

行滿 et autres. Revenu au pays il propagea l'enseignement des observances du Dhyâna, au temple de Enryakuji 延暦寺 sur le mont Hiei 比叡. Par la suite, il devint le patriarche de la secte. Son successeur Ennin 圓仁 (Jikaku Daishi 慈覺大師), ayant reçu personnellement l'enseignement du patriarche, se rendit à son tour en Chine pour y chercher la Loi. Après son retour, la secte fut intégralement constituée. — Centre : Enryakuji (près de Kyoto, au Hieizan).

Le successeur spirituel de Saichô, Enchin 圓珍 (Chishô Daishi 智證大師), se rendit en Chine pour y chercher la Loi. Après son retour, il fonda le monastère Onjôji 園城寺 (Shiga-ken 滋賀縣) et établit la branche Jimon 寺門.

Dans l'ère Bummei (1469-1487), Shinzei 眞盛 (Jitshô Daishi 慈攝大師) prêcha l'observance des Défenses et l'invocation du Nom au Saikyôji 西敎寺, dans la province d'Omi 近江 (Shiga-ken). Il établit une branche qui reçut d'abord le nom de Saikyôji; à partir du deuxième patriarche, elle prit le nom de Shinzei.

*
* *

La secte se réclame essentiellement du Lotus de la Bonne Loi (Saddharmapundarîka) et des enseignements ésotériques de Vairocana.

Textes fondamentaux : Hokke-kyô 法華經 (Saddharmapundarîka); Ninnô-kyô 仁王經 (Nj. 17 et 965) ; Kongômyô-kyô 金光明經 (Suvarnaprabhasâsûtra) ; Nehan-gyô 涅槃經 (Nirvâna-sûtra) ; Bommôkyô 梵網經 (Brahmajâlasûtra) ; Yôrakkyô 瓔珞經 (Nj. 445) ; Chûganron 中觀論 (Madhyamakasâstra) ; Daichidoron 大智度論 (Mahâprajnâpâramitâsâstra) ; Dainichikyô 大日經 (Mahâvairocanâbhisambodhi sûtra) ; Kongôchôkyô 金剛頂經 (Vajrasekharatantrarâjasûtra ; Nj. 1017 et 1020) ; Soshijikyô 蘇悉地經 (Susiddhikâramahâtantrarâja ; Nj. 533) ; Bodaishinron 菩提心論 (Bodhihrdayasâstra, Nj. 1319).

La branche Jimon ajoute à ces textes le Shikikôen-Hokkegi-juketsushû 指歸講演法華儀授決集 de Enshin.

Temples et monastères 4.317. — Abbés 2.080. — Chapelles 325. — Personnel breveté 6.628 ; non breveté 813. — Souscripteurs perpétuels 851.661 ; occasionnels 1.045.473.

Propriétés immobilières. — Terrains bâtis 210.896 : — Enclos : propriété de l'État 2.366.693 ts. ; propriété privée 569.067. ts. — Cimetières 225.654. ts. — Hors clôtures : — Constructions 766.761 ts ; valeur : 83.082 yen. — Rizières 1.977 chô ; valeur : 798.113 yen. — Champs 1.910 chô ; valeur : 234.865 yen. — Montagnes et forêts 7.944 chô ; valeur : 38.135 yen. — Divers, 249 chô ; valeur : 2.653 yen.

Budget annuel : 149.404 yen.

2 Facultés libres, 92 étudiants ; 2 écoles secondaires, 250 élèves ; 1 école de filles, 726 élèves. — En mission 4 (Amérique et Allemagne).

Œuvres sociales (secours aux pauvres, protection de l'enfance, instruction et éducation) 116.

Associations religieuses 90. Locaux d'enseignement 10.

Branche Jimon.

Temples et monastères 654. Abbés 290. Personnel breveté 787 ; non breveté 1687. Locaux d'enseignement religieux 69. Souscripteurs perpétuels 8.865 ; occasionnels 108.758.

Branche Shinzei.

Temples et monastères 425. Abbés 329. Chapelles 593. Locaux d'enseignement religieux 27. Souscripteurs perpétuels 16. 402 familles ; occasionnels 13.958 personnes.

Propriétés immobilières : — Terrains bâtis 23.265 tsubo. — Enclos 124.459 tsubo. — Montagnes et forêts 121 chô. — Rizières 129 chô. — Champs 32 chô.

1 Faculté libre, 12 étudiants ; 1 école secondaire, 37 élèves ; 1 orphelinat ; 1 jardin d'enfants. Écoles du dimanche 31. — Sociétés de soins aux vieillards 3. — Sociétés de dames 10.

Secte Shingon 眞言.

La secte commence avec la transmission des deux grands sûtra de Nâgârjuna (Ta-je king, Dainichikyô, Mahâvairocanasûtra ; et Kin-kang-ting king, Kongôchôkyô, Vajrasekhara-sûtra). Vajrabodhi et Amoghavajra les transmirent à Houei-kouo (Eka) 慧果. Dans l'ère Enryaku (782-805), le bonze japonais Kûkai 空海 (Kôbô Daishi 弘法大師) se rendit en Chine et y reçut les enseignements de Houei-kouo (Eka). Après son retour il les propagea dans son pays et y devint le patriarche de la secte. En se fondant sur la doctrine des Mandala secrets (Himitsu mandara 秘密曼荼羅), la secte enseigne la méthode d'atteindre la Bodhi par des moyens matériels.

En voici les principales branches :

Branche Kôya (san) 高野(山). La 7ᵉ année Kônin (816), Kôbô Daishi s'installa au mont Kôya ; il fit du temple du Kongôbuji 金剛峯寺 le centre de la branche.

Branche Omuro 御室. Pendant l'ère Ninna 仁和 (885-888), l'empereur Kôkô 光孝 fonda le temple de Ninnaji 仁和寺 (en Kyoto) qui est le centre de cette branche.

Branche Daigo 醍醐. La 16ᵉ année Jôkan 貞觀 (874), le moine Shôhô 聖寶 fonda le temple de Daigoji (en Kyoto) qui est le centre de cette branche.

Branche Tôji 東寺. La 7ᵉ année Kônin (816), la Cour donna au temple de

Tôji (Kyoto) le nom officiel de Kyôôgokokuji 教王護國寺. C'est le centre de cette branche.

Branche Yamashina 山階. La 3e année Shôtai (900), le ministre Fujiwara Sadakata 藤原定方 fonda par ordre impérial le temple de Kanjuji 勸修寺 (en Kyoto). C'est le centre de cette branche.

Branche Ono 小野. Le centre en est le monastère Zuishinin 隨心院 (en Kyoto) fondé par Zôshun 増俊, le 12e successeur de Kôbô Daishi.

Branche Senyûji 泉涌寺. La 6e année Kempô (1218), le moine Shunjô 俊芿 restaura le temple de Senyûji, qui fut d'abord un centre d'études commun aux quatre sectes (Tendai, Shingon, Zen, Ritsu) ; la 5e année Meiji (1872), ce temple fit retour à sa première secte et devint le centre de cette branche.

Environ trois siècles après la mort de Kôbô Daishi, Kakuban Shônin 覺鑁上人 (Kôgyô Daishi 興教大師) fonda à Negoro 根來 (Wakayama-ken 和歌山縣) le temple de Negorosan Daidembôin 根來山大傳法院. La secte du Shingon réformé (Shingi-shingon 新義眞言) a commencé là. Elle s'est divisée en deux branches, Chizan 智山 et Buzan 豊山. La branche Chizan a eu comme premier patriarche Genyû 玄宥. Centre : Chishakuin 智積院 (Kyoto). La branche Buzan a eu comme premier patriarche Senyo 專譽. Centre : Hasedera 長谷寺 (Nara-ken 奈良縣).

⁂

Cette secte est essentiellement fondée sur l'étude des mandala et les pratiques magiques.

Textes fondamentaux : Dainichikyô (v. sup.); Kongôchôkyô (v. sup.); Soshijikyô (v. sup.) ; Yugikyô 瑜祇經 (Nj. 1039) ; Daibirushanabussetsuyôryakunenjukyô 大毗盧遮那佛說要略念誦經 (manque à Nj. ; éd. Tok. XXVI, 1) ; Shakumakayenron 釋摩訶衍論 id. ; éd. XXVI, 9) ; Bodaishinron (v. sup.), et les œuvres de Kôbô Daishi. La branche Omuro a pour textes fondamentaux : outre les quatre premiers des textes ci-dessus, le Bodai-jô-kyô 菩提場經 (Nj. 1024, 1025), et de plus le Sobako 蘇婆呼 (Subâhukumârasûtra, Nj. 531), les sâstra de l'école Sarvâstivâda et les œuvres du fondateur de la branche.

Branches réunies.

Temples et monastères 5.469. — Abbés 3.126. — Chapelles 935. — Locaux d'enseignement religieux 1.067. — Personnel breveté 625 ; non breveté 4.199. — Souscripteurs perpétuels 2.641.352 ; occasionnels 8.827.300.

Propriétés immobilières : — Terrains enclos : a) propriété de l'État 1.330 chô ; b) propriété privée 3.100 chô. — Cimetières 48 chô. — Hors clôtures : terrains bâtis 192 chô. — Champs 1.759 chô. — Montagnes et forêts 12.404 chô. — Divers 432 chô.

Budget annuel 176.718 yen.

Facultés libres 2; étudiants 185. — Lycées 2, élèves 614. — Séminaire 1, élèves 58. — Étudiants en mission à l'étranger 2 (Angleterre, Pékin). — Écoles de filles 4, élèves 942. — Œuvres sociales 60.

Shingon réformé, branche Chizan.

Temples et monastères 3.091. — Abbés 1.817. — Locaux d'enseignement religieux 143. — Personnel breveté 2.397; non breveté 1.548. — Souscripteurs perpétuels 209.905; occasionnels 4.036.528 (?).

Propriétés immobilières : — Terrains bâtis 154.550 ts. — Rizières 2.392 chô. — Champs 2.236 chô. — Constructions 496.556 ts. — Montagnes et forêts 3.848 chô. — Bois de bambous 27 chô. — Divers 365 chô. — Terrain enclos 1.854.600 ts.

Budget 25.786 yen.

Shingon réformé, branche Buzan.

Temples et monastères 2.997. — Abbés 1.718. — Personnel breveté 2.120; non breveté 2.386. — Souscripteurs perpétuels 18.886.653 (?); occasionnels 497.005.

Locaux d'enseignement religieux 17.

Propriétés immobilières : — Terrain bâti 177.458 ts. — propriété de l'État 5.490 tan; privée 17.661 tan. — Rizières 23.216 ts. — Champs 25.704 ts. — Construction 575.115 ts. — Montagnes et forêts 31.332 ts. — Divers 2.023 ts.

Budget 129.000 yen.

Œuvres sociales 123.

Missions 8, Hokkaido, Corée, Sakhaline. 30 missionnaires.

Écoles 5. Élèves 148 dont 1 en mission (Allemagne).

Secte Shingon-Ritsu.

La secte fut introduite au Japon dans l'ère Tempyô (729-746) par le moine chinois Kien-tchen (Kanjin 鑑眞) qui eut l'idée de propager le Ritsu 律 (Vinaya) en même temps que le Mitsu 密 (Tantra). — Centre : Saidaiji 西大寺 en Yamato.

*
* *

Elle se fonde sur le Bommôkyô (Brahmajâlasûtra), le Shibunkaihon 四分戒本 (Prâtimoksa de l'école Dharmagupta), le Yugakaihon 瑜伽戒本 (Bodhisattvaprâtimoksa), le Komponsetsuissaiubukaikyô 根本說一切有部戒經 (Prâtimoksa de l'école Mûlasarvâstivâda), les six premiers textes de la secte Shingon (v. sup.) et les trois grands ouvrages (律三大部) du patriarche Tao-siuan (Dôsen, Nanzen risshi).

*
* *

Temples et monastères 71. — Abbés 34. — Personnel breveté 57 ; non breveté 33. — Local d'enseignement religieux 1. — Souscripteurs perpétuels 8.712 ; occasionnels 13.194.

SECTE RITSU 律 (VINAYA).

Introduite par Kanjin 鑑眞 (v. sup.) pendant l'ère Tempyô (729-746), elle dut son succès à l'emploi des estrades d'ordination, p. ex. au Kaidan-in 戒檀院 du Tôdaiji 東大寺 et au Tôshôdaiji 唐招提寺 à Nara qui furent tous deux à l'origine des centres d'ordination.

*
* *

Le trait essentiel de la secte, c'est de se conformer au Ritsuzô 律藏 (Vinayapitaka) et d'observer les Défenses. — Centre : Tôshôdaiji.

Elle se fonde principalement sur le Vinaya des Dharmagupta, mais sans s'attacher exclusivement à l'un ou à l'autre des deux Véhicules. Textes fondamentaux : Shibunritsu 四分律 (Vinaya des Dharmagupta) ; Bommôkyô 梵網經 (Brahmajâlasûtra) ; Hokkekyô 法華經 (Saddharmapundarîka) ; Yugaron 瑜伽論 (Yogâcârabhûmisâstra ; Nj. 1274) ; et autres sûtra, vinaya et sâstra, du petit comme du grand Véhicule, mentionnés dans les œuvres du patriarche Tao-siuan 道宣 (du Nan-shan 南山 — Dôsen du Nanzan).

*
* *

Temples et monastères 10. — Abbés 5. — Personnel breveté 18 ; non breveté 15. — Local d'enseignement religieux 1. — Souscripteurs perpétuels 5.547 ; occasionnels 19.320.

SECTE JÔDO 淨土. BRANCHES SEIZAN 西山.

Les principes de la secte Jôdo furent institués la 5e année Shôan (1175) par Genkû 源空 (Enkô Meishô Daishi 圓光明照大師 = Hônen Shônin 法然上人). Son disciple Shôshû Kokushi Benna 正宗國師辨阿 dressa l'étendard de la Loi au Chinzei 鎮西 : sa secte prit le nom de Chinzei ; on l'appelle maintenant : secte Jôdo. — Centre : le temple de Chionin 知恩院 (Kyoto) ; centres secondaires : Zôjôji 增上寺 (Tokyo), Konkaikômyôji 金戒光明寺 de Kurodani 黒谷, Hyakumamben Chionji 百萬遍知恩寺, Shôjôkein 清淨華院 (Kyoto).

Le disciple de Genkû, Shôkû 證空, dressa à son tour l'étendard de la Loi sur les hauteurs à l'ouest de Kyoto, c'est la branche de Seizan 西山 (Montagne de l'Ouest). — Centres : les temples Zenrinji 禪林寺, Kômyôji 光明寺, Seiganji 誓願寺 (Kyoto), Empukuji 圓福寺 (en Aichi-ken 愛知縣). La 8e année Taishô (1919), la branche se subdivisa en branche Zenrinji, branche Kômyôji 光明寺, et branche Fukakusa 深草, du Seizan.

* * *

La secte se fonde sur les trois sûtra d'Amitâbha : Muryôjukyô 無量壽經, Kammuryôjukyô 觀無量壽經 et Amida kyô 阿彌陀經 (Sukhâvatîvyûha ; Nj. 27, 198, 26), et le Ôjôron 往生論 (Aparimitâyus sûtrasâstra ; Nj, 1204) de Tenjin 天親 (Vasubandhu). Elle recommande essentiellement la récitation de l'invocation à Amita en vue d'obtenir l'accès du Paradis.

* * *

Temples et monastères 7.118. — Abbés 5.564. — Chapelles 296. — Locaux d'enseignement religieux 185. — Personnel breveté 7.416 ; non breveté 3.153. — Souscripteurs perpétuels 2.241.474 ; occasionnels 362.973.

Propriétés immobilières : — Terrains bâtis 583.343 ts. — Terrains enclos 3.195.385 ts. (propriété de l'État 1.805.490 ts. ; propriété privée 1.389.895 ts.). — Cimetières 1.644.445 ts. — Terrains hors clôtures : Constructions 959.520 ts. — Rizières 2.847 chô. — Champs 1.882 chô. — Montagnes et forêts 2.743 chô. — Divers 31 chô.

Budget annuel 1.171.567 yen (administration : 225.854 yen ; enseignement 393.593 yen ; fondations 53.020 yen ; reconstruction 50.000 yen).

1 faculté libre, 278 étudiants. Séminaires, 149 élèves. Séminaire de nonnes, 51 élèves. — En mission à l'étranger. Allemagne 3. Amérique 1. — Collèges 5, élèves 3.267. Écoles de filles 3, élèves 1.999.

Districts de propagande 6 : Formose, Sakhaline, Corée, Chine, Hawai, Sibérie.

Œuvres sociales : Assistance aux pauvres, assistance pour le travail, œuvre des prisonniers libérés, protection de l'enfance : 120.

Secte Jôdo Seizan. — Branche Kômyôji.

Temples et monastères 335. — Abbés 436. — Chapelles 123. — Personnel breveté 688 ; non breveté 340. — Souscripteurs perpétuels 217.003 ; occasionnels 40.054.

Propriétés immobilières des temples et monastères : — Forêts et montagnes

196 chô. — Rizières 217 chô. — Champs 92 chô. — Maisons 58 chô. — Divers 13. — Enclos 20 chô.

Budget annuel 308.984 yen.

SECTE JÔDO SEIZAN. — BRANCHE ZENRINJI.

Temples et monastères 321. — Abbés 281. — Chapelles 31. — Personnel breveté 342 ; non breveté 105. — Souscripteurs perpétuels 244.673 ; occasionnels 63.115.

Propriétés immobilières 72.077 ts. — Montagnes et forêts 762.307 ts. — Rizières, champs 1.052.819 ts. — 146.177 ts.

Budget annuel 22.448 yen.

Écoles 3 ; élèves 378. — Associations 2 ; membres 113.

SECTE JÔDO SEIZAN. — BRANCHE FUKAKUSA 深草.

Temples et monastères 232. — Abbés 212. — Chapelles 306. — Personnel breveté 342 ; non breveté 235. — Souscripteurs perpétuels 245.673 ; occasionnels 7.121.

Propriétés immobilières : — Montagnes et forêts 12.752 se (se = 30 tsubo). — Rizières 10.568 se. — Champs 7.419 se. — Terrains enclos 316.291 tsubo.

Budget annuel 22.647 yen.

SECTE RINZAI 臨濟.

L'origine de cette secte est en Chine ; elle remonte à un moine des T'ang, Yi-hiuan (Gigen 義玄) de Lin-tsi (Rinzai 臨濟). Au début, le Bouddha remit à Mahâkâsyapa le « Trésor ineffable de l'Œil de la Loi » (Shôbôgenzô 正法眼藏), qui de l'un à l'autre passa à Bodhidharma qui le transmit à Houei-ko 慧可 (Keika). Plus tard (le 5e patriarche) Hong-jen (Kônin) 弘忍 eut deux disciples : Houei-neng (Enô 慧能) qui fonda la secte méridionale, et Chen-sieou (Jinshû 神秀) qui fonda la secte septentrionale. Après Houei-neng la secte méridionale se subdivisa en deux branches : celle de Houai-jang (Ejô 懷讓) du Nan-yo (Nangaku 南嶽), et celle de Hing-sseu (Gyôshi 行思) de Ts'ing-yuan (Seigen 青原). Le successeur de Houai-jang (Ejô), Ma-tsou Tao-yi (Baso Dôitsu) 馬祖道一, transmit la Loi à Houai-hai (Ekai) 懷海 de Pai-tchang (Hyakujô 百丈). Houai-hai (Ekai) la transmit à Hi-yun (Kiun) 希運 de Houang-pai (Ôbaku) 黃檗 qui la transmit à Yi-hiuan (Gigen) de Lin-tsi (Rinzai), lequel donna tant d'éclat à la secte qu'il en est considéré comme le patriarche.

La transmission se perpétua ainsi jusqu'à Fang-houei (Hôkai) 方會 de Yang-k'i (Yôgi) 楊岐 et Houei-nan (Enan) 慧南 de Houang-long (Ôryû) 黃龍 ; alors elle se divisa de nouveau en deux branches : La doctrine de Houei-nan (Enan) passa à Houai-tch'an (Eshô) 懷敞 ; la doctrine de Fang-houei (Hôkai) se partagea entre les trois maîtres Che-fan (Shihan) 師範, Houei-sing (Eshô) 慧性 et P'ou-yen (Fugan) et elle parvint au Japon. Ce qu'on appelle au Japon la secte Rinzai fut introduit dans l'ère Kenkyû (1190-1198) par le moine Eisai 榮西 qui s'était rendu en Chine.

***

Cette secte se recommande d'une transmission indépendante de textes ; elle préconise l'étude du dhyâna ; sûtra et sâstra ne sont que des indications qui donnent la direction.

Branche du Shôkokuji 相國寺. — Temples et monastères 109. — Abbés 86. — — Chapelles 57. — Personnel breveté 98 ; non breveté 61. — Souscripteurs perpétuels 29.194 ; occasionnels 15.181.

Propriétés immobilières : — Terrains bâtis 8.062 ts. — Montagnes et forêts 621.208 ts. — Rizières et champs 194.578 ts. — Enclos 51.241 ts.

Budget annuel : — 3.500 yen (budget général de la secte) ; — 18.460 yen (budget du Shôkokuji).

Branche Nanzenji 南禪寺. — Temples et monastères 437. — Abbés 313. — Personnel breveté 401 ; non breveté 264. — Souscripteurs perpétuels 29.577 ; occasionnels 35.032.

Branche Myôshinji 妙心寺. — Temples et monastères 3.648. — Abbés 2.866. — Chapelles 2.580. — Personnel breveté 2.979 ; non breveté 3.549. — Souscripteurs perpétuels 1.047.998 ; occasionnels 266.762.

Propriétés immobilières : — Terrains enclos : propriété de l'État 674.009 ts. — Hors clôtures : Terrains bâtis 1.435.575 ts. — Rizières et champs 3.051, 26 chô. — Montagnes et forêts 6.220 chô.

Budget annuel 89.320 yen. — Œuvres sociales 61.

1 Faculté libre, 1 lycée etc., au total 20 écoles et 904 élèves. — Étudiants en mission à l'étranger : 7, aux États-Unis. — Missions de propagande : Formose 3.727 souscripteurs ; Corée 1.707 souscripteurs ; Hokkaido 5.237 souscripteurs ; Chine 4.096 souscripteurs ; Sakhaline.

Branche Kenchôji 建長寺. — Temples et monastères 426. — Abbés 285. — Chapelles 721. — Personnel breveté 505 ; non breveté 191. — Souscripteurs perpétuels 159.218 ; occasionnels 22.139. — Budget annuel 25.951 yen.

Branche Tôfukuji 東福寺. — Temples et monastères 385. — Abbés 288. — Personnel breveté 332 ; non breveté 295. — Souscripteurs perpétuels 123.490 ; occasionnels 14.535.

Propriétés immobilières : — Terrains bâtis 22.693 ts. — Enclos 367.648 ts. — Montagnes et forêts 2.165.395 ts. — Champs et rizières 1.091.913 ts.

Budget annuel 8.638 yen.

Branche Daitokuji 大德寺. — Temples et monastères 170. — Abbés 152. — Locaux d'enseignement religieux 4. — Personnel breveté 199 ; non breveté 131. — Souscripteurs perpétuels 11.460 ; occasionnels 1.652.

Propriétés immobilières : — Terrains bâtis 15.673 ts. — Enclos : propriété de l'État 85.089 ts. ; propriété privée 40.241 ts. — Cimetières 37.950 ts. — Bâtiments hors clôtures 43.863 ts. — Rizières et champs 452.592 ts. — Montagnes et forêts 537.595 ts. — Budget annuel 8.000 yen. — École 1. — Séminaires 2. — Élèves 230.

Branche Eigenji 永源寺. — Temples et monastères 136. — Abbés 100. — Personnel breveté 126 ; non breveté 31. — Souscripteurs perpétuels 27.664 ; occasionnels 10.156. — Propriétés immobilières : — Terrains bâtis 13.333 ts. — Montagnes et forêts 286 chô. — Rizières et champs 79 chô. — Enclos 10.746. ts. — Budget annuel 3.635 yen.

Branche Buttsûji 佛通寺. — Temples et monastères 50. — Abbés 35. — Locaux d'enseignement religieux 2. — Personnel breveté 67 ; non breveté 3. — Souscripteurs perpétuels 400 foyers ; occasionnels 20.390 foyers. — Budget annuel 20.000 yen.

Branche Kokutaiji 國泰寺. — Temples et monastères 26. — Abbés 21. — Chapelles 130. — Personnel breveté 34 ; non breveté 25. — Souscripteurs perpétuels 7.500 foyers ; occasionnels 15.000 personnes. — Budget annuel 55.000 yen.

Branche Hôkôji 方廣寺. — Temples et monastères 183. — Abbés 123. — Chapelles 8. — Personnel breveté 145 ; non breveté 25. — Souscripteurs perpétuels 9.520 ; occasionnels 50.284. — Budget annuel 2.175 yen.

Branche Kenninji 建仁寺. — Temples et monastères 73. — Abbés 58. — Personnel breveté 80 ; non breveté 22. — Souscripteurs perpétuels 14.095 ; occasionnels 18.571.

Branche Engakuji 圓覺寺. — Temples et monastères 271. — Abbés 134. — Personnel breveté 160 ; non breveté 71. — Souscripteurs perpétuels 36.781 ; occasionnels 16.696.

Branche Kôgakuji 向嶽寺. — Temples et monastères 61. — Abbés 29. — Personnel breveté 30 ; non breveté 24. — Souscripteurs perpétuels 15,392 ; occasionnels 10.491.

Branche Tenryûji 天龍寺. — Temples et monastères 111. — Abbés 87. — Chapelles 150. — Personnel breveté : hommes 109, femmes 20 ; non breveté : hommes 90, femmes 8. — Terrains hors clôtures 30.000 ts. Budget 15.600 yen. — 1 étudiant à l'étranger. — 1 école secondaire.

SECTE SÔTÔ 曹洞.

Jusqu'au sixième patriarche, la transmission est identique à celle du Rinzai. Le sixième, Houei-neng (Enô) 慧能, eut deux héritiers qui créèrent deux branches. Celle qui provint de Hing-sseu (Gyôshi) 行思 de Ts'ing-yuan (Seigen) 青原 eut pour cinquième patriarche Liang-kiai (Ryôkai) 良价 de Tong-chan (Tôzan) 洞山. Le treizième patriarche à partir de Liang-kiai (Ryôkai) fut Jou-tsing (Nyojô) 如淨 de T'ien-t'ong (Tendô) 天童. Le patriarche de la secte Sôtô au Japon, Dôgen 道元 (Jôyô Daishi 承陽大師) qui était allé en Chine, y visita Jou-ts'ing (Nyojô) de T'ien-t'ong (Tendô) et reçut de lui la transmission authentique de la secte Tsao-ki (Sôkei) 曹溪 et Tong-chan (Tôzan) 洞山. Après son retour au Japon, il fonda le temple de Kôshôji 興聖寺 (Uji 宇治 en Kyoto) où il enseigna. La 2e année Kangen (1244), il fonda le temple de Eiheiji 永平寺 (Fukui-ken 福井縣). Le quatrième successeur Dôgen, Keizan 瑩山 (Jôsai Daishi 常濟大師), continua l'œuvre de propagande. Dans l'ère Genkô (1321-1323), il fonda le temple de Sôjiji 總持寺 (Ishikawa-ken 石川縣), transféré à Tsurumi 鶴見 près Tokyo en l'année 44 Meiji (1911). Depuis lors, la succession spirituelle s'est continuée dans les deux temples de Eiheiji et de Sôjiji ; l'un et l'autre sont considérés à titre égal comme centres de la secte. — Cette secte se fonde sur les mêmes principes que la secte Rinzai.

*
* *

Temples et monastères 4.035. — Abbés 2.987. — Chapelles 3.111. — Personnel breveté 12.839 ; non breveté 13.618. — Souscripteurs perpétuels 6.553.033 ; occasionnels 316.534. — Propriétés immobilières des temples et monastères : — Montagnes, forêts et prairies 199.455 tan, valeur 124.154 yen. — Rizières 102.147 tan, valeur 3.290.342 yen. — Champs 74. 496 tan, valeur 869.848 yen. — Terrains divers 1.112 tan, valeur 1.787 yen. — Terrains bâtis en dehors des clôtures 1.563.381 tsubo, valeur 934.491 yen. — Terrains enclos appartenant à l'État 5.090.100 ts. ; propriété privée 3.257. 446 ts. ; valeur 851.132 yen. — Budget annuel 5.125.950 yen.

1 Faculté libre, 443 étudiants. Lycées 4, élèves 1.441 élèves, Séminaires de nonnes 3, 300 élèves. Écoles de filles 3. — Étudiants envoyés à l'étranger : Amérique du Nord 6, Pologne (sic) 1, Europe 1 (pour étudier la philosophie indienne et la science des religions).

Missions de propagande : Corée 48 temples et monastères, 4.800 cotisants. — Mandchourie 15 temples et monastères, 1.500 cotisants. — Formose 13 temples et monastères, 1.300 cotisants. — Sakhaline 27 temples, 2.700 cotisants. — Outremer 20 temples, 2.000 cotisants.

Associations pour les œuvres sociales 1.516.

Secte Ôbaku 黃檗.

Cette secte a la même origine que la secte Rinzai 臨濟. Elle fut introduite au Japon dans l'ère Jôô 承應 (1652-1654) par le moine chinois In-yuan (Ingen) 隱元 Long-k'i (Ryûki) 隆琦 qui vint au Japon prêcher le dhyâna. La 2e année de l'ère Manji 萬治 (1659), le Tokugawa Iyetsuna 德川家康 fonda à Uji en Yamashiro (Kyoto-fu) le monastère Ôbakusan-Manpukuji 黃檗山萬福寺 et y établit Ingen comme patriarche. Sous les 13 premiers patriarches à la suite d'Ingen, les supérieurs furent des Chinois ; depuis le 14e jusqu'au 21e, Chinois et Japonais furent mélangés. A partir du 22e, il n'y eut plus que des supérieurs japonais. Dans le service quotidien, le rituel et les récitations, on y observe jusqu'à ce jour les rites et la prononciation des Ming. Les règlements n'y ont pas été modifiés depuis la fondation. — Cette secte se fonde sur les mêmes principes que la secte Rinzai et la secte Sôtô.

Temples et monastères 485. — Abbés 352. — Chapelles 19. — Personnel breveté 402; non breveté 200. — Souscripteurs perpétuels 40.034 ; occasionnels 72.523. — Budget 11.358 yen. — Orphelinat 1. — Mission en Corée 1.

Secte Shinshû 眞宗.

La 1re année Gennin 元仁 (1224) le moine Shinran 親鸞 (Kenshin Daishi 見眞大師) en se fondant sur le Grand Sukhâvatîvyûha (Dai Muryôjukyô 大無量壽經 Nj. 27) établit la doctrine des quatres principes : enseignement, pratique, foi, témoignage ; c'est la base de la secte. Shinran avait reçu les enseignements du patriarche de la secte Jôdo 淨土, Genkû 源空 (Hônen Shônin 法然上人). Il développa ces enseignements et composa le Kyôgyôshinshômonrui 敎行信證文類. Après Shinran, sa doctrine s'est perpétuée sans divergences ; mais la secte s'est subdivisée peu à peu en branches. Il y a actuellement dix branches :

1. Bukkôji 佛光寺 (primitivement Kôshôji 興正寺) fondé par le patriarche de la secte dans la 2e année Kenryaku 建曆 (1212). La 2e année Kareki 嘉曆 (1227) un ordre impérial changea le nom du temple qui devint Amida Bukkôji 阿彌陀佛光寺. C'est le centre de la branche Bukkôji.

2. Senshûji 專修寺. Temple fondé par le patriarche dans la 1re année Kareki 嘉曆 (1226) ; transféré dans la 1re année Kanshô 寬正 (1460) à Isshinden 一身田 en Isé. C'est le centre de la branche Takada 高田.

3. Kinshokuji 錦織寺. Fondé par le patriarche de la secte dans la 1re année Katei 嘉禎 (1235) ; dans la 1re année Ryakunin 曆仁 (1238) un ordre impérial lui a donné le nom de Tenjin Gohô Kinshokuji 天神護法錦織寺. C'est le centre de la branche Kibe 木邊.

4. Honganji 本願寺. La 9e année Bunei 文永 (1272) la dernière fille du patriarche Kakushin 覺信, et le petit-fils de celui-ci, Nyoshin 如信, fondèrent ensemble le temple qui reçut le titre de Kuonjitsujô Amida Honganji 久遠實成阿彌陀本願寺. Pendant la période Tenshô 天正 (1573-1591) il a été transféré à Horikawa 堀河, Kyoto. C'est le centre de la branche Honganji 本願寺.

5. Honganji 本願寺. Le 11e successeur du patriarche, Kosa 光佐, eut pour fils aîné Kôju 光壽 qui fonda un temple à part à Karasumaru 烏丸, Kyoto, qui reçut aussi le nom de Honganji. C'est le centre de la branche Ôtani 大谷.

6. Kôshôji 興正寺. Le 14e patriarche du Bukkôji 佛光寺, Kyôgô 經豪, céda son temple à son disciple Kyôyo 經譽 ; lui-même il fonda à Yamashina 山科 en Kyoto-fu un monastère qui fut appelé Kôshôji 興正寺 ; ce monastère fut transféré plus tard à Horikawa 堀河, Kyoto. C'est le centre de la branche Kôshôji.

7. Gôshôji 毫攝寺. Fondé dans la 1re année Tempuku 天福 (1233) à Izumoji 出雲路 (Kyoto) par le patriarche de la secte qui le remit à son fils Zenran 善鸞. Il fut transféré dans la 1re année Keichô 慶長 à Ajimano 味眞野 en Echizen. C'est le centre de la branche Izumoji 出雲路.

8. Shôjôji 證誠寺. Pendant la période Shôgen 承元 (1207-1210) le (futur) patriarche de la secte, Shinran y avait résidé ; plus tard, sur la demande des fidèles, il y établit son fils aîné (Zenran) ; un édit impérial lui donna dans la suite le nom de Sangenzan Gonenin Shôjôji 山元山護念院證誠寺. La 7e année Bummei 文明 (1475) il fut transféré en Echizen à Shinyokoe 新横江. C'est le centre de la branche Yamamoto 山元.

9. Jôshôsji 誠照寺. La 1re année Shôgen 承元 (1207), le patriarche de la secte y résida et y prêcha ; ce fut l'origine du temple. Il est en Echizen à Sabae 鯖江. C'est le centre de la branche Jôshôji.

10. Senshôji 專照寺. Le nom primitif était Senjuji 專修寺. La 3e année Shôô 正應 (1290) il fut fondé par le patriarche de la branche, Nyodô 如導. Il est maintenant en Échizen à Fukui 福井. C'est le centre de la branche Sammonto 三門徒.

Cette secte prend pour point de départ la doctrine canonique des deux Vérités : la vérité d'ordre pratique (samvṛti satya) et la vérité d'ordre transcendant (paramârtha satya) ; mais elle donne à ces termes des valeurs particulières : la vérité d'ordre pratique consiste dans l'observance des lois séculières ; la vérité d'ordre transcendant consiste à rendre aux créatures les bontés que nous avons reçues du Bouddha, en les aidant à faire leur salut. L'adoration s'adresse à Amida 阿彌陀 (Amitâbha) à l'exclusion de tout autre Bouddha, Bodhisattva ou de quelque divinité que ce soit. La secte se fonde sur les trois sûtra d'Amida énumérés ci-dessus, sur les sâstra et commentaires de Nâgârjuna et des six autres docteurs qui ont été les précurseurs, et sur les ouvrages des patriarches, tous japonais. Cette secte est la seule qui autorise le mariage des prêtres, reconnu légalement par l'état pour toutes les confessions.

BRANCHE HOMPA HONGANJI 本派本願寺.

Temples et monastères, 9.759. — Abbés, 8.129 ; cumulants 943. — Temples détachés 54. — Temples sans abbés 666. — Temples et monastères sans souscripteurs perpétuels 494. — Locaux d'enseignement religieux 489. — Personnel breveté 9.370 ; stagiaires 2.084. — Souscripteurs perpétuels 1.445.151 foyers, 7.210.967 personnes ; occasionnels 143.342 personnes.

Missionnaires 252 : Hawai 40 ; Amérique du Nord 44 ; Sibérie 4 ; Sakhaline 11 ; Mers du Sud 6 ; Formose 34 ; Corée 58 ; Chine 38.

Œuvres sociales : prisonniers, secours aux pauvres, aux sinistrés, aux malades, instruction, éducation, défense judiciaire, etc., 140. — Sociétés féminines, 1.550. Membres 420.224.

Associations de jeunes gens, 152, membres 14.256.

Sociétés de propagande : Féminines 162; membres 22.011. Jeunes gens 32; membres 2.430. — Boursiers d'études supérieures : au Japon 26 ; à l'étranger 2.

1 Faculté libre, du Ryûkoku 龍谷. 3 écoles secondaires. — 3 lycées supérieurs de filles. 1 école de couture. 1 école professionnelle supérieure de filles. — Institut d'études bouddhiques. — Écoles du Dimanche, 1.363 ; élèves 130.000. — Écoles en relation avec la secte, 21. — Jardins d'enfants 6. — Fondation d'œuvres de défense et autres, 24. — Budget ordinaire 759.739 yen.

Budget spécial : Budget spécial de la Faculté de Ryûkoku 184.654 Y. — Budget des écoles secondaires et des instituts spéciaux 174.030 Y. — Budget de l'Institut d'études bouddhiques 4.550 Y. — Budget de l'école professionnelle supérieure de filles 47.169 Y. — Budget des lycées supérieurs de filles 177.495 Y.

Total du budget spécial 587.898 Y.

Total des budgets ordinaire et spécial 1.347.638 Y.

Propriétés immobilières : Terrains enclos. A (Propriétés privées : a) des temples et monastères, 3,503.613 tsubo ; b) des locaux d'enseignement religieux 192.789 ts. ; c) des fondations 1.467 ts. — B) Propriété de l'État 64.771 ts.

Hors des enclos : Rizières a) 12.804.622 ts. ; b) 58.129 ts. ; c) 426 ts. — Champs a) 14.075.713 ts. ; b) 178.216 ts. c) 326 ts. ; — — Montagnes et forêts a) 23.242.214 ts. ; b) 461.905 ts. ; c) 326 ts. — Constructions a) 362.453 ts. ; b) 4.286 ts. ; c) 8.917 ts. — Divers a) 3.259.232 ts. ; b) 419 ts. ; c) 1.605 ts.

Fonds d'État : a) 296.141 Y. ; b) 1.058 Y. ; c) 154.179 Y. — Valeurs en papier a) 399.005 Y. ; b) 6.536 Y. ; c) 116.442 Y. — Argent en dépôt a) 1.825.318 Y. ; b) 158.959 Y. ; c) 4.824 Y. — Au total a) 2.520.465 Y. ; b) 166.553 Y. ; c) 275.446 Y.

N. B. Les propriétés indiquées ci-dessus appartiennent aux temples et monastères autres que le Honganji lui-même qui est le temple central, aux associations religieuses, aux locaux d'enseignement religieux, et aux organisations jouissant de la personnalité civile.

Propriétés de la secte : Terrains bâtis a) appartenant à l'État 32.348.920 ts. ; b) appartenant à Honganji : 22.765.330 ts. ; Valeur 28.023.385 Y. — Terrains cultivés : Montagnes et forêts, étangs et cimetières appartenant au Honganji 77.819 ts. ; valeur 1.553.070 Y. — Constructions appartenant au Honganji 12.460.478 ts.

Biens mobiliers appartenant aux différentes fondations du Honganji : Fonds d'État 6.493.152 Y. ; Argent en dépôt 215.608 Y. ; au total : 6.708.761 Y.

Revenus annuels des temples, monastères, associations religieuses et locaux d'enseignement religieux 5.419.543 Y. (où les donations figurent pour 4.400.888 Y.).

Branche Ôtani 大谷.

Temples et monastères (sans compter les filiales) 8.416. — Abbés 6.374. — Personnel breveté 11.929 ; non breveté 11.976. — Souscripteurs perpétuels 791.526 foyers; occasionnels 673.485 foyers.

Terrains enclos : Propriété de l'État 928.348 ts. ; propriété privée 5.286.711 ts.

Hors des enclos : Terrains bâtis 293.424 ts. — Rizières et champs 204.692 se. — Montagnes et forêts 367.391 se. — Cimetières 164.128 ts. — Autres 146.287 ts.

Bâtiments : Salles de culte et logements 24.033, — Annexes 14.652. — Bâtiments en dehors des enclos 978.

Œuvres sociales (protection de l'enfance, de la maternité, instruction et éducation, placement, asiles, coopératives, assistance médicale, assistance judiciaire, retour à la terre) 2.200.

Missions 95 : Corée 45 ; Chine 75 ; Amérique 5 ; Mers du Sud 2 ; Formose 3 ; Sakhaline 15. Locaux d'enseignement religieux 656.

Établissements d'enseignement 14 : Faculté libre 1 ; 337 étudiants. Séminaires 3; 175 élèves. Écoles secondaires 2; 1.177 élèves, Écoles de filles 8 ; 2.298 élèves. En mission à l'étranger 7 : Amérique 4 ; Angleterre 1 ; Allemagne 1 ; France 1. — Budget ordinaire 1. 352. 192 Y.

Branche Kôshôji 興正寺.

Temples et monastères 287. Abbés 246. Personnel breveté 645 ; non breveté 1.317. Locaux de réunions religieuses 215. Souscripteurs perpétuels 70.000 foyers; occasionnels 26.720 foyers.

Budget : 80.000 Y.

Séminaires 2 ; 53 élèves, 1 en Europe. — Missions : Hokkaidô, Mandchourie.

Branche Bukkôji 佛光寺.

Temples et monastères 346. Abbés 272. Locaux de réunions et d'enseignement religieux 29. Personnel breveté 353; non breveté 345, Souscripteurs perpétuels 127.669 ; occasionnels 28.143.

Branche Izumoji 出雲路.

Temples et monastères 47. Abbés 38. Locaux d'enseignement religieux 15. Chapelles 63. Personnel breveté 67 ; non breveté 59. Souscripteurs perpétuels 4.500 ; occasionnels 8.050.

Budget 13.250 Y.

Écoles du dimanche 3. Jardin d'enfants 1. Asile de vieillards 1.

Branche Kibe 木邊.

Temples et monastères 57. Abbés 49. Personnel breveté 120; non breveté 72. Souscripteurs perpétuels 26,774 ; occasionnels 29.247.

Propriétés immobilières : Enclos 14.352 ts. — Montagnes et forêts 5.400 ts. — Rizières et champs 44.600 ts. — Bâtiments 5.300 ts.

Budget 10.000 Y.

École d'été pour les bonzes 1 ; 25 élèves ; écoles du dimanche 5.

Missions : Hokkaidô ; Sakhaline.

Branche Jôshôji 誠照寺.

Temples et monastères 50. Abbés 35. Personnel breveté 39 ; non breveté 34. Souscripteurs perpétuels 29.969 ; occasionnels 5.129.

Propriétés immobilières : Enclos 17.174 ts. — Montagnes et forêts 3.432 se. — Rizières et champs 1.742 se. — Constructions 4.417 ts.

Budget 14.500 Y.

Boursiers 21. — Missions Hokkaidô.

Branche Sammonto 三門徒.

Temples et monastères 33. Abbés 27. Locaux d'enseignement religieux 7. Personnel breveté 58 ; non breveté 104. Souscripteurs perpétuels 19.972 ; occasionnels 16.554.

Budget 8.500 Y.

Écoles du dimanche 5 ; 876 élèves. Jardin d'enfants 1 ; 80 enfants.

BRANCHE TAKADA 高田.

Temples et monastères 618. Abbés 501. Personnel breveté 786 ; non breveté 277. Locaux de réunions et d'enseignement religieux 50. Souscripteurs perpétuels 267.365 ; occasionnels 64.750.

BRANCHE YAMAMOTO 山元.

Temples et monastères 12. Abbés 11. Locaux d'enseignement religieux 5. Personnel breveté 28 ; non breveté 14. Souscripteurs perpétuels 3 100.

SECTE JI (JISHÛ 時宗).

La secte date de la 2e année Kenji (1276) ; elle a été instituée par le moine Ippèn 一遍. Le principe de la secte c'est exclusivement l'invocation d'Amida, en mettant à profit toute occasion. Centre principal : Shôjôkôji 清淨光寺 (Fujisawa 藤澤).

Textes fondamentaux : les trois sûtra d'Amida.

Temples et monastères 497. Abbés 358. Chapelles 5. Locaux de réunions et d'enseignement religieux 5. Personnel breveté 433 ; non breveté 239. Souscripteurs perpétuels 185.606 ; occasionnels 88.589.

Budget 13.911 Y.

Œuvres sociales 37. Séminaire 1. Écoles secondaires 4 ; 720 élèves.

SECTE KEGON 華嚴.

Pendant la période Tempyô, le moine chinois Tao-siuan (Dôsen 道璿) vint au Japon (VIIIe siècle) et transmit la doctrine à Ryôben 良辨 du Tôdaiji 東大寺 qui la propagea.

Le Kegonkyô 華嚴經 (Avatamsaka sûtra) est l'autorité de cette secte ; d'où son nom. Centre : Tôdaiji 東大寺 (Nara).

Temples et monastères 27. Abbés 18. Local de réunion 1. Personnel breveté 22 ; non breveté 8. Souscripteurs perpétuels 225 ; occasionnels 22.840.

SECTE YÛZÛ-NEMBUTSU 融通念佛.

Cette secte a été fondée en 1124 (1re année Tenji 天治) par le moine Ryônin 良忍 (Shôô-daishi 聖應大師) ; elle proclame la solidarité universelle dans la poursuite du salut. « Un homme, tous les hommes ; tous les hommes, un homme ; un agit, tous agissent ; tous agissent, un agit ; c'est ce qu'on appelle aller naître au Paradis par la force d'autrui. » Textes fondamentaux : Hokkekyô 華法經 (Saddharmapundarîka), Kegonkyô 華嚴經 (Avatamsaka). Textes secondaires : les trois sûtra d'Amida (ci-dessus), Ojôron 往生論 (ib.), Bommôkyô 梵網經 (Brahmajâlasûtra). Centre : Dainembutsuji 大念佛寺 en Osaka-fu.

Temples et monastères 355. Chapelles 648. Abbés 231. Personnel breveté 291 ; non breveté 152. Souscripteurs perpétuels 130.421 ; occasionnels 2.801.

Propriétés immobilières : Enclos 72.417 ts. ; Rizières 794 chô. — Champs 224 chô. — Montagnes et forêts 17 chô. — Constructions 27.761 chô.

Budget 14.918 Y.

Séminaire 1 ; 9 élèves. Œuvres sociales 2. Jardin d'enfants 1.

Secte Hossô 法相.

Cette secte fut introduite au Japon par le moine Dôshô 道昭 qui était allé en Chine et y avait reçu l'enseignement de Hiuan-tsang ; il avait étudié le système Vijnaptimâtra. Centres : Hôryûji 法隆寺, Yakushiji 藥師寺, Kôfukuji 興福寺 à Nara.

C'est l'école du Vijnaptimâtra transportée au Japon. Ses notions fondamentales sont le raya (âlayavijnâna, Idéation de Tréfonds), le kunjû 薰習 (vâsanâ, imprégnation), dont le jeu se marque dans l'enchaînement des causes et des effets.

Textes fondamentaux : Les 6 sûtra : Kegonkyô 華嚴經 (Avatamsaka), Gejimmikkyô 解深密經 (Sandhinirmocanasûtra), Nyoraishutsugenkudokushôgonkyô 如來出現功德莊嚴經 et Abidatsumakyô 阿毗達磨經 (Abhidharmasûtra) (non traduits en chinois), Ryôgakyô 楞伽經 (Lankâvatârasûtra), Kôgonkyô 厚嚴經 (Ghanavyûha, Nj. 444). Les 11 sâstra : Yugashijiron 瑜伽師地論 (Yogâcârabhûmi, Nj. 1170) ; Kenyôshôkyôron 顯揚聖教論 ; Daijôshôgonron 大乘莊嚴論 (Mahâyânasûtrâlankâra) Nj. 1190), Shûryôron 集量論 (Pramânasamuccaya de Dinnâga), Shôdaijôron 攝大乘論 (Mahâyânasamparigraha, Nj. 1183), Jûjiron 十地論 (Dasabhûmi, Nj. 1194), Fumbetsuyugaron 分別瑜伽論 (?), Kanshoenenron 觀所緣緣論 (Âlambanapratyayaparîksâ ? Nj. 1173), Nijûyuishikiron 二十唯識論 (Vimsatika, Nj. 1240), Benchûbenron 辨中邊論 (Madhyantavibhaga, Nj. 1244), Abidatsumazôshûron 阿毗達磨雜集論 (Abhidharmasangîti, Nj. 1199).

Temples et monastères 44. Abbés 19. Chapelles 47. Personnel breveté 118 ; non breveté 563. Souscripteurs perpétuels 1.102 ; occasionnels 10.309.

Propriétés immobilières : Enclos a) propriété de l'État 72.126 ts. — b). Propriété privée 1.861 ts. — Rizières et champs 1.334 se. — Montagnes et forêts 3.576 se. — Bâtiments 7.513 ts.

Budget 1.185 Y.

Séminaire 1.

SECTE NICHIREN 日蓮.

La secte a été fondée pendant l'ère Kenchô 建長 (1249-1255) par le moine Nichiren 日蓮. On l'appelle aussi Hokkeshû 法華宗 (secte de la fleur de la Loi—Saddharmapundarîka), à cause de son texte fondamental qui est le Lotus de la Bonne Loi (Myôhôrengekyô 妙法蓮華經); ce texte est l'autorité unique. Après la mort de Nichiren, il se produisit graduellement des différences d'interprétation en matière de doctrine. Actuellement il y a 9 branches :

1. (Tanshô) Nichiren-shû (單稱) 日蓮宗. Le nom primitif était Icchi-ha 一致派 (branche unifiée). Centre principal : Kuonji 久遠寺 (Yamanashi-ken). Centres secondaires : Hommonji 本門寺 (Tokyo), Honkokuji 本國寺 (Kyoto), Myôkenji 妙顯寺 (Kyoto), Hokkekyôji 法華經寺 (Chiba-ken) etc. au nombre de 39 temples.

2. Hommon-shû 本門宗. En principe, c'était une sous-branche ; plus tard elle est devenue une branche sous le nom de Kômon-ha 講門派, et enfin elle a été nommée Hommon-shû. Le disciple de Nichiren, Nikkô 日講, est le patriarche de la branche. Centres : Hommonji 本門寺 (Kitayama 北山, en Suruga), Yôhôji 要法寺 (Kyoto), Jitsujôji 實成寺 en Izu, Myôrenji 妙蓮寺 et Kuonji 久遠寺 (en Suruga), Myôhonji 妙本寺 (en Awa), Hommonji 本門寺 (Nishiyama 西山, en Suruga).

3. Hokke-shû 法華宗. Primitivement le nom en était Honjôji-ha 本成寺派. Le second successeur de Nichiren, Nichiin 日印, est le patriarche de cette branche. Centre principal : Honjôji (en Echigo).

4. Kempon-hokke-shû 顯本法華宗. Primitivement le nom en était Myômanji 妙滿寺. Nichijû 日什 en est le patriarche. Centre principal : Myômanji 妙滿寺 (Kyoto).

5. Hommon-hokke-shû 本門法華宗. Primitivement le nom était Happon-ha 八品派. Nichiryû 日隆 en est le patriarche. Centres actuels : Kôchôji 光長寺 (Shizuoka-ken), Shûzanji 鷲山寺 (Chiba-ken), Myôrenji 妙蓮寺 et Honnôji 本能寺 (Kyoto), Honkôji 本興寺 (Hyôgo-ken).

6. Hommyô-hokke-shû 本妙法華宗. Primitivement le nom en était Honryûji-ha 本隆寺派. Nisshin 日眞 en est le patriarche. Centre principal : Honryûji (Kyoto).

7. Nichiren-shôshû 日蓮正宗. C'était primitivement une école du Hommon-shû 本門宗. En l'année 33 de Meiji 明治 (1900) elle s'est constituée à part sous le nom de Nichiren-Fuji-ha 日蓮富士派. En l'an 45 Meiji (1912) elle a changé son nom en celui de Nichiaen-shôshû. Centre principal : Daisekiji 大石寺 (Suruga).

8. Nichiren-shû-fuju-fuse-ha 日蓮宗不受不施派. C'était primitivement une école de Icchi-ha 一致派. Nichiô 日奥 en est le patriarche. Centre principal : Myôkakuji 妙覺寺 (en Bizen).

9. Nichiren-shû-fuju-fuse-kômon-ha 日蓮宗不受不施講門派. Nikkô 日講 en est le patriarche. En l'an 15 de Meiji (1882) elle a reçu son nom.

Le texte fondamental est le Myôhôrengekyô 妙法蓮華經 (Saddharmapundarîkasûtra); le titre de cet ouvrage est assez sacré par lui-même pour servir d'initiation au salut. Deux chapitres, celui qui traite des Moyens (Upâyakausalya, ch. 11) et celui qui traite de la Durée de la vie des Tathâgata (Tathâgatâyus, ch. XV) sont particulièrement recommandés pour la lecture. En outre, le Muryôgikyô 無量義經 (Nj. 133) et le Kanfugenkyô 觀普賢經 (Nj. 394), les commentaires des textes canoniques, les ouvrages de Nichiren et de ses successeurs.

Secte Nichiren 日蓮宗.

Temples et monastères 3.650. Abbés 3.310. Chapelles 86. Locaux d'enseignement religieux 573. Personnel breveté 3.243; non breveté 5.793. Souscripteurs perpétuels 1.422.315 foyers; occasionnels 38.783 foyers.

Œuvres sociales : 73.

Faculté libre 1. — Lycées 2; écoles 10, total des élèves 21.289. En mission 4. Angleterre 1; Allemagne 2; États-Unis 1.

Propriétés immobilières : Enclos 2.028.176 ts. (propriété de l'État 1.215.966 ts.; propriété des monastères 808.086 ts.; appartenant à d'autres 4.124 ts).

Cimetières 741.201 ts. (à l'État 276.777 ts.; aux monastères 332.489 ts.; en co-propriété 106.593 ts). — Hors clôture : Constructions 1.813.812 ts. — Rizières 18.044.702 ts. — Champs 16.241.015 ts. — Montagnes et forêts 28.751.226 ts. — Divers 2.523.204 ts. — Missions : Sakhaline, Formose, Corée, Mandchourie, Chine, Amérique, Hawaï.

Secte Hommon-hokke-shû 本門法華宗.

Temples et monastères 332. Abbés 163. Locaux d'enseignement religieux 37. Stations de prédication 69. Personnel breveté 585; non breveté 19. Souscripteurs perpétuels 123.073; occasionnels 77.089.

1 école secondaire.

Secte Nichiren-shôshû 日蓮正宗.

Temples et monastères 135. Abbés 50. Personnel breveté 89; non breveté 78. Locaux de prédication 31. Souscripteurs perpétuels 34.324; occasionnels 33.899.

Secte Kempon-hokke-shû 顯本法華宗.

Temples et monastères 404. Abbés 327. Personnel breveté 138; non breveté 19. Souscripteurs perpétuels 145.977; occasionnels 21.459.

SECTE HOKKE-SHÛ 法華宗.

Temples et monastères 126. Abbés 123. Personnel breveté 50 ; non breveté 48. Locaux d'enseignement religieux 16. Souscripteurs perpétuels 49.524 ; occasionnels 7.094.

SECTE HOMMYÔ-HOKKE-SHÛ 本妙法華宗.

Temples et monastères 65. Abbés 61. Personnel breveté 100 ; non breveté 21. Locaux d'enseignement religieux 16. Souscripteurs perpétuels 21.502 ; occasionnels 1.368.

SECTE-NICHIREN-SHÛ-FUJU-FUSE-HA 日蓮宗不受不施派.

Temples et monastères 3. Abbé 1. Personnel breveté 7 ; non breveté 8. Locaux d'enseignement religieux 14. Souscripteurs perpétuels 27.898.

SECTE NICHIREN-SHÛ-FUJU-FUSE-KÔMON-HA 日蓮宗不受不施講門派.

Temples et monastère 1. Abbé 1. Personnel breveté 14. Locaux d'enseignement religieux 4. Souscripteurs perpétuels 4.918 ; occasionnels 4.859.

SECTE HOMMON-SHÛ 本門宗.

Temples et monastères 213. Abbés 163. Locaux de réunions et d'enseignement religieux 25. Associations de fidèles 3. Personnel breveté 218 ; non breveté 107. Souscripteurs perpétuels 98.428 ; occasionnels 46.068.

Propriétés immobilières : Enclos 177.341 ts. — Montagnes et forêts 319 chô. — Rizières et champs 326 chô. — Constructions 20.256 ts.

Budget central de la secte 3.510 Y.

Séminaires 3.

Œuvres sociales 3. Association de jeunes gens 22 ; 770 membres. — Associations de jeunes filles 18 ; 540 membres. — Écoles du dimanche 5 ; 1.350 élèves.

Missions : Hokkaidô, Corée, Mandchourie.

IKARI « ANCRE »

Le nom de l'ancre en japonais est *ikari*. Le mot n'est pas de date récente ; il remonte aux couches les plus anciennes de la langue. Chamberlain l'a fait figurer dans le « Vocabulary of the most ancient words of the Japanese language » qu'il présentait en mars 1888 à l'Asiatic Society of Japan. Le caractère 碇 avec la transcription en kana « *ikari* » se rencontre dans le Irohajiruishô qu'on peut dater du IXe siècle ; il y est glosé comme « la pierre qui sert à arrêter le bateau en mer ». Le mot *ikari* se lit aussi à la même époque dans le Manyoshû.

Le mot est, autant que je sache, complètement isolé dans le domaine linguistique de l'Océan Pacifique. Les dictionnaires donnent comme le nom de l'ancre : en coréen, tat ; en malais, sâwuh ; aux Carolines, sasi ; en polynésien, tau-(Samoa : taula « ancre », câble ou pierre servant à amarrer une pirogue ; Maori : tau « être à l'ancre »). Le chinois littéraire dispose de termes variés dont je laisse à mon savant ami, M. Kano Naoki, le soin de retracer l'histoire : mao ou miao 錨, ting 錠 ou 碇 ou 矴.

En face de cette diversité, la Méditerranée avec les civilisations qui en dérivent, et aussi l'Océan Indien, offrent une surprenante uniformité. Le grec, qui est à la base du vocabulaire nautique européen, a *ankura* ; le latin, *ancora* ; les langues néo-latines : *ancora*, italien, espagnol, portugais ; *ancre*, français ; les langues germaniques : *anker*, allemand ; *anchor*, anglais ; *ankar*, suédois ; le russe : *anker* et *iakor*. Le basque, si résolument isolé parmi les langues de l'Europe, a *angura*. D'autre part, l'arabe commun a *langar* où l'article sémitique *al*, *'l* s'est manifestement soudé au mot *angar* (cf. la formation du mot alchimie, où l'article arabe *al* s'est soudé à un mot grec). Le mot avait passé sous cet aspect dans le vocabulaire nautique de l'Inde ancienne ; il nous en reste comme témoin le pali *lakâra* ou *laṅkâra*, qui se rencontre à travers toute la littérature bouddhique, Jâtaka (II, 112) ; Milinda (378) ; Dâṭhâvaṁsa, Visuddhimagga. La langue de la mer nous est si peu connue dans le domaine indien, que l'interprétation de ce mot reste encore sujette à confusion. Le Dictionnaire pali récemment publié par la Pali Text Society traduit *lakâra-laṅkâra* par « sail » « la voile », et ramène ce terme à *alaṅkâra*, rendu lui-même par « équipement » (fitting up), quoique le sens constant de ce mot soit « ornement ». Sans entrer ici dans le détail d'une discussion qui doit être réservée à l'indianisme, il suffira de citer le passage le plus ancien, celui du Jâtaka, où ce mot se rencontre (Jâtaka 130, Sîlânisaṁsaj.) Un laïc pieux a fait naufrage et a pu gagner une île déserte ; un roi Nâga se métamorphose pour le sauver : « il fabriqua un grand navire ; une divinité de la mer en devint le pilote. Ensuite les mâts furent de saphir ; le lakâra était fait d'or, les amarres faites d'argent, les rames faites d'or ». Une voile faite d'or serait plutôt inattendue, même dans un conte de fée ; d'ailleurs il ne s'agit ici que d'agrès massifs, mâts, amarres et rames. Le lakâra est naturellement l'ancre du bateau merveilleux.

La famille du grec *ankura* et de l'arabe *langar* se prolonge-t-elle jusqu'au fond de l'Extrême-Orient avec le japonais *ikari*? Le rapprochement est séduisant. D'autre part le mot *ikari* ne se rattache naturellement à aucune racine japonaise ; les explications que j'ai pu recueillir font violence à la raison. D'autre part la contexture phonique de ce mot rappelle de très près l'appellation gréco-arabe. La phonétique historique du japonais est encore trop obscure, faute d'éléments de comparaison, pour qu'on puisse affirmer ou nier qu'un *a* nasalisé ait normalement abouti à un *i*, comme il a abouti au *ia* en slave. L'histoire maritime de l'Extrême-Orient exclut-elle ou favorise-t-elle la possibilité d'un emprunt? Nous savons par des témoignages irréfragables que les marins du monde indien et du monde arabe naviguaient dans les mers de l'Archipel Indien, dès le début de l'ère chrétienne, peut-être même plus tôt encore. Que la civilisation primitive du Japon ait absorbé des éléments d'origine malaise, il paraît difficile de le contester.

Le problème passe ainsi de la linguistique à l'histoire de l'art naval. C'est aux archéologues et aux ethnographes de nous dire si l'usage de l'ancre est attesté dès les temps anciens dans le monde maritime de la civilisation chinoise, ou si c'est aux marins de l'Océan Indien que le monde chinois a dû de connaître ce chef-d'œuvre d'industrie humaine qu'est l'ancre ou le grappin avec ses bras qui assurent l'accrochage du fond. Qu'on mesure le progrès accompli depuis qu'on se contentait de couler au fond une pierre attachée à une corde ! L'ancre une fois inventée n'a pu manquer de se répandre rapidement chez tous les peuples que le commerce maritime unissait entre eux. Le terme énigmatique d'*ikari* ouvre ainsi des perspectives inattendues sur le passé lointain des ancêtres du peuple japonais.

L'INSCRIPTION DE MAHĀNĀMAN À BODH-GAYA

ESSAI D'EXÉGÈSE APPLIQUÉE À L'ÉPIGRAPHIE BOUDDHIQUE

J'ai déjà eu l'occasion, il y a vingt-cinq ans, d'appeler l'attention sur une inscription de Bodh-Gaya qui avait été publiée par J. F. Fleet en 1886 dans l'Indian Antiquary, et de nouveau éditée par lui dans le beau recueil des Gupta Inscriptions en 1888 (No. 71). Cette inscription commémore, en vers sanscrits d'une facture savante, la fondation d'une chapelle du Bouddha, dans le voisinage du Bodhimaṇḍa, par un moine nommé Mahānāman, originaire de Laṅkādvīpa; Mahānāman y expose sa généalogie spirituelle en remontant de proche en proche, par Upasena, Mahānāman, Upasena, Rāhula, jusqu'à Bhava. La date, exprimée en symboles numériques, est l'an 269 d'une ère qui n'est pas autrement précisée. L'éditeur de l'inscription, Fleet, après avoir interprété cette date en prenant pour point de départ l'ère Gupta 318/319 (269 = 588/589 A.D.) a finalement hésité entre cette ère et l'ère Kalacuri de Cedi 249 A.D. (269 = 539/540 A.D.). Je crus pouvoir contester ces deux interprétations et je proposai de ramener la date donnée à l'ère śaka 78/79 (269 = 348/349 A.D.).

J'avais en effet découvert, dans une compilation chinoise du VIIe siècle, un fragment de la Relation du voyageur chinois Wang Hiuan-ts'e qui visita l'Inde plusieurs fois au milieu du VIIe siècle; ce fragment raconte comment, au temps du roi Samudragupta, deux moines de Ceylan envoyés par le roi Śrī Meghavarṇa avaient accompli le pèlerinage de Mahābodhi; l'un des moines s'appelait Mo-ho-nan, traduit en chinois « Grand nom »; l'autre Ou-po, traduit en chinois par « enseignement, prophétie ». Le premier porte donc le même nom que le moine de l'inscription datée 269; le second, Upa, peut être sous une forme normalement réduite, un Upasena. Il est tentant de supposer que le Mahānāman de l'inscription, disciple d'un Upasena, et disciple à la seconde génération d'un autre Upasena, est identique au Mahānāman qui vint en compagnie d'un Upa-, de Ceylan à Mahābodhi sous le règne de Samudragupta. Vincent Smith, dans un article de l'Indian Antiquary (The Inscriptions of Mahānāman at Bodh-Gaya, April 1902, pp. 192-197), s'éleva contre l'hypothèse que je proposais ; il lui opposait des raisons chronologiques et des raisons épigraphiques. Samudragupta était bien sur le trône en 269 śaka = 348/9 A.D., mais Meghavarṇa était mort depuis quinze ans, si on admet la chronologie singhalaise. Sur ce point, Vincent Smith s'est plus tard rectifié lui-même : dans une note de son Early History of India, 3e édition, p. 288, il assigne au règne de Meghavarṇa les dates 352-379. Après avoir péché par excès, l'hypothèse pécherait en ce cas par insuffisance. Je n'insisterai pas, et je m'arrêterai plutôt aux raisons paléographiques, qui sont graves. L'aspect des caractères employés dans l'inscription de Mahānāman suggère une date plus basse que le IVe siècle.

Je ne reprendrai pas ici une discussion vouée d'avance à la stérilité, faute d'un fait nouveau. Mais je voudrais, en m'aidant des progrès accomplis dans la connaissance du bouddhisme depuis quarante ans, revenir sur certains détails de la traduction donnée par Fleet, signaler des questions qui ont dû lui échapper, et proposer à la critique des solutions nouvelles.

L'inscription débute, comme il convient, par une stance en l'honneur du Bouddha :

vyāpto yenāprameyaḥ sakalaśaśirucā sarvvataḥ satvadhātuḥ
kṣuṇṇāḥ pāṣaṇḍayodhās sugatipatharudhas tarkaśastrābhiyuktāḥ
saṁpūrṇṇo dharmakośaḥ prakṛtiripuhṛtaḥ sādhito lokabhūtyai
śāstuḥ śākyaikavandhor jjayati cirataraṁ tad yaśassāratanttram

Fleet traduit : « Victorious for a very long time is that doctrine, replete with fame, of the Teacher, the chief kinsman of the Śākyas, by which, lustrous as the full-moon, the inscrutable primary substance of existence has been pervaded in all directions ; by which the warriors, who are heretics, obstructive of the path of beatitude, have been broken to pieces, being assailed with the weapon of logic ; (and) by which the whole treasure of religion, that had been stolen by the enemy which is original nature, has been recovered for the welfare of mankind ! »

La traduction est irréprochable, à ne considérer que les mots ; mais le sens suggéré (*dhvani*) est l'âme de la poésie indienne, et nous sommes ici en présence d'une composition poétique, où le versificateur manie avec une élégante aisance les complications du mètre *sragdharā*. Dans une stance bien faite, la suggestion se précise par des touches successives, et le dernier mot doit à la fois porter l'ensemble et en fournir la clef. Le poète a manifestement choisi à dessein pour cette place le mot *tantra*, qui est particulièrement riche en évocations. Le Dictionnaire de Pétersbourg n'énumère pas moins de 18 significations (sans y faire entrer en ligne le féminin *tantrī*). Au sens propre, c'est l'instrument à tisser : le métier ou l'ensouple, ou la chaîne ; il en dérive des sens secondaires dont les principaux sont, selon l'interprétation des lexicographes sanscrits, *svarāṣṭracintā* « les préoccupations de la royauté », *kuṭumbakṛtya* « les affaires de famille », *pradhāna* ou *mukhya* « principal, essentiel », *paracchanda* « dépendant », *itikartavyatā* » règle à suivre »., *siddhānta* « doctrine, école », *śāstra* « traité technique », *śāstrabheda*, *śrutiśākhāntara* « traité spécial, branche particulière de la tradition sacrée » ; dans ce sens, le mot a pris une valeur très précise ; il s'applique à une catégorie extraordinairement abondante d'ouvrages où la mystique et la magie se combinent et qui a fleuri dans le bouddhisme non moins que dans le brahmanisme. Fleet a, parmi toutes ces significations, légitimement choisi celle de « doctrine » ; mais il faut observer pourtant que *tantra* ainsi entendu implique par un lien intime le « traité », le « livre » où la doctrine est énoncée. Justement le mot *dharmakośa*, à la troisième ligne, semble préparer par anticipation un double sens de ce genre. Fleet l'a traduit par « treasure of religion », et c'était son droit ; l'expression a ce sens par exemple dans Manu I, 99 :

brāhmaṇo jāyamāno hi pṛthivyām adhi jāyate
īśvaraḥ sarvabhūtānāṁ dharmakośasya guptaye.

Mais dans le domaine du bouddhisme, le mot ne peut manquer d'évoquer le titre d'un ouvrage célèbre, admis comme une autorité canonique par toutes les écoles, l'Abhidharmakośa de Vasubandhu. Que les deux termes puissent alterner, je n'en veux pour preuve que ce seul fait : j'ai eu la chance de découvrir à Katmandou, lors de mon séjour en 1922, un manuscrit incomplet des Kārikā de l'Abhidharmakośa (du Ier au IVe kośasthāna) ; le feuillet initial portait l'indication : Dharmakośa, et sur la foi de ce titre, le Pandit Siddhiharṣa, détenteur de ce manuscrit qu'il n'avait jamais lu, s'était imaginé que l'ouvrage était un vocabulaire des termes techniques du bouddhisme, à la façon du Dharmasaṁgraha. Mais l'auteur de l'Abhidharmakośa, dans la vṛtti qu'il a lui-même écrite pour expliquer les kārikā, interprète ce mot ainsi : « L'ouvrage s'appelle Abhidharmakośa, parce que l'Abhidharma y est, quant au sens, introduit pour l'essentiel ; ou bien parce que l'Abhidharma en est le contenant » *idaṁ tu śāstraṁ katham Abhidharmakośam iti. tasyārthato 'sminn iti yathāpradhānam antarbhūtaḥ atha vā etasyāśrayabhūtaḥ*[1]. Le commentateur Yaśomitra[2] glose en ces termes : « Le démonstratif (*tasya*) désigne le traité technique qui porte le nom d'Abhidharma, et qui va être énoncé immédiatement ; quant au sens (*arthataḥ*), non point quant à la lettre ; le sens y est incorporé, mais non pas la totalité ; c'est ce qu'il indique par l'expression « pour l'essentiel » (*yathāpradhānam*) ; il est incorporé (*antarbhūta*), introduit. C'est pourquoi ce traité que je compose tient lieu de kośa au sens, est comme un kośa pour lui ; dans ce cas, le mot est un composé du type

1. Abhidharmakośavyākhyā, ed. de la Bibliotheca Buddhica, I, 10.
2. *Ibid. ad locum.*

tatpuruṣa fondé sur un rapport de génitif. Abhidharmakośa veut dire alors : le kośa de l'Abhidharma. Le kośa (le fourreau) dans lequel entre l'épée est le kośa de celle-ci. Ou bien encore l'Abhidharma, c'est-à-dire le Jñānaprasthāna et autres textes analogues, est le contenant de ce traité que je compose. De cet Abhidharma canonique, mon traité en a été tiré, quant au sens, comme il a été dit plus haut. En ce cas, Abhidharmakośa est un composé du type bahuvrīhi qui s'explique ainsi : L'Abhidharma est le kośa de ce (livre-) ci ; ce d'où on tire l'épée est le kośa de celle-ci ; mon livre a pour kośa (fourreau) l'Abhidharma. Il indique par là qu'il a rendu intelligible le sens général de cet (Abhidharma). » Nous voilà bien loin du sens vague et flou dont Fleet avait dû se contenter. : « trésor de la religion » ; nous avons affaire à un livre connu, célèbre, considéré comme l'exposé classique de la doctrine bouddhique au point de vue philosophique. Trouverons-nous dans le contexte de nouvelles suggestions qui confirment celle-ci ? L'auteur de l'Abhidharmakośa est Vasubandhu ; ce nom est généralement rendu en chinois par 世親 « apparenté (par alliance) au monde », quelquefois aussi par 天親 « apparenté (par alliance) à (des) dieu(x) ». En tibétain, il est rendu par *dbyig gñen* « apparenté au(x) trésor(s) » ; *dbyig*, qui rend ici le sanscrit *vasu*, a aussi le sens de *sāra*, *hiraṇya*, *vajra* d'après les dictionnaires tibétains sanscrits. L'élément *bandhu* paraît à la quatrième ligne de l'inscription, dans le mot *Śākyaikabandhoḥ* qui y est employé pour désigner le Bouddha. Le moins qu'on puisse dire de cette appellation, c'est qu'elle est étrange. Le Bouddha reçoit fréquemment, même dans les textes canoniques, l'épithète *d'Ādityabandhu*, en pali *Ādicca°* « apparenté au Soleil », quelle que soit l'interprétation qu'on est tenté de donner à cette appellation chargée d'un long passé de mythologie. Mais je ne me rappelle pas d'exemple de *Śākyabandhu*, et je ne puis me défendre d'une impression de surprise à rencontrer ce mot. Le Bouddha est bien le Śākya par excellence, le sage des Śākya (*Ś°muni*), le lion des Sakya (*Ś°siṁha*), le taureau des Śākya (*Ś°puṁgava*) ; tous ces termes lui assignent une place d'honneur dans le clan. Mais à le désigner comme « le parent, le parent unique des Śākya », il me semble que les valeurs se renversent, comme si l'honneur lui venait d'être apparenté à ce clan. Je suis donc amené à croire que le poète a introduit cette périphrase parce qu'il avait dans l'esprit un autre nom où figurait l'élément *bandhu*. Le terme *loka*, dans le composé *lokabhūtyai* qui précède, évoque la traduction consacrée en chinois du nom de Vasubandhu : « apparenté au monde ». Et c'est encore une autre des valeurs usuelles de *vasu* que suggère le mot *sāra* accolé à *tantra* ; *sāra* correspond au tibétain *dbyig* « objet de valeur » qui rend le mot *vasu* dans le nom de Vasubandhu. En outre il évoque tout naturellement, comme son voisin *tantra*, une idée d'ordre littéraire. *Sāra* est le correspondant indien de la « somme » médiévale que Littré définit : « Titre de certains livres qui traitent en abrégé de toutes les parties d'une science » ; et nous avons vu que l'auteur de l'Abhidharmakośa pour justifier ce titre allègue que son ouvrage est un abrégé de l'ensemble de l'Abhidharma.

Dans l'hypothèse que je propose, les autres traits viennent se coordonner sans effort autour de l'équivoque centrale. Le Bouddha, « lumineux comme la lune en son plein, a pénétré de toutes parts le monde des créatures qu'on ne peut mesurer ». L'Abhidharmakośa qui donne une description physique et psychologique de tous les êtres (*sattva*) dans tous les mondes (*dhātu*) a droit au même éloge. Le Bouddha « a écrasé les soldats de l'hérésie qui barraient le passage à la Bonne Destination, en les assaillant avec les armes du raisonnement ». L'éloge, ici, convient parfaitement à l'œuvre de Vasubandhu ; le philosophe y réfute chemin faisant les thèses condamnées par l'orthodoxie ; le dernier chapitre se présente même expressément comme une « Réfutation » dirigée contre les doctrines qui adhèrent à la personnalité (*pudgala*). Le mot *sampūrṇa* « rempli » qui accompagne l'expression *dharmakośaḥ* n'est pas moins suggestif ; c'est le terme qui marque régulièrement la fin d'une composition, d'un manuscrit. Quant à l'épithète *prakṛtiripuhṛtaḥ*, je ne crois pas que Fleet l'ait interprétée exactement : « stolen by the enemy which is original nature » ; je ne vois pas que le bouddhisme ait dénoncé la Nature comme l'ennemi ; c'est un trait propre au Sāṁkhya, et que le bouddhisme ne lui a pas emprunté. Le Grand Véhicule a même fini par enseigner que les êtres sont de nature (*prakṛtyā*) en état de Nirvāṇa. Le sens le plus simple de *prakṛtiripu*, c'est « ennemi naturel » ; les ennemis naturels du salut, sans doute Māra et ses auxiliaires, avaient détruit le Trésor de la Loi, puisque la Loi est condamnée à disparaître au bout d'un intervalle fatal après chacun des Bouddhas successifs. Le Bouddha a réussi à retrouver (*sādhita*) ce trésor pour le bonheur du monde. Mais il est probable que l'épithète *prakṛtiripuhṛtaḥ* doit aussi s'appliquer à l'Abhidharmakośa ; on peut supposer que l'Abhidharma, le système et aussi la littérature de ce nom, avait après la grande époque des ouvrages classiques : Jñānaprasthāna etc... passé par une éclipse d'où le génie de Vasubandhu l'avait dégagé. Ainsi d'un bout à l'autre, la stance se développerait comme il convient en deux couches parallèles de significations ; en exaltant le Bouddha, elle exalterait aussi ce maître salué couramment comme un Bodhisattva, Vasubandhu, et la question de la date prendrait une nouvelle importance en présence des opinions divergentes sur la date de Vasubandhu.

La seconde stance est un éloge de Mahākāśyapa ; ici, nous sommes sur un terrain plus sûr, et la traduction de Fleet aura à subir de fortes retouches. Le texte porte :

nairodhīṁ śubhabhāvanām anusṛtaḥ saṁsārasaṁkleśajin
Maitreyasya kare vimuktivaśitā yasyādbhutā vyākṛtā
nirvāṇāvasare ca yena caraṇau dṛṣṭau muneḥ pāvanau
pāyād vaḥ sa munīndraśāsanadharaḥ stutyo Mahākāśyapaḥ

Fleet traduit : « May he, Mahākāśyapa, who is worthy of praise, protect you, — he who observed the precepts of (Buddha) the chief of saints ; who practised that auspicious habit of abstract meditation which is of the nature of a trance ; who overcame the anguish of successive states of existence ; whose wonderful subjugation of the passions in final emancipation (is to be) displayed in the hands of Maitreya, and by whom the two pure feet of (Buddha) the saint were behold at the time of attaining Nirvāṇa ».

Les deux dernières lignes de cette stance sont parfaitement claires, ou presque ; l'épisode évoqué par la troisième ligne est bien connu : c'est Mahākāśyapa qui a vu les pieds du Maître à l'occasion du Nirvāṇa ; le bûcher qui devait consumer les restes sacrés ne pouvait pas s'allumer avant que le grand disciple, « le fils aîné du Bouddha » comme l'appelle le Vinaya des Mahāsāṁghika, ne fût venu saluer respectueusement les pieds du Bouddha [1]. C'est un épisode commun à toutes les traditions Mūlasarvāstivādin, Sthavira (pali), Mahāsāṁghika. A la quatrième ligne, l'épithète *munīndraśāsanadharaḥ* que Fleet traduit : « he who observed the precepts of (Buddha) the chief of saints » a certainement une valeur mieux définie. L'adjectif *dhara*, combiné avec les noms qui désignent les parties intégrantes du Canon, indique une compétence spéciale dans telle ou telle branche : on est Vinayadhara si on possède à fond le Vinaya, Mātikā (Mātṛkā) dhara si on connaît les rubriques de l'Abhidharma, Dhamma (Dharma) dhara, si on est versé dans l'ensemble. Mais Mahākāśyapa dispose d'une connaissance incomparable ; il connaît tous les textes sacrés, et c'est à ce titre qu'il est désigné à l'unanimité pour présider le concile qui fixe pour la première fois le Canon. L'épithète de *Śāsanadharaḥ* rappelle expressément cet honneur privilégié qui est échu à Mahākāśyapa.

La seconde ligne fait allusion à un incident qui n'a pas échappé à Fleet, quoique le passage, il l'avoue, lui paraisse obscur. Fleet rappelle en note, *ad locum*, que « le Buddha, sur le point d'atteindre le Nirvāṇa, a remis à Mahākāśyapa sa robe jaune (kāṣāya), en le chargeant de la transmettre à Maitreya, quand celui-ci atteindrait la condition de Bouddha », et il renvoie à la traduction de Hiuantsang par Beal [2]. L'étude des légendes du Bouddha Maitreya a fait de notables progrès depuis la publication des Gupta Inscriptions. Mr. Matsumoto Bunzaburo a publié en 1911 une remarquable monographie sur la Terre Pure de Maitreya (Miroku jodo ron) qui a été savamment analysée, discutée et complétée par Noël Péri dans le Bulletin de l'École Française d'Extrême-Orient, tome XI, 1911, pp. 439-457. M. Przyluski a réuni divers textes sur le Nirvāṇa de Mahākāśyapa dans un article sur « le Nord-Ouest de l'Inde dans le Vinaya des Mūla Sarvāsti-

1. Cf. Przyluski, Le Parinirvāṇa et les Funérailles du Buddha, dans Journ. Asiat., 1920, I, 19-20.
2. Buddh. Rec. West. World, II, 142 sqq.

vādin », Jour. Asiat. 1914, II, 522 sqq. M. Ernest Leumann a publié une longue étude sur un ouvrage rédigé en Asie Centrale, « Maitreyasamiti, das Zukunftideal der Buddhisten », 1919, 2 fasc. ; dans l'introduction il a résumé les principaux textes de la littérature maitréyenne du Canon chinois, p. 11-23. M. P. Demiéville, en rendant compte de ce travail dans le Bulletin de l'École Française d'Extrême-Orient, tome XX, pp. 158-170, a lui-même apporté de nouveaux documents. Un autre ouvrage originaire de l'Asie Centrale, le Maitreyasamitināṭaka, connu par des fragments découverts à Tourfan, a suscité plusieurs travaux dus à MM. Sieg et Siegling et à M. F. W. K. Müller, et publiés dans les Comptes rendus de l'Académie de Berlin, 1908 et suiv.

Si nous acceptons la traduction de Fleet pour la seconde ligne de la stance, il est juste de nous demander comment « la merveilleuse subjugation des passions (de Mahākāśyapa) dans l'émancipation finale (doit être) étalée dans les mains de Maitreya ». Le geste de Mahākāśyapa, remettant au nouveau Bouddha la robe de son prédécesseur Śākyamuni, ne suffirait pas à « manifester cette merveilleuse subjugation ». D'ailleurs, un détail de philologie nous avertit ici d'une erreur probable. Le mot *vyākṛtā* a, comme toutes les formations tirées du verbe *vyākar°*, une valeur spéciale et bien définie dans la langue du bouddhisme ; il s'agit toujours en ces cas de prophéties dues au Bouddha, et qui révèlent l'avenir d'un individu, d'une localité, etc. La carrière de Maitreya, y compris sa visite à Mahākāśyapa, est toujours énoncée, puisqu'elle appartient à l'avenir, sous la forme d'une prédiction communiquée par Śākyamuni à ses disciples. Il n'est donc point douteux que, dans le passage en question, *vyākṛta* doit recevoir son sens spécifique « prédit » ; on aurait alors pour la ligne entière : « Dans la main de Maitreya, la subjugation des passions (de Mahākāśyapa) dans l'émancipation finale a été prédite (par le Bouddha) ». La traduction obtenue est absurde et s'élimine d'elle-même.

Arriverons-nous à un sens meilleur par la voie de l'expression *vimuktivaśitā* ? La *vaśitā* est la maîtrise absolue exercée par le saint, Arhat ou Bodhisattva selon les Véhicules, sur des catégories déterminées de domaines. La Mahāvyutpatti (XXVII) donne une liste des 10 *vaśitā* des Bodhisattva ; la *vimuktivaśitā* n'y figure pas, mais on y relève un mot très analogue à *vimukti*, l'*adhimukti* qui constitue la sixième des dix *vaśitā*. Sommes-nous en présence d'une alternance de termes ? Un passage curieux de l'Abhidharmakośa, maintenant ouvert à la curiosité des chercheurs par le labeur intrépide de M. de Lavallée Poussin, semble le suggérer. Au livre VII, 52 Vasubandhu institue précisément une discussion sur le cas de la survie de Mahākāśyapa ; il vient d'examiner les conditions d'existence des êtres suscités par magie (*nirmita*) ; ils durent grâce à *l'adhiṣṭhāna* de celui qui les a créés. M. de Lavallée adopte le mot « protection » pour traduire *adhiṣṭhāna* ; je cite sa traduction, p. 120 : « Ce n'est pas seulement pour la durée de sa propre vie que le créateur est capable de « protéger » une chose de telle manière qu'elle dure ; sa « protection » peut faire aussi que la chose dure jusqu'après sa mort. C'est ainsi que par sa protection (*adhiṣṭhāna* ou *adhimokṣa*, résolution) Kāśyapa le Grand fait que ses os dureront jusqu'à l'avènement du Bhagavat Maitreya. Non pas à l'endroit de ce qui n'est pas dur. C'est seulement la chose dure qui est susceptible d'être « protégée » pour une longue durée. C'est pourquoi Kāśyapa le Grand ne « protège » pas sa chair. D'autres maîtres disent : Non. — Le corps protégé par la force de la « résolution » (*adhimokṣa*) n'est pas capable de durer au delà de la mort. Si les os de Kāśyapa durent, c'est par la « protection » (*adhiṣṭhāna*) des dieux ».

L'alternance *adhiṣṭhāna-adhimokṣa*, indiquée par M. de Lavallée sans autre explication, est fondée en fait sur la Vyākhyā de Yaśomitra encore inédite pour cette partie du texte. Mon manuscrit lit (p. 272 b) : *āryamahākāśyapādhiṣṭhāneneti. āryamahākāśyapādhimokṣeṇety arthaḥ.* Ainsi c'est la vertu de l'*adhimokṣa* de Mahākāśyapa qui fait durer ses os, et ses os seulement sans la chair. M. de Lavallée, si familier avec l'ensemble de la littérature bouddhique, n'a pas manqué de citer en note sur ce passage une ligne du Divyāvadāna, 61 : *Maitreyaḥ... Kāśyapasya bhikṣor avikopitaṁ asthisaṁghātaṁ dakṣiṇena pāṇinā gṛhītvā...* « Maitreya, prenant dans sa main droite l'assemblage des ossements du bhikṣu Mahākāśyapa qui n'avaient pas bougé... » Ce détail saisissant coïncide de manière frappante avec les termes de notre stance : « En ce qui concerne la main de Maitreya, la maîtrise absolue de survie (de Mahākāśyapa) a été prédite (par Śākyamuni) ». Le passage fait partie, dans le Divya, du Maitreyāvadāna ; en réalité, ce récit prophétique de la carrière de Maitreya a été découpé dans le Vinaya dés MūlaSarvāstivādin ; il y est inséré dans l'Oṣadhivastu, chap. VI de la version chinoise [1] : « Maitreya, arrivé à la Bodhi complète, entouré d'une foule de disciples, se rendra au mont Gurupāda, où la masse des ossements de (Mahā) kāśyapa le bhikṣu reste sans bouger ; la montagne s'ouvrira pour Maitreya ; alors Maitreya prendra dans sa main droite l'assemblage des ossements du bhikṣu Kāśyapa qui n'ont pas bougé, il les posera sur sa main gauche, et c'est ainsi qu'il enseignera la Loi ».

La coïncidence de l'inscription avec le Vinaya des MūlaSarvāstivādin est frappante ; elle l'est davantage encore quand on constate que dans la littérature maitréyenne, pourtant abondante, le détail ne reparaît nulle part ailleurs. Dans un certain nombre de récits, Mahākāśyapa tiré de son recueillement par l'arrivée de Maitreya, lui remet le vêtement (*saṁghāṭī*) du Bouddha que le Maître lui avait donné pour le passer à son successeur [2] ; l'épisode manque dans la version abrégée

1. Tok. XVII, 4, 21b, col. 5 ; texte tibétain dans le Dulva, vol. II.
2. Mi-le ta tch'eng fo king, trad. Kumārajīva Nj. 209 ; Tok. IV, 546b, col. 3.

mise aussi sous le nom de Kumārajīva [1]; il manque aussi à la rédaction versifiée traduite par Yi-tsing (et dont j'ai retrouvé l'original sanscrit : Maitreya-vyākaraṇa) [2] ; dans le Koan Mi-le p'ou sa hia cheng king, traduit par Tchou Fa-hou [3], Maitreya, parvenu en présence des restes de Mahākāśyapa, prend lui-même la saṁghāṭī que celui-ci avait reçue du Bouddha ; le Vinaya des MūlaSarvāstivādin enregistre aussi cette forme de la légende dans la section du Kṣudrakavastu, chap. 40 ; Tok. XVII, 2, 94 a col. 3 ; M. Przyluski a traduit ce morceau du Vinaya dans le Journal Asiatique, 1914, II, 527 ; c'est aussi cette forme qui a été incorporée dans l'Aśokāvadāna ; v. Przyluski, La Légende de l'Empereur Asoka, p. 334.

Les deux formes de la légende se ramènent peut-être à la confusion, accidentelle ou volontaire, de deux mots très voisins : dans un cas, il s'agit de la *saṁghāṭī*, la robe (du Bouddha) ; dans l'autre, il s'agit d'un *samghāta*, ou plutôt d'un *saṁghāṭa*, un assemblage (d'ossements) ou une charpente (d'ossements) ; le texte du Divya donne *saṁghāta*, mais *saṁghāṭa* ne serait pas moins correct, et le pāli dans l'expression *atthisaṁghāṭa* a normalement la cérébrale. J'ai déjà signalé, et aussi dans le Divyāvadāna, et dans un morceau qu'il a également emprunté au Vinaya des MūlaSarvāstivādin, une confusion analogue [4] dans l'énoncé du 82e śikṣāpada, l'expression *anirgatāyāṁ rajanyāṃ* correspondant à *anikkhantarājake* du pācittiya 83 dans le Vinaya pali ; *rajanī* « la nuit » a remplacé *rājaka* « la personne royale » [5].

J'ai admis jusqu'ici la substitution du mot *adhimukti* au mot *vimukti* dans le texte de l'inscription. La lecture donnée par Fleet est cependant exacte. Mais la lettre *v* ne se distingue de la lettre *dh*, dans l'écriture des Gupta, que par un petit trait horizontal tracé au sommet de la panse commune aux deux caractères. Une confusion, du fait du scribe ou du graveur, est toujours possible. L'*a* initial du mot *adhimukti* doit s'élider après la finale du mot *kare*. Mais même si on écarte cette correction, l'alternance *vimukti-adhimukti* peut se justifier par de nombreux textes. Vasubandhu lui-même se sert de l'un des termes pour définir l'autre [6]. La *vimukti* « délivrance » est de deux sortes, composée ou simple. L'*adhimokṣa* est la *vimukti* « composée », et la Vyākhyā de Yaśomitra glose : *adhimokṣaḥ saṁskṛtā vimuktir iti dhātvarthaikatvāt* « parce que la racine (*muc*) a le même sens (dans les deux mots) ». La Vibhāṣā, dans un passage cité par Lavallée Poussin, porte [7] : « Le Bhadanta dit que les *vimokṣa* sont ainsi nommés parce qu'ils

1. Mi-le hia cheng king, Nj. 205 ; Tok. XXV, 9, 31b. col. 6.
2. Mi-le hia cheng tch'eng fo king, Nj. 207 ; Tok. IV, 5, 50-51.
3. Nj. 208 ; Tok. IV, 5, 48b, col. 12 = Tseng-yi A-han (Ekottarāgama) chap. 44 ; Nj. 543 ; Tok. XII, 3, 34b, col. 16.
4. Makandikāv., p. 543 *sq*.
5. Kuchean Fragments, p. 361, dans R. Hœrnle, Manuscript Remains of Buddhist Literature found in Eastern Turkestan.
6. Abhidharmakośa VI, 76ab.
7. *Ibid*., VIII, 32d, p. 207.

sont obtenus par la force de l'*adhimokṣa* ». Ailleurs encore [1], Lavallée Poussin cite Saṁghabhadra, pour l'explication du mot *adhimukti* : « D'après d'autres maîtres, *adhi* signifie « supériorité, souveraineté, *mukti* signifie *vimokṣa* ». Il serait oiseux de multiplier ces témoignages.

Qu'est-ce donc que l'*adhimukti* ou *adhimokṣa* ? M. de Lavallée Poussin a réuni et discuté plusieurs définitions tirées des traductions chinoises ; mais nous avons maintenant l'avantage de pouvoir utiliser dans son original une définition donnée par Vasubandhu lui-même, et dans l'ouvrage classique qui passe pour couronner sa carrière. La vṛtti sur la kārikā 10 de là Triṁśikā dit : *adhimokṣo niścite vastuni tathaivāvadhāraṇam. niścitagrahaṇam aniścitapratiṣedhārtham. yuktita āptopadeśato vā yad vastu asaṁdigdhaṁ tan niścitaṁ yenaivākāreṇa tan niścitam ity aduḥkhādyākāreṇa tenaivākāreṇa tasya vastunaś cetasy abhiniveśanaṃ evam etan nānyathety avadhāraṇam adhimokṣaḥ. sa cāsaṁhāryatādānakarmakaḥ. adhimuktipradhāno hi svasiddhāntāt parapravādibhir apahartuṁ na śakyate.* « *Adhimokṣa*, c'est à propos d'un objet décidé, l'affirmation qu'il est exactement ainsi. Il dit « décidé » pour éliminer tout ce qui n'est pas décidé. Décidé veut dire un objet qui est hors de doute en vertu d'un raisonnement ou en vertu d'une autorité compétente. De quelque nature que cet objet ait été décidé, par exemple exempt de douleur etc..., la certitude ancrée dans l'esprit que cet objet est précisément de cette nature-là, c'est l'*adhimokṣa*. Il a pour effet de donner l'inébranlabilité. Celui chez qui l'*adhimukti* domine ne peut pas être détaché de sa doctrine par les champions d'autres doctrines ». Yaśomitra, dans sa Vyākhyā sur le Kośa II, 24, p. 154, rapporte d'autres définitions qui ne s'écartent pas sensiblement de celle-ci. *Adhimokṣa* est donc la « conviction ». Un exemple frappant de ce qu'est l'*adhimokṣa* est fourni par le Saṁyuttanikāya I, 116 : [2] *ākaṅkhamāno ca pana bhante Bhagavā Himavantaṁ pabbatarājaṁ suvaṇṇaṁ tv eva adhimucceyya, suvaṇṇañ ca pan' assā ti.* « Bhagavat, pour quelque fin, était convaincu que l'Himavat est en or, la montagne serait en or ». Et de même Kathāvatthu II, 608 : *āyasmā Pilindavaccho rañño Māgadhassa Seniyassa Bimbisārassa pāsādaṁ suvaṇṇan teva adhimucci suvaṇṇo ca pana āsi.* « L'āyasmā Pilindavaccha eut la conviction que le palais du roi de Magadha, Seniya Bimbisāra, était en or, et le palais fut en or ». La conviction d'un saint ne saurait être fausse, et c'est ainsi que Mahākāśyapa s'étant convaincu qu'il devait attendre l'arrivée du futur Bouddha avant d'entrer dans le Nirvāṇa, ses ossements se sont maintenus intacts (*avikopita*). La première épithète de Mahākāśyapa va maintenant à son tour se préciser : *nairodhīṁ śubhabhāvanām anusṛtaḥ.* Fleet traduisait : « who practised that auspicious habit of abstract meditation which is of the nature of a trance ». Mais chacun de ces termes a sa valeur technique. *Nairodhīm* est un adjectif

1. Ad II, 24, p. 155.
2. Saṁyuktāgama, Tok. VIII, 4, 28, col. 1 ; cf. aussi Mahāyānasūtrālaṁkāra XVIII, 83.

dérivé de *nirodha* ; le *nirodha*, c'est le « barrage » de l'intellect et des dharma de l'ordre de l'intellect (*cittacaittānāṁ nirodhaḥ*). L'exercice spirituel (*bhāvanā*) de l'ordre du *nirodha*, c'est la *nirodhasamāpatti*, état analogue au Nirvāṇa (*nirvāṇasadṛśa*)[1], mais qui s'en différencie parce qu'il est susceptible de rechute ; la conscience verbale (*saṁjñā*) et la conscience de sensation (*vedanā*) ont alors disparu. Il constitue le dernier terme de la chaîne des *vimokṣa* qui sont au nombre de huit[2] et l'exercice des *vimokṣa* a pour fruit, entre autres, « le pouvoir par lequel un saint transforme ou fait durer (*adhiṣṭhāna*) »[3] ; Yaśomitra, dans son commentaire sur ce passage, introduit le terme *adhimokṣa* cette fois encore pour gloser le mot *adhiṣṭhāna* du texte : *tathādhimokṣād adhiṣṭhānaṁ sthirasya vastunaḥ iyantaṁ kālam avatiṣṭhatām iti ;* ainsi la *nairodhī bhāvanā* de Mahākāśyapa précède en fait, comme dans la stance, sa *vimuktivaśitā* (*adhim°*). Qu'il s'agisse, dans le cas particulier de Mahākāśyapa, de la *nirodhasamāpatti*, c'est ce qui est prouvé par le texte du Maitreyavyākaraṇa traduit par Kumārajīva[4]. A l'arrivée de Maitreya dans sa caverne, Mahākāśyapa sort 從滅盡定 « de la méditation de totale extinction » ; c'est là exactement la traduction consacrée du terme *nirodhasamāpatti*[5]. Le terme *śubhabhāvanā*, employé metri causa, est une périphrase exacte de *samāpatti*, car *bhāvanā* est expliqué par Vasubandhu comme *samāhitaṁ kuśalam*[6] « le bien à l'état de recueillement » ; chacun de ces deux termes est un équivalent assez exact de chacun des deux termes : *śubhabhāvanā*. Il n'est pas jusqu'au mot *anusṛtaḥ* d'apparence assez anodine pourtant, qui ne semble exprimer une notion d'ordre technique. Un adjectif dérivé du verbe *anusar°* se combine avec *śraddhā* et *dharma* pour désigner les deux premiers degrés de la sainteté *śraddhānusārin* et *dharmānusārin*[7] : le stage suivant est le *śraddhādhimukta*, puis vient le *dṛṣṭiprāpta*, et ensuite le *kāyasākṣin* lequel a réalisé la *nirodhasamāpatti*. On voit clairement que la suite des épithètes s'enchaîne dans une relation de causalité conforme aux exigences de la théorie ascolastique.

Le reste de l'inscription est essentiellement narratif ; je ne retiendrai que le premier mot, mis en tête de la stance qui suit l'invocation à Mahākāśyapa. Les disciples de ce saint y reçoivent l'épithète de *Saṁyuktāgaminah*. Fleet traduit « endowed with a connected tradition of doctrine ». Le sens attribué à *saṁyukta* par Fleet est pour le moins douteux. Mais *Saṁyuktāgamin* ne peut manquer, dans un texte d'inspiration bouddhique, d'évoquer le nom sacré du Saṁyuktā-

1. Abhidh. Kośa II, 44d.
2. Abh. Kośa VIII, 33.
3. Abh. Kośa VIII, 34.
4. Nj. 207; Tok. IV, 5, 46b.
5. Cf. p. ex. Mahāvyutpatti CIV, 67.
6. Kośa, IV, 123 c. d.
7. Abh. Kośa VI, 29 et 62-63.

gama correspondant au Saṁyutta nikāya du pali, un des quatre Āgama (en pali Nikāya) qui constituent les plus anciens recueils de sūtra. Ainsi les disciples de Mahākāśyapa établis à Ceylan se réclament du Saṁyuktāgama ; le trait n'est pas assez caractéristique pour préciser leur école ; les Mahāsāṁghika, les Sarvāstivādin, les MūlaSarvāstivādin sont d'accord pour placer en tête des Āgama le Saṁyukta, que les Sthavira classent seulement en troisième ligne. Il y a là toutefois un indice de plus pour nous empêcher de ranger sommairement Mahānāman parmi les Theravādin, Ceylan, nous le savons par plus d'un témoignage, était loin d'être le domaine de cette école exclusivement dans les premiers siècles de l'ère. Au reste, la question de l'Āmradvīpa où Mahānāman est installé en résidence (*adhivāsin*) est loin d'être résolue. Fleet avait admis sur la foi d'une communication de Cunningham que « le nom d'Ile de la Mangue est un autre nom de Ceylan, qui aurait été désignée ainsi à cause de sa forme semblable au fruit du manguier ». J'ignore s'il s'agit là d'une fantaisie personnelle de Cunningham ; je n'ai jamais rencontré cette désignation d'Āmradvīpa dans aucun texte pali ou sanscrit. Mais je ne puis m'empêcher d'observer que si on admet ce sens pour ce passage, l'épithète *Laṅkādvīpaprasutaḥ* « originaire de l'île de Laṅkā » paraît tout à fait oiseuse. Mais je ne veux pas m'engager ici dans cette discussion d'ordre géographique. Je me suis proposé seulement de montrer, par un exemple choisi, à quel point l'épigraphie bouddhique est inséparable de l'étude des textes, quelle lumière elle peut en recevoir et aussi leur apporter. Je suis heureux de dédier cette tentative à mon très cher ami Ch. R. Lanman à qui l'indianisme et les indianistes doivent tant d'obligations, le maître de Henry Clarke Warren, l'éditeur de cette magnifique Harvard Oriental Series qui a débuté par la Jātakamālā de Kern et qui vient encore de nous donner en trois beaux volumes la traduction du commentaire du Dhammapada par E. W. Burlingame.

YSA

La graphie des langues sérindiennes qui ont emprunté leur écriture à l'Inde présente, entre autres innovations, un groupe singulier, en usage à Khotan comme à Koutcha : c'est la combinaison d'un *y* avec un *s* sanscrit qui forme la syllabe *ysa*, étrangère au syllabaire sanscrit. Dans l'Inde même, autant que je sache, le groupe ne s'est rencontré jusqu'ici que dans un seul cas, et qui en fait ressortir nettement l'étrangeté. Sur certaines monnaies du roi Caṣṭana, de la dynastie Kṣatrapa, qui régnait sur la Larique (sanscrit Lāṭa = Guzerat) avec Ujjayinī (Ozènè, Ugein) pour capitale, Caṣṭana est désigné comme le fils de Ysamotika. La ressemblance du *y* et du *gh* dans les alphabets de l'Inde moderne avait laissé le déchiffrement hésiter entre la lecture *ysa* ou *ghsa* pour la première syllabe. On était, comme dans le cas de Caṣṭana lui-même, en présence d'un nom barbare, inexplicable, et qui semblait condamné à rester toujours incertain (Rapson lit encore Ghsamotika dans les *Indian Coins*, pl. III, 2). J'ai proposé (*Journ. Asiat.* 1915, I, 191) de reconnaître dans ce Ysamotika le même roi qui a frappé, sous le nom de Bhūmaka, certaines monnaies, fort rares, que les numismates classent à côté de Caṣṭana. Bhūmaka est un dérivé du mot sk. bhūmi « terre », et Ysamotika semble bien contenir comme élément initial le mot *ysama* qui désigne la terre dans la langue de Khotan et qui s'apparente clairement au zend *zem*, conservé en persan (cf. le terme zamin-dar, bien connu dans l'Inde moderne).

Il n'y a pas lieu d'être surpris si le nom d'un des premiers Kṣatrapas présente une combinaison graphique inconnue dans le monde indien ; les Kṣatrapas sont des S'akas, tous les indices en témoignent ; les S'akas étaient des Scythes contigus aux Iraniens, Iraniens eux-mêmes ou tout au moins profondément iranisés. Et le parler de Khotan, qu'il fasse partie ou nom des langues scythiques, appartient sans doute à la famille iranienne. En khotanais, ce groupe ys, qui paraît dans ysama et ysamotika, est loin d'être une rareté ; il figure dans un grand nombre de termes, à l'initiale dans ysā « naître » (cf. zend *zan*), ysāmṇu « genou » (cf. zend zānu) etc..., et à l'intérieur du mot notamment dans *biysaṁj* « saisir », *biysān* « s'éveiller », et surtout dans le nom même du Bouddha *baysä* et ses dérivés baysūsta « la bodhi », baysūña « de bodhi », etc. Le koutchéen ne fait guère moins usage de cette combinaison, p. ex. à l'initiale dans *ysār* « or » (cf. zend. *zairi*, persan *zer* et le tibétain *gser* où le groupe initial semble un rappel de la graphie sérindienne), *ysomo* « entier » (aussi : *somo*), *ysāra* « sang ». Les rapprochements avec les mots iraniens apparentés prouvent que ce groupe *ys* sert à noter une spirante ou une affriquée voisine du *ja* sanscrit et surtout du *z* iranien (qui manque aux alphabets indiens), et qui s'approchait aussi de l'affriquée dentale (le *th* de l'anglais). J'ai déjà montré dans un travail antérieur (*Journ. Asiat.*, 1915, I, 85), par un exemple saisissant, à quels flottements pouvait aboutir la transcription de ce son délicat dans des alphabets de type divers : le perse Ṭhatagus' est chez Hérodote Sattagudaṙ, en sanscrit Jāguda, en chinois Tsao-kiu-tch'a, et chez Ptolémée il se présente dédoublé en Thagouroi (VI, 16, 5 ; interprété souvent à tort comme l'équivalent de Tokharoi = Tukhāra ; v. l. Ithagouroi) et en Isagouros (VII, 1, 6 v. l. Ithagouros) ; les traductions et les cartes latines offrent Ithagulus, Itagurus, Ista°, Itha°) ; les graphies Itha°, Isa° évoquent un original, écrit ou oral, analogue au groupe *ys* ; il s'agit d'un pays situé au Nord-Ouest de l'Inde, dans la région de Ghazni, en Afghanistan, pays iranien occupé par les S'akas à l'époque de Ptolémée ou de ses informateurs.

Mais sommes-nous vraiment en droit d'affirmer, comme on le fait toujours, que le groupe *ys* est complètement étranger dans l'Inde ? Nous serions entraînés à des conséquences imprévues si nous persistions à le croire. Le groupe *ys* figure en effet dans l'alphabet classique de la mystique bouddhiste, alphabet qui est reproduit et commenté dans un grand nombre de textes dont plusieurs comptent parmi les plus considérables du grand véhicule. C'est l'alphabet Arapacana. Les spécialistes connaissent ces cinq syllabes comme les formules sacrées des cinq Bouddhas qui sont Vairocana et les Bouddhas des quatre directions. Mais je ne me souviens pas d'avoir rencontré dans les travaux occidentaux une seule mention de l'alphabet qui commence par ces cinq caractères. Et pourtant cet alphabet mériterait une étude spéciale, en raison de la place qu'il occupe dans les spéculations mystiques et tantriques, en raison aussi de sa composition singulière : le choix des caractères, les groupes admis, l'ordre adopté posent des problèmes qui comportent peut-être des solutions.

Sans entrer dans l'examen de ces questions obscures, je me contenterai de reproduire ici l'alphabet arapacana :

1) a 2) ra 3) pa 4) ca 5) na 6) la 7) da 8) ba
9) ḍa 10) ṣa 11) va 12) ta 13) ya 14) ṣṭa 15) ka 16) sa
17) ma 18) ga 19) tha 20) ja 21) śva 22) dha 23) śa 24) kha
25) kṣa 26) sta 27) jña 28) rtha (var. ha, pha, ita) 29) bha 30) cha
31) sma 32) hva 33) tsa (var. sta) 34) gha 35) ṭha 36) ṇa 37) pha
38) ska 39) ysa 40) śca 41) ṭa 42) ḍha (var ṣṭa).

Un court traité traduit par AMOGHAVAJRA (en un feuillet, mais le titre occupe plus d'une demi-colonne !) le Ta fang kouang fo houa yen king jou fa kiai p'in touenn tcheng p'i lou tche na fa chen tze liun yu k'ia yi kouei 大方廣佛華嚴經入法界品頓證毗盧遮那法身字輪瑜伽儀軌 (Tok. XXV, 8, 30b; manque à Nj.; fait suite à Nj. 1450) donne les 42 signes disposés en rond, entre deux cercles concentriques, dont le centre est occupé par la syllabe vaṁ. L'*a* occupe le sommet et les signes se succèdent à partir de la droite.

Dans cet alphabet manquent :

1°) toutes les voyelles en dehors de l'a,

2°) les deux nasales gutturale et palatale (le ñ pouvant être absorbé dans le jña 27 qui le contient),

3°) la palatale aspirée sonore jh,

4°) l'aspiré h (qui figure toutefois à la place de rtha dans le Cheou hou kouo kiai tchou t'o lo ni king 守護國界主陀羅尼經 Nj. 978, Tok. XXV, 7 trad. Prājña).

L'alphabet des grammairiens se dispose dans l'ordre suivant :

a ^{1} (a i ī u ū ṛ ṝ ḷ ḹ e o ai au) k ^{15} kh ^{24} g ^{18} gh ^{34} (ṅ)
c ^{4} ch ^{30} j ^{20} (jh) (ñ) ṭ ^{41} ṭh ^{35} ḍ ^{9} ḍh ^{42}
ṇ ^{36} t ^{12} th ^{19} d ^{7} dh ^{22} n ^{5} p ^{3} ph ^{37}
b ^{8} bh ^{29} m ^{17} y ^{13} r ^{2} l ^{6} v ^{11} s′ ^{23}
ṣ ^{10} s ^{16} (h).

Les groupes admis sont outre kṣ^{25} et jñ^{27} qui figurent comme une sorte d'appendice à la suite des syllabaires sanscrits, ṣṭ^{14} śv^{23} st^{25} rth^{28} sm^{31} hv^{32} ts^{33} sk^{38} ys^{39} s′c^{40}.

Les textes qui traitent de cet alphabet appartiennent, les uns à la Prajñā Pāramitā, les autres à l'Avataṁsaka. Il faut y ajouter un texte de traduction tardive, qui se rattache à l'enseignement tantrique. Ce sont :

Prajñā Pāramitā. a) Mahāprajñāpāramitā, trad. Hiouan Tsang, Nj. 1 ; (Sigle : Mp.) Deux passages : chap. 53 (mp. 1) et chap. 490 (mp. 2) b) Pañcaviṁs′atikā Prajñā Pāramitā : trois traductions :

b^{1} Kouang tsan pan jo po lo mi king, trad. Tchou Fa Hou (265—316). Nj. 4 ; Tok. X, 5, 41b (Pp. I).

b^{2}) Fang kouang pan jo po lo mi king, trad. Wou Lo Tch'a de Khotan (291). Nj. 2 ; Tok. X. 1, 23a (Pp. II).

b^{3}) Ta p'in pan jo lo mi king, trad. Kumārajīva (384—417). Nj. 3 ; Tok. X, 3, 33a (Pp. III).

Au texte de la Prajñā Pāramitā se rattache directement le commentaire écrit sur le texte par Nāgārjuna, Ta tche tou liun 大智度論 trad. Kumārajīva (402—405). Nj. 1169 ; Tok. XX, 3, 42a chap. 48 et 5, 48b, chap. 89 (CMp.)

圓明字輪

Avataṁsaka (section du Gaṇḍavyūha) ; trois traductions :

1) Ta fang kouang fo houa yen king, trad. Buddhabhadra (398—421). Nj. 87 ; Tok. I, 9, 84a (Av. I).

2) même titre, trad. S'ikṣānanda (695—699). Nj. 88 ; Tok. I, 4, 74b (Av. II).

3) Ta fang kouang fo houa yen king p'ou hien p'ou sa king yuan p'in, trad. Prājña (796—798). Nj. 89 ; Tok. I, 6, 42 c (Av. III).

Le chapitre du Gaṇḍavyūha sur l'alphabet arapacana a été deux fois traduit à part :

4) Ta fang kouang houa yen king sin jou fa kiai p'in, trad. Divākara (676—688). Nj. 101 ; Tok. I, 11, 21a (Av. IV).

5) Ta fang kouang (fo) houa yen king jou fa kiai p'in sse che eul tze kouan, trad. Amoghavajra (746—771). Nj. 1450; Tok. XXV, 8, 29—30 (Av. V).

On peut considérer comme une annexe à cette dernière traduction l'opuscule sur la Roue des Lettres d'après l'Avataṁsaka déjà mentionné :

6) Ta fang kouang fo houa yen king jou fa kiai p'in touenn tcheng p'i lou tche na fa chen tze liun yu k'ia yi kouei, trad. Amoghavajra. Nj. deest ; Tok. XXV, 8, 30b (Av. VI).

Sous cette rubrique se classe aussi la section du Yi tsie king yin yi de Houei Lin qui se rapporte au même chapitre de l'Avataṁsaka (Tok. XXXIX, 8, 154a) (Cav.)

Le Cheou hou kouo kiai tchou t'o lo ni king traduit par Prājña entre 785 et 810 constitue une classe à part, il n'est pas exact que l'ouvrage soit, comme le prétend le Yue tsang tche tsing, compilé en 1654 (cité par Nj.), une nouvelle traduction du second chapitre du Mahāsannipāta sūtra. Le texte lui-même déclare que ce sūtra a un millier de titres. On l'appelle le sūtra de la lettre unique très profonde des trois grands mystères de Vairocana..... ou encore l'énoncé fait par le Tathāgata de la porte de la grande compassion....., le sūtra des Essences mystérieuses et subtiles de Tathāgata, ou encore le fruit définitif et merveilleux de Tathāgata. Nj. 978 ; Tok. XXV, 7, 29a (Ch.).

Dans Mp.[1] et Mp.[2] le thème est identique. Le Bouddha indique quelle leçon le Bodhisattva peut et doit tirer de chacune des lettres de l'Arapacana. « En entrant dans la Porte de la lettre *ysa*, il comprend que tous les dharmas sont usés et vieillis et que leur caractère de nature ne saurait être obtenu ». Dans les deux passages, Hiouan Tsang transcrit ysa par 逸娑 *yi-so*. Le CMp., au chap. 48, et aussi au chap. 89, reproduit le texte du sūtra et chap. 48, p. 43a, ajoute une glose : « Quand (le Bodhisattva) entend la lettre *ysa*, il connaît alors que la lettre *ysa* est vide, et que les dharmas le sont aussi ». Ici Kumārajīva transcrit *ysa* par le caractère 醝 *ts'ouo*.

Le thème est encore le même dans la Pp. Après avoir médité sur les dharmas hors-série des Bouddhas, le Bodhisattva passe à l'étude des lettres de l'Arapacana. Pp. I traduit : « La porte de it'o 伊陀, c'est que tous les dharmas n'ont pas de lieu où demeurer ». Pp. II : « Le 39e 醝 *ts'ouo*, c'est que tous les dharmas ne peuvent avoir de permanence ». Pp. III : « Par la porte de la lettre 醝, il entre dans tous les dharmas, parce que la lettre 醝 ne se rencontre pas ».

Dans l'Avataṁsaka, où la section du Gaṇḍavyūha forme une sorte de roman d'aventures mystiques, l'enseignement de l'Arapacana n'est pas donné par le Bouddha lui-même. Le héros du roman, Sudhana, dans sa course frénétique à la recherche de la sagesse, a fini par monter de la terre au ciel des Trente-trois. Il en redescend pour se rendre à Kapilavastu où il va questionner un jeune savant nommé Vis'vamitra. Pour lui expliquer ce qu'est la Bodhi, Vis'vamitra lui donne une leçon sur les lettres de l'Arapacana. Av. I traduit : « En entendant le son 闍 *che*, on entre dans la Porte de la Prajñā Pāramitā ; il publie et proclame tous les dharmadhātus de Bouddha ». Av. II traduit de même, mais transcrit 也娑 ye so. Av. III : « En prononçant 夷娑 *yi so* (en note : 二合 « les deux sons réunis ») on entre profondément dans la Porte de la Prajñā Pāramitā ; ce nom proclame et propage la connaissance de tous les Buddhadharmas ». Av. IV reproduit exactement le texte de Av. I. Av. V a fondu dans son texte des éléments empruntés à Mp. ; la traduction d'Amoghavajra dit : « En prononçant la lettre 也娑 ye so (en note : 二合 « les deux sons réunis ») on entre dans la propagation de tous les dharmadhātus : c'est la Porte de la Prajñā Pāramitā ; on comprend que tous les dharmas sont usés et vieillis 衰老 (même expression que chez Hiouan tsang, Mp.) et que leur caractère de nature ne peut être obtenu ». Av. VI donne seulement les caractères sanscrits avec leur transcription ; ysa y est représenté par 野娑 *ye so* (en note : 上二 « les deux au ton élevé ») ; CAv se contente de recopier les transcriptions données par Av. II.

Ch., qui donne aux lettres de l'Arapacana des valeurs magiques, enseigne que « le caractère sanscrit *ysa*, transcrit par 也娑 *ye so*, chasse la vieillesse, la mort et toutes les maladies ».

Sans nous attarder aux interprétations mystiques ou magiques de la lettre *ysa*, constatons l'embarras des traducteurs en présence de ce groupe. A la fin du IIIe siècle, Tchou Fa Hou donne la plus inattendue des transcriptions : 陀伊 it'o. Il est toujours facile de supposer une faute de copiste ; c'est un procédé commode et paresseux. La transcription peut-elle se justifier ? Tchou Fa Hou était, nous le savons, un polyglotte consommé, né à Touen-houang ; il avait voyagé dans l'Asie centrale et connaissait, dit-on, trente-six langues. Son témoignage est donc à examiner de près. Nous avons déjà relevé, chez Ptolémée, une graphie Itha (gouros) alternant dans les manuscrits avec la graphie Isa pour rendre un son de même nature. Tchou Fa Hou a pu de son côté aboutir au même artifice pour rendre à la fois l'élément palatal et l'élément de spirante figurés par à peu près dans l'alphabet indien au moyen de *ysa*. Wou Tch'a Lo, qui est un contemporain de Tchou

FA HOU et qui est aussi un natif de l'Asie centrale, se sert d'un moyen tout différent ; il prend le caractère 䐤 ts'ouo. JULIEN [Méthode 2145, 2169 (d'après Rozenberg)] attribue à ce caractère la valeur *jha* en sanscrit. Kumārajīva, qui est aussi un sérindien, originaire de Koutcha, et qui a étudié au Kipin, en terre indienne, emploie la même phonétique 差 affectée d'une autre clef, celle de l'alcohol 酉 (164) ; il s'en sert aussi bien dans sa traduction de la Pañcavims'atikā que dans celle du Prajñā Pāramitās'āstra. JULIEN (ib. 2181) indique pour le caractère 醝 la valeur ja et jha. BUDDHABHADRA, son contemporain, est un Indien authentique ; il affecte à la transcription de *ysa* le caractère 闍 che qui a pour fonction normale de représenter le ja sanscrit ; il est employé, pour transcrire, dans l'alphabet Arapacana, la lettre ja[20] par Tchou Fa Hou, par Wou lo tch'a, par Kumārajīva, et par Hiouan tsang. Divākara, qui est lui aussi Indien authentique comme Buddhabhadra, reproduit fidèlement la transcription 闍 pour *ysa* à la fin du VIIe siècle. HIOUAN TSANG, qui a étudié dans l'Inde, crée une nouvelle transcription 娑 逸 i(t)so (JULIEN, ib. 454 indique pour ce groupe la valeur ja) ; mais son innovation n'a pas de succès et ne trouve pas d'imitateur. S'ikṣānanda, de KHOTAN, à la fin du même siècle, est plus heureux, il introduit la transcription 也 娑 ye so qui est reprise au VIIIe par Amoghavajra (Av. V) (JULIEN ib. 2227 donne pour cette combinaison la valeur ja) et un peu plus tard par Prājña (Ch.) Cependant Amoghavajra dans un autre texte (Av. VI) adopte une autre transcription 也 娑 ye so, et Prājña lui aussi, en traduisant le Gaṇḍavyūha Av. III, essaie une nouvelle combinaison 夷 娑 (JULIEN ib. 441 donne à cette combinaison la valeur ja).

Il ressort clairement de cette énumération que, à partir de Hiouan tsang, et conformément à la méthode de traduction qu'il avait inaugurée, la transcription est purement graphique ; le seul flottement est dans le choix du caractère le mieux approprié pour rendre la lettre originale. Pour le sa, l'accord est unanime ; pour le ya, HIOUAN TSANG choisit 逸, un i à finale consonantique (itsu dans la lecture japonaise) ; Śikṣānanda, Amoghavajra et Prājña préfèrent la voyelle ou la semi-voyelle toute pure : i 夷 ou ya 闍. Mais les premiers traducteurs, ceux de l'ancienne école, s'appliquent à rendre le son prononcé, ainsi leur témoignage nous renseigne sur la nature du phénomène noté *ysa*. TCHOU FA HOU le rend par un i suivi d'une dentale généralement sonore (le japonais a les deux lectures ta et da) et le plus souvent aspirée : ce caractère est probablement une approximation pour la spirante qui manque au chinois. WOU LO TCH'A et KUMĀRAJĪVA se servent tous deux du même groupe phonétique 差 prononcé tch'a, tch'ai, ts'ouo, accolé à des clefs diverses avec lesquelles il se lit ts'ouo ; ils indiquent donc une affriquée dentale. BUDDHABHADRA emploie le signe 闍 che (à la japonaise ja et to) qui figure normalement la palatale sonore du sanscrit ; mais la phonétique 者 dans le groupe où elle entre indique le plus généralement un ts'. Toutes ces approximations semblent bien tendre vers la spirante ou la fricative dentale, ou supradentale, ou palatale ;

c'est aussi la même localisation que suggère, comme nous l'avons vu, la correspondance du groupe ys initial et du z en zend ou en persan. Observons à l'appui de cette conjecture que dans les écritures de l'Inde moderne, le son z des mots empruntés au persan est représenté par la sonore palatale ja affectée d'un point diacritique.

Ainsi la combinaison ys — où la consonne est toujours placée au-dessous du y sous cet aspect y_s — apparaît comme une innovation introduite dans l'écriture indienne le jour où transportée en dehors des frontières linguistiques de l'Inde, cette écriture a été employée pour noter d'autres langues et d'autres articulations. N'est-il pas possible de déterminer en gros l'époque où cette innovation s'est introduite ? La monnaie de Caṣṭana qui porte le nom de Ysamotika donne une indication possible ; Caṣṭana est mentionné par PTOLÉMÉE sous la forme TIASTAN — comme le roi d'Ujjayinī, et PTOLÉMÉE se flatte d'avoir recueilli lui-même ses informations sur l'Inde de la bouche des voyageurs qui y étaient allés. Contemporain de PTOLÉMÉE ou à peu près, Caṣṭana se place au début du second siècle de l'ère ; d'autres indices viennent du reste confirmer le témoignage de PTOLÉMÉE. Caṣṭana est un Kṣatrapa, un dynaste d'origine étrangère, et certainement un S'aka. D'autres princes S'akas, dont Gondopharès est resté le plus célèbre, avaient régné plus tôt sur les bords de l'Indus : nous trouvons parmi eux un Az(ès), un Azili(ès) qui écrivent leur nom sur leurs monnaies en caractères grecs et en caractères indiens : à la forme Azou du grec répond le génitif pracrit Ayasa ; à Azilisou, Ayilisasa. Un autre prince de même race frappe son nom en lettres grecques Zeiōnis (ou) et l'écrit en lettres indiennes jihonia(sa). Azès, Azilisès, Zeiōnisès se placent aux environs de l'an 100 av. J.-C., deux cents ans avant Caṣṭana. A cette époque, les scribes manifestement ne disposent pas encore du groupe *ysa* ; leurs essais pour rendre à peu près le son de la langue originale, zēta en grec, ya et ja en indien, présentent une analogie saisissante avec les essais de transcription de ysa en caractères chinois ; ils flottent entre l'affriquée dentale du grec, la semi-voyelle palatale et la sonore palatale du sanscrit. C'est donc entre ces deux limites extrêmes, 100 av. J.-C. 100 ap. J.-C., donc aux environs de l'ère chrétienne qu'on peut approximativement placer la création du signe *ys* dans l'écriture indienne. Ce signe n'a pas pu s'introduire définitivement dans cette écriture ; puisqu'il était sans usage dans les langues de l'Inde propre. Mais nous le voyons recueilli pieusement dans l'alphabet sacré du mysticisme bouddhiste, côte à côte avec une série de groupes qui ont droit de cité dans le sanscrit ou ses dérivés : ṣṭa, s'va, kṣa, sta, jña, rtha, sma, hva, tsa ; ska (ysa), s'ca. Il semble légitime d'en inférer que cet alphabet s'est constitué sur le domaine et à l'époque où ce signe était en usage. Les S'akas ont dominé sur deux foyers intenses de culture indienne : le Cachemire et le Malwa, sans parler de Takṣas'ilā qui semble avoir dès lors perdu son ancien rayonnement. L'alphabet mystique du bouddhisme est-il né au Cachemir ou à

Ujjayinī ? Ou vient-il de plus loin encore vers l'Ouest, des pays limitrophes ? La formule Arapacana, formée des cinq premières lettres, est tout au long de la tradition mise en rapport avec Mañjuśri, dans le bouddhisme népalais et tibétain aussi bien que dans le bouddhisme chinois d'origine indienne. J'ai déjà suggéré, dans une courte communication (*Journ. Asiat.*, 1912, I, 622) que je me propose de reprendre et de développer, une origine sérindienne pour le nom et même pour le personnage de Mañjuśri, des raisons d'ordre divers paraissant recommander cette hypothèse. Le lien entre Mañjuśri et Arapacana, tel qu'il est maintenu par la tradition, symboliserait en ce cas une réalité historique. Mais les grands traités du Mahāyāna, la Prajñā Pāramitā et l'Avataṃsaka, qui enseignent l'alphabet Arapacana avec le groupe *ysa* viennent dès lors se placer après la date où cet alphabet serait né, aux environs de l'ère chrétienne. Il y a mieux ou pis. J'ai déjà signalé la mention de la formule Arapacana dans un des Vinayas les plus archaïques d'aspect, celui des Dharmaguptas (6e pācittiya ; Tok. XV, 3, 59a ; cf. *Journ. Asiat.*, 1915, I, 440). Que faudra-t-il en conclure pour l'âge de ce Vinaya et sans doute aussi des autres ? J'ai autrefois, il y a trente ans déjà, traduit (*Rev. Hist. Relig.*, XXIV, 1896, 318-325) un article où Wassilieff exposait des raisons sérieuses pour placer à une date assez basse la rédaction des Vinaya ; il concluait par cette question : « Y a-t-il là rien d'attentatoire ? » C'est la même question que je poserai aujourd'hui à mon tour.

Note additionnelle.

M. N. B. Divatra a donné l'historique des différentes lectures proposées pour ce groupe par Bhagvanlal Indraji, Rapson, Thomas, Lüders etc... dans un article du Journal de la Bombay Branch R.A.S., XXVI, 2, n° LXXV (1922-23), p. 159-170 : « The ancient Indian Symbol for the foreign sound Z ». M. Divatia se prononce en faveur de la lecture *ghsa*.

Depuis mon retour à Paris, j'ai examiné à la Bibliothèque Nationale le ms. de la Pañcaviṁśatikā Prajñāpāramitā (sanscrit 68). Le groupe *ysa* y est devenu (p. 108b, l. 4) un simple *ja*, comme le *śca* a été réduit à *ca*, quoique le *ja* et le *ca* figurent déjà dans l'alphabet Arapacana au 20 et au 4 respectivement : *jakāramukhāḥ sarvadharmā jarānupala(bdh)ikāḥ ; cakāramukhāḥ sarvadharmāḥ caraṇānupala(bdh)ikāḥ*. Ce texte, comparé avec les traductions chinoises, prouve que pour illustrer le son *ysa* par un exemple sanscrit, on avait fait choix d'un mot qui commençait par la lettre *ja*, *jarā* « la vieillesse ». C'était le son le plus rapproché de *ysa* que pût fournir le sanscrit authentique.

QUELQUES DOCUMENTS NOUVEAUX SUR LES JUIFS DU SUD DE L'INDE

I

Le petit État de Cochin, dans le Sud de l'Inde, sur la côte orientale, compte parmi ses habitants une petite colonie juive d'origine ancienne, mais dont l'histoire reste encore assez obscure. Le plus ancien document est une charte gravée, à la manière indienne, sur deux plaques de cuivre ; elle est rédigée en langue tamoule et tracée en caractères du type appelé vatteluttu. Le tamoul est, comme on sait, une des langues de la famille dravidienne en usage dans l'Inde méridionale ; il est parlé depuis Madras jusqu'au cap Comorin, mais son expansion littéraire a dépassé ses limites linguistiques. Toutefois la charte de Cochin est écrite en langue vulgaire, dans le style le plus simple. Le gouverneur hollandais de Cochin au XVIIIe siècle, Moens, avait déjà signalé l'existence de ce document ; au XIXe siècle, il a été l'objet de plusieurs publications. Le savant allemand E. Hultzsch, qui a dirigé longtemps le service épigraphique de l'Inde méridionale, en a donné une nouvelle édition, avec une traduction et d'excellents facsimilés, dans le périodique *Epigraphia Indica*, vol. III (1894-95). Le sens, garanti par une ancienne traduction en hébreu que les Juifs de Cochin ont conservée et que Gundert a publiée dès 1844, s'établit avec certitude. Il ne sera pas inutile de le reproduire ici tout entier :

« Ṣalut ! Bonheur ! Le roi des rois Bhâskara Ravivarman, à l'époque où il tenait le sceptre et gouvernait des centaines de milliers de localités, en l'année 36 après la 2e année, au jour où il lui a plu de résider à Muyirîkkûttu :

« Nous avons donné à Issuppu Irappân (le village? d') Anjuvannam avec les 72 droits de propriété : droits sur les femelles d'éléphants et autres bêtes de monture, le revenu d'Anjuvannam, une lampe dans la journée, un tapis, un palanquin, un parasol, un tambour vaduga, une grande trompette, un porche, une arche, un baldaquin d'arche, une guirlande, etc.

« Nous lui avons fait remise des taxes et de l'impôt sur les balances.

« En outre nous lui avons donné par les présentes plaques la faveur de ne pas payer ce que les habitants de la ville doivent payer au trésor royal et de jouir de tous les droits qu'ils ont.

« A Issuppu Irappân d'Anjuvannam, à ses enfants mâles ou féminins nés de lui, à ses neveux, à ses beaux-fils qui ont épousé ses filles, Anjuvannam sera un bien héréditaire tant que le monde et la lune existeront. Bonheur ! ».

Le sens littéral est donc parfaitement clair ; cependant la seule donnée incontestable, c'est que le donateur est un roi nommé Bhâskara Ravivarman et que le donataire est un personnage nommé Issuppu Irappân, la forme que prend normalement en tamoul le nom juif de Joseph Rabban. Ce Joseph Rabban reçoit d'un roi local une série de privilèges qui confèrent une sorte d'anoblissement, comme nous le savons par un grand nombre d'autres documents, et ces privilèges sont héréditaires. Nous avons donc un témoignage de la faveur accordée par un prince local à un chef de famille juif. Mais qui est ce prince ? Qu'est cette ville où il réside au moment de la donation ? Qu'est-ce que (le village ? d') Anjuvannam ? Et à quelle date correspond l'année indiquée ? Autant de questions douteuses ou obscures, dans le détail desquelles il ne convient pas de s'engager ici. On se contentera de quelques observations sur les points les plus importants.

Le nom de la ville de Muyirîkkûttu est remplacé dans la traduction hébraïque par celui de Kodunallur, le Cranganore de la géographie anglaise, localité située un peu au nord de Cochin, et qui communique avec Cochin par la lagune. Le nom de Muyirîkkûttu (Muyirî + kûttu) a déjà été rapproché par les premiers interprètes du nom de Muziris, le grand comptoir du poivre et des épices à l'époque où les marchands hellénisés de l'Égypte romaine fréquentaient les ports de la côte indienne, pendant les deux premiers siècles de l'ère chrétienne. De nombreux indices attestent que les Juifs prenaient part à ce mouvement d'échanges. La présence d'une famille juive sur ce site historique n'a donc pas de quoi surprendre. Mais la charte appartient à une période beaucoup plus basse ; les caractères de l'écriture suffiraient à en avertir. On lui a généralement assigné pour date les environs de l'an 750. Mais des découvertes épigraphiques survenues après la publication de Hultzsch ont porté un coup fatal, semble-t-il, à l'opinion reçue. En particulier, une nouvelle inscription du même prince Bhâskara Ravivarman ajoute à la date des spécifications d'ordre astronomique qui paraissent susceptibles de s'appliquer seulement au 1er mars 1021 ; l'avènement de ce prince daterait de 984, et la 36e année de son règne, date de la plaque de Cochin, correspondrait à l'an 1020 (V. *Epigraphia indica*, vol. XVI, p. 340 sqq. A second plate of Bhâskara Ravivarman). Une trouvaille archéologique toute récente vient d'ajouter à ce document isolé un nouveau témoignage. Le service archéologique de l'État de Cochin, à peine créé, a eu la chance de découvrir dès ses débuts une pierre tombale en langue hébraïque dont la date écarte toute hésitation. Cette pierre, provenant de l'île de Chennamangalam, a été publiée avec une excellente photographie (*Annual Report of the Archæological department of the Cochin State for the year 1103 M. E.* (1927-1928 A. D.) Ernakulam, 1929).

J'ai soumis le facsimilé à M. le grand rabbin Israël Lévi, qui a bien voulu me communiquer une note que je me contente de transcrire.

« Le texte porte :

ברוך דיין
אמת וג׳ הצור
תמים פעלג וג׳
זה הקבר שרח
בת ישראל
ריֹת בשנת
אתקפא לש
כח ומי בירח
[כס]ליו

L'inscription est d'une limpidité parfaite, quoique l'œuvre d'un ignorant. En voici la traduction :

« Béni soit le Juge équitable etc.

« Le Rocher, parfaite est son œuvre etc. [Deutéronome, xxxii, 4].

« Cette tombe [est celle de] Sara fille d'Israël ; que l'esprit de Dieu la fasse reposer [dans l'Eden]. En l'année 1581 de l'ère des Contrats, 28e jour du mois de Kislev. »

Les deux premières phrases sont empruntées à la prière qui se dit aux enterrements et qui est déjà citée dans le *Sifrè*, 307 (IIIe siècle) et le Talmud, *Taanit* 11 ; à ma connaissance, elles ne figurent jamais sur les tombes.

4e ligne : חקבר שרה est une faute grossière.

6e ligne : abréviation de רוח ה תניחנה.

7e ligne : לש[טרית] « de l'ère des Contrats ».

8e ligne : ומי le *vav* est mis pour un *yod* et il manque à la fin un ם . »

L'année 1681 de l'ère des Contrats (= ère des Séleucides) correspond à l'année 1269 de l'ère chrétienne.

II

Du 23 septembre au 5 octobre 1498, Vasco de Gama fit escale en vue de la côte indienne, à l'île principale du groupe des Anjedives, à 120 kilm. de Goa, pour réparer ses deux bateaux avant de toucher le continent magique dont son audace avait ouvert la route. Un jour on vit paraître un homme en grand appareil, coiffé d'un turban, l'épée au côté, qui paraissait âgé d'une quarantaine d'années, et qui — contre toute attente — parlait très bien le dialecte vénitien. Il raconta que, né chrétien dans le Levant, il était venu tout jeune dans l'Inde, s'y était converti à l'Islam, et qu'il était au service d'un prince musulman dont la cavalerie ne comptait pas moins de 40.000 hommes. Son maître, ayant appris l'arrivée par mer des « Francs », l'avait envoyé aux informations.

Ce personnage singulier, qui s'était créé pour la circonstance un état civil approprié, était en réalité un Juif, le fameux Gaspar sur qui les historiens portugais ont rapporté tant de légendes. M. F. Hümmerich, qui a légitimement acquis une autorité incomparable sur les questions qui se rattachent aux voyages et à la vie de Gama, a discuté et mis au point tous ces récits dans un travail considérable qui risque d'échapper aux chercheurs, publié qu'il est dans la *Revista de Universidade de Coimbra,* au vol. X (1927), p. 93-152 : « Studien zum Roteiro der Entdeckungsfahrt 1497-99 ».

Le plus probable, c'est que, comme le rapporte Goes, Gaspar était originaire « de Posen, au royaume de Pologne ». La date approximative de sa naissance (c'était un homme d'environ 40 ans en 1498) tombe en effet vers l'époque (1454) où le roi de Pologne Casimir IV s'était vu contraint, sous la pression de la noblesse et du peuple, de révoquer le statut accordé aux Juifs par Casimir le Grand. Dans le mouvement d'émigration qui s'ensuivit, la famille de Gaspar aurait passé dans le Levant, en Palestine, puis à Alexandrie où il prétendait être né. Il avait renié le judaïsme pour l'Islam ; il renia l'Islam, avec la même désinvolture, pour le christianisme ; il reçut le baptême à bord du bateau qui le conduisait au Portugal ; Vasco, son parrain, lui donna le nom de Gama, et il choisit pour son prénom le nom du roi-mage qui était, disait-on, venu de l'Inde à Bethléem, guidé par l'étoile miraculeuse vers la Crèche de la Nativité. Il devint officiellement Gaspar de Gama, mais on l'appelait couramment Gaspar da Indias, Gaspar de las Indias. En 1505, quand d'Almeida exerce les fonctions de vice-roi, il prend le nom de Gaspar d'Almeida. Il devint interprète, puis pourvoyeur de la flotte royale, et agent commercial pour le poivre et les épices ; il était assez grand personnage pour correspondre directement avec le roi Manoël, comme l'attestent trois lettres de lui datées de Cochin 1505, 1506 et 1507. Il avait voyagé jusqu'à « une province de l'Inde appelée Molecca sur la côte de la mer indienne » et savait beaucoup de langues ; c'est à lui que les Portugais durent les informations qui permirent à Albuquerque d'étendre ses conquêtes vers l'Extrême-Orient.

Sa femme, qui était « une juive pieuse et instruite », était restée à Cochin ; elle y joua un rôle historique dans un épisode curieux. En 1505, un fournisseur de la cour portugaise, Martim Pinheiro, d'origine juive lui aussi, prit passage sur un des bateaux qui convoyaient le nouveau vice-roi, Francisco d'Almeida ; instruit, par Gaspar sans doute, de l'existence d'une colonie juive à Cochin, il avait apporté une cargaison de « Sephar Tora » qu'il offrit en vente aux Juifs de cette ville ; mais le vice-roi, inquiet, annula la transaction, mit l'argent et les rouleaux sous scellés, et consulta le roi Manoël. Selon l'historien Correa, c'était la femme de Gaspar qui avait servi de courtier pour l'achat des livres sacrés. Dans l'intervalle, d'ailleurs, Gaspar avait changé de femme comme de religion ; il avait épousé une Portugaise de famille noble.

Avant de quitter le Sud de l'Inde, il n'est pas sans intérêt de rappeler que, d'après les témoignages recueillis par Hümmerich, les Juifs établis aux Indes y exerçaient souvent la profession de soldats au service des princes locaux. En 1536, le Zamorin de Calicut levait un corps « composé de Maures et de Juifs, dont il y a beaucoup à Calicut ». En 1550, le roi de Cochin, en guerre avec les Portugais, évitait de livrer bataille le samedi, parce que, ce jour-là, les Juifs « ses meilleurs soldats » ne consentaient pas à se battre. Et Barros, dans ses Décades I, IX, 3 écrit de même : « Il y a (au Malabar) beaucoup de Juifs indigènes qui se sont assimilés aux païens et aux musulmans à tel point qu'ils connaissent moins leur propre loi que celle des autres. Ils sont marchands, et partout ils recherchent la faveur des princes, car le peuple les hait. Ils sont braves et savent se battre ».

Pour les Juifs de Cochin à l'époque actuelle, l'ouvrage publié en 1912 par le savant directeur du service ethnographique de l'État de Cochin Ananthakrishna Iyer : *The Cochin Tribes and Castes*, 2 vol. Madras, 1912, contient un excellent chapitre sur la population juive (1.137 au recensement de 1911). On y trouvera une description anthropologique et ethnographique avec de curieuses photographies. Je reproduis ici la conclusion de ce chapitre, comme l'impression d'un témoin hindou en contact direct avec des Juifs :

> « Les conditions sociales des Juifs sont essentiellement gouvernées par leur religion, le Sabbat et les règles alimentaires. Il est rare qu'ils puissent manger avec leurs voisins chrétiens ou musulmans ou partager leurs joies et leurs peines. Ils se reposent quand les autres travaillent, et travaillent quand les autres se reposent. Ils sont riches en vertus de tout genre, dévots et cependant tolérants, et ont une ferme confiance dans la foi, l'espérance, et surtout la charité... Ils continuent à attendre le Messie, un chef envoyé par le ciel, sous la conduite duquel ils doivent atteindre la splendeur et la suprématie qu'ils prétendent leur appartenir ».

LA PESÉE DE L'ÉLÉPHANT

Chavannes a, dans ses « Cinq Cents Contes et Apologues extraits du Tripiṭaka chinois », traduit un conte où se rencontre une application inattendue du principe d'Archimède. Un génie qui veut confondre l'orgueil d'un roi lui pose une série de questions embarrassantes. (« Le génie demande derechef : combien pèse ce grand éléphant blanc ? Les ministres délibèrent entre eux, mais aucun d'eux ne peut le savoir ; cette fois encore on publie une proclamation dans tout le royaume, et personne ne peut savoir quelle réponse faire.) Le grand ministre interrogea son père qui lui dit : Placez l'éléphant sur un bateau qui aura été mis dans un grand lac ; faites alors un trait pour marquer jusqu'à quelle profondeur le bateau s'enfonce dans l'eau ; puis (l'éléphant étant enlevé) mettez des poids en pierre dans ce même bateau jusqu'à ce que l'eau couvre la ligne que vous aurez tracée. Vous saurez ainsi quel est le poids de l'éléphant ».

Le recueil d'où ce conte est tiré, le *Tsa pao tsang king*, est la version chinoise d'un original indien aujourd'hui perdu ; il a été traduit en 472 par le moine Ki-kia-ye, originaire des pays d'Occident, avec la collaboration du moine chinois T'an-yao. Chavannes a écrit à propos de cet épisode une note intéressante : « Ce remarquable procédé de pesée a passé dans le folklore chinois qui en attribue l'invention à Ts'ao Tch'ong. Le célèbre Ts'ao Ts'ao (152-220) avait un grand éléphant dont il désirait connaître le poids ; Ts'ao Tch'ong, qui n'était âgé alors que de cinq ou six ans, lui indiqua l'artifice même dont nous avons la description dans notre conte. Un livre d'école primaire, qui m'a été communiqué par M. C. Blanchet, le *Kouo wen kiao k'o chou*, raconte cette anecdote et y joint une vignette où on voit l'éléphant placé dans le bateau tandis que le petit Ts'ao Tch'ong trace sur le bordage une ligne à l'endroit où affleure l'eau. Il est intéressant de trouver dans le *Tsa pao tsang king* le prototype de ce récit qui nous montre que la littérature des contes a pu introduire de l'Inde en Chine même des principes de physique ».

En fait, l'épisode n'a pas encore été signalé, autant que je sache, dans la littérature des contes indiens. Il ne sera donc pas inutile de faire connaître un conte jaina qui donne un pendant exact à cet épisode du recueil chinois. Le texte, à dire vrai, se lit dans un commentaire écrit au moyen âge, la Nāndīvṛtti de Malayagiri, qui l'emprunte aux kathānakas, à ces collections de récits dont le Jainisme a toujours été si friand (*āsām arthaḥ kathānakebhyo' vaseyaḥ tāni ca kathānakāni vistarato 'bhidhīyamānāni granthagauravam āpadayanti tataḥ saṁkṣepenocyante* ; Vṛtti, p. 144). Mais le texte ancien que Malayagiri commente suppose un récit de ce genre. Le Nāndīsūtra donne une liste de vingt-six exemples destinés à illustrer « l'intelligence naturelle » (*buddhī uppattiā nāma*); le neuvième de ces exemples est « *gaya* » l'éléphant. Malayagiri l'explique ainsi : « A Vasantapura il y avait un roi ; ce roi était à la recherche d'un ministre très intelligent ; il fit attacher à un poteau, dans un carrefour, un éléphant, et fit proclamer ceci : Qui pèsera cet éléphant recevra du roi une grande situation. Un homme qui était là entendit cette proclamation ; il fit monter l'éléphant sur un bateau dans un grand lac ; il traça une ligne qui marquait de combien le bateau s'était enfoncé dans l'eau. Puis il débarqua l'éléphant ; il chargea sur le bateau des pierres grosses comme des rochers autant qu'il en fallait pour atteindre la ligne qu'il avait tracée sur le bateau enfoncé ; ensuite il pesa les pierres, calcula le poids, et dit au roi : Sire, l'éléphant pèse tant et tant. Le roi, enchanté, le nomma son premier ministre ».

L'accord du conte jaina et du conte bouddhique conservé dans une traduction chinoise prouve que le conte est bien indien d'origine. La donnée d'ordre technique qui lui sert de base ne prouve pas que l'Inde ait connu, pour l'avoir emprunté ou pour l'avoir découvert, le principe auquel le nom d'Archimède reste attaché. Archimède énonce une loi qui fixe le rapport entre le poids de l'objet plongé et le poids du volume d'eau qu'il déplace. Le conte indien se fonde sur une observation empirique : si la charge est de poids égal, quelle qu'en soit la nature, la ligne de flottaison est identique. Ainsi formulée, la constatation répond mieux à l'esprit de la science hindoue. A voir les travaux exécutés par les Hindous aux premiers siècles de l'ère chrétienne, à lire les témoignages des visiteurs étrangers, on ne peut mettre en doute que les connaissances techniques aient acquis dès ce temps un haut degré de développement dans l'Inde. La pesée de l'éléphant apporte à l'appui de ce sentiment un fait positif.

MAṆIMEKHALĀ, DIVINITÉ DE LA MER

La littérature de l'Inde, prise dans son ensemble, forme comme l'Inde elle-même un monde à part ; enfermée dans des conceptions religieuses, sociales, philosophiques qui lui sont propres, elle réclame du lecteur étranger des efforts de préparation, de réflexion, d'adaptation qui en réservent pratiquement l'accès — et la jouissance — aux spécialistes de l'indianisme. Toutefois, par un heureux privilège, la fable et le conte indiens se sont imposés aux humanistes de l'Occident ; on peut, à propos de La Fontaine, citer le Pañcatantra sans passer pour un pédant, et il n'est pas nécessaire d'être à la Société Asiatique pour parler des Jâtakas. Les Jâtakas sont des récits à prétentions édifiantes qui se réfèrent aux existences antérieures du Bouddha, quand il s'exerçait dans les conditions les plus variées à la pratique des perfections. Le cadre en est uniforme : à propos d'un épisode de la vie présente, le Bouddha, qui doit à son omniscience un souvenir exact de toutes ses existences passées, évoque une histoire d'autrefois où il jouait le premier rôle, entouré de comparses qui se retrouvent maintenant sous d'autres noms auprès de lui. Tous ces récits visent à illustrer la loi que le bouddhisme se pique de révéler au monde, la loi du Karman, de l'Acte, qui introduit l'ordre moral dans le système de la transmigration. L'esprit indien a de tout temps admis comme un dogme indiscutable, comme une évidence, comme une nécessité, la croyance à la métempsycose. Le bouddhisme s'est flatté de démontrer la valeur rigoureuse de la loi qui préside à la succession des existences et d'en découvrir les applications dans tout le détail de la vie humaine. La biographie du Maître, constamment enrichie par la piété inventive des fidèles, devait avoir pour contre-partie une série infinie de préfigurations ; aux jâtakas que le Maître avait pu conter lui-même, au cours de sa longue carrière, d'autres jâtakas ne cessèrent point de s'ajouter dans un foisonnement prodigieux que les restes disparates de la littérature bouddhique attestent encore. Un jour vint où, dans l'Église même, on pensa à en constituer des recueils spéciaux ; les plus connus sont, dans l'Église de langue sanscrite, la Jâtakamâlâ (Guirlande des Naissances), recueil de trente-quatre récits traités en grand style par le poète Śūra ; dans l'Église de langue palie, l'ouvrage appelé « Jâtaka », par excellence, qui contient cinq cent quarante-sept récits, rédigés dans une prose simple et familière où s'encadrent des stances de forme archaïque, prosaïques et plates à souhait ; ces stances sont sans aucun doute l'élément le plus ancien de la composition ; leur nombre fixe l'ordre et la place des récits. Le premier chapitre groupe les jâtakas à une stance ; chacune des unités, chacune des dizaines forme un chapitre spécial jusqu'au chiffre de quatre-vingts. Au-dessus de ce nombre, vingt-deux jâtakas sont réunis dans la « Grande Section » (Mahâ-Nipâta).

Un grand nombre de récits du Jâtaka pali ont trait à des aventures de mer ; la mer et la navigation tenaient manifestement une grande place dans la vie de l'Inde à l'époque où ces récits furent imaginés. L'étude de ces textes peut nous apprendre beaucoup sur une période brillante et presque complètement ignorée par ailleurs de la civilisation indienne, quand les marins, les missionnaires et les marchands de l'Inde portaient la culture de leur patrie aux îles de l'Archipel, dans la presqu'île malaise, dans l'Indo-Chine. Je me bornerai ici à étudier une énigmatique divinité de la mer, Maṇimekhalâ (Ceinture de Joyaux), qui figure dans deux récits du Jâtaka pali et seulement, semble-t-il, dans ces deux récits.

Le premier qui porte le numéro 442 dans la collection et qui est classé le 4e dans la section des récits à dix stances, est le jâtaka du brahmane Saṁkha. Le Bouddha le raconte à propos d'un fidèle laïc qui avait traité généreusement la Communauté et donné enfin des chaussons au Maître et à ses disciples.

Saṁkhajâtaka (442).

Jadis, Bénarès s'appelait Molinî. Quand Brahmadatta était roi de Molinî, il y avait un brahmane nommé Saṁkha, riche, opulent, qui avait établi des salles de distribution d'aumônes aux quatre portes de la ville, au milieu de la ville, et à la porte de sa demeure, six emplacements en tout, et là tous les jours il faisait de grandes charités aux pauvres et donnait par centaines de mille. Un jour il se dit : Quand j'aurai épuisé tout l'argent que j'ai à la maison, je ne pourrai plus rien donner ; avant qu'il soit épuisé, je vais aller en bateau à la Terre-d'Or et j'en rapporterai des richesses. Il fit construire un navire, le remplit de marchandises, et il dit à sa femme et à ses enfants : Jusqu'à mon retour, vous continuerez de donner sans aucune interruption ; puis, escorté de ses esclaves et de son équipage, il prit son parasol, mit ses chaussures, et à l'heure de midi il partit vers le port.

Un Bouddha-pour-soi, qui était sur le (mont) Gandhamâdana, en recueillant sa pensée, vit cet homme qui s'en allait chercher fortune. Voilà, se dit-il, un grand personnage qui s'en va chercher fortune ; aura-t-il des difficultés sur la mer ou non ? Il réfléchit et reconnut qu'il en aurait. S'il me voit, pensa-t-il, il me donnera son parasol et ses chaussures ; grâce au don de ses chaussures, il trouvera une planche de salut en mer après son naufrage ; je le favoriserai. Il arriva par la voie des airs, descendit à peu de distance, et foulant le sable brûlant, qui semblait un lit de charbons sous l'ardeur du vent et du soleil, il s'approcha. L'autre le vit et son cœur se réjouit : C'est un champ de mérites qui vient à moi ; je vais y planter aujourd'hui une semence ! Il s'empressa vers le (saint), se prosterna devant lui : La paix sur toi ! Accorde moi la faveur de t'écarter un instant de la route ; viens au pied de cet arbre. (Saṁkha) étendit au pied de l'arbre du sable, étala sa tunique, fit asseoir le Bouddha-pour-soi, lui lava les pieds avec de l'eau parfumée et filtrée, le frictionna avec de l'huile odorante ; puis retirant ses chaussures, il les essuya, les frotta d'huile odorante et les lui passa : La paix sur toi ! Mets ces chaussures, place ce parasol sur ta tête, si tu t'en vas. Et il lui donna parasol et chaussures. Le saint accepta pour lui faire plaisir, et, pour augmenter en lui la foi, il s'envola sous ses yeux pour rejoindre le mont Gandhamâdana. Le Bodhisattva, dont la foi s'était accrue à ce spectacle, alla au port et s'embarqua.

Il naviguait depuis sept jours, quand le bâtiment fit eau, et on ne put le vider. La multitude, tremblant de la peur de mourir, invoqua chacun son dieu et mena grand tapage. Le Grand Sage prit avec lui un serviteur, il se frotta d'huile tout le corps, mangea autant qu'il en fallait de la canne à sucre avec du beurre fondu, il en fit manger aussi à son serviteur ; puis il grimpa avec lui au sommet du mât, observa l'horizon, nota : C'est de ce côté-ci qu'est notre ville ; puis se dégageant des dangers causés par les poissons et les tortues, avec son compagnon il sauta à une distance de plusieurs coudées. La multitude périt. Le Grand Sage se mit à traverser l'océan avec son serviteur. Sept jours se passèrent ainsi, et pendant tout ce temps-là, il se lavait la bouche avec l'eau salée et observait parfaitement le jeûne du jour sabbatique. En ce temps-là, les dieux protecteurs du monde avaient installé la déesse Maṇimekhalâ dans la charge de surveiller la mer : S'il y a un naufrage, et que des hommes sont en péril, des hommes qui ont pris les Trois Refuges, ou qui observent les vœux de sainteté, ou qui adorent pieusement leurs parents, tu les protégeras. La déesse, par l'effet de sa souveraineté, négligea son devoir pendant sept jours. Mais le septième jour elle examina la mer et elle aperçut le brahmane Saṁkha qui était pieux et vertueux. Voilà sept jours qu'il est tombé à la mer, se dit-elle ; s'il avait péri, je serais bien répréhensible. L'esprit tout bouleversé, elle prit un bol d'or, elle le remplit de mets divins aux saveurs exquises ; puis, portée par le vent, elle parut devant lui dans l'espace. Brahmane, dit-elle, voilà sept jours que tu n'as pas mangé ; mange ces mets divins. Il regarda et dit : Emporte ta nourriture ; j'observe le jeûne. Son serviteur, qui venait derrière lui, ne vit pas la déesse, mais entendit parler. Ce brahmane, se dit-il, est délicat de nature ; voilà sept jours qu'il n'a rien mangé ; il souffre ; la peur de la mort le fait délirer, je crois ; je m'en vais le réconforter. Et il prononça une stance, la première du récit :

Tu sais beaucoup, Saṁkha ; tu sais la loi fort bien. — Samanes et brahmanes, tu en as vu combien ! — Mais pour causer, tu prends un moment trop critique. — Personne ici que moi pour donner la réplique !

Saṁkha l'entendit et pensa : Il ne sait pas, je crois, qu'il y a une déesse ! et il lui dit : Mon ami, je n'ai pas peur de la mort, mais je cause avec quelqu'un d'autre. Et il prononça une stance, la seconde :

Une belle aux beaux yeux, aux bracelets d'écaille, — m'offre dans un bol d'or un tas de victuailles. — Prends, mange: me dit-elle, la femme aux beaux sourcils. — Mais moi, j'ai l'âme pieuse et lui dis : non, merci !

Alors le serviteur lui adressa une stance, la troisième :

En voyant ce génie paraître devant soi, — un homme de bon sens lui dirait : « Lève-toi ». — Dis-lui donc, en joignant les mains par politesse : — Êtes-vous une femme ou bien une déesse ?

Tu as raison, dit le Bodhisattva, et il prononça une stance, la quatrième :

Puisque vous vous plaisez à me considérer, — puisque vous me pressez de prendre et de manger, — souffrez que je demande, Madame, à Votre Altesse : — Êtes-vous une femme ou bien une déesse ?

La déesse alors prononça deux stances :

Saṁkha, je suis une déesse, et de haut rang. — Si je viens jusqu'ici au sein de l'océan, — je le fais par pitié, et non pas par amour. — Je suis venue ici pour te porter secours.

Veux-tu boire ou manger ? t'asseoir ou te coucher ? — Veux-tu, Saṁkha, des moyens pour te transporter ? — Quoi que ce soit, Saṁkha, tu n'auras qu'à le dire, — tu auras aussitôt ce que ton cœur désire.

Le Grand Sage, en l'entendant, se dit : Voilà une divinité qui vient à la surface de l'océan me dire qu'elle veut me donner ceci et cela ; est-ce à cause de mes actes de mérite antérieurs ou bien par un effet de sa puissance qu'elle veut me faire ces dons ? Je vais le lui demander. Et sur cette réflexion, il l'interrogea par une stance, la septième :

Et mes libations et toutes mes offrandes, — s'il en sort quelque fruit, c'est toi qui le commandes. — O tes hanches ! ta taille fine ! tes sourcils ! — Qu'ai-je donc fait, dis-moi, pour en avoir ce fruit ?

La déesse l'ayant entendu, se dit : Si ce brahmane me demande quel acte de bien il a commis, c'est qu'il croit que je l'ignore ; eh bien ! je m'en vais le lui dire. Et elle prononça une stance, la huitième :

Sur la route brûlante un mendiant marchait. — Les pieds à vif, la gorge sèche, il haletait. — Tu t'es défait alors de tes souliers pour lui. — Tel est l'acte de bien dont tu cueilles le fruit.

Le Grand Sage l'ayant entendu eut l'âme joyeuse : Quoi ! sur ce grand océan où l'on n'a rien pour s'y reposer, le don de mes sandales peut me rapporter tout ce que je désire ! Ah ! que j'ai bien fait d'être charitable avec un Bouddha-pour-soi ! Et il prononça une stance, la neuvième :

Que j'aie un bateau fait avec des planches fortes, — où l'eau ne passe pas, et que le vent transporte ! — Tout autre véhicule est hors de place ici. — Et fais-moi parvenir sur l'heure à Molinî !

La déesse, en l'entendant, eut le cœur joyeux ; elle construisit une nef faite de sept pierres précieuses ; elle avait en longueur huit fois cent quarante coudées, en travers quatre fois cent quarante coudées, en profondeur vingt perches (140 coudées) ; elle avait trois mâts de rubis; les agrès étaient en or, les voiles en argent ; les rames à cuillère étaient aussi en or. La déesse remplit le bateau des sept pierres précieuses ; elle embrassa le brahmane, le fit monter dans ce bateau tout paré, mais elle ne prit pas garde à son serviteur. Le brahmane remit à l'homme le bol (merveilleux) qu'il avait dû à ses bonnes actions ; l'autre en fut ravi. Alors la déesse l'embrassa, lui aussi, et l'installa à bord. Elle conduisit elle-même le navire à la ville de Molinî, elle plaça toutes les richesses dans la maison du brahmane, puis elle retourna chez elle...

La divinité de ce temps-là, c'est aujourd'hui (la religieuse) Uppalavaṇṇâ ; l'homme c'est Ananda ; le brahmane Saṁkha, c'est moi-même.

Le second récit, beaucoup plus développé, est un des derniers du recueil, le numéro 539 ; il est classé dans la « Grande Section » ; il a pour héros un des plus grands noms de la tradition indienne, le roi Janaka, ici Janaka le Grand (Mahâ Janaka), du pays de Videha, glorifié par les Upaniṣads aussi bien que par l'épopée comme le type accompli de la sagesse, et que le bouddhisme ne pouvait manquer de s'annexer. Inutile de dire que Mahâ Janaka n'est autre que le Bouddha dans une existence antérieure. Le cadre du récit est aussi vague que possible : Un jour les religieux réunis vantent le Maître qui a déserté un palais pour chercher et prêcher la Loi ; le Bouddha survient et leur dit : « Ce n'est pas maintenant pour la première fois que j'ai déserté ainsi un palais », et il se mit à leur raconter l'histoire de Janaka le Grand. De ce long récit chargé d'événements, je ne retiendrai ici que l'épisode où intervient Maṇimekhalâ, déesse de la mer.

Mahâ Janaka jâtaka (539).

[Mahâ Janaka, fils posthume du roi Ariṭṭha Janaka qui a été tué par son frère, est élevé, en exil, à Campâ, chez un brahmane qui a recueilli sa mère. Arrivé à seize ans, le jeune homme veut revendiquer le trône paternel. Sa mère met à sa disposition les joyaux qu'elle a sauvés (VI, p. 34)]. Eh bien, maman, dit-il, donne-moi ces richesses, j'en prendrai la moitié, j'irai à la Terre-d'Or, j'en rapporterai beaucoup de richesses, et je m'emparerai du trône. Il se fit remettre la moitié de cette fortune, prit une cargaison, l'embarqua sur son navire en compagnie de marchands qui allaient à la Terre-d'Or. Avant de partir, il salua sa mère : Maman, dit-il, je vais partir pour la Terre-d'Or. — Mon chéri, la mer ne réussit pas souvent; il y a bien des obstacles; ne t'en va pas ; tu as de la richesse en abondance pour t'emparer du trône. — J'irai là-bas, maman, dit-il; il la salua, sortit et monta à bord. Ce jour-là même, Pola Janaka (le frère cadet et le meurtrier d'Ariṭṭha Janaka) fut pris de maladie ; il dut garder le lit. Sept cents marchands étaient montés à bord; en sept jours, le bateau avait parcouru sept cents lieues ; entraîné par sa vitesse, il ne put tenir ; les planches craquèrent, l'eau monta de partout, le vaisseau sombra en plein océan. Les gens pleurent, gémissent, invoquent toutes sortes de divinités. Mais le Grand Sage ne pleure pas, ne gémit pas, n'invoque pas les divinités; quand il voit que le bateau sombre, il mêle du sucre à du beurre fondu, en mange à se remplir le ventre; il imprègne d'huile deux tuniques bien lisses, s'en revêt bien serré, se tient près du mât. Au moment où le bateau sombre, le mât surnage ; les gens sont mangés par les poissons et les tortues ; l'eau en était toute sanglante à l'entour. Le Grand Sage, resté à la pointe du mât, observe : C'est par ici qu'est Mithilâ, et il saute du haut du mât, par delà les poissons et les tortues, et retombe à cent quarante coudées de là. Ce jour-là même Pola Janaka trépassait. A partir de ce moment-là, comme s'il était un tronc d'arbre en or, roulant sur les vagues couleur de joyau, il traversa la mer à la force de ses bras, nagea une journée et de même jusqu'au septième jour ; quand il s'aperçut que c'était le jour de la pleine lune, se lavant la bouche avec de l'eau salée, il observa le jeûne hebdomadaire. Et alors les quatre dieux protecteurs du monde : « S'il y a des êtres qui honorent leur mère en danger de périr dans l'océan sans l'avoir mérité, soutiens-les » ; c'est ainsi qu'ils parlèrent à Maṇimekhalâ, la fille de dieu qui est chargée de surveiller l'océan. Mais elle, pendant sept jours, ne jeta pas les yeux sur la mer; la fortune qu'elle goûtait avait distrait sa pensée; on dit encore que, fille de dieu, elle était allée à une assemblée des dieux. « Voilà sept jours que je n'ai pas considéré la mer, se dit-elle ; qu'est-ce donc qui s'y passe ? » Elle aperçut le Grand Sage : si Mahâ Janaka venait à périr en mer, je ne serais plus admise à l'assemblée des dieux ! A cette pensée, elle se rendit à peu de distance du Grand Sage, ses parures sur le corps, et debout dans l'espace, considérant le Grand Sage, elle prononça la première stance :

Qui peine en pleine mer sans même voir le bord? — Tu dois savoir pourquoi tu fais un tel effort !

Et le Grand Sage dit : Voilà sept jours aujourd'hui que je traverse l'océan ; je n'ai pas vu d'être vivant à part moi ; qui est-ce là qui me parle? Il regarda en l'air et prononça la seconde stance :

Je sais comme est le monde et le prix de l'effort. — Voilà pourquoi je peine en mer sans voir le bord.

Elle, curieuse d'entendre ses propos religieux, lui dit en vers :

Dans l'abîme infini tu ne vois pas de bord ; — toṇ effort est stérile et tu vas à la mort.

Mais le Grand Sage : Que dis-tu là? Si j'ai fait tous mes efforts, dussé-je mourir, j'échappe au blâme.

Il est quitte envers tous, dieux, parents, ascendants, — qui se conduit en brave et point ne s'en repent.

...Autant que je pourrai, je ferai mes efforts ; — j'agirai comme un brave en peinant vers le bord.

Entendant ce ferme propos, la déesse le loua dans une stance :

Sur l'océan immense et sans voir le rivage, — tu fais un long effort sans perdre le courage ; — tu parviendras aux lieux où ton cœur veut aller.

Et elle lui dit encore : O Sage de grande énergie, où vais-je te conduire? A la ville de Mithilâ. Alors elle le prit dans ses bras en le soulevant comme un paquet de guirlandes, et le pressant sur son sein comme un fils chéri, elle s'élança dans l'espace. Il avait le corps tout brûlé d'être resté sept jours dans l'eau de mer ; le contact de la déesse l'endormit profondément. Elle le porta donc à Mithilâ...

La divinité de la mer en ce temps-là, c'est aujourd'hui Uppalavaṇṇâ, etc.

Les deux jâtakas présentent tout d'abord ce caractère commun que le lien dont ils sont rattachés à la vie du Bouddha est nettement artificiel ; ils ne sont pas rapportés à un épisode connu ou positif de la biographie ; la circonstance qui prétend amener le récit a été imaginée pour les besoins mêmes du récit. Ils offrent en outre un grand nombre de traits communs. Les deux héros, Saṁkha et Janaka, s'embarquent pour aller chercher fortune à la Terre-d'Or, Suvarṇabhûmi, la Chrysê Chersonêsos des géographes grecs, ce monde encore fabuleux de l'Extrême-Orient, qui attirait tous les aventuriers ; les noms de lieux laborieusement recueillis par Ptolémée prouvent à quel point la recherche de l'or hantait ces pionniers de la civilisation indienne. Ne demandons pas à notre conteur des précisions sur le voyage ; les 700 lieues parcourues en 7 jours par les 700 marchands embarqués n'ont pas plus de signification positive que les mâts de rubis, les agrès en or et les voiles en argent du bateau qui ramène Saṁkha. Les précautions prises dans les deux cas avant le naufrage ont uṇ caractère plus réel ; le conteur ici n'a pas inventé ; il répète des informations exactes ; un homme gavé de sucre et de beurre, la peau frictionnée d'huile ou mieux encore revêtue d'une toile huilée qui colle au corps, pourra résister au lent refroidissement des membres plongés dans l'eau de mer ; les concurrents aux épreuves de natation ne font guère autrement aujourd'hui même. Le conteur sait aussi que les requins et les tortues se pressent autour du navire en perdition et rougissent l'eau du sang des victimes. Sur la déesse Maṇimekhalâ, il reproduit dans les deux textes les mêmes indications ; si elle se trouve chargée de surveiller la mer au moment des naufrages, c'est seulement en vertu d'une délégation temporaire et accidentelle: elle n'a pas l'habitude d'un si haut emploi, et dans son émotion elle commence même par s'en acquitter assez mal. Au lieu de secourir sur-le-champ le héros naufragé, elle le laisse flotter à la merci des vagues pendant sept jours, grisée qu'elle est par l'orgueil de sa promotion divine. Toutefois le récit connaît une autre explication de sa négligence : « On dit (*vadanti*, édit. Fausböll ; ou : certains disent *keci vadanti*, édit. Siam) qu'elle était partie à une réunion des dieux. » En bon auteur édifiant, il a préféré la version qui comporte une leçon de morale : une fortune trop brusque tourne la tête, même aux divinités. Mais nous entrevoyons à ce trait que Maṇimekhalâ avait intéressé d'autres conteurs et qu'elle avait son histoire ou sa légende propre en dehors des deux récits où le Jâtaka la fait paraître.

Nous sera-t-il interdit d'en savoir davantage ? Si Maṇimekhalâ ne s'est pas jusqu'ici rencontrée ailleurs, dans les textes sanscrits, palis ou pracrits, il est sur le sol même de l'Inde un autre domaine où son nom est célèbre. Maṇimekhalâ est le titre d'un des grands poèmes classiques de la littérature tamoule. Le tamoul, est, on le sait, une des langues de la famille dravidienne en usage dans le Sud de l'Inde ; il est parlé par 16 millions de personnes, depuis Madras jusqu'au cap Comorin, mais son aire de culture dépasse de beaucoup ses limites géographiques. Il possède une littérature originale et variée, la plus riche et la plus ancienne des littératures dravidiennes, avec des chefs-d'œuvre consacrés dans la plupart des genres. Le poème intitulé *Maṇimekhalâ* (*Maṇimêgalai* ou *Manimêkhalai*, sous la forme tamoule) est un de ces classiques ; il est, pour ainsi dire, inséparable d'un autre poème classique, le *Silappadigaram*, « l'Histoire d'un Anneau de jambe», qui en constitue le prologue. Ces deux œuvres ont été analysées en détail et traduites en français par M. Julien Vinson dans deux petits volumes publiés en 1900 sous le titre de *Légendes Bouddhistes et Djainas, traduites du tamoul*, dans la Collection des Conteurs et Poètes de tous pays. Récemment le Maṇimekhalâ a été rappelé à l'attention des indianistes à propos d'une controverse d'histoire littéraire ; le cas est trop curieux pour qu'on se refuse à en dire un mot.

Le maître de la logique indienne, Diṅnâga, docteur glorieux de l'église bouddhique, avait composé, entre autres, un ouvrage intitulé *Nyâyapraveśa*, qui subsistait seulement dans des versions chinoises et tibétaines ; l'original sanscrit, disparu depuis de longs siècles, a été retrouvé ces dernières années. Une discussion, encore pendante aujourd'hui, s'est ouverte autour de ce texte : le *Nyâyapraveśa*, est-il l'œuvre de Diṅnâga ? Or l'avant-dernier chant du Maṇimekhalâ, le XXIXe, est un exposé du syllogisme et des sophismes tel qu'on le trouve dans le *Nyâyapraveśa*, avec des exemples identiques. Il devenait une arme précieuse dans l'arsenal de la controverse. Mais, en outre, si le poète avait copié le logicien, il lui était postérieur ; il descendait plus bas que le VIe siècle. Or le nationalisme tamoul — car le pays tamoul a présentement, tout comme les autres pays civilisés, sa crise de nationalisme — exige pour le poème une date plus ancienne et pour le poète une originalité intégrale. Un savant dravidien, S. Krishnaswami Aiyengar, professeur à l'Université de Madras, a repris de ce point de vue l'étude du *Maṇimekhalâ* dans une série de leçons qu'il a publiées en 1928 sous ce titre : *Maṇimekhalai in its historical setting* (Maṇimekhalâ dans son cadre historique). Et il a eu l'heureuse idée de joindre à son argumentation passionnée une traduction complète du *Maṇimekhalâ*.

L'œuvre est d'inspiration bouddhique ; elle vise à instruire et à édifier. Maṇimekhalâ est le nom de l'héroïne, mais c'est aussi le nom d'une divinité qui est son ange gardien. La jeune fille est issue d'un amour tragique entre un marchand et une danseuse ; c'est un modèle de chasteté, de charité, de foi. Elle réside à Puhâr, appelé aussi Kâverîpaṭṭanam (le port de la Kâverî), situé à l'embouchure de ce fleuve, un des grands marchés entre l'Inde et l'Extrême-Orient dès l'époque de Ptolémée, au IIe siècle, et encore au temps de Cosmas (VIe siècle), ruiné vers le XVe siècle par les ensablements du fleuve. La ville, dont la littérature tamoule a si souvent décrit les splendeurs, n'est plus qu'un hameau de pêcheurs, consacré toutefois comme lieu de pèlerinage. La beauté de la jeune fille a embrasé d'amour le prince Udaya, qui la poursuit et voudrait l'enlever dans le tumulte joyeux de la fête d'Indra. La déesse tutélaire Maṇimekhalâ descend du ciel pour la protéger et elle la transporte par-dessus les flots à l'île sacrée de Maṇipallavam ; là se trouve un siège merveilleux (pîṭha) sur lequel le Bouddha s'est assis et qui réveille chez ceux qui l'adorent le souvenir des existences passées. Devant ce siège est un étang de lotus où, chaque année, le jour anniversaire de la naissance du Bouddha, à la pleine lune du mois Vaiśâkha, apparaît un bol miraculeux qui ne s'épuise jamais. Ce bol a une histoire compliquée. La déesse du savoir, Sarasvatî, l'avait donné jadis à un de ses protégés, Âputra (le fils de la vache), qui s'en est servi pour nourrir le peuple du royaume Pâṇḍya, dans l'extrême Sud de l'Inde ; puis, ayant appris par des marchands venus d'outre-mer qu'il y avait dans l'île de Java (Sâvakam) une famine causée par la sécheresse, Âputra s'est embarqué avec son bol pour atteindre ce pays ; le bateau, surpris par un ouragan, a dû relâcher pour un jour à l'île de Maṇipallavam. Âputra, descendu à terre, n'a pu rejoindre à temps son bateau ; resté seul dans l'île déserte, il a jeté le bol désormais inutile dans un étang, en exprimant le vœu que ce bol revienne une fois par an à la surface, et que si ce jour-là une personne charitable et pieuse passe sur la rive, le bol aille se poser spontanément dans ses mains. La jeune Maṇimekhalâ, amenée à l'instant propice par son ange gardien, reçoit ainsi le bol, et elle le rapporte à Puhâr, où sa protectrice l'a ramenée par la voie des airs. Son bol à la main, elle parcourt les rues de la ville, nourrit les pauvres, les veuves, les orphelins. Sur ces entrefaites, le prince qui l'avait poursuivie de ses assiduités est tué par un génie ; la rumeur publique rend la jeune fille responsable de ce meurtre. Elle doit fuir ; elle se rend par la voie des airs à Java, où Âputra transmigré et né miraculeusement d'une vache, a été adopté par le roi et lui a succédé sur le trône. Un ministre du roi, qui avait été à Puhâr pour y conclure un traité d'alliance entre Java et les Colas et y avait appris ses aventures, la reconnaît, la conduit au roi ; elle décide Âputra à s'embarquer comme pèlerin pour l'île de Maṇipallavam ; elle l'y précède en volant, l'accueille, le conduit devant le siège merveilleux. La divinité de l'île vient alors apprendre à la jeune fille la catastrophe qui a détruit Puhâr depuis son départ. La déesse Maṇimekhalâ a submergé la capitale du roi Cola pour le punir d'avoir négligé de célébrer la fête annuelle d'Indra. « Si vous êtes peinée, ajoute-t-elle, d'entendre que la déesse Maṇimekhalâ, la gardienne de la mer, a maudit ainsi la ville de Puhâr, sachez pour vous consoler que cette même déesse avait jadis sauvé du naufrage un de vos ancêtres qui allait se noyer et qui devint dans la suite l'homme le plus charitable de son temps ».

Maṇimekhalâ se rend alors à Vañji (aujourd'hui Karur, à l'ouest de Trichinopoly), puis à Kâñcî (Conjeveram, sud-est de Madras), un des foyers de la culture bouddhique ; la famine y sévit, mais le bol merveilleux y ramène l'abondance. Elle visite le grand temple élevé au milieu de la ville, où s'élève un arbre de la Bodhi en or avec un feuillage d'émeraudes, et elle demande au roi d'élever à Kâñcî une réplique du siège sacré de Maṇipallavam, d'y ériger aussi un temple à Maṇimekhalâ et d'y célébrer des fêtes périodiques. Puis elle va écouter les leçons d'un saint fameux, Aṟavaṇa Adigal, qui lui expose les principes fondamentaux du bouddhisme et lui donne un cours complet de logique pour réfuter les hérétiques. Aṟavaṇa lui confirme aussi le récit des événements tel qu'elle l'avait entendu à Maṇipallavam. « Le roi de Puhâr... avait oublié la fête d'Indra. Indra à son tour commanda à la déesse Maṇimekhalâ d'engloutir dans la mer la ville de Puhâr. Un ancêtre de votre père avait, voilà bien des générations, été pris dans un naufrage ; il était perdu dans la mer comme une aiguille d'or sur un riche tapis d'or ; sept jours il lutta désespérément, sans perdre la vie toutefois. Averti par un frémissement de son blanc coussin, Indra donna l'ordre à la déesse de sauver le futur Bouddha qui était en péril de mer. Elle le transporta donc hors de la mer pour que les Perfections (Pâramitâs) pussent être accomplies et que la Roue de la Loi pût être mise en branle. Votre père apprit des Câraṇas, toujours bien informés, que telle était la fonction habituelle de la déesse Maṇimekhalâ et vous donna son nom ».

Ce récit, répété deux fois dans le poème comme pour en signaler l'importance, est en parfait accord avec le Jâtaka. La plupart des traits se retrouvent dans le jâtaka de Saṁkha le brahmane aussi bien que dans le jâtaka de Janaka le Grand ;

on pourrait hésiter à choisir entre les deux. Mais un détail frappant dissipe l'incertitude. Le poète du Maṇimekhalâ introduit dans son récit un ornement inattendu : le naufragé qui flotte y est comparé à « une aiguille d'or sur un riche tapis d'or » ; c'est ainsi du moins que Krishnaswami Aiyengar interprète le texte ; mais mon collègue Jules Bloch, que j'avais prié de contrôler l'original, m'a prouvé qu'il faut traduire « comme une aiguille (*ûsi* = sk. *sûci*) d'or coud (*tuṉṉiyad*) un manteau (*kambala*) vert » ; l'image est ainsi beaucoup plus juste. Ce genre d'ornements est infiniment rare dans le poème ; pour relever l'intérêt du récit, l'auteur compte avant tout sur le charme de la rime qui joue en assonances subtiles à la seconde syllabe de chaque vers et à l'initiale de chaque hémistiche ; il compte sur l'agrément de ses « laisses » agencées chacune en une phrase unique de longueur variable ; il compte encore sur le choix heureux des termes empruntés souvent au trésor le plus secret du langage ; et pour le reste il compte sur l'ardeur de sa foi et la valeur des doctrines qu'il prêche. La comparaison si curieuse introduite par le saint Araṉaṇa dans le rappel d'un miracle ancien prend donc un relief inattendu.

Le jâtaka de Janaka le Grand offre précisément le pendant de ce cas. L'auteur, qui se sert toujours dans son récit d'une prose plate et familière, emploie, quand il s'agit du héros naufragé qui flotte sur les eaux, une comparaison qui détonne sur la trame incolore de son style. « Il se mit à traverser la mer comme un tronc d'arbre en or qui roule sur les vagues aux couleurs de pierreries ». Tel est du moins le sens du texte donné par Fausböll sans aucune variante. Mais l'édition siamoise du jâtaka, imprimée à Bangkok en 1922, et qui présente un texte sérieusement établi, lit ici (au lieu de *suvaṇṇakkhandho viya*) *suvaṇṇakaddali* (sic) *khando viya* (comme un tronc de bananier en or), détail qui modifie complètement l'esprit de la comparaison. Le tronc du bananier est, dans toute la littérature sanscrite, le symbole du trompe-l'œil ; il a l'apparence du bois, mais il est constitué simplement par les gaines des feuilles. Le Bouddha se sert à plusieurs reprises (*Majjh.* I, 233 ; *Saṁ.* IV, 167) de la parabole de l'homme qui part avec sa hache chercher du bois dur (sâra) et n'abat qu'un tronc de bananier. Le tronc de bananier reparaît encore dans une énumération de trompe-l'œil avec l'écume, la bulle d'eau, le mirage, etc., dans le *Saṃyutta*, III, 141 et en sanscrit dans la Mahâvyutpatti 2826 (édit. Sakaki). Le tronc du bananier serait aussi le symbole de la beauté des membres, si l'on en croit le *Dictionnaire* de la « Pali Text Society », qui cite à l'appui le commentaire sur le Vimânavatthu, page 280. En fait, le commentateur dans ce passage explique le terme *sampanna-uru-thanâ* de son texte par *kadalikkhandha-sadisa-uru...* (une femme qui a des cuisses pareilles à des troncs de bananier). La même expression revient dans une stance spirituelle introduite par le commentateur Ravicandra dans son édition d'Amaru, mais ignorée des autres commentateurs :

ûrudvayam mṛgadṛśaḥ kadalasya kâṇḍau
madhyaṁ ca vedir atulaṁ stanayugmam asyâḥ
lâvaṇyavâriparipûritaśâtakumbha-
kumbham manojanṛpater abhiṣecanâya.

« Ah ! la belle aux yeux de gazelle ! ses deux cuisses sont deux fûts de bananier ; sa taille dessine l'autel ; ses seins — à quoi les comparer ? — sont deux coupes d'or remplies d'une liqueur de salacité (*lâvaṇya*, grâce, dérivé de *lavaṇa*, sel). Tout est prêt pour le sacre de l'Amour-Roi ! »

Chézy, le premier professeur de sanscrit au Collège de France, dans son *Anthologie érotique*, qu'il publia sous le pseudonyme d'Apudy, traduisait ou plutôt glosait à sa façon (nº 42) : « Des cuisses fermes et polies comme la tige du bananier... » On ne peut trahir davantage son auteur ; la tige du bananier n'est ni ferme ni polie. Le poète voulait suggérer, au lieu de l'image disgracieuse des deux poteaux rituels, l'impression de fragilité délicate qui s'attache au bananier.

Donc, si nous acceptons la lecture des éditeurs siamois, le héros naufragé bercé par les vagues, quand il est comparé à un tronc de bananier, — en or, il est vrai, — nous est montré comme une pauvre petite chose frêle et menue, perdue sur la vaste étendue des eaux. Et c'est ainsi, sans doute, que le poète tamoul entendait le texte du jâtaka quand il substituait à l'image consacrée la comparaison avec une aiguille sur une pièce d'étoffe.

Revenons à Maṇimekhalâ ; il est désormais établi que, héroïne ou déesse, elle se localise avec précision. Elle a sa résidence primitive à Puhâr, dans le port où vient déboucher le grand fleuve du Sud de l'Inde, la Kâverî, et qui est un des grands centres du trafic entre l'Inde et les îles de l'Archipel; elle a son temple, son culte, ses fêtes à Kâñcî (non loin de Madras), la cité sainte du Bouddhisme, dans le Sud de l'Inde. Elle est une des nombreuses divinités « gardiennes de la mer » ; mais son domaine propre est cette région de l'océan qui s'étend du cap Comorin jusqu'au merveilleux Eldorado de l'Extrême-Orient. En dehors de cette zone de terre et de mer, elle est inconnue. Les deux jâtakas où elle figure, et où elle joue un rôle si exactement conforme à ses fonctions locales, n'ont pu être imaginés qu'à Puhâr ou à Kâñcî ; on les racontait sans doute aux pèlerins émus dans quelque temple ou quelque couvent. Nous savons, par les voyageurs chinois en particulier, combien d'autres jâtakas étaient rattachés à des sanctuaires et à des sites bien déterminés. Dans l'ordre même des jâtakas de la mer, je me contenterai de citer le jâtaka de Supâraga, conservé dans la collection sanscrite comme dans la collection palie ; le vieux pilote aveugle qui par la force de sa piété sauve son bateau du gouffre sous-marin caché aux extrémités du monde est le héros éponyme du grand port situé jadis près de Bombay et qui vit affluer le commerce hellénique aux environs de l'ère chrétienne. Nous sommes trop portés à considérer l'Inde comme une sorte de bloc massif ; les lents progrès de nos connaissances nous permettent peu à peu d'en disséquer les éléments et de retrouver, sous une apparence d'unité factice, l'infinie variété des apports qui ont formé le magnifique ensemble de la civilisation indienne. Le Jâtaka, cette épopée du conte, a su fondre dans un contraste harmonieux des légendes, des historiettes locales recueillies aux quatre coins de l'Inde : c'est par un mérite du même genre que les épopées nobles, le Mahâbhârata, le Râmâyaṇa, et, dans la Grèce, les poèmes homériques ont été reconnus comme les symboles de la civilisation qui les avait produits.

ON MAṆIMEKHALĀ
« THE GUARDIAN DEITY OF THE SEA »
(A CAMBODIAN DOCUMENT)

In the last number of the Indian Historical Quarterly, I have drawn attention to Maṇimekhalā, a goddess of the sea, whose name appears in the Pāli Jātaka and in a celebrated epic of the Tamil literature, associated in both of them, with the same tale — the rescue of a holy man about to be drowned after a shipwreck. I have suggested that this deity belongs to Southern India and that her place of worship may have been Kāñcī or Kāverīpaṭṭana. Now I have quite unexpectedly and by mere chance come across another reference to Maṇimekhalā not in India proper, but in Further India, in that kingdom of Cambodia (Kāmvuja, Kāmboja), where much of old India can still be detected, not only in ancient temples, but also in current life and daily practices.

The Cambodian Rāmāyaṇa has the following episode. Its translation has been prepared through the kindness of Mademoiselle Suzanne Karpelès, the keeper of the King's library and the secretary of the Buddhist Institute at Pnom-Penh.

« At the settled time, the gods and goddesses went to the meeting place where they used to go every year for the pleasure of dancing. A very powerful god, Varjun by name, having heard that all were already present at the place, dressed himself and went there in order to take part in the dance along with the other gods.

At that time, a goddess of the sea, Maṇimekhalā, who had also heard of that meeting, left her abode, holding in her hand a blazing jewel, and went to the place where all had to gather. At the same time, it happened that a king of the Giants, Rāmāsura or Rāma parusa (Paraśu Rāma) by name, very wicked and very powerful, left his heavenly mansion to enjoy a walk. In the course of his walk he perceived from afar the blazing fires of the jewel that Maṇimekhalā tossed in her hand while playing with it. Wishing to take hold of that precious jewel, Rāmāsura proceeded straight to her. The gods who were then dancing fled away and hastened to their home at the sight of the wicked Rāmāsura.

Maṇimekhalā, left alone on the spot, hid herself in the clouds, tossing her jewel. The Giant followed on her steps. Seeing him, she behaved as if she would give her jewel up to her foe. But, as he was nearing, she tossed the jewel up, and Rāmāsura, dazzling at the blaze, drew back. She stepped further, he pursued her. In a fit of anger, he advanced again in order to catch hold of her, but Maṇimekhalā again escaped the threatening hand. At last, the Giant threw his axe hoping to kill the mistress of the jewel, but, lo! the axe did not touch her. Rāmāsura exclaimed : "Mekhalā, will you give me your jewel ? If not, you will be killed by my own hands " and he went on pursuing her.

At this moment the god Varjun, a sword in his hand, came to pass along. Rāmāsura then left her aside, and full of anger, addressed the god Varjun with these words : " Who are you? How are you so bold as to pass along before my eyes? Do you not know that I am the most powerful in the three worlds? "Varjun answered : " Well, rascal, my name is Varjun, well-known in the three worlds. While passing through the air, I did not trample on your head. Why do you get across against me? Why do you want to emulate me? Have you not heard from the gods the extent of my divine power? Well be aware of this, Rāvaṇa himself, with ten heads and twenty arms, yields to myself ? "

Listening to these words of Varjun, Rāmāsura enraged, turned his axe round and began to fight. They exchanged such blows that the earth quaked. At last Rāmāsura succeeded in catching Varjun's feet, and he struck him against mount Meru so hard that Varjun died. The three worlds quaked, the Meru leaned on one side under Rāmāsura's heavy blow.

After that fight, Rāmāsura returned home victorious. As for Maṇimekhalā, she sat back to the sea, where she is still going on acting as a guardian ».

This is the tale from which a ballet has been drawn, still performed at the court of Cambodia. It was given once more, a few months ago at the festival held at Pnom-Penh on the opening of the new Buddhist Institute (May 1930); it had been performed a little earlier (December 1929) before the mahārāja of Kapurthala on the occasion of his visit to the royal court of Cambodia. The Programme distributed to the guests is as follows :

1. Welcoming dance of the angels.
2. The archangel Vorchun join the angels and dances with them.
3. The goddess of the sea, Mekhalā, holding a blazing stone, enters and dances with others. The archangel Vorchun requests her in vain to give him the stone.
4. The demon Ream-Eysor, dazzled by the blaze of the jewel thrown by Mekhalā, breaks out into a fit of fury, and pursues the angels. He attempts to obtain from the goddess of the sea her wonderful jewel, but to no purpose ; he pursues her and engages himself in a fight with the archangel Vorchun who tries to stand in his way.

Now it is clear at once that the compiler of the Cambodian Rāmāyaṇa was familiar with the same Maṇimekhalā, « the guardian of the sea », the owner of a wonderful jewel, who appears both in Pāli and Tamil literature, and that he was, moreover, acquainted with some features of her legend which we could only guess or presuppose from Indian sources. I had in my previous paper dwelt on a passage of the Mahājanakajātaka where the author explains why the goddess neglected for full seven days to inspect the sea; after giving his own explanation, he adds : " some people say (*keci vadanti*) that she had been attending a meeting of the gods ". And again, after becoming conscious of her negligence, Maṇimekhalā exclaims : "If Mahājanaka had perished in the sea, I could not hereafter be admitted into the meeting of the gods". What that meeting was is now told expressly in the Cambodian Rāmāyaṇa ; the gods used to meet once a year in a fixed place for the pleasure of dancing. Now, Maṇimekhalā's struggle with Paraśu Rāma is not likely to be a spontaneous fancy of the Cambodian epic; it was probably borrowed from some old cycle of Indian legends in which Maṇimekhalā was playing the chief part. It is no wonder that legends originating from the South-Eastern coast of India reached Cambodia; there are ample evidence of regular intercourse between this kingdom and the Southern dynasties, the Pallavas and the Colas. I hope I can later trace another evidence of the same kind, but in a converse direction.

MORE ON MAṆIMEKHALĀ

I. — Siam.

On my request H. R. H. Prince Damrong of Siam, whose work in the field of archæology ought to be known by every scholar interested in Buddhism, had an inquiry made in Siam about the goddess Maṇimekhalā. Here is the important note he compiled, as it reads in its original English form. It will be seen that, as it could be expected, Siam and Cambodia agree perfectly well on this subject; Cambodian Buddhism has been for several centuries under the predominant influence of Siam.

Maṇimekhalā [1] is known to the Siamese both through the Pāli Jātakas and the indigenous literature.

In the Mahājanaka Jātaka (Mahānipāta) and Saṅkha Jātaka (Dasanipāta) she is represented as the goddess of the sea appointed by the gods to rescue good men who may be shipwrecked.

The Siamese Rāmāyaṇa, composed anew [2] in the reign of king Rama I (1783-1809 A.D.), says that Maṇimekhalā is the goddess of the sea and lives in a place studded with gems, and relates a story about her which may be summarised as follows : —

Once at the advent of the rainy season, the gods and goddesses were dancing together. At the time a Yakṣa named Rāmāsūr, armed with axe and bow and living in the clouds, passed by where they were dancing. When he saw Maṇimekhalā's gem, he wished to have it and chased her. Mekhalā eluded him after dazzling his eyes by directing the rays of her gem into them and leaving him grope in the dark, and mocked at him. Rāmāsūr got enraged and threw his axe at her. But it was averted from her by the supernatural power possessed by the gem. Meanwhile Arjuna who lived upon the Cakravāla mountain came flying

1. " Maṇimekhala " is also shortened in usage into " Mekhala ".

2. Archaeological finds show that the story of Rāmāyaṇa must have come to Siam not less than five hundred years ago.

between Mekhalā and Rāmāsūr. Rāmāsūr got enraged, saying Arjuna crossed his path, and killed him by dashing him against the Sumeru mountain. Sumeru was thus made to lean on one side and Śiva had it set upright by Sugrīva.

The Siamese Rāmāyaṇa also helps us to identify Rāmāsūr and Arjuna mentioned above by narrating other incidents of their lives, namely, (1) Rāmāsūr fought with Rāma when the latter was returning home after marrying Sītā. Rāmāsūr was defeated and forced to surrender his bow. (2) While Daśakaṇṭha (Rāvaṇa) was staying with Ṛṣi Goputra as the latter's pupil, Arjuna had a quarrel with him. So Arjuna carried Daśakaṇṭha off as prisoner and flew around exhibiting his victim's helplessness before the world, but released him later on at the request of Goputra. So, in his book *On the sources of the Siamese Rāmāyaṇa*, H. H. the late king, Rama VI, identified Rāmāsūr with Rāma Paraśu (Paraśurāma of the Purāṇas) and Arjuna with Arjuna-Kārtavīrya, a king of the Haihayas, who was slain by Paraśurāma, and explained that the Siamese call Paraśurāma an " asūra " by confusing the word " nyakṣa " (meaning " low, " an epithet given to Paraśurāma because, although a Brahmin, he was irate and fierce) with the word " yakṣa. " Thus the episode in the Siamese Rāmāyaṇa summarised above, appears to be a fusion of a story from the Jātakas and the Purāṇas.

There is, however, a tradition current among the people even now that Mekhalā creates lightning by swinging her gem about and that Rāmāsūr creates thunder with his roars and the thunder-stroke by hurling his axe. This gives rise to the theory that Mekhalā and Rāmāsūr are merely lightning and thunder personified. The history of the word " Arjuna " as the designation conferred on men holding a particular office of state, serves to explain why there is an Arjuna associated with the deities of thunder and lightning. Formerly the designation was Phya Deba Varajun. Later it was changed into Phya Deba Prajun and then again into Phya Deba Arjun. Thus it will be seen that there has been a confusion between " Arjuna " (Pāli " Ajjuna ") and Pajjuna (Skt. " Parjanya ", god of rain) after they have been transplanted in a foreign country. Probably Mekhalā, Rāmāsūr and Arjuna are old Siamese deities connected with the rain who formerly had Siamese names but were renamed when the Siamese were converted to Buddhism and came under Indian influence. Failing to meet any Indian tradition that explains the phenomena of rain in the same terms as the folklore of Siam, the aim in renaming would have been restricted to equating the old Siamese deities of the rain with gods or heroes of India bearing some amount of resemblance to the former. It must have been thus that the story of Mekhalā of the Siamese Rāmāyaṇa has come to look like a piece of patch work.

The close relationship between Mekhalā, Rāmāsūr and Arjuna and the rain is made further clear by these three personages forming the characters of the " Ra-bam ". The Siamese ballet called " Ra-bam " is an ancient form of entertainment at which ten men on one side and ten women on the other dance to the accompaniment of music. Formerly it must have been a society diversion like the balls and dances of Europe. Afterwards it became the practice to employ professionals to dance at night when there are religious rites. Since in Siam agriculture forms the chief occupation of the people, religious rites are performed before the rainy season in order to ensure good rainfall and the story of Mekhalā and Rāmāsūr has been adapted to the dances usual in these rites.

Mons. Nicolas, who has given a summary of the Maṇimekhalā episode (Rāmāsūra and Maṇimekhalā ; Arjuna's death; Mount Meru set upright again ; Bali's perjury) in his complete analysis of the Siamese Rāmāyaṇa (Extrême-Asie, Saïgon, nº 19, Jan. 1928, p. 301), has also collected in Siam some pictures of Mekhalā which will be shortly published in *Revue des Arts Asiatiques*, Paris.

II. — Ceylon and Burma.

Mr. S. Paranavitana, Epigraphical Assistant to the Archæological Commissioner, Ceylon, who had contributed a very important paper, *Mahāyānism in Ceylon*, to the Ceylon Journal of Science II, I, December 1928, has lately published in the Ceylon Literary Register, third series, I, I, January 1931, a short, but substantial paper on the goddess Maṇimekhalā (p. 37-38), which he has kindly sent me. He notices there two references to Maṇimekhalā that escaped me : one is found in the *Rājāvaliya*, a Sinhalese historical work of the 17th century (Mr. Ananda Coomaraswamy, Boston Museum, has also drawn my attention in a private letter to the same reference). It is told there how Vihāradevī, the mother of the Sinhalese national hero Duṭṭhagāminī, was offered by her father as a sacrifice to appease the wrath of the sea-gods, and how she was safely brought by the goddess Maṇimekhalā across the sea to Māgama where she found her future husband.

" The other reference is contained in a non-canonical Pāli work entitled *Chakesadhātuvaṃsa*. This book, in its present form, is of no distant date ; but there is reason to believe that the legends it contains are very old. Most probably they are of South-Indian origin, for one of the six stūpas (referred to) is said to have been founded by Tamil (Damila) merchants. " So far Mr. Paranavitana ; but the editor of this booklet, Prof. Minayeff says expressly (Journ. Pāli Text Soc. 1885) that this *Chakesa* " is a work by a modern Burmese author, of unknown name and date " ; the two mss. used by the editor were Burmese. The *Chakesa* relates how Buddha gave over to six of his disciples Anuruddha, Sobhita, Padumuttara, Guṇasāgara, Ñāṇapaṇḍita, and Revata six hair-relics which they brought to Southern lands and had them enshrined in six stūpas. One of those was erected by Maṇimekhalā. Here is a translation of the chapter (JPTS., pp. 10-11) concerning this stūpa :

"There is a place on the sea-shore, all covered with Asoka-trees, and the western side of this is surrounded by a glen. Seeing this, all these (six) holy men reflected : Well, how shall we find in such a place a person to look after the relic? Then the venerable Padumuttara said to the other five holy men : 'I shall look for a maintainer of the relic.' He formed a resolution with the following stanza relating to Buddha's virtues :

'If you, the first in all the worlds, have been an ascetic in order to save the beings, let my prayer be successful through your power! May I find today a donor for a thūpa of the hair of the Jina!'

While he was praying in these words, a guardian of the sea, Maṇimekhalā by name, daughter of a god, appeared owing to Buddha's power, with all her ornaments, surrounded by many attendants. She came out of the sea in a perceivable form. And the theras told her : 'It is fitting, o lay female-devotee, to have a thūpa built for the relic. If you are able, then be the maintainer of the relic of the 'bull among the men, the incomparable one'! Then she thought : 'I belong to the female sex ; how can I obtain knowledge of the planning of the thūpa?' He said : If you, O lay-female-devotee, can give wages to the neighbouring people, they will quickly build a cetiya. 'All right,' she said, and in disguise she went thither, and she gave wages and had a cetiya erected. Those people made on this spot a dagoba eighty feet deep. The daughter of the god then made a heap of the jewels collected from various places by her supernatural power ; and then she brought from the Vepulla mountain one block of jewel, shining like a lamp and similar to the jewel of a Cakkavatti, and placed it within the relic chamber made of jewels, putting the relic-casket on the top of the jewel. While it was being placed, the earth quaked, lightenings flashed out of season, and there was a pleasant rainfall. All gods cheered. Maṇimekhalā, having paid her homage to Bhagavā's relic, had the cetiya closed. After closing it, the cetiya being completed, she uttered the following stanza expressing her wish :

May the dagoba of the Jina endure five hundred years,
Through your power, may beings know the place of No-death!

Having spoken thus, Maṇimekhalā set and erected the thūpa of the hair. Then the goddess, bowing to the feet of the Arahantas, with a pious mind went away and entered her own palace".

III. — French Indo-China.

A French lady, Madame Marcel Pascalis, living at Hanoi (Tongking), has prepared a paper on Maṇimekhalā, specially in Indochinese lore, in which she has collected some more information about the goddess; she has secured a Cambodian drawing, representing Maṇimekhalā as well as a photograph of Maṇimekhalā's dance. The paper will appear next autumn in *Revue des Arts Asiatiques.*

All these new documents go to show that Maṇimekhalā's own domain is, as I had stated in my first paper, "that region of the ocean which extends from Cape Comorin to the marvellous El Dorado of the Far East". While the Tamil country, Ceylon, Burma, Siam, and Cambodia afford so many evidences of her long notoriety there, nothing has come as yet to be found concerning her beyond this zone of earth and water. My dear P. C. Bagchi, whom I have to thank for translating, and so well, my first paper from the French original, has pointed out to me an interesting counter-proof. The *Mahāvastu*, which was certainly compiled in the Northern part of India, has a tale of a shipwreck (III, 353-356) where are found several features appearing also in the Pāli jātakas I have quoted. A *samudradevatā* here also comes to the rescue of the Bodhisattva and his fellow-merchants about to be drowned; she repents that she has so long neglected her duty of watching over the sea (*mayaṃ pramattavihārā* in the prose redaction, p. 355, l. 1; *mamedaṃ na viditaṃ pramattāye*, 365, l. 5); but the sea deity remains anonymous. The compiler is writing beyond the pale of the goddess Maṇimekhalā.

KOUEN LOUEN ET DVĪPĀNTARA

J'ai signalé depuis longtemps, et à plusieurs reprises, l'intérêt que présente, en particulier pour la géographie historique, une liste bilingue d'ethniques insérée dans un dictionnaire sanscrit-chinois, le Fan yu tsa ming que j'avais eu la bonne fortune de me procurer lors de mon premier voyage au Japon, en 1898. Un de mes élèves, Prabodh Chandra Bagchi, a reproduit en fac-similé ce texte comme thèse complémentaire pour le doctorat ès lettres en 1926 : *Deux lexiques sanscrits chinois*, accompagnés de notes sommaires. Depuis, M. Bagchi a composé en guise d'introduction à ces lexiques un mémoire considérable qui est actuellement en cours d'impression. On y trouvera une discussion minutieuse sur l'origine et la date probable de chacun de ces deux lexiques. Celui auquel je veux me référer ici se présente comme l'œuvre d'un moine d'Asie Centrale, nommé Li yen 禮言, çramaṇa du royaume de Koutcha 歸玆 (Kouei tze) au monastère de Koang ting 光定. Tous les indices concordent pour désigner en effet l'Asie Centrale comme le berceau de cette compilation et pour en fixer la date aux environs du VIIe-VIIIe siècle.

La liste de peuples et de pays établie en ordre dispersé enregistre (pd. 39a col. 2) le nom de Kouen louen 崐崘 ; il y est inséré entre le nom Ou tchang 烏長 rendu par Udyâna, et celui de Kao li 高麗, la Corée, rendu par Mukuri. Comme on le sait bien, le nom de Kouen louen désigne l'ensemble des pays des Mers du Sud, Indochine et Indonésie. Il suffit de renvoyer à l'utile mémoire du Journal Asiatique 1919, I, 239-333 et 431-492, II, 5-68, 201-241, où M. Ferrand a réuni et discuté tous les témoignages accessibles sur le Kouen louen. L'équivalent sanscrit est, comme toujours, transcrit en caractères chinois accompagnés d'un essai de restauration en caractères sanscrits, du type Gupta tardif, l'alphabet du Siddham conservé dans les écoles japonaises, et d'une autre transcription en caractères katakana. Ces deux transcriptions sont manifestement le fait d'un éditeur japonais ; la preuve en surabonde. Le nom sanscrit du Kouen louen est représenté par les caractères chinois 伱波 引 多 重 攞 en caractères siddham 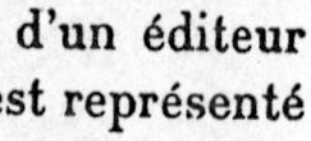

soit jîpâttala ; en effet le caractère 引 placé en annotation après 波 signifie « allonger » et marque la voyelle comme longue ; le caractère 重 placé en annotation après 多 signifie « redoubler » et marque le redoublement de la consonne. L'éditeur s'est donc conformé fidèlement aux indications du texte en chinois. Le katakana donne, d'accord avec la lecture en alphabet siddham, ジハタラ ji pa ta ra. Le mot jipâttala (jipatara) n'évoque rien de connu. Mais cette transcription est-elle exacte ou nécessaire ? Le premier caractère 儞 est bien susceptible de la lecture ji (dji) en japonais, mais il se prête à d'autres lectures. Giles 8212 et 8211 donne comme la prononciation mandarine ni, avec les prononciations dialectales nei, li, ngi, nü, ng, niei, dji, ne ; Karlgren indique comme la prononciation ancienne nzie ; Staël-Holstein (Gaṇḍîstotra) donne comme valeur de transcription en sanscrit d(y), de, n(y), ni, ni, ne. Et de fait l'auteur du lexique emploie le signe 儞 avec des valeurs diverses, p. ex. ny dans devakanyâ (39b), ni dans agni (36b), dî dans dîpa 儞播 (34b), équivalent du chinois 火登 « lampe ». Dîpâttara est donc possible et légitime. Le moine Li yen n'est pas un sanscritiste raffiné ; il note fréquemment les mots sous leur forme pracrite, celle de l'usage ; jipa peut-être dipa « lampe » ou dvîpa « île », pracrit dipa. Dvîpâttara suggère immédiatement dvîpântara ; le passage du tta au nta, facile dans la plupart des écritures de l'Inde, est presque inévitable dans l'écriture de Koutcha ; tous ceux qui se sont exercés sur des textes écrits à Koutcha et dans la région peuvent en témoigner.

Le terme dvîpântara n'est pas enregistré à part dans le dictionnaire de Pétersbourg ; c'est donc que Roth et Böhtlingk considéraient ce mot, qu'ils connaissaient — témoin dvipântaravacâ, nom de plante, classé à sa place alphabétique — comme un composé normal que la grammaire suffit à expliquer ; dvîpântara signifierait « une autre île », « un autre continent » puisque dvîpa réunit ces deux sens. Et c'est bien ainsi que l'a entendu par exemple Tawney quand il a rencontré ce terme dans un conte, pourtant bien suggestif, du Kathâsaritsâgara XXV et XXVI. Un personnage nommé Çaktideva s'est fait fort de connaître, pour y être allé déjà, la ville mystérieuse de Kanakapuri, dont il ne sait cependant que le nom ; sommé de s'expliquer, il va consulter dans la région moyenne du Gange, près de Kâmpilya, l'ascète Dîrghatapas établi sur le mont Uttara ; celui-ci lui répond :

> iyatâ vayasâ putra purî sâdya çrutâ mayâ
> deçântaragataiḥ kaiḥ kair jâtaḥ paricayo na me
> na ca tâṁ çrutavân asmi dûre taddarçanaṁ punaḥ
> jânâmy ahaṁ ca niyataṁ davîyasi tayâ kvacit
> bhâvyaṁ dvîpântare vatsa tatropâyaṁ ca vacmi te

« A mon âge, ô mon fils ! c'est la première fois que j'entends le nom de cette ville, et pourtant, des voyageurs qui vont en pays étranger (deçântara), quels sont, quels sont ceux que je n'ai pas connus ? Non, je n'en ai pas entendu parler, bien loin de l'avoir jamais vue. Mais je sais avec certitude qu'elle doit être quelque part dans le dvîpântara, et je vais te dire un moyen... »

Tawney traduit « But I am sure it must be in some distant foreign island ».

Le moyen annoncé par l'ascète, c'est de gagner d'abord l'île d'Utsthala située au beau milieu de l'Océan.

asti vârinidhau madhye dvîpam Utsthalasaṁjñakam.

C'est une île de pêcheurs ; le roi de l'île est un des bons amis de l'ascète, et il saura fournir toutes les précisions, car « il va et vient dans tous les dvîpântara's ».

tasya dvîpântareṣv asti sarveṣv api gatâgatam.

Tawney traduit cette fois « He goes to and fro among all the other islands ».

Sur cette indication de l'ascète, Çaktideva se rend au bord de la mer, au port de Viṭaṅkapura ; il y rencontre un marchand nommé Samudradatta qui part trafiquer à l'île d'Utsthala ; tous deux font voile ensemble, mais le navire se brise en pleine mer. Les deux naufragés flottent trois jours sur les vagues : un bateau survient qui les recueille ; par un hasard miraculeux, le patron du bateau est le père même de Samudradatta, qu'on avait cru depuis longtemps perdu corps et biens, après qu'il était parti pour le dvîpântara (XXVI, 124) :

gatvâ dvîpântaraṁ pûrvaṁ cirât tatkâlam âgatam

Tawney traduit « had gone to a distant island long before... ».

Çaktideva, justement surpris de la rencontre, s'écrie : « Et moi aussi, quand je faisais route pour le dvîpântara, mon bateau brisé, naufragé en plein océan, c'est vous qui m'avez sauvé ! »

tato dvîpântaraṁ gacchann ahaṁ vahanabhaṅgataḥ
adyâmbudhau nimagnaḥ san prâpya yuṣmâbhir uddhṛtaḥ

Tawney : « Then on my way to a distant island my ship was wrecked... ».

On arrive enfin à l'île d'Utsthala ; Çaktideva s'empresse de consulter le roi qui lui dit : « La ville où tu aspires, je sais par ouï-dire qu'elle est aux dvîpânta ».

nagarî tvadabhipretâ dvîpânteṣu çrutâ punaḥ

Tawney : « ... is situated in one of the distant islands ». Tawney considère donc dvîpânta comme un simple équivalent de dvîpântara ; la Bṛhatkathâmañjarî, dans le récit parallèle à celui de Somadeva, emploie le terme dvîpânta à propos de cette même ville ; un personnage qui y est allé est « arrivé au dvîpânta (dvîpântam âçritaḥ » V, 98 ; il serait donc plus naturel de traduire dvîpânta par « le bout du monde », et de ne pas le confondre avec dvîpântara.

Çaktideva, logé à Utsthala dans un couvent brahmanique, y retrouve un ami de sa famille qui l'encourage dans son projet : « Reste tranquillement ici, et d'oreille en oreille, les marchands qui viennent du dvîpântara feront aboutir ton dessein !

tad ihaivâḥsva na cirât sâdhayiṣyati câtra te
iṣṭaṁ dvîpântarâgacchadvaṇikkarṇaparamparâ.

Tawney : « The stream of merchants and pilots that come here from other islands ». [Je relève en passant que Tawney traite karṇa comme une abréviation de karṇadhâra « le pilote ». Mais il me semble que le sens normal de karṇa « l'oreille » convient parfaitement dans ce passage ; chacun des marchands à son tour répétera ce qu'il aura appris par ouï-dire sur la cité merveilleuse].

Enfin, dans l'épisode de la Bouche de la Jument (baḍavâmukha), les oiseaux perchés sur le figuier au-dessus de l'abîme se racontent leurs aventures de voyage : « l'un est allé au dvîpântara, un autre à la montagne, un autre dans une autre direction » (XXVI, 29) :

kaçcid dvîpântaraṁ kaçcid giriṁ kaçcid digantaram.

Ce dvîpântara qui revient si souvent dans le conte de Somadeva est le voyage classique des marchands qui vont chercher fortune outremer. Kullûka, sur Manu III, 158 explique le terme samudrayâyin du texte par ces mots : « celui qui va par mer, au moyen d'un navire etc., au dvîpântara (samudre yo vahitrâdinâ dvîpântaraṁ gacchati) ». C'est là sans doute une interprétation consacrée ; Bühler dans sa traduction du Baudhâyana Dharmasûtra cite le commentaire de Govinda sur le terme samudrasamyâna du texte (2, 1, 2, 2) : « Faire des voyages par mer, c'est voyager au moyen de bateaux vers un autre continent (dvîpa) ». L'original sanscrit, que je n'ai pas pu consulter, paraît être identique à la glose de Kullûka sur Manu. Un passage de l'Içânagurudevapaddhati (Trivandrum Sanskrit Series LXXVII, p. 237, vers 34-37) où le compilateur transcrit sans aucun doute quelque texte antérieur, rattache aussi le dvîpântara au commerce maritime : Une ville où on trouve en abondance toutes sortes de marchandises, située sur le bord de la mer, fréquentée par les marchands de mer, est appelée pattana ; si elle est à l'embouchure d'un fleuve, accessible aux bateaux de rivière et de haute mer, fréquentée par les marchands du dvîpântara, c'est alors un « débouché de boisseau » (droṇamukha) :

nânâpaṇyadhanâkîrṇaṁ sâgarânûpasaṁçritam
sâṁyânikavaṇigjuṣṭaṁ pattanaṁ paricakṣate
tad evâbdheç ca nadyâç ca saṁgamâgatapotakam
dvîpântaravaṇigjuṣṭaṁ vidur droṇamukhaṁ budhâḥ.

Acharya, dans son excellent Dictionary of Hindu Architecture, rapporte aussi, sous le mot pattana, un passage tiré du commentaire sur le sûtra jaina du Praçnavyâkaraṇa, où pattana est défini comme l'endroit où on trouve des articles du dvîpântara, à savoir pierreries, tissus de lin, camphre etc... (ratnair dvîpântarair nityaiḥ [sic ; probablement dvîpântarânîtaiḥ] kṣaumaiḥ karpûrâdibhiḥ). La mention du camphre parmi les produits du dvîpântara évoque l'Indonésie, qui a fait connaître le camphre à l'Inde. C'est la même orientation qui est suggérée par un passage du Karmavibhaṅga, texte bouddhique de date certainement ancienne : « Ils vont à des pays étrangers (deçântara), ils visitent la Terre-de-l'or (Suvarṇabhûmi), l'île de Ceylan (Siṁhaladvîpa) et le reste des dvîpântara (prabhṛtîni ca dvîpântarâṇi paçyanti) ». Nous trouvons ici, comme dans le Kathâsaritsâgara, accolés et distingués expressément, les deux termes deçântara et dvîpântara. Le tamoul, qui a emprunté au sanscrit le mot dvîpântara sous la forme vulgaire divântaram, désigne par là, au témoignage du Dictionnaire de la Mission de Pondichéry, s. v. : « une île, un pays éloigné ; les extrémités de la terre [cf. dvîpânta, sup.], la campagne » ; l'expression divântara avarei désigne « des pois venus des îles (orientales surtout) ».

Mais les « îles orientales » ont elles-mêmes leur témoignage à fournir ; le javanais emploie, pour désigner un archipel et l'Archipel par excellence, le terme nusantara, formation hybride où le mot sanscrit antara décèle une survivance de la culture indienne, tandis que nusa est le mot javanais qui signifie « une île » ; c'est le correspondant du sanscrit dvîpa, et l'expression entière se présente comme une javanisation partielle du composé sanscrit dvîpântara. J'ai rencontré dans la littérature javanaise même le mot dvîpântara. Le célèbre poème du Nagarakrĕtâgama énumère au chant XV les pays qui étaient en relation d'amitié avec l'empire de Majapahit : Siam, Dharmanagarî, Martaban, Râjapura, Siṅghanagarî (Singapour), Campâ, Kamboja (Cambodge), Yavana sont classés, à la stance 1, sous la rubrique deçântara ; Kern, qui a édité et traduit le texte comme Kern seul pouvait le faire, rend ici deçântara par : de andere landen (dan Java) « les pays autres (que Java) » : dvîpântara paraît à la 3e et dernière strophe, dans un contexte embarrassant à cause du mot pâhudhama dont le sens est bien incertain ; Kern propose de l'interpréter par cijns « tribut, impôt ». La troisième strophe, dit-il, se rapporte « au tribut que les îles sujettes (de onderhoorige eilanden) payaient au souverain ». La première ligne de la stance dit :

huwus rabdha ng dvîpântara sumiwi ri çrînarapati

Kern traduit : « Après que les autres îles avaient rendu propice Sa Majesté le Prince » [elles lui apportaient leur tribut] (nadat de andere eilanden Z. Maj. den Vorst gehuldigd hadden [brachten zij stipt den op elken termijn verschijnenden cijns] ». Mais déjà le poète avait passé en revue, aux deux chants précédents, XIII et XIV, les dépendances (onderhoorigheden) de Majapahit ; il a achevé son périple avec les stances 1 et 2 (celle-ci relative à l'île de Madoura) du chant XV.

La stance 3 se présente donc comme une conclusion d'ensemble. Sans entrer dans une discussion sur le domaine de la philologie javanaise, qui m'est étrangère, je serais tenté de croire — d'après l'analogie des exemples déjà cités — qu'après avoir nommé les pays vassaux, et ensuite les autres états (deçântara) qui sont en rapport d'amitié avec Majapahit, le poète conclut : « Après que le dvîpântara avait propitié Sa Majesté... », le dvîpântara, c'est-à-dire les îles et le continent des Mers du Sud. C'est justement ce que l'usage chinois englobait sous la désignation de Kouen louen, et il n'y a plus de doute que la désignation sanscrite correspondante, telle que Li yen l'avait notée dans son lexique sanscrit-chinois, était Dvîpântara.

Tous les textes que j'ai relevés se prêtent sans effort à cette interprétation ; je voudrais ici, à propos du nom de Kanakapuri, « la ville de l'Or » dans le Dvîpântara, souligner le rôle que la recherche de l'or a joué dans l'expansion hindoue en Indochine et en Indonésie ; ce ne sont pas seulement les appellations classiques de Suvarṇabhûmi et de Suvarṇadvîpa qui en témoignent ; les noms de fleuves et de rivières enregistrés par Ptolémée dans ses Tables évoquent sous de multiples altérations d'origine dialectale, qui décèlent peut-être la variété d'origine des chercheurs d'or, le « fabuleux métal » que les sables indonésiens n'ont pas cessé de charrier. C'est l'or qui a attiré l'Inde vers l'Eldorado de l'Extrême-Orient. D'autres produits encore enrichissaient le trafic, notamment le santal d'espèce exotique et le bois d'aigle, le camphre, les clous de girofle, les épices et les drogues, témoin cette humble dvîpântara-vacâ, « la vacâ du Dvîpântara » qui a gardé sa place dans la pharmacopée indienne, et dont le nom botanique, smilax China, rappelle encore les pays à l'Est de l'Inde. Pour les Christophe Colomb du monde hindou, le dvîpântara avait été : l'autre partie du monde, comme nous parlons de l'autre hémisphère et du Nouveau Monde.

UN ANCÊTRE DE TAGORE DANS LA LITTÉRATURE JAVANAISE

Je suis heureux de dédier cette étude au glorieux descendant de Bhaṭṭa Nârâyaṇa, à mon cher et grand ami Rabindranath Tagore. C'est de sa bouche que j'ai appris, à Santiniketan, à l'occasion de la représentation d'un acte du Veṇî-saṃhâra, que le nom de Bhaṭṭa Nârâyaṇa figure dans la liste rituelle de ses ancêtres. Et ce mémoire composé à son intention pour célébrer le 70ᵉ anniversaire de sa naissance, évoque avec plus d'intensité que jamais dans ma mémoire les jours heureux que nous avons, ma femme et moi, passés près de lui entre octobre 1921 et août 1922. Appelé par son choix à inaugurer l'enseignement de l'orientalisme à la manière occidentale dans l'Université de Visva-Bhâratî qu'il fondait à ce moment, j'y ai appris beaucoup plus que je n'y ai enseigné. Par Gurudev, comme nous l'appelons là-bas, par l'élite de savants et de disciples qui se sont groupés autour de lui et qui vivent de son inspiration, j'ai connu dans sa réalité vivante cette âme de l'Inde que l'étude des textes m'avait appris à admirer; c'est seulement à Santiniketan, au contact du Maître et de son entourage, que j'ai pu apprécier dans leur charme incomparable cette dignité de la tenue, cette noblesse des sentiments, cette exaltation contenue de la pensée qui se combinent sans effort avec une gaieté malicieuse, une fantaisie spirituelle, une douceur exquise, et cette communion perpétuelle avec la nature qui donne à la vie journalière une teinte délicieuse d'églogue virgilienne. L'homme qui a su créer et animer de sa puissante personnalité cet *Asram* est bien l'héritier authentique de ces anciens *ṛṣi* qui, retirés dans leurs ermitages, concentrés dans leurs méditations sans se détacher de la vie, ont légué à l'Inde ces trésors de sagesse qui ont fait sa gloire.

A la fin du xᵉ siècle après J.-C. règne sur la partie orientale de Java un grand prince, Śrî Dharmmavaṁśa tĕguh Anantavikramadeva. Rival et souvent adversaire du royaume de Srîvijaya (Palembang) qui avait créé dans l'île de Sumatra un magnifique foyer de culture indienne, Dharmmavaṁśa donne à l'étude des textes sanscrits un vigoureux essor. Sur son ordre, le Mahâ-Bhârata est traduit en langue javanaise. L'ouvrage n'existe plus aujourd'hui à Java même ; mais la petite île de Bali, dernier asile de la civilisation indienne dans l'Archipel, en a conservé quelques sections. Friedrich, à qui il faut toujours remonter quand il s'agit de Bali, fut le premier à les signaler, dans son précieux mémoire sur Bali (Verhandel. Batav. Gen. XXII, 1849). Kern, en 1871, a publié, d'après une copie préparée par Van der Tuuk, la table des matières (Anukramaṇikâ) du Mahâ-Bhârata javanais (Bijdr. T.L.V.-kunde van N.I., 3e Volg. dl. VI, 1871) ; six ans plus tard, il a donné une notice sur l'Ādiparva, où il a reproduit le Pauṣyacarita, texte javanais (kavi) et traduction (Verhand. K. Acad. Wet., afd. Lett. dl. XI, 1877). Depuis, Juynboll a édité l'Âśramavâsa, le Mausala et le Mahâprasthâna (1893), l'Ādiparva (1906) et le Virâṭaparva (1912).

Le traducteur javanais a incorporé dans sa version, comme une garantie d'authenticité et de fidélité, certains vers, ou fragments de vers, de l'original sanscrit, dont il a donné la glose littérale. En outre, il avait placé en tête de chacun des parva des stances sanscrites, dont le texte s'est fâcheusement altéré de copiste en copiste. Kern a déjà fait connaître la stance initiale de l'Ādiparva, mais il n'a pu en restituer que les trois premiers quarts. J'ai pu moi-même, pendant mon court séjour à Bali (juin 1928), prendre copie des stances qui ouvrent les quatre parva conservés, l'Ādi, le Virâṭa, le Bhîṣma et l'Âśramavâsa. Je publie ici ces vers, dans l'espoir qu'ils pourront provoquer des recherches intéressantes ; un d'entre eux tout au moins pose un problème curieux, comme on va le voir. Je donne le texte tel qu'il figure dans le manuscrit avec les confusions de caractères si fréquentes dans les mss. balinais (la prononciation n'y distingue ni les sifflantes, ni les aspirées, ni les dentales et les cérébrales), et avec les coupures baroques introduites souvent à l'intérieur des mots ; j'indiquerai ensuite les restitutions probables.

Ādiparva.

Ms. (1) jayati paraśarasûnus satya vâdi hrĕdayaṁ-nandâ no byâsaḥ-parasya sukârtipathayi tvâ-vâmadâ saṁkya sakâla jagatĕm-siva miti.

(Var. du ms. de Kern.... paraśarassûnus.... sukârtthiyitvâ.... saka jugatĕm).

Kern a bien reconnu une âryâ, et il a restitué :

> jayati parâśarasûnus Satyavatîhṛdayanandano Byâsaḥ
> parasya sukhârtthaheto........................

(2) srotanjali putara vayavĕm-vitabhavân bhâratâ kyâhĕm-mrĕsa dukta mahâ bhavâtem vrĕsṇi-krĕsṇa dvaipâyana midem dadyât suphala jagatâdhayah-paśupati paṇḍita krĕsṇa jagat va macitam-sarva slokĕm pavâya mânaḥ-kavi muktaḥ paraśâryaḥ vivrĕttâ nyeti.

Je reviendrai plus loin sur ces vers.

VIRĀṬAPARVA.

Ms. (1) satreyo yastapâ syanḍakâri pura vanâṣṭarsa lâsâni tevai-puṁgâ yukto palese viśala pasula niryâ punaḥ kanya kartha- -âpâdharmma pratikâra janana kuśalo yasta morâtma putraḥ-krĕsṇâ dvaipâyânâ kyâstha jayati bhagavân śrotryânĕm viśesaḥ.

Le vers est clairement une sragdharâ, et même fort correcte au point de vue métrique, sauf au second pâda pratikâra à rectifier en pratîkâra; néanmoins la restitution est souvent douteuse ou embarrassante[1] :

śâktreyo yas tapasy andhakaripuravanaṣṭa◡--◡devaiḥ
puṁsâ yuktopalebhe vimala◡◡◡- yâ punaḥ kanyakâtvam.
âpaddharmapratîkârajananakuśalo yas tayor âtmaputraḥ
kṛṣṇadvaipâyanâkhyaḥ sa jayati bhagavân śrotriyâṇâm viśeṣaḥ :

Ms. (2) yasmâ chra(*var.* chro)meti guṇa sâlikâ deyâ-sârddhâna varṣa śata rohinâssite (*var.* spite) -ya (*var.* yad) dhairya varṣâ mita karâstu sâ-śrî dharmma vaṁśa d-guh anantavikramaḥ.

On reconnaît une indravaṁśâ à peine altérée. Le dernier pâda, de lecture certaine, garantit le mètre; il faut toutefois, contrairement à la prosodie sanscrite, laisser l'a final de vaṁśa bref devant le mot javanais dgu (dĕgu) qui fait partie du nom royal. Le second pâda semble exprimer une date avec les mots varṣa śata; en ce cas il faudrait y retrouver 918 śaka, date fournie par le texte même en javanais (kavi), mais je ne vois pas comment on peut y réussir. On peut essayer de restaurer ainsi :

yasmât sravante guṇaśâlikâdayaḥ
sârddha◡ varṣaśata rohiṇî site |
yaddhairyavarṣâmita-karâs tu saḥ
śrîdharmmavaṁśa dguh anantavikramaḥ.

BHĪṢMAPARVA.

Ms. (1) krĕsṇâṅgambhoda paṅktiḥ kila kapila jatâ tâlikî veṣṭamâna-dhûlipreṅkadvalâkâ pravitiśaya valâ stotrâ pâjanya ghoṣa-yasya jñâna pravarṣeḥ suka yati janatâ nîla kaṇṭa pravahân-taṁvan devyâ sasajñamyata manukrĕtaye mâtrayâ tadvânânâm.

1. Pour ce vers et les variantes cf., outre l'édition du Virāṭaparvan de Juynboll, l'ouvrage en danois de K. Wulff, Den oldjavanske Wirāṭaparvan, Copenhague, 1917, p. 226-233.

Le mètre est la sragdharâ, presque entièrement correct ; l'ensemble se restitue assez facilement :

kṛṣṇâṅgâmbhodapaṅktiḥ kila papilajaṭâveṣṭamâno
dhûlipreṅkhadbalâkâniratiśayabalastotraparjanyaghoṣaḥ |
yasya jñânapravarṣaḥ sukhayati janatânîlakaṇṭhapravâhân
taṁ vande vyâsasaṁjñâyutam anukṛtaye mâtrayâ tatpadânâm.

Ms. : api ca (2) yas śri darayaca patiḥ kalu loka phalaḥ-tasyammano hari pada trayam eti samrat-śri dharmmavaṁśad-guh anantu maddhyam-sajñam nrĕpaḥ pranida dhâti savikramântam.

Vasantatilakâ métriquement correcte, mais avec une lacune au 3e pâda ; la restitution offre peu de difficultés. C'est ici encore un éloge du roi Śrî Dharmmavaṁśa dĕguh Anantavikrama :

yaś śrîdharo narapatiḥ khalu lokapâlas
tasyâ(?)manoharapadatrayam eti saṁjñâ :
śrîdharmmavaṁśa d-guh[tadâdim ?]anantamadhyâm
saṁjnâm nṛpaḥ praṇidadhâti savikramântâm.

Āśramavāsaparva.

Ms. : aśvamah piñgâlâ jana padvâkâla-paprañgu pâṇḍhava krĕsṇatva kvadanaḥsarvva śloka padhartha vinokta kavi-mukta sarvva gasâla mi vrĕnonati.

Cette stance, d'un type métrique indéfinissable, présente au premier aspect un certain nombre de mots ou d'éléments déjà rencontrés dans la seconde partie de la soi-disant stance qui suit le verṣ initial de l'Ādiparva. En effet, nous avons de part et d'autre : krĕṣna... tva... sarvaśloka (ślokĕm)... kavi mukta.... vivrĕttânyeti (mivrĕnonati). Le rapprochement des deux morceaux permet de reconnaître une des stances de bénédiction conservées en sanscrit par un des manuscrits grantha, le G2 de l'édition Sukthankar. G2 lit au vers 13, mètre mattamayûrâ, après une série de namaskâra :

abhraśyâmaḥ piṅgajaṭâbaddhakalâpaḥ
prâṁśur daṇḍî kṛṣṇamṛgatvakparidhânaḥ
sâkṣâl lokân pâvayamânaḥ kavimukhyaḥ
pârâśaryaḥ parvasu rûpaṁ vivṛṇotu.

L'Āśramavâsa javanais (Āś.) a fait aśvamaḥ de abhraśyâmaḥ, piṅgâlâ jana de piṅgajaṭa, padvâkâlâ de baddhakalâpaḥ ; paprañgu pâṇḍhava (Āś.) et paśupatipaṇḍita de l'Ādiparva(Ād.) sont l'un et l'autre des altérations de l'original prâṁśur daṇḍî ; krĕsṇa tvakvadanaḥ(Āś.) et krĕsṇa jagatvamacitam(Ād.) sont l'un et l'autre des altérations de kṛṣṇamṛgatvakparidhânaḥ; sarvaślokapadhartha vinoktakavi Āmukta(ś.) et sarvaślokĕm pâvayamânaḥ kavi muktaḥ (Ād.) ramènent tous deux à sâkṣâl lakên pâvayamânaḥkavimukhyaḥ ; enfin paraśâryaḥ vivrĕttânyeti (Ād.) et sarvagaśala mivrĕnonati(Āś.) sont des débris du dernier pâda : pârâśaryaḥ parvasu rûpaṁ vivṛṇotu.

Nous sommes donc ramenés à une recension de l'Inde méridionale ; rien de plus naturel : depuis les Pallavas jusqu'aux Coḷas, l'Archipel et le Sud de l'Inde sont unis par des rapports fréquents.

Je reviens maintenant aux stances initiales de l'Ādiparva. Kern ne s'est essayé, comme je l'ai dit, à restituer que la première, et seulement en partie. Pour les deux suivantes, il se contente de déclarer que, dans les deux vers sanscrits qui suivent, il y a peu de chose à reconnaître en dehors des noms propres *Bhâratâkhyam* et *Kṛṣṇa Dvaipâyana*. Ce qui est clair, du moins, c'est que le contenu de ces deux vers, maintenant méconnaissables, est en fait d'accord avec le MahâBhârata I, 17-19 (Calc. ed.). Nous pouvons aujourd'hui pousser plus loin.

Tout d'abord il semble impossible de croire que les stances en l'honneur de Vyâsa qui ouvrent les quatre parvan jusqu'ici accessibles, soient réellement l'œuvre du traducteur javanais ; les stances en l'honneur de son patron royal Dharmmavaṁśa qui n'ont pas pu naturellement être empruntées à des ouvrages d'origine indienne trahissent une gaucherie de facture qui les distingue fâcheusement des autres ; quelle que doive être la part de responsabilité des copistes dans l'état corrompu du texte, la maladresse et l'indigence de l'auteur n'éclatent que trop visiblement. En outre, nous savons maintenant, grâce à la précieuse édition critique du MahâBhârata donnée par l'Institut Bhandarkar de Poona, que le premier hémistiche de la stance initiale

jayati Parâśarasûnus Satyavatîhṛdayanandano Vyâsaḥ

se lit au début de la recension cachemirienne de l'épopée (ms. K3) ; le second hémistiche est, à vrai dire, tout différent :

yasyâsyakamalakośe vâṅmayam amṛtam pibati lokaḥ.

Nous sommes sans doute en présence d'un de ces exercices de *pâda-pûraṇa* si goûtés des versificateurs hindous ; une portion de vers étant donnée le poète doit la compléter par une invention de son cru. Personne ne sera disposé, je pense, à croire que la recension cachemirienne du MahâBhârata est allé chercher à Java dans une traduction en vieux javanais du xe siècle, un hémistiche d'adoration à Vyâsa pour le placer en tête du MahâBhârata. On est donc forcé d'admettre que le traducteur javanais a emprunté à l'Inde cet hémistiche ; l'état désespéré du second hémistiche dans le texte javanais ne permet pas de discerner avec quelque vraisemblance s'il est une invention du traducteur javanais ou s'il est copié d'un original indien. En tout cas, c'est un fait digne de considération que le rapport s'établisse entre le MahâBhârata de Java et la recension cachemirienne. J'ai déjà montré, à propos du Râmâyaṇa (Journ. As. 1918, 1, 135) que c'est aussi à la recension cachemirienne de ce poème que remonte l'imitation du Digvarṇana introduite dans un sûtra bouddhique. La valeur des textes du Cachemire se trouve donc fortement établie ; en outre, dans le cas du Râmâyaṇa, le texte cachemirien semble le mieux informé sur les îles de l'Archipel. La traduction javanaise montre, d'autre part, que le texte d'un parvan du MahâBhârata connu au xe siècle à Java était celui du Cachemire. Toute une série d'autres indices semblent marquer des relations directes entre le Nord-Ouest de l'Inde et les pays d'outre-mer à l'Orient.

Le second vers va nous reporter dans une autre direction. Kern y avait reconnu les mots *bhâratâkhyam* et *Kṛṣṇa Dvaipâyana ;* mais on peut en outre lire avec assurance au début les mots *śrotrâñjali*. Ce sont là des repères suffisants pour être tenté d'y retrouver, puisqu'il s'agit d'une glorification de Vyâsa, le vers d'hommage qui ouvre le drame fameux du Veṇîsaṁhâra, immédiatement après la nândî :

> śravaṇâñjaliputapeyaṁ viracitavân bhâratâkhyam amṛtaṁ yaḥ
> tam aham arâgam atṛṣṇaṁ Kṛṣṇa-Dvaipâyanaṁ vande

L'accord est aussitôt évident. Soulignons les portions communes qui se retrouvent dans le texte javanais :

śrotrañjali puta ra va*ya*veṁ *vita*bhavân *bhâratâ kyahem mrĕśa* duk*ta mahâ* bhav*âtem vrĕsṇi krĕsṇa dvaipâyana m idem.*

śrotrañjali est une simple variante de *śravaṇâñjali* ; le mètre, ârya, s'accommode aussi bien d'une lecture (-, spondée) que l'autre (◡◡- anapèste). *puta* est identique à *puṭa* ; les mss. de Bali confondent totalement dentales et cérébrales. *ravaya* se ramène aisément à *peya* dans cette écriture, où la voyelle *e*, tracée à gauche de l'akṣara (comme en bengali) se distingue difficilement du *ra*. *veṁvitabhavân* recouvre *viracitavân*, le *m* et le *c*, comme dans la plupart des écritures indiennes, se ressemblent ; le *bha* de *bhavân* a dû être introduit par la fausse science d'un scribe. *bhâratâkyahĕm* est, comme Kern l'avait deviné tout de suite, *bhâratâkhyam*. *mrĕśa*(*rĕ* est la notation du *ṛ* sanscrit) a conservé en partie *a*) *mṛ*(*t*)*a*(*m*) ; *duk* s'est substitué à *yas*, j'ignore comment et pourquoi. Mais *tamahâ*, qui suit = *tam aham ; bhavâtem* correspond à *arâgam* ou à quelque autre lecture ; *vrĕsṇi* répond à *atṛṣṇam* ou à *akṛṣṇam* variante de plusieurs mss. ; la forme du *v* s'accommode aussi bien à un *k* qu'à un *t*. Enfin *idem* couvre en partie *vaṁde*.

Donc c'est à l'auteur du Veṇîsaṁhâra, à Bhaṭṭa Nârâyaṇa, que le traducteur javanais a emprunté cet hommage à Vyâsa. D'autres réussiront quelque jour à retrouver l'origine des autres stances qu'il avait recopiées. Bhaṭṭa Nârâyaṇa est, suivant une tradition toujours admise, un des cinq brahmanes que le roi Âdiśûra avait appelés au Bengale pour y restaurer la pureté de la caste brahmanique. La date de Âdiśûra a été fréquemment discutée; déjà Wilson en 1827 (Hindu Theatre III, app. p. 27) assignait le Veṇîsaṁhâra au VIIIe ou IXe siècle ; nous pouvons désormais affirmer avec certitude qu'il est antérieur à la fin du Xe siècle. Les citations abondantes qui en sont données dans tous les traités de dramaturgie et de composition poétique prouvent la haute réputation de ce drame. Qu'un ouvrage composé au Bengale soit parvenu à l'Archipel, il n'y a pas lieu d'en être surpris ; les relations étaient régulières entre les deux pays. C'est à Tâmraliptî, le grand port de Bengale, que Yi-tsing s'embarque pour passer à Śrîvijaya (685). L'inscription de Kelurak (782) atteste qu'un des moines bouddhistes de la tradition du Bengale (Gauḍîdvîpagurukrama) était alors le chapelain royal d'un roi Śailendra de Java. L'inscription de Nâlandâ, dans la seconde moitié du IXe siècle (Ep. Ind. 1924, 310, 327) montre les Pâla du Bengale engagés, sous les auspices de la religion, dans des relations politiques avec une dynastie de Sumatra (Suvarṇadvîpâdhipamahârâja). Vers l'époque même où le MahâBhârata est traduit en javanais, le célèbre Atîśa, qui devait jouer un rôle éclatant dans le bouddhisme au Tibet, vient du Bengale à l'Archipel, probablement à Sumatra (Suvarṇadvîpa), pour y compléter ses études sous la direction du Dharmmakîrtti, grand prêtre du pays (début du XIe siècle).

Si un drame indien, et particulièrement un drame fondé sur le MahâBhârata, était connu à Java sous le règne de Śrî Dharmmavaṁśa, l'hypothèse d'une influence indienne sur l'origine du théâtre d'ombres javanais, le wayang, gagne en vraisemblance. C'est justement sous le successeur de Dharmmavaṁśa, le grand roi Airlaṅga, que l'existence du wayang se manifeste comme un fait positif, en rapport avec la composition de l'Arjunavivâha, la première œuvre originale en javanais fondée sur le MahâBhârata (cf. Krom, Hindoe-Javaansche Geschiedenis, p. 47-48 et note, et p. 265). On sait quel lien étroit a subsisté au cours des siècles entre le wayang et la grande épopée hindoue.

BILAṄGA-DUTIYA

Le Canon pali, chaque fois qu'il s'agit de désigner une nourriture misérable, emploie une formule stéréotypée : *kaṇâjakaṁ bilaṅga-dutiyaṁ* " du kaṇâjaka qui fait la paire avec du bilaṅga. " Cette expression, qui revient tant de fois, présente une singularité exceptionnelle ; des deux termes qui y entrent, aucun n'est connu en dehors de la littérature palie ; mieux ou pis encore, le sens de ces deux termes reste à fixer. Nous n'avons pour nous guider que les commentateurs ; et les commentateurs ont, nous allons le voir, joué ici un mauvais tour aux traducteurs. Oldenberg et Rhys Davids, rencontrant cette formule dans le Vinaya, Cullavagga, IV, 5 = Sacred Books vol. XX, p. 9, traduisent « scraps of food and sour gruel with it " — " des miettes de nourriture et de la bouillie aigre avec " ; et ils ajoutent en note " These expressions recur at Jātaka I, 228. The Samenta Pâsâdikā says merely : *kaṇâjakan ti sakuntakabhattaṁ. bilaṅga-dutiyan ti kañjika-dutiyaṁ.* " M. Burlinghame, qui retrouve la même formule dans le commentaire sur le Dhammapada, vers 119-120, la rend par " bird-feed and sour gruel " (Buddhist Legends.... vol. II, 268), où « bird-feed » semble l'équivalent littéral de *sakuntaka-bhatta* (qui serait = sk. *çakuntaka-bhakta* " du manger pour les petits oiseaux "). — Seul, M. Edm. Hardy s'est détaché de la tradition, et a tenté une interprétation indépendante ; dans l'Index du Commentaire sur le Vimânavatthu (p. 364), il enregistre *kaṇâjaka* et ajoute : " cf. skr. kaṇaja, a certain weight, " et il renvoie à deux passages où kaṇâjaka est, comme toujours, associé à bilaṅgadutiya. M. Hardy n'a point expliqué comment on pouvait passer de kaṇâja (attesté tardivement, chez Hemâdri, selon PW²) à kaṇâjaka, ni comment on peut tirer un sens de cette interprétation fantaisiste. — M. Stede est revenu à la tradition établie, dans son Dictionnaire Pali ; sous le mot *kaṇâjaka*, il traduit : " a porridge of broken rice, eaten together with sour gruel (bilanga dutiya ; always in this comb. except at Jāt. V, 230 : *k°bhatta* " a meal of k. porridge) " ; et sous *bilaṅga* il donne : " Etym. doubtful ; one compares both sk. viḍanga the plant Embelia ribes and vilanga the plant Erycibe paniculata ; sour gruel J. VI, 365 (-kañjiya) ; usually in stock-phrase kaṇâjaka bilanga-dutiya (seed-cake ?) accompanied by sour gruel [suivent les références]".

Plusieurs des passages où l'expression paraît en pali ont leurs parallèles dans les textes chinois. Et tout d'abord le Velâmasûtra, que le canon pali a classé dans l'Aṅguttara nikâya IV, 392 ; ce sûtra qui exalte le don a été fort populaire dans le bouddhisme chinois, comme l'atteste l'épigraphie. Il se compose de deux parties : un dialogue entre le Bouddha et Anâthapiṇḍika, puis l'histoire légendaire d'un brahmane de jadis, Velâma, qui fut un modèle de libéralité charitable. L'Ekottara Âgama contient le même sûtra, au chap. XIX, Tai. 125 (II, 644 b). Le Bouddha de part et d'autre, demande à Anâthapiṇḍika : Est-ce qu'on donne le don dans ta famille? — Dans le sûtra pali, Anâthapiṇḍika répond : Oui, bonheur sur toi ! on donne le don dans ma maison, et c'est assez grossier, du *kaṇâjaka bilaṅgadutiya*. Dans la traduction chinoise de l'Ekottara, Anâtha° répond : " Dans ma pauvre maison, on pratique le don ; en fait de boire et de manger, c'est du pain grossier, et encore gâté ; on ne donne pas ce qui va normalement ensemble. "

La réponse est inattendue de la part d'un millionnaire tel qu'Anâtha°. Pour l'expliquer, l'Atthakathâ du Dhammapada III, 10 qui rapporte ce dialogue raconte qu'Anâtha° a perdu sa fortune par une suite de malchances, et se trouve réduit au dénuement. Et de fait, dans le chinois, Anâtha° parle de sa « pauvre maison ». L'introduction au Khadiraṅgajâtaka I, 226 sqq., qui se réfère aussi au Velâmasutta, rappelle les dons immenses que faisait à la Communauté Anâtha° avant de s'être appauvri au point d'offrir seulement *kaṇâjaka bilaṅgadutiya*.

La traduction de l'Ekottara, due à Dharmanandi (384-385), n'apporte donc pas de précision pour interpréter l'énigmatique formule. Mais le Velâmasûtra figure aussi dans le Madhyama Âgama, traduit par Gautama Saṅghadeva en 397-8, au chap. XXXIX (Tai. 26 ; I, 677 a) ; la réponse d'Anâtha° (désigné ici sous le nom de Sudatta) est : « Oui, la famille pratique le don, mais seulement pour des choses très grossières et qui ne sont pas faites pour plaire, bouillie à la balle de grain, bouillon de chanvre, un morceau de gingembre » 家行布 施但爲至麤下能好也 糠飯麻羹薑茇一片.

Le Velâmasûtra a été aussi traduit à part, un siècle après la traduction des Âgamas, en 495 par Guṇavṛddhi des Ts'i, sous le titre de Siu ta king (Tai. 73 ; I, 879). Guṇavṛddhi rend ainsi la réponse du marchand : « Ce que la famille donne n'est pas une nourriture merveilleuse : un mélange de barbe d'épis et de grains de chanvre comme bouillon, et un morceau de gingembre ; voilà le don » 所有施不能妙食 有雜穢麻子爲羹 薑一枚以爲施.

Il existe encore deux autres traductions séparées de ce même sûtra, le San koei wou kiai tzö sin yen li koung tö king (Tai. 72), traduction anonyme du temps des Tsin de l'Est, 317-420, et le Tchang tchö tche pao king (Tai 74) traduit par Fa t'ien entre 973 et 981 ; mais le préambule manque dans l'une et l'autre.

L'Aputtaka sutta du Saṁyutta (I, 89 et 91) qui présente la même formule se retrouve aussi dans l'Âgama correspondant (Tai. 99 ; II, 337a). Un marchand avaricieux de Sâvatthi est mort sans laisser d'enfant. « Or voici quel était son régime de vie : en fait de nourriture, il mangeait du *kaṇâjaka bilaṅgadutiya* ». La traḍuction chinoise (qui donne au marchand le nom de Mahânâman) donne en regard : « Voici quel était son régime de nourriture : manger des brisures de riz grossier ; manger du bouillon de fèves ; manger du gingembre pourri » 食麤碎米 食豆羹 食腐敗薑. Il existe aussi une traduction incomplète du Saṁyukta, un peu antérieure à l'autre ; elle porte le titre de Pie yi tsa ahan king (Tai. 100) et date des Ts'in (350-431) ; le sûtra du Marchand sans fils s'y retrouve (II, 393). « Ce qu'il mangeait, c'était une mixture de balle de grain grossière et fétide ; s'il faisait du bouillon, il y faisait bouillir du gingembre ; et après qu'il l'avait fait bouillir, il le reprenait pour le vendre et en tirer quelque argent » 所可食者 雜糠麁澁 若作羹時 渾煮薑罷煮已 還取賣爲財用.

Le sûtra est répété, avec de légères variantes, dans le pali et dans le chinois. Le Saṁyukta se contente, pour le passage qui nous occupe, de dire : « comme ci-dessus ». Le Pie yi tsa ahan (394 a) reproduit la traduction donnée dans le premier sûtra, mais devant 雜糠 il écrit ici les deux caractères 秕稗 ; le premier désigne « un grain très maigre qui n'a que l'écorce ; grain de rebut » ; le second désigne « des plantes nuisibles qui ressemblent au riz ou au millet ».

Dans toutes ces versions, d'époque diverse et d'auteurs différents, on voit paraître, en regard du *bilaṅga dutiya* pali, la mention inattendue du gingembre. Serait-ce pure fantaisie des interprètes ? Par un singulier paradoxe, c'est une énigme qui va nous apporter la solution. Le Mahâummaggajâtaka (546 ; VI, 365) met aux prise dans un assaut de finesse la belle Amarâ et Mahosadha. Le jeune homme demande à la belle de lui indiquer le chemin qui conduit chez ses parents ; elle lui répond :

yena sattubilaṅgâ ca—dviguṇapalâso ca pupphito
yenâdâmi tena vadâmi—yena nâdâmi na tena vadâmi
esa maggo Yavamajjhakassa—etaṁ channapathaṁ vijânâhi.

« Par où il y a du saktu et du bilaṅga — et un feuillage double en fleur — par où je mange, c'est par là, te dis-je ; — par où je ne mange pas, ce n'est pas par là que je te dis. — Voilà le chemin de Yavamajjhaka (Entre-les-orges) ; — comprends ce chemin caché ».

Le commentaire explique ainsi l'énigme : « En entrant dans le village, tu verras une boutique de *sattu* et ensuite une boutique de *kañjiya* ; au delà, un kovidâra aux feuilles doubles qui est fleuri ; au pied de cet arbre, prends à droite, laisse de côté le gauche ; c'est le chemin de Yavamajjhaka ». L'énigme était fameuse ; le Jâtaka, en dehors de cet épisode, fait encore de ce vers un jâtaka particulier, l'Amarâdevîpañha (112 ; I, 424). *Saktu* désigne de la farine à gros grains roussie, et spécialement de la farine d'orge ; le Kathâsaritsâgara LXXI, 267 en donne clairement la recette : *lûnair [yavair] bhṛṣṭaiś ca piṣṭaiś ca saktavo vihitâs tayâ*. Ce plat fait partie intégrante du rituel et il est souvent mentionné dans les Brâhmaṇas. On connaît bien l'histoire de l'homme au pot de *saktu*, qui est la contre-partie indienne de notre Perrette avec son pot au lait ; cf. p. ex. Tantrâkhyâyikâ V, 1 ; Pañcatantra éd. Bombay V, 9. Le mot *saktu* est rendu dans la Mahâvyutpatti 5697 par 麨 « farine » en tibétain *phye* « farine » et spécialement « farine d'orge ». Le commentateur veut que, dans l'énigme, *saktu* se réfère à une boutique où on vend du *saktu*; mais il faut avouer que, dans cette interprétation le sens serait par trop facile à deviner. Quant à *bilaṅga*, il l'explique par une boutique de *kañjiya*. *Kañjiya* est la forme pracrite du mot que le sanscrit note *kâñjika* et *kâñcika* ; on désigne ainsi de l'eau d'orge, de riz etc. aigre, qui est préparée avec des grains à moitié rôtis qu'on presse en y faisant passer de l'eau (*kulmâṣair yavâdibhir ardhasvinnair abhiṣûyate parivâsyate sma ;* Kṣîrasvâmin, sur Amara II, 9, 30). C'était une boisson très populaire, témoin le grand nombre de désignations qui lui sont appliquées. Amara donne :

Âranâlaka-sauvîra-kulmâṣâbhiṣutâni tu
Avantisoma-dhânyâmla-kuñjalâni ca kâñcikam

Kṣîrasvâmin ad loc. cite un autre koṣa qui ajoute *kâñjika*, *vîra*, *mahârasa*, *sauvîrâmla*, *cukra*, *tuṣodaka*. Les noms de *sauvîra*, *avantisoma* semblent indiquer que cette boisson était originaire de l'Ouest de l'Inde, ou y était spécialement appréciée. La Mhvy. 5722 rend *kâñjika* en tibétain par *(r)cab mo* « eau de riz acidulée » et en chinois par 黃酒 « vin jaune » expliqué par Giles 2260 comme « vin de table léger fait de riz glutineux ».

Une historiette encadrée dans l'Avadâna de Culla Panthaka (Divyâv. XXXV) fait bien comprendre la nature du *kâñjika* et sa place sociale dans la cuisine hindoue. Comme ce récit est tiré du Vinaya des Mûla Sarvâstivâdins, nous pouvons éclaircir les obscurités du texte sanscrit par une comparaison avec les versions chinoise (P'i nai ye traduit par Yi tsing, Tai. 1442. ch. XXXI ; 23, 798b) et tibétaine (Dulva VII, 116 sq.). Un vieux brahmane, aveugle, mais perspicace, a surpris les écarts de ses belles-filles ; pour se venger, elles lui infligent toutes sortes d'avanies (Divyâv. p. 496) : elles lui donnent du *cakaṭy-odana* (tib. *'bras zan rcub mo* « de la bouillie de grain grossière » ; ch. 麤食 « de la nourriture grossière ») et de la *kâñjika-cchiṭi* (tib. *rcab bkol ba* « de l'eau de riz acidulée bouillie » ; ch. 和以醋漿 « elles l'assaisonnent avec de la boisson de riz au vinaigre »). Le brahmane s'en plaint à ses fils qui font des reproches à leurs femmes. Elles répliquent : C'est lui qui a épuisé ses mérites ; c'est sa faute que, quand nous jetons dans la marmite (corr. *piṭharikâyâm*) du beau riz (*taṇḍulâḥ*), il se change en bouillie grossière (*cakaṭy-odana*) ; quand nous y jetons du lait caillé (*dadhi*) il tourne en *kâñjika*. Elles font alors fabriquer des marmites doubles à une seule ouverture ; dans l'une, elles introduisent au préalable des *cakaṭi taṇḍulâḥ* (tib. *'bras rcub mo* « des grains grossiers » ; ch. 赤米 « du riz rouge »), dans l'autre, du *kâñjika ;* puis elles appellent leurs maris, et sous leurs yeux elles mettent dans une des marmites du beau riz (*taṇḍulâḥ*, ch. 白米 « du riz blanc »), dans l'autre du lait caillé. On propose alors de servir le vieux père ; d'une des marmites elles retirent du *cakaṭy-odana*, de l'autre du *kâñjika*. On s'exclame ; la preuve est acquise que le pauvre vieux est cause du mal. Mais le brahmane attend sa revanche ; il pénètre secrètement dans la cuisine, reconnaît au toucher que les marmites sont doubles ; il appelle ses fils qui furieux accablent de coups les brus perfides.

Ainsi la jeune Amarâ, en désignant deux sous-produits de l'orge, la farine de grains roussie et l'eau de grains aigre, signifierait des champs d'orge, qu'on s'attend bien à trouver là puisque la localité s'appelle « Entre-les-orges », Yavamajjhaka.

Le Mahâvastu II, 86 rapporte tout au long le dialogue par énigmes entre Amarâ et Mahauṣadha. L'édition de Senart donne ainsi la stance de la jeune fille :

> *yena saptâbhiraṅgâ ca dviguṇapalâśâ ca pâdapâḥ*
> *yena aśeṣi na tena vrajesi na tena aśeṣi*
> *eṣa mârgo Yavakacchakasya yadi paṇḍito si jânâhi.*

Le jeune homme lui répond :

> *yato yavâ kadâkhyâ ca kovidârâ ca phullitâ*
> *vâmaṁ· mârgaṁ grahetvâna gacchâmi Yavakacchakam.*

Senart note sur ce passage : « Abhiraṁga ne m'est pas connu, et aśeṣi qui paraît revenir par deux fois dans la ligne suivante, est assurément corrompu ; je suis hors d'état d'indiquer comment Mahauṣadha tire de ces termes les indications qu'il y découvre sur sa route ». Aujourd'hui mieux informés, nous sommes moins embarrassés. L'énigme du dviguṇapalâśa pâdapa « l'arbre aux feuilles doubles » est bien expliquée, comme dans le commentaire du Jâtaka pali, par *kovidâra*, puisque cet arbre porte aussi le nom de *yugapattra* « feuille couplée », cf. Lushington, List of Trees... n. 997. *aśeṣi* correspond à *adâmi* du pali ; c'est donc *aśesi*, 2e personne du singulier du présent de aś° « manger » = ad° ; le sens est « par où tu manges, ce n'est pas par là que tu vas, c'est là par où tu ne manges pas ». Le parallélisme du vers pali porte à rétablir au premier pâda, en place de l'inexplicable *saptâbhiraṁgâ*, la lecture *saktubhiraṁgâ* = *saktubilaṅgâ*. L'alternance de l'aspirée et de la non-aspirée à l'initiale de *bilaṅga* est attestée par la forme du mot en pracrit jaina : *bhilaṁga* ou *bhiliṁga*, où il est expliqué par *masûra* « lentille ». L'Abhidhâna Râjendra s. v. *masûra* donne : *dhânyabhede... bhilaṁge caṇakikâyâm ity apare*. Ib. s. v. *bhiliṁga* : sk. *bhiliṅga*, *masûre* ; s. v. *bhiliṁgasûva* : sk. *bhiliṅga-sûpa*, *masûrâkhya-dvidaladhânyapâkaviśeṣa* « manière de cuire les lentilles » ; la Kalpasubodhikâ 3, 9 dit : *bhiliṅgasûpo masûradâlir iti*, « *bhiliṅgasūpa*, c'est une bouillie de lentilles » (*dâli*, qui manque à PW[1], n'est mentionné dans PW[2] que comme un mot de lexique). Abhayadeva, commentant la liste de grains (*dhânya*) de Bhagavatî 6, 7, 246 y explique le terme de *masûra* par *bhilaṅgâḥ*, et il ajoute *caṇakikâ ity anye*.

A *saktu* de l'énigme répond bien *yavâḥ* « l'orge » dans le vers de Mahauṣadha. Entre *bhiraṁgâ-bilaṅgâ* d'une part et *kadâkhyâ* de l'autre, peut-on saisir un rapport ? *Kadâkhya* « la plante au mauvais nom » est une désignation du *kuṣṭha* (*ku-stha* « qui se tient mal »), appelé encore *duṣṭa* « méchant » ; c'est donc le costus speciosus, le cousin germain du gingembre, qui fait partie comme lui de la famille des Scitaminacées ; Lushington dans sa List of Trees... classe le costus (3.000) immédiatement à la suite du gingembre. C'est, comme le gingembre, une racine ou un rhizome aromatique, dont la saveur est un peu âcre et piquante. — Observons en passant que le nom du héros de l'histoire, Mahauṣadha, est une des désignations du gingembre et des plantes apparentées ; on est tenté de se demander si le nom qui lui a été attribué n'est pas en rapport avec la devinette dont sa sagacité a découvert la solution. Nous retrouvons ici, en face du *bilaṅga*, un proche parent de ce gingembre que les textes chinois faisaient paraître dans la recette du *bilaṅga*. La jeune fille a indiqué comme repère du chemin le nom d'une préparation culinaire ; le jeune homme a vite deviné la plante qui en est l'ingrédient caractéristique.

Le Vinaya des Mûla Sarvâstivâdins avait recueilli cette histoire populaire ; l'original sanscrit en est perdu, mais nous disposons d'une version chinoise et d'une version tibétaine. Le texte chinois est l'œuvre de Yi tsing ; il se rencontre dans la section du Kṣudrakavastu (Pi nai ye tsa che, ch. XXVIII) Tai. 1451, p. 340. Grand-Remède 大藥二 (Mahauṣadha) demande à la jeune fille qui s'appelle ici Viśâkhâ le chemin pour aller à la ville de Belle-Fleur 妙花 ; elle lui indique un chemin sinueux, prend les devants ; arrivée au bord d'un étang où il doit passer, elle change de costume, contrefait la borgne pour voir s'il la reconnaîtra. Il ne s'y trompe pas, et il lui demande à nouveau la route. Elle sourit et lui répond : « Un chemin glissant, il faut le laisser ; un chemin raboteux, il ne faut pas le prendre ; quand tu verras de loin un bois touffu, approches-en et passe-le. Ensuite tu verras un terrain à faire du *tch'ao* ; il y a un arbre qui porte des fleurs rouges ; laisse la gauche, va par la droite ; tâche de débrouiller ce chemin. »

Il est clair que « le terrain à faire du *tch'ao* » et « l'arbre qui porte des fleurs rouges » répondent aux deux repères indiqués dans le jâtaka pali et le Mahâvastu.

L'arbre aux fleurs rouges est bien le kovidâra ; le tcḥ'ao 麨 désigne, d'après Couvreur, « des grains grillés qu'on porte avec soi en voyage, ou de la bouillie faite de farine de grains grillés. » Le Bongojiten d'Ekô p. 288 cite le Yin yi de Hiuan ying, ch. XV, d'après lequel 麨 serait la traduction du mot sanscrit *tan po na* 怛鉢那 ou *t'an po na* 歎波那 ; d'après un autre texte cité par le Bongojiten, le Che tsong ki 飾宗記, commentaire sur le Vinaya des Dharmaguptas, au chap. VIII, le *tan po na* serait une bouillie de riz ou de millet au lait 乳粥. Il est bien probable que *tan* (*t'an*) *po na* est le sanscrit *tarpana* que la Mhvy. 5753 place immédiatement à la suite de *bhakta* traduit par « bouillie de riz » tib. *'bras zan ;* ch. 大米飯 ; *tarpaṇa* y est rendu en tibétain par *skyo ma* « gruau de riz et de thé, pâte mince de blé ou d'avoine » et en chinois par 和麵 « farine assaisonnée ».

Si on compare la traduction tibétaine du même épisode (Dulva XI, 282) avec la version de Yi tsing, on s'aperçoit que le pèlerin chinois en a pris à son aise avec le texte des énigmes qui l'embarrassait sans doute. Ici quand le jeune homme retrouve la jeune fille qui a changé de costume au bord de l'étang et qu'il lui demande son chemin, elle lui répond d'abord : « Par quoi on mange, par là va ; par quoi on ne mange pas, laisse-le de côté et tu arriveras au Bois de la bouillie [Yavakacchaka] *gaṅ zag za bgyid de nas bžud | gaṅ gis za bar mi bgyid pa | de ni dor bar bgyis nas kyaṅ | zan gyi nags su bžud par mjod* ». La stance correspond exactement au *yenâdâmi*... du pali et au *yena aśesi* du Mahâvastu ; Yi tsing l'a supprimée. Mahauṣadha se met en route, puis apercevant de nouveau la jeune fille, il lui adresse un vers aimable pour demander à nouveau son chemin (le vers correspondant se retrouve chez Yi tsing) ; elle lui répond en souriant : « Le chemin de gauche, laisse-le ; là où il y a de l'orge grillée et aussi des fleurs épanouies de pa-la-śa, va par là, brahmane, *'di ni gyon pa'i lam bor la | gaṅ na yos ni yod pa daṅ | pa la śa yi me tog rgyas | de nas bram ze bžud du gsol* ». C'est le vers *yena sattu*... du pali et *yena saptâ*... du Mahâvastu ; l'orge grillée (*yos*) est manifestement le *saktu ;* le traducteur a pris *palâśa* pour l'arbre de ce nom (butea frondosa), tandis que le mot a dans l'énigme son sens de « feuillage ». Du *biliṅga*, il n'y a point de trace ; le traducteur l'aura sans doute éliminé, faute de le comprendre.

En somme, *kaṇâjaka* et *bilaṅga* doivent être l'un et l'autre une sorte de brouet ou de gruau grossier fait avec des farines de grains à bon marché ; le *bilaṅga* toutefois se différencie par l'addition d'un morceau de racine odorante, gingembre, costus, etc. Chacun d'eux est un plat de pauvre ; les réunir pour faire un repas, c'est donc, comme nous disons, marier la misère à la pauvreté. L'expression *kaṇâjaka bilaṅgadutiya* a été combinée dans une intention du même genre ; *odutiya*, en composition, n'a pas simplement le sens de « avec » comme on le traduit trop souvent ; il implique : « qui fait la paire avec », comme quand nous disons : « les deux font la paire » pour parler de deux personnes, ou de deux choses, qu'on réunit dans le même dédain, le même mépris. Il est vraisemblable que le mot *kaṇâjaka*, complètement isolé dans l'ensemble des vocabulaires brahmanique, bouddhique et jaina, est une forme aberrante identique aux mots *kâñjika*, *kâñcika*, double graphie qui atteste un flottement de l'usage (Kṣîrasvâmin ad Amar. II, 9, 39, explique ainsi *kâñcika : kâñcayati dîpayaty agniṁ, kâñcikam ; badhnâti doṣân vâ; kâñcyâm puri bhavaṁ vâ !!* Et Sarvânanda, ib. glose ainsi *kâñjika : kena = jalena, añjikâ = abhivyaktir asyeti !!*). L'un et l'autre sont ce qu'on pourrait appeler le pot-au-feu du pauvre ; on comprend donc que « la marmite au bilaṅga », *bilaṅgasthâlî* et *°thâlikâ*, figure dans la liste stéréotypée des tortures Aṅg. I, 47 ; II, 122 ; Mahânidd. I, 154 ; Cullanidd. 604 etc. La marmite (sthâlî, lohî etc.) joue un grand rôle dans les supplices des damnés, qu'ils soient décrits ou figurés ; et le « pot-au-feu » du biliṅga était le type populaire de la marmite.

Addition. — Le témoignage de Grierson, Bihar Peasant Life, tranche définitivement la question. Au § 999, Grierson enregistre parmi les noms de graines alimentaires : « bhirangī, a kind of wild pulse eaten by the poor ». C'est la forme que le mot avait reçue déjà dans le récit du Mahâvastu, sup. p. 409. Je ne puis que poser la question, faute de matériaux pour la résoudre, de savoir si le mot *baraga* qui désigne aujourd'hui en marathi une espèce de millet (panicum miliaceum) est parent du mot bilaṅga (biraṅga). La présence d'une l à l'intérieur du mot en pali et en jaina, en face des formes à r, semble attester la préservation d'une ancienne forme mâgadhî.

ALEXANDRE ET ALEXANDRIE DANS LES DOCUMENTS INDIENS

L'esthétique de l'Inde, fondée sur la primauté de l'imagination, exclut de l'art tout rappel positif de la réalité. Nous savons par les témoignages gréco-romains quelle fut l'activité des échanges commerciaux entre l'Inde et l'Occident hellénistique ; la littérature indienne en a perdu le souvenir. Le nom d'Alexandre le Grand qui a gardé le même prestige dans les traditions de l'Asie antérieure que dans l'Occident, ne s'est pas encore rencontré dans un seul texte indien. Les inscriptions de l'empereur Açoka, vers le milieu du IIIe siècle avant l'ère, mentionnent bien un roi grec nommé Alexandre qui régnait à cette époque en même temps qu'Antiochus, Ptolémée, Antigone et Magas, qu'il s'agisse d'Alexandre d'Épire (272-255) ou d'Alexandre de Corinthe (252-244) ; nous apprenons par le texte du IIIe édit conservé sur la frontière du nord-ouest, à Shahbazgarhi et à Mansehra, et dans le haut bassin du Gange à Kalsi, que ce nom était rendu, tout au moins dans l'usage officiel de l'Inde, par Alikasudara (Nord-Ouest) et Alikyasudala (Kalsi). Si on tient compte de la tendance, naturelle à tous les peuples et spécialement favorisée par l'esprit indien, à interpréter dans un sens péjoratif les noms venus de l'étranger, on sera tenté de reconnaître sous cette apparente transcription deux mots sanscrits : *alika* et *sundara*, « le faux bel homme, le bellâtre » ; la vocalisation en *u*, substituée à l'*a* de sandros, ne paraît pas être venue là par hasard. Sandros aurait pu suggérer aussi bien le sanscrit *candra* « lune », et de fait le monarque indien qui recueille après le départ et la mort du Macédonien les provinces indiennes de son empire, porte en sanscrit le nom de Candragupta ; les historiens grecs et latins rendent généralement ce nom par Sandracottos ou quelque forme analogue. Une notice d'Hésychius, dont A. W. Schlegel a signalé l'intérêt dès l'aube des études indiennes (*Indische Bibliothek*, II, p. 296, Bonn 1824), suggère une application singulière de cette équivalence. Sous le mot Σανδαροφάγος, Hésychius écrit : ὑπὸ Ἀλεξάνδρου ποταμὸς μετωνομάσθη καὶ ἐκλήθη Ἀκεσίνης « Sandarophagos ; la rivière eut son nom changé par Alexandre et elle fut appelée Akésinès ». On imagine aisément ce qui a dû se passer. Le nom de la Candrabhâgâ sonnait normalement σανδροφάγος aux oreilles des soldats grecs ; nombre de transcriptions attestent cette équivalence pour l'époque d'Alexandre. Et σανδροφάγος ne pouvait signifier que « mange-(Ale)xandre », présage redoutable pour des hommes qui étaient déjà en voie de se démoraliser. Mais la Candrabhâgâ porte heureusement un autre nom, de date plus ancienne, préservé par les textes religieux ; elle est Asiknî « la noire ». Le présage s'est corrigé de lui-même ; Asiknî devient par une métathèse facile Akesin-, et c'est « la guérison ». Alexandre est sauvé, et aussi le moral de l'armée.

Neuf siècles après Alexandre, je crois retrouver encore un écho du nom d'Alexandre dissimulé sous un jeu de mots chez un auteur qui est épris de ce procédé. Dans le Harṣacarita, biographie romancée de son royal patron, écrite sans doute aux environs de l'an 630, Bâṇa dépeint les princes à la cour de Harṣa qui l'engagent à entreprendre la conquête du monde. Ils rappellent les héros fabuleux qui y ont réussi et leur opposent les souverains moins ambitieux qui se sont laissé arrêter au cours de leurs exploits. « *Yudhiṣṭhira*, pour un roi, s'est contenté de peu, lui qui a toléré tout près de lui, alors que (son frère) *Dhanañjaya* avait fait par ses victoires trembler l'univers, le royaume des Kimpuruṣa[1]. Et ce fainéant de *Caṇḍakoça* qui, vainqueur de la terre, ne pénétra pas au Royaume des Femmes ! » (*santuṣṭo râjâ Yudhiṣṭhiro yo hy asahata samîpa eva Dhanañjaya-jaya-janita-jagatkampaḥ kimpuruṣâṇâṃ râjyam. Alasaç Caṇḍakoço yo na prâvikṣat kṣmâṃ jitvâ strîrâjyam. Harṣacarita*, 7e *ucchvâsa*, p. 239 de l'éd. de Bombay, *çaka* 1814). *Alasaç Caṇḍakoço* réduit à sa forme thématique donne *alasacaṇḍakoça* et *alasacaṇḍa* ne peut guère manquer d'évoquer immédiatement le nom d'Alexandre; la mention du Royaume des Femmes transforme cette première impression en certitude. Dans le Roman d'Alexandre, tel que le Pseudo-Callisthène en a fourni le modèle à tout l'Orient, l'épisode des Amazones (chap. 25-26) marque la dernière étape du conquérant avant son retour vers l'Occident. Alexandre intime par une lettre menaçante à ces guerrières l'ordre de reconnaître sa souveraineté ; elles s'y soumettent gracieusement ; mais par une faveur unique Alexandre n'entre pas sur leur territoire. Le message de soumission qu'elles envoient au roi se termine, dans une des recensions du texte grec, par ces mots : « Nous avons décidé de rester sur notre territoire et de t'obéir comme à notre maître (ἔδοκει δὲ ἡμῖν ἐπὶ τῆς ἐδίιας γῆς κατοῖκεῖν ἡμᾶς καὶ πειθαρχεῖν σοι ὡς δεσπότῃ) » ; dans une autre recension : « Expédie-nous ton image pour que nous lui rendions l'hommage au lieu de toi-même (εἰκόνα δὲ σὴν ἐξαπόστειλον ἡμῖν ᾗπερ τὸ σέβας ἀντί σου ποιησόμεθα) ». Ainsi la spirituelle allusion de Bâṇa est le seul indice, mais un indice suffisant, pour prouver que le roman d'Alexandre était connu dans l'Inde, chez les lettrés et dans les cours royales, au VIIe siècle de l'ère chrétienne.

1. Le nom des Kimpuruṣa signifie littéralement : « Est-ce bien des hommes? » ; on désigne ainsi un peuple mythique situé au nord de l'Himalaya.

Mais comment expliquer l'addition du mot *koça* au nom sanscritisé d'Alexandre? Puisque Bâṇa en avait détaché le premier élément pour en faire une épithète (*alasa* = fainéant), il ne restait plus pour le nom du roi que le mot *caṇḍa* « irascible ». C'est là un terme qui peut figurer en tête d'un nom royal : le roi d'Ujjayinî au temps du Bouddha est Pradyota appelé aussi *Caṇḍa Pradyota*; *Açoka*, avant de devenir un modèle de piété bouddhique, était connu comme *Caṇḍa Açoka*. Les noms royaux sont en règle générale des composés à deux termes, par exemple *Candra-gupta*, *Bindu-sâra ;* le nom complet d'*Açoka* est *Açoka-vardhana*. Et pour passer de l'époque macédonienne au temps de Bâṇa, le patron de cet écrivain, le grand roi couramment désigné comme *Harṣa*, s'appelle officiellement *Harṣa-vardhana* ; et il porte le titre de *Çîla-âditya* ; son père s'appelle *Prabhâkara-vardhana*; son frère aîné, *Râjya-vardhana*. Il fallait donc trouver un mot à combiner avec *Caṇḍa* pour en former un nom approprié. Et c'est ici qu'éclate la fantaisie rabelaisienne de Bâṇa. *Koça* désigne au propre une enveloppe, une gaîne, et de cette signification en dérivent vingt autres telles que « bouton de fleur », « œuf », etc. Un des sens les plus usuels est celui de « trésor, trésor royal, richesse », notion qui s'associe naturellement avec la majesté royale. Mais *koça* a encore un autre sens d'usage courant : il s'applique aux bourses, aux testicules, comme c'est le cas dans la célèbre liste des trente-deux signes du Bouddha. Alexandre aurait ainsi possédé un avantage apprécié par les héros de Rabelais, et il n'en serait que plus méprisable d'avoir renoncé à visiter le Royaume des Femmes[1]. Mais le titre de *caṇḍakoça* recèle encore une autre malice. Le mot *koça* donne naissance à un adjectif dérivé *kauçika*; d'autre part, un mot homophone *kauçika* désigne les descendants du sage *Kuçika*. *Caṇḍakauçika*, *Kauçika* l'irascible, est le nom d'un muni mêlé à l'intrigue du *Mahâbhârata* (II, 17, 698 ; 19, 751). Le même nom peut aussi s'appliquer au terrible petit-fils de *Kuçika*, *Viçvâmitra*; le poète *Kṣemîçvara*, postérieurement à Bâṇa, a donné le titre de *Caṇḍakauçika* à un drame où il a mis en scène les malheurs du vertueux roi *Hariçcandra*, déchaînés par le courroux implacable de *Viçvâmitra*. Et le *Harṣacarita* tout entier, ainsi que la *Kâdambarî*, l'autre chef-d'œuvre de Bâṇa, sont d'un bout à l'autre écrits dans un style aussi bourré d'intentions à double et triple détente.

La ville d'Alexandrie n'a pas eu plus de chance que son fondateur. On n'a pas encore, que je sache, signalé un seul texte brahmanique qui contînt ne fût-ce qu'une allusion à ce grand port où convergeaient les lignes commerciales de l'Orient et de l'Occident. Pourtant plus d'un pilote, plus d'un matelot, plus d'un trafiquant originaire de l'Inde et débarqué soit à Bérénikê, soit à quelque autre escale de la mer Rouge, avait dû suivre les caravanes jusqu'à la vallée du Nil et la Méditerranée, sans parler de ces pèlerins singuliers, missionnaires bénévoles,

1. Il faut encore observer que, dans le même ordre de plaisanteries, *caṇḍa* peut aussi signifier « qui a perdu ses poils (*hînaroman*) » et « circoncis (*dvinagnaka*) ».

coureurs d'aventures, diseurs de bonne aventure, que l'Inde n'a jamais cessé de lancer sur toutes les routes du monde, tel ce Zarmanochêgas, natif de Bargoza (*Bharukaccha*, Broach) qui monta sur le bûcher solennellement devant les Athéniens aussi surpris que l'avaient été les soldats d'Alexandre en présence de Kalanos procédant avec tranquillité à sa propre crémation. Sur ces voyageurs anonymes, nous avons dans Photius un renseignement précieux que Lassen a déjà utilisé (*Ind. Alt.* II², p. 378), mais qui, noyé dans une immense compilation, semble n'avoir guère été exploité. Photius, passant en revue les ouvrages de sa bibliothèque, analyse (n° 242) un ouvrage de Damaskios intitulé *Vie d'Isidore* (Βιος Ισιδωρου); il y est question d'un certain Sévère, né à Rome où il avait été consul en 470, et qui se fixa ultérieurement à Alexandrie[1]. « Or des brahmanes qui étaient à Alexandrie venaient chez Sévère, et il les accueillait chez lui avec les égards convenables. Et ces brahmanes installés dans le pays résidaient chez lui en toute sainteté, sans avoir à se servir des bains publics ou à tomber sous les regards des gens de la ville. Ils échappaient à toute obligation de sortir au dehors; ils se nourrissaient de dattes et de riz, et l'eau leur servait de boisson. Ces gens-là n'étaient ni de ces brahmanes qui vivent dans les montagnes ni de ceux qui résident dans les villes, mais ils menaient réellement ces deux genres de vie en faisant la navette entre ces brahmanes et les villes selon les nécessités de leur service. Au sujet des brahmanes de la montagne, ils répétaient ce que les écrivains ont ressassé, qu'ils produisent par leurs prières la pluie ou la sécheresse, qu'ils écartent la famine, la peste, qu'ils détournent aussi les autres fléaux autant que la destinée comporte de remède. Ils disaient aussi que chez eux, à ce qu'on raconte, il y a des hommes avec un seul pied et aussi des dragons d'une dimension extraordinaire qui ont sept têtes, et d'autres choses aussi invraisemblables ». Alexandrie au ve siècle avait donc ses théosophes, et aussi les visiteurs que les foyers de théosophie attirent, et les informations fournies par ces visiteurs avaient ce caractère παράλογος qu'ils savent toujours bien approprier au goût de leurs hôtes. Les informations sur l'Occident qu'ils rapportaient en Orient procédaient sans aucun doute de la même fantaisie.

1. Le texte de Photius est si difficile à trouver que je crois utile de reproduire ici l'original de ce passage : Ἦκον δὲ πρὸς τὸν Σεβῆρον καὶ Βραχμᾶνες κατὰ τὴν Ἀλεξάνδρειαν καὶ ἐδέξατο σφᾶς οἴκῳ ἰδίῳ καὶ θεραπείᾳ τῇ προσηκούσῃ· οἱ κατὰ χώραν ἐπ'οἴκου μάλα σεμνῶς ἔμενον οὔτε λουτρῶν δεόμενοι δημοσίων οὔτε ἄλλης ἐπόψεως οὐδεμιᾶς τῶν κατὰ ἄστυ γινομένων ἄλλα πᾶν τὸ θυραῖον ἐξετρέποντο, ἐσιτοῦντο δὲ Φοίνικας καὶ ὄρυζαν καὶ ἦν αὐτοῖς πόμα τὸ ὕδωρ. ἦσαν δὲ οὗτοι οὔτε τῶν ἐν ὄρεσι διατριβόντων Βραχμάνων οὔτε τῶν ἐν πόλεσι κατῳκημένων Ἰνδῶν ἄλλ' ἀτεχνῶς ἀμφίβιοι τοῖς Βραχμάνοις ὑπηρετούμενοι τὰ πρὸς τὰς πόλεις εἴ που δεήσειεν καὶ ταῖς πόλεσιν αὖ τὰ πρὸς τοὺς Βραχμᾶνας· ἔλεγον δὲ καὶ οὗτοι περὶ τῶν ὀρείων Βραχμάνων ὅσα οἱ συγγραφεῖς περὶ αὐτῶν θρυλοῦσιν ὄμβρους τε καὶ ἀνομβρίας εὐχαῖς καταπράττειν καὶ λιμῶν καὶ λοιμῶν ἀποδιώξεις ἄλλων τε κακῶν ἀποτροπάς ὅσα μὴ ἀνίατον ἔχει τὴν εἱμαρμένην. ἔλεγον δὲ οὗτοι καὶ μονόποδας ἀνθρώπους παρὰ σφίσιν ἱστορῆσαι καὶ δράκοντας ἐξαισίους κατὰ μέγεθος ἑπτακεφάλους καὶ ἄλλα πολὺ τὸ παράλογον ἔχοντα.

L'esprit d'apostolat qui a toujours animé le bouddhisme le mit de bonne heure en rapport avec les Grecs. De ce contact subsiste un document fameux, les Questions de Milinda. L'ouvrage, rattaché à l'origine d'un couvent bouddhique du Penjab, rapporte les entretiens du roi grec Ménandre (*Milinda*) et d'un docteur bouddhique, *Nâgasena*. Rédigé probablement à l'origine en sanscrit plus ou moins dialectal, il a été conservé dans une rédaction palie (*Milinda panha*, éd. Trenckner, traduction partielle en français par M. Louis Finot dans la collection *Les Classiques de l'Orient*, 1923) et dans deux rédactions chinoises (traduites par M. Paul Demiéville, *B.E.F.E.O.*, t. XXIV, 1924). Au cours d'un des entretiens, *Nâgasena* demande au roi (Trenckner, p. 82; Finot, p. 137) : « Quel est ton pays natal? — C'est, répond *Milinda*, la partie du monde (ou l'île, *dvîpa*) nommée Alasanda. — Quelle est la distance d'ici à Alasanda? — Deux cents lieues ». Le passage correspondant en chinois porte (trad. Demiéville, p. 168) : « Dans quel pays est né le roi? — Je suis né au pays de Ta ts'in (Orient hellénique); le pays s'appelle A li san. — A combien de lieues d'ici est A li san? — A deux mille lieues ». Dans la question suivante, *Nâgasena* revient sur le nom d'A li san (Demiéville, p. 169) : « Que le roi essaie de penser au pays d'A li. — J'y ai pensé. — Que le roi essaie encore de penser au Ki pin (le Cachemire, qui est tout proche). — J'y ai pensé. — En pensant à ces deux royaumes, auquel le roi a-t-il pensé le plus vite? A tous deux également vite ». La rédaction palie de cette seconde question ne contient pas le nom d'Alasanda. L'identité Alasanda = Alexandrie n'a jamais été mise en doute; mais il y a plus d'une Alexandrie. Rhys Davids, le premier traducteur des Questions de Milinda, voulait y retrouver « Alexandria (in Baktria), built on an island of the Indus ». M. Rapson (*Cambridge History of India*, p. 550), pense à l'Alexandrie sous le Caucase indien, localisée dans la région de Charikar. M. Pelliot, qui a discuté les noms propres du Milindapañha (*Journ. Asiat.*, 1914, II, 379 sqq.) au point de vue des transcriptions chinoises, et M. Demiéville (p. 168 n.) ont protesté contre ces interprétations; ils ont rappelé que par deux fois (Demiéville § IX et § XXIII) les rédactions chinoises placent le lieu de naissance de Mi lan (*Milinda*) « au bord de la mer » et que par conséquent il s'agit nécessairement d'Alexandrie d'Égypte. On aurait pu s'épargner cette discussion oiseuse si on s'était reporté à une autre section du Milindapañha (les rédactions chinoises s'arrêtent bien avant cette section) où Alasanda est cité dans une liste de ports de mer. « C'est ainsi, grand roi, qu'un riche capitaine, quand il a exactement réglé les droits dus au port, s'engage sur le grand océan et s'en va à Vanga, Takkola, Cîna, Sovîra, Suraṭṭha, Alasanda, Kolapattana, Suvaṇṇabhûmi ou tout autre port de mer (éd. Trenckner, p. 359) ». Un peu avant (*ib.* pr 331), le nom d'Alasanda est mentionné parmi d'autres pays : « Supposons qu'un entrepreneur veuille bâtir une grande ville, et alors il y viendrait pour s'y installer des gens de Saka, Yavana, Cîna, Vilâta (Cilâta), Ujjeni, Bharukaccha, Kâsi, Kosala,

Aparanta, Magadha, Sâketa, Suraṭṭha, Pâtheyya, Koṭumbara, Madhurâ, Alasanda, Kasmîra, Gandhâra... ». Une troisième liste (*ib.*, p. 327), plus courte, présente aussi le nom d'Alasanda : « Saka et Yavana, Cîna et Vilâta (Cilâta), Alasanda, Nikumba, Kâsi et Kosala, Kasmîra, Gandhâra... ». On voit à quel point le nom d'Alexandrie est familier aux rédacteurs des Questions de Milinda et que leur Alasanda est certainement Alexandrie d'Égypte.

Un autre ouvrage bouddhique en langue palie, le *Mahâvaṃsa*, qui est la chronique de Ceylan ordonnée autour d'une chronique monastique, a enregistré aussi le nom d'Alasanda dans un contexte curieux. Lors de l'inauguration du Mahâthûpa, élevé par le roi Duṭṭhagâmanî dans le IIe siècle av. J.-C., des moines viennent de tout le monde bouddhique pour assister à la solennité. « Et de la ville des Grecs (Yona), Alasanda, le Grec (Yona) Mahâ Dhammarakkhita qui était un *thera* (supérieur) vint en amenant avec lui 3.000 moines (*bhikkhu*) » (XXIX, 39). Un compilateur tardif, l'auteur du *Thûpavaṃsa* (vers 1250?) a substitué à la ville d'Alexandrie « le couvent d'Alexandrie » (Alasanda vihâra). Qui pourrait affirmer que cette interprétation soit absolument inexacte[1] ?

En dehors de ces mentions positives, le souvenir d'Alexandrie ne survit qu'à un degré infinitésimal. La littérature sacrée des Jainas Çvetâmbara, rédigée en pracrit, a conservé parmi les listes stéréotypées qui y surabondent, une énumération de grains comestibles (*dhânya*), pêle-mêle avec toutes sortes de variétés de lentilles, de pois, de haricots, où figure une espèce appelée *âlisaṃdaga* (*Bhagavatî*, *6e çataka*, *7e uddeça*, in. ; *Sthânânga*, *5e sthâna*, *3e uddeça*, *sûtra* 459 ; aussi *Daçavaikâlika* et *Jambudvîpaprajñaptiṭîkâ* selon la référence fournie par l'*Abhidhâna Râjendra*, et que je n'ai pu vérifier). *Âlisaṃdaga* y paraît après *kulattha*, nom d'une espèce de pois chiche (soit *cicer arietinum*, soit *dolichos biflorus* ou *uniflorus* : vulg. *kulith*, *kulthi*, *kurthi*, *etc.*) ; et en effet le commentateur *Abhayadevasûri*, dans ses *Notes sur la Bhagavatî*, explique ainsi le mot *âlisaṃdaga* :

1. Le nom d'Alexandrie paraissait dans un ouvrage capital du bouddhisme indien dont l'original est perdu, mais qui est préservé dans une traduction chinoise, le commentaire de la *Prajñâ Pâramitâ* dû au célèbre docteur Nâgârjuna ; au chap. 3 de la version chinoise (*Ta tche tou louen*, Tok. XX, 1, 22 . col. 6), Nâgârjuna cite comme exemples de grandes villes *Wou tchi ni*, *Fou lou na po tan*, *A lan tche to lo*, *Fou kia lo p'o to;* on reconnaît facilement sous leur transcription usuelle, *Ujjayinî* et *Puṣkalâvatî; A lan tche to lo* 阿藍車多羅 est sans doute Alexandrie ; le traducteur *Kumârajîva*, originaire de l'Asie Centrale, ne connaissait pas ce nom et il a cru lire, par le déplacement du point qui figure l'*anusvâra*, *Alaṃchatra* au lieu de *Alachaṃtra*. Un glossateur chinois, dont la glose a été recueillie par le compilateur du *Fan fan yu*, chap. 8, section XLIV, noms de villes, où le caractère 監 (*kien* = *kan*) a été substitué à 藍 (*lan*) *Taishô*, LIV, p. 1038, a) a cru faire preuve et œuvre de science en substituant 喜 *hi* à 藍 *lan*, et en interprétant *a hi* par « serpent » (*ahi*) et *cha to lo* par « parasol » (*čhattra*). *Ahicchattra* est bien le nom d'une région et d'une ville de l'Inde ; mais à aucune époque nous ne voyons *Ahicchattra* figurer parmi les grandes villes 大城.

« une variété de *cavalaka* ; d'après d'autres, ce serait le *cavalaka* lui-même (*cavalaka-prakâra* : *cavalaka evanye*) » ; dans ses *Notes sur le Sthânânga*, il se rallie à l'opinion des « autres » car il dit simplement : *âlisaṃdaga* (qu'il écrit ici *âlisiṃdaga*), c'est le *cavalaka* ». Le *cavalaka* est une variété de pois chiche, une sorte de petit haricot (*vigna catjang*, *Walp.*) dont la culture est assez peu répandue dans l'Inde ; on ne le trouve pas au Penjab, peu au Bengale ; la zone de culture est essentiellement la côte du Guzerat et du Kanara. Cette localisation est en harmonie avec cette désignation d'*âlisaṃdaga*, où Weber (*Ind. Stud.*, XVI, 303) n'avait pas hésité à reconnaître un dérivé du nom d'Alexandrie (aus Alexandria kommend) « l'Alexandrine ».

Un autre article de commerce, le corail, avait été mis en rapport avec le nom d'Alexandrie ; nous en avons pour unique témoin un ouvrage ressuscité au début du xxe siècle et autour duquel il s'est mené grand bruit depuis lors, le *Kauṭilîya Arthaçâstra*. En Allemagne et dans l'Inde on s'est évertué à démontrer que l'ouvrage est la production authentique de *Kauṭilya-Câṇakya*, le Machiavel de l'Inde, qui en fut aussi le Richelieu, car, ministre du fameux *Candragupta* qui avait vu passer Alexandre, il l'avait aidé à bâtir le premier grand empire que l'Inde ait connu, l'empire des Mauryas. L'*Arthaçâstra*, le testament politique de *Kauṭilya*, nous présenterait ainsi un tableau de l'Inde aux environs de l'an 300 av. J.-C. Par malheur, tous les critères, de quelqu'ordre qu'ils soient, vont à l'encontre de cette conception. Et le corail vient à son tour protester contre elle.

Le chapitre 29 de l'*Arthaçâstra* traite de « l'examen des joyaux à introduire dans le trésor royal (*koçapraveçyaratna-parîkṣâ*) ». Le corail y est classé à la suite du diamant et avant les bois précieux ; l'auteur, avec sa brièveté coutumière, lui consacre à peine deux lignes : « Le corail est *Âlakandaka* et *Vaivarṇika*, rouge et rubis ; à rejeter : le *karaṭa* et la *garbhiṇikâ* » (*pravâlakam âlakandakaṃ vaivarṇikaṃ ca raktaṃ padmarâgaṃ ca karaṭagarbhiṇikâvarjaṃ*). Les deux éditeurs, Shama Shastri p. 78, 1, et Gaṇapati Sastri I, 187, 1, donnent le même texte. Gaṇapati donne en outre un commentaire (qu'il emprunte, en fait à *Bhaṭṭasvâmin*) : « *Âlakandaka*. *Âlakanda* est un endroit de l'océan sur le littoral de Barbara ; l'*âlakandaka* en provient. *Vaivarṇika*. *Vivarṇa* est le nom d'un endroit de l'océan dans le monde grec ; le *vaivarnika* en provient. Le corail a donc deux origines. Il a aussi deux couleurs, rouge et rubis. A rejeter : le *karaṭa* et la *garbhiṇikâ*. Cela indique deux défauts : *karaṭa* = attaqué par les vers ; *garbhiṇikâ* = avec un renflement au milieu. Tout autre corail est à accepter. » (*Pravâlakam. Âlakandakam. Alakando nâma Barbarakûle samudraikadeças tatra bhavam». Vaivarṇikam. Vivarṇo nâma Yavanadvîpe samudraikadeças tatrotpannaṃ ca, iti dviyonikam, raktaṃ padmarâgaṃ ceti dvivarṇakam, karaṭagarbhiṇikâvarjam iti dvidoṣatvavacanam, karaṭaṃ krimijagdham, garbhiṇikâ sthûlamadhyaṃ ca varjayitvâ anyat pravâlakam upâdeyam ity arthaḥ*) [1]. Grâce à M. Ramakrishna Kavi, qui a publié une note fort intéressante sur *Two cryptic Words in the Arthasastra*, dans une revue locale et de circulation fort restreinte, *Tirumalai Sri Venkatesvara*, *Madras*, I, 1932, p. 46 sq., nous disposons d'un commentaire sur ce passage dû à un moine bouddhiste, le *Bhikṣu Prabhumati*, commentaire qui doit remonter à une date ancienne, car le bouddhisme a disparu de l'Inde depuis près d'un millénaire. Le Bhiksu lit *âlaksândraka* et *âlaksândra*, et au lieu de *Vaivarnaka*, il lit *Vaivalguka*, et il explique ces deux désignations comme tirées des lieux de provenance. La côte de Barbara, la Barbaria du Périple, est la côte des Somalis, sur le golfe d'Aden, où le port de Berbéra préserve encore le nom ancien. Le pays d'Alexandrie, pour un Indien, se localiserait bien dans cette direction. La mention d'Alexandrie, dit M. Ramakrishna Kavi, « n'affecte pas matériellement la date de Kauṭilya ». Tout au contraire ; elle est inconciliable avec l'attribution de l'Arthaçâstra à Cânakya.

Le corail, en effet, est inconnu dans toute la littérature védique ; ni Pâṇini, ni Patañjali ne citent le corail, et pourtant les noms qui le désignent, *prabâla* (*pravâḍa*) « jeune branche » et surtout *vidruma* « le drôle d'arbre » formation curieuse dérivée de *druma* « arbre », étaient faits pour arrêter l'attention d'un grammairien. Il ne paraît qu'avec les ouvrages qui se groupent aux environs de l'ère chrétienne pour leur rédaction définitive, les grandes épopées, la médecine classique (*Suçruta*, *Sûtr*. XLVI, 329 *b* sq. ; *Utt. t.* XVII, 98 ; XVIII, 24 ; *Bower ms.* II, p. 27, v. 22; p. 41, v. 300). L'explication de ce fait est fournie par PLINE, *Hist. Natur.*, XXXII, XI : *Quantum apud nos Indicis margaritis pretium est... tantum apud Indos curalio... Gignitur quidem et in Rubro mari, sed nigrius;... laudatissimum in Gallico sinu circa Stoechadas insulas, et in Siculo circa Aeolias ac Drapanum... Auctoritas baccarum ejus non minus Indorum viris quoque pretiosa est, quam feminis nostris uniones Indici. Aruspices eorum vatesque imprimis religiosum id gestamem amoliendis periculis arbitrantur. Ita et decore et religione gaudent. Prius quam hoc notesceret, Galli gladios, scuta, galeas adornabant eo. Nunc tanta penuria est vendibili merce ut perquam raro cernatur in suo orbe.* « Autant nous attachons de prix aux perles de l'Inde... autant les Indiens en attachent au corail... Il vient, il est vrai, du corail dans la mer Rouge, mais plus noir que le nôtre... Le plus estimé se trouve dans le golfe de Gaule, autour des îles Stoechades, et dans la mer de Sicile, autour des îles Ioniennes, et du cap Drapanum... Les grains

1. Le commentaire de *Bhaṭṭasvâmin* lui-même, tel qu'il est cité par M. RAMAKRISHNA KAVI, *loc. laud.*, est légèrement différent : *Pravâlakaṃ dviyonikaṃ dvivarṇaṃ dvidoṣaṃ ca âha, pravâlakam ityâdi, tatra Alakandro Barbarakûḷe samudraikadeçaḥ tatra jâtam Âlakandrakam raktavarṇakam, Yavanadvîpe Vivarṇo nâma samudraikadeçaḥ tatra bhavaṃ Vaivarṇakam, tat padmarâga-padmavarṇam, cakârât raktaç ca bhavati, karaṭaṃ krimibhir upalakṣitam, garbhiṇikâ madhye sthûlâ yaṣṭiḥ* — Le commentaire en langue malayalam, qui suit *Bhaṭṭasvâmin*, garantit la lecture *Âlakandraka et Alakandra* contre la lecture adoptée par Gaṇapati Sastri.

de corail sont aussi estimés dans l'Inde, même par les hommes, que les grosses perles de l'Inde le sont par nos femmes ; leurs aruspices et leurs devins pensent que c'est une amulette excellente pour écarter les périls ; de la sorte, le corail est pour eux un objet d'ornement et de religion. Avant qu'on connût la prédilection des Indiens pour le corail, les Gaulois en ornaient leurs glaives, leurs boucliers et leurs casques. Maintenant l'exportation rend cette matière si rare, qu'on ne la voit plus guère dans les pays qui la produisent » (Trad. Littré). Nous saisissons ici sur le vif un fait typique du monde économique que le commerce indo-grec avait créé. La concurrence toute récente des acheteurs indiens avait, au Ier siècle de l'ère, détourné vers les marchés orientaux un produit de la Méditerranée. Et de fait le navigateur marchand qui rédige le *Périple* au temps même où vit Pline, note bien que le corail s'exporte d'Égypte sur la région d'Aden (§ 28), sur la côte de Barbarie (§ 39), à Barygaza (*Bharukaccha*) et à Ozênê (*Ujjayinî*) (§ 49), en Limyrikê, c'est-à-dire au Malabar (§ 56). Les informations que Pline avait recueillies sur le prix que les hommes attachaient au corail dans l'Inde sont en complet accord avec les textes : le *Râjanighaṇṭu* XIII enseigne que « le corail donne la virilité et la grâce (*vîryakântikara*) » et le *Madanapâlanighaṇṭu* IV déclare avec plus de précision encore que le corail « fait l'embonpoint, la force et la grâce, accroît la puissance et la semence génitale » (*puṣṭikântibalakaraṃ vardhanam balaçukrayoḥ*). La mention du corail Âlaksândraka est, on le voit, d'une valeur d'information exceptionnelle.

Puisque le Roman d'Alexandre avait pénétré dans l'Inde au VIIe siècle de l'ère, un texte énigmatique du pèlerin Hiuan tsang s'explique désormais. Le célèbre voyageur, qui visita l'Inde de 630 à 644, et qui y fut l'hôte du roi Harṣa Çilâditya dans les premiers mois de l'an 643, avait recueilli en cours de route des informations, encore bien vagues, sur la Perse ; il put ainsi introduire dans ses Mémoires sur les Contrées Occidentales une notice sur le royaume de Perse (trad. Julien II, 178-180). La Perse lui fournit l'occasion de mentionner le Fou lin (Rûm, l'Empire romain) « limitrophe de ce pays vers le Nord-Ouest » ; la notice se termine ainsi :

« Dans une île située au Sud-Ouest du royaume de Fou lin, se trouve le Royaume des Femmes d'Occident. On n'y voit que des femmes et pas un seul homme. Ce pays renferme une grande quantité de choses rares et précieuses que l'on vend dans le royaume de Fou lin. C'est pourquoi le roi de Fou lin leur envoie, chaque année, des hommes pour s'unir avec elles ; mais, si elles donnent le jour à des garçons, la coutume du pays ne leur permet point de les élever ».

Le terme rendu ici par « l'île » désigne également une contrée en général (comme c'est le cas de *dvîpa* en sanscrit). Le pays situé au Sud-Ouest du Fou lin c'est-à-dire ici de l'Empire Byzantin, est le fameux royaume des Amazones gouverné par la reine Candace qui a pris une place si considérable dans le développement du Roman d'Alexandre. L'envoi, chaque année, d'étalons humains au pays des Amazones ne figure pas, autant que je sache, dans les nombreuses recensions de ce Roman ; mais il paraît fréquemment dans la littérature du Physiologue et des Merveilles. Le moine chinois aura donc recueilli une forme du récit qui avait subi une contamination, ou il aura lui-même opéré une contamination entre deux récits qu'il avait entendus. D'esprit à la fois crédule et positif, il a pris au pied de la lettre ces imaginations fabuleuses, et il les a consignées soigneusement dans sa Relation, comme tant d'autres du même acabit.

Il était d'autant plus prêt à les accepter qu'il connaissait déjà, par ailleurs, d'autres Royaumes des Femmes. En circulant dans le Nord-Oueet de l'Inde, il avait entendu dire que « sur les frontières septentrionales du royaume de P'o lo ki mo pou lo, au milieu des grandes montagnes neigeuses, on rencontre le royaume de Suvarṇagotra, d'où l'on tire de l'or d'une qualité supérieure ; de là vient l'origine de son nom. Ce royaume est allongé de l'Est à l'Ouest et resserré du Sud au Nord ; c'est ce qu'on appelle le Royaume des Femmes d'Orient. Depuis des siècles, dit-on, c'est une femme qui règne ; aussi dit-on : le Royaume des Femmes... Du côté de l'Est, ce royaume touche au pays des T'ou fan (Tibétains) ; au Nord, il est limitrophe de Yu tien (Khotan). » (Mém. I, 232). Ici encore, en dépit des précisions apparentes, nous sommes dans le domaine de la fable. Le Royaume des Mines d'Or évoque la région des Fourmis minières connues de la légende indienne (MhBhâr. II, 1860 : *uddhṛtaṃ yat pipîlikaiḥ, jâtarûpam*) et que le récit d'Hérodote III, 104 a rendues célèbres en Occident. La géographie demi-fabuleuse de l'Inde place, en effet, un Royaume des Femmes (Strîrâjya) parmi les populations de l'extrême Nord-Ouest de l'Inde (MhBhâr., III, 51, 1991 : Yavana, Çaka, Hârahûna, Cîna, Tukhâra, Sindhava, Jâguḍa, Ramaṭha, Muṇḍa, Strîrâjya... ; cf. aussi XII, 4, 114 ; Bṛh. S. XIV, 22 : Tukhâra, Tâla, Hala, Madra, Açmaka, Kulûta, Lahadâ, Strîrâjya ; aussi XVI, 6 ; Râja-tar. IV. 173 sq.). La Chine de son côté connaît avant Hiuan tsang un royaume des Femmes dans ces parages. (Soei chou, chap. LXXXIII, 101a, cité par O. Franke, Türkvölker und Skythen Zentral-Asiens, p. 37, qui renvoie aussi à Hirth, China and the Roman Orient, p. 200 sqq., et à Yule, Marco Polo II, 339 ; Rockhill, Land of the Lamas, p. 339-341).

La légende chinoise parlait encore d'un autre Royaume des Femmes situé au Sud-Est, en plein Océan. Le bonze Hoei chön passait pour l'avoir visité (Leang chou LIV, 28). Les marins naufragés y trouvaient un accueil empressé qu'ils expiaient bientôt par la mort (Chau Ju-Kua, trad. Hirth-Rockhill, p. 151 et les notes) ; c'est l'île qui figure si souvent dans les légendes bouddhiques de l'Inde sous le nom de Râkṣasídvîpa, l'Ile des Diablesses. Hiuan tsang, dans une autre partie de ses Mémoires, II, p. 131 sqq. a, par un procédé naïf de simplification, identifié l'Ile des Diablesses avec le Royaume des Femmes d'Occident. A propos de Ceylan, qu'il n'a d'ailleurs pas visité en personne, il raconte par quel concours extraordinaire de circonstances le fils d'une princesse royale et d'un lion aborda dans l'île (l'île du Lion, sk. siṃha, d'où Siṃhala-Ceylan). De la même union était née une fille qui, après des aventures romanesques, fut placée à bord d'un navire abandonné au gré des flots. « Le vaisseau qui portait la jeune fille aborda à l'Ouest de la Perse. Ayant eu commerce avec des esprits et des démons, elle mit au monde un grand nombre de filles ; de là vient le nom actuel de Royaume des Femmes d'Occident ». Et il rapporte ensuite tout au long, « d'après les saintes Écritures bouddhiques », l'histoire bien connue des Râkṣasîs et du marchand Siṃhala. Ainsi l'île des Râkṣasas, l'île des Râkṣasîs, et le royaume des Femmes d'Occident finissent par s'embrouiller dans une inextricable confusion. On saisit ici sur le vif les procédés de Hiuan tsang, quand ce précurseur de Marco Polo ne se borne pas à consigner ses constatations personnelles.

LE GĪTÂ-GOVINDA

Le Gîtâ-Govinda est une pastorale ; le poète met en scène un berger, avec une bergère, une confidente, avec un essaim de pastourelles à l'arrière-plan. C'est le cadre classique, et presque banal, de Théocrite et de Virgile, de Racan et de Segrais. Mais quelle différence d'inspiration ! Les amourettes de Tityre ou des Amaryllis pâlissent au regard des transports et des ardeurs que chante l'Hindou. Pour trouver un pendant au Gîtâ-Govinda, il faut sortir de l'Europe assagie, et passer sur ces plages d'Asie qui pleurèrent tant de siècles la mort du bel Adonis : la Sulamite y crie en soupirs embrasés, comme une sœur de la Râdhâ indienne, sa détresse et sa fièvre. Le Cantique des Cantiques ne veut-il que magnifier les appels de la chair, ou traduit-il dans une allégorie troublante les spasmes de l'âme qui cherche son Dieu? La question, gravement débattue, est par essence insoluble. L'amour absolu, qui attache et qui rive, qui donne tout et qui exige tout, ne change pas de nature ni de langage, soit qu'il incarne son idéal dans une forme humaine, soit qu'il le rêve hors du monde terrestre, dans la profondeur mystérieuse des cieux. Les commentateurs peuvent à leur aise analyser, subtiliser, raffiner, rafraîchir ces ardeurs mystiques et les accommoder aux exigences austères de la théologie ; le texte tronqué, châtié, mutilé, proteste encore contre leurs efforts obstinés.

La pastorale de Jayadeva n'a pas échappé aux entreprises des interprètes ; les explications savantes et pieuses se sont accumulées sur les stances du poète. La fraîcheur primitive de l'inspiration n'en a pas été altérée. Jayadeva n'avait pas arrêté par un choix arbitraire le genre et le ton de son œuvre. Sa naissance le préparait à la pastorale ; son sujet, son héros la lui imposaient. Enfant du village de Kendu-vilva, il avait goûté dès son premier éveil la langueur chaude et molle du sol bengalais ; la terre, abreuvée d'eau par les mille canaux du Gange, s'y pare d'une floraison capiteuse qui trouble l'imagination, mûre avant l'appel précoce des sens. L'inépuisable nourricière semble répondre aux caresses fécondes du soleil par un hymne palpitant d'amour. Absorbé dans ses effluves, l'homme rêve à l'unisson de transports et d'extases incessamment renouvelés ; l'esprit veut transformer à son goût les lourdes jouissances de la matière. Le Bengale est la pépinière des grands mystiques de l'Inde ; l'éternel féminin l'obsède. Il y a trente ans à peine, le créateur de la Nouvelle Dispensation, Kechab Chander Sen, orateur puissant et lyrique fougueux, n'empruntait au christianisme le personnage de Dieu le Père que pour le travestir aussitôt ; il le changeait en Mère, « car la mère aime plus tendrement, et plus tendrement elle est aimée ». La divinité favorite du Bengale, c'est une déesse, Kâlî aux multiples aspects, sanguinaire et douce, exaltée et paisible, en qui s'expriment toutes les contradictions de la nature féminime. Çiva, son époux, n'a pas partagé sa fortune ; le formidable ascète du ciel a dû céder le pas à un jeune Dieu, souriant comme un enfant, séduisant comme un éphèbe : Kṛṣṇa.

Kṛṣṇa, c'est la bucolique même. Né dans une étable, il grandit au milieu des pasteurs et des pastourelles, espiègle, mutin, conquérant, adoré des filles qui se disputent ses faveurs et qu'il satisfait toutes à la fois par la grâce de sa puissance divine. Tantôt d'un pas allègre il mène le chœur des seize mille bergères qui chantent son irrésistible beauté ; tantôt, retiré à l'écart, il se plaît à moduler sur sa flûte des mélodies tendres ou mélancoliques, tandis que ses amantes inquiètes, dolentes, le cherchent, l'appellent, l'implorent, le soupçonnent, s'accusent, s'envient. Les dévots de ce culte idyllique s'étaient plu de bonne heure à imiter les jeux aimables de leur dieu ; le théâtre sanscrit sort en partie des mystères krichnaïtes. La puissance d'évocation qui s'attache à la légende de Kṛṣṇa n'a rien perdu au cours des temps ; récemment encore, les spectacles populaires célébrés à l'occasion des fêtes du dieu ont ressuscité l'art dramatique au Bengale. J'ai vu moi-même, il y a cinq ans, en dehors de l'Inde propre, dans l'Himalaya népalais, bouddhiste à demi, tibétain à demi, représenter une sorte de Gîtâ-Govinda. Pour scène, un frêle abri de toile dressé sur une prairie ; comme public, des soldats vêtus d'une légère cotonnade ; pas de siège où s'asseoir, il fallait s'accroupir sur le sol glacial ou rester debout. Une nuit de printemps naissant : c'était la nuit du Holi. Le ciel profond, bleuté de lune, semblait avoir bu d'un trait la chaleur du jour ; la bise descendait des cimes et des glaciers. A la lueur tremblante des mèches huileuses, le spectacle allait son train monotone ; un garçonnet figurait Kṛṣṇa, coiffé d'une mître dorée, drapé dans une tunique pailletée, une flûte à la main ; trois enfants jouaient les bergères. Pas de crise, aucune intrigue ; l'action se répétait sans cesse. Le dieu, rêveur, s'oubliait aux accents de sa flûte ; les bergères alanguies attendaient en vain un regard d'amour. Une messagère complaisante s'approchait alors de Kṛṣṇa, sollicitait sa compassion, sa tendresse, allait de l'aimé aux amantes, des amantes à l'aimé, provoquait les confidences, prêchait la hardiesse, réveillait la confiance ; les pastourelles encouragées s'approchaient de Kṛṣṇa enfin ébranlé, les mains s'enchaînaient aux mains, et une ronde joyeuse chantait le triomphe de l'amour. Et la même suite de scènes se renouvelait, coupée seulement par les plaisanteries et les mauvais tours d'un bouffon barbu, effronté, bafoué, et fréquemment roué de coups. Le spectacle avait commencé vers huit heures ; à deux heures du matin, il durait encore, sans avoir lassé ni émoussé l'émotion religieuse de ce rude public.

Jayadeva s'est contenté d'emprunter à la tradition le cadre dramatique qu'elle avait consacré. Son poème a trois personnages : Kṛṣṇa, Râdhâ, l'amante préférée, et la confidente qui porte les messages. Il a, sur le thème banal, dépensé à pleines mains les ressources d'un art consommé, qui confine à la décadence. La grande époque classique est déjà loin; la cour du roi Lakṣmaṇa Sena, où il vit au XIIe siècle, est un des derniers foyers de la culture sanscrite. L'antique langue sacrée, toujours séparée plus profondément des parlers populaires, n'est plus alors qu'une langue morte, réservée aux seuls savants; pour mériter leur suffrage, l'auteur doit montrer plus d'ingéniosité que de goût, de singularité que de mesure, de raffinement que de simplicité; le lecteur n'admire plus qu'à la condition de s'admirer lui-même. Jayadeva a dû sacrifier aux tendances de l'époque ; il multiplie les vains ornements, les allitérations, les rimes, les mots rares ; sa peinture des mouvements amoureux se conforme rigoureusement aux règles formelles de l'art érotique et de la rhétorique galante. Mais les entraves de la scholastique n'arrivent pas à étouffer son génie, et n'en font que mieux ressortir la souplesse. L'harmonie ruisselle dans les mots, dans les stances, dans la période poétique; même l'oreille profane d'un Européen est délicieusement caressée par la variété des rythmes, la molle ondulation des sons, le bercement de la phrase. L'imagination jaillit, intarissable, en détails pittoresques, en tableaux piquants, en visions frappantes.

LE KARMAVIBHAṄGA

ILLUSTRÉ PAR LES SCULPTURES DE LA GALERIE SOUTERRAINE AU BORO-BUDUR

En 1885, M. J. W. Ijzerman, ingénieur-en-chef, découvrait par une sorte de divination fondée sur l'interprétation sagace d'un menu détail, l'existence d'une galerie inférieure enterrée sous le sol au Boro-Budur (Not. Bat. Gen. 1885, p. 156, Tijdschr. Bat. Gen. 31 (1886), p. 261-268). Le premier panneau sculpté qui fut dégagé portait des caractères, trait tout nouveau et d'une importance capitale pour déterminer l'âge du monument. En 1890, on procéda au dégagement de la galerie par tranches successives, suivant la méthode qu'avait indiquée M. Ijzerman, et on prit la photographie de tous les bas-reliefs qui décoraient la paroi. Brandes, avec son activité et sa clairvoyance coutumières, avait déjà déchiffré les premières inscriptions mises au jour (Not. 1886, p. 27-29 ; Tijdsch. Bat. Gen. 31 (1886) p. 264 sq.) ; en octobre 1886, il en avait lu neuf au total (Not. p. 160-165 ; inscr. des panneaux 122-127). En 1895, Kern qui avait reçu communication de toutes les photographies prises, donna le premier déchiffrement d'ensemble (Versl. Med. Kon. Ak. v. Wet. 3 : 12 (1896), p. 119-128) ; il avait relevé sur les 158 panneaux 33 inscriptions plus ou moins nettes, toutes en sanscrit, tracées par des mains diverses. En 1911, M. Van Erp, à qui l'étude du Boro-Budur doit tant aussi, faisait exécuter des agrandissements sur les clichés des inscriptions, et les adressait à Kern ; sur ces nouveaux matériaux, Kern reprit son déchiffrement et en donna une édition revisée (Not., p. XLVII-6 ; Verspr. Geschr. VII (1917), p. 14). M. Krom, dans son monumental ouvrage sur le Boro-Budur (je cite d'après l'édition en anglais qui m'est seule accessible ici : Bara Budur. Archeological Description, 2 vols. The Hague 1927) a reproduit à la fin du second volume tous les agrandissements susceptibles d'une lecture ; il a laissé de côté les inscriptions trop effacées pour se prêter à l'interprétation. Il a bien reconnu que les mots gravés sur la pierre ne devaient y figurer que comme des indications de sujets à traiter, exclusivement à l'usage du sculpteur, et destinées à être effacées une fois le travail de sculpture achevé. M. Krom a rectifié sur bien des points les lectures, manifestement erronées, de Kern. Guide aussi sûr en archéologie qu'en épigraphie, M. Krom a bien vu « que les reliefs sont fondés sur un texte défini, établi, car autrement les indications données aux sculpteurs auraient été différentes et mieux appropriées à leur travail » (I p. 56) ; il a même entrevu avec une justesse remarquable la solution positive : « On a sur la base du Boro-Budur un texte sculpté qui met sous les yeux dans un ordre régulier le jeu du Karman, la loi de la cause et de l'effet telle qu'elle se manifeste dans la réincarnation, au ciel et à l'enfer ». Et il se demande : « Quel était donc ce texte ? » Il répond : « Nous ne le savons pas ».

Maintenant nous le savons, grâce à un concours extraordinaire de circonstances. En juillet 1922, au Népal, vers la fin d'un séjour de quatre mois à Katmandou, j'avais eu communication d'un manuscrit qui m'avait vivement frappé par son aspect autant que par son contenu ; le texte en était écrit sur un carton épais, de couleur noire, étroit et plié en paravent. Le colophon indiquait le titre de l'ouvrage : Mahâ-Karmavibhaṅga, et la date de la copie : Samvat 531 (Nevar. 1411 A. D.). Le traité, qui commençait par l'histoire bien connue de Çaka et son chien, foisonnait de mentions et de citations curieuses. J'en demandai en hâte la copie. Tandis qu'elle se préparait, le Râjguru Hemrâj Çarman, érudit merveilleux et collectionneur passionné, découvrait un autre manuscrit du même texte, mutilé, coupé de nombreuses lacunes, mais tout à fait indépendant du premier, et d'autant plus précieux.

Rentré en France, dans l'été de 1923, j'entrepris une étude minutieuse de ce texte important. Parmi les très nombreux ouvrages du Tripaṭaka chinois qui traitent des actes et de leur rétribution, deux se trouvaient très étroitement apparentés au Mahâkarmavibhaṅga (que je désignerai désormais par Kv) : 1° le Fo Wei Cheou kia tchang tchö chouo ye pao tch'a pie king, Nanjio 739 ; Tokyo XIV, 6, 63a-66a ; traduit en 582 par Gautama Dharmaprajña (texte désigné ultérieurement par Chg) ; 2° le Fen pie chen ngo pao ying king, Nanj. 783, Tok. XII, 8, 66a-7a ; traduit par T'ien si tsai entre 980 et 1.000 A.D. (texte désigné ultérieurement par Cht.). — Le Kandjour tibétain, d'autre part, contient deux ouvrages portant le titre de Karmavibhâga : Mdo XXVI, n°s 34 et 35, étroitement apparentés entre eux. M. Feer a traduit en français le second de ces textes, et le plus court (Fragments et extraits du Kandjour dans Annales du Musée Guimet, V, p. 250-279) ; malheureusement cette traduction est défigurée par de nombreuses erreurs. Le premier Karmavibhâga tibétain, le n° 34 de Mdo XXVI, est à peu près double en étendue de l'autre (p. 434-464) ; il est la traduction de notre Kv, seulement réduite par l'omission d'un certain nombre d'exemples donnés dans le texte sanscrit.

Enfin les fragments en langue koutchéenne recueillis à Douldóur-Aqour par la mission Pelliot permettent de reconstituer 9 feuillets d'un ouvrage sur le même sujet, en vers, qui est une adaptation, à la manière koutchéenne, de notre Kv; le rédacteur a taillé avec plus de liberté encore que l'interprète tibétain dans les exemples donnés à l'appui; quand il les rappelle, c'est le plus souvent par une mention toute sèche. Mais l'identité des ouvrages est évidente et incontestable.

Le Karmavibhaṅga n'est que le développement d'un sûtra plus ancien, que le canon pali a classé dans le Majjhima Nikâya, nº 135 : Cûla-kammavibhaṅga, et que le canon sanscrit chinois a rangé dans la collection correspondante du Madhyama Âgama (Tchong A han, sûtra 170, Tok. XII, 7, 16a.). Deux autres recensions du même sûtra ont été l'objet de traductions isolées en chinois : le Fo chouo Teou t'iao king, Nanj. 611 ; Tok. XII, 8, 71a (Teou-t'iao-Taudeyya ; Nanjio est à rectifier sur ce point), traduction anonyme du temps des Tsin Occidentaux 265-316 A. D; et le Fo chouo ying wou king, Nanj. 610 ; Tok. XII, 8, 72a, traduit par Guṇabhadra entre 435 et 443.

On voit par cette énumération quelle a été la popularité de ce texte dans toute l'étendue du monde bouddhique. On le lisait au Boro-Budur, en Java, comme on le lisait dans l'Inde, et au Tibet, et en Asie Centrale, et en Chine. Que Boro-Budur vienne apporter au Karmavibhaṅga une illustration continue, c'est déjà une surprise ; mais il y a mieux encore. Un ouvrage aussi populaire n'a pas pu circuler à travers tout l'Extrême-Orient sans subir des retouches ; les deux manuscrits sanscrits dont nous disposons montrent çà et là des désaccords dans le choix des termes, parfois dans la rédaction des phrases ; les divergences s'étendent même au classement des rubriques dans les diverses traductions. Et Boro-Budur vient apporter un élément de comparaison et de critique inattendu à l'histoire des recensions.

Pour montrer quel secours le Karmavibhaṅga prête à la lecture des panneaux du Boro-Budur, je me limiterai ici à quatre exemples : les panneaux 121, 124, 127, 138. Le 121 commence la série des panneaux à inscriptions. « Les toutes premières nous montrent, déclare M. Krom, quelle besogne désespérée c'est de tenter une explication des reliefs par eux-mêmes, sans avoir le texte qui leur sert de base. Ainsi le 121 nous donne quelques figures inachevées sous un pendopa, et un homme et une femme en route vers un champ de maïs. Il ne viendrait jamais à l'esprit de personne de rattacher cette scène à la « convoitise » ; et pourtant c'est là le sujet ». Et en effet l'inscription porte nettement ABHIDHYÂ.

Ouvrons le Karmavibhaṅga LIX : abhidhyâyâ akuçalasya karmapathasya vipâkena vrîhiyavagodhûmâdînâṁ sasyânâṁ tuṣapalâlâdîni prâdurbhavanti tasyaiva karmaṇo vipâkena paraprârthanîyabhogâ bhavanti. « La convoitise est un sentier d'Acte mauvais qui a pour conséquence l'apparition de balles et de barbes pour les moissons de riz, d'orge, de blé, etc... ; et, en conséquence de cet acte, on doit aller demander aux autres de quoi vivre ». Le couple représenté voit ses épis malades, et sans doute il s'apprête à solliciter le secours d'autres plus heureux.

Le même panneau 121, moitié gauche, porte en inscription : Vyâpâda « la vio lence ». « Comment pourrions-nous, demande M. Krom, dire que les quatre personnes en conversation dans un bois sont des gens qui veulent du mal ? » La scène n'a pas ce sens. Kv : vyâpâdasyâkuçalakarmapathasya vipâkena prabhûta upte niṣphalaṁ sasyaṁ bhavati, tasya karmaṇo vipâkena pratikûladarçano bhavati. « La violence est un Sentier d'Acte mauvais qui a pour conséquence la stérilité des moissons même si on a semé en abondance ; et, en conséquence de cet acte, on a un aspect repoussant ». Le personnage accroupi en compagnie de sa femme et dont le visage semble avoir souffert d'un accident de sculpture, est donc bel et bien défiguré du fait de son karman, et les serviteurs qui lui font rapport lui parlent sans doute de sa moisson manquée.

Passons au 124. Le panneau est ici coupé en diptyque. A droite, l'inscription : Caityavandana « adoration d'un monument sacré ». Et, en effet un sanctuaire reçoit les hommages d'adorateurs à genoux, disposés en deux rangées superposées. A gauche, inscription : Suvarṇavarṇa « couleur d'or ». Reportons-nous à Kv. LXIII : katame daçânuçaṁsâs tathâgatacaityavandanâyâm. ucyate. abhirûpo bhavati. susvaraḥ. âdeyavâkyaḥ. pariṣadam upasaṁkrântaḥ pariṣadam âvarjayati. priyo bhavati devamanuṣyâṇâm. maheçâkhyo bhavati. maheçâkhyaiḥ sattvaiḥ samâgamo bhavati. buddhair buddhaçrâvakaiç ca samâgamo bhavati. mahâbhogo bhavati svargeṣûpapadyate. kṣipraṁ ca parinirvâti. « Quels sont les dix avantages qu'on a en adorant les monuments du Tathâgata? Réponse : On est beau ; on a un beau timbre de voix ; on a la parole persuasive ; quand on entre dans une assemblée, on gagne les sympathies de l'assemblée ; on est aimé des dieux et des hommes ; on est un grand personnage ; on fait société avec des gens qui sont de grands personnages ; on fait société avec les Bouddhas et les Auditeurs des Bouddhas ; on a une grande situation ; on va renaître au ciel ; on atteint vite le Parinirvâṇa ».

On retrouve dans cette énumération quelques-uns des thèmes traités sur les panneaux suivants : au 125 Susvara « le beau timbre de voix » ; et à gauche Mahojaskasamavadhâna « société avec les Grandes Forces » où Mahojaska est l'équivalent de Bodhisattva, et Samavadhâna l'est de samâgama (et en effet le tibétain T et les textes chinois Chg et Cht ont, au lieu, ou en surplus des Buddhaśrâvakas de Kv., les « Boddhisattvas »). Au 126 Bho (Gî) (lecture de M. Krom ; Kern lisait : goṣṭhî) équivaut, comme partout ailleurs, au Mahâbhoga de Kv. et sur la moitié gauche Svarga équivaut au svargeṣûpapadyate (ou B : svarge copapadyate). Mais le « teint couleur d'or » réclamé par Boro-Budur n'apparaît pas dans cette liste. La version tibétaine garantit pourtant sa présence dans l'original. Elle énumère ainsi les dix avantages : belle forme ; teint couleur d'or (mdog gser gyi mdog lta bu) ; charme ; aspect séduisant ; voix harmonieuse ; parole prenante ; pas de timidité à entrer dans l'assemblée ; être aimé des dieux et des hommes ; avoir un grand prestige consiste en ceci : faire société avec les Bouddhas Très saints et les Bodhisattvas, et les Auditeurs des Bouddhas, et avoir de grandes ressources ; naître au ciel ; être bientôt en Parinirvâna. Ainsi le suvarṇavarṇa de Bb y figure, et comme à Bb, avant susvara, bodhisattva, mahâbhoga, svarga. Le témoignage du tibétain T vient ici compléter utilement celui du sanscrit.

Le 127 est lui aussi un diptyque. La section de droite porte l'inscription CHATRADÂNA « don d'un parasol ». « On y voit en effet, dit M. Krom, un parasol qui est présenté à un personnage qui a l'air d'un brahmane ». Le texte afférent du Kv LXIV traite en effet des avantages qu'on gagne à donner un parasol : katame daçânuçaṁsâç chattrapradânasya ? Rien ne suggère que le don est fait à un brahmane, tout au contraire ; les deux exemples donnés à l'appui sont l'un et l'autre un don de parasol en faveur d'un stûpa : atra Gaṅgâsaṁtâre bhagavataḥ pratyekabuddhasya stûpe dattasya chattrasya vipâko var·yate. yathâ cârya Sundaranando vyâkaroti :

jentâkasya ca snânena tâlasyâlepanena ca
ekacchattrapradânâc ca prâptâ me suvarṇavarṇatâ.

« A ce propos on raconte la récompense qu'obtint le Très Saint, lors de la traversée du Gange, pour avoir offert un parasol au stûpa d'un Pratyekabuddha. Et c'est aussi comme l'énonce la prophétie du saint Sundarananda :

Par un bain de vapeur, un enduit d'orpiment
Un don de parasol, j'ai ce teint d'or charmant ».

Je laisse de côté ici le second exemple, celui de Sundara Nanda, qui reparaît ailleurs dans le texte du Karmavibhaṅga en liaison avec le Boro-Budur et dont il serait oiseux de traiter ici. Mais le premier exemple a sans aucun doute inspiré le sculpteur. L'épisode de la traversée du Gange est raconté dans les divers Vinayas. Le Kv. se réfère ici au Vinaya des Mûla Sarvâstivâdins conservé en chinois, Oṣadhivastu, chap. 5 fin (Tok. XVII, 4, 18b-a19b) et en tibétain (Dulva II, 100 sqq.). Les dieux, les nâgas, etc..., se disputent l'honneur de tenir un parasol au-dessus de la tête du Bouddha pendant la traversée miraculeuse. Le Bouddha explique à sa suite l'origine de cette faveur : Jadis, quand il était le roi cakravartin Mahâ Sudarśana, il a comblé d'honneur un Pratyekabuddha et sur ses restes, après sa mort, il a élevé un stûpa qu'il a couronné d'un parasol. Or, ce Pratyekabuddha était le propre fils du roi Mahâ Sudarśana, le dernier de ses mille fils qui avait demandé et obtenu d'entrer en religion ; devenu Pratyekabuddha, les reines le prient de rester dans le parc pour y recevoir ses leçons et pour lui présenter leurs hommages. C'est ce récit que l'imagier a condensé dans son tableau. Le personnage assis sous un arbre et d'aspect brahmanique est le

Pratyekabuddha, représenté de la même manière sur d'autres reliefs ; les adorateurs, l'homme à genoux, la femme debout, sont un couple royal comme l'indique un autre parasol ouvert au-dessus d'eux et dont une servante soutient le long manche.

Le demi-panneau de gauche porte l'inscription NIRUPATAPTAKÂYACITTA. Telle est la lecture rectifiée par M. Krom ; Kern avait lu : vinaya dharmakâyacitta. Le texte du Kv. justifie brillamment la lecture de M. Krom. Le second des dix avantages acquis par le don d'un parasol est : anavatapto bhavati kâyena anavatapto bhavati cittena. « On n'a pas de brûlure du corps ; on n'a pas de brûlure de l'esprit ». Anavatapta et nirupatapta sont parfaitement synonymes. Et de fait, la sculpture montre « un personnage important avec son entourage » (Krom) ; deux femmes sont accroupies à ses côtés; devant lui des personnages les uns accroupis, les autres debout devant lui font hommage, et un parasol royal est dressé ; l'image traduit donc aux yeux la béatitude « sans brûlure » énoncée dans le texte.

Comme dernier exemple, je prendrai encore le panneau 138. L'inscription du demi-panneau de droite est en partie effacée ; on ne lit plus que les syllabes DÂNA à la fin. L'inscription du demi-panneau de gauche est d'une netteté parfaite KUÇALADHARMABHÂJANA » récipient de bonnes essences ». La sculpture n'aide pas à préciser le sujet. M. Krom décrit ainsi l'ensemble du panneau : « à droite, présentation à trois personnages ; à gauche quatre moines sont assis sous un auvent, tournés vers quatre individus qui les écoutent respectueusement ». Le développement du Kv. amène ici le don de récipients, § LXVIII : katame daçânuçaṁsâ bhâjanapradânasya. « Quels sont donc les dix avantages qu'on a, si on donne un récipient? » C'est bien là le sujet du demi-panneau de droite, car ce sont bien des récipients qui sont offerts aux trois hommes assis par les six individus agenouillés, accroupis et debout devant eux. Il faut rétablir sans hésitation le mot BHÂJANA devant DÂNA dans l'inscription. Quant au second demi-panneau, le texte sanscrit de Kv ne contient pas exactement les mêmes termes que l'inscription ; Kv débute ainsi : bhâjanabhûto bhavati guṇânâm snigdhasaṁtatir bhavati : « On devient un récipient des vertus ; les moments de la pensée ont un glissement tout uni ». Que guṇa puisse être l'équivalent de kuçaladharma, personne ne le contestera ; mais il y a mieux : un des textes chinois, Chg, porte expressément chen fa qui est la traduction consacrée de kuçaladharma ; et le poème koutchéen écrit : lwâke tatâkau... cmela ne kreṁt pelaiknen tse : « il est devenu le réceptacle (lwâke—bhâjana) des bonnes (krent—kuçala lois (pelaikne—dharma). Il devient donc certain qu'une des recensions de l'original donnait, comme fait Boro-Budur, l'expression kuçaladharma au lieu de guṇa.

La démonstration, toute limitée qu'elle est, paraîtra sans doute acquise. Toutefois, avant de finir, je tiens à déclarer que si j'ai eu la chance de la trouvaille, l'initiative en remonte à mon confrère et ami M. Stein Callenfels, et à M. le Gouverneur Général des Indes Néerlandaises. C'est M. Stein Callenfels qui, au cours d'un voyage inoubliable à travers Java et Bali où il avait accepté d'être mon guide, m'a conduit au Boro-Budur, et là, dans ce paysage d'une paix et d'une harmonie adorables, au pied même du monument, dans cette atmosphère d'évocation transparente, m'a posé le problème de l'interprétation des bas-reliefs enfouis; c'est avec lui que j'ai feuilleté les images, déchiffré les inscriptions, et senti jaillir dans ma mémoire l'étincelle du souvenir. Je n'avais pas emporté le manuscrit du Karmavibhaṅga, mais le Gouverneur Général, sur la requête de M. Stein Callenfels, avait préparé dans le pasanggrahan une magnifique bibliothèque bouddhique, sanscrite, palie, chinoise, je n'eus qu'à me référer à une des versions chinoises ; je me rappelle notre émotion quand, promenant nos regards des sculptures photographiées au texte chinois, nous vîmes s'affirmer éclatante, évidente, l'identité des sujets du texte et de l'image. Le Boro-Budur venait de livrer un de ses derniers secrets.

TABLE DES MATIÈRES

ACHEVÉ D'IMPRIMER, SUR LES
PRESSES DE PROTAT FRÈRES,
A MACON, LE VINGT AVRIL
MIL NEUF CENT TRENTE-SEPT

Les caractères chinois nous ont été aimablement prêtés par l'Imprimerie Nationale.

ABRÉVIATIONS

indique que l'ouvrage signalé n'a pu être consulté.
CR = compte rendu.

AA : — Art and Archaeology.
ABAW : — Abhandlungen der Bayerischen Akademie der Wissenschaften.
ABORI : — Annals of the Bhandarkar Oriental Research Institute at Poona.
ACIO : — Actes du XVIIIe Congrès International des Orientalistes.
Acta Or. : — Acta Orientalia.
AIPHO : — Annuaire de l'Institut de philologie et d'histoire orientales, Bruxelles.
AJA : — American Journal of Archaeology.
An. Bibl. IA. : — Annual Bibliography of Indian Archaeloogy, Kern Institute.
AM : — Asia Major.
AMG : — Annales du Musée Guimet. B. V. = Bibliothèque de vulgarisation.
AO : — Archiv Orientalni. Journal of the Czechoslovak Oriental Institute.
AR : — The Asiatic Review.
ARArchSurv. : — Annual Report of the Archaeological Survey of India.
Art. As. : — Artibus Asiae.
ASB : — Academia Sinica (Bulletin of the National Research Institute of History and Philology).
ASM : — Academia Sinica (Monographs...).
BAFAO : — Bulletin de l'Association française des Amis de l'Orient.
BAIC : — Bulletin of the Art Institute of Chicago.
BB : — Bibliotheca Buddhica.
BCLS : — Bulletins de la Classe des Lettres et des Sciences morales et politiques, Académie Royale de Belgique.
BCMA : — Bulletin of the Cleveland Museum of Art.
BDIA : — Bulletin of the Detroit Institute of Arts.
BEFEO : — Bulletin de l'Ecole française d'Extrême-Orient.
BEHE : — Bibliothèque de l'Ecole des Hautes-Etudes (*SPH* = Sciences philologiques et historiques, *SR* = Sciences religieuses).
BFAM : — Bulletin of the Fogg Art Museum, Cambridge, U. S. A.
BI : — Buddhist India.
Bibl. B. : — Bibliographie Bouddhique.
BIIMEO : — Bollettino dell'Istituto italiano per il Medio ed Estremo oriente, Roma.
Bijdr : — Bijdragen tot de Taal-, Land-, en Volkenkunde van Ned. Indie.
Bij. K. : — Bijutsu Kenkyū (Etudes d'Art).
Buk. Bij. : — Bukkyō Bijutsu (L'Art Bouddhique).
BK : — Bukkyō Kenkyū (Etudes Bouddhiques).
BM : — Burlington Magazine.
BMF : — Bulletin des Musées de France.
BMFA : — Bulletin of the Museum of Fine Arts, Boston.
BMFJ : — Bulletin de la Maison Franco-Japonaise, Tōkyō.
BMMA : — Bulletin Metropolitain Museum of Art, New York.
BMQ : — British Museum Quarterly.
BNLP : — Bulletin of the National Library of Peiping.
BSEI : — Bulletin de la Société des Etudes Indochinoises.
BSL : — Bulletin de la Société de Linguistique.
BSOS : — Bulletin of the School of Oriental Studies, London.
CCI : — Catalogue des collections indochinoises, Musée Guimet (voir n° 784).
CJS : — Ceylon Journal of Science, section G., Archaeology, Ethnography, etc.
COJ : — Calcutta Oriental Journal.
COS : — Calcutta Oriental Series.
CR : — Calcutta Review.

ABRÉVIATIONS

DB : — Daijō Bijitsu (L'art du Mahāyāna).
DLZ : — Deutsche Literaturzeitung.
EA : — Eastern Art.
EB : — Eastern Buddhist.
EHC : — Hou Che louen hio kin tchou [Etudes récentes de Hou Che] (voir, nº 29).
EGM : — Elsevier's Geillustreerd Maandschrift.
EI : — Epigraphia Indica.
EJ : — Eranos Jahrbuch.
EZ : — Epigraphia Zeylanica.
Fou-jen hio-tche : — Fu jen Hsuēh-chih, Series Sinologica (Revue sinologique de l'Univ. catholique de Pékin).
GE : — Grande Encyclopédie.
GGA : — Göttingische Gelehrte Anzeigen.
GB : — Gendai Bukkyō (Contemporary Buddhism).
GIS : — Greater India Studies.
GISB : — Greater India Society Bulletin.
GISS : — Greater India Society Series.
GOS : — Gaekwad's Oriental series.
HERE : — Hastings Encyclop. of Religion and Ethics.
HJAS : — Harvard Journal of Asiatic Studies.
HYIM : — Harvard-Yenching Institute Monograph Series.
IHQ : — Indian Historical Quarterly.
IA : — Indian Antiquary.
IAL : — Indian Art and Letters.
IC : — Indian Culture.
Ind. G. : — De Indische Gids, Amsterdam.
ILN : — Illustrated London News.
IP : — Indologica Pragensia.
ISS : – Indian and Iranian Studies (voir nº 34).
JA : — Journal Asiatique.
JAHR : — Journal of the Andhra Historical Research Society.
JAOS : — Journal of the American Oriental Society.
JAS : — Journal of the Assam Society.
JASB : — Journal and Proceedings of the Asiatic Society of Bengal.
JBBRAS : — Journal of the Bombay Branch of the Royal Asiatic Society.
JBG : — Jaarboek Bataviaasch Genootschap van Kunsten en Wetenschappen.
JBHS : — Journal of the Bombay Historical Society.
JBORS : — Journal of the Bihar and Orissa Research Society.
JBRS : — Journal of the Burma Research Society.
JBSB : — Journal of the Buddha Society, Bombay = The Buddha Prabha.
JDGNVO : — Jubiläumsband herausgegeben von der Deutschen Gesellschaft f. Natur-u. Völkerkunde Ostasiens (voir nºs 384, 460).
JDLC : — Journal of the Department of Letters, Calcutta.
JGIS : — Journal of the Greater India Society.
JIH : — Journal of Indian History.
JISOA : — Journal of the India Society of Oriental Art.
JNCB : — Journal of the North-China Branch of the Royal Asiatic Society.
JORM : — Journal of Oriental Research, Madras.
JRAS : — Journal of the Royal Asiatic Society.
JS : — Journal des Savants.
JSOR : — Journal of the Society of Oriental Research.
JSS : — Journal of the Siam Society.
JUB : — Journal of the University of Bombay.
JUPHS : — Journal of the United Provinces Historical Society.
KB : — Kulturwissenschaftliche Bibliographie zum Nachleben der Antike, Leipzig.
KDN : — Komazawa Daigaku Nempō (Annuaire de l'Université de Komazawa).
KFF : — [Karl Florenz Festgabe] = *MDGNVO* (voir nºs 174, 707).
KS : — Kampuchea Sauriya, éd. par la Bibliothèque Royale du Cambodge, Phnom-Penh — en cambodgien.
LZ : — Literarisches Zentralblatt.
MAGW : — Mitteilungen der Anthropologischen Gesellschaft Wien.
MArchSurv. : — Memoirs of the Archæological Survey of India.
MBK : — Maandblad voor Beeldende Kunsten.
MCB : — Mélanges chinois et bouddhiques (voir nº 24).
MDGNVO : — Mitteilungen der Deutschen Gesellschaft f. Natur-u. Völkerkunde Ostasiens.
MFLP : — Memoirs of the Faculty of Literature and Politics, Taihoku Imperial University, Formosa.

ABRÉVIATIONS

MHS : — Mahakosala Historical Society's Paper.
MI : — [Mélanges Ichimura] (voir nº 30).
MKK : — Mikkyō Kenkyū (Etudes Tantriques).
MKR : — Mikkyō Ronsō (Recueil Tantrique).
MS : — Monumenta Serica, Journal of Oriental studies of the Catholic University of Peking.
MSL : — Mémoires de la Société de linguistique de Paris.
MSOS : — Mitteilungen des Seminars für Orientalische Sprachen an der Friedrich-Wilhelm-Universität zu Berlin.
MT : — [Mélanges Tokiwa] (voir nº 28).
MTB : — Memoirs of the Research Department of the Tōyō Bunko.
MTYP : — [Mélanges Ts'ai Yuan P'ei] (voir nº 31).
NBN : — Nihon Bukkyō Kyōkai Nempō (Annuaire de l'Association Bouddhique du Japon).
NGM : — The National Geographic Magazine.
NGGW : — Nachrichten der Gesellschaft der Wissenschaften in Göttingen.
NION : — Nederlandsch-Indië Oud en Nieuw.
NJ : — Nanking Journal.
NRT : — Nouvelle Revue Théologique.
OAZ : — Ostasiatische Zeitschrift.
OC : — The Open Court.
OG : — Ōtani Gakuhō (Revue de l'Université Ōtani).
OLZ : — Orientalistische Literaturzeitung.
OS : — Ōsaki Gakuhō (Revue de l'Université Ōsaki).
OV : — Oudheidkundig Verslag.
PB : — Prabuddha Bhārata.
PF : — Przeglad Filozoficzny, Varsovie.
PJG : — Philosophisches Jahrbuch der Görres-Gesellschaft.
PMB : — The Pennsylvania Museum Bulletin.
PO : — The Poona Orientalist.
PQ : — Publications du Tōyō Bunko (Tōyō Bunko Ronsō), Tōkyō.
PTB : — Philosophical Quarterly.
PTS : — Pali Text Society.
QBCBC : — Quarterly Bulletin of Chinese Bibliography, Pékin, Chinese Edition (T'ou chou ki k'an).
QBCBE : — Quarterly Bulletin of Chinese Bibliography, Pékin, English Edition.
QJAHRS : — Quaterly Journal of the Andhra Historical Research Society.
QJMS : — Quarterly Journal of the Mythic Society, Bengalore.
RA : — Revue Archéologique.
RAA : — Revue des Arts Asiatiques.
RADN : — Report of the Archaeological Department of H. E. H. the Nizam's Dominions.
RC : — Revue Critique d'Histoire et de Littérature.
RDR : — Ryūkoku daigaku ronsō (Recueil de l'Université Ryūkoku).
RG : — Ryūkoku Gakuhō (Revue de l'Université Ryūkoku).
RHR : — Revue de l'Histoire des Religions.
RO : — Rocznik Orjentalistyczny.
RSO : — Rivista degli Studi Orientali, Roma.
RSR : — Revue des Sciences religieuses, Univ. de Strasbourg.
SBAW : — Sitzungsberichte der Bayerischen Akademie der Wissenschaften, Philosophisch-historische Klasse.
SBB : — Sacred Books of the Buddhists.
SBE : — Sacred Books of the East.
Sange G. : — Sange Gakuhō (Revue de la Secte Tendai).
SG : — Shinagaku (La Sinologie).
SGK : — Shogo Kenkyu (Etudes Sanskrites).
SK : — Shūkyō Kenkyū (Etudes Religieuses).
SPAW : — Sitzungsberichte der Preussischen Akademie der Wissenschaften. Philosophisch-historische Klasse.
TAG : — Tijdschrift van het Kon. Aardrijkskundig Genootschap.
TASJ : — Transactions of the Asiatic Society of Japan.
TB : — Tōyō Bijutsu (L'Art d'Extrême-Orient).
TBG : — Tijdschrift voor Indische Taal-, Land-en Volkenkunde, uitgeg. door het Kon. Bataviaansch Genootschap voor Kunsten en Wetenschappen.
TBGK : — Tōhō Bunka Gakuin Kyōto-kenkyūsho kenkyū hōkoku (Rapports de recherches de l'Academy of Oriental Culture, Kyōto Institute).
TBGT : — Tōhō Bunka Gakuin Tōkyō-kenkyūsho kenkyū hōkoku (Rapports de recherde l'Academy of Oriental Culture, Tōkyō Institute).
TG : — Taishō Daigaku Gakuhō (Journal of the Taishō University).
TGK : — Tōhō gakuhō (Revue de l'Orient [Journal of Oriental Studies], published by the Acad. of Oriental Culture, Kyōto Institute).

TGT : — Tōhō Gakuhō (Journal of Oriental Studies, published by the Academy of Oriental Culture, Tōkyō Institute).
TK : — Tetsugaku Kenkyū (Études de Philosophie).
TP : — T'oung Pao.
TZ : — Tetsugaku Zasshi (Revue Philosophique).
UMB : — The University Museum Bulletin, Philadelphie.
VS : — Viśvabharati Studies.
WZKM : — Wiener Zeitschrift für die Kunde des Morgenlandes.
YE : — The Young East.
YJCS : — Yen-ching Journal of Chinese Studies (Yen-king hio-pao).
ZDMG : — Zeitschrift der Deutschen Morgenländischen Gesellschaft.
ZfB : — Zeitschrift für Buddhismus und verwandte Gebiete.
ZII : — Zeitschrift für Indologie und Iranistik.
ZK : — Zengaku Kenkyū (Etudes de Dhyāna), Kyōto.
ZMkR : — Zeitschrift für Missionskunde und Religionswissenschaft.
ZMwR : — Zeitschrift für Missionswissenschaft und Religionswissenschaft.

AVERTISSEMENT

Dans la bibliographie de Sylvain Lévi, les initiales placées entre crochets à la suite de quelques titres ou notices renvoient, soit à l'article de Louis Renou [L. R.], *Bibl. B.*, VII-VIII, nº 909, soit au travail de C. Régamey [C. R.], *ibid.*, nº 40.

L'orthographe des titres et des sous-titres a été respectée; elle a été normalisée dans les notices et à l'index.

Dans l'index, les chiffres en italique renvoient aux notices de la bibliographie et les chiffres en romain aux pages des ouvrages cités.

RETROSPECTIVE : L'œuvre complet de Sylvain Lévi.

En 1934, guidé par Sylvain Lévi lui-même, M. Maschino avait entrepris une bibliographie des œuvres du maître relatives au bouddhisme. Ce travail était achevé au moment de la mort de Sylvain Lévi. D'accord avec la Société Asiatique, l'Institut de Civilisation Indienne et les éditeurs du *Mémorial* que publie l'Université de Paris, il fut alors décidé de confier à notre collaborateur le soin de rédiger une bibliographie complète. Pour répondre au désir de tous, M. Maschino a bien voulu élargir le cadre de son travail.

De son côté, Mme Stchoupak avait préparé une liste de tous les mots que Sylvain Lévi a étudiés dans ceux de ses ouvrages qui sont dépourvus d'index. Ce précieux répertoire enrichit la bibliographie rétrospective à la suite de laquelle il se place tout naturellement.

D'excellentes biographies de Sylvain Lévi ont déjà paru (cf. n°s 898-909 du présent fascicule); il n'est donc pas nécessaire de répéter ici ce que d'autres auteurs ont fort bien dit. Mais cet avant-propos serait incomplet si nous ne nommions pas Mme Sylvain Lévi auprès de qui notre collaborateur a toujours trouvé un accueil encourageant et une aide efficace. Nous la prions de trouver ici l'expression respectueuse de notre gratitude.

J. P. et M. L.

« ... tous les problèmes généraux
de l'antiquité indienne viennent se
grouper tout naturellement autour de
l'étude du bouddhisme... »

(*L'Inde et le Monde*)

1. — *Brahma-Brahmâ.* *GE*, t. VII, p. 964-5.

2. — *Brahma, Brahman ou Brahm.* *GE*, t. VII, p. 965.

3. — *Brahmane.* *GE*, t. VII, p. 965-7.

4. — *Brahmanisme.* *GE*, t. VII, p. 967-9.

5. — *Brahmoïsme.* *GE*, t. VII, p. 970-2.

6. — *Brâhmanas.* *GE*, t. VII, p. 965.

7. — *Calendrier hindou.* *GE*, t. VIII, p. 897-9.

8. — *Castes* [*dans l'Inde*]. *GE*, t. IX, p. 722-6.

9. — *Hindouisme.* *GE*, t. XX, p. 97-104.

10. — *Hiouen-Tsang.* *GE*, t. XX, p. 105-6.

11. — *L'Inde.* *GE*, t. XX, p. 668-710, carte, ill., 16 fig.

Situation, limites, superficie, nom. Relief du sol. Géologie. Régime des eaux. Côtes. Iles. Climat. Flore. Faune. Géographie politique et administrative. Ethnographie et démographie. Castes. Géographie économique. Histoire. Religions. Langues. Littérature. Ecriture. Arts.

12. — *Lokakala-Lokayalas.* *GE*, t. XXII, p. 496-7.

13. — CR : — *Gujarat and the Gujaratis, pictures of men and life taken from life*, par B. M. MALABARI.
RC, 1885, n° 17, p. 321-3.

14. — *La Bṛhatkathāmañjarī de Kṣemendra.*
JA, Nov.-Déc. 1885, p. 397-479.

Kṣemendra, né au Cachemire au XIe s., fut d'abord çivaïte, puis vishnouïte, enfin bouddhiste. Sur une trentaine d'ouvrages qui lui sont attribués, seule la *Bṛhatkathā°* est entièrement connue. Le problème de Somadeva. Parallèle entre Kṣemendra et Somadeva, *Kathāsaritsāgara* et *Kathāmañjarī*. Texte et trad. du 1er *lambhaka* de la *Bṛhatkathā°*. I. Comment la *Bṛhatkathā°* descendit ici-bas. II. Légende de Pāṭaliputra. III. Histoire d'Upakośa. IV. Le poisson qui rit. Histoire d'Ādityavarman. V. Vararuci sauve le prince de la malédiction. VI. Histoire de Guṇāḍhya. VII. Origine du nom de Puṣpadanta et de Mālyavān.

JA, Fév.-Mars-Av. 1886, p. 178-222.

I. Les manuscrits. II. Essai de table des matières de la *Bṛhatkathā°* d'après les divisions des mss. Les « Vingt-cinq Contes du Vampire » : texte et trad. des 2 premiers récits. Rapports chronologiques des 2 *Bṛhatkathā°*. Somadeva aurait été non le rival, mais le successeur plus heureux de Kṣemendra. La *Bṛhatkathā°* est citée dans le *Daśarūpa* (vers le milieu du XIe s.), texte qui serait postérieur à la *Bṛhatkathā°* et antérieur au *Kathāsaritsāgara*. [L. R., p. 3-4.]

15. — CR : — *Trente stances du Bhâminî-Vilâsa*, par V. HENRY.
RC, 1886, n° 2, p. 21.

16. — CR : — *A compendious Sanskrit Grammar*, par H. EDGREN.
RC, 1886, n° 32, p. 101-2.

17. — CR : — *Etudes sur les mœurs*

religieuses et sociales de l'Extrême-Orient, par A. LYALL.

RHR, t. XIII, 1886, p. 359-65.

18. — *Rapport annuel à l'Association générale des Etudiants.*

Bul. Assoc. générale des Etudiants, 1886.

19. — CR : — *Die Kâçmir-Recension der Pancâçikâ*, par W. SOLF.

RC, 1886, nº 49, p. 437-40.

20. — CR : — *L'empereur Akbar. Un chapitre de l'histoire de l'Inde au XVI*e *siècle*, par F. A. DE NOER.

RHR, t. XV, 1887, p. 364-5.

21. — CR : — *Rudrata's Çrngâratilaka and Ruyyaka's Sahrdayalîlâ*, with an introduction and notes, éd. par R. PISCHEL.

RC, 1887, nº 23, p. 441-4.

22. — CR : — *Sanscrit Syntax*, par J. S. SPEIJER, Introduction par H. KERN.

RC, 1886, nº 22, p. 425-7.

23. — CR : — *Das Altindische Thieropfer*, par J. SCHWAB.

RC, 1888, nº 29, p. 41-2.

24. — *Deux Chapitres du Sarva-Darçana-Samgraha. Le système Paçupata et le système Çaiva.* Etudes de critique et d'histoire.

BEHE (*SR*), I, 1889, p. 281-305.

Le système de Nakulîśa-Pāśupata. Le système Śaiva. Tableaux du système Pāśupata ou des 5 catégories. [L. R., p. 4, n. 2.]

25. — CR : — *Festgruss an von Otto Boehtlingk.*

RC, 1889, nº 5, p. 81-2.

26. — CR : — *Çakuntalâ. Drame indien, version tamoule d'un texte sanscrit*, par G. DEVÈZE.

RC, 1889, nº 10, p. 181-3.

27. — CR : — *Lettres sur l'Inde. A la frontière afghane*, par J. DARMESTETER.

RC, 1889, nº 42, p. 249-51.

28. — CR : — *Maestri e Scolari nell' India Brahmanica*, par G. DONATI.

RC, 1889, nº 47, p. 362-3.

29. — *Quid de Graecis veterum Indorum monumenta tradiderint.* Thesim Facultati Litterarum parisiensi proponebat S. L. 8º, 67 p., 1890. Remanié en texte français dans *Revue des Etudes Grecques*, t. IV, 1891, p. 24-45, sous le titre *La Grèce et l'Inde d'après les documents indiens.*

Rappel des études de LASSEN. Les Yavanas et l'invasion d'Alexandre dans le Penjab et le Sind. Les guerres de Candragupta. Les négociations des Séleucides et des Lagides : éléments qui étendent les notions connues sur l'hellénisme dans l'Inde. Les insc. d'Aśoka fixent la chronologie que la numismatique et la littérature postérieure permettent de préciser. Une dynastie scythe arrêta l'expansion hellénique sans heurts. Invasion de l'Orissa par les conquérants Yavanas. Ruine des dernières principautés helléniques par les Śātakarṇi. Des Indiens voyageurs portèrent le nom des Yavanas jusqu'au bassin du Brahmapoutre. Origines grecques de l'astronomie hindoue. [L. R., p. 12.]

30. — *Le Théâtre Indien. BEHE* (*SPH*), fasc. 83, 1890, XV+432 +123 p.; tables, index général (p. 89-122).

[L. R., p. 4.]

31. — *Notes sur l'Inde à l'époque d'Alexandre.*

JA, Fév.-Mars 1890, p. 234-40.

1. *Le roi Taxile.* Avant de s'appeler ainsi, du nom de la ville où il régnait, l'adversaire de Porus et d'Alexandre portait le nom de Mophis ou Omphis.

Etude de ces 2 formes : Mophis est à rejeter; Omphis suppose Ombhi ou Āmbhi qui se trouve dans le *Gaṇapātha*, et dérive régulièrement d'Ambhas. La dynastie qui régnait à Taxile au temps de l'invasion grecque est donc identifiée. Le rôle des Āmbhi ne paraît pas avoir été considérable, car seule la mention du *Gaṇapātha* est un témoignage de leur existence. « Le *Gaṇapātha* et, en même temps, la grammaire de Pāṇini qui ne peut pas en être séparée, sont donc très probablement contemporains de l'invasion macédonienne. »

II. *La ville de Taxile.* Localisation sur les bords du Tabrā-nala, comme le fixe CUNNINGHAM.

III. *Sophytes.* Critique l'identité Sopeithes = Aśvapati proposée par LASSEN, reprise par WEBER. La forme Sophytes se ramène à Sobhūta /Saubhūta; la restitution est confirmée par le *Gaṇapātha* qui cite Subhūta proche de Sāṃkala. Or, c'est après la chute de Sangala qu'Alexandre entre dans le royaume de Sophytes.

IV. *Phegelas.* La même méthode permet de retrouver sous ce nom Bhagala, cité par le *Gaṇapātha*. [L. R., p. 11.]

32. — *Abel Bergaigne et l'Indianisme.* *Revue Bleue*, t. 45, 1er Mars 1890, p. 261-8.

Leçon d'ouverture du cours de sanscrit à la Faculté des Lettres de Paris. [L. R., p. 10.]

33. — CR : — *A History of Civilization in Ancient India*, par R. C. DUTT.
JA, Sept.-Oct. 1890, p. 375-8.

34. — Préface : — *Notes d'épigraphie indienne*, par G. GUIEYSSE.
JA, Sept.-Oct. 1890, p. 379-81.

35. — Nécrologie : — *G. Guieysse 1er Janvier 1869-17 Mai 1889.* Recueil comprenant les discours de Michel BREAL, Hermann DIETZ et des notices de James DARMESTETER, Ferd. de SAUSSURE, Sylvain LÉVI (cf. *Jour. de l'Université de Paris*), 19 p., s. d., Paris.

36. — CR : — *Der Vedische Mythus des Yama.* Verglichen mit den analogen Typen der Persischen, Griechischen und Germanischen Mythologie IV, par J. EHNI.
RC, 1890, n° 47, p. 353-5.

37. — *Notes de chronologie indienne.* *JA*, Nov.-Déc. 1890, p. 547-53.

I. *Çālivāhana dans Pline* (*Hist. nat.*, VI, 104). Identification du roi Śālivāhana avec le Celebethonas de Pline, dont les données confirment la tradition indienne (cf. n° *42*).

II. *La Date de Vasubandhu.* Critique la récente opinion de BÜHLER qui recule Vasubandhu au IVe s. La polémique grammaticale dirigée contre l'*Abhidharmakośa* par Vasurāta, maître de Bhartṛhari, dont la date est fournie par Yi-tsing, permet de placer Vasubandhu au VIe s. [L. R., p. 11-2.]

38. — CR : — I. *Der Buddhismus nach alteren Pali Werken dargestellt*, par E. HARDY. II. *Le Bouddhisme Japonais*, par R. FUJISHIMA.
RC, 1890, n° 52, p. 495-9.

39. — *Le Bouddhisme et les Grecs.* *RHR*, t. XXIII, 1891, p. 36-49.

La littérature grecque a presque ignoré le bouddhisme (les Sarmanes de Mégasthène; mention du Buddha par Clément d'Alexandrie), mais la littérature bouddhique permet de restituer un effort d'expansion plus net qu'on ne le croit. Les insc. d'Aśoka mentionnent les Yavanas et la prédication aurait atteint l'extrémité du monde hellénique; des Grecs convertis y participent; le Yavana Dhammarakkhitto. Agathokles a des monnaies de caractère bouddhique ainsi que Ménandre, puis Kaniṣka. Néanmoins, le bouddhisme resta étranger à la littérature et la propagande se heurta à l'Empire hostile des Parthes et aux difficultés des voyages par mer; enfin, le christianisme était né.

40. — CR : — I. *Les huit aventures du Gourou Paramârtta, contes tamouls*; trad. par G. DEVÈZE. II. *Vier Erzählungen aus der Çukasaptati Samskrt und Deutsch*, par R. SCHMIDT.
RC, 1891, n° 11, p. 202-3.

41. — CR : — *Der Sarpabali, ein altindischer Schlangencult*, par M. WINTERNITZ.
RC, 1891, n° 12, p. 221.

42. — [*Sur l'identité Celebethonas-Çālivāhana.*]

JA, Mars-Avril 1891, p. 337-9.

Réponse aux critiques de VINSON sur l'interprétation du mot Celebethonas (V. *supra*, n° 37).

43. — Notes de chronologie indienne. Devānāmpriya, Açoka et Kātyāyana.

JA, Nov.-Déc. 1891, p. 549-53.

Devānāmpriya n'était pas un simple surnom, mais une formule du protocole réservée à la dignité royale. On ne trouve pas trace du terme dans la littérature skte, tandis que la tradition jaina a conservé la notion de ce sens spécial. WEBER, LEUMANN, BÜHLER, etc., sont d'accord pour penser qu'à l'époque Maurya tous les rois de l'Inde portaient ce titre. Discussion de la formation grammaticale du mot; son histoire permet de tirer un indice chronologique sur la date de Kātyāyana.

44. — La Science des Religions et les Religions de l'Inde. Bull. Ecole Pratique des Htes Etudes, Sc. religieuses, 1892, 11 p.

Difficultés des études historiques : la littérature védique offre une base incertaine et les dates sont peu sûres. Le dépouillement des œuvres bouddhiques les plus tardives permettra de remonter le cours de l'histoire du bouddhisme.

45. — Introduction : — *Deux traductions chinoises du Milindapañho*, par Ed. SPECHT. Proceedings of the 9th Intern. Congress of Orientalists, London, 1892, I, p. 518-29. [L. R., p. 13.]

46. — CR : — *Beiträge zur Kenntnis der Vedischen Schulen*, par R. SIMON.

RC, 1892, n° 1, p. 5-6.

47. — Le Buddhacarita d'Açvaghoṣa. Premier chant. Texte, traduction.

JA, Mars-Avril, 1892, p. 201-36.

Texte apprécié de BURNOUF et sur lequel BÜHLER venait à nouveau d'attirer l'attention des orientalistes. Les Commentaires d'origine indienne et chinoise et le témoignage de Yi-tsing. Le *Fo chouo hing tsan king* poursuit le récit plus loin que le *Buddha°* skt. Liste des chap. d'après BENDALL (*Catalogue...*); éd. et trad. du ms. de la Bibl. Nationale, daté 1830. Le travail fut suspendu en considération de l'éd. complète que devait publier COWELL. [L. R., p. 12.]

48. — Arjuna, Successeur de Harṣa Çīlāditya.

JA, Nov.-Déc. 1892, p. 337-8.

L'historien chinois Ma Touan-lin transcrit par Na-fo-ti A-la-na-chouen le nom de l'usurpateur du trône de Harṣa. S. L. propose de rétablir A-la-choun-na = Arjuna et de lire *na-fo-ti* comme la transc. mutilée de *senāpati*. [Dans *JA*, mars-av. 1900, p. 300, n. 2, cette dernière conjecture est abandonnée.]

49. — Un projet de cartographie historique de l'Inde. Transactions of the 9th Intern. Congress of Orientalists, Vol. I, London, 1893, p. 366-9.

Sur un travail qui aurait eu pour objet la reproduction photographique des documents cartographiques intéressant l'Inde, depuis Ptolémée jusqu'à Anville.

50. — CR : — *Extracts from the Jaimînîya-Brâhmana and Upanishad-Brâhmana*, par H. ŒRTEL.

RC, 1893, n° 6, p. 97-8.

51. — CR : — *Zur Geschichte und Kritik des Mahâbhârata*, par A. HOLTZMANN.

RC, 1893, n° 15, p. 277-82.

52. — Un nouveau document sur le Milinda-praçna.

CR Acad. Insc., 1893, Série IV, t. XXI, p. 232-7.

Le *Milindapañha*, d'abord connu par un seul texte pâli, fut retrouvé dans le Tripiṭaka chinois. D'autre part, Nāgasena est cité par l'*Abhidharmakośavyākhyā* de Vasubandhu, dans un fragment qui avait attiré l'attention de BURNOUF. La glose de Yaśomitra n'a conservé qu'un terme : *bahuvollakāḥ*; le fragment doit constituer un repère dans l'histoire littéraire de l'Inde. [L. R., p. 13.]

53. — Un journaliste indien : Behramji Malabari; sa vie et son œuvre.

Revue Bleue, Sept. 1893, n° 12, p. 353-8; n° 13, p. 392-7.

54. — CR : — I. *On a comparative Study of Indo-European customs, with special reference to the marriage customs*, par M. WINTERNITZ. II. *Indogermanische gebraeuche beim Haarschneiden*, par J. KIRSTE.

RC, 1893, nº 47, p. 353.

55. — CR : — *Bhâradvâja-çîkshâ cum versione latina*, par E. SIEG.

RC, 1893, nº 50, p. 437.

56. — CR : — *Natural Religion in India*, par A. LYALL.

RC, 1893, nº 50, p. 465.

57. — *Une poésie inconnue du roi Harṣa Çīlāditya*. Actes du Xe Congrès Intern. des Orientalistes, Genève, 1894. Leyde, 1895, II, p. 189-203.

Il s'agit de l'*Aṣṭamahāśrīcaityastotra*, trad. par Fa-t'ien, sous la dynastie des Song septentrionaux. Louanges des *stūpa*, *caitya*, *dhātugarbha* des 8 lieux saints : Lumbinī, Kapilavastu, Gayā, Vārāṇāsī, Jetavana, Kanyākubja, Rājagṛha, Vaiśālī. [L. R., p. 15, n.]

58. — CR : — *Die neunzehn Bücher des Mahābhārata*, par A. HOLTZMANN.

RC, 1894, nº 9, p. 161.

59. — CR : — *Das Amaruçataka, in seinen Recensionen dargestellt...*, par R. SIMON.

RC, 1894, nº 11, p. 197.

60. — CR : — *Das Kathākautukam des Çrīvara verglichen mit Dschâmî's Jusuf und Zuleikha*, par R. SIMON.

RC, 1894, nº 12, p. 221.

61. — CR : — I. *The Namuci-myth*, par Ch. LANMAN. II. *Contributions to the Interpretation of the Veda* (III) par M. BLOOMFIELD. III. *Indra und Namuci*, par H. OLDENBERG.

RC, 1894, nº 12, p. 221-2.

62. — *Note sur la chronologie du Népal*.

JA, Juil.-Août 1894, p. 55-72.

Critique les « ingénieuses et savantes combinaisons » de FLEET, qui suppose un partage du pouvoir royal entre 2 dynasties parallèles établies dans la même capitale et dans des palais distincts : la famille Licchavi ou Sūryavaṃśī de Mānagṛha et la famille Ṭhākurī de Kailāsakūṭabhavana. Le témoignage de Hiuan-tsang permet une meilleure interprétation. Trad. du passage qui a trait au Népal dans l'*Histoire des T'ang*, suivie d'observations.

63. — Préface : — *Le Bouddha. Sa vie, sa doctrine, sa communauté*, par H. OLDENBERG, trad. de l'allemand, d'après la 2e éd., par A. FOUCHER, 1894.

64. — *Note préliminaire sur l'inscription de Kiu-yong-koan* (en collab. avec E. CHAVANNES).

JA, Sept.-Oct. 1894, p. 354-73.

Au sujet des insc. d'une porte située sur la route de Pékin à Kalgan, datées de l'année 1345, écrites en 6 langues : skt, tibétain, mongol (en caractères *'phags-pa*), turc ouïgour, chinois, enfin en une langue inconnue. Monument imparfaitement étudié (cf. A. WYLIE, *JRAS*, 1870). Le travail de S. L. concerne l'insc. tibétaine en petits caractères des faces est et ouest (p. 369-73). [L. R., p. 13-4.]

65. — CR : — *Kalhana's Rājataraṅgiṇī or Chronicle of the kings of Kashmir*, éd. par A. STEIN.

RC, 1894, nº 52, p. 489-91.

66. — CR : — *Voyages des pèlerins bouddhistes. Les religieux éminents qui allèrent chercher la Loi dans les pays d'Occident*, par I-Tsing, trad. en français par E. CHAVANNES.

RC, 1895, nº 1, p. 1-3.

67. — *Le Théâtre indien à Paris*.

Rev. de Paris, 15 Fév. 1895, p. 818-29.

Sur la représentation du « Chariot de Terre Cuite ».

68. — *L'Itinéraire d'Ou K'ong* (751-790). Trad. et annoté (en collab. avec Ed. CHAVANNES).

JA, Sept.-Oct. 1895, p. 341-71.

A propos du *Daśabalasūtra* rapporté en Chine par le religieux Wou-k'ong, auteur de notes de voyages en Asie Centrale. Trad. annotée d'une courte biographie du *Song kao seng tchouan*. Note additionnelle : *Le Ki-pin* (V. *inf.* nº *69*). [L. R., p. 14.]

68bis. — *Note on the Chinese equivalent of Raṅgamālī.*

Proc. As. Soc. Bengal, 1895, p. 87.

69. — *Note rectificative sur le Ki-pin.*

JA, Janv.-Fév. 1896, p. 161-2.

Relève la concordance des renseignements fournis par Hiuan-tsang et Wou-k'ong. Le nom de Kapiśa répond exactement au chinois Ki-pin. L'identité Kapiśa-Caboul est désormais à rejeter. (V. *sup.* nº *68.*)

70. — CR : — I. *Die religion des Veda*, par H. OLDENBERG. II. *Die Vedisch-brahmanische Periode der Religion des alten Indiens.*

RC, 1896, nº 9, p. 165-8.

71. — CR : — *Barlaam and Josaphat. English lives of Buddha*, éd. par J. JACOBS.

RHR, t. XXXIII, 1896, p. 366-8.

72. — CR : — *Recherches sur le Bouddhisme*, par MINAYEFF. Trad. du russe par A. de POMPIGNAN.

RC, 1896, nº 11, p. 201-2.

73. — *Notes sur diverses inscriptions de Piyadasi.*

JA, Mai-Juin 1896, p. 460-85.

Discussion sur le chiffre 256 qui se retrouve dans une formule finale prenant à Rupnath, Sahasram et Siddapura 3 aspects différents. Les trad. de BÜHLER et de SENART ne sont pas satisfaisantes. Ce chiffre pourrait n'être que la notation officielle du nombre des *akṣara* contenus dans les édits (*inf.* nº *193*).

II. *Le Lāghulovāda de l'édit de Bhabra.* L'édit recommande aux dévots le *Lāghulovāda* « qui prend pour point de départ le mensonge » (Bairat). Pour OLDENBERG, il s'agissait du *sutta* du *Majjhima* : *Ambalaṭṭhikā-rāhulovāda.* Pour MINAYEFF, la ressemblance s'arrêtait au texte, car, à son avis, il n'existait pas en pâli un seul *Rāhulovāda* qui répondît au sommaire de Bairat. Or, le *Lo-yun king* = *Rāhulasūtra*, conservé dans le Tripiṭaka chinois, est, d'après Nanjō, un « avertissement à Rāhulā contre le mensonge ». Trad. du *sūtra* chinois et variantes du pâli. La rédaction skte est-elle la plus ancienne ? Les *gāthā* conservées par la trad. chinoise semblent le prouver. En tout cas, Piyadasi ne désignait pas plus au clergé une rédaction skte qu'une rédaction pâlie du texte. Etrangeté de la forme *lāghula.* [L. R., p. 14.]

74. — CR : — *Three Lectures on the Vedānta philosophy*, par MAX MÜLLER.

RC, 1896, nº 27, p. 1.

75. — CR : — *Le Pañcakrama*, par L. de LA VALLÉE POUSSIN.

RC, 1896, nº 28, p. 21.

76. — CR : — I. *Das Mahābhārata nach der nordindischen Recension*, par A. HOLTZMANN. — II. *Das Mahābhārata im Osten und Westen.*

RC, 1896, nº 29, p. 41-3.

77. — CR : — *Jaina Sūtras translated from Prākrit*, par H. JACOBI, Part. II.

RHR, t. XXXIV, 1896, p. 95-8.

78. — Traduction : — *Le Bouddhisme dans son plein développement, d'après les Vinayas*, par WASSILIEFF.

RHR, t. XXXIV, 1896, p. 318-25.

Extrait des *Notes Orientales*, mélanges publiés par la Faculté des Langues Orientales de St-Pétersbourg, en 1896, pour s'associer aux fêtes du Centenaire de l'Ecole des Langues Orientales à Paris.

79. — *Les donations religieuses des rois de Valabhī.* Etudes de critique et d'histoire, 2e série, 7e vol.

BEHE (SR), 1896, p. 75-100.

. La tradition. L'histoire. Les chartes de donation. Donations divines, donations brahmaniques. Donations bouddhiques. Autres cultes. Sur la dynastie qui régna sur le Kathiawar entre le VIe et le VIIe s. et les traditions jaïnistes. Le coursier, don du Soleil. Le roi Śīlāditya et la restauration du jaïnisme. Souvenirs de Hiuan-tsang sur le royaume de Valabhī. Insuffisance des renseignements brahmaniques. Les recherches archéologiques et l'ère de Valabhī. Tableau des dynasties et des principautés du royaume. Inscriptions. Donations en faveur des particuliers, des communautés et des dieux; les formules; objet des donations. Les princes adorateurs de Maheśvara; un rituel çivaïte. Donations accordées à des couvents bouddhiques : le libellé est identique à celui de la charte en faveur de Maheśvara. Le couvent élevé par la princesse Duḷḷā; les couvents et leurs fondateurs. Buddhabhadra, élève d'Asaṅga. Sthiramati. Le couvent fondé par Skandabhaṭa. Importance des donations bouddhiques. Popularité du culte du Soleil. Eclectisme religieux des princes de Valabhī. [L. R., p. 14.]

80. — CR : — I. *Grundriss der indo-arischen Philologie und Alterthunskunde.* II. *Indische Paleographie von circa 350 A. D. circa 1300 P. C.*, par G. BÜHLER. *RC*, 1896, nº 51, p. 469-71.

80bis. — [*La date de Kaniṣka*]. *JA*, Mars-Av. 1896, p. 336.

Signale dans les *Actes Apocryphes de saint Thomsa*, les noms du roi Mazdeos (Bazdeo = Vāsudeva) et du prince Ouzanès (Guṣaṇa = Kuṣaṇa) et s'appuie sur cette double identification pour reporter l'avènement de Kaniṣka au Ier s. avant J.-C.

81. — *Notes sur les Indo-Scythes* (cf. *inf.*, nos *86, 118*). *JA*, Nov.-Déc. 1896, p. 444-84.

I. *Les Contes.* Imprécision de la tradition sur Kaniṣka. Certains contes du Tripiṭaka chinois (dans *Sūtrālaṃkāra*, *Saṃyuktaratnapiṭaka*, **Dharmapiṭakanidānasūtra*) trad. du skt éclairent un peu cette grande ombre. D'après ces contes, le roi Kaniṣka-devaputra, de la race des Kuṣaṇa, régna sur les Yue-tche 700 ans après le Nirvāṇa. Il est assisté de ministres éminents : Devadharma, Māṭhara, et du Bodhisattva Aśvaghoṣa; Caraka est son docteur. Bouddhiste peu éclairé mais fervent, il guerroie avec ardeur et meurt repentant. Discussion des opinions émises sur les dates de Kaniṣka et d'Aśvaghoṣa. Trad. des chap. III et VI du *Sūtrālaṃkāra*, du chap. VII du *Saṃyuktaratnapiṭaka* (conte 13, *L'arhat K'i-ye-to oblige le méchant nāga à entrer dans la mer*; conte 14, *Deux bhikṣu voyant K'i-ye-to obtiennent de naître devas*; conte 15, *Le roi des Yue-tche voit l'arhat K'i-ye-to*; conte 16, *Le roi des Yue-tche lié d'amitié avec les trois savants conseillers*), et du chap. V du *Fou fa ts'ang yin yuan tchouan* (**Dharmapiṭakasaṃpradāyanidāna*).

JA, Janv.-Fév. 1897, p. 5-42.

II. *Les textes historiques.* Renseignements concernant les Yue-tche dans les Annales chinoises. Les Ta-hia. Lan-cheu, capitale des Yue-tche selon l'histoire des Han. Note (p. 10) sur l'identité des Se et des Śaka. Les mémoires de Seu-ma Ts'ien. Les Yue-tche dans le Compendium des Wei. Sur le titre de *po-cheu ti-tzeu* donné à King-lou et les relations de celui-ci avec les Yue-tche. Données numismatiques : le Buddha n'apparaît sur les monnaies qu'avec Kaniṣka. Trad. de la notice sur l'Inde incorporée au *Dvādaśaviharanasūtra* (Nanjō 1374).

III. *Saint-Thomas, Gondopharès et Mazdeo.* Une Ancienne monnaie du Gandhāra a donné le nom de Gondopharès; il y a lieu de poser à nouveau la question des rapports entre l'Orient et l'Occident et de procéder à un nouvel examen des traditions groupées autour du nom de saint Thomas. — Thomas et Barthélemy passent concurremment pour avoir évangélisé l'Inde, mais la légende de Barthélemy se fonde sur des notions vagues et impersonnelles, tandis que l'itinéraire de Thomas est clair et logique. Critique des hypothèses de Von GUTSCHMIDT (*Die Kōnigsnamen in den Apocryphen Apostelgeschichten*, 1864). « La connaissance exacte de l'Inde éclate dans les épisodes et les détails des Actes ». Gondopharès et Vāsudeva contemporains de Thomas. [L. R., p. 15-6.]

82. — CR : — *The Indian Calendar, with tables for the conversion of Hindu and Muhammadan into A. D. dates and vice versa*, par R. SEWELL et S. B. DĪKSHIT. *RC*, 1897, nº 10, p. 357-8.

83. — CR : — *The Çatapatha-brāhmana*, translated by J. EGGELING. *RC*, 1897, nº 19, p. 358-9.

84. — CR : — *Ritual Litteratur, Vedische Opfer und Zauber*, par A. HILLEBRANDT. *RC*, 1897, nº 42, p. 217-8.

85. — CR : — *Recht und Sitte*, par J. Jolly.

RC, 1897, nº 43, p. 245-6.

86. — *Note additionnelle sur les Indo-Scythes* (cf. *sup.*, nº *81*; *inf.*, nº *118*).

JA, Nov.-Déc. 1897, p. 526-31.

Réponse aux critiques formulées par Specht. Un nouveau conte du cycle de Kaniṣka, extrait du *Fa yuan tchou lin*, permet de corriger Hiuan-tsang dans son exposé des rapports de la Chine avec Kaniṣka. Trad. du passage du *Si yu tche* sur le royaume de Ki-pin.

87. — *La doctrine du Sacrifice dans les Brâhmaṇas. BEHE (SR)*, 1898, 11ᵉ vol., 182 p., index.

Introduction. « Le brahmanisme des Brâhmaṇas est si bien le père du bouddhisme qu'il lui a légué une regrettable hérédité : le retour à Rudra-Çiva, la récitation machinale des mantras, le formalisme absurde ou révoltant des tantras sont les rechutes chroniques où se traduit une incontestable filiation. » — I. Le dieu Sacrifice, Prajāpati. — II. Le sacrifice et les dieux. — III. Le mécanisme du sacrifice. — IV. Le sacrifice et la morale : le dieu Varuṇa. [L. R., p. 16-20.]

88. — *Kapilavastu.*

Hansei Zasshi, XIII, nº 8, Sept. 1898, p. 321-4.

Sur un voyage à Kapilavastu.

89. — *Rapport de M. Sylvain Lévi sur sa mission dans l'Inde et au Japon.*

CR Acad. Insc. 1899, p. 71-92.

Itinéraire de la mission. Visite de Kathiawar, Bénarès, Patna, Behar, Rajgir. Ascension du Gṛdhrakūṭa. Kapilavastu. Grotte Sattapani (recherches). Gayā. Calcutta.

Séjour au Népal. Etude du Nepāla-mahātmya. Fête de Paśupati. Recherches épigraphiques à Katmandou, Lajampat et Kisipiḍi. Trouvaille du *Sūtrālaṃkāra* et d'une copie de l'*Abhisamayālaṃkāra* et d'un *Yavana-jātaka*. Acquisition d'un ms. du *Bṛhatkathāślokasaṃgraha*, et de nombreux mss. du XIIIᵉ et XIVᵉ s.

Au Japon, étude des dictionnaires bouddhiques et des glossaires skts-chinois. Annonce une trad. complète du *Mahāyānaśraddhotpādaśāstra* d'Aśvaghoṣa. L'insc. skte de Nikkō.

90. — *De Nagasaki à Moscou.*

Annales de Géographie, 1899, t. VIII, p. 330-49.

91. — *Deux peuples méconnus.* I. *Les Muruṇḍas.* II. *Les Cañcūkas.*

Mélanges Ch. de Harlez, 1896, p. 176-87.

Sur la notice du (*Kou kin*) *T'ou chou* [*tsi tch'eng*] concernant l'Inde, et sur l'ambassade de Sou-wou, envoyée dans l'Inde par le Fou-nan. Le roi des Meou-louen (Muruṇḍa) dont le royaume est à l'embouchure du Gange. Les listes des noms royaux se retrouvent dans les Purāṇas brahmaniques. Suzeraineté de Samudragupta. Relations de la dynastie indo-scythe avec le Fou-nan.

Les Cañcūkas cités par Hiuan-tsang étaient localisés dans le S.-O.; ils devaient sans doute leur nom à une particularité physique : *cañcū/cañcūka* signifie « bec d'oiseau ».

92. — CR : — *Cosmologie hindoue d'après le Bhâgavata Purâna*, par A. Roussel.

RHR, t. XL, 1899, p. 131-2.

93. — CR : — *A burmese historian of Buddhism*, by Mabel H. Bode.

RHR, t. XL, 1899, p. 132-4.

94. — CR : — *Râmakrishna. His life and sayings*, par F. Max Müller.

RHR, t. XL, 1899, p. 287-8.

95. — *Les Missions de Wang-Hiuen-Ts'e dans l'Inde* (en collab. avec E. Chavannes).

JA, Mars-Avril 1900, p. 297-341; Mai-Juin 1900, p. 401-68 (cf. *inf.*, nº *125*).

Wang Hiuen-ts'ö, contemporain de Hiuan-tsang, avait écrit ses mémoires dont quelques fragments sont conservés dans le *Fa yuan tchou lin*. Trad. de ces fragments, d'extraits du *Si yu tche* et des passages sur l'Inde de la *Nouvelle histoire des T'ang*.

Les Inscriptions de Wang-Hiuen-Ts'e (trad. par Ed. Chavannes). Il s'agit des insc. gravées par Li Yi-piao et Wang, sur le Gṛdhrakūṭa et à Mahābodhi (645 A. D.).

L'inscription de Mahānaman à Mahābodhi. Discussion des dates proposées; légende rapportée par Hiuan-tsang sur l'origine du couvent des Sthavira. Ceylan et la Chine (trad. des notices du *Pien-y-tien*). Vajrabodhi à Ceylan. Le *Mahāvaṃsa* et les textes chinois. Les voyages de Tcheng Ho et de Ma Houan au xve s. La fontaine à feu du Népal.

Les monastères du Kapiça. Les Han et les Yue-tche. [L. R., p. 23.]

96. — CR : — *Légendes bouddhistes et jainas, traduites du tamoul*, par J. VINSON.

RC, 1900, n° 51, p. 469-70.

97. — CR : — *Mythologie des Buddhismus in Tibet und der Mongolei*, par A. GRÜNWEDEL.

RC, 1900, n° 51, p. 471-2.

98. — CR : — *Dialogues of the Buddha, translated from the Pâli*, by T. W. RHYS DAVIDS.

RHR, t. XLIII, 1901, p. 362-6.

99. — CR : — *Journal of the American Oriental Society*, XXIe vol., 2e part., 1901.

RHR, t. XLIII, 1901, p. 370-1.

100. — CR : — *Bulletin de l'Ecole Française d'Extrême-Orient*, 1re année, t. I, n° 1, Hanoï, 1901.

RHR, t. XLIII, 1901, p. 373-4.

101. — CR : — *The Dhamma of Gotama the Buddha and the Gospel of Jesus the Christ*, par Ch. F. AIKEN.

RC, 1901, n° 28, p. 21-3.

102. — CR : — *Memoir on Maps illustrating the Ancient Geography of Kasmir*, par A. STEIN.

RC, 1901, n° 28, p. 23.

103. — CR : — *The Atharva Veda*, par M. BLOOMFIELD.

RC, 1901, n° 28, p. 23-4.

104. — CR : — *Katalog der Handschriften der Universitäts. Bibliothek zu Leipzig. I. Die Sanskrit Handschriften*, par Th. AUFRECHT.

JA, Nov.-Déc. 1901, p. 569-70.

105. — CR : — *Altindisches Zauberritual, Probe einer Neberzetsung der wichtigsten Theile des Kausika sûtra*, par W. CALAND.

RHR, t. XLIV, 1901, p. 442-4.

106. — CR : — *Etude sur l'iconographie bouddhique de l'Inde d'après des documents nouveaux*, par A. FOUCHER.

RC, 1901, n° 51, p. 481-2.

107. — RC : — *Hindu Logic as preserved in China and Japan*, par S. SUGIURA.

RC, 1901, n° 51, p. 482-4.

108. — CR : — *Alte Zeiten, alte Freunde*, par Max MÜLLER.

RC, 1902, n° 1, p. 2-3.

109. — *Sur quelques termes employés dans les inscriptions des Kṣatrapas.*

JA, Janv.-Fév. 1902, p. 95-125 (cf. *inf.*, n° *126*).

La cour des rois Kṣatrapas (78 A. D.) est à l'origine du vocabulaire, de la technique et des premiers modèles du drame skt et de la littérature skte. [L. R., p. 23.]

110. — CR : — *Litteratur und Sprache des Singhalesen*, par W. GEIGER.

RC, 1902, n° 6, p. 101-2.

111. — CR : — *Preliminary Report on a Journey of Archæological and Topographical Exploration in Chinese Turkestan*, par M.-A. STEIN.

RC, 1902, n° 11, p. 201-3.

112. — *Notes chinoises sur l'Inde. I. L'écriture kharoṣṭrī et son berceau. II. Une version chinoise du Bodhicaryāvatāra.*
BEFEO, 1902, t. II, p. 246-53; 253-5.

Le nom de l'écriture *kharoṣṭrī* viendrait de Kharoṣṭra (Kachgar). Informations tirées du *Sin yi Ta fang kouang fo houa yen king yin yi* de Houei-yuan (liste des localités qui serviront de séjours aux Bodhisattva). Identité de Chou-lö et K'ia-lou-chou-tan-lö (Kharoṣṭra). Notice de Ctésias sur les « Têtes-de-chien ». — II. Le *P'ou-t'i hing king* restitué par Nanjō (1354) en *Bodhicaryāsūtra* et attribué par les catalogues chinois à Nāgārjuna est en réalité la version chinoise du *Bodhicaryāvatāra* de Śāntideva. Etude des sections. [L. R., p. 24-6.]

113. — CR : — *Aśoka. The Buddhist Emperor of India*, par V. A. SMITH.
RHR, t. XLV, 1902, p. 285-6.

114. — CR : — *Nouvelles recherches sur les Chams*, par A. CABATON.
RHR, t. 45, 1902, p. 442-3.

115. — CR : — *Eransahr nach der Geographie des Ps. Moses Xorenac'i*, par J. MARQUART.
RC, 1902, n° 43, p. 321-2.

116. — *Notes chinoises sur l'Inde.* III. *La date de Candragomin.*
BEFEO, 1903, I, 3, p. 38-53 (cf. CR du 1er Congrès Int. des ét. d'E.-O., p. 98 et *sup.*, n° *112*; *inf.*, n° *131, 143*).

D'après le témoignage de Yi-tsing, Candragomin aurait vécu dans les 2e et 3e quarts du VIIe s. Identité de Yue-kouan et de Candragomin. Sens technique du mot *gomin*. Critique des arguments de LIEBICH qui place Candragomin entre 465 et 544 A. D. [L. R., p. 25.]

117. — Nécrologie : — *Henry de La Vallée Poussin*. Muséon, 1903, IV, 2 p.

118. — *Notes on the Indo Scythians extracted and rendered into English, with the author's permission from the JA* (*sup.* n° *81*), by W. R. PHILIPPS.
IA, XXXII, Oct. 1903, p. 381-9; XXXII, Nov. 1903, p. 417-26; XXXIII, Janv. 1904, p. 10-16.

119. — *La légende de Rāma dans un avadāna chinois*. Album Kern, 1903, Leiden, p. 279-81.

A propos du *Tsa pao ts'ang king*, trad. chinoise de 121 *avadāna* par Ki-kia-ye. Le 8e conte a pour sujet l'histoire arrangée de Rāma. Comparaison avec le *Dasarathajātaka*.

120. — CR : — I. *L'Inde et le Problème indien*, par P. BOELL. II. *L'Inde d'aujourd'hui*, par A. METIN. III. *Essai sur l'évolution de la civilisation indienne*, par de la MAZELIÈRE. IV. *L'Inde sans les Anglais*, par P. LOTI. V. *Visions de l'Inde*, par J. BOIS.
RC, 1903, n° 44, p. 342-6.

121. — Préface : — *Le Gīta Govinda, Pastorale de Jayadeva*, trad. de G. COURTILLIER. Paris, 1904.
[L. R., p. 55].

122. — CR : — I. *Die Reden Gotamo Buddho's*, par H. E. NEUMANN. II. *The Udâna, translated from the Pâli*, par D. M. STRONG. III. *Aufsätze zum Verständnis des Buddhismus*, par P. DAHLKE. IV. *Buddha und die Frauen*, par M. SCHREIBER. V. *Buddhistic Essays referring to the Abhidharma*. VI. *Buddhism*, vol. 1, n° 1, Rangoon.
RC, 1904, n° 1, p. 1-3.

123. — *La Transmigration des âmes dans les croyances hindoues.*
AMG, B. V., t. XVI, 1904, p. 85-118.

124. — *The Kharoshtrī Writing and its cradle*, by S. L., translated with the author's permission and under his direction from the *BEFEO* (*sup.*, n° *112*), by Christian A. CAMERON.

IA, vol. XXXIII, March 1904, p. 79-84.

125. — *Further Notes on the Indo-Scythians*, by S. L., extracted and rendered into English, with the author's permission by W. P. PHILIPPS.

IA, vol. XXXIII, April 1904, p. 110-6.

A. *The Relations between China and Kaniṣka.* B. *The missions of Wang Hiuen-ts'e in India* (cf. *sup.*, nº *95*).

126. — *On some Terms employed in the Inscriptions of the Kshatrapas*, by S. L., translated with the author's permission and revision from the *JA* (*sup.* nº *109*), under the direction of J. BURGESS.

IA, vol. XXXIII, June 1904, p. 163-174.

127. — Nécrologie : — *M. Odend'hal.*
RC, 1904, nº 26, p. 506-7.

128. — *Le Samyuktāgama sanscrit et les feuillets Grünwedel.*

TP, 1904, p. 297-309.

Retrouve le contexte des fragments Grünwedel (provenant d'Idykutshari) dans le *Saṃyuktāgama* en chinois (*Tsa a-han*, ch. XXXV) sous une forme différente de la rédaction pâlie. L'étude des versions du *sūtra* de Kokanada permet d'admettre que le *Saṃyuktāgama* chinois est basé sur un original skt indépendant de la rédaction pâlie. Trad. du *sūtra* sur les vérités brahmaniques. [L. R., p. 26.]

129. — *Les transformations des Etudes sanscrites au cours du XIXe siècle*, Lecture communiquée à l'Exposition de Saint-Louis, au Congrès des Arts et Sciences, section de l'Hist. des langages, groupe indo-iranien, le 22 sept. 1904, vol. 3, p. 99-110. Publiée dans *Revue des Idées*, 1906, p. 897-907.

Rappel de l'œuvre des grands indianistes du siècle, entre autres WILKINS, W. JONES, DE CHÉZY. Le skt et les origines de la grammaire comparée. Les travaux de BERGAIGNE, de BURNOUF et l'extension du champ des études qui, portant tout d'abord sur l'Inde, embrassent ensuite toute l'Asie et qui, parties des Vedas, s'annexent le bouddhisme suscitant des recherches dans toutes les littératures asiatiques.

130. — *Anciennes Inscriptions du Népal.*

JA, Sept.-Oct. 1904, p. 189-239, 6 pl.

Texte et trad. des insc. de Lajanpat, du To-Bahal à Katmandu et du pilier de Harigaon. Cette dernière intéresse directement l'histoire littéraire car elle atteste un culte rendu à Dvaipāyana (= Vyāsa) dès le VIe s., ce qu'on ne trouve nulle part ailleurs au Népal ou dans l'Inde même. L'insc. est probablement un hymne authentique du culte Bhāgavata. Rappel de la théorie de BÜHLER (« le *Mahābhārata* n'est pas une épopée, mais une *smṛti* ») qui se trouve ainsi confirmée. Stèles de Harigaon; texte et trad. des 2 insc. d'Aṃśuvarman datées *saṃvat* 30 (625 A. D.) et 32. Insc. de Thankot. (V. nº *147*.)

131. — *Notes chinoises sur l'Inde.* IV. *Le pays de Kharoṣṭra et l'écriture Kharoṣṭrī* (V. *sup.* nº *112*; *inf.* nº *137*).

BEFEO, 1904, p. 543-73.

L'auteur abandonne sa thèse précédente sur le rapprochement Kharoṣṭra-Kachgar. Kharoṣṭra, désignation géographique, est à reporter à des siècles en arrière, jusqu'à l'époque des Indo-Scythes et s'applique à une vaste étendue sur les frontières N.-O. de l'Inde, à la lisière des royaumes brahmaniques. Etude des sources utilisées par Houei-yuan sur le royaume de Chou-lö. Liste des lieux sanctifiés par la présence d'un Bodhisattva, d'après *Sūryagarbha*. Transc. probable de K'ia-lou-chou-tan-lö. Discussion des opinions courantes à cet égard. Détermination de la région désignée sous le nom de Kharoṣṭra. La montagne Gośṛṅga décrite par Hiuan-tsang. Analyse du chap. VIII du *Sūryagarbha* sur le ṛṣi Kharoṣṭha. Le pays des Vāhīkas dans le *Mahābhārata*. Appendice : La liste des Ecritures dans le *Lalitavistara*, comparée aux textes parallèles en chinois, p. 573-94. [L. R., p. 25.]

132. — [*Notice sur des lettres adressées à Hauvette-Besnault.*]

JA, Janv.-Fév. 1905, p. 154-7.

133. — CR : — *L'Inde ancienne*, par V. A. SMITH. *The early History of India*

from 600 BC to the Muhammadan conquest, including the invasion of Alexander the Great.
JS, 1905, p. 534-48.

Discute l'ouvrage en faisant la critique des sources. [L. R., p. 26, n. 1.]

134. — Préface : — *Bhāratānnvarṇanam, or a Description of India*, par T. Gaṇapati Śastri, Trivandrum, 1905.

135. — CR : — *Ueber das Rituelle sûtra des Bandhâyana*, par W. Caland.
RHR, t. LII, 1905, p. 145-6.

136. — CR : — *The Vedânta-sûtras, with the commentary of Râmânuja*, transl. par G. Thibaut.
RHR, t. LII, 1905, p. 326.

137. — *The Kharoṣṭra Country and the Kharoṣṭrī Writing*, by S. L. translated with the author's permission and under his direction from the *BEFEO* (*sup.* n° *131*) by M. Bode.
IA, vol. XXXV, Jan. 1906, p. 1-30.

138. — *Les Jātakas. Etapes du Bouddha sur la voie des transmigrations.*
AMG, B. V., t. XIX, 1906, 60 p.

Historique des Jātakas. La *Jātakamālā* d'Āryaśūra. Le *Cariyāpiṭaka*. Illustrations du *stūpa* de Barhut et du Borobudur. Prédiction de Dīpaṃkāra. *Jātaka* de la Tortue, de la Peau du Lion, de l'Avis au Roi, de la Tigresse, du Cerf.

139. — *Le Népal. Etude historique d'un royaume hindou.* Vol. I, *AMG*, t. XVII, 1905; 8°, 392 p., ill. (V. *inf.* n^{os} *140*, *156*).

Le Népal. Géographie sommaire du royaume. Les documents : européens, chinois et tibétains, indigènes. La population : les Névars, les Gourkhas. Organisation politique, judiciaire, économique. Les divinités locales.

140. — *Le Népal. Etude historique d'un royaume hindou.* Vol. II, *AMG*, t. XVIII, 1905; 8°, 410 p., 25 ill. (V. *sup.* n° *139*; *inf.* n° *156*).

Le culte; monuments et fêtes. Histoire du Népal : la période divine; la période épique; la période historique. Les invasions. Royaume de Bhatgaon. Royaume de Katmandou. Royaume de Patan. Invasion des Gourkhas. La dynastie Gourkha. Deux mois au Népal (Janv.-Mars 1898), p. 306 à la fin.

141. — CR (en collab. avec E. Chavannes) : — *Zentralasiatische Sanskrittexte in Brāhmischrift aus Idikutšahri, Chinesisch-Turkistan*; I et II, par H. Stönner.
TP, 1905, p. 115-7.

142. — CR : — *Etudes de littérature bouddhique*, par Ed. Huber.
TP, 1905, p. 252-3.

143. — *Notes chinoises sur l'Inde.* V. *Quelques documents sur le bouddhisme indien dans l'Asie centrale* (1re partie).
BEFEO, 1905, p. 253-305 (V. *sup.* n^{os} *112*, *116*, *131*).

Popularité des textes bouddhiques dans la région de Kharoṣṭra aux 1ers siècles de l'ère chrétienne. Liste des royaumes bouddhiques et des Protecteurs de la Loi, d'après le *Candragarbhasūtra*, qui donne une sorte de dénombrement des populations hindoues et chinoises. Tableau des 55 royaumes du Jambudvīpa et noms des *devaputra*, *gandharva*, *kinnara*, *yakṣa*, *nāga*, *asura*, *kumbhāṇḍa*, déesses et démones qui veillent sur chacun d'eux. Rôle tutélaire des *nakṣatra*; liste des royaumes qu'elles protègent (p. 270-80). Enumération des « lieux de Buddha ». Liste des peuples dans le *Tathāgataguhyasūtra* tibétain. Les prophéties sur le *pātra* brisé. Le rôle de Khotan dans la transformation du bouddhisme de religion nationale en religion universelle.

144. — CR : — I. *Aufsätze zum Verständniss des Buddhismus*, II, par P. Dalhke. II. *Der Buddhismus und seine Bedeutung für unser Geistesleben*, par A. Bertholet.
RC, 1905, n° 48, p. 426.

145. — CR : — *The Army of the Indian Moghuls*, par W. IRVINE.
RC, 1905, n° 48, p. 433-4.

146. — *Des préverbes chez Panini, Sutras I, 4, 80-82.*
MSL, t. XIV, 1906, p. 276-9. [L. R., p. 27.]

146bis. — CR : — *Les Plantes dans l'antiquité et au Moyen Age. Histoire, usages et symbolisme, II, l'Iran et l'Inde*, par Ch. JORET.
Revue Historique, 1906, t. 91, p. 361-2.

147. — *Anciennes inscriptions du Népal. Deuxième série* (V. *sup.* n° *130*).
JA, Janv.-Fév. 1907, p. 49-114, 7 pl.

I. Texte et trad. de l'insc. du pilier de Changu Narayan, *saṃvat* 386, qui commémore une donation faite par la reine Rājyavatī sur le conseil de son fils Mānadeva; date de ce roi, ses fondations pieuses, d'après les insc. d'Harigaon (V. *sup.* n° *130*). — II. Insc. de Kisipiḍi, *saṃvat* 449. L'intérêt de cette insc. réside dans sa date : la donation est faite au cours d'un mois doublé par intercalation. — III. Texte et trad. de l'insc. de Gaṇadeva à Kisipiḍi. — IV. Texte et trad. de l'insc. de Śivadeva à Khurpāsī : charte de franchise dont la date, an 250, permet à Sylvain LÉVI de s'élever une fois de plus contre la « prétendue chronologie rectifiée » de BENDALL et FLEET. — V. texte et trad. de l'insc. de Timi. Relevé des vers traditionnels garantissant le caractère perpétuel de la donation.

147bis. — [*Les sources du Divyāvadāna*].
JA, Janv.-Fév. 1907, p. 141.

Le *Divyāvadāna* skt est formé en grande partie d'extraits du Vinaya des Mūlasarvāstivādin, dont la rédaction semble dater du IIIe ou du IVe s. A. D.

JA, Mars-Av. 1907, p. 338.

Rappelle les résultats obtenus par HUBER et étudie les contes du cycle d'Aśoka, puis le *Śārdūlakarṇāvadāna*, dont il existe 2 versions datées du IIIe s. et qui se trouve ainsi fournir un précieux document.

148. — *Les éléments de formation du Divyāvadāna.*
TP, 1907, p. 105-22.

E. HUBER fut le premier à poser le problème des origines du *Divyāvadāna*, recueil dont l'importance avait déjà été reconnue par BURNOUF. Les éléments communs au *Divyā°* et au *Sutrālaṃkāra* d'Aśvaghoṣa; tableau de ceux qui sont communs au *Divyā°* et au Canon chinois. Identification de 32 récits dont 26 se retrouvent dans le Vinaya des Mūlasarvāstivādin. L'*A-yu wang tch'ouan* et l'*A-yu wang king*. Le *Tsa A-han king*. Les traductions du *Śārdūlakarṇāvadāna*. Les travaux de Dharmarakṣa (Fa-hou). La date des textes constitutifs est à situer entre les IIe-IIIe s. A. D. La langue. [L. R., p. 27.]

149. — *La formation religieuse de l'Inde contemporaine.*
AMG, B. V., 1907, t. XXV, p. 193-223.

Des avatars de Viṣṇu à l'hindouisme panthéiste, par l'animisme primitif. L'unité religieuse de l'Inde est réalisée par le brahmane. Le bouddhisme et le jaïnisme eux-mêmes ne diffèrent pas essentiellement de l'hindouisme qui finit par les absorber. La magie du Veda disparut devant le bouddhisme qui lui-même céda devant l'Islam.

150. — *Asaṅga. Mahāyāna-Sūtrālaṃkāra. Exposé de la doctrine du Grand Véhicule selon le système Yogācāra.* Edité et traduit d'après un manuscrit rapporté du Népal. Tome I, texte; 8°, 1907, III+191 p.; *BEHE (SPH)*, fasc. 159 (V. *inf.* n° *199*).

[L. R., p. 29.]

151. — CR : — *Numismatique hindoue. Catalogue of the coins in the Indian Museum, Calcutta, including the cabinet of the Asiatic Society of Bengal.* Vol. I, par V. A. SMITH. Vol. II, par N. WRIGHT.
JS, 1907, p. 426-8.

152. — CR : — I. *Die Orientalischen Religionen.* II. *Die Orientalischen Literaturen.*
RC, 1907, n° 31, p. 81-2.

153. — CR : — I. *Çrî Ramâ Varma Kulasekhara Perumâlmaharajah of Tra-*

vancore, ed. par T. Gaṇapati Śastri. II. *The Trivandrum Sanskrit Series*, n° 1, *The Daiva, with the commentary Purushakâra*, éd. par T. Gaṅapati Śastri.
RC, 1907, n° 31, p. 82-3.

154. — CR : — *Die Jnata-Erzählungen im sechsten Anga des Kanons der Jinisten*, par W. Hüttemann.
RC, 1907, n° 31, p. 83-4.

155. — CR : — I. *Shower from the Highest*, par Brahma Dhara. II. *Ein Beitrag zur Geschichte des Klosters Kumbum*, par W. Filchner. III. *Die duskaracarya des Bodhisattva in der buddhistischen Tradition*, par J. Dutoit.
RC, 1907, n° 31, p. 84-5.

156. — *Le Népal. Etude historique d'un royaume hindou*. Vol. III. *AMG*, t. XIX, 1908, 222 p., XXII pl. (V. *sup.* n°s *139*, *140*).

Inscriptions : texte et trad. *Appendice*. Le Népal dans le Vinaya des Mûlasarvâstivâdin. Un artiste népalais à la cour de Koubilai Khan. A propos des symboles sur le fronton des stèles. Caitya de Svayaṃbhû. Mss. du *Buddha-Purâṇa*. Numismatique du Népal.

157. — CR : — *A vedic Concordance*, par M. Bloomfield.
RC, 1908, n° 19, p. 361-2.

158. — CR : — *Buddhist and Christian Gospels, now first compared from the originals. Edited with Parallels and Notes from the Chinese Tripitaka by M. Anesaki*, par A. J. Edmunds.
RC, 1908, n° 20, p. 381-2.

159. — *Açvaghoṣa. Le Sūtrālaṃkāra et ses sources.*
JA, Juil.-Août 1908, p. 57-184, 4 p. d'index.

La critique européenne et Aśvaghoṣa. Biographie traditionnelle d'Aśvaghoṣa. Sa date, son origine. Ce que les textes skts, tibétains et chinois ont conservé de son œuvre. Liste de ses ouvrages. Détermination de l'horizon géographique du *Sūtrālaṃkāra*. Les personnages : parmi la foule des anonymes, ressortent Aśoka, Upagupta, enfin Kaniṣka. Le milieu social; les écoles religieuses connues d'Aśvaghoṣa. Quel que soit l'intérêt du *Sūtra°*, c'est comme document bouddhique qu'il prend une importance capitale. Analyse des 90 contes du *Sūtra°*, avec des parallèles. [L. R., p. 30.]

160. — CR : — *Bodhicaryāvatāra. Introduction à la pratique des futurs Bouddhas. Poème de Çāntideva*, trad. par L. de La Vallée Poussin.
RHR, 1908, t. LVIII, p. 248-53.

161. — *Abhidharma Kośa Vyākhyā. Encyclopaedia of Religion and Ethics*, par J. Hastings, vol. I, 1908, p. 20.

162. — *L'original chinois du Sūtra tibétain sur la Grande Ourse.*
TP, Juil. 1908, p. 453-4.

Au sujet d'une publication de B. Laufer. Le texte tibétain traduit le chinois qui reproduit, apparemment, un original d'une autre langue.

163. — CR : — *Das Saurapuranam*, par W. Jahn.
RC, 1908, n° 48, p. 421.

164. — CR : — *Chinesisch-Turkestan*, par M. Hartmann.
RC, 1908, n° 48, p. 422.

165. — CR : — *Das Würfelspiel im alten Indien*, par H. Lüders.
RC, 1908, n° 50, p. 461.

166. — CR : — *Essais sur le régime des Castes*, par C. Bouglé.
RC, 1908, n° 50, p. 461-2.

167. — CR : — *Die Reden Gotamo Buddho's aus der längeren Sammlung Dīghanikâyo des Pâli-Kanons übersetzt*, par K. E. Neumann.
RC, 1908, n° 51, p. 481-2.

168. — CR : — *Geschichte der Indischen Litteratur*, par M. WINTERNITZ.
RC, 1908, nº 51, p. 482.

169. — CR : — *Osteology or the bones of the human body*, par R. HOERNLE.
RC, 1908, nº 51, p. 482-3.

170. — *H. Hackmann. Pai Chang ch'ing kuei.*
TP, Mars 1909, p. 100-1.

Au sujet d'une notice publiée par H. H.

171. — *Les Saintes Ecritures du Bouddhisme. Comment s'est constitué le canon sacré. AMG*, B. V., 1909, t. XXXI, p. 105-29. [L. R., p. 27.]

172. — *Discours présidentiel à la Société des Etudes Juives. Rev. des Etudes Juives*, 1909.

173. — Nécrologie : — *O. Donner.*
JA, Nov.-Déc. 1909, p. 559.

174. — CR : — *The four Buddhist Agamas in Chinese*, par M. ANEŠAKI.
JA, Nov.-Déc. 1909, p. 529-30.

175. — CR : — *Tantrākhyāyika, die älteste Fassung des Pañcatantra aus dem Sanskrit übersetzt mit Einleitung und Anmerkungen*, par H. HERTEL.
JA, Nov.-Déc. 1909, p. 535.

Bibliog. des travaux de HERTEL sur *Pañcatantra.*

176. — CR : — *Catalogue sommaire des manuscrits sanscrits et pālis de la Bibliothèque Nationale*, par A. CABATON.
JA, Nov.-Déc. 1909, p. 535.

177. — CR : — *Catalogue du fonds tibétain de la Bibliothèque Nationale*, par P. CORDIER.
JA, Nov.-Déc. 1909, p. 535.

178. — CR : — *A Descriptive Catalogue of the Sanscrit manuscripts in the Adyar Library*, par O. SCHRADER.
JA, Nov.-Déc. 1909, p. 536.

179. — CR : — *Dans les marches tibétaines*, par J. BACOT.
JA, Nov.-Déc. 1909, p. 536-7.

180. — CR : — *The Hindu law of impartible property including endowments*, par J. C. GHOSE.
JA, Nov.-Déc. 1909, p. 537-8.

181. — CR : — *A Catalogue of the Indian Coins in the British Museum : Catalogue of the Coins of the Andhra dynasty, the Western Kṣatrapas, the Traikūṭaka dynasty and the « Bodhi » dynasty*, par E. J. RAPSON.
JA, Nov.-Déc. 1909, p. 538-9.

182. — CR : — *A History of Hindu Chemistry from the earliest times to the middle of the sixteenth century A. D.*, par P. C. RAY.
JA, Nov.-Déc. 1909, p. 539.

183. — *La mission Pelliot en Asie Centrale.*
Annales de Géographie, XIXe année, nº 105, 15 mai 1910, p. 274-6.

184. — CR : — *Religions geschichtliches Lesebuch in Verbindung mit* W. GRUBE, K. GELDNER, M. WINTERNITZ, A. MEZ, herausgegeben von A. BERTHOLET.
RHR, t. 61, 1910, p. 70-71.

185. — *L'enseignement de l'Orientalisme en France ; son état actuel, les réformes nécessaires.*
Revue de Synthèse historique, 1910, 19 p.

Mémoire rédigé sur la demande du « Treasury Committee on the organisation of oriental Studies in London », publié à l'usage du Parlement dans le *Blue Book* soumis aux deux Chambres par ce Comité, en 1909.

186. — CR : — *Trivandrum Sanskrit Series*, éd. par T. Gaṇapati Śastri.
JA, Sept.-Oct. 1910, p. 383-9.

187. — CR : — *The Triumph of Valmīki*, par Haraprasad Shastri.
JA, Sept.-Oct. 1910, p. 389-93.

188. — CR : — *The Sahitya Darpana of Viçvanātha Kavirāja*, par P. V. Kane.
JA, Sept.-Oct. 1910, p. 394.

189. — CR : — *The Collections of Hindu Law Texts*, par J. R. Gharpure.
JA, Sept.-Oct. 1910, p. 395.

190. — CR : — *Kalidasa's Abhijñana-Sakuntalam. Text, English Translation and Notes including an Essay on the age of Kalidasa*, par S. V. Ray.
JA, Sept.-Oct. 1910, p. 395-8.

190bis. — [*Manuscrit de la mission Pelliot*].
JA, Nov.-Déc. 1910, p. 626.

Signale l'identification de fragments de divers textes : *Nagarasūtra* (sur le Pratītyasamutpāda), *Daśabalasūtra*, *Dharmapada*, Hymne en 150 stances par Mātṛceṭa, *Vaiśālīgāthāstava*, 2 chap. du *Suvarṇaprabhāsa* et *Bhadracaryāpraṇidhāna*.

191. — *Textes sanscrits de Touen-Houang. Nidānasūtra. Daçabalasūtra. Dharmapada. Hymne de Mātṛceṭa. Documents de l'Asie Centrale. Mission Pelliot.*
JA, Nov.-Déc. 1910, p. 433-56.

Ces textes montrent la floraison de la culture skte dans un domaine, à l'époque insoupçonné. Ils attestent également l'existence du canon bouddhique dans une version skte, fait qui était contesté. [L. R., p. 28.]

192. — CR : — I. *Rigveda*, par H. Oldenberg. II. *Der Rigveda in Auswahl*, par K. F. Geldner. III. *Vedic Grammar*, par A. A. Macdonell.
RC, 1911, nº 2, p. 21-3.

193. — *Vyuthena 256.*
JA, Janv.-Fév. 1911, p. 119-26.

La concision de la formule employée prouve bien qu'elle éveillait une idée précise : Aśoka entend ainsi annoncer qu'il est entré dans le Saṃgha. Discussion des interprétations précédentes (Bühler, Thomas, Senart) sur le passage de l'insc. qui vise le rapprochement des hommes et des *deva* dans le Jambudvīpa. S. L. montre qu'il faut, contre l'interprétation de ces savants, comprendre : « Les hommes qui n'étaient pas mêlés aux rois dans le Jambudvīpa se sont mêlés à eux... » (cf. *sup.* nº *73*).

194. — *Note préliminaire sur les documents en tokharien de la Mission Pelliot.*
JA, Janv.-Fév. 1911, p. 138-40.
[L. R., p. 31.]

195. — CR : — *Bouddhisme. Opinions sur l'Histoire de la Dogmatique*, par L. de La Vallée Poussin.
GGA, 1911, nº 5, p. 324-30.

196. — CR : — *Elementarbuch des Sanskrit unter Berücksichtigung des vedisches Sprache*, par W. Geiger.
RC, 1911, nº 11, p. 201.

197. — CR : — *A general Index to the Names and Subjectmatter of the Sacred Books of the East*, par M. Winternitz.
RC, 1911, nº 11, p. 201-2.

198. — *Les études orientales. Leurs leçons; leurs résultats* (Cf. *inf.* nº *203*).
AMG, B. V., 1911, t. XXXVI, p. 167-89.

199. — *Asaṅga. Mahāyāna Sūtrālaṃkāra, Exposé de la Doctrine du Grand Véhicule selon le système Yogācāra.*

Ed. et trad. d'après un manuscrit rapporté du Népal. T. II. Traduction. Introduction. Index. *BEHE* (*SHP*), fasc. 190, 1911; 38+334 p. (Cf. *sup.* n° *150*)

Cf. la communication faite à la Société Asiatique, *JA*, Mars-Av. 1906, p. 310.

200. — *Etudes des documents tokhariens de la Mission Pelliot, avec des remarques linguistiques* par A. MEILLET. I. *Les bilingues.*

JA, Mai-Juin 1911, p. 431-464.

Feuillet Berezovski : fragment du *Dharmapada.* Feuillet Pelliot (FM 8 *a*), également frag. du *Dharmapada.* (Remarques linguistiques. p. 449-64.)

JA, Juil.-Août 1911, p. 119-150.

I. *Les bilingues* (suite). Documents médicaux avec le passage correspondant de Caraka et de Suśruta (remarques linguistiques, p. 144-150). [L. R., p. 31.]

201. — Nécrologie : — *Sir A. Lyall.*

JA, Mai-Juin 1911, p. 603.

202. — *L'Asie centrale et la mission Pelliot.*

RA, 4e série, t. XVIII, Juil.-Août 1911, p. 174-8 et *Le Temps*, 19 Mai 1911.

203. — *Les Etudes Orientales. Leurs leçons. Leurs résultats.*

Revue Indochinoise, 15e année, Janv. 1912, n° 1, t. XVII, p. 1-9.

Extrait d'*AMG*, *sup.* n° *198.*

204. — *Un fragment tokharien du Vinaya des Sarvāstivādin. Collection Hoernle, n° 149-4.* Suivi des observations linguistiques par A. MEILLET.

JA, Janv.-Fév. 1912, p. 101-11.

Sur les dimensions de la robe du Buddha (90e *pācittiya*) analogue au récit du *Suttavibhaṅga* pâli. L'église de langue tokharienne suivait le canon de l'école Sarvâstivâdin (observations linguistiques : p. 101-11). [L. R., p. 31.]

204bis. — [*L'origine tokharienne de Mañjuśrī*].

JA, Mai-Juin, 1912, p. 622.

205. — *Wang Hiuan-t'sö et Kaniṣka.*

TP, 1912, p. 307-9.

Trad. d'un conte relatif à Kaniṣka, extrait du *Tsi cha-men pou ying pai sou teng che* de Yen-ts'ong (Nanjō, 1480). Wang Hiuan-ts'ö aurait fait une 4e mission dans l'Inde, entre 663-665.

206. — Nécrologie : — *E. Lang.*

JA, Mai-Juin 1912, p. 511.

Notice précédant la publication de la *Mahajjātakamālā*, par E. L.

207. — *Nīlakaṇṭhadhāraṇī.*

JRAS, 1912, p. 1063.

Au sujet d'un fragment rapporté de Touen-houang, par Sir A. STEIN et publié par L. DE LA VALLÉE POUSSIN et R. GAUTHIOT (*JRAS*, Juill. 1912, p. 629-45).

208. — *L'Apramāda-Varga. Etude sur les recensions des Dharmapadas. Documents de l'Asie Centrale, Mission Pelliot.*

JA, Sept.-Oct. 1912, p. 203-94.

Rappel des données concernant le *Dharmapada* (cf. *sup.* n° *191*). Tableau des variantes dans la recension skte, le *Dhammapada*, le ms. Dutreuil de Rhins, l'*Udānavarga* tibétain (éd. BECKH) et les versions chinoises : *Tch'ou yao king* (trad. en 398-99), *Fa tsi yao song king, Fa kiu king, Fa kiu p'i yu king.* Les 38 stances sont ensuite minutieusement étudiées.

Appendice. La *Jātakamālā* insère une citation (une interpolation, disent KERN et SPEIYER) qui est donnée comme un extrait du canon des Sthavira : référence inattendue pour une stance skte. Le vers se trouve bien en pâli, mais il paraît aussi dans les *Dharmapada* skts et il a pu être utilisé par l'auteur de la *Jātakamālā* ou introduit par un annotateur. Quand la collection des *Dharmapada* skts eut disparu, un lecteur érudit aura reconnu les vers pâlis et aura noté sa trouvaille sur son exemplaire. « Je ne crois pas, conclut S. L., qu'il faille attacher ici plus d'importance à la mention du Canon des Sthaviras. » [L. R., p. 28.]

209. — *Une légende du Karuṇāpuṇḍarīka en langue tokharienne.* Festchrift Wilhelm THOMSEN, Leipzig, Harrassowitz, 1912, p. 155-65.

Au sujet d'un fragment tokharien de la Mission Pelliot (histoire du roi Ambara et du brahmane Roca qui demande les 2 pieds du roi); le récit se trouve aussi dans une compilation en vers, la *Bṛhajjātakamālā*. Le fragment tokharien donne un récit parallèle à celui du *Karuṇāpuṇḍarīka*, mais la rédaction est différente, toute autonome. En appendice, les textes cités (p. 160-5). [L. R., p. 32.]

210. — *Etudes linguistiques sur les documents de la Mission Pelliot.* Fasc. 1. *Les noms de nombre en tokharien B.*, par S. L. et A. MEILLET.
MSL, t. XVII, 1912, p. 281-94.

Etude conduite par A. M. sur les documents communiqués par S. L.

211. — *Remarques sur les formes grammaticales de quelques textes en tokharien B* (en collaboration avec A. MEILLET).
MSL, t. XVIII, 1912, p. 1-33; 381-423.

I. Formes verbales. — II. Formes nominales. Morphologie du tokharien B où S. L. voyait la langue de Koutcha. Compléments et corrections, p. 422. [L. R., p. 32.]

212. — *Observations sur une langue précanonique du Bouddhisme.*
JA, Nov.-Déc. 1912, p. 495-514.

L'étude de certains termes de l'édit de Bhabra et des insc. de Bharhut conduisent l'auteur à donner au skt et au pâli une origine commune, probablement la māgadhī. Précise le sens de nombreux termes techniques du Vinaya. Note additionnelle : *vartakā*, « la caille ». [L. R., p. 33.]

213. — CR : — *Ruins of desert Cathay*, par M.-Aurel STEIN.
RC, 1913, nº 1, p. 1-2.

214. — CR : — I. *Leben und Lehre des Buddha*, par R. PISCHEL. II. *Der Buddhismus*, par E. LEHMANN. III. *The Essence of Buddhism*, par P. Lakshmi NARASU. IV. *Aṣhvaghosha's Buddhacharita (Cantos I-V)*, par K. M. JOGLEKAR. V. *Açvaghosa Poeta del Buddhismo*, par C. FORMICHI.
RC, 1912, nº 51, p. 482-4.

215. — CR : — *History of Bengali. Language and Literature*, par Dinesh Chandra SEN.
RC, 1913, nº 3, p. 41-3.

216. — CR : — *Tai-To Sai-iki-ki (Ta-T'ang Si-yu-ki)*. Kyoto teikoku Daigaku Bunkwa Daigaku Sosho Dai itchi. Kyoto, 1911, 2 vol.
RC, 1913, nº 3, p. 43-4.

217. — CR : — *Indian Shipping*, par R. MOOKERJI.
RC, 1913, nº 3, p. 44-5.

218. — CR : — I. *The Archæological Survey of Mayurabhanja*, par Nagendra Nath VASU, vol. 1. II. *The modern Buddhism and its followers in Orissa.* Introduction par Mm. HARAPRASAD SHASTRI.
RC, 1913, nº 3, p. 45-6.

219. — *Tokharian pratimokṣa fragment.* Communicated by Dr. Rudolf HOERNLE (cf. *inf.* nº *238*).
JRAS, 1913, p. 109-20.

Fragments (70ᵉ au 85ᵉ *pāyti*) de l'école Sarvāstivādin, provenant de Jigdalik. [L. R., p. 32.]

220. — *Le Tokharien B, langue de Koutcha. Documents de l'Asie Centrale, Mission Pelliot.*
JA, Sept.-Oct. 1913, p. 311-80.

I. Reproduction, trad. et annotation de tablettes. Conclusion sur la localisation et la date. — II. Histoire de la ville de Koutcha, centre de propagation du bouddhisme en Chine, pendant les dix 1ers siècles de l'ère chrétienne. (Un extrait de cette étude a été donné en plaquette, sous le titre : *Kumarjiva, the Buddhist Monk*, transl. by Phanindranath BOSE, Calcutta, Kar, Majumber and C°, 1922, 12 p.) [L. R., p. 32.]

221. — *Des grands hommes dans l'histoire de l'Inde. AMG*, B. V., 1913, t. 40, p. 159-91.

Les recherches européennes ont restitué à l'Inde le nom des grands hommes qu'elle avait laissé tomber dans l'oubli.

222. — CR : — *A grammar of the Tibetan Language literary and colloquial*, par H. B. HANNAH.
TP, 1913, p. 786.

223. — CR : — I. *Studi di Etnologia Giuridica. Le antiche istituzioni processuali dell'India*, par G. MAZZARELLA. II. *Studi italiani di Filologia Indo-Iranica. La metrica degli Indi. — Ricordi biografici Historia Mongalorum*, par F. L. PULLE. III. *L'Uso delle Didascalie nel Dramma Indiano*, par F. CIMMINO. IV. *Hariscandra il Virtuoso. Dramma indiano di Râmacandra*, par M. VALLAURI. V. *I Drammi di Bhâsa*, par L. SUALI. VI. *La Doctrina di Gautama Buddha ei suoi valori umani*, par C. FORMICHI.
RC, 1913, n° 51, p. 581-3.

223bis. — Préface : — *Aśvaghoṣa. La vie du Bouddha* (trad. russe par C. BALMONT). Monuments de la littérature universelle. Œuvres de l'Orient. Moscou, Sabashnikov, 1913; XXIV-324 p., 22 pl., Préface (en russe), p. IX-XXIV.

224. — *Autour du Bāveru Jātaka.* Ecole Pratique des Htes Etudes, *Annuaire 1913-14*, p. 5-19.

Caractères communs des *jātaka*. Le *jātaka* 339 attira déjà l'attention de MINAYEFF qui retrouvait Babylone sous le nom de Bâveru. Opinions de BÜHLER et critiques d'HALÉVY. La mode du paon et son commerce entre l'Inde et Babylone (vers 510). Les paons fameux de Pyrilampès, ami de Periclès. Le paon dans les textes bibliques, dans l'Inde et en Chine. Les relations entre l'Inde et les pays méditerranéens sous les Achéménides sont rappelées par le conte bouddhique. [C. R., n° 34; L. R., p. 35.]

225. — CR : — *The Domestic Ritual according to the school of Bhāradvāja*, éd. par J. W. SALOMONS.
RC, 1914, n° 2, p. 21.

226. — CR : — *Die Religionen des Orients und die altgermanische Religion.*
RC, 1914, n° 2, p. 21-2.

227. — CR : — I. *Tantra of the Great Liberation*, par A. AVALON. II. *Hymns to the Goddess*, transl. from the sanskrit, par A. et E. AVALON.
RC, 1914, n° 3, p. 41-2.

228. — *Allocution à l'Assemblée générale de la Société des Etudes Juives.*
Rev. des Etudes Juives, Juil.-Sept. 1914, p. I-IV.

229. — Introduction : — *Le Nord-Ouest de l'Inde dans le Vinaya des Mūlasarvāstivadin et les textes apparentés*, par J. PRZYLUSKI.
JA, Nov.-Déc. 1919, p. 493-5.

230. — *Central Asian Studies (Extract from a paper read June 16, 1914).*
JRAS, 1914, p. 953-63.

Rappelle les travaux de Sir Aurel STEIN, et ceux effectués à Paris par P. PELLIOT, R. GAUTHIOT, A. FOUCHER, etc.

231. — *Trois Notes.* I. *La date de Kaniṣka.* II. *Le nom de Kuṣaṇa.* III. *Les rois Fou-tou de Khotan.*
JRAS, 1914, p. 1016-21.

232. — Préface : — *Vāsavadattā*, Drame en six actes de Bhāsa. Traduit par A. Baston. Bibl. Or. Elzévirienne, t. LXXXVII, Leroux, Paris, 1914.

233. — *Le Catalogue géographique des Yakṣa dans la Mahāmāyūrī.*

JA, Janv.-Fév. 1915, p. 19-138.

La *Mahāmāyūrī* est par excellence une formule de protection contre les serpents et doit remonter aux plus anciens temps du bouddhisme. Le morceau étudié est un des plus riches de la littérature skte en nomenclature géographique. Les différentes traductions chinoises : la 1re trad. intégrale est due au moine Saṃghavarman. Une nouvelle version par Yi-tsing fut révisée par Amoghavajra. La traduction tibétaine du Kanjour. La *Mahāmāyūrī*, paraît avoir été rédigée aux Iers siècles (IIIe ou IVe?) A. D. A cette époque pourrait également remonter la composition du *Mahābhārata*, car on y trouve des listes très voisines de celles de la *Mahāmāyūrī*. Texte, trad. commentaire géographique. Index des caractères de transc. des traductions chinoises de la *Mahāmāyūrī*, p. 122-33. Index des noms de ville et de Yakṣa, p. 134-8.

234. — *Quelques titres énigmatiques dans la hiérarchie ecclésiastique du Bouddhisme indien* (en collaboration avec Ed. Chavannes).

JA, Mars-Avril 1915, p. 193-223 (cf. *JA*, Sept.-Oct., p. 307-10).

I. Le *mo-mo-ti* et le *ti-ti-t'o-lo* dans les textes canoniques. — II. Le *mo-mo-ti* et le *ti-ti-t'o-lo* (glossaires). — III. Le préposé au jour (*ti-ti-t'o-lo*), au mois, à l'année. Le *mo-po-ti*. Extraits des Vinaya. — IV. Le *mo-mo-ti* dans les textes extra-canoniques. — V. Conclusion : *mo-mo-ti* et *āvāsika*. Dans l'histoire de Koṭikarṇa, point de départ de cette étude, Kātyāyana cumule les fonctions de résident (*āvāsika*) et de directeur des occupations journalières. L'institution des moines « établis à demeure » marque un moment important de l'histoire de l'Eglise. Le Vinaya des Sarvāstivādin montre que le moine *āvāsika* n'était que le délégué de la communauté nomade, laissé sur place pour garder et entretenir une habitation laïque où un maître de maison les recevait. Ainsi étaient tournés les règlements qui interdisaient à la communauté de posséder des biens. Mais cette propriété nominalement laïque devint bientôt ecclésiastique et le religieux *āvāsika* devint un *vihārasvāmin* « propriétaire de couvent ». [L. R., p. 34.]

235. — *Sur la récitation primitive des textes bouddhiques.*

JA, Mai-Juin, 1915, p. 401-47.

Trad. des multiples rédactions de l'histoire du *bhikṣu* Koṭikarṇa qui récite en l'honneur du Buddha plusieurs textes sacrés. Extraits des Vinaya : accord remarquable des textes de toutes les écoles. Plan schématique de la visite de Koṭi° au Buddha. Importance de la nomenclature des textes récités par Koṭi°; sa comparaison dans les Vinaya permet d'attribuer une date très haute à l'Arthavarga et certains morceaux, comme les *Munigāthā* remontent, dans leur rédaction originale, au IIIe s. B. C., sinon plus haut encore. Note sur l'aide qu'apporte le chinois pour traduire l'expression *vinayasamukase* de l'édit de Bhabra (p. 426). L'épisode de Koṭikarṇa fournit aussi de curieux renseignements sur les procédés de récitation dans l'ancienne Eglise (p. 426). Extraits des Vinaya. La langue dans laquelle étaient rédigés les Vinaya peut expliquer la défense de l'accentuation (*chandas, āyataka gītasvara*) qui « doit remonter à une époque où l'accent de mot était encore en usage; on ne voit pas comment il aurait pu être transporté par des procédés mécaniques des textes sacrés du Veda aux textes sacrés du bouddhisme. Les premiers essais de littérature canonique iraient donc rejoindre les derniers textes accentués du canon védique... » [L. R., p. 34.]

235bis. — [*Le titre a-mo-tche*].

JA, Janv.-Fév. 1915, p. 191.

Reconnaît dans ce titre porté par certains souverains de Khotan et de Kaçhgar, le skt *āmatya*, « ministre ».

235ter. — *Le nom de l'or en tibétain.*

JA, Janv.-Fév. 1915, p. 191.

Le persan *zer* duquel on a souvent rapproché tib. *gser* ne rend pas compte du *g* initial. *Gser* suppose un intermédiaire du type irano-sérindien *ysdre*. Caractéristiques de la *śākārī* « le parler des śakas ». Propose de reconnaître dans le Bhūmaka de la dynastie Kṣatrapa une sanskritisation maladroite du nom de Ysamotika (*ysam*, « terre » = *bhūmi*).

236. — *L'Indianisme*, dans *La Science Française*, Paris, Ministère de l'Inst. Publique et des Beaux-Arts, 1915, t. II, p. 125-37, et dans *La Science Française*, nouvelle éd. entièrement refondue, Paris, Librairie Larousse, 1933, t. II, p. 91-103.

237. — *Les Seize Arhats protecteurs de la Loi* (en collaboration avec Ed. CHAVANNES).
JA, Juil.-Août 1916, p. 5-50.

I. *La relation de Nandimitra*. Le *Ta A-lo-han Nan-t'i-mi-to-lo so chouo fa tchou ki* : « Relation sur la Durée de la Loi énoncée par le Grand Arhat Nandimitra », trad. par Hiuan-tsang, 1er texte où paraît le groupe des 16 Arhat (trad. intégrale). Discussion de la tradition qui attribue le texte à Hiuan-tsang. Nandimitra connu de Tāranātha. Le classement des textes dans les canons Dharmaguptaka, Mahīśāsaka, Mahāsāṃghika, Mūlasarvāstivādin. Les Dharmaguptaka en Chine et à Ceylan; opinion de Fa-hien; obscurité des relations de Hiuan-tsang à cet égard.

II. *Le groupe des 16 Arhats*. Les Arhat sont répartis dans un ordre géographique : localisation réelle ou mythique? En tout cas, à la base du système des 16 Arhat, on constate une distribution par points cardinaux. Difficultés concernant Kuṇḍopadhānīya et les explications de l'*Ekottaraāgama*.

III. *Piṇḍola Bharadvāja*. Miracle de Piṇḍola; son culte en Chine. Trad. de la « méthode d'invitation » à Piṇḍola. Piṇḍola et le roi Udayana. Nombreux extraits de textes concernant Piṇḍola. Le moine glouton dans le Vinaya et le vol de la sébille à Rājagaha. La pierre volante.

IV. *Des 16 aux 18 Arhats*. Les listes au Tibet. Dharmatrata et l'*Udānavarga*.

Appendices : I. Liste des 16 et des 18 Arhat d'après les Chinois et les Tibétains. Tableaux des noms et des résidences. — II. Le peintre des Arhat : biographie de Kouan-hieou du temple oriental du Dhyāna à Tch'eng-tou, sous la dynastie des Leang (trad.). [L. R., p. 35.]

237*bis*. — [*L'iconographie des seize ou dix-huit Arhats*. En collaboration avec Ed. CHAVANNES].
JA, Nov.-Déc. 1915, p. 514.

La série des 16 Arhat est fondée sur la distribution dans les 4 directions de l'espace, des Arhat qui sont chargés de protéger la Loi. Les légendes relatives à Piṇḍola le montrent comme le prototype du moine qui ne meurt pas; c'est sur ce modèle que se sont formés le groupe des 4 Arhat en relation avec les 4 Rois célestes présidant aux points cardinaux, puis le groupe des 16 Arhat. La doctrine qui s'exprime dans le système des 16 Arhat est un compromis entre les 2 Véhicules : les Arhat du Hīnayāna se trouvent chargés d'un rôle que le Mahāyāna confiait aux Bodhisattva et à l'instar de ceux-ci ils se maintiennent dans la vie active sans entrer dans le Nirvāṇa pour le salut des créatures et la perpétuité de la Loi.

238. — *Manuscript remains of Buddhist Literature found in Eastern Turkestan*, fac similes with transcript. translation and notes, ed. in conjuction with other scholars, by A. F. Rudolf HOERNLE, vol. I. Oxford, 1916.

Ed. et trad. de fragments koutchéens : 1) *Prātimokṣa* des Sarvāstivādin (fin du *pāyti* 70, jusqu'au milieu du *pāyti* 85) avec le texte correspondant du *Che song*[*liu*]*pi-k'ieou po-lo-t'i-mou-tch'a kiai pen* de Kumārajīva, l'article correspondant du *pācittiya* pāli et du *Prātimokṣa* des Mūlasarvāstivādin (p. 357-65); 2) *Prāyascittika* et *pratidesanīya* provenant d'une sorte de commentaire historique sur le *Prātimokṣa*, à rattacher au Vinaya des Sarvāstivādin, 89e prescription (cf. *sup*. n° *204*) avec les parallèles chinois et pālis (p. 365-76). 3) Vocabulaire des fragments koutchéens (p. 377-86). 4) *Un fragment en chinois de la Śatasāhasrikāprajñāpāramitā* (en collaboration avec E. CHAVANNES, p. 390-5).

239. — *Tato Jayam udirayet*. Commemorative Essays, presented to Sir Ramkrishna Gopal Bhandarkar, Poona, 1917, p. 99-106. Trad. angl. : *Annals of Bhandarkar Inst.*, 1919, Vol. I, part. I, p. 13-20.

Sur la formule et le sens probable de la phrase initiale des livres du *Mahābhārata*. Parallèle entre le développement du *Mahābhārata* et celui du Vinaya.

240. — *Manuscript remains of Buddhist Literature*.
JRAS, 1917, p. 610.

Note communiquée par S. L. à HOERNLE sur le texte 9 des fragments (*Sūryagarbha*) édités par F. W. THOMAS; divergences entre les versions skte et chinoise.

240*bis*. — [*Le nom chinois du safran*].
JA, Mars-Avr. 1917, p. 358.

A propos du mot chinois *yo-kin* qui désigne le safran, S. L. étudie la diffusion de ce produit à travers le monde et montre que la Chine l'a reçu par la voie iranienne. Etudie aussi les noms des royaumes d'A-man et du Sseu-pin que le *Heou Han chou* place à l'ouest du royaume Parthe et propose d'y reconnaître l'Arménie et la Sōphēnē.

241. — *Pour l'histoire du Rāmāyaṇa*.
JA, Janv.-Fév. 1918, p. 5-161.

Rāmāyaṇa et *Saddharmasmṛtyupasthānasūtra*. La description du Jambudvīpa donnée par ce *sūtra* bouddhique n'est qu'une rédaction du *digvarṇana* du *Rāmāyaṇa*. Trad. annotée des passages significatifs du *Saddharmasmṛti°* en chinois, avec lectures tibétaines (p. 16-57). Ed. du *digvarṇana* de la *Rāmāyaṇamañjarī* et des *adhyāya* 236 et 225 du *Harivaṃśa*. Comparaison des textes, par points cardinaux, avec des tableaux de l'ordre et de la disposition des peuples, des montagnes, des rivières, des océans et des îles dans le *Saddharmasmṛti°*. Les matériaux de l'itinéraire, leur provenance et leur date. Rapprochement avec les « Merveilles » des conteurs arabes. Appendice : *La valeur du yojana dans les itinéraires*. [R. L., p. 37.]

242. — Sphuṭārthā Abhidharmakoçavyākhyā, the Work of Yaçomitra. First Koçasthāna, ed. by Prof. S. Lévi and Prof. Th. STCHERBATSKY. *BB*, XXI, 1918, Petrograd, 96 p. [L. R., p. 37.]

243. — Une Renaissance juive en Judée. Ligue des Amis du Sionisme : Tract n° 5, Paris, Imprimerie Driay-Cahen, 1918, 8°, p. 7-22.

244. — King Śubhakara of Orissa.
EI, 1920, vol. XV, n° 25, p. 363-4. Au sujet de la publication de M. R. D. BANERJI (*EI*, vol. XV, Part. I, p. 1). [L. R., p. 40.]

245. — Literary History of Sanskrit Buddhism, from WINTERNITZ, S. LÉVI, HUBER, by G. K. NARIMAN, Bombay, D. B. Taraporevala ed., 1920, 1 vol., 8°, XIII+383 p.

Ouvrage réalisé en vue de donner un aperçu des études européennes sur les écritures bouddhiques en skt. Contribution de S. L. : *Constitution of the Buddhist Canon*, Appendix I, p. 162-76. Appendix II, *Sutrālaṃkāra. A romance of Literature* (cf. *sup.* n°s *159, 171*).

246. — Rapport au nom de la commission du dictionnaire bouddhique.
BEFEO, 1920, t. XX, r, p. 226-8.

Deuxième session de la Fédération des sociétés orientales à Paris, Juillet 1920, Annexes.

247. — Rapport de M. S. L., au nom de la commission du Dictionnaire Bouddhique.
JA, Juil.-Sept. 1920, p. 190-2.

Propose d'adopter le projet soumis par TAKAKUSU en vue d'élaborer un nouveau Catalogue du Tripiṭaka chinois, travail préparatoire à l'éd. d'un Dictionnaire du Bouddhisme.

248. — La légende de Nala et Damayanti, trad. du sanskrit, avec introduction, notes et vocabulaire. Bois dessinés et gravés par Andrée Karpelès. Les Classiques de l'Orient, 1920, 8°, 151 p.

248bis. — [Le nom original d'un des Etats occidentaux de Sumatra].
JA, Av.-Juin 1921, p. 332.

Le nom de pays transcrit en chinois Po-lou-cha rendu dans le *Mañjuśrīmūlakalpa* tibétain par « grossièreté », suppose un original skt Pāruṣya / Pāruṣa. C'est à ce prototype que remonte le nom de Barros introduit par les voyageurs portugais dans l'usage européen.

249. — La suite des idées dans les textes sanscrits, à propos d'une des inscriptions de Nasik. Cinquantenaire de l'Ecole des Htes Etudes, 1921. *BEHE (SPH)*, fasc. 230, p. 91-9.

L'étude du style chez les Hindous paraît s'être arrêtée à des catalogues de figures. Toutefois, l'art de la composition n'était pas ignoré des grands maîtres. L'insc. étudiée est à la louange du roi Gotamīputa (vers le milieu du II° s. A. D.). [L. R., p. 37.]

250. — Préface : — *Contes et Légendes du Bouddhisme chinois*, trad. du chinois par E. CHAVANNES. Les Classiques de l'Orient, 1921.

251. — La part de l'indianisme dans l'œuvre de Chavannes.
Bull. Arch. du Musée Guimet, 1921, n° 1, p. 15-21.

252. — Ancient India (Lecture delivered at the Calcutta University, 15 août 1922).

The Calcutta Review, 1922, Sept., 14 p.

L'Inde doit à la Grèce et à la Chine la partie la plus solide de ses Annales. Les savants européens lui ont restitué les figures de ses grands hommes : Śākyamuni, Aśoka, Aśvaghoṣa, et le souvenir de sa puissance en Sérinde et en Indochine.

253. — Proceedings and Transactions of the Second Oriental Conference, Calcutta, Jan. 28th to Feb. 1st. 1922. Publ. Calcutta, 1923.

« Presidential address », p. LXXV-LXXIX, où S. L. critique en particulier une publication de l'Un. de Calcutta, le *She-rab dong-bu* [*Çes-rab doṅ-bu* = *Prajñādaṇḍa*], éd. et traduit par W. L. CAMPBELL avec l'aide du Lama Kazi Dawa Samdup.

254. — Préface : — *Chaitanya and his age*, par D. C. SEN. Pub. by the University of Calcutta, 1922.

255. — Les conditions de la vie en Russie soviétique. Comité national d'études sociales et politiques. Conférence de MM. HANONNET de la GRANGE et S. LÉVI, séance du 5 juillet 1923, fasc. n° 229, p. 10-34.

256. — Pré-aryen et Pré-dravidien dans l'Inde.

JA, Juil.-Sept. 1923, p. 1-57.

Sur la nomenclature géographique de l'Inde ancienne qui présente de nombreux couples de vocables : Kosala-Tosala, Aṅga-Vaṅga, Kaliṅga-Triliṅga, Utkala-Mekala, Pulinda-Kulinda. Pour la majorité de ces pays, la tradition (*Mahābhārata*, *Bṛhatkathāślokasaṃgraha*) a conservé des données qui montrent leur caractère barbare. Les faits réunis semblent prouver l'influence des populations austrosiatiques sur les langues et la civilisation indiennes. [C. R., n° 62; L. R., p. 38.]

257. — Deux nouveaux traités de dramaturgie indienne.

JA, Oct.-Déc. 1923, p. 193-218.

1. Le *Nāṭyadarpaṇa* de Rāmacandra et Guṇacandra; liste des ouvrages qui y sont cités. Critique de l'opinion de Gaṇapati ŚĀSTRI sur les œuvres attribuées à Bhāsa. Un drame ignoré de Viśākhadatta (trad. de l'épisode du meurtre du roi Śaka par le prince Candragupta). Souvenirs personnels sur les derniers moment du saint jaïna Vijayadharma Sūri.

2. Le *Nāṭakalakṣaṇa-Ratnakośa*, de Sāgaranandin. Liste des ouvrages cités. Comparaison de citations de la *Mṛcchakaṭikā* et du *Svapnavāsavadattā*; le traité reproduit une rédaction différente des éditions connues. [L. R., p. 40.]

257bis. — [Mss. sanskrits découverts au Népal.]

JA, 1923, II, p. 359.

Pendant son séjour au Népal, en 1922, S. L. a découvert un certain nombre de textes bouddhiques en skt dont il donne la liste.

258. — Les Parts respectives des Nations occidentales dans le progrès de l'Indianisme.

Scientia, Janv. 1924, p. 21-34.

Les voyageurs : le P. Beschi, le P. Pons, le P. Calmette, Anquetil-Duperron, puis les linguistes : Ch. Wilkins, W. Jones, Colebrook, Wilson, préparent la voie aux déchiffreurs patients, tels : J. Prinsep. Puis Hodgson, Turnour, Cunningham, Grierson, Cowell, Monier-Williams, Max Müller édifient peu à peu le monument de l'indianisme, l'école anglaise associant aux travaux précédents les recherches patientes de ses collaborateurs allemands : Rosen, Goldstücker, Rost, Bühler, Hultzsch. L'œuvre s'élargit de l'apport de Burnouf qui efface Régnier, Fauche, Foucaux, Feer. Bergaigne et Barth donnent à l'indianisme français une impulsion nouvelle. Depuis, l'indianisme allemand compte F. Schlegel, Bopp, Böthlingk et Roth, Weber, Oldenberg. L'indianisme russe, belge et hollandais.

259. — L'Asie Nouvelle, Deux personnalités, Deux œuvres.

La Géographie, Mars 1924, p. 328-47.

L'Orient et le régime soviétique. Rabindra Nath Tagore et Santiniketan. Le Népal et son chef actuel. Le nouveau Tibet. [Conférence faite à la Soc. de Géographie au retour du second voyage en Asie.]

260. — Nécrologie : — *Sir Asutosh Mookerjee.*

JA, Juil.-Sept. 1924, p. 179-81.

261. — Le Maharaja du Népal, grand officier de la Légion d'honneur.

L'Illustration, nº 4272, 17 Janv. 1925, p. 56-9.

262. — L'Inde et le Monde. Civilisation indienne et civilisation humaine.

Rev. de Paris, 1er Fév. 1925, p. 527-54; 15 Fév. 1925, p. 784-813 (Cf. *inf.* nº *276*).

263. — Notes Indiennes.

JA, Janv.-Mars 1925, p. 17-69.

I. *Deux notes sur la Viṃśatikā.* 1. La défaite de Vemacitra. A propos du rappel par Vasubandhu des songes de Sāraṇa et de la défaite de Vemacitra, S. L. rapproche les textes où se retrouvent ces épisodes. 2. Un fragment de l'*Upālisūtra* en skt. Il s'agit du passage où Vasubandhu rappelle l'histoire de la forêt Daṇḍaka rendue déserte par la colère d'un *ṛṣi* et qui se retrouve dans l'*Upālisūtra.*

II. *Notice sur un ms. du Dharmasamuccaya découvert au Népal.* Le colophon indique que les stances réunies dans le *Dharmasamuccaya* sont tirées du *Saddharmasmṛtyupasthāna.* Tableau des sections du *Dharma*° : nombre et rubriques sont très voisins des sections de l'*Udānavarga.* Ed. et trad. des 20 premières stances de l'*Apramādavarga.*

III. *Notes sur la géographie ancienne de l'Inde.* 1. Paloura-Dantapoura (analyse linguistique, C. R., nº 86). 2. Pihunda, Pithuda, Pitundra. La ville de Pithuda aurait été anéantie par Khāravela. On peut donc s'étonner de rencontrer son nom chez Ptolémée, postérieur à Khāravela de 2 à 3 siècles. Il faudrait en effet conclure que Ptolémée a utilisé des matériaux de provenance sensiblement antérieure à son temps. C'est là une indication qu'il convient de retenir lorsqu'on utilise des informations tirées de Ptolémée. 3. Malakūṭa. Ed. et trad. des passages géographiques du *Gaṇḍavyūha.* 4. Vaikṛtika. Rapproche Vaikṛtika, nom du *yakṣa* du Gandhāra dans la *Mahāmāyūrī*, de la contrée de Vaekərəta (= Vaikṛta) citée par l'Avesta. L'interprétation pehlevie donne comme équivalent le nom de Kāpūl (Caboul). L'analyse des noms de *yakṣa* pourrait laisser un résidu de notions réelles.

264. — Vijñaptimātratāsiddhi : Deux traités de Vasubandhu : Viṃśatikā (La Vingtaine) accompagnée d'une explication en prose et Triṃśikā (La Trentaine), avec le commentaire de Sthiramati. Original sanscrit publié pour la première fois d'après des manuscrits rapportés du Népal. 1re partie. Texte. *BEHE (SPH)*, Paris, 1925, XVI, 54 p., 1 pl. (V. *inf.* nº *327*). [L. R., p. 41.]

265. — [Sur les fouilles de Harappa (Penjab) et de Mohenjo Daro (Sindh).]

JA, Av.-Juin 1925, p. 371-2.

[Cf. C. R., nº 82.]

266. — Nécrologie : — *F. Lacôte.*

JA, Avril-Juin 1925, p. 379-81.

267. — L'Inde et l'Extrême-Orient. Chap. I : L'Inde. Histoire générale des Peuples de l'Antiquité à nos jours. Livre VI, p. 359-72, Larousse, Paris, 1925.

Le Pays. L'Histoire. Institutions publiques et privées. Religions. La Société. La Famille. Langues. Ecriture. Littérature. Sciences. La philosophie. Les Arts. Bibliographie.

268. — Préface : — *Le Lotus de la Bonne Loi.* Traduit du sanscrit. Accompagné d'un commentaire et de XXI mémoires relatifs au bouddhisme, par E. Burnouf. Bibliothèque orientale, t. IX, nouvelle édition, 1925.

269. — Ptolémée, le Niddesa et la Bṛhatkathā. Etudes asiatiques, publiées à l'occasion du 25e anniversaire de l'Ecole française d'Extrême-Orient, 1925, t. II, p. 1-55.

Met en parallèle les itinéraires du *Mahāniddesa* (commentaire du *Suttanipāta*, Aṭṭhakavagga) et de la *Bṛhatkathā* avec les informations de Ptolémée sur l'Inde transgangétique. L'exactitude de Ptolémée, la véracité de ses informations en sortent établies et son accord avec le *Niddesa* pose et résout le problème de la date du commentaire bouddhique. Après Ptolémée, aucun texte, grec ou indien, n'augmente les informations fournies par Ptolémée et le *Niddesa.* Au Ier s. A. D., un auteur n'aurait pu dresser la liste des ports de l'Extrême-Orient telle qu'on la lit dans le *Niddesa* et après le IIIe s. la liste se serait accrue de mentions nouvelles sur des contrées plus lointaines. La date de cette liste, et par conséquent de l'ouvrage qui la contient, se place donc entre la fin du Ier et la fin du IIIe s. Or, le *Niddesa* est un texte canonique : ainsi le canon pâli n'aurait pas été constitué avant le IIe s. A. D. Ed. des passages du *Mahāniddesa* et du commentaire : *Saddhammappajotikā*, du *Milindapañhā* et reproduction de la trad. de Ptolémée par G. Cœdès. [Analyse linguistique, C. R., n° 87. L. R., p. 39.]

270. — *Eastern Humanism*, an Address delivered in the University of Dacca, 1925, 9 p. (cf. *inf.* n° *276*).

L'humanisme classique et l'humanisme indien.

271. — *Gonarda, le Berceau du Gonardīya.* Sir Asutosh Mookerjee Silver Jubilee Volumes. Vol. III, orientalia, Part. 2. Publ. by the Calcutta University, Calcutta, 1925, p. 197-205 (cf. *inf.* n° *351bis*).

Sur la ville de Gonaddha, dans l'itinéraire du Pārāyanavagga du *Sutta-Nipāta*. Localisation de la ville de Gonardha qui est liée au souvenir de Patañjali. Candragomin et la Kāçikā. Identification de Śarāvatī. Site du Muḷaka. [L. R., p. 40.]

272. — *Essai sur l'humanisme* (cf. *inf.* n° *276*).

Rev. de Paris, 1er Oct. 1925, p. 528-40.

273. — *Le Sūtra du Sage et du Fou dans la littérature de l'Asie Centrale.*

JA, Oct.-Déc. 1925, p. 305-22.

Démontre, au moyen de fragments koutchéens de la Mission Pelliot et de divers documents écrits en karashahrien et en ouigour, la parenté du *Maitreya-samiti-nāṭaka* avec le *Hien yu king* (*Sūtra du Sage et du Fou*). Rappelle l'attention sur « le caractère nettement local d'un certain nombre de textes consacrés, admis régulièrement dans le canon bouddhique et qui trahissent néanmoins une origine sérindienne » (cf. *sup.* n° *143*). [L. R., p. 40-1.]

274. — *Rabindranath Tagore.*

Ecran, n° 23, Moscou, 1925, p. 3 et 13 (en russe; fac-similé du texte français de S. L.).

274bis. — *Distinctions. Les Appels de l'Orient.*

Les Cahiers du Mois, 9/10, p. 11-13, Paris, Emile Paul, 1925.

Nécessité pour résoudre le problème d'actualité : rapports entre l'Occident et l'Orient, de se connaître de part et d'autre.

275. — *The Art of Nepal.*

IAL, vol. 1, n° 2, Nov. 1925, p. 49-67.

Les conditions de l'art népalais; détail caractéristique des yeux sur les 4 faces du monument. Les Népalais ont conservé le goût des maisons de bois œuvrées; le travail du cuivre est demeuré remarquable; la peinture népalaise semble avoir inspiré et formé la peinture tibétaine. Les Annales de la dynastie des Yuan gardent la mémoire du Népalais Arniko, artiste aux talents divers, qui orna de nombreux temples des capitales impériales (communication faite à l'India Society, Avril 1921).

276. — *L'Inde et le Monde.* Honoré Champion, 1926, petit 8°, 175 p.

L'Inde et le Monde. Humanisme bouddhique. Civilisation brahmanique. Civilisation bouddhique. Orient et Occident. Essai sur l'humanisme. Eastern humanism. [Reprend les articles *sup.* nos *262*, *272*, et une conférence, *sup.* n° *270*.]

276bis. — *Wschod Zachod.*

Przeglad wspolczesny, t. VII, n° 80, 1928, p. 376-89 [= *L'Orient et l'Occident*, chap. de *L'Inde et le Monde*], trad. par Mme Ant. Gawronska.

277. — *Problèmes indo-hébraïques.* Mélanges Israël Lévi, 1926 = *Rev. des Et. Juives*, 1926, nos 163-164, p. 45-54.

I. Gozan (= Balkh). — II. Le roi Nahuṣa métamorphosé en serpent.

278. — *Ce que je sais de Dieu.* Les cahiers contemporains. Editions Montaigne, Paris, 1926, p. 219, in-16.

Réponse de S. L., p. 144-5.

279. — Nécrologie : — *T. Gaṇapati Śāstri.*

JA, Avril-Juin 1926, p. 374-81.

280. — Introduction : — *Paris, capitale des Religions, ou la Mission d'Israël*, par J. Izoulet, Nlle éd. A. Michel, Paris, 1927.

281. — *Notices sur les caractères étrangers anciens et modernes, rédigées par un groupe de savants*, réunies par Ch. Fossey, Paris, Imprimerie Nationale, 1927.

Ecriture *kharoṣṭrī*, p. 207-11; écriture *brāhmī*, p. 213-6; écriture *devanāgarī*, p. 217-28.

282. — *Matériaux japonais pour l'étude du Bouddhisme.*

BMFJ, Série française, I, 1927, 63 p. [*Bibl. B.* II, 523].

283. — *Ikari « ancre »*. Mélanges sinologiques offerts au Prof. Kano, Kyōto, 1927, 3 p. [L. R., p. 42, n.]

284. — *La Dṛṣṭānta-Paṅkti et son auteur.*

JA, Juil.-Déc. 1927, p. 95-127 [*Bibl. B*, I, 99; L. R., p. 42-3.]

285. — Note additionnelle : — *Le signe du nigori dans l'écriture syllabique japonaise (kana), son origine, son développement*, par Yoschizawa Yoshinori, trad. par Ch. Haguenauer.

JA, Oct.-Déc. 1927, p. 226-231.

« ... le signe du nigori, du « trouble », apparaît comme un prolongement vers l Extrême-Orient du système inauguré en Asie antérieure pendant les premiers siècles de l'ère. »

286. — Préface : — *Daizō kyō sakuin (Index du Tripiṭaka)* du Rev. Kawakami. T. III, fasc. 4.

Lettre-préface datée du 22 août 1927.

286bis. — *Programme de recherches sur le folklore du monde de la mer* (en japonais).

Minzoku, 1927.

287. — *Projet de plan d'études ethnographiques maritimes.* Trad. en japonais par Y. Yoshihiko.

Minzoku, Juil. 1928, vol. III, n° 5, p. 11-5 (797-801).

288. — *Notes on Manuscript remains in Kuchean*, dans *Innermost Asia* [*Bibl. B.* I, 253], Vol. II, Appendix G, p. 1029-30.

289. — *Religions universelles et religions particulières. Shūkyogaku*, Tokyo, 1928. Tirage spécial, 16 p.

Caractères arbitraires des classifications des religions au regard de leur développement et de leurs conséquences historiques, géographiques et sociales.

290. — Nécrologie : — *A la mémoire de Mme Kujō Takeko.*

Gendai Bukkyō, Mars 1928, p. 105-6.

En 10 vers skts. Trad. anglaise.

291. — *Encore Açvaghoṣa.*

JA, Oct-Déc. 1928, p. 193-216. [*Bibl. B.* II, 124; L. R., p. 43.]

292. — *Taiwan, Formose ~~sous~~ le régime japonais.*

Bull. de la Soc. « Autour du monde », Déc. 1928, n° 31, ill.

Notice historique et géographique concernant Formose et la conquête japonaise.

292bis. — *Pre-Aryan and Pre-Dravidian in India*, by Sylvain Lévi, Jean Przyluski and Jules Bloch, transl. from French by Prabodh Chandra Bagchi, Publ. by the University of Calcutta, 1929.

Trad. de *sup.* n° *256* (p. 63-126) et n° *263*, III (p. 163-75).

293. — [*Présidence de la Société Asiatique. Allocution inaugurale*].
JA, Janv.-Mars 1929, p. 170-3.

294. — *Hōbōgirin. Dictionnaire encyclopédique du Bouddhisme d'après les sources chinoises et japonaises*, publié sous la direction de Sylvain Lévi et J. Takakusu. Rédacteur en chef : P. Demiéville [*Bibl. B.* I, 79.]

295. — *Recherches à Java et à Bali* [*Bibl. B.* II, 484.]

296. — Préface : — *Chefs-d'œuvre de Tchikamatsou, le grand dramaturge japonais*. Traduits du japonais en anglais par A. Miyamori; de l'anglais par Ch. Jacob, avec une introduction de A. Miyamori et une préface de S. L., E. Leroux, 1929.

297. — *La Maison franco-japonaise de Tōkyō*.
Rev. de Paris, 15 Sept. 1929, p. 410-28.

Exposé de la fondation de la *Maison franco-japonaise* et de son activité. [L. R., p. 44.]
Cf. dans *Rev. de Paris*, 15 Oct. 1929, p. 949, une lettre de S. L. en réponse à une rectification de Paul Joubin sur l'histoire de cette fondation.

298. — Avant-Propos : — *Peintures chinoises et japonaises de la collection Ulrich Odin* [*Bibl. B.* II, 430.]

299. — *L'inscription de Mahānāman à Bodh-Gaya. Essai d'exégèse appliquée à l'épigraphie bouddhique*. [*Bibl. B.* II, 494.]

300. — *Les Marchands de mer et leur rôle dans le bouddhisme primitif*.
BAFAO, Oct. 1929, nº 3, p. 19-39.

301. — *Autour d'Açvaghoṣa*. [*Bibl. B.* III, 97; L. R., p. 43.]

302. — CR : — *The Mahābhārata critically* ed. by V. S. Sukthankar.
JA, Oct.-Déc. 1929, p. 345-8 (V. *inf.* nº *346*).

303. — *La Pesée de l'éléphant*. Recueil dédié à J. J. Modi, Bombay, 1930.

Sur un système de pesée qui passa dans le folklore chinois. Le conte, d'origine indienne, figure dans le *Tsa pao tsang king* et dans la *Nāndīvṛtti* de Malayagiri.

304. — *Ysa*. [*Bibl. B.* II, 140; L. R., p. 45, n. 2.]

305. — *Quelques documents nouveaux sur les Juifs du Sud de l'Inde. Rev. des Etudes Juives*, 1930, t. LXXXIX, nºs 177-178, p. 26-32.

Sur la colonie juive de l'Etat de Cochin; sur une charte gravée, en langue tamoule et sur une pierre tombale. Gaspar et Vasco de Gama. (Publié à l'occasion du cinquantenaire de la Société des Etudes Juives.)

306. — *Au pays de Gandhi*.
Le Miroir du Monde, nº 3, 22 mars 1930, p. 68-70.

307. — Préface : — *Episodes du Heiké Monogatari*, traduits par S. Goto et M. Prunier. Collection japonaise publiée sous les auspices de la Maison franco-japonaise et sous la direction de Sylvain Lévi; Leroux éd., 8º, 1930, 148 p.

308. — Préface : — *La Pensée de Tagore*, par S. S. Mitter. Paris, 1930, 8º, 179 p.

309. — *Maṇimekhalā, divinité de la mer* (V. *inf.* nºs *310*, *319*, *321*).
BCLS, 5e série, t. XVI, nº 5-7, Séance du 2 juin 1930, p. 281-99.

310. — *Maṇimekhalā, a divinity of the sea* (V. *sup.* n° *309*; *inf.* n° *319*, *321*). *IHQ*, 1930, p. 597-614 [*Bibl. B.* III, 270.]

311. — Préface : — *L'Inde contre les Anglais*, par A. Viollis, éd. des Portiques. Paris, 1930, 270 p.

312. — *The Karmavibhaṅga illustrated in the sculptures of the buried basement of the Barabuḍur.* [*Bibl. B.* IV-V, 518; L. R., p. 46-7.]

313. — *Un ancêtre de Tagore dans la littérature javanaise.* Dans *The Golden Book of Tagore, a Homage to Rabindranath Tagore from India and the World in celebration of his seventieth Birthday*, Calcutta, 1931, p. 292-7.

On trouve dans le texte de chacun des *parva* du *Mahābhārata* trad. en javanais, des stances skt. qu'altèrent les copies successives. S. L. reproduit les stances qui ouvrent les 4 *parva* conservés (Ādi, Virāṭa, Bhīṣma, Āśramavāsa); Kern avait essayé de restituer les stances du 1er. Il semble qu'il y ait eu emprunt à la version cachemirienne.

Les rapports entre l'Inde et Java antérieur à la fin du xe s. donnent quelque vraisemblance à l'hypothèse d'une influence indienne sur l'origine du théâtre d'ombres javanais, le wayang.

314. — Préface : — *Indochine.* Ouvrage publié sous la direction de S. L., édité par le Gouvernt Gal de l'Indochine à l'occasion de l'Exposition Coloniale Intern. de 1931; 2 vol. 8°, Sté d'éditions géographiques, maritimes et coloniales, Paris, 1931.

315. — Préface : — *La Vie surhumaine de Guésar de Ling*, par A. David Neel et le lama Yongden. Ed. Adyar, 1931, VIII+346 p., ill.

316. — Préface : —*La danse dans le Théâtre javanais*, par Th. B. van Lelyveld. Floury, Paris, 1931, 8°, 160 p., 48 pl.

317. — a) *Sur les stances sanscrites du Mahābhārata javanais* (cf. *sup.* n° *313*). b) *Le nom de l'archipel indien en sanscrit.* c) *Les mudrās et leur intérêt religieux et ethnographique (Inde, Indonésie, Japon)* [*Bibl. B.* IV-V, 488.] *ACIO*, Leiden, E. J. Brill, 1932, p. 152-3.

318. — *Un nouveau document sur le Bouddhisme de basse époque dans l'Inde* [*Bibl. B.* III, 282.]

319. — *On Maṇimekhalā « the guardian deity of the sea » (a Cambodian document)* (cf. *sup.* nos *309*, *310*; *inf.* n° *321*). [*Bibl. B.* III, 271.]

320. — *L'Alliance israëlite universelle.*

Les Cahiers de Radio-Paris, 2e année, n° 3, 15 Mars 1931, p. 261-6.

321. — *More on Maṇimekhalā* (cf. *sup.* nos *309*, *310*, *319*). [*Bibl. B.* IV-V, 478.]

322. — *Kouen Louen et Dvipāntara.* [*Bibl. B.* IV-V, 354.]

323. — Préface : — *Le Shintō, Religion Nationale du Japon*, par G. Katō, Publication de la Sté Zaidan Hōjin Meiji Seitoku Kinen Gakkai. Trad. en français par [les soins de] la Maison Franco-japonaise de Tōkyō, Geuthner, 1931, *AMG*, B. V., t. L.

324. — *Note sur des manuscrits sanscrits provenant de Bāmiyān (Afghaniscan) et de Gilgit (Cachemire).* [*Bibl. B.*, IV-V, 182; L. R.,p. 49.]

325. — Discours prononcé aux obsèques de M. P. Alphandéry.
RHR, t. 105, 1932, p. 141-4.

326. — Maitreya le Consolateur. [*Bibl. B.* IV-V, 71 ; L. R., p. 50.]

327. — Un système de philosophie bouddhique. Matériaux pour l'étude du Système Vijñaptimātra. [*Bibl. B.* IV-V, 422 ; L. R., p. 41.]

328. — Mahākarmavibhaṅga (La grande classification des actes) et Karmavibhaṅgopadeça (Discussion sur le Mahākarmavibhaṅga). [*Bibl. B.* IV-V, 67 ; L. R., p. 46-7.]

328bis. — Syandanikā. Indian Linguistics.
Bull. of the Linguistic Soc. of India, vol. II, 1932, Parts I-VI, p.13-20 = Grierson Commemoration volume, Part I. Calcutta.

Au sujet du terme *syandanikā* qui paraît avoir embarrassé les interprètes du *Karmavibhaṅga* et qui désigne une rigole, un ruisseau.

329. — Les origines d'une chaire : L'entrée du Sanscrit au Collège de France. « *Le Collège de France* », *1530-1930*, Livre jubilaire composé à l'occasion du IVe Centenaire du Collège de France, p. 329-344. Les Presses Universitaires de France, 1932.

La vie et l'œuvre de A. L. de Chézy.

330. — Les Juifs et la Méditerranée.
Les Cahiers de Radio-Paris, 4e année, nº 1, 15 Janvier 1933, p. 66-71.

331. — Le « Tokharien » (Cf. *inf.* nº *334*). [*Bibl. B.* VI, 177 ; L. R., p. 48-9.]

332. — CR : — *Nairātmyaparipṛcchā*, éd. par S. MUKHOPADHYAYA.
JRAS, 1933, p. 214.

333. — La protestation de la France contre la persécution antisémite. Allocution de S. L. à la séance solennelle du 10 mai 1933, au Palais du Trocadéro, p. 59-61. Recueillie dans une publication (p. 59-61) du Comité français pour la protection des intellectuels juifs persécutés (éd. Lipschutz, Paris, 1933).

334. — Fragments de textes koutchéens. Udānavarga, Udānastotra, Udānālaṃkāra et Karmavibhaṅga, publiés et traduits avec un vocabulaire et une introduction sur le « tokharien » (V. *sup.* nº *331*) [*Bibl. B.* VI, 68.]

335. — Préface : — *Les problèmes d'éducation dans l'Inde au XIXe siècle*, par H. MORRIS. Jouve et Cie, Paris, 1933. Préface : *Un parsi de Bombay, H. Morris*, 3 p.

335bis. — A Souvenir of the Silver Jubilee Celebration of the Department for the publication of Oriental Manuscripts, Trivandrum, 1934. Lettre d'éloge de S. L. en skt, datée de Novembre 1933 (p. 34).

336. — Sanskrit Texts from Bāli. [*Bibl. B.* VII-VIII, 95 ; L. R., p. 47-8.]

Ed. des textes collectionnés à Bali en 1928. I. *Caturveda*, avec, en regard, le texte récité à Bali ; *Vedaparikramasārasaṃhitākiraṇa*. — II. Stotras, 39 courts morceaux analysés dans l'introduction. — III. *Buddhaveda* (cf. *Bibl. B.* VII-VIII, nº 95). — IV. *Kārakasaṃgraha, Caritra Rāmāyaṇa, Naiṣṭhikajñāna, Daśaśīla*, et des exercices de trad. du skt en balinais. Les stances d'introduction, en skt, conservées au début des ouvrages en vieux-javanais.

336bis. — Préface : — *Les Sikhs. Origine et développement de la commu-*

nauté jusqu'à nos jours, 1469-1930, par L. RAMAKRISHNA.

337. — CR : — *A critical Pali Dictionary*, begun by V. TRENCKNER, revised, continued an edited by Dines ANDERSEN and Helmer SMITH.

JA, Juil.-Déc. 1933, fasc. annexe, p. 112-3.

338. — *L'Abeille dans la poésie de l'Inde.*

La *Gazette apicole*, Déc. 1933, p. 328-9.

339. — Préface : — *Vie d'Anquetil-Duperron. Suivie des Usages civils et religieux des Parses.* Avec deux essais du Dr Sir J. J. MODI, par Raymond SCHWAB. Paris, E. Leroux, 1934, VIII+240 p.

340. — *Alexandre et Alexandrie dans les documents indiens.* Mélanges Maspero = Mémoires de l'Inst. français d'archéologie orientale, t. LXVII, vol. II, p. 155-64. Le Caire, 1934.

Le nom « Alexandre » paraît dans 2 inscr. d'Aśoka sous la forme *Alikasudara* (Edit XIII) et *Alikyasudala* (Kālsi). Neuf siècles plus tard, Bāṇa décrivant, dans le *Harṣacarita*, les héros fabuleux, nomme « Caṇḍa-kośa, qui n'a pas pu pénétrer dans le Royaume des Femmes » ce qui est un rappel certain de l'épisode des Amazones dans le Roman d'Alexandre. Le texte de Bāṇa permet de restituer *alasacaṇḍakośa* : comment expliquer l'adjonction de *kośa* au nom sanskritisé d'Alexandre ? Par le sens rabelaisien de *kośa* qui est ici le plus probable. Rappel des recherches et des controverses sur le nom et la localisation dans les textes indiens d'une ville « Alexandrie ». Nouvelles références tirées du *Mahāvaṃsa*, du commentaire de la *Prajñāpāramitā* par Nāgārjuna, de l'*Arthaśāstra*.

Ālakandaka et le corail.

Les « Royaumes des Femmes » dans les *Mémoires* de Hiuan-tsang.

340bis. — *Alexander and Alexandria in Indian Literature.*

IHQ, XII, 1, March 1936, p. 121-33.

Trad. complétée de *sup.* nº *340*. [*Bibl. B.* VII-VIII, 294.]

341. — *Devaputra.* [*Bibl. B.* VII-VIII, 161 ; L. R., p. 50.]

342. — *Bilanga-Dutiya.* [*Bibl. B.*, VI, 155.]

343. — *L'Inde et la civilisation humaine.*

Les Cahiers de Radio-Paris, 5e année, nº 7, 15 juillet 1934, p. 635-41.

Originalité d'une civilisation tout entière située dans la zone torride. L'homme accablé par la nature veut fuir la vie soit par la voie que lui offre le bouddhisme, soit par celle du Vedānta. Jusqu'à nos jours, l'Hindou a su conserver un sens exceptionnel du divin.

344. — Préface : — *Cinq cents Contes et Apologues*, extraits du Tripiṭaka chinois et traduits en français par Ed. CHAVANNES, t. IV. [*Bibl. B.* VII-VIII, 525.]

345. — Préface : — *Ādarsha Sādhu, An ideal monk*, par A. J. SUNAVALA, 1934, Cambridge, University Press.

346. — CR : — *The Mahābhārata* ed. by V. S. SUKTHANKAR. *Adiparvan*, fasc. 7 (V. *sup.* nº *302*).

JA, Oct.-Déc. 1934, p. 281-3.

347. — Préface : — *Aux Indes, Sanctuaires.* [*Bibl. B.* VII-VIII, 612].

347 bis. — Préface : — *Madhyāntavibhāgaṭīkā de Sthiramati. Exposition systématique du Yogācāravijñaptivāda*, éd. par S. YAMAGUCHI d'après un manuscrit rapporté du Népal par Sylvain LÉVI. T. I. Texte. Nagoya, Librairie Hajiakaku, 1934, 277 p.

348. — *Location of Dantapura.*

JBORS, XXI, 3, 1935, p. 137-8.

Publication d'un extrait de l'ouvrage d'ANQUETIL DUPERRON relatif à son passage en Orissa par « Paloor ».

349. — Préface : — *Culture physique hindoue*, pratiquée par les anciens Hindous pour Santé, Longévité et Vie intellectuelle, par J. CHAKRABORTY. Editions Adyar, 1935.

350. — Préface : — *The Mysore Tribes and Castes.* Vol. I, by D. B. L. K. Anantakrishna IYER. Publ. under the Auspices of the Mysore University, Mysore, 1935. [Préface, p. LVII-LXIV (en français); trad. anglaise, p. LXV-LXXII.]

351. — *Māla vihāra.* [*Bibl. B.* VII-VIII, 160.]

351bis. — *Gonarda. The Cradle of the Gonardiya* [*Bibl. B.* VII-VIII, 324; cf. *sup.* n° *271*].

352. — *Kaniṣka et Śātavāhana; deux figures symboliques de l'Inde au premier siècle.*

JA, Janv.-Mars 1936, p. 63-121.

Publication posthume du 1er chap., croit-on, le seul partiellement rédigé, d'un livre sur l'Inde et la Mer.

353. — *On a Tantrik Fragment from Kucha (Central Asia)* [*Bibl. B.* VII-VIII, 97].

354. — Nécrologie : — *Louis Finot. Le Temps*, 21 mai 1935; *JA*, Janv.-Mars 1936, p. 123-5.

Sous presse :

— *Memorial Sylvain Lévi.* Réimpression des ouvrages qui portent dans la bibliographie les numéros suivants : *24*, *29*, *32*, *39*, *44*, *52*, *57*, *79*, *89*, *91*, *119*, *121*, *123* *138* *149*, *171*, *198*, *209*, *221*, *224*, *239*, *249*, *258*, *271*, *277*, *282*, *283*, *289*, *299*, *300*, *303*, *304*, *305*, *309*, *312*, *313*, *319*, *321*, *322*, *329*, *340*, *342*, *347*.

— *Bhagavad-Gītā*, trad. en collaboration avec T. STICKNEY.

— *Esquisse d'une histoire de l'Inde ancienne.*

3